SOUL OF AFRICA

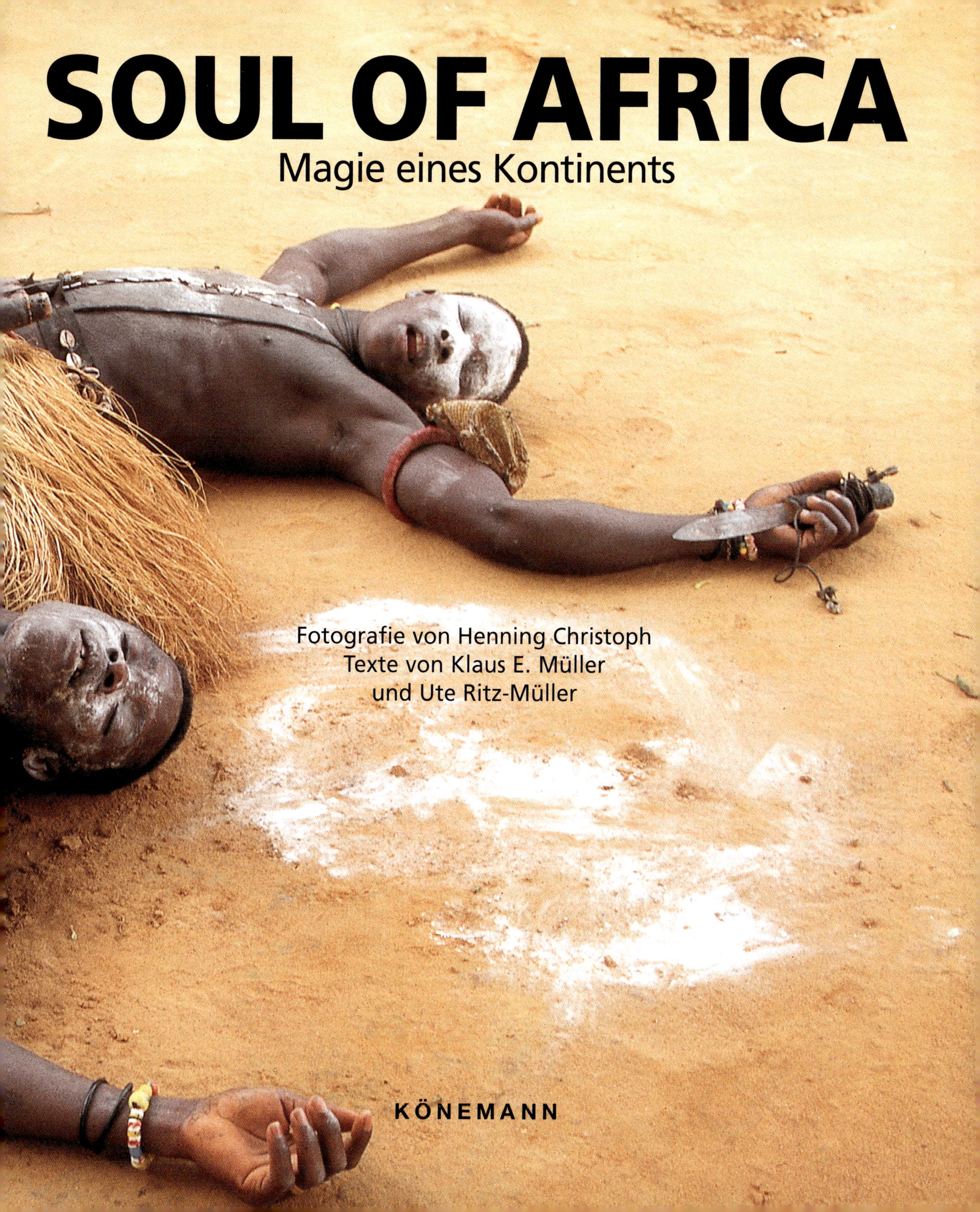

SOUL OF AFRICA

Magie eines Kontinents

Fotografie von Henning Christoph
Texte von Klaus E. Müller
und Ute Ritz-Müller

KÖNEMANN

Bonner Str. 126, D-50968 Köln

Verlags- und Art Direktion: Peter Feierabend
Projektleitung: Ute Edda Hammer
Projektassistenz: Kerstin Ludolph, Anna Bechinie
Lektorat: Ulrike Fauerbach
Layout: Christian Maiwurm, Carmen Strzelecki
Kartographie: Studio für Landkartentechnik, Norderstedt
Grafik: Rolli Arts, Essen
Produktionsleitung: Detlev Schaper
Produktion: Mark Voges
Lithographie: niemann & steggemann, Oldenburg
Druck und Bindung: Imprimerie Jean Lamour, Maxéville
Printed in France

ISBN 3-8290-2715-X
10 9 8 7 6 5 4 3 2 1

Inhalt

Folgende Seiten:
Victor Levasseur, um 1840, 29x43 cm
Handkolorierte Radierung von Laguillermie, Illustration von Raimond Bonheur, Paris.
Eine Landkarte Afrikas, die in einen mit prächtigen illustrationen geschmückten Rahmen gefaßt ist.

STATISTIQUE
DES
Pays les mieux connus.
Algerie 5,000,000
Maroc 7,000,000
Tunis 1,500,000
Tripoli 600,000
Egypte seule 2,000,000
Nubie 2,000,000
Abyssinie 4,000,000
Cap de Bonne Espérance 150,000
Angola, Congo et Mozambique 500,000
Monfia, Zanzibar 80,000
Madagascar 3,000,000
d'après les nouveaux renseignements la Population totale de l'Afrique parait pouvoir être évaluée à 80 Mil.ons d'habitants.
OCÉAN ATLANTIQUE SEPTENTRIONAL
OCÉAN ATLANTIQUE
OCÉAN ATL.que MÉRIDIONAL
Tropique du Cancer
Tropique du Capricorne
SAHARA ou GRAND
GOLFE DE GUINÉE
Iles Açores
I. Madère
I.s Canaries
I.s du Cap Vert
I. de l'Ascension
I. S.te Hélène
Tombouctou
Madrid
Lisbonne
Sardaigne

L'AFRIQUE la plus grande partie du monde après l'Asie, fut peuplée par les descendants de Mezraïm fils de Cham: ils se répendirent d'abord dans l'Egypte et la Lybie. Peu connus avant le 16e siècle, a l'exception de la partie septentrionale qui fut longtemps soumise aux Romains, ce n'est véritablt que vers la fin du dernier siècle que l'on a pu obtenir par de constantes & savantes explorations des détails intéressants, sur cette partie du globe, encore l'intérieur est-il jusqu'à ce jour voilé à la science. La civilisation portée par les peuples européens sur tous les points de cette terre brûlante, mais riche d'une brillante végétation, permettra un jour de l'apprécier à sa juste valeur.
EXPLICATION DES ORNEMENS.
Sous les rayons de son ardent soleil, l'Afrique est représentée siégeant sur le sol aride du désert parsemé toutefois de fécondes oasis. Des palmiers l'ombragent de leur constante verdure. Auprès d'elle, sont les êtres qui la peuplent et les productions qui s'entremêlent aux ornemens qui encadrent le tableau. Dans le fond on voit les fameuses pyramides et les obélisques où furent tracés a une époque éloignées les germes des belles-lettres, des sciences et de l'activité humaine qui en s'agrandissant par tant de moyens reviendront un jour la rendre à une nouvelle vie. Au coté opposé Mahomet le Koran en main, repose sur un des monumens de ce sol Africain, où sa religion est la plus répandue. Au dessous, les enfants de la France amènent à une vie glorieuse L'Algérie conquise par leurs armes à l'intelligence qui doit un jour unir toutes les nations.
ARABIE
GOLFE D'OMAN
MER DES INDES
GRAND OCÉAN AUSTRAL
Plateau Éthiopien
Equateur
Canal de Mozambique
ILE MALGACHE ou MADAGASCAR
ALGER

Familie, Verwandte und Gemeinschaft

Die meisten Menschen wachsen in einer Familie auf. Das erscheint uns wie selbstverständlich. Gleichwohl nimmt in den modernen westlichen Gesellschaften die Scheidungsrate dramatisch zu, das heißt, es lösen sich immer mehr Familien oft schon nach wenigen Jahren wieder auf. Das war früher in den alten ländlichen Gemeinschaften anders. Die Familie bildete eine wahrhaft „heilige" – und zudem universale Institution: Der Ethnologie sind keine Kulturen bekannt, in denen die Familie nicht den Kern einer jeden sozialen Gemeinschaft dargestellt hätte.

Dafür mußte es zwingende Gründe geben. Der wichtigste bestand sichtlich in der Sorge um den Fortbestand der Gruppe. Ohne nachwachsende Generationen wären namentlich kleine dörfliche Gemeinschaften auf Dauer nicht überlebensfähig gewesen. Das Problem indes war dabei nicht so sehr, daß ausreichend Kinder geboren, sondern daß sie in sicheren Verhältnissen großgezogen und verläßlich auf ihre künftigen Aufgaben vorbereitet wurden. Vor allem mußte eindeutig feststehen, wem dafür die Verantwortung zufiel. In den neuzeitlichen westlichen Gesellschaften ist dies vorrangig Sache der Eltern, weil man davon ausgeht, daß beide zu gleichen Teilen zur Entstehung ihrer Kinder beitragen.

Ebendies sah man in früheren, „traditionellen" Gesellschaften, so auch in Afrika, anders. Den alten, in ihren Grundzügen weltweit übereinstimmenden Zeugungsauffassungen zufolge bilden die Basissubstanzen zum Aufbau des Fetus das Sperma des Vaters und das mütterliche Menstrualblut, das durch den wiederholten Beischlaf im Mutterleib gleichsam gestaut wird, weshalb nach erfolgter Empfängnis auch die Regelblutung ausbleibt. Aus ihm entstehen die flüssigeren und weicheren, also vergänglicheren, aus dem Sperma dagegen die festeren, beständigeren Bestandteile des Körpers – wie Knochen, Zähne, Nägel und Haare.

Sein Leben aber gewinnt das Kind erst eigentlich durch die Beseelung, die auf zweierlei Weise geschieht, da der Mensch nach altem Glauben zwei Arten von Seelen besitzt: Die eine, die „Vitalseele“, die verantwortlich ist für die Aufrechterhaltung der rein organischen Funktionsfähigkeit des Körpers, wird dem Fetus unmittelbar über das Sperma, die andere, die leibunabhängige und unsterbliche „Freiseele“, die dem Menschen das Bewußtsein, Denkvermögen, die Willens- und Urteilskraft verleiht, dagegen mittelbar von außen und ebenfalls vom Vater zugeführt. Man nahm an, daß er sie im Traum oder in der Natur, beim Passieren eines spezifischen „Kinderseelenhorts“ – das konnten Tümpel, Teiche, Brunnen, Felsgruppen oder bestimmte Bäume sein – empfing und beim nächsten ehelichen Beilager auf seine Frau übertrug.

Insofern haben die Väter also den Hauptanteil an der Zeugung. Von ihnen stammen das Knochengerüst, das heißt die Gestalt, die Lebenskraft und das Bewußtsein. Ebendeshalb herrscht in traditionellen Gesellschaften – weit überwiegend zumindest – die sogenannte patrilineare Abstammungsregel: Die Kinder gelten danach als echt nur mit ihren Vätern beziehungsweise den Vorfahren und Angehörigen ihrer vaterseitigen Herkunftsfamilie „blutsverwandt“, eigentlich eher „knochenverwandt“, wie man häufig auch konsequenter sagt.

In etwa 15 Prozent aller bekannten Fälle geht man, wie auch in einigen Teilen Afrikas, von der entgegengesetzten Möglichkeit einseitig mütterlicher, also matrilinearer Abstammungsverwandtschaft aus. In diesen Fällen schreibt man der im mütterlichen Blut enthaltenen Lebensseele mehr Gewicht und die Übermittlung der Freiseele – hier dann durch die bloße Nähe oder Berührung – dem Bruder der Mutter, nicht selten auch einem väterlichen Ahnen zu, Angehörigen ihrer Seite zwar, aber gleichwohl Männern.

Dennoch unterscheiden sich matrilineare oder, wie man auch sagt, „mutterrechtliche“ von patrilinearen oder „vaterrechtlichen“ Gesellschaften in einigen wesentlichen Punkten, zum Beispiel in bezug auf das Verhältnis der Familienangehörigen untereinander. Zwischen dem Bruder der Mutter und ihren Kindern bestehen engere – eben „blutsverwandtschaftliche“ – Beziehungen als zum leiblichen Vater. Sie „gehören“ ihrer mutterseitigen Sippe. Ihr Onkel ist demzufolge auch hauptverantwortlich für ihre, vor allem seiner Neffen Erziehung, denen gegenüber er eine Art Vormundstellung einnimmt. Und danach richtet sich dann auch die Erbschaftsregelung. Nach dem Tod der Mutter besitzen Anspruch auf ihre Hinterlassenschaft gewöhnlich als erster ihr ältester Bruder, dann ihre Söhne (seine Neffen) und deren Schwestern. Nur in Angola ist ihre (älteste) Schwester die bevorzugte Erbin. Töchter verbleiben bei ihrer Heirat am Ort ihrer mütterlichen Sippe; der Mann zieht von außen her zu, allerdings nicht immer: Oftmals behält er seinen „Hauptwohnsitz“ in seiner Herkunftsfamilie, wo er seinerseits die Vorrangstellung des Mutterbruders einnimmt, und sucht seine Ehefrau und Kinder lediglich besuchsweise auf, weshalb man hier auch von „Besuchsehe“ spricht.

Mutterrechtliche Gesellschaften zeichnen sich in Afrika auch durch eine Reihe besonderer Kulturzüge aus. Sie besitzen zum Beispiel ausgeprägte kollektiv durchgeführte Reifeweihen für Mädchen, die sonst überwiegend individuell erfolgen. Dabei – und auch bei

Linke Seite: Eine Familie der Tufino, die in Pfahlbauten leben. Im Vordergrund befinden sich Zwillingsfiguren, d. h., daß in dieser Familie irgendwann einmal Zwillinge gestorben und somit zu Schutzgöttern für sie geworden sind. Von der Familie werden sie dafür wie Lebende behandelt, z. B. gefüttert und gepudert.

Familie (Habbaniya, Gruppe der Uled Hemat, Darfur) vor ihrer strohgedeckten Kuppeldachhütte. Foto um 1930

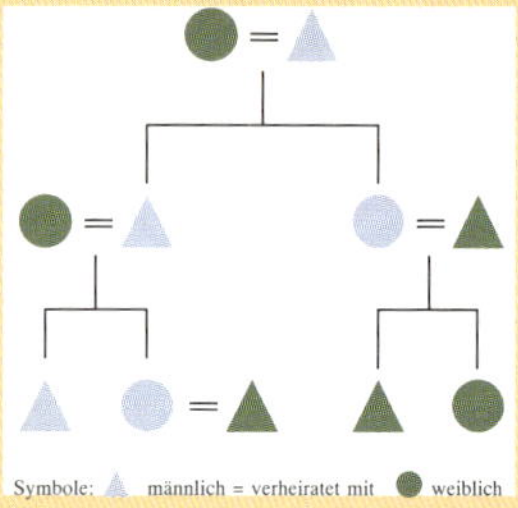

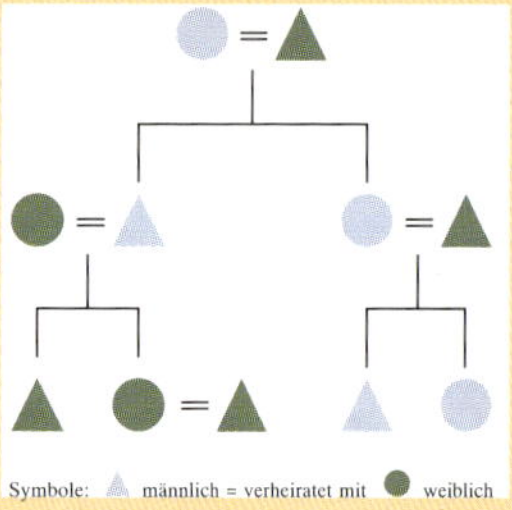

Schemata der matrilinearen und patrilinearen Abstammungsordnung: Die Blutsverwandschaft wird im ersten Fall nur über die Mutter, im zweiten nur über den Vater übertragen.

anderen Gelegenheiten – wird besonderes Gewicht auf die Stärkung der weiblichen Fruchtbarkeit gelegt. Türen, Trommeln, selbst Hochöfen schmücken plastische Nachbildungen von Brüsten. Idole werden allein von weiblichen Ahnen hergestellt. Auffallend häufiger auch als in vaterrechtlichen Kulturen treten Besessenheitskulte auf. Frauen und namentlich Häuptlingsfrauen besitzen größere Freiheiten und Rechte, niemals jedoch die uneingeschränkte Verfügungsgewalt über die (jüngeren) Familienangehörigen: Die letzte und höchste Instanz bleibt ihr ältester Bruder, der die eigentliche Position des Familienoberhaupts einnimmt.

Die mutterrechtlichen Kulturen Afrikas besitzen eine charakteristische Verbreitung. Ihre besonderen Dichtegebiete umfassen einen breiten Gürtel von Angola im Westen über das mittlere Ostafrika bis zu den Küsten Moçambiques und Tansanias im Osten, der nach Norden bis ins südliche Zaïre reicht. Ein zweiter, westafrikanischer Block erstreckt sich von Gabun im Süden über Teile von Kamerun (Duala) bis nach Oberguinea und besitzt sein Hauptkonzentrationsgebiet in Ghana und der Elfenbeinküste (Kru, Baule, Agni Asante, Fante u. a.). Im Norden vertreten eine offenbar alte Mutterrechtskultur auch die Berber samt ihren Tuareg-Abkömmlingen in der Sahara. Daneben kommen Gesellschaften mit matrilinearer Deszendenz vereinzelt auch in anderen Gebieten vor, wie zum Beispiel unter den Nuba in Kordofan (Republik Sudan).

Charakteristisch erscheint dieses Verbreitungsgebiet insofern, als es sich weitgehend mit dem der afrikanischen Königskulturen deckt. Auch diese nämlich kennzeichnen oftmals spezifisch mutterrechtliche Züge – auch dann, wenn die Herrenschichten sich ethnisch von den altansässigen Bevölkerungen unterscheiden. Typisch sind in der Hinsicht vor allem die hohe Stellung der Königinmutter (deren

Die Dogon sind unter anderem auch für ihre besonders guten Zwiebeln bekannt. Dogon-Frauen bringen sie in Körben auf den Markt.

Ein Kirdi-Dorf mit den besonders für den Norden Kameruns typischen Spitzdächern. Der Ort ist von Terrassenfeldern umgeben, die den einzelnen Bewohnern gehören.

Position auch die Älteste eines hochrangigen Adelsgeschlechts einnehmen kann, wie beispielsweise in Loango), der Königsschwester, der Königin selbst und ihrer ältesten Tochter. Sie besitzen eigene Residenzen und können besondere administrative, etwa richterliche Aufgaben, ja gegebenenfalls auch die Herrschaft übernehmen (wie unter anderem bei den Kuba und Luba im Kongogebiet). Nicht selten folgt auch die Thronfolgeordnung dem mutterrechtlichen Muster, indem die Herrschaft nicht auf den ältesten Königssohn, sondern den Schwestersohn übergeht. Gewissermaßen im „Idealfall" waren beide, Sohn und Neffe, ein und dieselbe Person: Vielfach nämlich war es üblich, daß der König eine leibliche Schwester zur Frau nahm.

Bei der matri- wie der patrilinearen Abstammungsordnung ist entscheidend, daß die „Blutsverwandtschaft" unilinear, also einlinig, entweder nur über den Vater und seine Familie oder nur über die Mutter und ihre Herkunftsverwandten verstanden wird. Denn das bedeutet eben, daß die Kinder jeweils nur einer Sippe, im letzteren, häufigeren Fall dem Vater und seiner Verwandtschaft „gehören". Der Vater besitzt also mit der vorrangigen Position in der Familie auch die Hauptverantwortung für ihre Erziehung.

In erster Linie betrifft das jedoch allein die Söhne. Denn diese verbleiben, wie schon ihre väterlichen Vorfahren, in ihrem Heimatort. Der Sage nach hatte der Urahn ihrer Sippe (bzw. ihres Klans) das Dorf gegründet, gewissermaßen also „erschaffen", so daß es seinen Nachfahren auch „gehörte". Denn alter Anschauung nach hat man auf alles, was man selber erzeugt, herstellt, entdeckt, erfindet, oder auf den Boden, den man als erster betritt, einen legitimen Besitzanspruch. Demzufolge befindet sich das Dorf samt seiner Feldflur ringsum rechtens im Besitz der ortsansässigen Sippe. Und da sie am längsten dort heimisch ist, kennt sie ihre Umwelt auch besser als andere, einschließlich der Geistmächte, die das Jagdwild betreuen, der Erde Fruchtbarkeit schenken und Sorge für die Niederschläge tragen oder draußen im Busch in Quellen, Tümpeln, Höhlen oder im Dickicht hausen und unvorsichtige Menschen ins Verderben ziehen. Von alledem – dem altüberlieferten Wissensschatz und der Kultur ihrer Gruppe – müssen also vor allem die Söhne von ihren Vätern und älteren Verwandten unterrichtet werden; denn die Mädchen verlassen in patrilinearen Gesellschaften bei der Heirat das heimatliche Dorf und siedeln in die Familie des Ehemannes über.

Vielfach bilden so die Angehörigen ein und derselben Sippe oder einer Untergruppierung (einer sog. Lineage oder eines Subklans) das Gros der Einwohnerschaft eines Dorfes. Das sind im

Schnitt zwischen 50 und 150 Leute. Für Ehen innerhalb der Gemeinschaft stehen also kaum hinreichend altersgemäße Partner zur Verfügung; außerdem würde man rasch an die Grenzen des Inzesttabus stoßen. Die Lösung des Problems, einerseits möglichst im Vertrauenskreis unter seinesgleichen zu bleiben, andererseits aber keine Ehen unter engeren Verwandten einzugehen, besteht seit alters in der Exogamie („Heirat nach außen") in den Grenzen des eigenen „Stammes" (Stammesendogamie): Zwei oder mehrere Lineages, Subklane oder Klane pflegen ihre Heiratspartner immer nur untereinander zu wählen, wobei, wie gesagt, die Mädchen an den Wohnort ihrer Gatten ziehen (sog. Virilokalität).

In gewissem Sinne sind die Ehefrauen also „Fremde" in den Familien ihrer Männer. Gleichzeitig aber wird von ihnen erwartet, daß sie deren künftige „Stammhalter" zur Welt bringen. Das erklärt die oft sehr umständlichen und langwierigen Heiratszeremonien. Analysiert man deren Strukturen nämlich, wird deutlich, daß es sich im

Eine Töpferin in Burkina Faso mit irdenen Bierkrügen, aus denen das afrikanische Hirsebier ausgeschenkt wird.

Eine Kirdi-Frau auf dem Feld in traditioneller Tracht, einem vorgebundenen Blatt. Die Kalabasse dient ihr dazu, Hirse zu transportieren.

Kern um Adoptionsrituale handelt, deren Funktion es ist, die „fremden" jungen Frauen in „Quasi-Blutsverwandte" umzuwandeln. Eine Ehe gilt daher erst als endgültig vollzogen, wenn das erste Kind geboren ist, und sie wird enger mit jeder weiteren Geburt – um so mehr, je häufiger die Frau Söhne zur Welt bringt.

Ehen müssen zunächst nicht auf Neigung beruhen; ohnehin kannten sich früher zumindest die künftigen Gatten ja kaum. Ihre Eltern, vor allem aber die Mütter, beginnen bereits früh, in den genannten Grenzen Ausschau nach geeigneten Partnern für ihre Kinder zu halten. Und dabei kommt es weniger auf die äußere Erscheinung als vielmehr auf Fleiß, Geschick, Zuverlässigkeit und Achtbarkeit der Herkunftsfamilie an. Denn allein Eigenschaften und Tugenden dieser Art bilden verläßliche Voraussetzungen, um den Existenzerhalt der Familie und letztlich das Überleben der Gruppe insgesamt zu gewährleisten. Scheidungen sind daher, da der Neigung allein eben kein ausschlaggebendes Gewicht zukommt, auf dem Land eher selten, zumal hinter den Gatten immer auch ganze, inzwischen durch ein weites Netz vielfältiger Verbindlichkeiten miteinander verknüpfte Verwandtschaftsverbände stehen, deren Interessen dabei unvermeidlich berührt sind. Alle haben daher ein wachsames Auge auf das Paar, ermahnen, gleichen aus und vermitteln im Ernstfall, solange nur möglich.

Kommt es tatsächlich zur Trennung, müssen schon sehr ernsthafte Gründe vorliegen. Sie können in anhaltender Grausamkeit des Gatten, Untreuedelikten, gravierender Vernachlässigung der Pflichten und dem Verdacht auf Schadensmagie und Hexerei bestehen. Vor allem aber werden sie in der Unfruchtbarkeit der Frau gesehen; denn den genannten Zeugungsvorstellungen nach ist die Ursache für Kinderlosigkeit insofern kaum beim Mann zu suchen, da dessen Anteil vor allem in der Übermittlung der Freiseele besteht und man daher annehmen muß, daß diese einen triftigen Anlaß hat, nicht mit der Mutter in Kontakt treten zu wollen.

Aufgrund der Heiratsverbindungen ist also zwischen zwei Arten von Verwandtschaft zu scheiden: der (konsanguinen) Abstammungs- oder „Blutsverwandtschaft" und der (affinalen) Heiratsverwandtschaft. Die gewisse Distanz, die gleichwohl zwischen beiden herrscht, macht noch in vielen Sprachen die Begrifflichkeit deutlich. Man spricht etwa von „Schwiegermutter" und „Schwiegervater", überträgt also die Bezeichnungen der Abstammungs- auf die Schwiegerverwandtschaft, so daß deren Angehörige wieder als „Quasi-Blutsverwandte" erscheinen.

Die Beziehungen verdichten sich noch, wenn der Ehemann später eine weitere oder gar mehrere Ehen eingeht, zumal er dabei nicht selten Schwestern der ersten Ehefrau wählt. In diesen Fällen spricht man von sororaler Polygynie, einer „Mehrfrauen-Ehe mit Schwestern“. Afrikanische Haushalte können so aus monogamen oder polygamen Familien bestehen. Letzteres hat nicht nur mit der Wohlhabenheit des Mannes, sondern auch der Art des Feldbaus zu tun: Haben die Frauen den größeren Anteil daran, kommt eine Familie mit mehreren Frauen besser voran. In diesem Fall ist allerdings üblich, daß jede Ehefrau ihre eigene Hütte besitzt, in der sie mit ihren Kindern lebt. Der Gatte kehrt dann nach einem streng geregelten Turnus jeden Abend bei einer anderen ein und verbringt dort die Nacht.

Der Einzelhaushalt erweitert sich so zum Gehöft. Bleiben die Söhne, wie in Afrika häufig üblich, im Anwesen ihres Vaters wohnen, leben alle in einer Großfamilie – gewöhnlich drei Generationen, bestehend aus Großeltern, Eltern, Onkeln, Tanten, Neffen, Nichten usw. bis zu den Enkeln – zusammen in einem entsprechend weitläufigen Areal mit zahlreichen Hütten, einem zentralen Platz für Zusammenkünfte und religiöse Feierlichkeiten, rings von einer Mauer umgeben.

Gleichwohl bleiben die Distanzen zwischen den verschiedenen Verwandtschaftsgraden, den Geschlechtern und Altersstufen immer bewußt und achtsam gewahrt. Eine Vielzahl von Vorschriften schreibt vor allem der jungen Ehefrau (und analog auch allen anderen Familienmitgliedern) vor, wie sie ihrem Gatten und seinen Geschwistern, der Schwiegermutter, dem Schwiegervater, den Schwiegergroßeltern usw. zu begegnen, wie sie jeweils zu grüßen, welche Anredeformeln sie zu verwenden hat und vieles mehr. Mit der Anzahl der Kinder, die sie zur Welt bringt und die sie enger an die Familie ihres Gatten binden, da sie Anteile beider Verwandtschaften in sich vereinigen, lockert sich dann die Strenge des Verhaltensreglements. Zwar darf sie, wie bei den Fulbe zum Beispiel, nunmehr zusammen mit ihrer

Fulbe-Frauen auf dem Markt in Djenne (Mali). Der Markt ist Bereich der Frauen.

Eine Kirdi-Frau beim Mahlen von Hirse, die als Hauptnahrungsmittel in Afrika zu unterschiedlichen Speisen verarbeitet wird.

Bei den wenigsten Stämmen wird Schweinefleisch gegessen. Die Schweine dienen eher der Reinhaltung eines Dorfes (hier in Sambia), da sie alle Reste fressen. Die Tiere sind aber auch anfällig für Wurmbefall.

Schwiegermutter essen und sich ihr gegenüber weniger zurückhaltend geben, doch bleiben körperliche Berührungen unter ihnen nach wie vor tabu. Die jüngere Frau hat leise zu sprechen und sich auch weiterhin an bestimmte Höflichkeitsformen zu halten. Kaum etwas dagegen ändert sich in ihrem Verhalten dem Schwiegervater gegenüber, den etwa unmittelbar anzusprechen ein grober Verstoß wider die guten Sitten wäre.

Sicherlich hat das nicht zuletzt damit zu tun, das Zusammenleben mehrerer auf engstem Raum möglichst konfliktfrei zu halten. Demselben Zweck dienen auch zahlreiche andere Regularien des häuslichen Lebens. In monogamen Familien ist jede Hütte (die gewöhnlich nur aus einem einzigen Raum besteht) in zwei Hälften geschieden – die eine für die Frau und kleineren Kinder, die andere für den Mann und die Söhne ab etwa dem fünften Lebensjahr. Das Familienoberhaupt besitzt einen Ehrenplatz hinter dem Feuer mit Blick auf den Eingang und ins Dorf hinaus. In Großfamiliengehöften befindet sich die Hütte des Ältesten beziehungsweise Oberhaupts entsprechend im Zentrum dicht am Versammlungsplatz.

Auch Arbeiten, Zuständigkeiten und Verantwortlichkeiten sind genauestens nach Geschlechts- und Alterszugehörigkeit geschieden. Sache der Frauen ist vor allem die Hausarbeit. Dazu zählen, neben der Betreuung der kleineren Kinder, Reinigungs- und Instandhaltungsaufgaben, das Herbeischaffen von Wasser und Brennholz, die Nahrungszubereitung und oft auch die Kontrolle über die Lebensmittelvorräte. Hinzu kommt die Versorgung der in traditionellen – nicht bäuerlich-hochkulturlichen – Agrargesellschaften wenigen Haustiere: der Hühner, Ziegen, Schweine und in trockeneren Gebieten auch Schafe. Die Frauen stellen auch die Geräte und Gebrauchsgüter her, die sie selbst bei ihrer Arbeit verwenden – vor allem Töpfe und Textilien – und errichten meist auch die Wohnhütte für die Kleinfamilie.

In den Aufgabenbereich der Männer dagegen fallen alle größeren und öffentlichen Bauarbeiten (Brunnen, Wege, Brücken, Mauern, Großfamilien- und Versammlungshäuser, Moscheen), die Herstellung der von ihnen benutzten Werkzeuge, Geräte und Waffen und die Versorgung der Rinder, von denen gelegentlich einige Stück gehalten werden. Sie empfangen ferner die Gäste, widmen sich als Mitglieder der Gemeinde- und Ältestenräte kommunalen und repräsentativen Aufgaben und übernehmen im Alter noch zunehmend religiöse Verpflichtungen.

Gemeinsam, wenn auch wieder nach getrennten Zuständigkeiten, gehen beide Geschlechter dem Feldbau nach. Gewöhnlich ist es Sache der Männer, die Böden für die Aussaat vorzubereiten, also zu roden beziehungsweise mit Grabstock oder Hacke umzubrechen – in Savanne und Steppe nach der Trockenzeit eine sehr kraftzehrende Aufgabe (Pflüge waren bis vor kurzem, abgesehen von den Kolonialgebieten, nur in Nord- und Nordostafrika bekannt). Die Last praktisch aller Folgearbeiten haben dann die Frauen zu tragen. Sie säen und pflanzen Stecklinge aus, jäten wiederholte Male und bringen

Ein Senoufu-Dorf an der Elfenbeinküste, in dem sich einige Männer zusammengetan haben, um ein neues Haus aus Lehmziegeln zu bauen.

schließlich die Ernten ein. Damit nicht genug, gehen sie meist noch in Busch und Wald dem Einsammeln von eßbaren Wurzeln, Wildpflanzen, Beeren, Insekten und kleineren Tieren (Schnecken, Fröschen, Eidechsen usw.) nach, die insofern eine begehrte Zukost bilden, da sie oft besonders vitamin- oder nährstoffhaltig, im letzteren Falle reich an tierischem Eiweiß und Fett sind.

Ein Dogon-Schmied bei der Arbeit. Neben Metallarbeiten sind sie auch für das Schnitzen sakraler Skulpturen zuständig.

Im ganzen gesehen, haben Männer die riskanteren und kurzfristig kraftaufwendigeren, Frauen die ungefährlicheren und weniger, dafür jedoch längerfristig anstrengenden Tätigkeiten zu verrichten, so daß die Lasten dem reinen Energieaufwand nach in etwa ausgeglichen verteilt erscheinen. Gleichwohl arbeiten die Frauen insgesamt länger und mehr und tragen auch den Hauptanteil zum Unterhalt der Familie bei. Kinder werden, sobald sie dazu imstande sind, zu den meisten Arbeiten mit herangezogen. Ältere Männer hingegen übernehmen mit wachsendem Alter mehr und mehr intellektuelle und geistliche Aufgaben. Sie planen und organisieren die familiären und kommunalen Vorhaben, erteilen Rat, vermitteln in Streitigkeiten, wachen über die Aufrechterhaltung der Tradition, tragen die Verantwortung für den Ahnenkult und repräsentieren Familie und Gesellschaft bei Zusammenkünften und Verhandlungen mit benachbarten Gruppen. Das darf man indes nicht als eine Art wohlmeinender „Altersversorgung" verstehen. Alte galten in Gesellschaften, in denen sich früher jahrhundertelang nur kaum etwas änderte, wegen ihrer in jeder Beziehung größeren Erfahrung den Jüngeren als überlegen und standen zudem schon den Ahnen näher – alles Gründe, die sie unentbehrlich machten und ihnen begründeterweise größten Respekt eintrugen.

Allerdings wird das Alter nicht nur nach der Höhe der Jahre bemessen. Generell darf jeder, der älter als ein anderer ist, von diesem Ehrerbietung und Folgsamkeit erwarten, wie er seinerseits dem Jüngeren gegenüber zu Hilfsbereitschaft und Großzügigkeit verpflichtet ist. Und das gilt ebenso für Kinder, die lediglich ein oder zwei Jahre trennen, wie für den Ältesten und den Rest der Gesellschaft. Es ist dies einer der Grundpfeiler der Höflichkeit, die man den Kindern bereits von klein auf einprägt. Die Erziehung selbst erfolgt im übrigen eher unauffällig – durch geduldiges Ermahnen, bezeichnende

Bei geselligem Beisammensein wird außerordentlich nahrhaftes Hirsebier ausgeschenkt, das in Tonkrügen gelagert und dann aus halben Kalebassen getrunken wird.

Gesten, eindringliche Blicke, Hänseln, gelegentlich mal einen Klaps, der nur selten in handfeste Schläge ausartet, und vor allem das eigene Beispiel.

Afrikaner besitzen ein sehr sensibles Taktgefühl und gehen ausgesprochen rücksichtsvoll miteinander um. Wohlerzogene Kinder würden zum Beispiel niemals den Mund auftun, solange Ältere, namentlich Erwachsene, sprechen. Europäer werden daher oft als höchst ungehobelt empfunden – worüber man sich, freilich erst, wenn sie außer Reichweite sind, ausgiebig lustig macht.

Gute Manieren sind eben eine nicht minder unabdingliche Voraussetzung für ein konfliktfreies Zusammenleben auf engem Raum als die klar definierte Aufgaben- und Kompetenzenverteilung. Diese hat zudem noch eine wichtige Zusatzfunktion: Dadurch, daß jeder für etwas anderes zuständig ist, bleiben alle zwingend aufeinander angewiesen. In der Ethnologie spricht man hier vom Prinzip der Reziprozität, der „Gegenseitigkeit“, die jedermann verpflichtet, eine Gabe mit einer gleichwertigen Gegengabe, eine Leistung mit einer entsprechenden Gegenleistung zu vergelten, ob nun unmittelbar oder über einen längeren Zeitraum hin. Das gilt um so mehr, je enger Menschen zusammenleben beziehungsweise miteinander verwandt sind, besonders also für Blutsverwandte innerhalb der Familie. Brüder tragen zum Beispiel ein höheres Maß an Verantwortung für ihre Schwestern als Männer für ihre Frauen; oft ist das Geschwisterverhältnis auch enger als die Gattenbeziehung.

Auf diese Weise bildet sich unter Verwandten und zumal Familienmitgliedern ein Solidaritätsbewußtsein, dessen Intensität sich europäischem Verständnis meist entzieht. Man steht unbedingt, ja um jeden Preis füreinander ein – oder sollte es jedenfalls. Die gemeinsame Hütte, das Haus sind Stätten echter Geborgenheit, mit dem Herd im Zentrum als Symbol familiären Lebens, auf dem täglich die Nahrung für alle zubereitet wird, der Licht wie Wärme spendet und um dessen Feuer, das niemals verlöschen sollte, man sich allabendlich in vertrauter Runde versammelt.

Wie die Familie in ihrem Heim, versuchen Verwandte möglichst in einem Dorf, im Falle größerer Siedlungen in geschlossenen Straßenzügen oder Vierteln zusammenzuleben. Während Ehen und in der Folge davon Beziehungen unter Schwiegerverwandten an sich wieder gelöst werden können, bindet Blutsverwandtschaft auf ewig. Nicht nur die gemeinsame Überlieferung, das Brauchtum, die Sprache und gesamte Kultur gelten als Ausdruck dieser Verbundenheit; man glaubt auch, einander dem Wesen nach „gleich“ zu sein. Freude wie Schmerz, die einer empfindet, teilen sich unmittelbar allen anderen mit. Bei Nahrungsmangel hilft man einander aus. Waisen werden in andere Familien mit übernommen. Kranke und alleinstehende Alte bleiben nicht sich selbst überlassen. Ja, nicht selten wird von „Krisentelepathie“ unter Engstverwandten berichtet: Ein Vater träumt, „sieht“ oder fühlt zum Beispiel, wenn sich sein Sohn in Gefahr befindet. Alle bilden gemeinsam eine Art Überorganismus, in dem Empfindungen unmittelbar greifen und sich fortpflanzen. Der einzelne steht mit den anderen in einer höchst sensiblen Wechselbeziehung, so daß, wie ein Ethnologe das für die Iraqw in Tansania charakterisiert, „das gute wie böse Tun irgendeines Mitglieds immer gleich die Gesamtgruppe in Mitleidenschaft zieht“, alle also „einen moralisch geschlossenen Leib“ bilden.

Unmut, Neid und Haß, die leicht in zersetzende Streitereien umschlagen können, sind daher unter Verwandten und mehr noch innerhalb der Familie strengstens verpönt. „Der Bosheit“, pflegt man bei den Zande im Süden der Republik Sudan zu sagen, „folgt die Hexerei auf dem Fuße.“ Neid vor allem gilt als eine Art Urkraft allen Übels. Um derartige Zerreißproben möglichst erst gar nicht auf-

Babys werden oft der Obhut ihrer älteren Geschwister überlassen, damit die Mutter ihren Pflichten ungestörter nachgehen kann (Djenne, Mali).

kommen zu lassen, waltet daher ein ausgesprochenes Harmonie- und Friedensgebot – ein Ideal sicherlich, dessen zwingende Notwendigkeit aber allen bewußt ist. Die Boran in Südäthiopien etwa bezeichnen dies unumwunden als „geheiligte Verpflichtung" und führen bei jeder Gelegenheit den „Frieden der Boran" als steten Appell an alle im Munde. Auf höherer Ebene, wie bei den Ratsversammlungen der Ältesten, kann die bemühte Einsinnigkeit regelrecht beschworen werden, indem die Ratsherren, wie bei den genannten Iraqw, vor Beginn jeder Sitzung unisono im Chor die Worte sprechen: „Wir sind eins", „wir sind einer Meinung", „wir lieben einander".

Vor allem muß sich das in kritischen Situationen bewähren. Bei Geburten, nach Beschneidungen, in schweren Krankheits- oder sonstigen Notfällen sollten Angehörige niemals uneins sein, geschweige denn streiten oder einen Tabubruch begehen. Vor allem letzteres könnte verheerende Folgen haben, weil damit die geltende Ordnung verletzt und die Autorität der Ahnen gefordert ist. Afrikanische Gesellschaften besitzen ein sehr intensives Bewußtsein dafür, daß eine Gruppe nicht nur aus den gerade lebenden Generationen, sondern auch aus den Verstorbenen, ihren Vorfahren unter der Erde besteht. Beide sind über die Blutsverwandtschaft unauflöslich miteinander

Nur zu bestimmten Anlässen, wenn etwa wichtige Entscheidungen für das Dorf zu fällen sind, dürfen die Ältesten die Wohnstätte des hogon (religiöses Oberhaupt) betreten, die als Allerheiligstes des hogon anderen Menschen sonst verschlossen ist. Ein hogon untersteht auch gewissen Ritualen und Pflichten, so darf er sich nicht mit Wasser waschen, sondern nur in eine Grube voller Schlangen legen, die ihn durch ihre Bewegungen reinigen.

verbunden, bilden einen einzigen, fest geschlossenen Sozialorganismus. Dessen „Herz" schlägt insofern immerfort weiter, da sich die Seelen der Abgeschiedenen, stetig kreisend zwischen Diesseits und Jenseits, eines Tages, gewöhnlich nach der dritten oder vierten Generation, aufs neue unter den Ihren auf Erden reinkarnieren. Als gleichsam „Überälteste" genießen die Toten nicht allein mehr Verehrung als die Alten auf Erden, sondern auch einen Kult, der vielfach überhaupt die Basis der afrikanischen Religiosität darstellt. Die Ahnen sind eigentlich letztinstanzlich für die Wahrung der Tradition, die sie selber einst lebten und hüteten, verantwortlich. Begeht also jemand ein Vergehen, das unter den Lebenden vielleicht unbemerkt bleibt, greifen sie ein und suchen den Schuldigen – oder auch einen Angehörigen, da ja alle „ein Leib" sind, so daß es tatsächlich jeden treffen kann – mit einer Krankheit, einem Unglück oder einer Mißernte heim.

Feste und Feiern – die rituelle Anarchie

Feste sind Gemeinschaftsveranstaltungen. Es gehören mindestens zwei Personen dazu. In afrikanischen Gesellschaften feiert man jedoch im größeren Kreis: in der Familie, unter Verwandten oder mit Beteiligung der gesamten Dorfgemeinschaft. Die Anlässe müssen nicht unbedingt fröhlicher, aber auf jeden Fall besonderer und feierlicher Art sein. Das hebt sie gegenüber dem Alltag ab.

In aller Regel finden Feste zu wichtigen biographischen oder jahreszeitlichen Einschnitten statt: anläßlich der Geburt eines Kindes, bald darauf seiner Namensgebung, dann zum Abschluß der Pubertätsriten (Initiationen). Später folgen die Hochzeit, vielleicht eine Amtseinsetzung und zuletzt die Bestattungsfeierlichkeiten sowie, in turnusmäßigen Abständen, die Totengedenkfeste. In all diesen Fällen ist der biographische Einschnitt mit einem Statuswechsel verbunden: Eine Totenseele reinkarniert sich erneut und wird vom Ahnen zum Menschen, eine Frau zur Mutter, der Gatte zum Vater, ein Jugendlicher zum Erwachsenen; Ledige treten in den Ehestand ein, ein Lebender geht zu den Ahnen über.

Mehr die Gesamtgesellschaft betreffen die Übergänge zwischen den Jahres-, in Afrika vor allem zwischen den Regen- und Trockenzeiten, da sie von grundlegender Bedeutung für den Anbau sind. Diesen begeht man gegen Ende der Trockenzeit in Erwartung der ersten Niederschläge mit der feierlichen Eröffnung der Feldbestellung und den Aussaatriten, zum Abschluß der Regenzeit mit dem Erntefest. Bei Sammlerinnen- und Jägervölkern entsprächen dem etwa die Wiederkehr bestimmter Zugvögel, der Beginn einer speziellen Jagdsaison und die Reifezeit wichtiger Wildfrüchte (Nüsse, Grassamen, Beeren usw.), bei Hirtennomaden der Aus- und Wiedereintrieb der Herden.

Leichentanz der Latukas, gezeichnet nach E. Ade. Nach Baker, Albert Nianza, Costenoble. Aus: Die Völker der Erde, Würzburg und Wien, 1891.

Feste markieren so eine Art Lücke zwischen Lebens-, Zustands- und Tätigkeitsphasen. Man wechselt dabei von einem Abschnitt in den nächstfolgenden über, verharrt gleichsam während des Übergangs kurzfristig in einem unsicheren Schwebezustand, in dem die Regeln der verlassenen Phase, beispielsweise der Jugend, nicht mehr recht gelten, gleichzeitig die der nächsten, des Erwachsenendaseins, noch nicht vollends in Kraft sind. Ebendies wird sowohl als riskant wie auch als Möglichkeit zur Einflußnahme auf die Folgephase begriffen. Beidem werden die Feste mit ihrer bestimmten Dramaturgie und Ritualfolge gerecht.

Im wesentlichen nämlich handelt es sich dabei immer um drei Schritte, die allerdings, je nach der Bedeutung der Anlässe, mal nur sehr verkürzt, mal voll und mit verschwenderischem Formenreichtum ausgestaltet sind. Im letzteren Fall folgt der Ablauf des Ganzen, um dem Geschehen mehr theatralische Eindringlichkeit zu verleihen, dem menschlichen Lebensmodell: Die Feiernden „sterben“ (als Ledige etwa), durchlaufen eine Phase des „Totseins“ und der Verwandlung, um zuletzt (als Verheiratete) zu „neuem Leben wiederaufzuerstehen“. Als unabdinglich gilt daher immer, daß alle Mitglieder einer Gemeinschaft zumindest an den bedeutenderen Festen teilnehmen, damit die Beteiligten oder die Gesamtgesellschaft den

Vorbereitung zur Hochzeit bei den Mandigos (Spitzschlagen der Zähne).
Aus: Westafrika vom Senegal bis Benguela, Leipzig, 1878.

Übergang, die rituelle Neugeburt, auch geschlossen vollziehen, ohne daß eine Lücke oder „Schwachstelle" bleibt, die in der Folge anfällig für zerstörerische Einflüsse wäre.

Den Beginn, das „Sterben", stellen etwa bestimmte (beispielsweise sexuelle) Enthaltsamkeitsvorschriften und Fastengebote dar; im Falle von Hochzeiten ziehen sich die Brautleute in „Verstecke" zurück, um nicht mehr gesehen zu werden, sind „tot", um schließlich, angetan mit den Trachten und dem Schmuck, die ihren neuen Stand markieren, in die Festgemeinschaft einzuziehen. Daraufhin beginnt dann mit ihrer rituellen Vermählung, einem Mahl, das sie gemeinsam einnehmen, und unter Einbezug aller in die Feierlichkeiten der festliche Höhepunkt des Ganzen erst eigentlich.

Feste heben das Leben für kurze Zeit aus der Regelroutine des Alltags heraus. Eines ihrer markantesten dramaturgischen Mittel bildet daher die Kontrastierung zur, ja „Umkehrung" der Alltäglichkeit: Man arbeitet nicht, gibt sich ausgelassener Fröhlichkeit hin, legt eine nicht alltägliche, eben eine spezielle „Festtracht" an, tischt ganz besondere „Festspeisen" auf, ißt und trinkt überhaupt reichlicher, als es die Verhältnisse sonst je erlauben würden, und unterhält sich mit Musik, Tanz, Gesang und Wettspielen. Dem Verkehrungsgedanken etwa verleiht man durch Kleider- und Rollentausch unter den Geschlechtern sowie eine allgemeine Freizügigkeit Ausdruck, die oft ebenso alle Regeln der Höflichkeit wie sexuelle Tabus außer Kraft setzt – es herrscht, wie der religionsethnologische Fachausdruck dafür lautet, „rituelle Anarchie".

Ungeachtet dieser sozusagen geregelten Irregularität bildet der Kult den ehernen Kern aller bedeutenderen Feste. Das Auseinandertreten der Phasenabschnitte bedeutet der Vorstellung nach nicht nur, daß die Ordnungsbande sich lockern, ja unter Umständen vorübergehend lösen, sondern auch, daß sich das Diesseits um einen Spaltbreit zum Jenseits hin öffnet. Man glaubt, daß bei großen Festen Geister Zutritt erhalten, ebenso aber auch Götter, vor allem jedoch die Ahnen zu Gast sind. Oft ist man ihnen behilflich, indem man ihre Idole oder Maskenträger auftreten läßt, so daß sie für die Dauer ihres Besuchs eine Stätte haben, in der sie Wohnung nehmen und die ihnen gebührende Verehrung empfangen können. Es gehört sich, daß man sie preist und in Liedern ihrer gedenkt, sich für den Erntesegen bedankt, sie mit Opfern bewirtet und gemeinsam mit ihnen speist. Letzteres bildet den Höhepunkt bei den Haupt-, also den Ernte- oder „Neujahrsfesten": Üblicherweise wird aus den zuerst geernteten Früchten ein Sakralmahl bereitet – ein Brot gebacken oder ein Breigericht angerührt, aus den Körnern auch Bier gebraut –, das dann die Ältesten der Gruppe feierlich im Beisein aller und, wie man glaubt, gemeinsam mit den Ahnen verzehren. Erst danach steht die Nutzung der neuen Ernte allen frei. Und da schließlich vor Eintritt in die nächstfolgende Phase noch mancherlei „offen" scheint, zählt zu den Zügen des Festkults auch, daß man Stärkungs-, vor allem gesundheits- und fruchtbarkeitsfördernde Riten durchführt. Man versucht, Einfluß auf die Zukunft zu nehmen, indem man einander Versprechen abgibt oder im einen oder anderen Fall feierlich Besserung gelobt sowie, nicht zuletzt, das „Fenster zum Jenseits" nutzt, Orakel zu befragen, Zukünftiges zu schauen oder zu träumen und sich von Wahrsagern weissagen zu lassen.

Feste haben die Funktion, die während der Phasenübergänge vermeintlich gelockerte und daher gefährdete Ordnung rituell aufs neue zu festigen. Nach Ahneneinkehr, Mummenschanz und turbulenter Freizügigkeit kehrt der Alltag wieder ein – doch unter verläßlicheren Voraussetzungen: Die Hütten, der Hausrat, das Vieh und die Menschen haben eine gründliche Reinigung erfahren. Streitigkeiten wurden beigelegt, Verfehlungen eingestanden und – etwa durch Opfer – gesühnt, die Fruchtbarkeits- und Lebenskräfte erneut gestärkt. Alle haben das miteinander getan und durchlebt, was ihre Einmütigkeit und Solidarität nicht nur unmittelbar und zwingend erfahrbar gemacht, sondern auch verdeutlicht hat, was man, gemeinsam handelnd, zu bewirken vermag.

Legba-Adeptinnen auf dem Einweihungsfest einer Figur dieses Gottes. Der Legba, ein Trickster, ist von schelmischem und erzieherischem Charakter.

Feste demonstrieren durch theatralische Überhöhung Bestand und Bedeutung der überkommenen Ordnung. Sie bezeugen, daß diese, wenn alle einsinnig und gemeinschaftlich handeln, möglichen Erschütterungen nicht nur gewachsen ist, sondern auch gestärkt aus ihnen hervorgehen kann. Feste stiften Vertrauen und stärken die Zuversicht. Das alljährliche Ernte- und Ahnenfest, erläuterte ein Dorfältester der Kossi in Kamerun einem Ethnologen mit nostalgischem Rückblick auf die alte Zeit, „war früher unsere Kirche".

Die Macht der Häuptlinge

Im Akuapem-Reich endet das alte und beginnt das neue Jahr mit dem odwira („Reinigung"). Erst nach Abschluß dieses alljährlich im September gefeierten Festes darf der neue Yams, das traditionelle Nahrungsmittel der Akan, verzehrt werden. Die Bewohner von Akuapem sagen: „Wir waschen, bevor wir essen."

Der Ideologie nach, die es widerspiegelt, gilt das odwira als so zeitlos und unwandelbar wie die Königsahnen, ihre geschwärzten Schemel und der König selbst. Odwira zelebriert die ungebrochene Kontinuität des Reiches, des Königtums und seiner gewachsenen Machtstrukturen. Die Realität indes zeichnet ein anderes Bild: Seit seiner Gründung (um 1730) kämpfen in Akuapem verschiedene Sektionen um die Macht. Neben innerdynastischen Konflikten bedrohten immer wieder Abspaltungstendenzen einzelner Ortschaften die Reichseinheit. Die Ursache dieser Spannungen liegt auch in historischen Ereignissen, deren Ablauf von den verschiedenen Gruppen unterschiedlich ausgelegt wird. Dies läuft darauf hinaus, daß die Legitimität der Herrschaft des Königs, der in Akuropon residiert, in Frage gestellt wird. Während der Kolonialzeit schützte die bemühte Friedenspolitik der Briten die überaus anfälligen Machtstrukturen. In der jüngsten Neuzeit kam es jedoch immer wieder zu Unruhen. 1994 erreichte der Konflikt seinen Höhepunkt: In verschiedenen Orten brachen Aufstände und offener Widerstand gegenüber dem König aus. Seither kam kein Vertreter der abgefallenen Orte mehr zum odwira in die Hauptstadt. Statt dessen feiern sie, um die eigene Macht und Selbständigkeit herauszustellen, ihr eigenes Fest.

Am odwira-Freitag laufen Boten durch die Straßen von Aburi und fordern die königlichen Amtsträger auf, bei Hof zu erscheinen. Aburi ist eine der Städte des Akuapem-Reichs, die sich 1994 vom Reich abspalteten und die Vorherrschaft des Königs nicht mehr anerkennen.

Offiziell jedoch hat Akuapem lediglich einen Sakralkönig. Er ist das Bindeglied zwischen Ahnen, Lebenden und den noch Ungeborenen; seine Person verkörpert – dem Ideal nach – Einheit und Einmütigkeit des Reiches. Er steht im Mittelpunkt der odwira-Feierlichkeiten, die sowohl ihn als auch das Königtum erneuern. In Akuropon dauern diese über zwei Monate und haben ihren Höhepunkt in einer ereignisreichen Festwoche. Während dieser Zeit wird das Königtum und seine Geschichte gleichsam in einzelne Ereignisabschnitte zerlegt und wieder zusammengefügt. Der König erleidet einen symbolischen Tod, aus dem er aufs neue belebt wiederaufersteht.

Am Mittwoch vor Beginn der eigentlichen Festwoche werden die geschwärzten Schemel der Königsahnen auf die Seite gelegt: Sie „ruhen" bis zum Beginn der odwira-Woche. Ab sofort ist das Trommeln – und damit die Ausrichtung von Totenfeiern – sowie der Verzehr von Yams untersagt. Am Montag morgen der Festwoche reinigen königliche Diener den Weg zu dem Ort, an dem die Knochen der Königsahnen verwahrt werden. Damit bereiten sie ihnen den Weg für ihren Einzug in die Stadt. Dienstag findet die öffentliche Ausstellung des neuen Yams statt. Bereits früh am Morgen wurden die „weißen" Hocker, auf denen der König und seine Ratgeber sitzen, gewaschen. Im An-

Zum odwira trägt das „Seelenkind" einen Kopfschmuck aus Adlerfedern, Leopardenfell und kleinen Stücken Krokodilhaut, die mit Golddraht zusammengehalten werden. Vorne zieren ihn goldüberzogene Widderhörner. Das Kind lebt mit im Palast und soll den König vor Gefahren schützen. Es kostet seine Nahrung vor und mußte früher dem König auch in den Tod folgen.

Rings um den König, den ein kreisender Schirm schützt, schreiten seine Würdenträger. Frauen preisen seinen Namen, Diener tragen Goldstäbe und Sandalen zur Schau, die mit goldenen Amuletten versehen sind. Alles, was den Herrscher umgibt, verkörpert die Majestät seines Königtums. Selbst „die Blätter an den Bäumen erzittern“ vor so viel Macht.

Vorhergehende Seiten: Prozession von König, Königin und Häuptlingen am letzten Tag des odwira-Festes durch die nun gereinigte Stadt Aburi

schluß daran ziehen die Stadtältesten in Begleitung zweier Trommler zum königlichen Mausoleum. Dort entnimmt der Banmuhene, der Erste Grabwächter, den Ahnengräbern etwas Erde und geleitet die Besucher zur Stadt zurück, wobei sie unterwegs, Kriegslieder singend, an historisch bedeutsamen Stätten kurz verweilen. Sobald sie Akuropon erreichen, ist der Trommelbann aufgehoben. Laut künden die Schläge davon, daß odwira-Zeit ist. Abgeschieden in seiner Residenz wird der König nun einem höchst wirkungsvollen, dramatischen Ritual unterzogen. In Trauertracht zieht er sich hinter eine Abschirmung aus Tüchern zurück, wo ihn der Banmuhene mit Graberde einreibt: Das bedeutet, daß der lebende König unter die Ahnen aufgenommen wird. Wenig später präsentiert er sich, prächtig und prunkvoll, mit erneuerter Macht der Öffentlichkeit. Von Stund an herrschen die Ahnen in Stadt und Residenz. Die übliche Ordnung hat ihre Gültigkeit verloren: Wenn der König gleichsam zwischen Leben und Tod steht, ist auch sein Reich ins Wanken geraten.

Am odwira-Mittwoch beginnt das neue Jahr. Es ist ein Tag der Trauer: Lautes Trommelschlagen und Totenklagen sind überall in der Stadt zu hören. An diesem Mittwoch verläuft das Leben in Umkehr zum Alltag. Man fastet, trinkt dabei; die Frauen singen unzüchtige Lieder, sexuelle Freizügigkeiten sind an der Tagesordnung: Anarchie hat in Akuropon Einzug gehalten. Der König tritt nicht als milder und wohltätiger Herrscher, sondern in der Rolle seiner Eroberervorfahren als furchterregender Krieger auf, geschmückt mit zahlreichen Amuletten. Nach Mitternacht bringt eine Prozession junger Männer die geschwärzten Ahnenhocker zum Fluß. Dort werden sie gereinigt, das heißt befreit von allem „Schmutz“, der sich auf ihnen über das Jahr hin abgelagert hat.

War der Mittwoch ein Tag der Düsternis und des Todes, kehrt am Donnerstag das Leben zurück. Früh am Morgen tötet man zahlreiche Schafe, die für die Akan Frieden symbolisieren. Aus ihrem Fleisch bereitet man zusammen mit oto – Yams, der nicht wie sonst zu einer weißen breiigen Masse zerkocht, sondern gestampft und mit und ohne Palmöl, „rot“ oder „weiß“, angerichtet wird – das Festessen. Oto gilt als Nahrung der Götter, Ahnen und Seelen (kra). Die geschwärzten Ahnenschemel werden nun wieder aufgestellt und symbolisch für die Ahnen gespeist.

In der folgenden Nacht bleibt Akuropon verschlossen. Zu dieser Zeit finden geheime Riten zu Ehren der Götter statt. Zürnende Totengeister werden besänftigt, so daß fortan Ahnen und Lebende wieder problemlos miteinander umgehen können. Am Freitag dann sollten alle Amtsträger des Königs bei Hof erscheinen. Während sie ihre Vorbereitungen treffen, wird der König in aller Stille aus der Residenz zum Stadtrand gebracht, von wo er dann, unter prachtvoller Demonstration von gleißendem Reichtum und Macht, seinen Wiedereinzug in die Stadt hält. Seine „Reise“ endet damit, daß er vor der königlichen Residenz eine erhöhte Plattform besteigt. Der Friede ist wiederhergestellt, und alle Anwesenden wünschen einander ein gutes Jahr. Untergeordnete Fürsten und Dorfoberhäupter erneuern mit ihrer Anwesenheit den Treueeid, den sie bei ihrer Amtseinsetzung geleistet haben. Damals hatten sie geschworen, sie kämen, wann immer der König sie rufe, „einerlei, ob es regne oder die Sonne scheine“ – ein Versprechen, das heute nicht mehr von allen eingehalten wird.

Am letzten Tag des odwira wird der Hocker des Königs, der mit Gold gefüllt ist, durch Aburi getragen. Grund für die Präsentation des Goldes ist der Brauch, daß an diesem Tag der ganze Reichtum gezeigt wird.

Blick auf das prall gefüllte Aburi, wenn sich die Prozession des Königs, der Königin und der Stammesfürsten ihren Weg durch die Gassen bahnt. Die Schirme zeichnen immer Fürsten oder Könige aus, die durch die Stadt getragen werden.

Dankesfest für den Stadtgott von Atito

Priesterin der Stadtgottheit von Atito in Festbemalung. Die weiße Tonerde (Kaolin) bezeugt ihre rituelle Reinheit, ein Zustand, der Voraussetzung für die Kontaktaufnahme mit der Gottheit ist. Die Stadtgottheit wurde vor allem von den Fischern zu ihrem Schutzgott erhoben, da man ihm zum ersten Mal in einem Baumstamm fand, der im Wasser lag.

Die Anlo-Ewe bewohnen den äußersten Südwesten des Ewe-Gebiets, das sich von Südostghana über Südtogo bis nach Südbenin erstreckt. Aus ihren Ursprungsgebieten im Nigerbogen hatten die Anlo zwar verschiedene Götter mitgebracht, zu denen sich aber in der neuen Heimat „ältere" Lokalgottheiten hinzugesellten. Diese trowo, die ihre Wohnsitze auf Bergen, an steilen Felshängen, in Schluchten und Höhlen, in Bäumen, Quellen und Flüssen haben, spielen für das Leben eine wichtige Rolle. Der ferne Himmelsgott Mawu-Lisa hatte sie einst geschaffen, damit sie den Menschen beistehen. Seither sind sie den Menschen überaus nahe und wirken als Vermittler zwischen ihnen und dem Himmelsgott. Unermüdlich wachen sie darüber, daß seine Gebote befolgt werden; Übertretungen strafen sie mit Trockenheit oder verheerenden Stürmen, mit Krankheit oder plötzlichen Todesfällen. Traditionstreue dagegen belohnen sie: Einzelpersonen wie Familien, Dörfer und Städte verdanken ihrer Fürsorge Gesundheit und gutes Gedeihen. Die trowo berufen bestimmte Personen durch Offenbarung zu ihrem Dienst und teilen durch sie ihre Wünsche und Anordnungen mit. Diese ihre Priester und Priesterinnen stehen in ständigem Kontakt mit ihnen, während die Bevölkerung selbst sich nur in dringenden Notfällen an sie wendet. Als Familien- oder Klangottheiten schützen sie einzelne ebenso wie kleinere Verwandtschafts- und Nachbarschaftsverbände, die sie zum Dank dafür mit einem großen Jahresfest ehren.

Die Stadtgottheit von Atito residiert in einem alten Baumstamm. Man hatte ihn einst im Wasser der nahe gelegenen Lagune gefunden und wollte ihn eigentlich als Brennholz nutzen. Doch die Gottheiten (trowo) sprachen durch ihre Priester: „Dieser Baum ist der Vater der ganzen Stadt, er ist ein bedeutender Gott (tro), dem man dienen muß." Da er im Wasser gelegen hatte, erkoren ihn vor allem die Fischer zu ihrem Schutzgott. Sie opferten ihm an den Ufern der Lagune oder

direkt am Baumstamm, indem sie Blut über ihm vergossen und ihm Maisbrei und Branntwein vorsetzten. Dazu sprach sein Priester die Worte: „Deine Kinder haben keine Fische mehr gefangen und beschafften deswegen diese Dinge für dich. Hier sind die Gaben, die sie dir gebracht haben! Wenn sie mit den Fischen in die Ferne gehen, so möge die Ferne ihnen günstig sein!" Anschließend besprengte er die Netze mit einer „Medizin", und in der Regel belohnte der Gott die ihm bezeugten Aufmerksamkeiten mit einem guten Fang.

Das Dankesfest für den Stadtgott findet am Dienstag nach Ostern statt. Dienstags nämlich pflegen die Fischer Ghanas gemeinhin nicht auf Fang zu gehen. Wem der Gott im Jahresverlauf eine erbetene Gunst erwiesen hat, kommt, sein Gelöbnis einzulösen. Unter lautem Getrommel zieht eine Traube von Menschen zum Wohnsitz der Gottheit. Eine eiserne Klapper, die sogenannte „Götterschelle" (awaga), ruft den Gott

Ein Trommler ruft alle zusammen, die sich im vergangenen Jahr mit einem Anliegen an die Schutzgottheit (tro) von Atito gewandt und ihr als Gegenleistung ein Opfer versprochen hatten: Jetzt ist die Zeit reif, ihr Versprechen einzulösen.

Adeptin der Stadtgottheit von Atito mit selbstgestalteter Krone und Kette aus Deckeln von Whiskyflaschen. Gefeiert wird immer am Dienstag nach Ostern, da die Fischer Ghanas an diesem Tag gemeinhin nicht auf Fang gehen.

Wer ein Opfer gelobt hat, händigt es dem Priester aus, der in schneller Folge die zahlreich dargebrachten Hühner und Ziegen schlachtet. Ziegen, die häufig die Dorfgrenze überschreiten und im Busch ihre Nahrung suchen, sind das beliebteste größere Opfertier für „Naturgottheiten", indes die im Dorf grasenden Schafe eher den Ahnen vorbehalten bleiben.

Priester beim Vergießen des Blutes der Opfertiere.

herbei. Sein Priester heißt ihn mit einem Trankopfer willkommen und schlachtet in schneller Folge die zahlreich dargebrachten Opfertiere.

Die Feierlichkeiten enden mit einem gemeinsamen großen Mahl, zu dessen Abschluß der Priester allen Anwesenden den Segen der Gottheit spendet. Früher rührte er dazu als sichtbares Zeichen des verheißenen Heils eine Schlammpaste an und bestrich damit Stirn und Schläfen der Gläubigen. Den Rückweg in die Stadt begleitet wiederum lautes Getrommel, und immer wieder ist der Ruf „Leben, ja Leben!" zu hören. Das Fest stärkt nicht nur die Bande innerhalb der Gemeinschaft, sondern vermag auch Hoffnung und Zuversicht für die Zukunft zu stiften. Doch durch äußere Einflüsse, die eine Lockerung der Familien- und Nachbarschaftsverbände bewirkten, durch die Einführung von anderen „Fremdgöttern" sowie nicht zuletzt durch die Verbreitung des Christentums genießt die Stadtgottheit von Atito heute nicht mehr die ungeteilte Aufmerksamkeit der Gemeinschaft.

Nachdem sich der Gott von Blut, Fleisch und Brei reichlich gesättigt war, fährt er in den einen oder anderen unter den Anwesenden ein. Besonders „anfällig" erscheinen Hermaphroditen, die aufgrund ihrer Zweigeschlechtlichkeit den oft androgynen Gottheiten sozusagen von Natur aus nahestehen.

Ewe-Priesterinnen tanzen um einen von der Stadtgottheit besessenen Mann.

Den Hunger verhöhnen

Auch die Ga haben ihre Geschichte nicht vergessen: Ihr Hauptfest, homowo – „den Hunger verhöhnen" –, das heute überall im Ga-Gebiet gefeiert wird, erinnert an das erste, dürftige Mahl, das die Vorfahren nach der Ankunft in ihrer neuen Heimat verzehrten. Damals waren die Ressourcen knapp, während heute alle reichlich kpokpoi zu essen haben. Das Wort kpokpoi setzt sich zusammen aus kpo, „ein ganzes Teil", zum Beispiel ein vier Meter langes Tuch, und kpee, „eine größere Versammlung". Insofern meint der Begriff sowohl das Zusammenkommen aller Familien- und Klanmitglieder als auch die Festspeise selbst. Als die Vorfahren ihr erstes Mahl im neuen Siedlungsgebiet aus Hirse zubereitet hatten, opferten sie davon zuerst ihren Göttern, um ihnen für das sichere Geleit zu danken. Das verbliebene Korn pflanzten sie in die ihnen noch fremde Erde. Den ihnen vertrauten Hirseanbau behielten die Ga so lange bei, bis sie in ihrer neuen Umwelt heimisch geworden waren. Dann wurde der Mais zu ihrem Grundnahrungsmittel.

Die Bevölkerungen der Ga-Städte – Accra, Osu, Labadi, Teshi, Tema usw., – setzen sich aus einer Vielzahl von zu verschiedenen Zeiten eingewanderten Gruppen zusammen, daher unterscheiden sich Zeitpunkt und Ablauf der Riten. Gemeinsam sind allen Varianten jedoch das Verbot des Lärmens, vor allem vor dem Fest zu trommeln und somit Totenfeiern zu begehen, sowie die Reinigung der Häuser und Wege für den erwarteten Besucherstrom.

Der weißgekleidete Erste Priester (wulomo) bringt am Heiligtum (gbatsu) seinem Gott ein Trankopfer. Weiß steht für Reinheit, Frieden und Harmonie und zeigt die wohlwollende „Natur" der Gottheit. Anstelle der früher üblichen Kopfbedeckung, eines topfartigen Grashuts, ist heute ein weißer „Turban" getreten. Die lange Kette und der Schmuck an den Handgelenken sind aus weißen Muschelschalen aus dem Volta-Fluß (abodi) und schwarzen, harten und runden Samen (ayiglibi) gefertigt.

Die eigentliche Festwoche bildet dabei nur den Höhepunkt einer Serie ritueller Handlungen, die in Ga-mashi (Accra) mit dem „heiligen Jahr" im April oder Mai beginnen und im homowo ihren krönenden Abschluß haben: Dann findet eine Woche lang jeden Tag ein anderer Brauch statt. Am Dienstag kehren alle, die kleine Gebiete im Hinterland der Küstenstädte bewohnen, in ihre Heimatstadt (mantease) zurück. Die soobi („Leute, die am Dienstag eintreffen") sind reich bepackt. Früher transportierten sie schwere Körbe mit Erntefrüchten auf ihren Köpfen. In lärmenden Prozessionen, heiter und ausgelassen, fielen sie in die Stadt ein. Inzwischen reisen sie in Buschtaxis oder einem Konvoi prächtig geschmückter Lastwagen, sogenannten „mami-trucks", an. Im Rahmen des homowo, zu dem alle Familienmitglieder heimkehren sollten, kommt es zu einem rituellen Gabenwechsel. Er betrifft zum einen Land- und Stadtbewohner, die Agrarprodukte und Fische austauschen, zum anderen Personen, deren Beziehungen üblicherweise gespannt sind. So haben vor allem jungverheiratete Frauen ihren Schwiegermüttern dreimal Feuerholz zu überbringen, die dieses Zeichen der Unterwerfung später mit einem Kleidungs- oder Schmuckstück, häufig auch mit einem kleinen Geldbetrag erwidern. Männer übergeben ihren Schwiegervätern kurze Holzstücke. Damit werden in den Höfen kleine Freudenfeuer unterhalten, an denen sich die Totenseelen, die mit den soobi gekommen sind, wärmen und ausruhen können.

Am Freitag brechen die alten Frauen der verschiedenen Familien bereits in den frühen Morgenstunden auf, um nach roter Tonerde (akpade) zu graben, mit der sie die beiden seitlichen Gehöfttore, aus denen früher die Toten getragen wurden, bestreichen. Die rote Farbe dient hier der Abwehr: Tod und Unheil sollen von den Hausbewohnern ferngehalten werden. In der Nacht zum Samstag als dem Vorabend des eigentlichen Festtages wird um Mitternacht ein Gewehr abgefeuert – zum Zeichen dafür, daß jetzt niemand mehr die Stadt betreten darf. Die Nacht ist ohnehin kurz: Gegen drei oder vier Uhr beginnt in jedem Ga-Haus die Zubereitung von kpokpoi. Unterdessen amü-

Mit dem homowo-Fest wird der Hunger verhöhnt. Eine reichhaltige Festspeise wird hergestellt, mit der man ihm die Stirn bietet.

Der Priester erhält von der Speise als erster, damit er sie der Gottheit darbieten kann, auf deren Schutz gegen den Hunger man hofft.

siert sich die Jugend. Sexuelle Freizügigkeiten, die magisch fruchtbarkeitsfördernd wirken sollen, prägten vor allem früher diesen Teil des Festes. Samstag früh, gegen sieben Uhr, wenn das fertige Essen bereitsteht, werden überall in der Stadt die Heiligtümer damit besprengt: Die Götter essen vor Ahnen und Menschen. Anschließend werden in und vor den Häusern kpokpoi, Palmölsuppe und Rum für die Verstorbenen verschüttet. Damit sind auch die Ahnen geladen. Man bittet sie, ihre Familien auch im kommenden Jahr vor Unglück und Krankheit zu bewahren. Erst nachdem auch die Ahnen versorgt sind, speisen die Lebenden selbst, jeweils im Haus ihres Vaters. Sie verzehren das alte Korn, da nichts aus dem vergangenen in das neue Jahr hinübergenommen werden darf.

Früh am Sonntagmorgen ist bereits jeder auf den Beinen. Man besucht sich gegenseitig und tauscht homowo-Grüße aus. In allen Häusern herrscht ein reges Kommen und Gehen. Wer im vergangenen Jahr nicht miteinander sprach, nutzt die Gelegenheit, mit Verwandten, Nachbarn und Freunden Frieden zu schließen. Was man das Jahr über nicht offen aussprach, wird jetzt beim Namen genannt. Selbst Delikte wie Ehebruch und Diebstahl fallen letztlich der Versöhnung anheim. Alles ist bereit für einen unbelasteten Neuanfang. Aus Freude darüber und zum Zeichen der Einigkeit schüttelt man einander die Hände, trinkt zusammen und feiert bis spät in den Abend. Festhöhepunkt bildet heutzutage ein durbar, der Autoritätspersonen als Forum dient, öffentliche Erklärungen abzugeben und Werbung für ihre Politik zu betreiben. Damit endet die homowo-Woche in Ga-mashi.

Die Verbreitung des Christentums unter den Ga hat den Ablauf des homowo merklich beeinflußt. Zwar wird das Fest heute nicht mehr unbedingt als Ausdruck „rückständigen Heidentums" angesehen; manche Kirchen haben sogar ihr Erntedankfest auf die Abschlußzeremonie des homowo gelegt. Doch sind die von den Priestern durchgeführten Sakralhandlungen und damit die religiöse Bedeutung des Festes ganz in den Hintergrund getreten. Statt dessen werden die Festlichkeiten immer mehr kommerzialisiert – und auch politisiert.

Die Häuptlinge von Jamestown bei ihrem festlichen Zug durch die Straßen am Tage des homowo-Festes.

In und vor den Häusern wird Maismehl verstreut. Daß man dem Hunger den Kampf angesagt hat, zeigen die häufig zu diesem Anlaß getragenen roten Gewänder, die – im Gegensatz zur weißen Ritualtracht der Priester – nicht Frieden und Harmonie, sondern Aggressivität und Unerbittlichkeit ausdrücken.

Aufbruch ins neue Jahr

Eine Frau tanzt mit einer Puppe im Rahmen der nachgespielten Geschichte der Flucht der Ewe aus Togo.

Oben rechts: Die zahlreichen Festlichkeiten, die das hogbetsoto umrahmen, biten „alten" wie „neuen" Führern, traditionellen Fürsten und modernen Politikern Gelegenheit zur Zusammenkunft und zum Meinungsaustausch.

Festlich geschmückte und bemalte Anlo-Ewe-Mädchen auf dem hogbetsoto-Fest (Gedenken an den Auszug der Ewe aus Togo).

Große Aufmerksamkeit findet das hogbetsoto, ein Fest, das die Bewohner von Anlo jedes Jahr am ersten Samstag im November begehen. Gefeiert wird ein historisches Ereignis, das für Gemeinsinn steht und identitätsstiftend wirken soll. Deshalb wurde es von den politischen Autoritäten gleichsam zur „Staatssache" erklärt. Im Mittelpunkt der Feierlichkeiten steht das Nachstellen der Flucht aus Notsie, einer frühen Stadt zwischen den Flüssen Haho und Zio im heutigen Togo, wo die Vorfahren einst glückliche Tage verlebten.

Gerechte und tüchtige Könige, die zugleich Erste Priester waren, wußten sich auf verständige Ratgeber zu stützen und führten die Stadt zur Blüte. Das änderte sich, als gegen Mitte des 17. Jahrhunderts Agokoli, ein gewissenloser und grausamer Tyrann, an die Macht kam. Er terrorisierte seine Untertanen und ließ die Ältesten töten. Das bewog die meisten Stadtbewohner zur Flucht. An die Frauen erging die Order, in der Folge alles Wasser an den dicken, aus ungebrannten Lehmziegeln errichteten Stadtmauern zu vergießen, was diese langsam aufweichen sollte. Am Tag vor der Flucht begannen die Männer schon am Nachmittag zu trommeln – das Zeichen für die Frauen zu packen. Als das Trommeln um Mitternacht seinen Höhepunkt erreichte, versammelten sich die Anführer der verschiedenen Gruppen an der Mauer. Einer

sprach ein Gebet und rammte dann mit den Worten „O Gott, öffne für uns!" seinen Dolch in die Wand. Andere stießen nach, bis der aufgeweichte Lehm ihrem Druck nicht mehr standhielt: Die Mauer brach zusammen, und der Weg in die Freiheit stand offen. Dieses historische Ereignis wird der Bevölkerung jedes Jahr neu in Erinnerung gerufen. Seine immense Bedeutung zeigt sich an der langwierigen und sorgfältigen Planung sowie an zahlreichen Festakten, die ihren Höhepunkt im öffentlichen Auftritt des Herrschers (awoamefia) haben. Die Zeit zwischen August und Oktober steht im Zeichen einer großangelegten Reinigungskampagne. In allen Anlo-Dörfern und -Städten wird – nach genau festgelegter Reihenfolge – aller „Schmutz" aus Häusern, Straßen und Heiligtümern entfernt. Man schafft ihn nach draußen und sammelt ihn an einer Stätte am Wegrand, die dem jeweiligen Stadtgott (Du-Legba) geweiht ist. Ihn bitten die Dorfbewohner, alles Unheil, früher hauptsächlich Seuchen, mit sich zu nehmen. Anschließend transportieren junge Frauen und Männer den Unrat an den Rand des nächsten Ortes, der nun seinerseits mit der Kampagne an der Reihe ist.

Danach wurden früher die führenden Wahrsager der Stadt konsultiert. Sie gaben an, welche Opfer die Götter versöhnen und welch drohendes Unheil sie abwenden konnten, und vollzogen die nötigen Rituale. Daraufhin herrschte sieben Tage lang striktes Verbot zu trommeln oder zu tanzen. Heute, da die Seuchengefahr weitgehend gebannt ist, bleibt die allgemeine Reinigungszeremonie auf einen Tag beschränkt.

Anlo-Ewe-Priester am Beginn einer das Fest abschließenden Opferzeremonie für die Götter.

Im Zentrum der eigentlichen Festwoche stehen nunmehr die zahlreichen öffentlichen Auftritte und Ansprachen von „Experten" sowie führenden Persönlichkeiten der Region, darunter vor allem der des Herrschers. Dabei wird dieser nicht müde, die Bedeutung und Werte der Anlo-Kultur zu betonen und gleichzeitig die Einleitung und Unterstützung von Entwicklungsprojekten zu fordern. Darin liegt kein Widerspruch, denn beide bauen auf den Gemeinsinn und die Zusammenarbeit aller. Vor allem gilt es, der Jugend die traditionellen Werte nahezubringen.

Den rituellen Kern des Festes bildet eine Friedens- und Versöhnungszeremonie, die in der Nacht von Donnerstag auf Freitag an historischer Stätte gefeiert

Die zahlreichen Festlichkeiten, die das hogbetsoto umrahmen, bieten „alten" wie „neuen" Führern, traditionellen Fürsten und modernen Politikern Gelegenheit zur Zusammenkunft und zum Meinungsaustausch.

Ein Musiker, der ein Elfenbeinhorn bläst, um den Einmarsch der Häuptlinge anzukündigen.

Eine der Darstellerinnen im traditionellen Gewand und mit alten Perlen geschmückt.

wird. Dazu kommen die führenden Priester und Kriegsherren der Stadt im alten Teil des Palastes (agowowonu) zusammen. Hier hat der Ahnherr Togbui Wenga den Ritus der Stadtgründung vollzogen. Sein Nachfolger, der König, erscheint zum festlichen Anlaß als Verkörperung des Gottes Nyigbla, den seine eigenen Vorfahren aus Notsie mitgebracht hatten. Jener war über lange Zeit hin die wichtigste Gottheit in Anlo und Schutzpatron von Anloga. Wenn der König erscheint, wird er mit traditionellen Rufen, Getrommel und Kriegsgesängen begrüßt. Er leitet die Zeremonie ein, indem er Wasser und eine Flasche Rum an zwei seiner Ältesten weiterreicht. Das damit vollzogene Trankopfer für die Ahnen soll bewirken, daß die Gründungsväter kommen und das hogbetsoto segnen. Die Ältesten sammeln Pflanzen im Hof und schichten sie zu einem Haufen auf. Anschließend beginnt der Herrscher damit, alle Arten von Beschwerden seinen Kriegsherrn vorzutragen. Diese entgegnen ihrerseits mit Vorwürfen. Nach jeder Beschwerdeführung stoßen die Frauen rituelle Schreie aus, und man wendet die Pflanzen um, damit sie alle Klagen „unter sich begraben“. Schließlich sprechen die beiden genannten Ältesten ein Gebet über dem Haufen aus und geben die Pflanzen in eine Zeremonialschale (afianu). Dann gießen sie Wasser darüber und vermischen alles gut, bevor sie das Wasser im alten Teil des Palastes versprengen. Jetzt können auch alle anderen Anwesenden ihrer Unzufriedenheit Ausdruck verleihen. Erst wenn alles „bereinigt“ ist, wird das heilige Wasser in Krüge der fünfzehn Klane von Anlo verteilt, damit es später auch in deren Häusern versprengt werden kann. Die Versöhnungszeremonie endet mit einem gemeinsamen Mahl (hanududu). Tags darauf, um Mitternacht, wird das Rad der Geschichte zurückgedreht und des „Anbeginns“ gedacht. Wiederum im alten Hof stellt

Rechts: Im alten Hof des Ewe-Königspalastes stellen Mitglieder iner Tanzgruppe das bedeutendste Ereignis der Anlo-Geschichte nach: die Flucht der Vorfahren aus der mit Mauern befestigten Stadt Notsie.

Mitte: Nachspiel der Flucht vor dem tyrannischen König Agokoli in Togo nach Ghana. Die Geschichte der Ewe wird traditionell mündlich vermittelt.

Unten: Im Gegensatz zu den friedlichen Idealen des hogbetsoto-Festes erinnert die mit Langknochen und Schädeln feindlicher Heerführer geschmückte Kriegstrommel an eine Zeit, als die Anlo sich benachbarte Gruppen unterwarfen, um ihre Machtposition in der neuen Heimat zu festigen. Mit den Knochen des Feindes eignete man sich auch dessen Kraft an.

eine Tanzgruppe den Exodus aus Notsie dramatisch nach und demonstriert die entscheidenden Episoden der Flucht, deren Höhepunkt das Niederreißen der Mauern bildet.

Am Samstag findet ein großer durbar statt, zu dem Besucher von überallher nach Anloga strömen. Der rechteckige, fahnengeschmückte Festplatz vermag kaum die vielen, prächtig gekleideten Menschen zu fassen. Verschiedene Trommler- und Tanzgruppen bestreiten die Unterhaltung. Kanonenschüsse künden den Aufbruch der königlichen Prozession an. „Reitend" in seiner Sänfte, flankiert von Heerführern und Stadtältesten, trifft der König am Festplatz ein. Sobald er der Sänfte entsteigt, ertönt die Hymne von Anlo. Er nimmt Platz auf einem Podium, dem gegenüber sich ein zweites für den Ehrengast befindet: Geladen ist gewöhnlich das Staatsoberhaupt. Fährt der Präsident – beziehungsweise ein Mitglied der Regierung – endlich vor, erklingt die ghanaische Nationalhymne. Die Ältesten spenden den Ahnen ein Trankopfer, und ein Vertreter der christlichen Kirchen spricht ein Gebet. Der Herrscher verliest eine Ansprache, in der er die im vergangenen Jahr erzielten Fortschritte bei der regionalen Entwicklung betont. Anschließend skizziert er die Pläne für das neue Jahr und fordert die Bevölkerung zur aktiven Mitarbeit auf. Der Ehrengast antwortet mit einer Grußadresse der Regierung.

Nach dem offiziellen Teil bietet sich den Besuchern reichlich Gelegenheit zum Feiern. Für die Jugend wird ein großer Ball veranstaltet, bei dem auch eine Mama („Miss") Hogbe gekürt wird. Am Sonntag eine Woche später findet ein großer nichtkonfessioneller Dankgottesdienst statt, den abwechselnd ein Repräsentant der führenden Kirchen abhält. Dabei bitten die Stadtbewohner Gott um künftigen Wohlstand und Frieden für Anlo und ganz Ghana.

Initiation – die rituelle Neugeburt

Jeder Statuswechselprozeß, sei es der Übergang vom Jugendlichen- zum Erwachsenendasein oder vom Ledigen- in den Ehestand, stellt für dörfliche Gemeinschaften ein gewisses Problem dar: Er führt durch eine Phase sozialer Unsicherheit und muß gelingen, weil viel davon abhängt, ob die in ihre neue Rolle Übergeleiteten ihren Aufgaben auch voll gerecht zu werden imstande sind. Mißlingt er im einen oder anderen Fall, kann die Überlebensfähigkeit einer kleinen Gesellschaft bereits bedroht sein.

Besonders kritisch scheint die Situation, wenn die Überführung der Heranwachsenden in die Erwachsenenwelt ansteht. Erwachsene sind die Träger der Gesellschaft. Sie sollten daher ihren Pflichten und Verantwortlichkeiten verläßlich gewachsen sein. Dafür Sorge zu tragen ist in der Hauptsache Aufgabe der Erziehung. Die „Initiationen", von denen im folgenden die Rede ist, schließen den Prozeß lediglich offiziell ab.

Es kommt hinzu, daß die Natur selbst den Einschnitt dramatisch markiert: Die Pubertät verleiht den Jungen das Zeugungs-, den Mädchen das Empfängnisvermögen, beiden also die zur Fortpflanzung unabdingliche Fruchtbarkeit. Geht es bei der Erziehung um die ökonomische und soziale Überlebenstüchtigkeit, so stellt die Pubertät den biologischen Fortbestand der Gruppe sicher. Beides sind elementare Anliegen aller, die namentlich die Verantwortlichen nicht gleichgültig lassen können. Ihnen muß daran liegen, den Umbruch so zu begleiten, zu kontrollieren und zu lenken, daß aus den Weihlingen in der Tat zuverlässige und verantwortungsbewußte Erwachsene werden. Man darf da nichts dem Zufall überlassen. Und ebendeshalb wird noch heute in vielen ländlichen Bereichen der gesamte Prozeß in streng ritualisierter Weise vollzogen.

Das geschieht in den „Initiationen". Der Begriff entstammt dem lateinischen initiatio (von initiare, „anfangen", „einführen"), das bereits auch die Bedeutung „Einweihung" besaß. Verschiedentlich wird auch, spezieller, von „Reife-" oder „Jugendweihen" gesprochen: Die Rituale haben generell zum Ziel, Jugendliche in Erwachsene „umzuwandeln". Das kann ebenso individuell wie kollektiv geschehen und vollzieht sich stets in den schon einleitend zum Kapitel „Festlichkeiten" genannten und eben für Übergangsprozesse typischen drei Schritten der Trennungs-, Umwandlungs- und Wiedereingliederungsriten, abermals verstanden im Sinne einer rituellen Neugeburt: Die Initianden „sterben" als Jugendliche „dahin", verweilen „als Tote" eine Zeitlang in der Unterwelt bei den Ahnen, um zuletzt „wiederaufzuerstehen" zu „neuen" erwachsenen Menschen.

In Afrika kommen zum Teil noch bis zum heutigen Tage sowohl Individual- als auch Kollektivweihen für beide Geschlechter vor. Individualinitiationen für Jungen sind typisch für Sammlerinnen- und Jägerkulturen, in Afrika also für Buschmann- und Pygmäengruppen (im zentralen Regenwald). Bei diesen sogenannten „Jägerweihen" kommt es vor allem auf zweierlei an: Der Initiand hat sozusagen sein „Meisterstück" zu erbringen, indem er unter Aufsicht der Alten ein

Initiation eines afrikanischen Fetisch-Priesters.
Aus: Fetichism and Fetich Worshipers, New York, Cincinnati, St. Louis, 1885.

Wenn Jungen zu Männern werden: Jugendliche in selbstgemachten Kostümen. Foto (um 1930) von zwei Manngewordenen nach einer Initiationszeremonie.

Großwild sicher zur Strecke bringt, um anschließend auf magische Art eine quasi-verwandtschaftliche Beziehung mit dem Jagdwild einzugehen. Das geschieht, wie beispielsweise bei den Buschmännern, indem er Pulver aus dem verkohlten Fleisch der wichtigsten Jagdtiere in Einschnitte zwischen den Augen und am Oberarm eingerieben erhält – auch, um die Tiere schon von weitem sehen und mit dem Bogen sicher treffen zu können – oder indem man ihn und seine Waffen mit dem Blut, oft dem Herzblut des während der Probejagd erlegten Wildes „salbt", also zwischen beiden „Blutsbrüderschaft" herstellt. Den festlichen Abschluß bildet ein feierliches Mahl aus dem Fleisch der Beute, an dem sich alle Gruppenmitglieder beteiligen.

Individualinitiationen für Mädchen dagegen kommen praktisch in allen traditionellen Kulturen vor, ja bilden eigentlich die hauptübliche Form der Mädchenweihen. Sie setzen bei Beginn der Pubertät, das heißt mit den ersten Blutungen ein. Die Mädchen werden dabei zunächst abgesondert („sterben"), verbringen einige Tage in einem Verschlag hinter dem Haus oder einer eigens dafür bestimmten Hütte am Dorfrand („in der Unterwelt"), wo sie, als „Tote" in weißer Bemalung, fasten und eine Zeitlang bewegungslos dasitzen oder liegen müssen, ohne irgendwelche Gefühlsregungen zu zeigen, ihre Körperpflege vernachlässigen und mit niemandem außer ihrer Mutter oder den älteren Frauen Kontakt haben dürfen. Ihre Besucherinnen („die Ahnen") unterweisen sie dabei hauptsächlich in Fragen der weiblichen Hygiene, dem Umgang mit der Sexualität sowie Verhütungs- und Abtreibungspraktiken. Vor allem jedoch geht es darum, das Bewußtsein der Mädchen für die Bedeutung ihrer Aufgaben als Gattinnen und Mütter, das heißt, für ihre moralische und soziale Verantwortung zu schärfen. Gegen Ende beginnen sich dann die Verhaltenseinschränkungen zunehmend zu lockern. Die Initiandinnen erwachen gleichsam aus ihrer „schläfrigen“ Inaktivität und nehmen typisch weibliche Tätigkeiten (wie z. B. Spinnen) auf. Der Genuß bestimmter Speisen, manchmal regelrechte Mastkuren, dient der Stärkung ihrer Fruchtbarkeit. Den Abschluß bildet wieder ein großes Fest, hier mehr im familiären Rahmen oder engeren Verwandtschaftskreis, zu dem die „Neugeborenen“ Kleider und Schmuck erwachsener Frauen, oft auch einen neuen Namen anlegen, sich entsprechend geben, von allen Geschenke erhalten und gebührend gefeiert werden. Von Stund an sind sie heiratsberechtigt.

Die weitestverbreiteten „klassischen“ Formen der Reifeweihen indes bilden noch heute die Knabenkollektivinitiationen. Der Grund liegt in dem bereits erwähnten Umstand, daß die große Mehrheit aller traditionellen Gesellschaften patrilinear organisiert ist: Während die Mädchen „fortheiraten“, bleiben die Jungen im Dorf; sie bilden mithin die künftigen Verantwortungsträger der Gruppe.

Wieder beginnt das Ganze mit der Absonderung (dem „Sterben“): Irgendwann nach Einsetzen der Pubertät werden die Jungen gleichsam überfallartig von den alten, oftmals maskierten Männern (den „Ahnen“) gewaltsam ihren Müttern entrissen und in ein gewöhnlich außerhalb der Siedlung gelegenes Buschlager („in die Unterwelt“) entführt. Als „Tote“ legen sie dort ihre bisherige Kleidung, meist auch den Namen ab, werden mit weißer Paste bestrichen, dürfen sich kaum mehr bewegen und nur noch das Notwendigste, möglichst im Flüsterton, sprechen. Sie stellen ihre Körperpflege ein, müssen fasten und verschiedene andere Enthaltsamkeitsvorschriften beachten.

Einige Tage nach ihrem Eintritt ins „Totenreich“ setzt dann mit ihrer Umwandlung das eigentliche Herzstück des Ganzen ein. Dabei geht es zunächst um die körperliche Transformation, beginnend etwa mit der Beschneidung (Zirkumzision) zur physischen Vervollständigung der sexuellen Differenzierung: Kinder gelten bis zur Pubertät als noch weitgehend bisexuell angelegt. Um vollgültige Männer (und Frauen) aus ihnen zu machen, bedarf es daher des „korrigierenden“ Eingriffs – wie bei Mädchen die Klitoris als männliches, wird bei Jungen die Vorhaut als weibliches „Reststück“ der zweigeschlechtlichen Kindheitsphase aufgefaßt; beider Entfernung – bei den Mädchen die „Exzision“, die zur Hauptsache nur bei den weniger verbreiteten Mädchenkollektivinitiationen vorkommt – vervollständigt daher den physischen Reifeprozeß und stellt sicher, daß beide Geschlechter fortan ihren Fortpflanzungsfunktionen bestmöglich nachkommen können. Andere körperliche Eingriffe, wie Benarbungen, das Durchbohren der Ohrläppchen, Lippen oder Nasenflügel zum Einsetzen des Erwachsenenschmucks, dienen zugleich dem Zweck, den Initianden ihre ethnische Zugehörigkeit gleichsam für alle Zeit „aufzuprägen“; daran erkennen sie später nach ihrem Tod auch die Ahnen.

In diesem Zustand des physischen Verwandlungsbeginns entsprechen sie, wie die Kaguru in Tansania es ausdrücken, „hungrigen Nestlingen, die gerade geschlüpft sind“. Und so werden sie denn auch von den Alten, die sie betreuen (den „Ahnen“), gleich Neugeborenen mit „Säuglingskost“ – Breis, Suppen, etwas Hirsebier – regelrecht gefüttert. Allmählich wieder zu Kräften gekommen, müssen sie nunmehr verschiedene fruchtbarkeitsstärkende Maßnahmen, wie das Geißeln mit den Ruten entsprechend wirkmächtiger Pflanzen, über sich ergehen lassen sowie Quälereien und Mutproben zur Festigung ihrer physischen wie moralischen Widerstandskraft bestehen. Auf diese Weise binnen kurzem von „Säuglingen“ zu kräftigen jungen Männern erstarkt, sind sie gebührend gerüstet, nunmehr abschließend noch spezifische Unterweisungen zu empfangen. Dabei geht es abermals weniger um sozusagen sachkundliche Belehrung; die praktischen Fertigkeiten, die sie als Erwachsene beherrschen müssen, sind ihnen längst vertraut. Vielmehr stehen im Mittelpunkt Fragen des moralisch korrekten Sozialverhaltens, wie man es von verantwortungsbewußten Erwachsenen erwartet, und schließlich, auf dem Höhepunkt der Unterrichtungsphase, die Einweihung in das religiöse Überlieferungsgut der Gruppe: den Schöpfungsmythos, sakrale Gesänge, Rituale, Tänze, die Bedeutung bestimmter kultischer Gerätschaften (Reliquien, Musikinstrumente, Opfermesser) und vor allem der Masken, in denen die Ahnen auftreten.

Die dritte, die Wiedereingliederungsphase, setzt mit gründlichen Reinigungen ein. Danach erhalten die Weihlinge eine neue Bemalung, bei der Rot, die Farbe des Lebens, dominiert, legen erstmals Erwachsenentracht an und kehren, oftmals nach Zerstörung des Buschlager ins Dorf zurück. Als „Neugeborenen“ fällt ihnen dabei

Die Vermummung ist Ausdruck des Übergangszustands zwischen Tod und Leben, in dem sich die Initianden während der rituellen Umwandlung befinden (Foto um 1930).

die Orientierung zunächst noch schwer. Sie scheinen alles, was ihnen in ihrem „früheren Leben“ vertraut war, vergessen zu haben und müssen sich erst belehren lassen, wer ihre Angehörigen sind, wie man sich richtig bewegt, gesittet ißt, spricht usw. mehr. Schließlich bildet das große öffentliche Gemeinschaftsfest wie immer den krönenden Abschluß.

Seltener, eben in den matrilinear organisierten Gesellschaften, in denen die Mädchen im Dorf verbleiben, kommen auch Kollektivinitiationen für sie vor, insbesondere im Sambesi-Angola-Gebiet und Teilen Westafrikas. In den Grundzügen wie dem formalen Ablauf nach stimmen sie im wesentlichen mit den Knabenkollektivinitiationen überein. Vielleicht noch mehr Gewicht wird, im Anschluß an die Beschneidung, auf die Stärkung der Fruchtbarkeitskräfte, also des Empfängnisvermögens, gelegt. Sonst geht es wieder auch darum, das soziale Verantwortungsbewußtsein der Initiandinnen für ihre künftigen Aufgaben in der Gesellschaft zu wecken.

Initiationen bildeten eine Art Vorläufer der späteren öffentlichen Schulen. Als ihre Hauptziele lassen sich, zusammenfassend, die folgenden vier bestimmen: Sie dienen

– erstens der begleitenden Unterstützung und kontrollierten Überwachung des physischen Umwandlungs- und Reifeprozesses durch verantwortliche Repräsentanten der Gesellschaft (die Ältesten), um vor allem die Vervollständigung der sexuellen Differenzierung und des Zeugungs- und Empfängnisvermögens sicherzustellen;

– zweitens der dramatisch eindrucksvollen Verdeutlichung der zentralen Werte der Kultur und Moral, die den Initianden so, in gleichsam prismatischer Verdichtung, noch einmal in aller Eindringlichkeit vor Augen gerückt und bewußt gemacht werden;

– drittens der offiziellen Besiegelung der Erziehungsphase und öffentlichen Anerkennung ihres erfolgreichen Verlaufs;

– viertens der magisch-rituellen Vervollkommnung des physischen wie erzieherischen Reifeprozesses durch die rituelle Neugeburt und damit insgesamt der Gewährleistung der überkommenen Lebensordnung, die vermeintlich auch das Dasein in der Zukunft verbürgt.

Gleichartige Initiationen finden darüber hinaus auch zu anderen analogen Anlässen statt, zum Beispiel vor der Übernahme eines wichtigen priesterlichen oder politischen Amtes, dem Eintritt in einen Geheimbund, dem Aufstieg in eine höhere Rangklasse oder der Inthronisierung eines neuen Königs.

Im Rahmen einer Initiation wird ein Mädchen feierlich von prächtig geschmückten Frauen eingesalbt (Foto um 1930).

Krobo-Mädchen auf ihrem Weg durch das Dorf Kordiabe. Ihre Aufmachung zeigt, daß sie die Prüfung auf dem heiligen dipo-Stein (dipo, zu deutsch Mädcheninitiation) erfolgreich bestanden haben, der Teil der Initiationsfeierlichkeiten ist. Bei dem Test müssen sich die Mädchen dreimal auf den heiligen Stein setzen. Sollte dies ein Mädchen tun, das bereits empfangen hat, könnte das den Tod von Verwandten zur Folge haben. Fällt keiner tot um, gilt als bewiesen, daß sie nicht vorzeitig empfangen haben und damit unrechtmäßig zur „Frau" geworden sind.

Zur Frau gemacht

Rechte Seite: Die Initiandinnen werden auf „Ehrenhocker" gesetzt und von Verwandten beschenkt. Der zylinderförmige Strohhut, den man ihnen aufgesetzt hat, symbolisiert ihren Zustand der Reinheit und ist Voraussetzung für ihr künftiges Dasein als vollwertige Frauen. Früher trugen die Mädchen diese Hüte ein Jahr lang.

Im Ursprungsgebiet der Krobo in Südostghana, auf dem Berg Klonyo oder Klon-wen, gab es einen heiligen Stein, den die Alten mit Yomo o („ehrenwerte alte Dame") oder einfach mit Nana („Großmutter") anredeten. Er sei, so sagt man, mit der Zahl der Initiandinnen, die auf ihm saßen, stetig gewachsen. Befand sich aber ein Mädchen darunter, das schwanger war, begrub er sie allesamt unter sich.

Der etwa 330 m hohe Berg galt den Krobo als heiliges Zentrum; auf ihm feierten sie die Reifezeremonien für die jungen Mädchen, hier bestatteten sie ihre Toten und dienten ihren Göttern – bis der britischen Kolonialverwaltung zu Ohren kam, daß auf dem Berg Menschenopfer stattfänden. Im Jahr 1892 untersagte der Gouverneur den Krobo künftig jede Teilnahme an derartigen „Fetischfesten", und binnen dreier Tage mußten sie ihre sämtliche Habe vom Berg entfernen. Hausa-Söldner überwachten diesen Auszug und sorgten dafür, daß alle Dörfer und Heiligtümer auf dem Berg zerstört wurden. Auch die Durchführung der Initiationszeremonien wurde verboten, so daß sie künftig nur mehr heimlich stattfinden konnten.

Trotz der kolonialen Einflußnahme und des sich ausbreitenden Christentums gelang es den Krobo, die Mädcheninitiation (dipo), wenn auch in vereinfachter und verkürzter Form, weiterzupflegen. Sie findet einmal im Jahr zwischen Februar und Mai statt und dauert zwei bis drei Wochen, wohingegen ihre Dauer auf dem Berg bis zu zwölf Monate und mehr betragen konnte. Jedes Mädchen ist zugelassen – sofern es nicht vorher schwanger wird oder bereits ein Kind zur Welt gebracht hat. In diesem Fall kann es nicht mehr initiiert werden und bleibt zeit seines Lebens geächtet. Auch heiraten wird es vermutlich kaum, da nur ein Mädchen, das die Weihezeremonie durchgemacht hat, Krobo-Frau in vollem Sinn und Partnerin eines Krobo-Mannes sein kann.

Von hinten aufgenommene Mädchen in der ersten Phase ihrer Initiation, in der sie auf ihre „Ehrenhocker" gesetzt werden. Erst durch ihre Initiation können die Mädchen in vollem Sinn Partnerin eines Mannes sein, also heiraten. Die Initiation an sich erstreckt sich über mehrere Wochen.

Die Feiern finden nicht in einem „Buschlager", sondern mitten im Dorf unter Anteilnahme der ganzen Bevölkerung statt. Die Leitung haben alte Frauen und Priesterinnen, aber auch Priester. An einem Donnerstag, dem heiligen Tag Klowekis, der bedeutendsten Göttin, der die Mädcheninitiation immer geweiht ist, werden zunächst einige Veränderungen an Kleidung und Haartracht der Kandidatinnen vorgenommen. Die Hauptzeremonien selbst beginnen an einem Samstag mit einem Bad im Bach, wohin sich die Mädchen, nur bedeckt mit einem leuchtend roten Lendentuch, im „Gänsemarsch" begeben. Dabei können die Dorfbewohner ihnen beliebig Kleider zum Waschen mitgeben. Den Rückweg ins Dorf legen sie still und ohne mit jemandem zu sprechen zurück. In ihren Gehöften werden sie mit Tanz und Musik empfangen, und in jeder Familie findet ein feierliches „Abschiedsmahl" statt. Am selben Abend opfert das Familienoberhaupt im Beisein der väterlichen und mütterlichen Verwandten einen kastrierten schwarzen Ziegenbock. Stehen mehrere Mädchen in der Familie zur Initiation an, opfert er die entsprechende Zahl von Tieren. Bevor er dem Bock die Kehle durchschneidet, berührt er mit dem Kopf des Tieres die Erde, dann den

Initiandinnen mit ihren leuchtend roten Lendentüchern beim dipo-Tanz nach dem Test auf dem Stein.

In Vorbereitung auf den Tanz stellen sich die Mädchen in einer Reihe auf.

Kopf der Kandidatin, wobei das Mädchen ihn bei den Hörnern packt und zurückstößt. Damit gibt sie zu verstehen, daß sie alle bösen Gedanken aus ihrem Kopf verbannen will. Nach dreimaliger Wiederholung der Szene wird das Tier getötet.

Tage darauf, wiederum an einem Samstag, nähern sich die Feierlichkeiten ihrem Höhepunkt. Gegen Abend begeben sich die Initiandinnen mit einem Blatt im Mund, zum Zeichen dafür, daß sie auf dem Weg nicht sprechen dürfen, entweder zum Gehöft des Dorfoberhauptes oder des Priesters. Dort werden sie mit heiligem Wasser benetzt, und man betet für sie. Ein Assistent des Priesters (labia) geleitet sie, auch ihren Weg mit Wasser besprengend, unter frohen Gesängen und lautem Getrommel zum heiligen Hain, wo, versteckt im Dickicht unter den Bäumen, der heilige Stein liegt. Dem ursprünglichen Heiligtum auf dem Berg nachempfunden, haben sich die dipo-Steine ins Uferlose vermehrt; fast jede Familie hat ihren eigenen. Auf ihnen findet nun die wichtigste, gleichwohl sehr schlichte Initiationszeremonie statt. Denn nach wie vor halten die Krobo daran fest, daß ein Mädchen erst dann, wenn es auf dem heiligen Stein saß, an Geschlechtsverkehr und Heirat denken darf.

Während junge Männer in angemessener Distanz Gewehre abfeuern, setzt die Leiterin der Zeremonien (yomowo) die Initiandinnen dreimal nacheinander auf den Stein. Dazu spricht sie: „Setz dich, steh auf! Ich mache dich zur Krobo-Frau!" Sollte ein Mädchen, das bereits empfangen hat, also schon auf nicht rituelle Weise zur Frau geworden ist, es wagen, sich auf den heiligen Stein zu setzen, so könnte das den Tod von Verwandten oder auch der yomowo zur Folge haben. Fällt jedoch niemand sozusagen auf der Stelle tot um, wird den Initiandinnen im Dorf ein triumphaler Empfang bereitet. Gewehrsalven und Freudentänze bezeugen, daß die Mädchen den Test bestanden haben. Sie bekommen einen zylinderförmigen Strohhut aufgesetzt, wie ihn sonst nur die Priester tragen. Als besondere Speise wird ihnen der Ziegenkopf vorgesetzt, der sonst dem Familienoberhaupt vorbehalten bleibt.

In der darauffolgenden Woche findet erst der eigentliche Schulungskurs statt. Die Initiandinnen werden in einer besonderen Hütte versammelt und für die Dauer der Unterweisungen von der Außenwelt isoliert. Die Leitung des Unterrichts, der die Mädchen auf ihre zukünftigen Pflichten und Aufgaben als Frauen, Gattinnen und Mütter vorbereitet, lag früher bei

Bei der Abschlußfeier präsentieren sich die Initiandinnen, aufs schönste frisiert, prächtig gekleidet und reich geschmückt mit Perlen und roten Papageienfedern „Königinnen gleich" der Öffentlichkeit. Mit dieser Feier wird auch die Phase der Schulungen beschlossen, in der die Mädchen auf ihre zukünftigen Pflichten und Aufgaben als Frauen, Gattinnen und Mütter vorbereitet werden.

Links: Krobo-Mädchen bei der Abschlußfeier. Die um Hals, Oberkörper, Hüfte, Oberarme, Handgelenke und Beine geschlungenen Perlenstränge sind alter Familienbesitz oder werden für diesen Tag eigens ausgeliehen.

Rechte Seite oben: Der Tanz der Mädchen, der bis weit in die Nacht dauern kann, wird begleitet vom Gesang der Frauen. Eines ihrer sogenannten ha-Lieder lautet: „Das sind schöne Dinge, du weißt, wir haben herrliche Dinge vor Augen."

Rechte Seite unten: In voller Pracht können die Mädchen beim Abschlußfest bewundert werden. Früher begannen jetzt die Heiratsverhandlungen. Heute sind die Mädchen oft noch zu jung. Zudem beginnen sie, ihren Partner immer häufiger selbst zu wählen.

den Priesterinnen der Göttin Kloweki. Zu den speziellen Tabus und Verhaltensweisen, die während der Seklusionszeit zu beachten sind, gehört, daß die Mädchen sich nur von „alten“, traditionellen Speisen der Krobo (hauptsächlich Hirse- und Maisbrei), nicht aber von solchen, die von den benachbarten Akan übernommen wurden, zu ernähren haben. Früher auf dem Berg verbrachten die Initiandinnen viel Zeit mit Gesang, Tanz und Spiel. Sie hatten keinerlei Pflichten und wurden von ihren Familien aufs beste versorgt. Das angenehme Leben und gute Essen ließen sie, wenn sie vom Berg herunterkamen, wohlgenährt und damit in den Augen der Krobo besonders hübsch erscheinen.

Bei der Abschlußzeremonie (yi fomi: „Kopfwaschen“) nimmt die yomowo den Mädchen zunächst die Hüte ab und trägt auf dem Scheitel und auf beiden Seiten des Kopfes mit Kamholz drei rote Linien auf. Dann legt sie ihnen drei Blätter auf den Kopf und setzt ihnen für einen Augenblick noch einmal den Hut auf. Anschließend bekommen sie die Haare gewaschen und werden aufs schönste frisiert. Noch am selben Tag treten sie, prächtig gekleidet und reich geschmückt, öffentlich auf und zeigen ihre Tanzkunst. Die gesamte väterliche wie mütterliche Verwandtschaft, Nachbarn und Freunde bewundern ihre „vollkommene“ Erscheinung und feiern ihre Schönheit bis spät in die Nacht. Tags darauf wird die Nahrungseinschränkung aufgehoben. Früher konnten jetzt die Heiratsverhandlungen beginnen. Heute sind die Mädchen zum einen meist noch zu jung für die Ehe, zum anderen wählen sie ihre Partner immer häufiger selbst.

Bereit für die Geschlechterseele

Beschnittene Dogon-Jugendliche vor dem berühmten Felsüberhang im Ort Songo. Die Felsmalereien zeigen meist religiöse Motive, die sich auf den Kosmos und das Leben in seinen verschiedensten Formen beziehen.

Rechte Seite: Beschnittene Dogon-Mädchen in Mopti (Mali).

„Alles kam völlig unvorbereitet. Eines Morgens sagte die Mutter zum Vater, daß sie aufbrechen wolle, um Egnelu exzisieren zu lassen. Mit anderen Mädchen derselben Altersklasse und deren Müttern verließ sie das Dorf. Auf ihrem Weg gesellte sich ihnen eine Matrone zu. Dann ging alles sehr schnell. Ein erschütternder Schmerz wurde Egnelu zugefügt, und nur der feste Griff der Mutter hinderte sie daran, sich aufzubäumen. Eine Hand auf ihrem Mund machte es ihr unmöglich, irgendeinen Laut von sich zu geben. Stumm und wie betäubt mußte sie den Eingriff über sich ergehen lassen. Dennoch liefen ihr Tränen über das Gesicht, als die Alte begann, die Wunde mit Öl auszubrennen. Nach der Operation wurden die Mädchen gespeist. Überhaupt war das Essen das einzig Angenehme bei diesem schrecklichen Erlebnis. Die ganze Zeit, die sie im Buschlager verbrachten, erhielten die Mädchen eine ausgewählte und besonders reichhaltige Nahrung: Reis mit Fleischsauce, gezuckerten Hirsebrei und, Egnelus Lieblingsspeise,

Der „Beschneidungsmeister" von Songo mit einer riesigen Drehrassel. Traditionell wird die Jungenbeschneidung (die Zirkumzision) von Schmieden durchgeführt, die bei den Dogon wie vielerorts in Afrika eine besondere Stellung einnehmen.

Frisch beschnittene Dogon-Knaben mit Rasseln an einem Marktausgang, wo sie von Passanten ein Geschenk erwarten. Wer keine Münze oder Nahrungsmittel zusteckt, ist dem Spott der Jungen preisgegeben.

Reiskrapfen mit Honig. Trotz allem fand sie die erste Nacht überhaupt keinen Schlaf. Die Schmerzen waren zu stark und heftige Stiche durchbohrten ihren Unterleib. Sie suchte sich ins Bewußtsein zu rufen, daß ihre älteren Schwestern, ja alle Frauen im Dorf Ähnliches erduldet hatten – und daß im nächsten Jahr die Jungen dran seien. Zehn Tage blieb sie im Buschlager, dabei lernten die Mädchen Baumwolle zu entkernen und zu spinnen.

Nachdem Egnelu in ihr Dorfviertel zurückgekehrt war, schickte ihre Mutter sie in das Haus einer Alten. Hier hörte sie viele Geschichten. Jeden Abend fanden sich auch ihre Freundinnen ein, um den Erzählungen der Alten zu lauschen, die sie wie in eine andere Welt entführten. Zugleich lernte sie aber auch die harten Pflichten einer Dogon-Frau kennen, und schlagartig wurde ihr bewußt, daß sie schon seit ihrer Geburt ‚versprochen' war. Zwar hatte die Mutter häufig einen bestimmten Jungen als ‚ihren Ehemann' bezeichnet, doch hatte sie das bislang für einen Scherz gehalten." (Erinnerung einer Dogon-Frau an ihre Beschneidung, aufgezeichnet von der französischen Ethnologin Nadine Wanono.)

Tatsächlich sind die Mädchen erst nach der Beschneidung heiratsfähig. Selbst wenn sie bei der Exzision noch keine Regel haben, was heute zunehmend der Fall ist, da die Beschneidung immer früher vorgenommen wird, gelten sie fortan als Frauen mit all den damit verbundenen Rechten und Pflichten. Die Beschneidung, die die Kinder in die Lage versetzt, ihre je „richtige" männliche bzw. weibliche Körper- und Geschlechterseele zu empfangen, verwandelt gleichsam „geschlechtslose" Wesen in eindeutig vollwertige Mitglieder der Gesellschaft, die heiraten können und künftig für den Fortbestand der Familie Sorge tragen werden.

Früher mußten sich die Jungen der Operation zwischen dem elften und siebzehnten Lebensjahr unterziehen, heute schwankt ihr Alter zwischen acht und zwölf Jahren. Traditionell wird die Jungenbeschneidung von Schmieden durchgeführt, deren Urahn als Kulturbringer gilt: Er brachte den Dogon die Körnerfrüchte und schmiedete die zu ihrem Anbau unerläßlichen Geräte wie Hacke, Axt und Hippe. Heute assistiert ihm bei dem Eingriff oft schon ein vor Ort tätiger Sanitäter, oder man wendet sich überhaupt an einen in Sanga stationierten Arzt. Doch auch dann folgt der Operation eine Initiationszeit, die alle zur selben Zeit Beschnittenen gemeinsam in Seklusion verbringen. Von da an bilden sie dann eine „Altersklasse", deren Mitglieder einander während des ganzen Lebens Beistand schuldig sind.

Wird die Beschneidung kollektiv durchgeführt, verlassen die Jungen zusammen das Dorf und ziehen hinaus in den Busch. Die Väter, die sie begleiten, treten hinter sie und halten sie fest. Sie stärken ihnen gleichsam den Rücken, denn die Beschneidung ist eine Mutprobe: Die Jungen sollten dabei weder Schmerz noch überhaupt eine Regung zeigen. Mit unbewegter Miene lassen sie den Eingriff über sich ergehen. Ist ein Sanitäter zugegen, versorgt er ihre Wunden, um eine anhaltende Blutung zu verhindern. Die Jungen legen eine einheitliche Tracht an und bleiben mehrere Tage im Buschlager, bis die Wunde verheilt ist. Von Frauen ihrer Familien mit schmackhaften und besonders reichhaltigen Speisen versorgt, verbringen sie diese Zeit mit Spiel und Gesang. An Markttagen postieren sie sich mit ihren Drehrasseln an den Marktausgängen, die alle Besucher passieren müssen. Jeder erkennt sie an ihrer Kleidung und weiß, daß sie ein Geschenk erwarten. Die meisten stecken ihnen Nahrungsmittel oder ein paar Münzen zu, was Glück bringen soll. Wer nichts gibt, setzt sich ihrem Spott aus und wird in Liedern des Geizes bezichtigt.

Im jährlichen Wechsel mit den Jungen wurden früher, wie in der Erzählung von Egnelu angedeutet, die 10- bis 17jährigen Mädchen beschnitten. Heute sind die Mädchen wesentlich jünger (sechs bis acht Jahre), und ihre Exzision geschieht nicht mehr in Gruppen, sondern muß, da nunmehr illegal, heimlich stattfinden. Das gesetzliche Verbot und zahlreiche Aufklärungskampagnen vermochten bislang nicht, diese nicht nur äußerst schmerzliche Praktik zu unterbinden.

Frisch beschnittene Dogon-Knaben im einheitlichen Beschneidungshemd.

Im Traum zum Wahrsager bestimmt

Zahlreiche Initianden haben sich vor dem Gehöft versammelt, in dem das große Opferfest (buur, die Initiation der Wahrsager) stattfindet.

Teil eines Schreinraumes mit Lehm- und Holzfiguren, Schreintöpfen und Kürbisbehältern. Die zwei Figuren mit ausgestreckten Armen versperren unsichtbaren Feinden den Zugang ins Haus.

„Früher lebten die Menschen glücklich: Gott ernährte sie mit Fleisch, und sie mußten nicht arbeiten. Sie kannten weder Krankheit noch frühzeitigen Tod – man starb höchstens an Altersschwäche. Es gab weder Streit noch Krieg, denn die Menschen folgten Gott, der ihnen geboten hatte: 'Stehlt nicht, raubt keine Frauen, tötet euch nicht und bedroht euch nicht gegenseitig; bleibt einig!' Dann aber wurden die Menschen zahlreicher. Die Männer brauchten Frauen, und so begannen sie, sich gegenseitig Frauen zu rauben. Streit und Krieg waren die unvermeidliche Folge. Daraufhin nahm Gott den Menschen das Fleisch weg und gab ihnen dafür die Hacke, mit der sie nach Wurzeln graben konnten. Dazu schickte er ihnen Krankheit und frühzeitigen Tod. Bevor er sich jedoch endgültig von ihnen zurückzog, stellte er ihnen, um sie in ihrem Leid nicht ganz allein zu lassen, die thila zur Seite – Wesen, die ihnen fortan beistehen sollten.“ (Piet Meyer).

Diese Aufgabe erfüllen die Schutzwesen bis heute. Als Beauftragte des fernen Himmelsgottes tragen sie Sorge für ein traditionsgemäßes, möglichst harmonisches Zusammenleben der Dorfbewohner. Auch haben sie dem Stamm der Lobi verschiedene Güter und Zeremonien übertragen, ihnen wirksame Heilmittel gezeigt und beschützen sie vor Unglück – vorausgesetzt, die Menschen befolgen ihre Anordnungen und Gebote und stimmen sie mit Opfern gewogen. Als Vermittler zwischen den Schutzwesen und den Dorfbewohnern dienen die Wahrsager (buur), die ihre Wünsche und Befehle den Menschen kundtun.

Nun kommt es immer wieder vor, daß ein Dorfbewohner im Busch auf Außergewöhnliches stößt, etwa ein Stück Eisen, eine Gelbgußarbeit, kleine Holzfiguren, sonderbar geformte Steine oder Hölzer, die dann von einem Wahrsager als Verkörperung eines Schutzwesens (wathil) identifiziert werden. Ist der

Die Leitung des Festes untersteht einem Wahrsager-Priester (buurkontin). Im Innern des Gehöfts opfern die Ältesten an den verschiedenen Heiligtümern zahlreiche Haustiere, vor allem wiederum Hühner, aber auch Ziegen und Schafe. Diese Gaben sollen die Schutzwesen (thila) erfreuen und bewegen, sich künftig verstärkt für das Wohl der Gehöftbewohner einzusetzen.

Für jeden der Initianden wird ein Hühnchen geopfert – insgesamt sind es 85!

Folgende Seiten: Alle, die auf Geheiß ihres Schutzwesens (wathil) beim Opferfest an bestimmten Zeremonien teilgenommen haben, akzeptierten damit ihre Berufung zum Wahrsager, der nach dem Fest dann die Initiation folgt. Äußerer Ausdruck davon ist das Auftragen einer kunstvollen weißen Bemalung, die den rituellen Tod der Initianden anzeigt.

Die Berufung zum Wahrsager geschieht im Traum. Das Schutzwesen teilt seinem Besitzer und anderen Familienangehörigen verschiedener Altersstufen mit, daß sie Wahrsager werden sollen.

Neben Nahrungsmittelgaben sind auch Geldscheine als Geschenk vor dem Auszug der Initianden in die „Geisterwelt“ üblich.

Rechte Seite oben: Am Ende des Festes verlassen die Initianden das Dorf und halten sich einen Monat lang in der „Geisterwelt“, d. h. außerhalb der Siedlung im Buschland, auf.

Rechte Seite unten: Während des Monats nach dem Fest muß der Initiand entscheiden, ob er tatsächlich Wahrsager werden muß. Die Entscheidung fällt nicht leicht, da die Wahrsagerei kräfte- und zeitraubend ist. Bei der Beratung von täglich vier bis fünf, maximal zwanzig Klienten wird die Feldarbeit vernachlässigt. Von ehrlicher Wahrsagerei könnte man niemals leben, so daß viele Auserwählte lieber bei der Feldarbeit bleiben.

In einer Reihe sitzend haben die Initianden große Körbe vor sich aufgebaut. Die Gäste des Festes füllen sie dann mit Nahrungsspenden, vor allem Hirse und Mais, Proviant für den einmonatigen Initiationsaufenthalt im Buschland.

glückliche Finder ein Familienoberhaupt, dann ist der Schutz nicht für ihn allein, sondern für die ganze Familie bestimmt. Bevor es aber soweit ist, müssen bestimmte Bedingungen erfüllt sein. Vor allem hat der Besitzer auf Geheiß des Schutzwesens ein großes Fest, einen buur, zu geben. Davon gibt es zahlreiche Varianten. So kann ein solches Opferfest zwei Tage dauern, sich aber auch über Wochen hinziehen. Es findet vor Beginn der Regenzeit – also im März, April oder Mai – vor und in dem Gehöft desjenigen statt, der das Schutzwesen gefunden hat. Zweck des Festes ist, die Aufmerksamkeit des Schutzwesens auf die Sorgen und Belange der Familie zu lenken.

Buur sind aber immer auch „richtige“ Feste. Von überallher reisen Besucher an, tanzen zum Klang von Xylophonen und Trommeln, schlemmen, zechen und feiern auf das ausgelassenste. Der Erfolg des Festes wird nicht zuletzt an der Gästezahl gemessen: Je mehr Besucher sich einfinden, desto gelungener gilt es. Das Schutzwesen, das den buur gefordert hat, fühlt sich ge-

ehrt und wird sich in Zukunft um so mehr um die Familie bemühen.

Darüber hinaus ist mit dem Fest immer eine Berufung zum Wahrsager verbunden. Vor Festbeginn teilt das Schutzwesen seinem Besitzer sowie anderen Familienangehörigen beliebiger Altersstufen im Traum mit, daß sie Wahrsager werden sollten. Der buur ist nur der erste Schritt auf diesem Weg, auf den – nach Festabschluß – die eigentliche „Prüfung" folgt.

Äußerer Ausdruck der Initiation eines Berufenen ist das Auftragen einer weißen Bemalung, die den „Tod" der Initianden anzeigt. In der Zeit, die sie anschließend im Busch, das heißt in der „Geisterwelt", verbringen, müssen sie ihre Entscheidung treffen, ob sie das Wahrsageamt tatsächlich ausüben wollen. Dies fällt ihnen nicht leicht. Daß dennoch nur mehr wenige der Aufforderung des Schutzwesens folgen, liegt unter anderem daran, daß die Wahrsagerei nicht nur kräfte-, sondern auch äußerst zeitraubend ist. Wer täglich vier bis fünf, maximal bis zu 20 Klienten berät, muß seine Feldarbeit vernachlässigen. Dabei ist zumindest ehrliche Wahrsagerei alles andere als einträglich. Niemand könnte davon leben, weshalb man lieber bei der Feldarbeit bleibt.

Bei den Lobi in Ghana wurde das letzte buur-Fest vor 14 Jahren gefeiert, nicht zuletzt deswegen, weil die Islamisten dagegen sind. So ist das Leben hart geworden. Viele Leute glauben, daß die Schutzwesen sie für dieses Versäumnis mit den verheerenden Dürren der letzten Jahre und den entsprechend schlechten Ernten strafen. Doch läßt sich der Lauf der Dinge kaum aufhalten; wahrscheinlich war der buur vor 14 Jahren der letzte in jener Region.

Hochzeitsnacht mit Mami Wata

In der Nähe der Adomi-Brücke (Volta-Region, Ghana) sind zu nächtlicher Stunde Anhänger Mami Watas, einer Meeres- und Wassergöttin, zusammengekommen: Die Aufnahme eines neuen Mitglieds steht an. Zentraler Bestandteil des Initiationsrituals ist ein Bad im Fluß.

Hergerichtet, wie es Mami Wata besonders schätzt, mit einer Brillenattrappe als Zeichen dafür, daß er fortan klar sehen wird, bringt man den Novizen zum Heiligtum. Mit anderen Gläubigen umschreitet er ein Kultbild im Hof, eine Statue mit sieben Köpfen, die an indische Götterdarstellungen erinnert. Indische Einflüsse sind im Mami-Wata-Kult unverkennbar.

Zentraler Bestandteil dieses Initiationsrituals ist das Eintauchen in das Element Mami Watas – für die Küstenbevölkerung das Meer, für die in der Volta-Region lebenden Ewe der Fluß. Mami Wata ist eine „moderne" Wassergöttin. Ihr Vorbild war vermutlich jene Nixe, die sich als Galionsfigur am Bug europäischer Schiffe befand. Als Nixe mit langen Haaren tritt Mami Wata in verschiedenen Gestalten auf: mal nackt, mal reich geschmückt, mal mit einem Unterleib, der in einen Fischschwanz ausläuft. Die Ewe kannten die Vorstellung von „Wassermenschen" (loklovi), die in den Flüssen lebten, schon lange vor Einführung des Mami-Wata-Kultes. Sie erfuhren aber weder kultische Verehrung, noch konnten sie zu Reichtum verhelfen. Auch auf dem Meeresgrund hausten dem Glauben nach Menschen, die an Markttagen heraufkamen und den Markt besuchten. Dabei war aber die Verbindung von

Meer, Reichtum und europäischen Konsumgütern, wie sie später den Mami-Wata-Kult prägte, noch vage.

Mami Wata offenbart sich in Träumen, in denen sie als überirdisch schöne Frau mit langen Haaren und hellem Teint, oft mit schillernden Schlangen behängt, erscheint. Andere „packt" sie: Wen sie zu fassen bekommt, sucht sie zu sich in die Unterwasserwelt zu ziehen. Viele derer, die, ohne es zu wollen, von ihr ergriffen werden, laufen ins Wasser, wenn sie ihre lockende Stimme hören. Auch die Besessenheitstrance, die häufig bei Mädchen, seltener bei Männern auftritt, kündigt sich durch Träume oder Krankheiten und Niedergeschlagenheit an. Diejenigen, die die Gottheit auf diese Art und Weise „ruft", suchen den lokalen Priester auf. Falls das Orakel die Echtheit des Gesichts bestätigt, müssen die Betreffenden Opfer bringen, sich rituell reinigen und in den Kult einweihen lassen.

Begleitet vom Priester und älteren Gläubigen, begibt sich der Novize des Nachts zur Volta. Das Gesicht auf das Wasser gerichtet, steigt er in den Fluß, wird mehrmals untergetaucht und dann mit dem Blut einer schwarzen Taube, Seife und ausgewählten Kräutern symbolisch gereinigt. Anschließend wird er noch ein zweites Mal „gewaschen", jetzt aber mit einer weißen Taube, worauf alles Übel endgültig von ihm getilgt und er in den Zustand ritueller Reinheit getreten ist. Darauf wird er im Luxus gebadet, das heißt eingepudert und einparfümiert, also hergerichtet, wie es Mami Wata besonders schätzt. Die Abkehr vom bisherigen Leben hebt weiter auch eine Veränderung seines äußeren Erscheinungsbildes hervor: Man rasiert ihm den Schädel kahl, bisweilen erhält er auch einen neuen Namen, auf jeden Fall aber ein weißes Gewand, das er während der gesamten Initiationszeit trägt. So vor-

Der Novize wird mehrmals untergetaucht und dann mit dem Blut einer schwarzen Taube, Seife und ausgewählten Pflanzen „gewaschen": Diese Reinigung löscht alles Unheil aus, das ihm anhaftet. Symbolisch ausgedrückt wird dies durch das Fortwerfen der Taube, die der Fluß davontreibt.

Dann kniet die Gemeinde im Innern des Heiligtums vor einem Altar der Göttin. Der Priester, Abidjan Mami Wata, spricht ein Gebet für den Novizen.

Anschließend wird er wieder zum Flußufer, das heißt in die Nähe der Göttin gebracht, wo er in einer kleinen, provisorischen Hütte die nächsten acht Tage zubringt. In dieser Zeit vollzieht sich die „Hochzeit" mit Mami Wata.

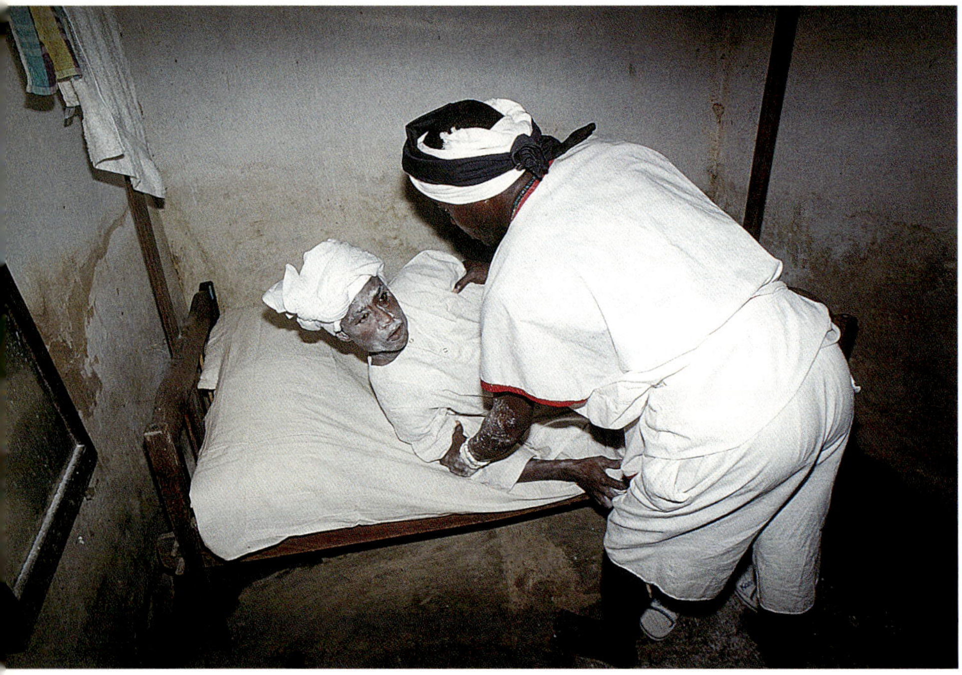

bereitet, tritt er den Weg zum Heiligtum an. Dort finden weitere Ritualhandlungen statt, bevor man ihn wieder in die unmittelbare Nähe der Göttin, das heißt zum Flußufer, bringt. Die nächste Zeit verbringt er in strenger Abgeschlossenheit und größtmöglicher Dunkelheit. Auf keinen Fall darf er das Sonnenlicht sehen, er „dämmert" gleichsam dahin, dem Schlaf immer näher als dem Wachen. Dabei erscheint ihm immer wieder die Göttin. Sobald acht Tage vorüber sind, bringt man ihn ins Heiligtum zurück, wo er nach und nach in die verschiedenen Kultgeheimnisse eingeweiht wird. Erst danach verläßt er, als vollwertiges Mitglied der Mami-Wata-Gemeinschaft, die geschützte Umgebung des Heiligtums. Sein Ansehen ist gestiegen, denn jeder weiß, daß er jetzt über starke Zaubermittel und magische Kräfte gebietet, die jene der gewöhnlichen Menschen weit übersteigen. Er hat einen rituellen Tod erlitten, sich im Reich der Göttin aufgehalten und ist als ein „anderer" ins Leben zurückgekehrt.

Der Mami-Wata-Kult, der vermutlich seinen Ursprung im Cross-River-Gebiet in Nigeria hat und heute auch in den Küstenregionen Togos, Benins und Ghanas auf ganz ähnliche Weise praktiziert wird, fand bei den Ewe wahrscheinlich in den 50er Jahren Eingang. Seither haben sie die Figur der Mami Wata reibungslos in ihre Götterwelt und das ältere System der vodun-Konvente eingegliedert. Ihre Anhänger bilden Kultgruppen mit Priestern und speziellen Heiligtümern, wo sie der Göttin Opfer darbringen. Doch definieren sich ihre Anhänger nicht, wie bei den Klan- und Stadtgottheiten üblich, über ihre Zugehörigkeit zu einer bestimmten Familie oder Lokalgemeinschaft, sondern setzen sich aus ganz unterschiedlichen Gruppen und Gesellschaftsschichten zusammen. Wer sich Mami Wata anschließt, setzt auf besondere Vergünstigungen: Er erwartet von der Göttin tatkräftige Unterstützung für seinen sozialen Aufstieg, erhofft sich von ihr materielle Segnungen und darüber hinaus Ansehen und Macht. Das erklärt, warum Luxusgüter aus Europa, zum Beispiel Plastikpuppen, Babypuder, Porzellan, Parfüm und Likörfläschchen, in den Kulthandlungen eine wichtige Rolle spielen. Vor allem Spiegel, die zur Darstellung der Wasseroberfläche dienen, der Grenzscheide zwischen Unterwasserwelt und Land, gehören zu den unerläßlichen Requisiten der Mami-Wata-Altäre.

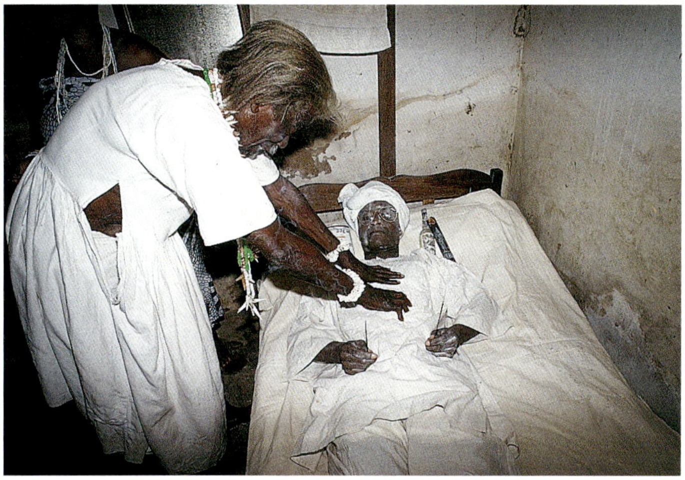

Der Priester spricht ein letztes Gebet, dann versinkt der Novize in tiefem Schlaf.

Im Traum reist er in Mami Watas Reich, „vermählt" sich mit der Göttin und wird ab jetzt nach ihren Vorschriften leben und dienen.

Unten: Die Gegenwart der Göttin zeigt sich in der Besessenheitstrance ihrer Anhängerinnen vor der Kulthütte.

Bauen im Einklang mit der Natur

Die Erde ist nicht nur Acker und heiliges Wesen, sie liefert in Regionen, die arm an Hölzern und Steinen sind, auch das Hauptbaumaterial. Lehm – wie er in der Savanne Westafrikas reichlich vorkommt – ist allerdings kein besonders widerstandsfähiges Material: Extreme Temperaturen setzen ihm ebenso wie starke Niederschläge zu.

Die geschlechtsspezifische Aufgabenverteilung gilt auch für Bauarbeiten. Das kräftezehrende Mauern ist Sache der Männer; die Frauen verputzen und sind mancherorts zuständig für die anschließende Bemalung der Wände. Im Schutz der Gehöftmauern wohnt, dem Ideal nach, in Gestalt freundlicher Menschen, hilfreicher Ahnen und heilwirkender Geister, das „Gute". Im Innern fühlt man sich sicher, während draußen das Unheil lauert, jederzeit bereit, durch Ritzen und Löcher im baulichen oder sozialen Bestand über die Gemeinschaft hereinzubrechen. Allein die Haus- und Dorfgemeinschaft bietet Rückhalt, Schutz und Geborgenheit.

Die notwendige Solidarität der Gemeinschaft prägt sich überdeutlich in der „traditionellen" Siedlungsweise aus. Junge Männer gründen nach Möglichkeit keine eigenen Gehöfte, sondern bauen ihre Häuser wabenförmig an den Kernbaubereich des Vaters, Vaterbruders oder Großvaters. Früher bildete jedes Gehöft eine eigene soziale, wirtschaftliche und rituelle Einheit. Hier lebte die erweiterte oder „Groß-Familie", zu der alle männlichen Nachkommen des Gehöftgründers sowie deren Frauen und Kinder gehörten. In der Regel verblieben die Männer in ihrem Geburtsgehöft, wohingegen die Ehefrauen einheirateten („Exogamie").

Gehöftkomplexe bilden eine kleine „Welt" für sich, in der jeder seinen angestammten Platz hat. Das Haus des ältesten Mannes, der zugleich Gehöftherr und damit Oberhaupt der Gemeinschaft ist, liegt immer an bevorzugter Stelle: rechts vom Eingang oder diesem gegenüber, bei mehrgeschossiger Bauweise im Obergeschoß oder, handelt es sich um eine größere Anlage, in einem bevorzugt gelegenen Gehöft in der Nähe des Eingangs. Der Torbereich ist überhaupt von großer ritueller und sozialer Bedeutung: Hier finden Begrüßungen, gemeinsame Beratungen, und sogar die Bestattungsfeierlichkeiten statt. Das Haus der ersten Frau dagegen liegt nahe beim Kultraum, im Zentrum oder Hintergrund des Gehöfts. An weniger hervorgehobener Stelle stehen die Häuser der Witwen, jüngeren Söhne und Brüder. Die noch ledigen jungen Männer waren früher mit Verteidigungsaufgaben betraut, weshalb ihre Häuser links neben dem Eingang lagen. Bei einigen Gehöfttypen stehen Wohnhäuser und Höfe im Rund um einen gemeinschaftlich genutzten Binnenhof, auf dem sich Speicher und Ställe befinden, in denen nachts das Vieh untergestellt wird.

Soziale Einschnitte wie Todesfälle, Eheschließungen, Scheidungen und Geburten, die mit einem Zu- oder Abzug von Familienmitgliedern verbunden sind, verändern die familiäre Autoritäts- und damit auch die Gehöftstruktur. In der jüngeren Vergangenheit kamen weitere Neuheiten hinzu. Sie betrafen, noch weniger gravierend, zunächst Bauform und Bausubstanz. Vielerorts wurde der Lehm durch den witterungsbeständigeren Zement ersetzt, der zwar haltba-

Makololo beim Hüttenbau. Die runden und spitz zulaufenden Dächer werden auf dem Boden fertiggestellt und dann mit gemeinsamer Kraft auf die Grundstruktur der Hütte gehoben.
Aus: Die Völker der Erde, Würzburg und Wien, 1891.

Kirdi-Dorf mit Wohnhäusern und Hirsespeicher. Die Speichergebäude sind durch ihre runde und etwas kleinere Form zu erkennen.

rer, dafür aber luftundurchlässig ist. An die Stelle von Lehmflachdächern traten Stroh- oder sogar Wellblechdächer, die besser vor Niederschlägen schützen.

Als entscheidender für den Niedergang der traditionellen Großgehöfte indes erwies sich der Wandel in der Wirtschaftsweise. Wurden früher die Felder von allen Gehöftbewohnern in Gemeinschaftsarbeit bestellt und der Ertrag miteinander geteilt, führten westlicher Einfluß und Geldwirtschaft zu wachsender ökonomischer Unabhängigkeit des einzelnen und damit zu fortschreitender Individualisierung und Privatisierung. In der Folge davon begannen die Bande der Großfamilien sich zunehmend zu lockern: Söhne und Brüder des Gehöftherren lösen sich aus seiner Vormundschaft und gründen eigene Gehöfte, deren Bauform und Struktur deutlich vereinfacht sind. Dazu kommt in den ländlichen Gebieten die hohe Abwanderungsrate. Vor allem junge Männer zieht es in Städte oder landwirtschaftliche Großbetriebe, wo sie hoffen, ihren Lebensstandard verbessern zu können. In den meisten Fällen bleibt aber trotz Wohnortwechsel die rituelle Verbundenheit mit dem Ursprungsort erhalten: Zu Totenfeiern und den jährlichen Gedenkfesten, wenn das Familienoberhaupt stellvertretend für die Gemeinschaft den Ahnen und Göttern opfert, kehren alle zurück.

Nankanse – heilige Tiere auf Lehm

Die Häuser der Nankanse bestechen durch eine reiche Ornamentik. Tierfiguren, meist im Relief, und geometrische Muster zieren im besonderen die Häuser von Frauen mit herausragender Stellung; aber auch am Haus von Männern, an Hofwänden und Speichern können Malereien angebracht sein.

Eine der schönsten und zugleich ausdrucksvollsten Anlagen an der Grenze zwischen Ghana und Burkina Faso ist das Nankanse-Dorf Sirigou. In der Regenzeit liegen seine Gehöfte zwischen hochreichenden Hirsestengeln versteckt. Gleich Wehrburgen fensterlos und mit nur einem Eingang, scheinen sie allen äußeren Bedrohungen trotzen zu wollen. Einzelne Rund- und Kastenhäuser, Speicher, Lager und Stallungen verbinden sich zu einem dichten Komplex, den rings eine Mauer umschließt. Alle sind untereinander durch diese teils apsidenartig vorspringende Außenmauer verbunden. Die Eingänge der oval- oder kreisförmig angelegten Gehöfte sind nach Westen gerichtet und beiderseits von Ställen flankiert. Niedrige Mauern, die Hühner und Ziegen von den sauber gefegten Plätzen fernhalten, trennen die engen Binnenhöfe ab. Zum Wohnbereich gelangt man durch den Wirtschaftshof, in dem die überhöhten Speicher des Gehöftherrn stehen. Erst seit man vor Überfällen durch Fremdgruppen sicher ist, wurden die Speicher teilweise vor die Gehöfte verlegt.

Bei den Nankanse residiert der Gehöftherr in einem rechteckigen Haus rechts vom Eingang mit Flachdach, Vorbau, Treppe und einem angegliederten Rundbau, in dem seine zweite Frau lebt. Hier, nahe beim Eingang des Gehöfts, liegen wiederum die den Männern vorbehaltenen Zonen samt den Ahnenschreinen. Dazu gehören weiterhin große Viehhöfe; Haustiere spielen als Opfer und Brautpreisentgelt eine wichtige Rolle. Angrenzend daran ragen die großen Speicher auf, die in den weiblichen Gehöftbereich überleiten. Den Frauen gehören die meisten Gebäude. In der Regel besitzt jede ihr eigenes kleines Untergehöft, das eine niedrige Mauer vom Haus ihrer Nachbarin trennt. Die Wohnkomplexe der Frauen umfassen jeweils einen Schlaf- und einen Vorratsraum, eine kleine, überdachte Regenzeitküche, einen Mahlplatz, eine Trockenzeitküche im Freien sowie bisweilen einen kleinen Vorratsraum, der auch als Gästehaus dient.

Geometrische Muster zieren die Häuser von Frauen mit herausragender Stellung, wie der ersten Frau und der

E. Aburiporeh im Eingang zu ihrem Haus. Jede Frau verfügt über ihre eignen Vorratsgefäße und Netze, in denen sie Töpfe, Kalebassen-Eßschalen sowie persönliche Dinge verwahrt.

Halbreliefs aus Lehm, die Schlangen und Eidechsen nachbilden, sollen fruchtbarkeitsfördernd sein und zugleich Feinde abwehren. Sie werden häufig in der Nähe von Schreinen angebracht, über denen das Familienoberhaupt in Krankheits- oder anderen Krisenfällen familieneigenen oder persönlichen Schutzgottheiten opfert. Für eine Reihe von Klanen sind Echse oder Krokodil heilige Tiere, die weder getötet noch verzehrt werden – zum Dank dafür, daß sie dem Ahnherrn und Klangründer einen wertvollen Dienst erwiesen, ihm zum Beispiel ein Wasserloch zeigten oder anderweitig hilfreich beistanden.

Eine Nankanse-Küche mit unterschiedlichen Koch- und Vorratsgefäßen.

Mutter des Gehöftherrn. Gewöhnlich werden sie von alten Frauen gefertigt, denen die Bedeutung der meisten Bild- und Dekorelemente noch bekannt ist. Dazu gehören etwa der Krummstab des Gehöftältesten, die zu rituellen Anlässen geschlagene Sanduhrtrommel (donno) oder bestimmte Tuch- und Tatauierungsmuster der Frauen. Da diese Elemente inzwischen selten geworden sind, treten heute häufiger Zeichen, die den Hausinsassen Schutz oder Heil bringen sollen, an ihre Stelle – wie zum Beispiel Rauten. So stellen mehrere, quer miteinander verbundene Rauten die Flügel von Fledermäusen dar; Tiere, die Insekten jagen und die man deshalb gern ans Haus ziehen möchte. Eine einfache oder aus drei Teilen zusammengesetzte Zacke wiederum bildet einen Hühnerfuß ab. Hühner und Hühnerhöfe zählen zum Bereich der Frauen, die die eigentlichen Herrinnen von Haus und Hof sind. Das zeigen auch Rauten, die ein Kalebassennetz (zalenga) darstellen und auf einen geordneten Hausstand hinweisen. Ein Unheil abwehrendes Zeichen ist ein auf seiner Spitze stehendes Dreieck: Es steht für Kalebassenscherben und Verlust, da beim Tod einer Frau Teile ihres Hausrats auf der Wegkreuzung zu ihrem väterlichen Gehöft zerbrochen werden. Ein „glücklicheres" Zeichen ist ein mit der Spitze nach oben weisendes Dreieck, das das Geschlecht der Frau und darüber hinaus Fruchtbarkeit generell symbolisiert. Eine Doppelzacke steht für die Schwingen des Hühnerhabichts; das Zeichen soll abweisend wirken und ihn daran hindern, die Hühner in den Frauenhöfen zu schlagen.

Der fortschreitende Wandel hatte zur Folge, daß heute immer weniger Dekorationen angebracht werden, sie zudem beschränkt sind auf bestimmte, gut erreichbare Zonen wie Sockel, Brüstung und Einfassung der Gehöfte, und daß abstrakte Muster gegenüber gegenständlichen Darstellungen zurücktreten.

Links: Häufiges Ornament sind Dreiecke: Zeigen sie mit der Spitze nach unten, stehen sie für Kalebassenscherben; das heißt, sie sollen den Tod fernhalten. Weisen sie mit der Spitze nach oben, symbolisieren sie das weibliche Geschlecht – und damit Fruchtbarkeit, die gleichermaßen den Hausbewohnern wie den Feldfrüchten und dem Vieh zugute kommen soll.

Ganz oben: Häufiger Schmuck von Häusern und Innenhofwänden sind Rauten, die ein Kalebassennetz (zalenga) darstellen. Sie zeigen an, daß die Frauen die eigentlichen Herrinnen von Haus und Hof sind. Die kleinen Rauten des Fischernetzes hingegen sollen den Frauen reiche Erträge gewähren.

Oben: Nach stärkeren Regenfällen fallen immer wieder Reparaturen an: Hier bessert Akaaba Adomgo die Stiege zum Dach aus, die heute – nach europäischem Vorbild – vielerorts die älteren Gabelpfosten mit Trittkerben ersetzt hat. Früher erreichte man die Dächer in Terrassenform, die ehemals Verteidigungszwecken dienten, nur über „Steigbäume".

Dogon – Leben am Fuße des Tafelbergs

Die Architektur der Dogon folgt mythischen Vorlagen von konsequenter Durchdachtheit. Den französischen Ethnologen Marcel Griaule (1898–1956) kostete es mehr als 50 Jahre, das hochkomplexe Weltbild der Dogon zu erfassen und aufzuzeichnen. Auch wenn sein Werk in Teilgebieten angezweifelt wird, verdanken wir seinen Arbeiten Einblicke in ein faszinierendes Weltbild, das alle bis dahin bekannten Zusammenhänge zwischen Mythos und Architektur in den Schatten stellt. In der Anlage der Dogon-Dörfer und –häuser gewinnt das im Mythos überlieferte Welt- und Menschenbild konkrete Gestalt. Antropomorphe Grundstrukturen oder eine menschengestaltige Architektur findet man, wenngleich weniger elaboriert als bei den Dogon, bei verschiedenen Haustypen südlich der Sahara. Die dahinterstehende Idee ist weniger auf die Einzelfigur als auf das Paar gerichtet, das durch seine Verbindung Fruchtbarkeit und damit das Überleben der Gemeinschaft garantiert.

Dem Weltbild der Dogon nach ist die Erde Teil eines gesamtkosmischen Systems, das sich aus vierzehn scheibenförmigen Sphären zusammensetzt. Sie selbst bildet die siebte und damit höchste der unteren Scheiben und wird von einer Schlange umsäumt, die verhindert, daß die Wasser des ringsum befindlichen Weltmeeres die Erde überfluten. Alle Scheiben – jede eine eigene Welt – drehen sich um einen kosmischen Pfeiler (amma dyi), dem in der Architektur der Mittelpfahl (dyi) des Hauses, der das Dach trägt, entspricht.

Dem Mythos nach kamen die Dogon ursprünglich aus dem (geographisch unbestimmten) „Land der Mande". Der älteste dort lebende Mann, lebe, war Nachfahre des achten nommo. Die acht nommo, die vom Himmel auf die Erde kamen, hatte Amma, der Schöpfergott, selbst erschaffen. Damals starben die Menschen noch nicht, sondern verwandelten sich in Schlangen. Als lebes Körper, zur Umwandlung bereit, im Grab lag, verschlang der siebte nommo seinen Schädel. Darüber verbanden sich ihre beiden Seelen und bildeten gemeinsam eine neunte Kraft: den hogon, der fortan als ältester lebender Mann zum spirituellen Oberhaupt der Dogon wurde. In der Folge vermehrten sich die Menschen, und das Land wurde knapp. Die Dogon beschlossen auszuwandern und öffneten lebes Grab, um seine Knochen mitzunehmen. Dabei sahen sie, daß er sich in eine Schlange verwandelt hatte. In dieser Gestalt führte er, der selbst der erste hogon war, sie in ihr späteres Siedlungsgebiet, die unzugängliche Felslandschaft des südlich des Nigerbogens gelegenen Plateaus von Bandiagara. Lebe symbolisiert die Erde und wird in den Dörfern an besonderen Altären verehrt. Dem lebe-Kult steht der hogon vor. Er verwaltet die Altäre, überliefert die Mythen und ruft die Dorfbewohner zu den wichtigsten Zeremonien ein. Sein Haus liegt in bevorzugter Lage und wird von der Bevölkerung des Dorfes errichtet und unterhalten. Sonst ist in den Siedlungen das zentrale Gebäude jedoch das rechteckige Männerhaus (toguna). Drei Reihen steinerner oder hölzerner Stützpfeiler tragen ein Giebeldach, dessen Holzsparren schichtweise mit Hirsestroh bedeckt sind. Das Männerhaus wird bei der Dorfgründung als erstes Gebäude errichtet, in genauer Nachbildung der mythischen Urform, in der die acht Urahnen zusammenkamen. Jedem von ihnen sind drei Gabelpfosten geweiht, deren Anordnung einer gedachten Spirale – als Symbol der mythischen Schlange – folgt. Unter den Motiven ihrer Schnitzreliefs kehren Brüstepaare, verschiedene Masken, weibliche Figuren mit üppigen Brüsten, urzeitliche Heroen-

Links: Versammlungshaus der Männer (toguna). In der toguna kommen die erwachsenen (beschnittenen) Männer zusammen und tagt der Ältestenrat. Nach Sonnenuntergang finden sich, wie die Dogon glauben, auch die Ahnen ein.

Dogon-Dorf Hombori. Bis zum Eindringen der Franzosen bauten die Dogon ihre Siedlungen in die Falaise von Bandiagara, einer 200 km langen und 400 m tiefen, landschaftlich bizarren Felswand. Ihre Felder legten sie südlich der unzugänglichen Felsklippen und Geröllhalden im Flachland an, das in unsicheren Zeiten allerdings gemieden wurde.

paare, manchmal Sandalen wieder. Letztere stellen Abdrücke der eisernen Fußbekleidung des Schmiedeahnen, Kulturheros der Dogon, dar. Nachdem er am Himmel mit Hilfe eines hölzernen Stabes ein Stück Sonne in Form von glühender Kohle und heißem Eisen aus der Schmiede des ersten männlichen nommo entwendet hatte, floh er zu einem pyramidenstumpfartigen Getreidespeicher und schleuderte ihn mittels eines Regenbogens auf die Erde. Dieser Getreidespeicher enthielt die Ahnen bzw. Urformen nicht nur aller Menschen, Tiere und Pflanzen, sondern auch der Mineralien und verschiedenen Bearbeitungstechniken. Bei jener „Reise" stand der Schmiede-nommo auf seinem Dach. Der erste weibliche nommo schickte dem Dieb erst einen Donnerschlag, dann einen Blitzstrahl nach. Letzterer traf zwar das Speicherdach, doch da der Schmiedeahn schützend eine der Häute seines Gebläses über sich hielt, blieb er unverletzt: Über die gestohlene Kohle war die Haut mit „Sonnenenergie" geladen. Daraufhin schleuderte ihm auch der erste männliche nommo einen Blitz nach, der den Speicher entzündete. Doch dem Schmiedeahn gelang es schnell, die Flammen zu löschen.

Schließlich schlug der Speicher hart am Boden auf, und der Inhalt des Speichers – Menschen, Tiere, Pflanzen, Mineralien – verteilte sich über der Erde.

Dogon-Speicher. Speicher sind der wichtigste Besitz der Familie. Ihr reichhaltiger Reliefschmuck soll sich entweder fruchtbarkeits- und wachstumsfördernd auswirken oder erfüllt magische Abwehrfunktionen.

Eingangstür zu einem Gehöft mit „Steigbaum" in der Ecke. Türen besitzen neben der praktischen auch eine magisch-abwehrende Funktion, welcher eben der reiche Reliefschmuck dient. Häufig sind Abbildungen von Ahnenreihen, Darstellungen des Zwillingsurahnenpaares (nommo) und seiner Nachkommen, die in der Folgezeit die Erde bevölkerten, von Brüsten und einem Pferd mit Reiter, der den ersten hogon (religiöses Oberhaupt) repräsentiert.

Speichertür mit Schloß. Seit der Kolonialzeit ist der Islam im Dogon-Land auf dem Vormarsch. Seine Anhänger werden, ob nun zu Recht oder Unrecht, bezichtigt, viele der kunstvoll ausgeschmückten Holzpfeiler, Speichertüren und -schlösser gestohlen und an Händler verkauft zu haben. Auf jeden Fall ist eine zunehmende Verarmung der Dogon-Kunst unverkennbar.

Speichertür mit Schloß. Neben den Türen haben auch Schlösser magische Abwehrfunktion, weshalb auch sie zahlreiche Darstellungen tragen. Einige beziehen sich auf den Schöpfungsmythos, vor allem auf das nommo-Paar. Aber auch menschliche Figuren sind, stehend oder sitzend, abgebildet. Häufig ist auch die „Sonneneidechse", Abbild der „weiblichen" Vorhaut am männlichen Glied dargestellt.

Dogon-Dorf Ireli. Die Dogon verwenden zum größten Teil Lehm als Baumaterial, nur die Fundamente bestehen aus Stein, Verstrebungen und Zwischenböden bzw. -decken aus Holz, das, wohl aufgrund seiner Seltenheit, als heiliger Werkstoff gilt.

Kultheiligtum und Priester (hogon) in Sanga, der mit ca. 5 000 Einwohnern größten Dogon-Siedlung. Vor der Ausbreitung des Islam galt der hogon als höchste religiöse Autorität.

Der Aufbau eines Dogondorfes nach einer Zeichnung Marcel Griaules. Die Anlage der Dörfer bildet den Körper eines auf dem Rücken liegenden Menschen, den des Urahnen, nach. Die Schmiede und das Männerhaus im Norden bilden den Kopf.

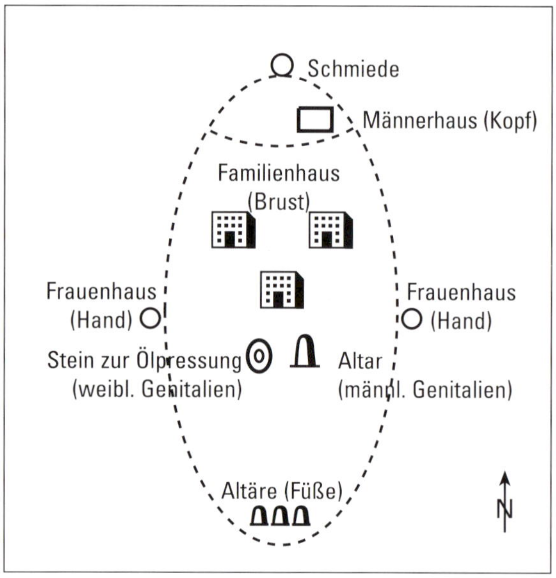

Beim Aufprall hielt der Schmiede-nommo Hammer und Amboß in der Hand, so daß an den Ellenbögen und Knien seine Glieder zerbrachen. Die Gelenke, die er deshalb erwarb, erhielten später alle Menschen. Viele Kulturgüter gehen auf ihn zurück, da er die Nachkommenschaft des achten nommo dabei anleitete, die Welt zu zivilisieren.

Das Männerhaus versinnbildlicht die acht Urahnen; es ist ein heiliger, kraftgeladener Ort und erhält wie die Altäre im Dorf regelmäßig Opfergaben. Verbindet man die verschiedenen Altäre eines Dorfes mit gedachten Linien, ergibt sich im Grundriß die Kontur eines menschlichen Körpers.

Nach Auffassung der Dogon entsprechen die Wohnhäuser einem auf dem Rücken liegenden Menschen. Die Eingangshalle durchschreitend, gelangt man in den seitlich von Stallungen und Speicherräumen flankierten Innenhof und den Wohnbereich. Der Fußboden des Erdgeschosses bildet die Erde mit dem in ihr wiederauferstandenen Ahn (lebe), die rechteckige, vorragende Dachterrasse den Himmel und die Decke des Erdgeschosses den Zwischenraum zwischen Himmel und Erde ab. Vier kleinere, ebenfalls rechteckige Terrassen zu seiten der Hauptterrasse weisen die vier Himmelsrichtungen aus. Desgleichen der Herd, dessen Feuer dem einst vom Schmied geraubten entstammt und somit himmlischen Ursprungs ist. Ist das Haus richtig ausgerichtet und öffnet sich nach Norden, zeigt der Topf auf dem Herd ebendorthin, während die die Herdstelle umgrenzenden Steine nach Osten und Westen weisen. Die Mauer dagegen, der Rückhalt des Herdes, zeigt nach Süden.

Das Innere des Hauses mit den verschiedenen Zimmern entspricht den „Höhlen" der Menschen in dieser Welt. Die Vorhalle, vom Hausherrn bewohnt, zeigt den Mann in Doppelgestalt, die Tür nach außen symbolisiert sein Geschlecht. Zimmer und Abstellräume werden als seine Frau verstanden, mit offenen Armen auf dem Rücken liegend, zum Liebesakt bereit. Der dahinterliegende Raum, in dem sich die Feuerstelle befindet, und der sein Licht durch eine Luke von der Dachterrasse erhält, ist die atmende Brust der Frau, überwölbt von der Decke, dem Leib des Mannes mit den Balken als Knochengerüst. Die vier Pfähle, auf denen das Haus ruht, entsprechen den Armen des Paares. Die kleine Plattform aus Erde, die als Bettstatt dient, ist nordsüdlich ausgerichtet; das Paar liegt mit dem Kopf nach Norden, wie auch die Vorderfront, das „Gesicht" des Hauses, in diese Richtung weist. In diesem dem Körper des Menschen nachgebildeten Haus stellt das Ehepaar selbst, Fruchtbarkeit und Fortpflanzung der Familie verbürgend, das Zentrum dar.

Der Gehöftälteste bewohnt immer ein größeres Haus, dessen Fassadendekor sich symmetrisch zur Zentralachse verhält. In der Mitte gibt die Tür den Zugang zum Hauptgetreidespeicher frei. Mehrere Nischen für Ahnenopfer sind in die Vorderfront eingelassen. Ihre Zahl ist immer durch acht, die Summe der Urahnen, teilbar. Auch die kegelförmigen Türmchen, die über die Terrassen ragen, sind acht an der Zahl oder ein Vielfaches von ihr. Die zehn das Haus tragenden Säulen wiederum symbolisieren die Finger beider Hände.

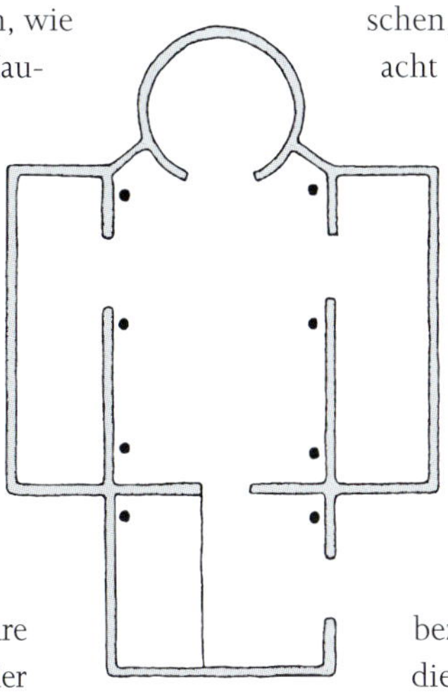

Wie jedes Haus bildet auch die Anlage der Dörfer den Körper eines auf dem Rücken liegenden Menschen, des Urahnen, nach. Das markieren acht Steine, die seinen Nachkommen, vier Frauen und ebensovielen Männern, entsprechen. Innerhalb dieses gleichsam „gepunkteten" Umrisses macht die Esse des Schmiedes, das Männer- oder Versammlungshaus (toguna) und der Dorfplatz im Norden das Haupt der Urahnen aus. Im Osten und Westen entsprechen die Hütten der Frauen den Händen, die Familienhäuser im Zentrum den Brüsten, Ölstein und Gründungsaltar dem weiblichen beziehungsweise männlichen Geschlecht, die Altäre im Süden den Füßen. Die Toten finden ihre Ruhestätte in Grabnischen hoch in den Felsen außerhalb des Dorfbereichs, die ihr Abbild in den Opfernischen der Hausfassaden von den Gehöftältesten besitzen.

Grundriß eines Dogon-Hauses. Auch die Wohnhäuser entsprechen nach Auffassung der Dogon einem auf dem Rücken liegenden Menschen. Die verschiedenen Bereiche sind dabei entweder dem Mann, der Frau oder dem Ehepaar gemeinsam zugeordnet.

Tellen-Höhlen über Hirse-Silos der Dogon. Die hoch angelegten Höhlen der inzwischen ausgestorbenen Tellen werden heute von den Dogon als Grabstätten benutzt.

Tofinu – Pfahldörfer im See

Ganvié ist mit seinen mehr als 10 000 Einwohnern das weitaus größte Pfahldorf im Nokwe-See im Benin. Wenn ab August die Regenzeit einsetzt und die Flut kommt, steigt das Seewasser und reicht dann bis knapp unter die Böden und Terrassen der Pfahlbauten.

Ganz anders als die Dogon, aber ebenso perfekt an ihre Umwelt angepaßt, leben die Tofinu, die „Wassermenschen", auf dem Nokwe-See (Lac Nokoué) in Benin. Wahrscheinlich wichen ihre Vorfahren im 17. oder 18. Jahrhundert den kriegerischen Wirren in ihrer Heimat (zunächst Ketu im heutigen Nigeria, dann Tado im heutigen Togo) aus und gelangten so in die Sumpfgebiete an der Küste. In der zweiten Hälfte des 19. Jahrhunderts erst gingen die Tofinu zum Leben auf dem Wasser über, wo sie Schutz vor Sklavenjägern und dem Militär der Kolonialherren fanden und überdies weniger von Moskitos belästigt wurden.

In Sichtweite des Lac Nokoué, der sich mit seinen etwa 150 km^2 (einschließlich einer mit ihm verbundenen Lagune) bis nach Porto Novo erstreckt und dessen tiefste Stelle lediglich 2 m mißt, liegt Cotonou, die Hauptstadt Benins. Übersetzt bedeutet Nokoué „Haus der Mutter". Der Legende nach soll der See aus den Tränen einer Sklavin entstanden sein. Ein Mädchen, das schwer unter den grausamen Mißhandlungen eines Königs litt, sammelte seine Tränen in einer Kalebasse. Nachdem sie gefüllt war, stieß es das Gefäß um und ertränkte sich in der Wasserlache. Diese dehnte sich mehr und mehr aus, um künftig allen Verfolgten eine sichere Zuflucht zu bieten.

Ganvié ist nur mit dem Boot zu erreichen und so spielt sich das Leben der Tofinu nur auf dem Wasser ab. Die Pfahlbauten sind traditionell ausschließlich aus pflanzlichem Material errichtet.

Bei der alljährlichen Flut muß das Vieh per Boot zu einem noch trockenen Platz gebracht werden.

Mit allem, wofür sich Käufer finden lassen, handeln die Frauen auf dem schwimmenden Markt von Ganvié.

Kommt im August die Flut, rücken Mensch und Tier auf den schrumpfenden Sandbänken zusammen.

Die Menschen auf dem See leben vom Fang von Schuppen- und Schalentieren. Bereits Knaben erhalten von ihren Vätern ein kleines Netz, um zu lernen, ihren Lebensunterhalt selbst zu bestreiten. Ältere Brüder lehren sie den Umgang mit Boot und Angel. Frauen handeln mit Fischen, die sie von ihren kleinen Kanus aus neben Gemüse, Heilkräutern und Brennholz auf dem schwimmenden Markt von Ganvié feilbieten. Letztere Ware haben sie auf dem Festland mit dem Erlös von Dörr- und Trockenfisch erstanden. Neuerlich allerdings hat sich manches auf dem See zum Schlechten verändert. Viele der bunten Gemüseboote wurden durch Motorschiffe ersetzt, die, beladen mit geschmuggeltem Treibstoff aus Nigeria, Bier- und Colakisten, grauen Plastikeimern mit Trinkwasser, Transistorradios und anderen gängigen Industrieprodukten, daneben Masken und T-Shirts zum Verkauf an Touristen, den See verschmutzen.

Das allein ist jedoch kaum der Grund dafür, daß die Fanggründe immer weniger abwerfen, so daß viele Tofinu ins benachbarte Nigeria auswandern. Die eigentliche Ursache für die zurückgehenden Erträge besteht vielmehr in der zunehmenden Versalzung der Lagune. Um Cotonou vor Überschwemmungen zu schützen, ließ der französische Gouverneur 1885 die Landzunge durchstechen, die den See vom offenen Meer trennt. Bis 1959 wurde der Wasserstand des Sees dann durch eine Schleuse reguliert. Seither ist sie jedoch defekt, so daß mit jeder Flut Meerwasser zufließt. Der Bau eines Überseehafens in Cotonou schließlich vollendete das Zerstörungswerk. Die dadurch umgeleitete Brandung hat bereits ein breites Loch in die Landzunge geschlagen. Der wechselnde Wasserstand führt in der Trockenzeit Salzwasser zu, so daß sich der Fischbestand nicht nur veränderte, sondern auch abnahm: Die Fische vertragen den Streß des ständigen Wasserwechsels nicht.

In der Regenzeit steigt das Seewasser bis knapp unter die Böden der Pfahlbauten. Bei stärkeren Regenfällen sind auch die Häuser gefährdet, die traditionell ausschließlich aus vegetabilischem Material bestehen: das Bauskelett aus Pfählen und Knüppelhölzern, die Wände aus vertikal oder horizontal aneinandergereihten und mit Stroh umkleideten Palmrippen. Sie gewähren eine gute Durchlüftung und führen zum raschen Abzug des Küchenrauches. Die Satteldächer aus Stroh werden an Ort und Stelle hergestellt. Drei Pfetten, von Gabelhölzern gestützt, halten den Dachstuhl. An ihnen werden die Sparren befestigt, zwischen denen dünne Horizontalhölzer als Auflager für die Dach-

Die Tofinu betreiben ihre eigene Fischzucht. Dazu errichten sie Zaungeflechte im Schlamm. In den so gewonnenen „Feldern“ (akaja) mästen sie Fische und Krebse, die dann nach etwa sechs bis sieben Monaten mit einem Treibnetz „geerntet“ werden. Hier wirft ein Junge gerade sein Netz aus.

bedeckung dienen. Nach unten hin ist der Dachstuhl meist offen.

Obwohl Ganvié – häufig gepriesen als „Klein-Venedig“ – die bedeutendste touristische Attraktion Benins ist, hat man es zunehmend verkommen lassen. Viele der in den 70er Jahren noch intakten Bauten sind inzwischen zusammengesunken, die Pfeiler haben sich geneigt, und die Dächer sind durchgefault. Die meisten der alten Häuser wurden nicht wieder errichtet. Sie wurden einfach aufgegeben. Statt dessen entstanden neue, mit Wellblech bedeckt und mit Holzplatten verschlagen. Das hat dem Dorf viel von seinem einstigen Charme genommen. Bedrückender jedoch ist, daß es den Seebewohnern immer schlechter geht. Die Bevölkerung wächst unaufhaltsam, und würden die schwarzen Schweine den Abfall nicht fressen, würden die Tofinu-Dörfer des Unrats nicht mehr Herr werden können. Besonders während der Flut von August bis November treten Krankheiten, vor allem Diphterie, Typhus und Cholera, gehäuft auf, und die medizinische Versorgung ist mangelhaft. Eine Änderung ist kaum in Aussicht; von den Einnahmen aus dem an sich regen Tourismus profitiert einzig der Staat.

Morgenappell vor der Dorfschule von So Tchanhoué. Vor Ort wurde 1975 eine Missionsstation ins Leben gerufen, die die Tofinu in medizinischen Fragen berät, ihnen bei der Versorgung mit sauberem Trinkwasser hilft und sich um die Ausbildung der Seebewohner verdient macht.

Afrikanische Kulturen

Geopolitische Voraussetzungen

Die afrikanische Kulturgeschichte wurde generell von den geographisch-klimatischen Bedingungen des Kontinents, speziell von seiner besonderen Lage im Verhältnis zu seinen Nachbarregionen, bestimmt. Zu zwei Dritteln vom Meer umschlossen, besitzt Afrika lediglich im Norden und Nordosten teils mittelbar über See, teils unmittelbar über Land (Ägypten) passierbare Verbindungen zur Außenwelt. Die angrenzenden Gebiete des Mittelmeerraums von Spanien bis Südarabien aber stellen seit jeher einen der historisch bewegtesten Kulturräume dar. Hier entstanden der Bodenbau und die Viehzucht, die ältesten Hochkulturen und nicht zuletzt vier „Weltreligionen“ (Judentum, Zoroastrismus, Christentum, Islam).

Schon früh erreichten Einflüsse aus dem westlichen Mittelmeerraum über Nordafrika und über die Sahara, die in vorgeschichtlicher Zeit eine blühende, teils dicht besiedelte Savannenlandschaft war, den Sudan, gelangten aber auch noch bis in die Randbereiche der südlich angrenzenden Regenwaldzone hinein. Später prägten mehr noch altorientalische, ägyptische, dann arabisch-islamische Einflüsse über die Landverbindung im Nordosten die Kulturentwicklung des Kontinents. Sie drangen auf den klassischen Handelsrouten durch den Sudan nach Westen und über Ostafrika nach Süden vor. Seit dem Frühmittelalter erreichten, weniger massiv, kulturelle Impulse auch aus Indien mit dem Handelsverkehr über See den mittleren Teil Ostafrikas.

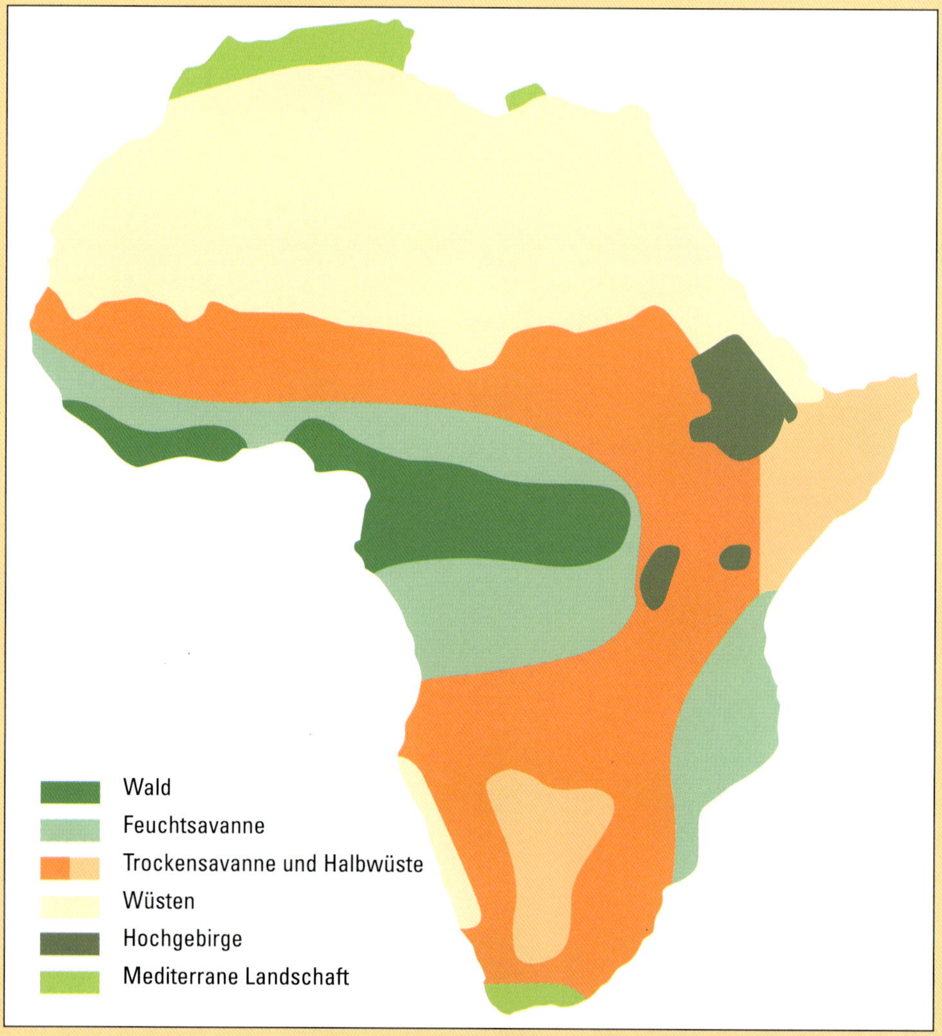

Dennoch waren die Verbindungen nicht fließend genug und immer gefahrenreich, so daß sich der Import dem kulturellen Altbestand eher auflagerte, ihn aber nicht wesentlich umprägte. Zudem blieben weite Teile Afrikas, namentlich die Halb- und Vollwüsten im Süden (Kalahari) und Norden (Sahara) sowie der tropische Regenwald im Zentrum, bis in die neueste Zeit hinein nahezu unzugänglich. Alte Traditionen vermochten sich daher gerade in diesen insularen Lagen und ihren Randbereichen am besten zu erhalten, während Überformungen sich entsprechend deutlicher in den nördlichen, nordöstlichen und östlichen Küstengebieten samt Hinterland (Äthiopien) sowie im Sudan und in Ostafrika bemerkbar machten. Auch dort jedoch blieb das altangestammte Erbe, außer in den islamisierten

Bereichen (Ost- und Mittelsudan), die tragende und auch wesentlich prägende Kraft.

Typologisch lassen sich unter den traditionellen Kulturen Afrikas vier Standardformen unterscheiden: Sammlerinnen- und Jägerkulturen, Pflanzerkulturen, hirtennomadische und Königs- oder Hochkulturen.

Sie sollen im folgenden im sogenannten „ethnographischen Präsens" beschrieben werden, obwohl viele der genannten Züge den fortschreitenden Veränderungsprozessen der letzten Zeit bereits zum Opfer gefallen sein dürften.

Linke Seite und unten: Bei einer – relativ vereinfachten – Einteilung Afrikas in Landschafts- und Wirtschaftszonen sowie große Kulturprovinzen ergibt sich fast eine Deckungsgleichheit. Sechs große Landschaftsformen sind für die kulturelle und historische Entwicklung von Bedeutung: 1. Der Regenwald, immergrün im Zentrum gelegen, konzentrisch darum herum 2. die Feuchtsavannen in Waldnähe, 3. die Trockensavannen, im Norden in 4. die Halb- und Trockenwüsten wie die Sahelzone, und im Süden, in die Kalahari und Namib übergehend, 5. die Zonen mit mildem Klima ganz im Norden und Süden, und schließlich 6. die Hochgebirgsregionen Nordost- und Ost-Afrikas.

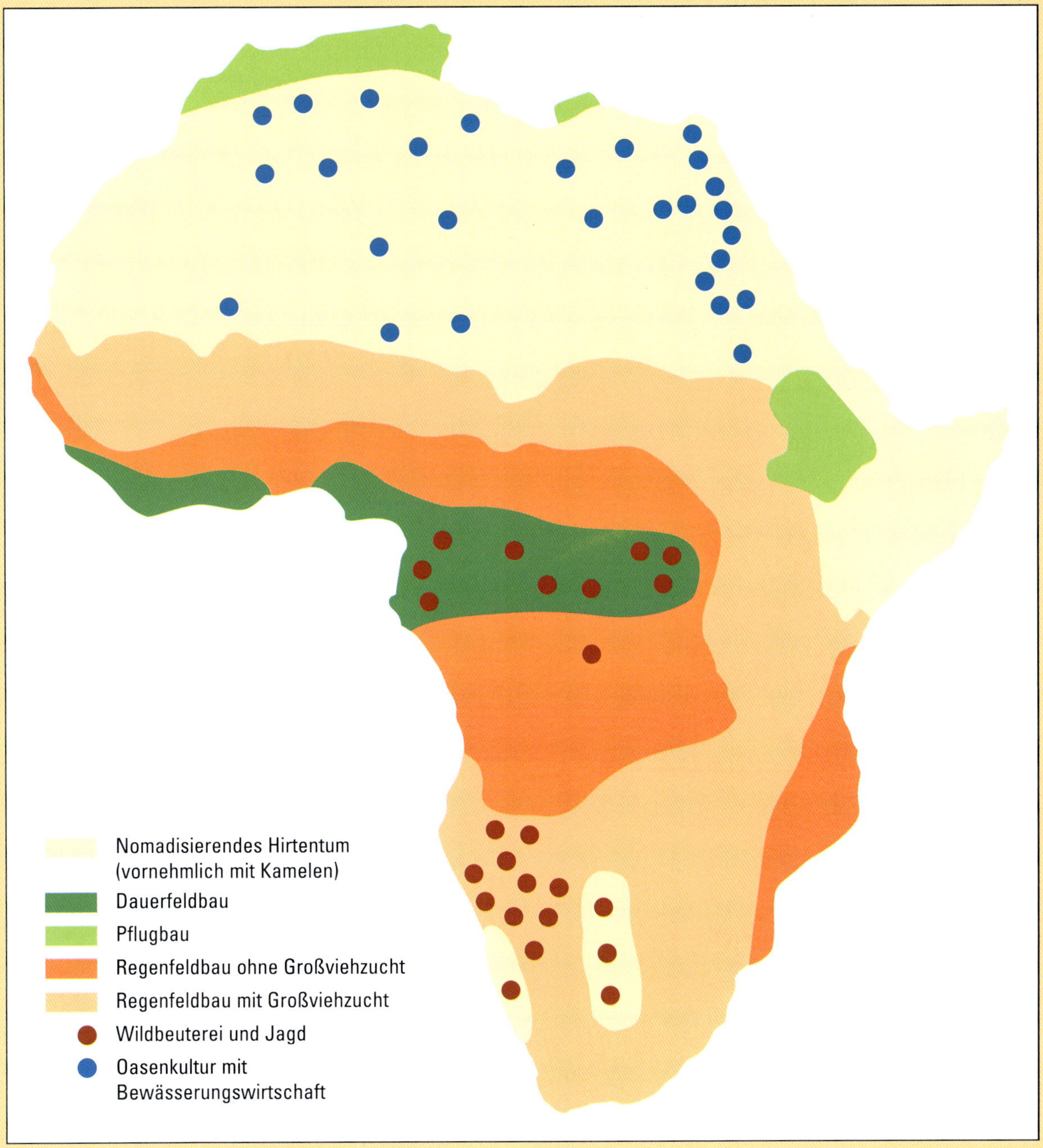

Dahomey – König Toffa: Beliebter Regent des westafrikanischen Königreichs zum Ende des 19. Jahrhunderts. Besonders bei seinen Untertanen war er wegen seiner fürstlichen Gelage angesehen, bei denen der Champagner in Strömen floß und er sich in goldenen Kostümen präsentierte. Aus: Malerische Studien, Neuchatel, o. Jahresangabe.

Königskulturen

In Afrika – aber auch noch an anderen Orten der Welt – bildeten sich Königtümer als ein Typ sekundärhochkulturlichen Staatswesens aus den archaischen Hochkulturen des westlichen und besonders des östlichen Mittelmeerraumes aus. Über Handelskontakte, teils auch längerfristige Beziehungen, gelangte manche Idee und manches Kulturgut aus der Hochkulturwelt auch in die abgelegeneren Gebiete der traditionellen Kulturen weit im Hinterland der Haupthandelsstraßen. Dort war überwiegend nur Knollen-, Stauden- und Baumpflanzenanbau und damit keinerlei Vorratshaltung im großen Stil mehr möglich. Größere Bevölkerungsdichten auf engem Raum, Städtebau, ein entwickeltes Handwerk und stehende Heere kamen nicht in Betracht. Machtpolitik spielte nur eine sehr untergeordnete Rolle – es entwickelte sich die Sonderform des „Sakralkönigtums“: Das alte Erdherren- oder Sakralhäuptlingstum bauschte sich zu höfischer Prunk- und Prachtentfaltung auf, nahm quasi herrschaftliche Dimensionen an. Doch die sakralen Bezüge behielten die Oberhand.

Der Herrscher, gewöhnlich nur über kleinräumige Territorien gebietend, gilt wiederum als Repräsentant des himmlischen Hochgottes auf Erden und besitzt insofern auch die entsprechenden übergewöhnlichen Gaben. Dementsprechend sieht man in ihm den Träger der Lebens- und Fruchtbarkeitskräfte von Land, Vegetation, Vieh und Menschen; er bürgt mit seinem Leben und Wandel für das Wohlergehen, das „Heil“ der ihm Unterstellten. Die herrscherliche Autorität steht hinter der Verantwortung zurück. Das stellt eine enorme Belastung dar. Er muß, als die verkörperte Heilsgarantie seiner Untertanen, allezeit vital, stark und gesund sein, das heißt auch ohne physischen Makel, also nicht etwa blind, taub oder sonstwie behindert.

Was er tut, geschieht repräsentativ für das Volk, dessen Existenz er verkörpert und verbürgt, besitzt daher eine überhöhte, zeichenhafte Bedeutung, darf niemals dem Belieben anheimgestellt bleiben. Das hat verschiedene, für den König nicht unbedingt angenehme Konsequenzen. Das Volk schreibt ihm eine Vielzahl peinlichst zu beachtender Verhaltens- und Vorsichtsmaßregeln vor, die ihn im Grunde weniger zum Beherrscher als zum Gefangenen seines Volkes machen. Vielfach darf er weder seine Residenz verlassen noch etwas zu sich nehmen oder an Gebrauchsgütern benutzen, was außerhalb des eigenen Reiches hergestellt wurde. Seiner hohen Krafthaltigkeit wegen, deren Abstrahlung für andere nur gefährlich sein könnte, wird vermieden, daß irgend jemand außer seinen engsten Angehörigen und höchsten Würdenträgern ihn berühren oder seiner ansichtig werden kann – weshalb sich Sakralkönige nur selten in der Öffentlichkeit zeigen und bei Audienzen etwa einen Gesichtsschleier tragen oder hinter einem Vorhang sitzen und vollends unsichtbar bleiben.

Jede Verfehlung, jeder Schritt über den magischen Zirkel seines sakralen Daseins hinaus würde die ihm Anvertrauten in Gefahr brin-

Ein Minister König Toffas: er trägt zum Zeichen seiner Würde ein mit eigenen Haaren durchflochtenes Diadem. Aus: Malerische Studien, Neuchatel, o. Jahresangabe.

gen. Nur wenn der König sich strikt an die Vorschriften hält, sind Fruchtbarkeit und Leben gesichert, glaubt man gewiß sein zu können, daß es ausreichend regnen, reichliche Ernten geben und man von Ungemach verschont bleiben wird. Vom König der Mbum im mittleren Kamerun berichtet ein Beobachter aus der Zeit um 1930 zum Beispiel: „Er ist das Behältnis des Lebens und des Gedeihens des Gemeinwesens [...]. Der König ist der Bewahrer des Saatkorns. Alles auf dem königlichen Felde geerntete Korn [Hirse] wird in einem großen Kornspeicher nahe dem Regen- und Getreide-Altar aufgestapelt. Zur Saatzeit kommen alle Bauern, um das Saatkorn zu empfangen, das mit magischer Kraft gefüllt ist, weil es dem König gehört. Jeder Bauer erhält ein wenig Saatkorn, er geht damit nach Hause und sät es am gleichen Tage aus."

Ausweis der königlichen Vitalität und Kraft bilden zahlreiche Frauen, Kinder und sichtbarer Reichtum. Für den König stellt es insofern geradezu ein soziales Erfordernis dar, so wohlhabend wie möglich zu sein, über ein Heer von Sklaven und Bediensteten zu gebieten, ein aufwendiges Leben zu führen, ja größtmöglichen Luxus und Prunk zu entfalten – dem Glanz gemäß, in dem die Hofhaltung der Götter im Himmel erstrahlt. Denn natürlich spiegelt das mikrokosmisch irdische Reich das makrokosmische Himmelsreich wider, wie der König selbst für den Himmelsgott steht. Insofern liegt das eigene Reich immer im Zentrum der Welt, gebührt ihm an sich die Oberhoheit über alle anderen ringsum. In seinem Mittelpunkt hat der König selbst seinen Amtssitz, lodert das ewige Feuer, das man lediglich nach dem Tod eines Herrschers verlöschen läßt. Eben hier werden die königlichen Insignien und Symbolzeichen aufbewahrt, in denen sich die Kraft und Majestät der Herrscher konzentriert und erhält.

Jedes Reich ist aufgeteilt in vier Regionen, die den Himmelsrichtungen entsprechen und zum Ausdruck bringen, daß es mit „der Welt" identisch ist. Die Wege in jede Region führen vom Zentrum aus durch vier Palast-, dann vier Stadttore. Jeder neu inthronisierte König ergreift von seinem Land Besitz, indem er je einen Pfeil in die vier Himmelsrichtungen schießt und alle vier Regionen nacheinander bereist, um sich huldigen zu lassen. Die fürstlichen Statthalter der Reichsprovinzen bekleiden gleichzeitig die vier Erzämter der höchst-

Links: Palast eines Königs in Kamerun mit reich geschnitzten Holzpfählen.

Häuptling der Yorubas: Es ist Brauch, das Gesicht während wichtiger Festlichkeiten mit besonderem Häuptlingsschmuck zu verschleiern, um es nicht dem gemeinen Volk zu zeigen. Es ist auch nicht üblich, Häuptlinge oder Könige direkt anzusprechen.

Ein Asantei-Häuptling in Festschmuck mit Krone und Kette.

gestellten Minister und Ratgeber des Königs bei Hof.

Nicht nur die sudanischen, auch die abgelegeneren Sakralkönigtümer im Kongoraum, im mittleren Ost- und Südostafrika zeichnen sich durch zahlreiche Elemente einer überhöht kultivierten, reichen und glanzvollen höfischen Kultur aus – nicht zuletzt kontrollierten sie früher in der Regel wichtige Märkte und Fernhandelsstraßen. An den afrikanischen Königshöfen blühten wie nirgends sonst Handwerk, Kunstgewerbe, die schönen Künste, Tanz und Musik. Raffinierte Färbetechniken, Kunststickerei, Applikationsverfahren, Silber- und Goldschmiedekunst, Zinnguß, Bronze-, Glas- und Perlenarbeiten, entsprechend kostbare Trachten und erlesener Schmuck sowie prunkvolle Paradewaffen, Musiker der verschiedensten Instrumentengattungen, eine hochentwickelte Reliefkunst (Benin, Dahomey), Barden, Hofchronisten, alles war vertreten und trug – ja trägt in meist bescheidenerem Maße teils noch heute – zu Glanz, kunstvoller Etikette und Pracht afrikanischen Hoflebens bei.

Sudanische Reiche vom 9. bis zum 19. Jahrhundert.

Schlagartig indes erlischt das glanzvolle Schauspiel, wenn der König stirbt. Früher wurde nachgeholfen, wenn Dürre, Pflanzenkrankheiten oder Viehseuchen auftraten, Heuschreckenschwärme einfielen, das Kriegsglück sich wendete und so offenbar wurde, daß der König entweder gefehlt hatte oder seine Kräfte im Schwinden waren. „Das Land" begann „zu murmeln", wie man sagte. Dann kamen die höchsten Würdenträger, die Richter und Ältesten der einzelnen Volksgruppen, zusammen und berieten, ob der König noch in der Lage sei, seinen Aufgaben nachzukommen. War die Ordnung ernstlich aus dem Lot geraten, sah man darin einen Wink des Himmels, den Herrscher abzusetzen, zu verbannen oder, wie häufig, auch rituell zu töten. Man mußte das tun; denn „sonst", so etwa die Begründung der Katla, einer Untergruppe der Nuba in Kordofan, „werde kein Regen mehr fallen und somit auch nichts gedeihen können".

Ist der König gestorben, bricht gewöhnlich ein Zustand allgemeiner Anarchie aus. Die Säule, die das Firmament trug, ist geborsten, der Boden ins Wanken geraten. Sonst geltende Regeln sind aufgehoben, das Leben verkehrt sich gewissermaßen ins Gegenteil. Alles ist praktisch erlaubt. Erst wenn der neue König bestimmt und eingesetzt ist, kehrt die alte, traditionelle Ordnung wieder ein, Glaube und Hoffnung der Menschen beleben sich aufs neue.

Ein Asantehene (König der Asante) umgeben von seinem Hofstaat. Über ihm ist als Zeichen seiner Macht ein Schirm gespannt.

Sammlerinnen- und Jägerkulturen

Seit Beginn ihres Daseins lebten die Menschen gut zweieinhalb Millionen Jahre lang sozusagen „von der Hand in den Mund": Sie sammelten, fingen oder jagten, was ihnen die Natur an Pflanzen, Früchten und Tieren darbot. Mit der Entstehung des Bodenbaus und der archaischen Hochkulturen wurde den ursprünglichen Wild- und Feldbeutervölkern zunehmend der Boden entzogen. Um Christi Geburt hatten sie bereits etwa die Hälfte ihres ursprünglichen Lebensraums eingebüßt, zur „Entdeckungszeit" hielten sie gerade noch 15 Prozent der Erdoberfläche besetzt, und heute sind sie bis auf einige wenige verschwindende Reste in abgelegenen, schwer zugänglichen „Rückzugsgebieten" nahezu gänzlich untergegangen.

In Afrika haben sich nur mehr die Buschmänner (Selbstbezeichnung San) in der Kalahari-Wüste Südafrikas, die Pygmäen im Regenwald (Mbuti, Akka, Efe u. a. im Osten, die zentralafrikanischen Pygmäen und im Westen die Baka in Kamerun und die Gabun-Pygmäen), die Hadza sowie kleinere verwandte Splittergruppen in den Trockensteppen des mittleren Ostafrika erhalten. Buschmänner und Hadza stellen letzte Reste einer einstmals über weite Teile Nord-, Ost- und Südafrikas verbreiteten, offenbar weitgehend einheitlichen „Steppenjägerkultur" dar, deren Spuren, auch in Felsbildern dokumentiert, bis in die Vorgeschichte zurückreichen. Beide heben sich – wie übrigens ebenso die Pygmäen – auch äußerlich auffallend genug von den bodenbautreibenden, dunkelhäutigen Bevölkerungen Afrikas ab: Sie besitzen eine entschieden hellere, „fahlgelbe" Haut und sind kleinwüchsig (die Pygmäen erreichen im Schnitt 130 – 150, die Buschmänner 150 cm); die Frauen der Buschmänner weisen einen ausgeprägten Fettsteiß auf, das Haupthaar beider Geschlechter ist büschelständig. Manche kulturellen Besonderheiten weisen darauf hin, daß die Vorfahren von Buschmännern, Hadza und Pygmäen irgendwann einmal in Berührung standen; physisch scheinen sie jedoch unterschiedlichen Ursprungs zu sein.

Alle afrikanischen Sammlerinnen- und Jägerkulturen entsprechen dem Typus des „unspezialisierten Wild- und Feldbeutertums". Im Gegensatz zu jenen Kulturen, die zur Hauptsache etwa vom Fischfang, dem Einsammeln von Wildgetreide, Grassamen, Nüssen oder Eicheln und der Jagd auf ein bestimmtes Großwild (Meeressäuger, Bison, Rind usw.) leben, ernähren sich unspezialisierte Wild- und Feldbeuter, je nach dem saisonalen Angebot ihrer Umwelt, sowohl vom Sammeln und gegebenenfalls auch dem Fischfang als auch von der Jagd, ohne auf eine dieser Unterhaltsweisen einseitig festgelegt zu sein.

Das bietet nicht zu unterschätzende Vorteile: Bleiben Wild oder Jagdglück aus, besteht immer die Möglichkeit, verstärkt auf die Sammelkost auszuweichen, die rein quantitativ ohnehin den Hauptbestandteil der Nahrung ausmacht.

Buschmann mit Speer und Tarnung. Foto um 1930

Daraus folgt schon, daß unspezialisierte Sammlerinnen- und Jägergesellschaften ein unstetes Wanderleben führen: Pflanzen, Früchte, Pilze und Nüsse reifen zu unterschiedlichen Zeiten – und selten in größerer Menge. Die Bevölkerungsdichten sind daher dünn. Die Menschen leben in Gruppen von etwa 25 bis 50 Personen und setzen sich aus acht bis zehn überwiegend monogamen Kleinfamilien zusammen, die sich über ein weiträumiges Territorium verteilen. Der Zusammenhalt ist nicht sonderlich fest. Alle besitzen annähernd die gleichen Rechte, weshalb man auch von „egalitären Gesellschaften" spricht. Kommt es zu sozialen oder ehelichen Unstimmigkeiten, weicht man den Problemen aus, indem einer der Kontrahenten vorübergehend in eine befreundete Nachbargruppe überwechselt, bis sich die Wogen geglättet haben.

Dennoch gibt es gewisse Ungleichgewichte. Das Rückgrat einer Lagergemeinschaft bilden gewöhnlich patrilineare Abstammungsgruppen, was eben bedeutet, daß die Territorien samt ihren Nahrungs- und Rohstoffquellen der Kontrolle der Männer unterstehen, in deren Händen sich insofern auch die Kontaktpflege zur Außenwelt – zu Menschen wie Geistmächten – befindet. Ein älterer Mann, der überlegene Erfahrung, Vermittlungsgeschick und mehr Jagderfolg als ande-

Buschmänner auf der Jagd, die in der Kalahari-Wüste mit ihren Hunden eine Rast eingelegt haben. Eine Jagd kann sich oft über mehrere Tage bis hin zu Wochen erstrecken.

re besitzt, genießt meist besondere Autorität und eine Art Führungsposition. Diese büßt er indessen sozusagen gleitend ein, wenn seine Leistungsfähigkeit nachläßt und sein Rat sich zunehmend als unzuverlässig erweist, worauf dann ein anderer, ohne daß darüber förmlich befunden wird, an seine Stelle tritt, das heißt mehr Gehör findet.

Die Aufgaben sind im wesentlichen geschlechterspezifisch verteilt. Sache der Frauen ist das Einbringen der pflanzlichen Kost (Blattwerk, Kräuter, Pilze, Beeren, Früchte, Wurzeln, Nüsse usw.) sowie das Ablesen von Larven, Raupen, Insekten und Einfangen von Schildkröten, Fröschen und anderem Kleingetier, während den Männern die Jagd zufällt. Nebenbei, zum Selbstverzehr, sammeln aber auch Männer ein wenig. Wo die Umstände es erlauben, wie bei den Pygmäen, finden auch Gemeinschafts-, also Treibjagden statt, an denen sich alle, auch die Kinder, beteiligen. Sonst fertigen Männer und Frauen die Gebrauchsgegenstände an, die sie jeweils zur eigenen Arbeit benötigen. Zusätzlich kommen den Frauen die spezifisch „häuslichen" Aufgaben zu: Sie errichten die leichten Behausungen – Schutzdächer oder kleine Kuppelhütten aus Zweiggeflecht –, betreuen die Säuglinge und Kleinkinder, schaffen Wasser und Brennmaterial heran und bereiten die Mahlzeiten zu.

Die strikte Aufgabenteilung erfüllt eine wichtige Funktion: Sie macht die Geschlechter zwingend voneinander abhängig. Bleibt das Jagdglück aus, können alle von den Sammelerträgen der Frauen leben – und umgekehrt. Überhaupt ist das Teilen des selbst Erbrachten bei Wild- und Feldbeutern von elementarer Bedeutung. Erbeutetes Fleisch wird unter alle Mitglieder der Lagergemeinschaft verteilt, wenn auch je nach Verwandtschaftsgrad und Alter in unterschiedlicher Menge, so daß auch die Familien, deren Männer erfolglos waren, zu Fleischgenuß kommen. Darüber hinaus gilt die Norm, in Not geratenen Gruppenmitgliedern mit Geräten, Waffen und Nahrungsmitteln auszuhelfen, Kranke und Alte, soweit möglich, mitzuversorgen und Waisen bei sich aufzunehmen. Bei

Der Buschmann nimmt auf der Jagd eine gebückte Haltung an, die der geduckten und anschleichenden Haltung jagender Tiere gleicht.

Eine Gruppe von Pygmäen, die sich nach der Jagd zur abendlichen Geselligkeit um ein Feuer versammelt haben.

Buschmännern herrscht auch die Sitte, Gebrauchsgüter und Schmuck einander für entsprechende Gegengaben „auszuleihen". Manches davon zirkuliert so gelegentlich über Jahre hin. Es ist dies eine Art Versicherung wider die Fliehkräfte, die angesichts des lockeren Zusammenhalts auftreten. Man versucht, sich wechselweise wenigstens insoweit zu binden, daß die Gemeinschaft insgesamt doch intakt und überlebensfähig bleibt.

Obwohl die afrikanischen Sammlerinnen- und Jägergesellschaften während der letzten Jahrhunderte in teils sehr unwirtliche Rückzugsgebiete abgedrängt wurden, ist ihr Tisch doch überreichlich gedeckt – aufgrund eben ihrer spezifischen Unterhaltsweise. Bei Buschmännern in Botswana ist das Grundnahrungsmittel die dort im Überfluß vorkommende Mongongo-Nuß (Ricinodendron rautanenii Schinz), die fünfmal soviel Kalorien und zehnmal soviel Eiweiß wie vergleichbare Getreide enthält. Der Vorrat ist so groß, daß jährlich noch Tausende von Pfund ungenutzt bleiben. Ergänzend stehen 84 weitere Arten eßbarer Wildpflanzen ebenfalls in reichlichem Ausmaß zur Verfügung, so daß es selbst in Dürrejahren nicht zu Ernährungsengpässen kommt und auch arbeitsunfähige, alte und kranke Gruppenmitglieder mühelos mit unterhalten werden können. Noch günstiger liegen die Dinge bei den Hadza in Tansania. Ihr Siedlungsraum bietet, obwohl eine dürre und felsenreiche Trockensteppe, dennoch eine Fülle der verschiedensten jagdbaren Tiere und ein ebenso reichhaltiges Angebot an Grünkost, Beeren, Früchten, Wurzeln und dergleichen mehr.

Zu alledem kommt der oft unterschätzte Verzehr von Kleintieren wie Vögeln, Eidechsen, Fröschen, Schildkröten, Schnecken und Insekten hinzu. Raupen, Schmetterlinge und Larven, mehr noch Termiten und Heuschrecken liefern ein beträchtliches Ausmaß an Fett. Landschnecken, die im Pygmäen-Gebiet etwa Faust-

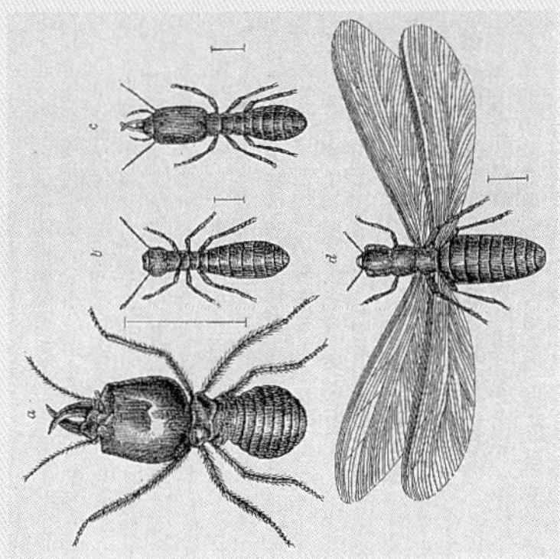

a. Baschikuay, nach Du Chaillu 's Abbildung, b. – d. Termiten b. Arbeiterin, Larve, c. Soldat, d. vollkommenes Insekt.
Aus: Westafrika. Vom Senegal bis Benguela, Leipzig, 1878.

größe erreichen, bieten zusätzlich zum Wildfleisch tierisches Eiweiß, pflanzliche Kost und Wildhonig die erforderlichen Kohlehydrate. Untersuchungen ergaben, daß die afrikanischen Wild- und Feldbeuter, eben infolge ihrer ausgewogen kombinierten Ernährungsweise, nicht nur reichlich zu leben haben, sondern auch über eine absolut vollwertige Nahrung verfügen, die alle notwendigen Vitamine und Nährstoffe enthält. Insgesamt besitzen sie dadurch auch eine vorzügliche und weit bessere Gesundheit als ihre bodenbautreibenden Nachbarn, bei denen Hungersnöte, meist kurz vor Einbringen der nächsten Ernte, keine Seltenheit sind. In der Ethnologie spricht man daher in bezug auf derartige unspezialisierte Sammlerinnen- und Jägergruppen geradezu von „Überfluß-Gesellschaften".

Das bezieht sich jedoch allein auf das Nahrungsaufkommen. Die materielle Kulturausrüstung ist demgegenüber mehr als bescheiden – ein Umstand, der sich aus der nomadischen Lebensführung erklärt: Mitnehmen ins nächste Lager kann man nur, was sich auch über längere Fußmärsche auf dem Leib transportieren läßt, wobei auch noch die kleineren Kinder getragen werden müssen. So behilft man sich mit dem Notwendigsten: Bogen zur Jagd, bei Buschmännern auch Wurfstöcke, Gefäße aus Blattwerk (Pygmäen) oder Leder, Grabstöcke für die Wurzelsuche, die, bei Buschmännern mit einem Ringstein beschwert, das Durchstoßen des harten Wüstenbodens erleichtern, und Stampfmörser aus Holz zum Zerkleinern von Fleisch und Früchten bei den Pygmäen.

Zur Unterkunft dienen in Felsengebieten Höhlen und Überhänge, sonst Windschirme und Bienenkorbhütten aus Zweiggeflecht. Die Männer tragen bei den Pygmäen lediglich Durchziehbinden aus Rindenbast, die Frauen Blätterschurze, während bei Hadza und Buschmännern lederne Binden beziehungsweise Vorderschürzen und für beide Geschlechter lang herabreichende Fellumhänge üblich sind. Schmuck kannten die Pygmäen bis in die neuere Zeit hinein offenbar nicht, bei den Buschmännern beschränkt er sich auf Perlenketten aus Straußeneischalen.

Die Ethnologie kennt eine Art Regel, derzufolge ein dürftiger materieller Güterbesitz einer um so reicheren Vorstellungswelt entspricht. Wild- und Feldbeutervölker beschäftigen dabei vor allem die Tiere, denen nachzustellen ebensoviel Erfahrung und Geschick wie Mut und List

Pygmäen-Jäger in der Nähe von Wamba. Sie verfügen über eine hohe Kunstfertigkeit im Fallenbau und fangen kleinere Tiere mit Netzen.

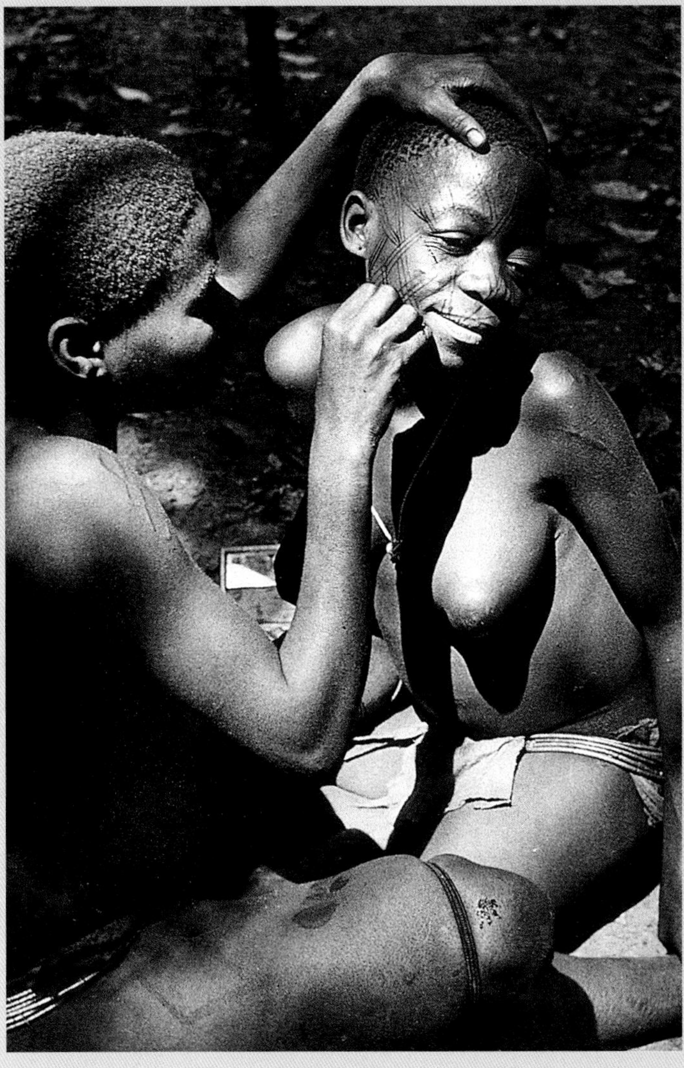

Das Gesicht dieser jungen Frau wird mit Schmucknarben versehen.

erfordert und oft mit Abenteuern verbunden ist, die reichlich Unterhaltungsstoff für Mythen, Märchen und Fabeln liefern. Auch scheinen die Tiere den Menschen näherzustehen als die Pflanzen. Man nimmt an, daß zwischen beiden Verwandtschaft besteht. In den Jägerweihen, von denen schon bei Behandlung der Initiationen die Rede war, wird diese immer wieder aufs neue bekräftigt, indem man die jungen Männer mit dem Blut des ersten erbeuteten Großwilds bestreicht oder ihnen Asche aus verbrannten Substanzen der Tiere in Einschnitte am Oberarm und zwischen den Augen reibt, sie gleichsam damit „impft". Die Buschmänner kennen Mythen, denen zufolge die heutigen Menschen ursprünglich Tiere waren und erst gegen Ende der Urzeit durch einen Verwandlungsprozeß ihre jetzige Gestalt annahmen, während die Tiere selbst den entgegengesetzten Prozeß durchliefen. Manche Menschen können sich demnach noch heute in Tiere, diese entsprechend in Menschen verwandeln. Jäger besitzen Schutzgeister in Tiergestalt, die ihnen bei der Jagd behilflich sind.

An Göttern verehren Buschmänner, Hadza und Pygmäen eigentlich nur einen himmlischen Hochgott, dessen Erscheinungsformen jeweils mit der heimischen Umwelt wechselt. Bei den Mbuti, Pygmäen im Osten des Regenwaldes, tritt er als Gewittergott auf. Er lebt wie sie selbst in einer einfachen Hütte, hat Familie und fristet seinen Lebensunterhalt von der Jagd. Man bittet ihn vor dem Weidgang: „Großvater, großer Vater, ich gehe jetzt in den Wald, gewähre mir Wild, laß mich Wild töten!" Hat man sich an die Regeln gehalten, weder ein Tabu gebrochen noch Streit gesucht oder Nahrungsmittel unachtsam fortgeworfen, zeigt er sich gnädig; andernfalls straft er die Schuldigen durch umstürzende Bäume, Raubtierüberfälle, Krankheiten oder Erfolglosigkeit bei der Jagd. Bei Steppenjägern, wie den Hadza, entspricht ihm die Sonne. Auch hier richtet man seine Gebete um Jagdglück an ihn.

In allen Fällen trägt der Hochgott deutlich Züge des „Herrn der Tiere", eines Geistwesens, wie es alle Sammlerinnen- und Jägerkulturen kennen. Es trägt Verantwortung für den Erhalt des Wildbestandes und entscheidet letztendlich darüber, welches Tier ein Jäger wann und wo erlegen darf. Verwandte Wesenheiten kennt man oft ebenfalls neben oder unter dem Hochgott. Sie besitzen stets Tiergestalt. Bei den Gabun-Pygmäen handelt es sich zum Beispiel um einen übergroßen Elefanten. Sonst glaubt man die Welt von einer Vielzahl unterschiedlichster, teils hilfreicher, teils bösartiger Wüsten- und Buschgeister bevölkert.

Die Ahnen spielen demgegenüber so gut wie gar keine Rolle. Bei nomadisch lebenden und kleinen, in ihrem Bestand immer wieder wechselnden Gruppen verliert man die Grabstätten bald aus dem Auge; die Erinnerung an die Toten verblaßt rasch. Die Mbuti glauben, daß sie Tore, der Hochgott, nach dem Tode zu sich nimmt. Bei den Buschmännern, über denen die meiste Zeit des Jahres allnächtlich ein klarer Himmel strahlt, geht man davon aus, daß die

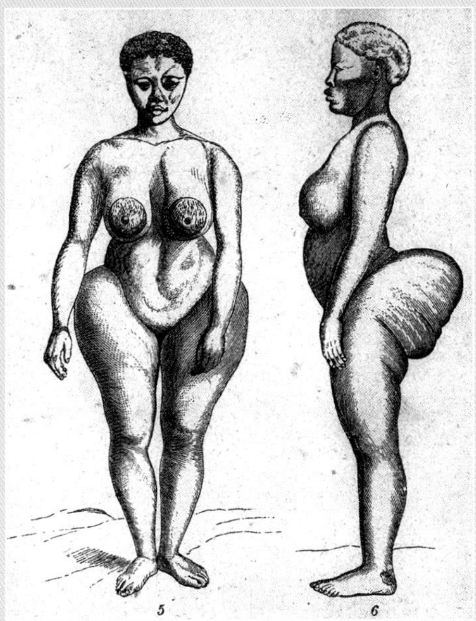

Dieser Kupferstich zeigt einen sogenannten Fettsteiß, eine Erscheinung, die es so nur in Afrika gibt. Der Fettsteiß dient als „Vorratsspeicher". So ist es den Buschmann-Frauen möglich, längere Strecken ohne Essen und Wasser zurückzulegen. Am Ende einer Wanderung ist der Fettsteiß dann schlaff in sich zusammengesunken.

Die Natur ist das Spielfeld einer Gruppe von Pygmäenkindern. Während die einen geschickt die Stämme erklimmen, schauen die anderen zu oder drängen selber schon nach.

Toten weit fort in den Himmel ziehen. Sitzt man des Abends beisammen, kann man oben in Gestalt der zahllosen Sterne ihre Lagerfeuer leuchten sehen.

Da das Zusammenleben wenige Probleme aufwirft, beziehungsweise die Möglichkeit besteht, ihnen buchstäblich aus dem Wege zu gehen, sind Wild- und Feldbeutergesellschaften ausgesprochen arm an sozialen Binderitualen. Geburten, Heiraten oder Bestattungen spielen sich ohne viel zeremonielles Aufheben ab. Bei Eheschließungen kann es genügen, daß Eltern und Brautleute einige kleine Geschenke austauschen und das Paar dann eine eigene Hütte bezieht. In allem herrscht unverbindliche Zwanglosigkeit, frei von Strenge, Unduldsamkeit und Dogmatismus. Auch der Zauberglaube hält sich in Grenzen. Magie spielt, wie immer, in kritischen Situationen eine gewisse, wenn auch wenig ausgeprägte Rolle – bei Krankheit, zur Abwehr unheilvoller Einflüsse und Stärkung von Fruchtbarkeit, Gesundheit und Kraft. Entsprechend ist die Jagd umrankt von einem reicheren Aufwand an magischem Ritual.

Ganz ohne Schatten ist allerdings auch das Leben afrikanischer Wild- und Feldbeutergesellschaften nicht. Menschen fallen Unfällen zum Opfer, werden krank oder sehen sich einer plötzlichen Dürre ausgesetzt, die das Wasser verdunsten, die Sammelkost verdorren läßt und das Wild vertreibt – ohne daß ein menschliches Verschulden vorliegt. Es handelt sich scheinbar um eine „Laune der Natur" – und deren Urheber ist der Trickster, eine quasi göttliche Macht, wie sie typisch für nahezu alle Wild- und Feldbeuterkulturen der Welt ist. Er existierte von Anbeginn neben Gott, ist ein unstetes, launiges Wesen, allezeit zu üblen Streichen, seltener zu Segenstaten bereit, besitzt Witz, der allerdings auf Schadenfreude zielt, neigt zu Ausschweifungen aller Art und ist gleichzeitig unbesonnen, ja tölpelhaft genug, um anderen in die Falle zu gehen. Bereits bei der Schöpfung pfuschte er Gott ins Handwerk, so daß die Menschen anfällig und sterblich wurden. Seither sucht er Unterhaltung darin, sein Unwesen mit den Menschen zu treiben, ihnen kräftig zu schaden und sich an ihrem Verdruß zu weiden. Und natürlich tritt auch er in Tiergestalt auf, einer besonderen allerdings: bei den Buschmännern bevorzugt als Mantisheuschrecke, Raupe oder Käfer. Er ist der eigentliche „Held" der Mythen, Märchen, Schwänke und Fabeln. Die Menschen, wiewohl selber oft genug Opfer des Tricksters, ergötzen sich weidlich an ihnen. Überhaupt ist es typisch für Sammlerinnen- und Jägergesellschaften, die unter Bedingungen wie die der afrikanischen leben, daß sie ein ausgesprochen unbekümmertes, heiteres Naturell besitzen, sich gerne amüsieren und viel lachen.

Eine Gruppe von Buschmännern in der Kalahari-Wüste nutzen den Schatten eines Baumes zur gemeinschaftlichen Rast.

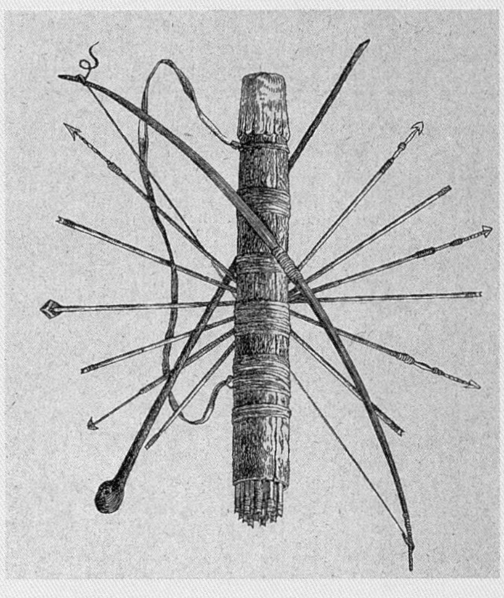

Waffen der Buschmänner. Aus: Die Völker der Erde, Würzburg und Wien, 1891.

Die Voraussetzungen dazu sind ihnen auch wahrlich gegeben. Man hat errechnet, daß Buschmänner oder Hadza zum Beispiel lediglich einen Arbeitsaufwand von weniger als zwei Stunden pro Tag aufbringen müssen, um ihren Lebensunterhalt sicherzustellen. Es bleibt ihnen also reichlich Muße, die ihre Phantasie beflügelt und die sie denn auch mit viel Spiel, Tanz, Gesang, Unterhaltung und Geschichtenerzählen ausfüllen. Man darf annehmen, daß dies früher, während der langen Jahrhunderttausende vor Entdeckung des Bodenbaus, nicht viel anders war. Doch diese Zeit, die längste Phase der Menschheitsgeschichte, geht nun für immer ihrem sicheren Ende entgegen.

Agrarkulturen

Etwa in der Zeit zwischen 10 000 und 7 000 v. Chr. vollzog sich mit der Entdeckung des Bodenbaus eine wahre Umwälzung in der Kulturgeschichte der Menschheit. Die Erfindung gelang offenbar unabhängig an mehreren Stellen der Erde und schöpfte dabei sichtlich aus den Erfahrungen der feldbeuterischen Sammelpraxis, das heißt stellte eine Spezialisierung auf die pflegliche Nutzung bestimmter, besonders ergiebiger Nahrungspflanzen dar. Als Hauptackergeräte dienten zunächst – und so noch heute in weiten Teilen der Welt, unter anderem in Afrika – der Grab- beziehungsweise Pflanzstock, in Fortsetzung des alten feldbeuterischen Wühlstocks, ferner Grabscheit (Spaten) und Hacke. Daher bezeichnet man diesen Anbautypus auch als „Grabstock-" oder „Hackbau".

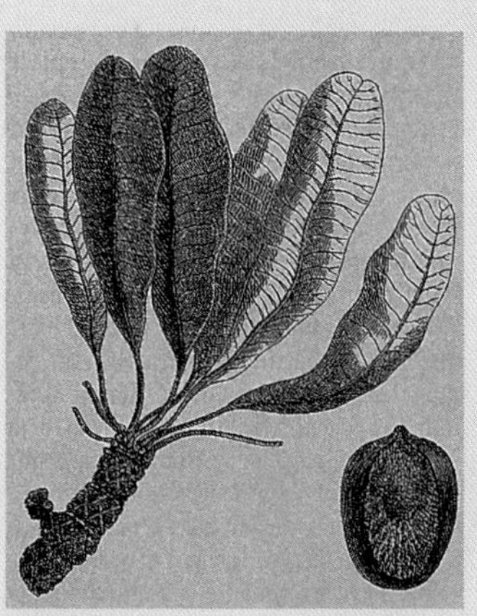

Blätter und Nuß des Schibutterbaums (Bassia Parkii).

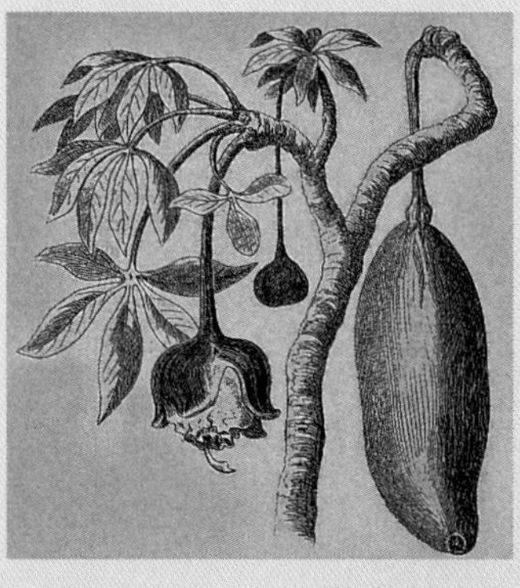

Frucht und Blüte des Affenbrotbaums (Adansonia digitata).

Maniok-Zweig (Jatropha Manihot).

Allgemeiner jedoch spricht man von „Pflanzbau" beziehungsweise „Pflanzerkulturen", weil in der Hauptsache knollenbildende, Stauden-, Baum- und Gemüsepflanzen, in Savannengebieten auch großkörnige Hirsen (wie beispielsweise Sorghum) kultiviert werden. Ihr Anbau erfolgt nicht durch Aussaat, sondern Auspflanzen von Knollen, Schößlingen und Stecklingen, bei Körner- und Hülsenfrüchten wie Hirse, Bohnen, Erbsen usw. durch „Dibbeln", indem man mit dem bloßen Zeh oder dem Grabstock ein Loch in den Boden stößt, in das man dann ein oder mehrere Körner wirft, um anschließend wieder Erde darüberzuscharren.

„Bauernkulturen" dagegen gründen sich auf eine stärker intensivierte Landwirtschaft mit überwiegendem Zerealienbau (Gerste, Weizen, Reis, Mais), kombiniert mit vermehrter Klein- und Großviehhaltung (Heu- und Stallwirtschaft), Mistdüngung, erforderlichenfalls künstlicher Bewässerung und vor allem der Verwendung von Pflug, Egge, Dreschschlitten und anderen Zuggeräten. Bauernkulturen entwickelten sich erst um 4 000 v. Chr. mit der Entstehung der archaischen Hochkulturen Altvorderasiens und – etwas später – Mesoamerikas. In Afrika kamen sie bis in die neuere Zeit hinein nur im nördlichen Küstenhinterland (Maghreb), im Nordosten (Nilland, Äthiopien) und den größeren Wüstenoasen vor.

Der afrikanische Pflanzbau läßt sich ganz grob in die beiden Haupttypen des Dauerfeldbaus im tropischen Regenwald und des Saisonfeldbaus in den Savannen- und Steppenlandschaften scheiden, in denen eben die Schere zwischen Regen- und Trockenzeiten zunehmend weiter auseinanderzuklaffen beginnt. Die Anbauweisen sind also abhängig von Klimazonen und Vegetation, die in Afrika ein sehr klar gegliedertes Bild abgeben: Rings um den äquatorialen Regenwaldblock lagern sich zunächst die Feucht-, dann die Trockensavannen – Grasländer, unterbrochen von Hoch- und Galeriewäldern an den Flüssen. Diesen folgen wiederum die Feucht- und Trockensteppen mit immer geringerem Baumbestand, in denen allerdings kaum mehr Bodenbau möglich ist. Sie gehen schließlich im Süden (Kalahari, Namib), Nordosten (Somalia) und Norden (Sahara) in Halb- und Vollwüsten über, die teils, wie beschrieben, von Wild- und Feldbeutern (im Süden und Osten), überwiegend jedoch von Hirtennomaden besiedelt sind.

Im Dauerfeldbau werden vor allem Bananen, das Grundnahrungsmittel im Regenwald, ferner verschiedene Knollen- (Taro, Maniok, Yams) und Baumpflanzen (Kokos- und Ölpalme) kultiviert. Ergänzend wird Kleinvieh – Schweine, Ziegen, Geflügel – gehalten und Fischfang betrieben. In den Feuchtsavannen ändert sich zunächst nicht viel an diesem Bild; lediglich treten mehr und mehr Hirsen und Gemüsepflanzen (Hülsenfrüchte, Melonen, Gurken) als

Palmölgewinnung am Niger.
Sämtliche Abbildungen dieser Seite aus: Westafrika. Vom Senegal bis Benguela, Leipzig, 1878.

Dogon-Frauen in Mali sind mit gefüllten Wasserkübeln auf dem Rückweg in ihr Dorf. Wasserholen ist traditionell eine Aufgabe der Frauen.

Anbaufrüchte hinzu, während die Viehhaltung zurückgeht. In beiden Fällen ist die übliche Betriebsform die Landwechselwirtschaft (Brandrodungsbau). Schließlich werden in Trockensavannen und Steppen als Grundnahrungsfrüchte traditionell nur mehr Hirsen und Gemüse (insbesondere Bohnen) angebaut. Die Viehhaltung gewinnt eine fast annähernd gleichwertige Bedeutung; zur Geflügel-, Schweine- und Ziegenhaltung kommen Schafe und Rinder hinzu. Die Landwechselwirtschaft wird zunehmend mit Fruchtwechselwirtschaft („Umlagefeldbau") kombiniert. Die Hauptackergeräte bleiben Grab- beziehungsweise Pflanzstock und Hacke.

Entgegen einer verbreiteten Meinung hat sich das Leben mit dem Bodenbau nicht verbessert. Ortsfestigkeit und Spezialisierung auf einige wenige Nutzpflanzen machen diese Wirtschaftsform krisenanfälliger. Laugen die Böden aus, regnet es zu wenig oder fallen die Pflanzen einer Krankheit oder Insektenbefall zum Opfer, droht sogleich Gefahr. Stauden- und Knollenpflanzen lassen sich nicht bevorraten; Getreide wie Hirse wohl, doch fallen die Erträge meist zu gering aus und reichen gewöhnlich nur für acht bis neun Monate hin, so daß es in den Wochen danach bis zur nächsten Ernte gewöhnlich zu Engpässen kommt. Auch die einseitig-pflanzliche Kost birgt ihre Risiken in sich: Sie versorgt die Menschen – bestenfalls – ausreichend nur mit Kohlehydraten (also z. B. Zucker, Stärke und Zellulose); quantitativ kann die Energiezufuhr damit gewährleistet sein, nicht jedoch qualitativ, da es vor allem an tierischem Eiweiß fehlt, das wegen seiner speziellen Stoffwechselfunktionen und höheren „biologischen Wertigkeit", als sie Pflanzenkost besitzt, für die Ernährung des Menschen die größte Bedeutung hat. Seine Hauptquellen bilden Fleisch, Fisch, Milch, Käse und Eier. Das ernährungsphysiologisch geringerwertige pflanzliche Eiweiß kommt zudem in tropischen Anbaupflanzen (Yams, Taro, Mehlbanane usw.) nur in geringen Anteilen, deutlich mehr dann bei Hirse und zum höchsten Prozentsatz bei Erbsen und Bohnen vor. Menschen in Pflanzerkulturen leiden also durchweg an Eiweißunterernährung. Hinzu kommen traditionelle Tabus. In manchen Kulturen ist der Verzehr von Fischen, Hühnern und Eiern, oft auch der Genuß von Milch, untersagt, da man sie als eine Art Exkrement auffaßt. Bei anderen, wie bei den Bemba in Simbabwe zum Beispiel, ißt man nichts roh, um sich nicht wie auf tierische Art zu

Frauen in Katet (Sambia) bei der Feldarbeit . Sind keine größeren Geschwister zur Aufsicht da, kommt das Baby auch mit aufs Feld.

Feldarbeit ist nicht bei allen Stämmen Frauensache. Häufig bearbeiten die Männer das Feld, und die Frauen sind für den Verkauf auf dem Markt verantwortlich.

ernähren. Man trocknet die Nahrungspflanzen zunächst an der Sonne und bringt sie damit um ihren Gehalt an Vitamin C.

Am günstigsten stehen die Dinge noch bei Gruppen, die zusätzlich oder zur Hauptsache Hirse anbauen und mehr Vieh halten. Zu letzterem bestehen lohnende Bedingungen jedoch erst in den gemäßigteren Breiten der Trockensavannen, die frei von der Tsetse-Fliege sind. Allerdings haben Pflanzervölker wohl immer schon einen Ausgleich in zusätzlicher Wildfleischkost gesucht, also, falls sich die Gelegenheit dazu ergab (wie am ehesten noch in Ost- und Westafrika), gejagt und vor allem wieder neben Wildpflanzen, Kräutern, Pilzen, Beeren und Nüssen auch Insekten, Schnecken, Frösche und anderes Kleingetier gesammelt. Weniger bekannt ist, daß eine wichtige Zusatzkost auch im Genuß mineralhaltiger Erden und Tone besteht, in Afrika vor allem in den Regenwaldgebieten. Analysen ergaben, daß derartige Erden fast immer Kalzium, Magnesium, Eisen, Silizium und Phosphor enthalten.

Wie in den Wild- und Feldbeuterkulturen gehen die Frauen der Sammeltätigkeit nach, während die Männer jagen. Der Feldbau dagegen ist gemeinsame Sache, allerdings mit unterschiedlich verteilten Lasten. Bei manchen Gruppen pflanzen beziehungsweise säen und ernten die Frauen, bei anderen die Männer oder auch beide in gemeinschaftlicher Zusammenarbeit. Fast immer aber ist das Roden und erste Umbrechen der Erde, namentlich in Trockengebieten mit ihren harten Böden, Sache der Männer, das mühselige Jäten in gebückter Haltung Aufgabe der Frauen. Erstere sind darüber hinaus auch für alle größeren Bauarbeiten (Ummauerungen, Erdbewegungen, Errichten von Wohn- und Wirtschaftsgebäuden), die Herstellung von Gebrauchsgütern aus Holz, Rindenfasern, Häuten und Eisen, die Frauen für die Kinderbetreuung, das Heranschaffen von Wasser und Brennmaterial und die üblichen Hausarbeiten zuständig, zu denen nunmehr auch das Bierbrauen kommt (zumeist aus Hirse). An handwerklichen Tätigkeiten fällt ihnen das Flechten von Matten und Körben, das Spinnen und Weben und vor allem die Töpferei zu – also die Produktion von Gütern, die sie für ihre Arbeit benötigen.

Der Arbeitsaufwand beider Geschlechter ist durch den Bodenbau also drastisch gestiegen. Aber auch sonst hat sich manches, wenn auch wider den Anschein, zum Ungünstigen gewendet. Mit dem Bodenbau kam die Seßhaftigkeit, die wiederum Dauersiedlungen, den Bau soliderer und größerer Behausungen und damit einen vermehrten Aufwand an Gebrauchs- und Einrichtungsgegenständen, oft auch eine reichere künstlerische Ausgestaltung des Besitztums samt allen dazu erforderlichen Technologien zur Folge hatte. Im Regenwald überwiegen unter den Siedlungstypen Straßendörfer; sonst wechseln Rundlinge (in Savanne und Steppe häufig) mit Streusiedlungen und Gehöftweilern (im Westsudan) ab.

Charakteristisch für die afrikanischen Pflanzerkulturen ist die Kegeldachhütte mit zylindrischem Unterbau. Im Innern finden sich neben den vermehrten Arbeits- und Hausgerätschaften Bettstellen

Eine Dogon-Frau trägt die Ernte auf dem Kopf nach Hause.

aus Palmrippenmaterial oder Pfahlrosten. Die Tracht bleibt spärlich. Noch vor Jahrzehnten jedenfalls gingen beide Geschlechter entweder nackt oder bedeckten lediglich ihr Geschlecht mit Blattbüscheln und Schurzen aus gewalktem Palm- oder Rindenfaserstoff, Leder und Baumwolle (in Savannengebieten). Der Schmuck, mehr von Frauen als Männern getragen, beschränkte sich auf Arm-, Fuß- und Halsbänder aus verschiedenen Materialien, Halsketten aus Kaurischnecken sowie Nasen- und Lippenpflöcke, letztere bei einzelnen Gruppen im Osten teils tellerartig erweitert.

Das Zusammenleben war komplizierter und damit problemreicher geworden. Mehr Menschen lebten auf engerem Raum zusammen und waren unmittelbar aufeinander angewiesen, ohne daß noch die Möglichkeit bestand, in Konfliktfällen einander aus dem Weg zu gehen. Dorf und Felder aufzugeben hätte bedeutet, sich seiner Existenzgrundlage zu berauben. Die gesellschaftlichen Spannungen wuchsen daher in Pflanzerkulturen. Um sie unter Kontrolle zu halten, bedurfte es differenzierterer sozialer Orientierungssysteme, was zum Ausbau der Verwandtschafts- und Gesellschaftsorganisation führte.

In den typisch altafrikanischen Pflanzerkulturen, wie sie in weithin bemerkenswerter Übereinstimmung vor allem noch abseits der großen kontinentalen Handelsstraßen in den bergigen Rückzugsgebieten des Sudan von Kordofan bis zum Senegal, in den nördlichen Kongowaldregionen und im inneren Ostafrika erhalten sind, bilden Unter- oder auch ganze – mehrheitlich patrilineare – Sippen die Bevölkerung eines Dorfes. Der Sippenälteste oder einer der Untersippenältesten nehmen eine gewisse Führungsposition ein, bleiben jedoch abhängig vom Ältestenrat, der sich aus den Familienvorständen zusammensetzt, so daß es sich immer noch um eine weitgehend egalitäre, „demokratische" Sozialverfassung handelt. Nicht selten, wie namentlich im Westsudan, übt das Dorfoberhaupt als „Erdherr" auch die wichtigsten priesterlichen Funktionen aus. In Savannen- und Steppengebieten überwiegen Großfamilien, das heißt, die Söhne (Brüder) verbleiben in der väterlichen Familie, so daß alle in teils burgartigen Großgehöften zusammenleben, wie abermals insbesondere im Westsudan. Da die Frauen die Hauptlast der Feldarbeit tragen, kann es für die Männer – sofern sie wohlhabend genug sind – lohnend sein, mehr als eine zu heiraten.

Bis zur meist mageren Ernte eine mühselige Arbeit mit einfachsten Geräten: Zwei Männer aus dem Stamm der Dogon (Mali) bei der Arbeit auf dem Hirsefeld.

Die somit komplexeren Formen der Sozialorganisation erforderten wiederum ein höheres Maß an Kontrollmechanismen, um die notwendige konfliktfreie Kooperation zu gewährleisten und die Gesellschaft insgesamt leistungs- und überlebensfähig zu halten. Zunehmend wuchs mehr Einfluß und Macht den Ältestenräten, Oberhäuptern, teils auch Männer- und Geheimbünden mit speziellen Sondervollmachten zu. Brüche und Verwerfungen begannen, die elementar-egalitäre Ordnung zu durchsetzen, Macht und Privilegien sich in den Händen weniger zu konzentrieren. Und dazu bedurfte es wiederum übergeordneter Legitimationsinstanzen. Die Folge waren eine entsprechend differenzierte und dogmatisch verfestigte Glaubenswelt mit hohem Aufwand an Binderitualen, Kulten und Festen.

Den Kernbereich der altafrikanischen Pflanzerreligionen bilden Ahnenglaube und Verehrung der Erde – allgemein oder in Gestalt einer Göttin. Beide vermochten sich erst unter den Bedingungen der Seßhaftigkeit voll zu entfalten. Die Ahnen garantieren die Fruchtbarkeit von Boden, Vieh und Menschen und wachen gestrenge über die Aufrechterhaltung der altüberkommenen, von ihnen in der Vergangenheit mitgetragenen Ordnung.

Repräsentanten der Ahnen auf Erden sind die alten Männer, allen voran die Familien- und Sippenältesten, vor allem aber der Älteste der Ältesten, der Gründersippe: der „Erdherr". Sie sind in der Familie beziehungsweise in der Dorföffentlichkeit für den Ahnen- und Erdkult verantwortlich, das heißt, sprechen die Bitt- und Dankgebete und bringen die Opfer dar. Handelt es sich dabei um Tiere, werden in der Regel schwarze dargebracht – in der Farbe der Erde wie der Regenwolken, falls man um Niederschläge bittet, über die ebenfalls die Ahnen gebieten.

Neben agrar-, vor allem fruchtbarkeitsmagischen Riten, besonders zur Pflanz- und Aussaatzeit, kommt die Hauptbedeutung im Kult dem Erntefest zu. In Anwesenheit der Ahnen, die dabei zu Gast sind, genießen die Ältesten ein Sakralmahl aus Brei oder Brot und Bier aus den zuerst geernteten Feldfrüchten. Erst danach ist die Nutzung des Ernteguts allen freigegeben. Man dankt den Ahnen, unterhält sie mit Tanz, Preisliedern und Wettspielen, um sie zuletzt, reichlich mit Opfergaben beschenkt, feierlich zu verabschieden. Im Anschluß daran wurden früher auch vielfach Menschen geopfert, um mit ihrem Fleisch und Blut die erschöpfte Erde aufs neue zu stärken. Die Asante (Ghana) ließen dabei das Blut unmittelbar in die Löcher fließen, aus denen man den Yams genommen hatte.

Erde, Nahrungspflanzen und Menschen stehen in engem Zusammenhang. Die Urahnen entstiegen entweder der Erde, entsprossen ihr pflanzengleich oder wurden vom Schöpfer aus ihr modelliert und mit Lebenskraft (Fruchtbarkeit) erfüllt, die sich über Generationen hin bis auf die gegenwärtig lebenden Menschen fortpflanzt. Mit den Toten geht die Fruchtbarkeit wieder in die Erde ein und sammelt sich in den Nahrungspflanzen, von denen die Nachgeborenen leben – in einem steten Kreislauf, der Erde und Menschen, Lebende und Tote gleichermaßen durchpulst und zu einem einzigen überzeitlichen Sozialorganismus verbindet. Ebendeshalb muß jede Abweichung von der Norm, jede Traditionsverletzung als existenzbedrohende Störung verstanden werden, ebendarum herrscht hierin eine besondere Empfindlichkeit, wie sie Wild- und Feldbeutergesellschaften unbekannt ist. Die Erkrankung eines Kindes, Wildschäden in den Pflanzungen, ein Unfall usw. bedürfen der Deutung: Sie könnten eine Warnung, ein Zeichen oder bereits die Strafe der Ahnen für ein geheimes Vergehen sein, auch auf den Zauber eines Mißgünstigen oder Hexerei zurückgehen. In Pflanzerkulturen, in denen man auf friedfertige Kooperation und Solidarität angewiesen ist, sich gleichzeitig aber die soziale Spannungs- und Konfliktträchtigkeit verstärkt hat, werden Unstimmigkeiten und Ängste gleichsam in vermehrten Zauberglauben, Hexen- und Geisterfurcht umgesetzt. Eine Vielzahl von Wahrsagepraktiken sucht dem zu begegnen; man bemüht sich um Versicherung, muß wissen, was der Grund für dieses oder jenes ungewöhnliche Ereignis war und was man tun soll, um sich richtig zu verhalten, zürnende Geistmächte versöhnlich zu stimmen und möglichst keinerlei Risiko einzugehen.

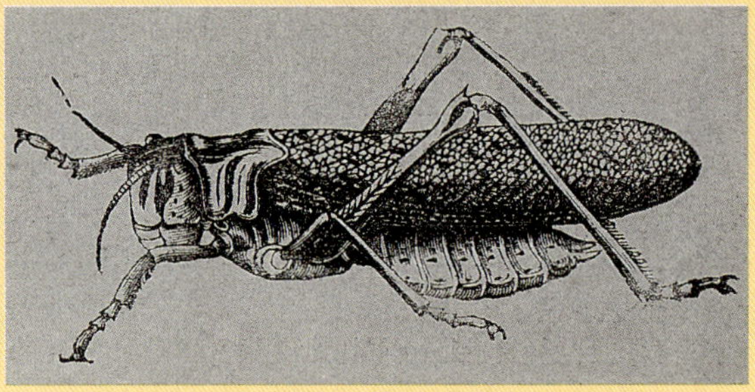

Die Wanderheuschrecke.
Aus: Land und Leute von Abessinien, Leipzig, 1869.

Das Leben ist komplizierter und schwerer durchschaubar geworden. Aber die im Gegenzug entwickelten Instrumentarien – insbesondere der Ahnenglaube, die erweiterten Verwandtschaftssysteme und die hoheitliche Kontrollinstanz der Ältestenräte – sichern den Menschen dennoch ein lebenswertes, im ganzen noch unbeschwertes Leben. Pflanzergesellschaften sind überwiegend autonom, das heißt, niemand anderem als den Ahnen und ihren Ältesten verpflichtet; sie gehören keinem Reich, keinem Staat an. Sie bilden ihre eigene Welt.

Sorgsam wird ein Hüttendach aus Hirsestroh zusammengebunden (Nord-Kamerun).

Hirtennomadenkulturen

Aus regional verschiedenen, meist klimatischen, ökonomischen oder Übervölkerungsgründen begannen erstmals etwa um die Mitte des 3. vorchristlichen Jahrtausends, und dann später in der Geschichte noch oftmals, einzelne Gruppen, den Bodenbau mehr und mehr zugunsten der Viehhaltung einzuschränken. Statt einiger weniger Tiere wurden größere Herden gehalten. Der Prozeß vollzog sich schrittweise in den unterschiedlichsten Übergangsformen des „Halbnomadismus", bei dem Bodenbau und Viehzucht gemeinsam, jedoch in wechselnder Gewichtung betrieben werden. Manche Gruppen behielten diese Form auch bei. Voraussetzung für den Übergang aber war immer, daß Gebiete dafür zur Verfügung standen, die zum einen gute Weidemöglichkeiten boten und zum andern, wie Trockensteppen oder Bergländer zum Beispiel, für den Bodenbau nicht mehr rentabel, wohl aber für die Weidewirtschaft nutzbar erschienen.

Ein auf die Rinderhaltung spezialisiertes Nomadentum, wie bei den Masai, findet sich selten, da die Rinder viel Wasser und dicht bewachsene Weiden brauchen.

Je nach den Gegebenheiten der Umwelt bevorzugten die Menschen dabei für die Umstellung verschiedene Tiere als Hauptgrundlage der Nomadenwirtschaft – Schafe und Ziegen, Pferde, Rene, Yaks, Wasserbüffel oder Kamele. Seltener dagegen findet sich ein wesentlich auf die Rinderhaltung spezialisiertes Nomadentum. Der Grund ist, daß Rinder besonders hohe Ansprüche an Versorgung und Pflege stellen. Sie erfordern gute, dicht bewachsene Weiden und haben unter allen Nutztieren den höchsten Wasserbedarf (bis zu 30 Liter pro Tag); auch bei saftiger Weide müssen sie nahezu täglich getränkt werden. Abgesehen von einigen südarabischen Gruppen und früher auch den Jakuten in Sibirien, betreiben diese besondere Art des Hirtennomadismus zur Hauptsache eigentlich nur afrikanische Völker. Sie scheint hier überdies sehr alt zu sein, vielleicht schon, wie Felsbilder in der Sahara nahelegen, die ja einstmals eine blühende Savannenlandschaft war, bis in das 4. Jahrtausend v. Chr. zurückzureichen.

Überall, auch in Südarabien, wurde dabei ursprünglich das Langhornrind (Bos africanus) gehalten, das später dann, etwa seit Beginn des frühen Mittelalters, zunehmend dem heute weithin dominierenden Buckelrind oder Zebu (Bos zebu) wich. Daneben kam früher in Teilen des Sudans und Nordostafrikas in größerem Umfang auch das vermutlich schon vor Jahrtausenden aus dem Mittelmeerraum eingeführte Kurzhornzwerg- oder Langstirnrind (Bos brachyceros, bzw. Bos longifrons) vor, das sich heute nur mehr in Weißafrika und vereinzelt noch in Ägypten und Nubien befindet. Neben den Rindern werden in den meisten Fällen auch Schafe, in geringerem Umfang Ziegen und als Last- und Reittiere Esel, Pferde und Kamele gehalten. Anders als sonst in annähernd vollnomadischen Wirtschaftsformen spielt bei afrikanischen Rindernomaden auch der Bodenbau eine erhebliche Rolle, allerdings wird er oft weniger von den viehhaltenden Gruppen selbst als von ihnen botmäßigen Pflanzerbevölkerungen betrieben.

Der afrikanische Rinderhirtennomadismus findet sich vor allem, teils noch in Konkurrenz mit dem Bodenbau, in den Trockensavannenbereichen verbreitet, da hier die – nur bei hohen Luftfeuchtigkeiten überlebensfähige – Tsetsefliege nicht mehr vorkommt, die neben der Schlaf- auch die „Tsetsekrankheit“ überträgt, die besonders für Rinder (und Pferde) tödlich sein kann. Typische Gruppen sind im Sudan etwa die Fulbe, Selim und Baggara, im Nordosten die Hadendoa, Boran, Teile der Somal und Afar, im mittleren Ostafrika die Samburu, Nandi, Jie, Dodoth, Karamojong, Kipsigi, Masai, Hima und Tutsi und im Südwesten die Herero, Himba und Hottentotten. Sonst bilden typische Repräsentanten des Vollnomadismus in Afrika nur mehr kamelnomadische Gruppen in ausgesprochenen Wüstengebieten, wie die Tuareg und arabische Beduinen in der Sahara und im Ostsudan, sowie in Nordostafrika beispielsweise Ababde, Bischarin, Somal, Afar, Beni Amer, Kababisch, Meidob und Rendille. Nur Kamele sind in der Lage, sich ganzjährig von der sehr spärlichen Wüstenvegetation zu ernähren, 130 und mehr Liter auf einmal zu sich zu nehmen und dann, selbst bei extremen Temperaturen, über mehrere Tage hin ohne weitere Tränkung und noch länger sogar ohne Nahrungsaufnahme auszukommen.

Kamelhaltung ist für Nordafrika spätestens seit dem 1. Jahrhundert v. Chr. bezeugt. Rund 400 Jahre später schon bildeten berittene Kamelnomaden eine ernste Gefahr für die römischen Afrika-Provinzen. Dabei kann es sich ethnisch nur um Berber, die Vorfahren der heutigen Tuareg, gehandelt haben. Erst jedoch durch den Zuzug arabischer Beduinen im Gefolge der islamischen Expansion kam es dann zu der eigentlichen, nunmehr weit in die Wüsten ausgreifenden Ausweitung des Kamelnomadismus, in Nordafrika nach ersten noch schwächeren Schüben im 7. Jahrhundert vor allem während des 11. und 12. Jahrhunderts. Die Verwüstungen dabei besaßen ein derartiges Ausmaß, daß der Anbau in weiten Strichen völlig zum Erliegen kam, der Boden versteppte und sich Gruppen vor allem vormaliger Halbnomaden, wohl aber auch Bauern gezwungen sahen, zum Vollnomadismus überzugehen.

Hirtennomaden leben im wesentlichen von der Milch ihrer Tiere, die täglich mehrmals gemolken werden. Die Tuareg können sich notfalls über Wochen, ja Monate hin ausschließlich von der Milch ihrer Kamele ernähren, bei einem Bedarf von etwa vier bis acht Litern pro Tag. Kamele erbringen allerdings auch hohe Erträge: Bei einer Milchabgabedauer von 15–18 Monaten liefern sie im Schnitt bis zu 3 000 Liter, Rinder dagegen, deren Laktationsfrist sich auf acht bis zehn Monate beläuft, rund 300–500. Meist sind auch Verfahren in Gebrauch, den Ertrag zu steigern, indem man die Jungen frühzeitig von den Muttertieren fernhält, diesen selbst in die Vagina bläst oder bestimmte Pflanzen, ja auch den Arm zur Stimulierung der Milchabgabe einführt. Stirbt ein Jungtier früh, stopft man sein Fell mit Gras, Stroh und anderem aus, bestreicht die „Melkpuppe" mit seinem Urin und stellt sie während des Melkens neben die Mutter. Anspruchsvoller gehen die Kipsigi in Kenia vor. Sie spielen den Kühen schmeichlerische Weisen auf der Flöte vor, um sie milchabgabefreudiger zu stimmen.

Verarbeitet wird die Milch bei afrikanischen Nomaden jedoch kaum. Kamel- wie Rindernomaden genießen sie in süßem oder gesäuertem Zustand. Nur letztere gewinnen auch Butter, die allerdings lediglich zum Einfetten der Haut und des Haares oder zur Fell- und

Die Zahl der Rinder, die hohen Prestigewert besitzen, bestimmt das Ansehen einer Familie, die sich auch deshalb besonders um ihre Tiere kümmern.

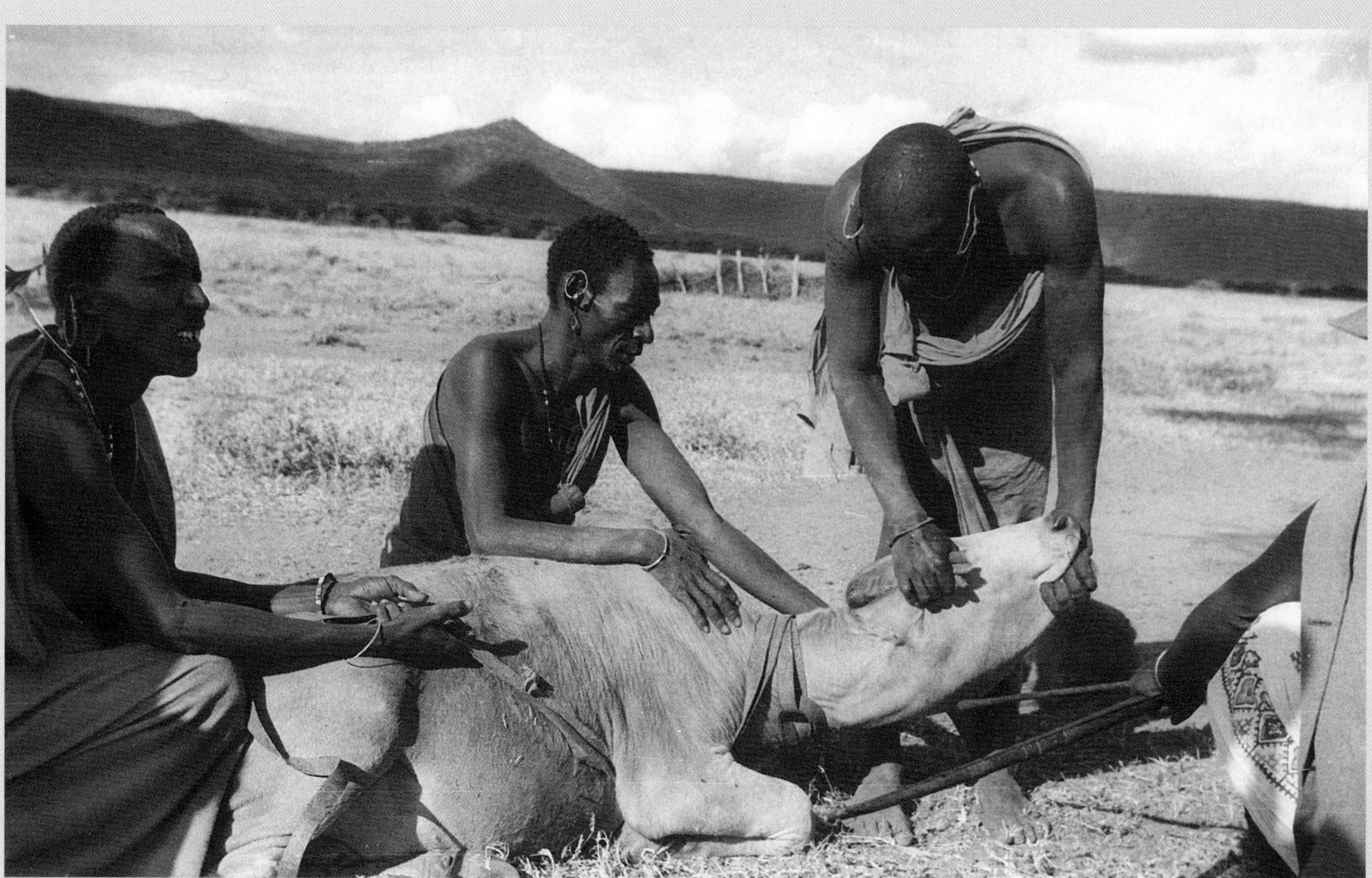

Masai neben ihren Hütten aus einem mit Lehm bestrichenen Holzgerüst. Zieht die Gruppe weiter, so fallen die Hütten der Witterung zum Opfer. Beim nächsten Lager werden sie neu gebaut.

betreiben, wie schon erwähnt, gewöhnlich auch Anbau. Sie säen bei Einsetzen der Regenfälle an irgendeiner besonders geeignet erscheinenden Stelle flüchtig ein wenig Hirse aus, ziehen dann weiter und richten es so ein, daß sie die Stelle zur Erntezeit wieder passieren. Daneben spielen die Jagd und das Einsammeln von Wildpflanzen, Beeren, Grassamen, Vogeleiern, Kleingetier und Honig nach wie vor eine nicht unwesentliche Rolle. Anderes, vor allem Obst, Gemüse und bestimmte Gebrauchsgüter, gewinnt man durch Tausch gegen Produkte aus eigener Herstellung (Milch, Butter, Decken, Lederwaren, neuerlich auch Touristenartikel).

Sammeln, Anbau, die üblichen hauswirtschaftlichen Aufgaben, die Bearbeitung der Häute und Felle, das Flechten von Matten und textilen Behältnissen sowie die Versorgung des Kleinviehs sind stets Sache der Frauen. Die Jagd, der Fernhandel, früher auch die Kriegführung und vor allem die Betreuung der Rinder und Kamele, die gelegentlich schon annähernd sakrale Bedeutung besitzen, fallen hingegen in die Zuständigkeit der Männer, die in der Regel auch das Melken besorgen. Gelegentlich, wie bei ostafrikanischen Rindernomaden (z. B. Masai, Nandi, Samburu, Suk und Turkana) und den Fulbe im Sudan, sind indes auch die Frauen an der Betreuung des Großviehs beteiligt, ja unter Umständen sogar mit dem Melken betraut.

Nomadenwirtschaften sind alles andere als risikolos. Die Tiere bilden ihre Ernährungsgrundlage. Rafft viele eine Seuche dahin, tritt Dürre ein, fallen zahlreiche, vor allem junge Männer Kriegshandlungen zum Opfer, ist sofort die Existenz der Gruppe bedroht, zumal damit zugleich auch kaum mehr Handelsmöglichkeiten bestehen. Ebendarum suchten Nomaden so häufig die – gewaltsame – „Allianz" mit Pflanzern, wie im ostafrikanischen Zwischenseengebiet, wo vor allem Tutsi und Hima die Bevölkerung unterwarfen, Königreiche errichteten und deren (ungeliebte) aristokratische Herrenschicht bildeten. Andere bezogen, wie in der Sahara, zusätzliche Einkünfte aus der Besteuerung und Kontrolle des Karawanenhandels.

Ernährungsmäßig, könnte man meinen, stehen Kamel- und Rindernomaden besser da als Pflanzer: Ihre Tiere setzen nicht nur die oft ärmliche, lediglich kohlehydrathaltige Vegetation ihrer Lebensräume in Eiweiß, Fett und Fleisch um, sondern sind auch in der Lage, das an Natrium-, Kalzium- und Magnesiumsalzen, Sulfat und Karbonat, Schwefelwasserstoff und anderen Mineralien, Gasen und Bitterstoffen häufig sehr reiche, für den Menschen jedoch so gut wie ungenießbare

Lederbearbeitung verwandt wird. Neben der Milch ernähren sich Nomaden, besonders die Rinderhirten Nordost- und Ostafrikas, auch vom Blut ihrer Tiere. Dazu bindet man zunächst die Halsvene ab, öffnet die geschwollene Ader oberhalb der Abschnürung dann durch einen Pfeilschuß aus nächster Nähe und fängt das Blut in einer Schale auf. Das geschieht zwar nicht regelmäßig, aber bei einzelnen Gruppen doch fast alle vier Wochen einmal. Männlichen Tieren werden dabei 4–5, weiblichen 2–3 Liter abgenommen. Nur selten zieht man auch Schafe und Ziegen dazu heran, wie bei den Masai, Samburu, Karamojong und Turkana zum Beispiel; überwiegend halten afrikanische Rindernomaden ja ohnehin kaum Kleinvieh. Die Tuareg, Beduinen und einzelne Somal-Gruppen lassen entsprechend die Kamele zur Ader, zumindest erstere indes nur in Notfällen, wenn es, etwa auf weiten Wüstentouren, an Wasser und Milch fehlt.

Fleischgenuß spielt demgegenüber im Ernährungshaushalt eine eindeutig untergeordnete Rolle. Sofern vorhanden, werden lediglich Schafe und Ziegen geschlachtet, Rinder und Kamele dagegen allein zu festlichen und rituellen Anlässen. Kamel- und Rinderfleisch kann zwar als Delikatesse gelten; da die Zahl der Tiere jedoch das Ansehen einer Familie bestimmt und das Großvieh überhaupt einen hohen Prestigewert besitzt, fällt die Trennung von jedem einzelnen Stück schwer. Wenn es schon sein muß, wählt man zum Verzehr nur verletzte, erkrankte oder altersschwache Tiere aus.

Die Kost wäre an sich also schmal, würden Nomaden nicht immer auch zusätzliche Nahrungsquellen nutzen. Gerade Rinderhirten

Tränkwasser der Trockengebiete gleichsam zu gehaltvoller Milch aufzubereiten. Die Versorgung mit Fett und tierischem Eiweiß sollte eigentlich hinreichend sein. Doch trifft das nur bedingtermaßen zu, da wohl reichlich Milch, aber nur wenig Fleisch genossen wird. Immerhin enthalten Kamel- und Rindermilch zwischen 3 bis 5 Prozent Fett, rund 3,5 Prozent Eiweiß und etwa 3 bis 3,5 Prozent Milchzucker (Laktose), und erstere ist zudem reich an Vitamin C. Einen gewissen Ausgleich liefert da ehestens noch der Wildfleischgenuß. Die notwendigen Kohlehydrate liefern die pflanzliche Sammelkost und eingetauschtes Getreide und Gemüse. Nomaden sind also im ganzen sicherlich ein wenig besser als reine Pflanzer ernährt, doch erscheint dieser Vorzug mehr als trügerisch aufgrund der hohen Krisenanfälligkeit ihrer Wirtschaftsweise, die oft genug in extreme Notsituationen führt.

Der nomadischen Lebensführung wegen kann der Umfang an materiellem Besitztum nur beschränkt sein, überwiegt jedoch den der Sammlerinnen- und Jägerkulturen, da man ja über Lasttiere verfügt. Infolgedessen sind auch nur leichte, rasch auf- und abbaubare Behausungen in Gebrauch – bei Kamelnomaden überwiegend Zelte, bei Rindernomaden Bienenkorbhütten mit Zweig-, Matten- oder Fellbekleidung. Das sparsam gehaltene Inventar besteht aus leichten und unzerbrechlichen Materialien eigener Fertigung: Matten und Decken, Gefäße aus Kalebassen, Tierblasen oder Leder, Holz- und Knochenwerkzeuge, Hörner zum Trinken. Für die Männer sind – abgesehen von den arabisierten Kamelnomaden Nord- und Nordostafrikas – Lederumhänge, gelegentlich über einer Schulter verknotet, so daß die andere frei bleibt, und Sitzleder typisch (soweit sie nicht ohnehin unbekleidet gehen), für die Frauen Schürzen aus Leder, zum Teil mit Perlenornamenten besetzt.

Bis auf die matrilinearen Tuareg zumindest, die dies ihrer berberischen Herkunft verdanken, sind afrikanische Hirtennomaden patrilinear organisiert. Weideterritorien, Wasserstellen (Brunnen) und Vieh befinden sich also im Besitz und unter der Verfügungshoheit der männlichen Gruppenmitglieder. Daher auch das Bemühen, die Frauen möglichst vom Großvieh fernzuhalten (bis auf die schon genannte Ausnahme einiger Gruppen Ostafrikas und des Sudan). Um die Eigentumsverhältnisse eindeutig zu halten, wird besonderes Gewicht auf klare Genealogien gelegt. Jedem sind sie bewußt; sie bilden einen beliebten Gegenstand der Gespräche, Erzählungen und Lieder. Entsprechend hoch steht eheliche Treue im Kurs – ein „Fehltritt" würde die Genealogie „verunreinigen". Im übrigen kann auch bei Hirtennomaden von weithin egalitären Gesellschaften gesprochen werden. Ein gewisses soziales Übergewicht besteht allein bei den alten Männern. Kommen Oberhäupter vor, besitzen sie, zumindest in Friedenszeiten, keinerlei Exekutivgewalt und bleiben bei allen Entscheidungen von der Zustimmung der Ältesten abhängig. Verlieren sie das Vertrauen der Gruppe, können sie abgewählt werden.

Masai-Krieger beim Kriegstanz …

… bei dem sie ihre Kraft durch die Höhe ihrer Sprünge unter Beweis stellen.

Wiederum analog zu Wild- und Feldbeutern erscheinen hirtennomadische Gesellschaften in religiöser Hinsicht auffallend desinteressiert. Abgesehen von den fast ausnahmslos muslimischen Kamelnomaden (die es aber, gleich den Beduinen, auch nicht sonderlich ernst mit dem Islam nehmen), halten sich die afrikanischen, rinderhaltenden Nomaden am ehesten noch an den gestirnten Himmel über ihnen. Himmels- und Gewittergottheiten spielen eine gewisse Rolle, Toten- und Jenseitsvorstellungen nur kaum, am ehesten noch in Überschichtungsgesellschaften, in denen die Götter der alteingesessenen, unterworfenen Bevölkerung als Herren des Totenreichs in der Unterwelt fortleben, während die Vorfahren der herrschenden Dynastie als himmlische Heroen den Hofstaat des Hochgotts bilden. Geburten, Hochzeiten, Bestattungen und dergleichen Lebenseinschnitte mehr werden nur unter sehr bescheidenem rituellem Aufwand begangen.

Lediglich das Rind, mit dem die Männer sich tagaus, tagein beschäftigen, das den Lebensinhalt aller bildet, ihren Besitz ausmacht und ihr Ansehen begründet, erfährt eine schwärmerische, annähernd religiöse Aufmerksamkeit. Eine reich differenzierte Begrifflichkeit erlaubt, zwischen Tieren verschiedener Größe, Stärke, Farbe, Zeichnung und anderen Merkmalen genauestens zu unterscheiden. Zu Ehren der Lieblingsrinder werden Preislieder verfaßt und öffentlich vorgetragen. Mit ihren Namen pflegt man auch ihre Besitzer anzusprechen. Die wichtigsten sozialen – verwandtschaftliche und sexuelle – Beziehungen drückt man in Rinderbegriffen aus. Mädchen verlieben sich beispielsweise in „Rinder"; der Liebhaber einer Ehefrau „liebkost das Lieblingstier" des betrogenen Gatten. Man spricht hier in der Ethnologie vom „bovinen Idiom" – einer Ausdrucksweise, die ihre Begriffe und Bilder aus der Rinderwelt entlehnt.

Den quasi sakralen Kern der Kultur bildend, dürfen die Tiere, um keinerlei Verunreinigung zu erleiden, nur mit eigenem, altüberliefertem Gut in Kontakt kommen: Ton- oder Metallgefäße sind als Milchbehälter verboten; Butter darf nur in Kalebassen oder Fellsäcken geschüttelt werden. Der Urin dient zu Reinigungs- und Heilzwecken, Butter als Salbe, der getrocknete Dung als Brennmaterial, dessen Rauch man am abendlichen Feuer atmend in sich aufnimmt. Mythen erzählen vom gemeinsamen Ursprung von Mensch und Rind, Häuptlinge werden in Rinderhäuten begraben.

Im Gegensatz zu anderen hirtennomadischen Völkern kennen afrikanische Rinderhirten – nicht alle, aber doch einige – kollektive Knabeninitiationen. Möglicherweise liegt der Grund darin, daß sie noch „Heiden" sind, während die Nomaden sonst schon seit langem Hinduisten, Lamaisten, Christen oder Muslime sind. Die Initiation ist dabei wieder ein besonders typischer Ausdruck des Lebensstils. Ihr Ziel ist nämlich, die heranwachsenden jungen Männer magisch in Bezug zu den Rindern zu setzen. Bei den Karamojong im Nordosten Ugandas zum Beispiel geschieht das im wesentlichen auf dreierlei Weise. Nachdem die Jungen auf einem eigens dafür hergerichteten Zeremonialplatz abgesondert wurden, müssen sie jeder ein Rind durch einen Speerstoß in die Seite töten. Sie zerlegen es dann auf eine bestimmte, vorgeschriebene Weise.

Masai-Frau mit reichem Bein- und Armschmuck, die Holzpfähle in die Erde treibt, an denen später die Rinder angebunden werden.

Einen kleinen Teil des Fleisches erhalten die alten Männer zum sofortigen Verzehr, der Rest wird inmitten des Platzes aufgestapelt. Lediglich die Mägen werden getrennt davon abgelegt. Der älteste der anwesenden Männer ritzt sie darauf mit seinem Speer ein, so daß der Chymus (der halbverdaute Speisebrei) sichtbar wird. Mit ihm schmiert er darauf den Initianden Kopf, Schultern, Brust und Bauch ein und murmelt dazu die Segenswünsche: „Befinde dich wohl. Werde alt. Gewinne Reichtum an Vieh. Werde Mitglied der Altmännerklasse!" Der nächste Schritt besteht darin, daß der Initiationsleiter nacheinander die Vorderfüße der getöteten Rinder anhebt und den Jungen aufruft, der das betreffende Tier erlegte. Der tritt dann vor, nagt an den Hufen und speit sich die abgenagten Hornspäne auf die eigene Brust. Nach Bittgesängen für das Wohl der Weihlinge, der Gruppe und ihrer Herden hält man ein feierliches Opfermahl. Die Initianden bereiten das Rinderfleisch zu, teilen es an die Alten aus, die eigentlich als einzige zu seinem Genuß berechtigt sind, gleichwohl jedoch allen, auch den Initianden, davon geben. Schließlich zu einer letzten Phase, die rund zwei bis drei Wochen später im Familienkreis stattfindet, haben sich die Jungen in den Kälberpferch zu begeben. Dort knien sich ihre Mütter vor sie hin, schieben ihnen eine Handvoll Butter in den Mund und salben ihnen und ihren anwesenden Freunden mit anderer Butter den Nacken, der hier in Bezug gesetzt wird zum Buckel des Zebus, der als Träger der Lebenskraft des Tieres gilt. Damit ist der Initiand zum Erwachsenen geworden. Fortan hat er das Recht, die sakralen Stätten zu betreten, Rinder zu opfern, von ihrem Fleisch zu essen und ihrem Blut zu trinken und an allen Entscheidungen der Gruppe mitzuwirken. Er ist Teil der magisch gebundenen, seit Urzeiten auf Abstammungsverwandtschaft gegründeten Gemeinschaft von Rind und Mensch geworden, die allein die Überlebensfähigkeit der Gruppe verbürgt.

Hirtenkrieger

Nomaden mußten sich in dichter besiedelten, auch agrarisch nutzbaren Regionen ihre Territorien oftmals erst erobern, dann ständig verteidigen. Für sie empfahl sich daher, ihre jungen Männer zur Wehrhaftigkeit zu erziehen, um jederzeit kampffähige Mannschaften in Bereitschaft zu haben. So erklärt sich, daß bei vielen heute friedfertigen Nomaden doch eine kriegerische Tradition fortlebt und es zum Beispiel üblich ist, die männliche Jugend, meist nach Abschluß der Initiation, eine zumindest der Tracht, Bemalung, Ausrüstung und dem Gehabe nach quasi-kriegerische Phase durchlaufen zu lassen, wie bei den Masai etwa, die das heute, den Touristen zuliebe, noch ein wenig überbetonen.

Besonders aber war das bei sudanischen Gruppen der Fall, die ohnehin in einem äußerst geschichtsträchtigen Gebiet lebten, das über Jahrhunderte hin immer wieder von Wanderungsbewegungen und hin und her wogenden Eroberungskriegen heimgesucht wurde. Sehr beteiligt daran waren die Fulbe (auch als Peulh oder Fulbeani bezeichnet), die noch im 19. Jahrhundert in das Steppengebiet Nordkameruns vordrangen und dort dank ihrer schlagkräftigen Kavallerieeinheiten Dutzende von Reichen zu gründen vermochten. Auch heute noch stellen sie dort zwar nur 35 Prozent der Bevölkerung; ihr Einfluß auf Kultur und Sprache ist jedoch unverkennbar. Das Pferd ist seitdem das Statussymbol der herrschenden Oberschicht geblieben. Allen bietet sich ein höchst beeindruckendes farbenprächtiges Schauspiel, wenn die Fulbe zu festlichen Anlässen namentlich in dramatischen Reiterspielen die alte kriegerische Tradition und wichtige Phasen ihrer Geschichte wiederaufleben lassen und ihre Macht wirkungsvoll zur Schau stellen.

Ein Masai-Krieger beim Bogenschießen. Bei den Nomaden war eine kriegerische Ausbildung der jungen Männer besonders wichtig, da sie sich in dicht besiedelten Regionen ihre Reviere erobern und sie dann ständig verteidigen mußten. So kommt es, daß auch heute viele der eigentlich friedlichen Nomadenstämme eine kriegerische Tradition haben.

Eine Schar von Lumbwa-Kriegern zieht in rituellem Schmuck zur Löwenjagd aus und drückt hiermit ihren Respekt vor den Löwen aus.

Jäger befinden sich tief im Busch und bahnen sich einen Weg durch das hochstehende Gras, wozu die Schilde durchaus behilflich sind.

Als imperiale Eroberer spielen die Fulbe auch in anderen Teilen Westafrikas eine große Rolle. Als reine Hirtennomaden werden sie erstmals im Talgebiet des Senegal in West-Guinea erwähnt. Von dort breiteten sie sich nach Osten bis ins heutige südliche Nigeria aus. Heute leben sie vom Senegal bis zur Zentralafrikanischen Republik (mit starker Konzentration in Niger, Senegal, Guinea, Mali, Kamerun und Nigeria). Während ein Teil, die Bororo, Hirtennomaden blieben, stiegen die „Stadt-Fulbe" zur Herrscherelite etlicher Reiche auf.

Zweifellos nimmt das Kriegerethos in der historischen Tradition und im Wertesystem der Fulbe eine bedeutende Stellung ein. Die Hirten-Fulbe (Bororo) üben sich schon vom Jugendalter an im Waffengebrauch und in einem Härtetraining, das mit der Initiation einen lebensgefährlichen Höhepunkt erreicht. Selbstdisziplin und Mut der jungen Männer entscheiden dabei über ihr künftiges Ansehen in der Gesellschaft. Daß die nomadischen Fulbe dennoch kein ausgesprochenes Hirtenkriegertum etwa asiatischer Prägung entfalteten, mag mit an den Gegebenheiten der westafrikanischen Savanne liegen, der weite Offenräume fehlen. Alles Land südlich der Sahel-Steppe ist relativ dicht besiedelt, was den Fulbe nur ein Minderheitendasein in Nischen ihrer Gastvölker erlaubte. Oft schien es deshalb klüger, anstelle von Gewalt List einzusetzen.

Fulbe in voller Kriegsmontur: Reiter und Pferd sind aufs Reichste geschmückt und wohlversehen mit islamischen „Zaubermitteln“, die vor Tod und Verwundung bewahren und den Sieg der „Gläubigen“ über die „Heiden“ favorisieren sollen.

Fulbe-Krieger bei Kampfspielen auf einem jährlichen Fest in Nordkamerun.

Fulbe-Krieger suchen das Publikum durch ihre Reiterkunst zu beeindrucken.

Schon früh in diesem Ausbreitungsprozeß ließen sich einige Gruppen als Pflanzer nieder, gingen zu gewerblichen Tätigkeiten oder dem Handel über. Zunehmend urbanisiert, übernahmen diese „Stadt-Fulbe" bereits im 12. Jahrhundert den Islam. Als Korangelehrte und Kaufleute zu Einfluß gelangt, kamen sie in Kontakt mit den frühen westafrikanischen Herrschern und ihren Höfen. Der maurische Geograph al-Bakri (1040–1094) beobachtete die Bedeutung des Pferdes im Kult der sudanischen Königskulturen bereits zu seiner Zeit. Wahrscheinlich gelangte es ohnehin zuerst in den Besitz der Herrscher. Ihre aggressiv-politische Kriegstüchtigkeit haben die Fulbe deshalb wohl erst nach längerer Vertrautheit mit den Verhältnissen in ihrer neuen Umgebung entfaltet. Noch heute ist das Pferd unter den Hirten-Fulbe kaum zu finden, während es bei den dynastischen Fulbe höchste Wertschätzung als aristokratisches Statussymbol und Manifestation von Reichtum, hoher Kultur und Macht besitzt und noch immer die im 19. Jahrhundert in vielen Gebieten Westafrikas in Blüte tretende feudalistisch-ritterliche Welt verkörpert.

Die Eroberungskriege der Fulbe erhielten entscheidende Impulse aus dem Islam. Seine Verfechter waren wiederum weniger die Hirten als vielmehr die städtischen Eliten, die religiöse mit machtpolitischen Zielen zu verbinden wußten. So stellten zwar halbnomadische Fulbe-Krieger das Hauptkontingent der „Glaubenskämpfer", doch der Schlüssel zum Handeln lag bei den gebildeten, ideologisch und agitatorisch geschulten Führern in den Städten. Diese besaßen oft so viel Charisma, daß sie die unzufriedenen Massen nach Belieben zu mobilisieren verstanden – wie der berühmte Islamgelehrte Uthman dan Fodio, der im frühen 19. Jahrhundert erfolgreich Krieg gegen die Hausa-Herrscher führte und im heutigen Nordnigeria das mächtige Sokoto-Reich gründete. Die raschen Siege verdankten sie dabei vor allem der Kavallerie, der im Heerwesen vieler westafrikanischer Reiche ehemals eine so entscheidende Schlüsselrolle zufiel, daß man die Macht eines Reiches danach beurteilte, wie viele berittene Einheiten es ins Feld führen konnte.

Derart erstarkt, führten die Fulbe ihre Kriege gegen die „Heiden". Ein wesentliches Ziel war dabei der Sklavenraub: Die Ethik des Islam geriet dabei nicht in Konflikt mit den kommerziellen Interessen der „Glaubenskrieger". Das wird besonders in den östlichen Eroberungsgebieten deutlich, wo die Fulbe ihren als „heilig" deklarierten Krieg (jihad) zur Unterwerfung der „Heidenstämme" abweichend vom offiziellen Ideal nicht zur Glaubensausbreitung, sondern zur materiellen Bereicherung führten. Über den Trümmern der „heidnischen" Kulturen errichteten sie neuartige, zentralisierte Herrschaftssysteme. Einigen einheimischen Gruppen gelang es, sich durch Flucht der Fremdherrschaft zu entziehen. Den unterworfenen „Heiden" bot sich durch Annahme des Islam die Möglichkeit zur Eingliederung in die herrschende Fulbe-Gesellschaft, doch wurde die Mehrheit de facto unterjocht und zu Teilen als Arbeitssklaven in die städtischen Fulbe-Siedlungen verpflanzt.

Das Fest wird vom Spiel der Musikanten begleitet.

Recht und Urteil

Prämoderne dörfliche Gesellschaften konnten auf Dauer nur überleben, wenn alle bereit waren, friedfertig und zum gemeinsamen Wohl zu kooperieren. Das setzte voraus, daß sie die Regeln, nach denen das geschah, nicht nur befolgten, sondern auch die Normen und Werte, die sie begründeten, uneingeschränkt bejahten.

Allerdings konnte man sich nicht blindlings darauf verlassen. Es mußten immer auch Mittel bereitstehen, möglichen Regelverletzungen durch wirksame Kontrollen vorzubeugen und Vergehen zu ahnden, in ernsteren Fällen auch unter Anwendung physischer Gewalt. Man spricht hier, in Abgrenzung zum schriftlich fixierten „kodifizierten", von „Gewohnheitsrecht", wie es in ländlichen Bereichen namentlich der Dritten Welt, gewissermaßen „unterhalb" der staatlichen Rechtsprechung, nach wie vor praktiziert wird. Seine Aufgaben bestehen in der Hauptsache darin, deutlich zu machen, was erlaubt ist und was nicht, die öffentliche Ordnung aufrechtzuerhalten, auch in den Beziehungen zu Ahnen, Geistern und Gottheiten, und Konflikte, wie sie aus Regelverstößen entstehen, zu bereinigen. Dazu kennt das Gewohnheitsrecht, je nach der Schwere des Vergehens, mehrere bedachtsam aufeinander abgestimmte und in der Strenge schrittweise verschärfte Vorgehensweisen.

Eine ebenso allgegenwärtige wie grundlegende Kontrollinstanz bildet zunächst die öffentliche Meinung. In einer ländlichen Gemeinschaft befindet sich jeder mehr oder weniger immer unter den Augen anderer – in der Familie, im Dorf wie bei der Feldarbeit. Alle sind daher ständig bemüht, nur ja nichts zu tun, was jemandes Mißfallen oder Argwohn hervorrufen könnte, sich auf keinen Fall unbeliebt zu machen. Denn fiele man durch ein irgendwie abweichendes Verhalten auf, könnte man leicht „ins Gerede kommen", sähe sich ansatzweise ausgegrenzt. Die Nyakyusa in Tansania meinen sogar, daß man Gefahr laufe zu erkranken, wenn man bei anderen Anstoß errege, weil diese dann abträglich über einen zu tuscheln beginnen, so daß man von dem „kalten Atem ihres Raunens" regelrecht „verkühlt" werde.

Verfängt das nicht, greift man gewöhnlich in einem zweiten Schritt zur öffentlichen Verspottung. Man klatscht, setzt Geschichten in Umlauf, die den oder die Betreffenden der Lächerlichkeit preisgeben, verfaßt satirische Gedichte oder Schmähgesänge auf sie, ja karikiert sie bisweilen während kommunaler Festveranstaltungen. Das setzt die Opfer buchstäblich „herab": Sie büßen, wenngleich nur vorübergehend, mit ihrem Ansehen auch die Aussicht ein, auf absehbare Zeit zu höheren Würden aufzusteigen.

Gerede und Spott sind Formen des Rügens, wie es jedes Gewohnheitsrecht – bis hin zum europäischen Karneval – kennt. Seine eigentliche Wirksamkeit besteht darin, daß die „Beredeten" nicht nur für eine Zeitlang ausgegrenzt werden, sondern sich unter Umständen gesellschaftlich strikt isoliert sehen. Hilft auch das nicht, rät jemand dem Betreffenden, mitsamt seiner Familie das Dorf zu verlassen. Ignoriert er die Aufforderung, wird die Schlinge noch enger gezogen: Niemand schenkt ihm und den Seinen mehr Beachtung; keiner grüßt sie, hilft ihnen oder lädt sie ein. Es ist, als existierten sie nicht, und tatsächlich sind ihnen damit in einer traditionellen Gesellschaft auch die Lebensgrundlagen entzogen. Schließlich kann der letzte Schritt in der Tötung oder zwangsweisen „Abschiebung", der Exkommunikation bestehen, die zumindest früher einem Todesurteil gleichkam, da die Verstoßenen zum einen rechtlos, „vogelfrei" wurden und zum andern nirgendwo sonst noch Aufnahme fanden, geschweige denn Land zur Bebauung erhielten. Und allein in der Wildnis wären sie nicht überlebensfähig gewesen.

Als besonders schwere Delikte gelten gewöhnlich Ehebruch, Vergewaltigung, Inzest, Diebstahl, Schadenszauber, Hexerei, Mord und Vergehen wider Ahnen und Götter. Für sie sind sozusagen die lokalen „Ortsgerichte" zuständig, zusammengesetzt aus den Ältesten und dem Oberhaupt des Dorfes. Als Hilfen bei der Rechtsfindung dienen ihnen, wie überall auf der Welt, der Augenschein, die Parteienvernehmung, Zeugenaussagen, Indizien, unmittelbare Beweismittel, der Eid der Vernommenen sowie, nicht zuletzt, die Erfahrung der

Tanz der Scharfrichter in Kumase (Asanteland, Goldküste).
Aus: Im Land des Fetisch, Basel, 1890.

Zusammenkunft von Stammesoberhäuptlingen unterschiedlicher Stämme zu einer Gerichtsversammlung. Die Versammelten sind festlich gekleidet. Um besonders elegant zu sein, haben sich einige der Kleidung der Kolonialherren angeglichen.

Richter, die sich im übrigen bei der Urteilsbildung nicht selten von früheren Richtersprüchen in vergleichbaren Streitsachen, also von Präzedenzfällen leiten lassen.

Stehen der Rechtsfindung besondere Beweisschwierigkeiten im Wege, ruft man gewissermaßen „höhere" Rechtsinstanzen an, das heißt bedient sich des „Gottesurteils" (Ordal): der Gift-, Feuer- oder Wasserprobe. Bei der ersteren ist die Schuld der Delinquenten erbracht, wenn sie an dem Gift, das sie einnehmen müssen, sterben; bei der letzteren werden sie mit gebundenen Gliedmaßen ins Wasser geworfen; gehen sie nicht unter, haben sie die Wahrheit gesprochen. Bei der Feuerprobe schließlich müssen die Beschuldigten ein Feuer durchschreiten oder glühende Metallgegenstände berühren; bleiben sie unverletzt, gilt ihre Unschuld als erwiesen.

In differenzierteren Gesellschaften, wie den westafrikanischen Königtümern, treten an die Stelle der Ältestengremien fest institutionalisierte Gerichtshöfe, deren Mitglieder – Dorf- und Klanoberhäupter mit Beisitzern, auch hauptberufliche Richter – vom Volk gewählt oder vom König berufen werden, der selbst in bestimmten Fällen den Vorsitz übernimmt.

Das Strafmaß folgt gewöhnlich dem Prinzip des Ius talionis, das heißt der „Spiegelstrafe", die vorschreibt, Gleiches mit Gleichem zu vergelten – „Auge um Auge, Zahn um Zahn, Hand um Hand" usw., wie es bekanntlich auch im 2. Buch Mose, Kapitel 21, Vers 24 – 25 heißt. Vergehen, deren Urheber unerkannt bleiben, gehen keinesfalls straflos aus; im Gegenteil – sie trifft die volle Härte der Ahnen- oder Gottesjustiz: Eine Krankheit rafft sie oder einen der Ihren dahin, ihre Ernte verdorrt auf dem Halm, das Unglück weicht nicht mehr von ihrer Seite, sie erleiden einen tödlichen Unfall oder werden von einem Blitzschlag niedergestreckt.

Viel trägt schon im Vorfeld vor allem die ebenso wachsame wie unerbittliche Kontrolle durch die Öffentlichkeit dazu bei, daß die Kriminalitätsrate in traditionellen Gesellschaften außerordentlich niedrig liegt; zumindest jedenfalls war es früher so. Man mußte sich aufeinander verlassen können; Verwandtschaft und Nachbarschaft bauen auf Solidarität und Vertrauen. Ganz anders dagegen verhält es sich, wenn es um „Nichtzugehörige" geht. Norm ist, was dem „Normalen" entspricht, und dies gilt als mit der eigenen Lebensordnung identisch. Das bedeutet, daß sich der Rechtsbereich einer Gruppe stets mit dem eigenen Territorium deckt. Jenseits seiner Grenzen herrscht dementsprechend ein rechtloser Zustand. Alle, die dort leben oder die man dorthin exkommuniziert hat, werden nicht eigentlich als Menschen im vollgültigen Sinn begriffen. Sie sind „Barbaren" und, wie schon oben gesagt, „vogelfrei", so daß ihnen gegenüber auch Diebstahl, Raub, ja Mord weniger als Unrechts- denn oftmals eher sogar als Ruhmestaten gelten – eine Rechtsauffassung, die ebenso auch in den alten Hochkulturen, ja bekanntlich bis in die neueste Zeit selbst in den modernen Industriegesellschaften ihre Verfechter fand.

Im Namen der Ahnen

In Asante ist der König (Asanthehene) gleichzeitig oberster Richter. Zu bestimmten Wochentagen spricht er – zusammen mit seinen Ältesten und Würdenträgern – Recht. Für diesen Anlaß tragen Diener mit Messing beschlagene Stühle (asipim), die den Notabeln des Reiches als Repräsentationssitze bei der Verhandlung von Gerichtsfällen dienen, in die königliche Audienzhalle.

Für gute Ernten, Fruchtbarkeit, den Ablauf der Jahreszeiten, Sicherheit vor Naturkatastrophen, Überfälle durch wilde Tiere, für Krankheit und sogar Tod waren die Menschen – direkt oder indirekt – selbst verantwortlich, indem sie sich an die altüberlieferten Traditionen hielten oder nicht. In prämodernen Agrargesellschaften gelten vor allem die Toten als Hüter der Rechtsordnung. Die Ahnen „sitzen" bei allen Rechtshändeln, die traditionell in den Händen der Familienoberhäupter, Dorfchefs, Fürsten und Könige lagen, „bei". Als Ältere und Ranghöhere befinden sie letztinstanzlich über mögliche Vergehen ihrer Nachgeborenen.

Erste Instanz ist immer der direkte Vorgeordnete des Beschuldigten, in Streitfällen zwischen Angehörigen verschiedener Familien können es auch beider Vorstände sein. Gelingt es nicht, den Disput beizulegen, geht der Fall an die nächsthöhere Instanz. Je nach Schwere des Vergehens konnte der Delinquent auch nacheinander den einzelnen Rechtsgremien vorgeführt werden. Früher war der König der Asante die letzte Instanz in all ihren Rechtsfragen. Er allein durfte über Leben und Tod entscheiden, zog freilich zur Beratung sein Richtergremium hinzu. Lautete sein Urteil auf Tod, wurden die Verurteilten an einer besonderen Hinrichtungsstätte von den königlichen Scharfrichtern getötet. Man erschlug oder erdrosselte sie, damit ihr Blut nicht die Erde verunreinigt. Ihr Leichnam wurde an Ort und Stelle ohne alle Umstände verscharrt. Der Hinrichtung kam an Härte die Verbannung gleich. Sie setzte die Beschuldigten vogelfrei, so daß jeder straflos Hand an sie legen konnte.

Heute beschäftigen sich die traditionellen Gerichtshöfe nur mehr mit Verstößen gegen Sitte und Herkommen. Ein häufig verhandeltes Delikt dieser Art ist eheliche Untreue, wobei nicht nur der Beischlaf selbst, sondern auch das „unsittliche" Berühren von Nase, Ohren, Brust oder einem anderen delikaten Körperteil sowie das Kitzeln der Handinnenfläche strafbar sein können. Als gemeinschaftsschädigend gilt vor allem der Verkehr im Busch oder unmittelbar auf dem Boden, weil er die Geister aufrührt beziehungsweise die Erde verunreinigt und erzürnt.

Häufiger noch aber stehen interfamiliäre Konflikte oder Streitigkeiten zwischen Nachbarn, bei denen es vielfach um Landnutzungsrechte geht, zur Verhandlung an. Schwerverbrecher dagegen werden der Polizei und damit der Staatsjustiz unterstellt.

Immer noch hat die Gesellschaft ein wachsames Auge darauf, daß es nicht zu Unstimmigkeiten zwischen Menschen und Jenseitsmächten kommt. Dazu gehört insbesondere, nicht unbedachtsamerweise den Zorn der Götter heraufzubeschwören. In dieser Hinsicht geraten vor allem Christen und Muslime, die sich nicht mehr an die Vorschriften der „alten" Religion gebunden fühlen, mit dem traditionellen Normenkodex in Konflikt. Häufig verweigern sie den in Asante allseits präsenten (Natur-)Gottheiten die notwendigen Opfer und bringen damit die Gemeinschaft insgesamt in Gefahr. In Kumawu, einem zu Asante gehörenden Fürstentum, hatten Muslime zum Beispiel einen Damm errichtet, ohne zuvor die Erlaubnis der Flußgottheit (beziehungsweise ihrer Priester) eingeholt zu haben. Die „Säumigen" wurden vor den Staatsrat zitiert, und man suchte gemeinsam nach einer für alle annehmbaren Lösung. Das salomonische Urteil lautete, der Flußgottheit ein Schaf als Versöhnungsopfer darzubringen. Man akzeptierte die Weigerung der Muslime, das Opfer selbst zu vollziehen, doch sollten sie für die Kosten aufkommen.

Damit war der Frieden wiederhergestellt.

Auch die Richter – im Zentrum der Asantehene – tragen eine schwarze Toga. Ihre rechte Schulter liegt frei, das heißt, sie sind genauso gekleidet, wie sie vor die geschwärzten Schemel der Ahnen im „Stuhlhaus“ treten.

Die vier Angeklagten erwarten ihren Prozeß: Der ernste Anlaß gebietet, daß sie schwarze Trauerkleidung anlegen und den Oberkörper als Zeichen der Demut unbedeckt lassen.

Ehebruch: Sie kochte für einen anderen

Anhänger der Wassergöttin Mami Wata haben strikte moralische Vorschriften zu befolgen. Bei Ehebruch (darunter wird schon das Kochen für einen anderen Mann verstanden) macht Mami Wata ihre Adeptinnen besessen und leiht ihnen ihre Stimme, um ihr Vergehen öffentlich zu bekennen: Wenn sich an ihrem Heiligtum in der Nähe der Adomi-Brücke eine Adeptin im Verlauf einer Zeremonie selbst des Ehebruchs bezichtigt, muß sie zuallererst rituell gereinigt werden.

Zu den häufigsten Vergehen des sozialen Zusammenlebens zählt der Ehebruch, ein schwerer Verstoß wider die von den Göttern gesetzte und den Ahnen gelebte Ordnung, weil er die Abstammungsregel durcheinanderbringt. Dies ist besonders schlimm, wenn Frauen des Königs darin verwickelt sind. Früher wurden sie, unter der strengen Obhut von Eunuchen, von allen Männern ferngehalten. Das betraf selbst Kinder. Bei den Mosi mußte der älteste Sohn des Königs (Naba) die Residenz seines Vaters bereits im Alter von drei Jahren verlassen, seine jüngeren Brüder folgten, wenn sie sieben oder acht Jahre alt waren. Idealerweise sollte der Naba der einzige Mann im Palast sein. Gleichwohl wurde die Treue der königlichen Frauen einmal im Jahr von einem Spezialisten, der Eunuch und der Etikette nach „erste Frau" des Königs war, überprüft. Er benutzte dazu eine mit Wasser und bestimmten Pflanzen gefüllte Kalebasse, in der er die Ehebrecherin und ihren Partner erkennen konnte. Für beide gab es dann keine Gnade; unverzüglich wurden sie hinter dem Palast hingerichtet.

Im Normalfall allerdings hat Ehebruch für den Mann nur in den seltensten Fällen schwerwiegende Konsequenzen. Wird der Verführer entlarvt, zahlt er dem Ehemann eine bestimmte Summe, dazu noch ein Opfertier, um die Ahnen zu beschwichtigen – womit die Angelegenheit für ihn bereinigt ist. Für die Frau indes ist die Sache nicht so einfach. Selbst wenn ihr Vergehen unentdeckt bleibt, zeigen sich seine fatalen Folgen häufig bei ihrer nächsten Geburt. Schwere, lang anhaltende Wehen erwecken den ersten Verdacht. Ahnen „heben" sozusagen „den Finger". Komplikationen bei der Geburt sind der „klassische" Beweis für eheliche Untreue. Nur ein Geständnis

kann da helfen, indem die Frau etwa bekennt: „Ich bin eine Schande für meine Familie, für alle Frauen, ja für die gesamte Menschheit. Auf mir lastet schwere Schuld. Ich hatte eine Affäre mit einem Cousin meines Mannes, dabei war ich schon von einem Fahrer schwanger. Ich weiß nicht einmal genau, wer der Vater meines Kindes ist!“

Allerdings muß nicht jede Frau, deren Niederkunft Probleme aufwirft, tatsächlich einen Fehltritt begangen haben. Es genügt bereits, mit dem Gedanken gespielt oder im Traum die Ehe gebrochen zu haben. Sobald sie das eingesteht, wird ihr leichter und die Komplikationen verlieren sich. Sperrt sie sich aber und verweigert ein öffentliches Bekenntnis, wird sie – schlimmstenfalls – im Kindbett sterben.

In den Städten und stadtnahen Gebieten, in denen die traditionellen Familien- und Wirtschaftsstrukturen aufgelöst oder in Auflösung begriffen sind, gelten viele der alten Vorstellungen als „überholt“. Manche Kulte haben neue Inhalte erhalten, andere sind neu hinzugekommen. Eine wesentliche Aufgabe dieser überall zahlreich errichteten Heiligtümer besteht in der Sicherung von Ordnung und Moral. Insofern spielen sie eine große Rolle beim

Ganz oben: Als Zeichen des Todes, aus dem die Ehebrecherin dann gereinigt wieder auferstehen kann, wird sie vom Priester in Weiß gekleidet und mit Puder derselben Farbe bestäubt.

So hergerichtet, tritt sie ihren Weg durch das Dorf an. Ein Trommler und andere Kultanhänger begleiten sie auf diesem „Bußgang“, bei dem die Ehebrecherin öffentlich „vorgeführt“ wird.

Entgegen der sonst üblichen weißen Tonerde verwenden Mami Watas Anhänger Talkum. Der Gebrauch fremder Kulturgüter erklärt sich durch die „Fremdnatur" der Göttin, die besonders Personen anzuziehen scheint, die Probleme mit der Selbstfindung haben und zwischen zwei Welten, zwischen afrikanischer und europäischer Lebensart, schwanken.

Aufspüren und der Kontrolle antisozialer Tendenzen. Die Kultanhänger unterstellen sich strikt dem Dienst der jeweiligen Gottheit. Begehen sie einen Fehltritt, entzieht sie ihnen den Schutz. Und wehe jenen, die sich ärgerer Vergehen schuldig machen! Viele, besonders ältere Männer, führen ihre Frauen dem Heiligtum zu, um sie vor jeder Versuchung zu feien. Zum Dank für die Tugendwacht der Frauen erhält die Gottheit alljährlich ein Opfer. Frauen selbst allerdings haben nicht das Recht, die Treue ihrer Gatten auf ähnliche Weise der Obhut einer höheren Macht anzuvertrauen.

Auch die Mami-Wata-Heiligtümer dienen der Aufrechterhaltung der Ordnung: Die Göttin geht mit Kultanhängern, die sich „asozial" verhalten, streng ins Gericht. Auch sie urteilt über Frauen, die von ihren Männern ins Heiligtum gebracht und des Ehebruchs bezichtigt werden. Dazu gehört gemeinhin nicht viel: In den meisten afrikanischen Gesellschaften sieht man den Beweis bereits erbracht, wenn die Frau für einen anderen als den eigenen Mann gekocht hat. Im Twi, der Sprache der Akan, wird Geschlechtsverkehr – wie übrigens in vielen traditionellen Gesellschaften überall auf der Welt – mit den Worten obarima di obaa, „der Mann ißt die Frau", umschrieben, Ehebruch als obi ye, „jemandes Frau essen". Eine Frau, die für einen Mann kocht, der weder Vater, Bruder, noch sonst ein näherer männlicher Verwandter ist, kann nur mit ihm verheiratet sein, das heißt teilt sein Lager.

Bleibt es beim Kochen allein, handelt es sich um ein minder schweres Vergehen; Mami Wata beläßt es in solchen Fällen meist bei der Anordnung, der Schuldigen den Kopf kahlzuscheren und sie mit einem Zweig symbolisch auszupeitschen. Gravierender sind die Sanktionen für tatsächlichen Ehebruch.

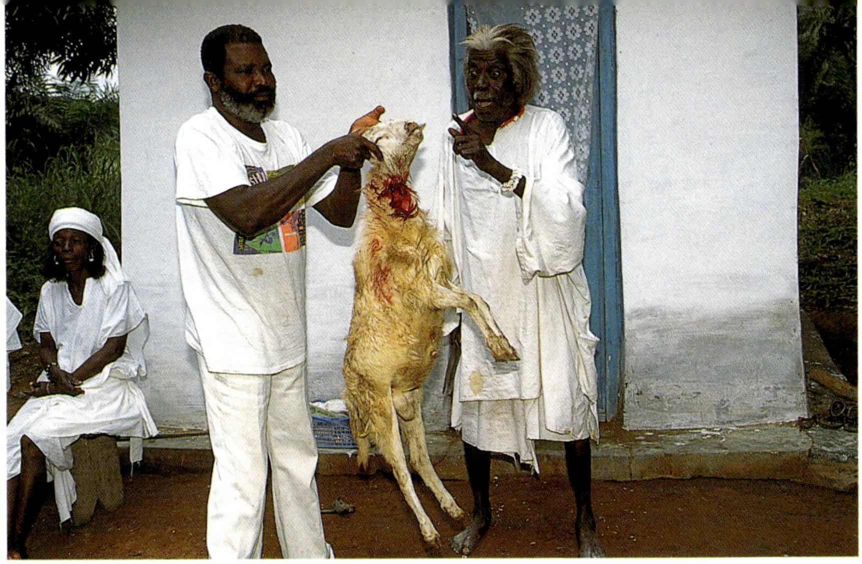

Um die Göttin zu versöhnen, muß die Ehebrecherin einen Widder stiften, den der Priester Mami Wata zum Opfer bringt. Dabei bittet er sie, das Opfer gnädig anzunehmen, künftig besser über die Frau zu wachen und sie vor unlauteren Gedanken und Handlungen zu bewahren.

Tatsächlich „spricht" Mami Wata dann durch den Mund einer Besessenen und gibt Anweisungen, was genau weiter zu tun ist, um das Vergehen zu sühnen. Damit erfüllt Mami Wata, was bereits „ältere" Kulte vor ihr versprachen: Reinigung, Läuterung und Wiedereingliederung in die Gemeinschaft.

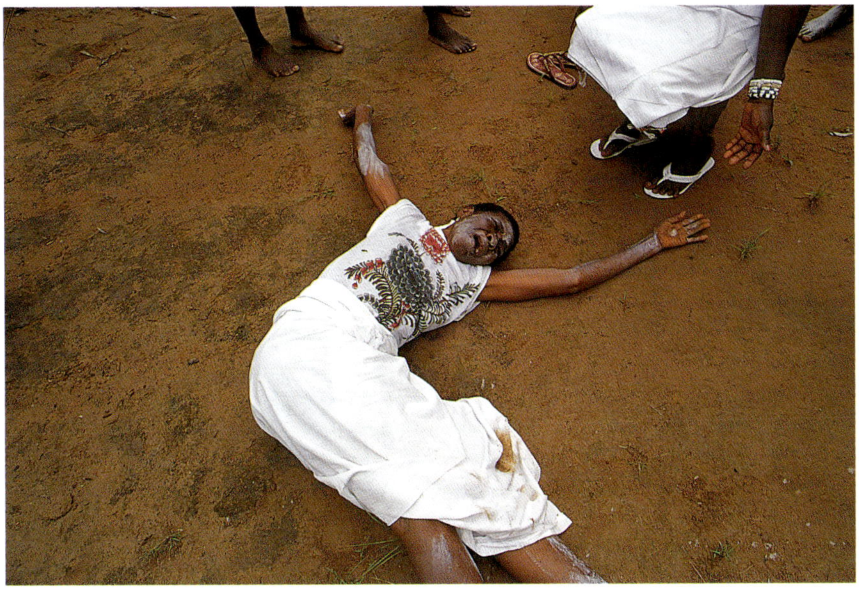

Am Ende der durch Mami Wata vermittelten Aussagen bricht ihr Medium erschöpft am Boden zusammen.

Der Gewittergott Shango straft die Diebe

Ein Priester des Gewittergottes Shango, der auch für Gerechtigkeit sorgt, mit roter Kopfbedeckung. Er hält die roten Papageienfedern, zum Zeichen für Shangos Macht und Verschlossenheit, im Mund. Gleichzeitig sichern sie seine Verschwiegenheit. Mit einer Doppelglocke ruft er den Gott herbei.

Schemel als charakteristisches Autoritätssymbol werden zum Zeremonialplatz getragen. Auf ihnen „thronen" die Achina Kpon, Gegenstände, die Shangos flammende Steine, die Donnerkeile, symbolisieren und in denen sich seine große Kraft manifestiert.

Zur gleichen Zeit werden im benachbarten Mami-Wata-Heiligtum, in dem Oya, Shangos Lieblingsgattin, in „moderner" Gestalt verehrt wird, Statuen der Göttin sowie ihre bevorzugten Attribute – Puppen, Parfüm und andere Gegenstände – ausgestellt.

Auch Gottheiten sind Hüter des Rechts und können Übeltäter – Todesmagier, Ehebrecher, Diebe oder Meineidige – entlarven, indem sie Krankheit, in Fällen von Uneinsichtigkeit auch den Tod bringen, Konflikte oder „Donnerwetter" auslösen. Der Donner – von den Yoruba in der Gottheit Ara personifiziert – gilt dabei paradoxerweise oft nur als Vorbote des Blitzes, sein bloßes Rumoren noch als ungefährlich: „Vom Donner allein ist", wie die Mosi sagen, „noch kein Baum gefallen." Gefürchteter ist der Blitz „in seinem Gefolge", der als „Messer des Regens" zur tödlichen Waffe wird. In ihm manifestiert sich die Allgewalt des Himmels- oder eines anderen mächtigen Gottes, der auf diese Weise, durch den „Schlimmen Tod", alle straft, die beispielsweise Getreide aus Feldspeichern entwendeten oder Früchte von Bäumen anderer pflückten.

Tod durch Blitzschlag gilt als Ahndung für Diebstahl und Meineid. Voraussetzung ist, daß sich der Geschädigte, je nach Gesellschaftsordnung, an den Dorfältesten oder bestimmte Priester wendet, die im Besitz der richtigen „Mittel" sind, den Blitz als Richtstrahl herbeizurufen. Jeder kennt genau sein Ziel: Er greift die Schuldigen heraus, „brandmarkt" sie im wahrsten Sinne des Wortes und macht so ihr Vergehen ruchbar. Bisweilen bringt er das Diebesgut sogar wieder zurück, das man dann bei oder auf dem verkohlten Leichnam findet.

Dieses Schandableben nimmt unter den „Schlimmen Todesarten" noch insofern eine Sonderstellung ein, als die Überreste eines vom Blitz „Gerichteten" bedrohliche Energien ausstrahlen, die alle gefährden, die nicht mit ihnen umzugehen wissen. Nur Spezialisten, das heißt alle, die Blitze herbeirufen können, besitzen die nötige „Gegenmedizin", die es ihnen erlaubt, sich dem Leichnam gefahrlos zu nähern und ihn – formlos – unter die Erde zu bringen. Derartigen Opfern wird nur Verachtung entgegengebracht. Man glaubt selbst ihr Besitztum infiziert, weshalb es früher an die genannten Spezialisten überging.

In Gesellschaften mit polytheistischem Gottesglauben – wie zum Beispiel den Yoruba, Fon und Ewe – stehen die „Blitzgötter" und ihre Kultgemeinschaf-

Eine Novizin umtanzt den Baum, der Shango geweiht und in seinen Farben – knochenfarbenes Weiß und blutiges Rot – umkleidet ist. Die Farben zeigen an, daß er sowohl Frieden als auch Gewalt verkörpert. Eine Novizin Shangos ist eigentlich eine Tempelsklavin. Hat der Shango-Priester sie einst geheilt und konnte ihre Familie dafür nicht die für ein Opfer geforderte Ziege erbringen, so muß das Mädchen selbst in den Tempel, bis sie mit der Opfergabe ausgelöst wird. Das noch schneeweiße Lendentuch zeigt an, daß die Novizin noch nicht lange im Tempel ist. Da sie die Tücher als Zeichen der Demut nicht waschen können, kann man die jeweilige Aufenthaltsdauer an ihnen ablesen. So manche Novizin verläßt als Priesterin den Tempel.

Folgende Seiten: In der Nacht vor dem Tribunal tanzt ein weißgekleideter Priester – wiederum mit roten Papageienfedern im Mund. Auf seinem Rücken trägt er die Achina Kpon, eine schwere Last, die sich seine Priester auf die Schultern laden, bevor sie von ihrem Gott besessen werden.

Bevor die Priester mit der Zeremonie beginnen, werden mit heiligem Wasser und Kräutern gefüllte Töpfe vor die Jugendlichen gestellt, die dann zu ihrer Reinigung benutzt werden.

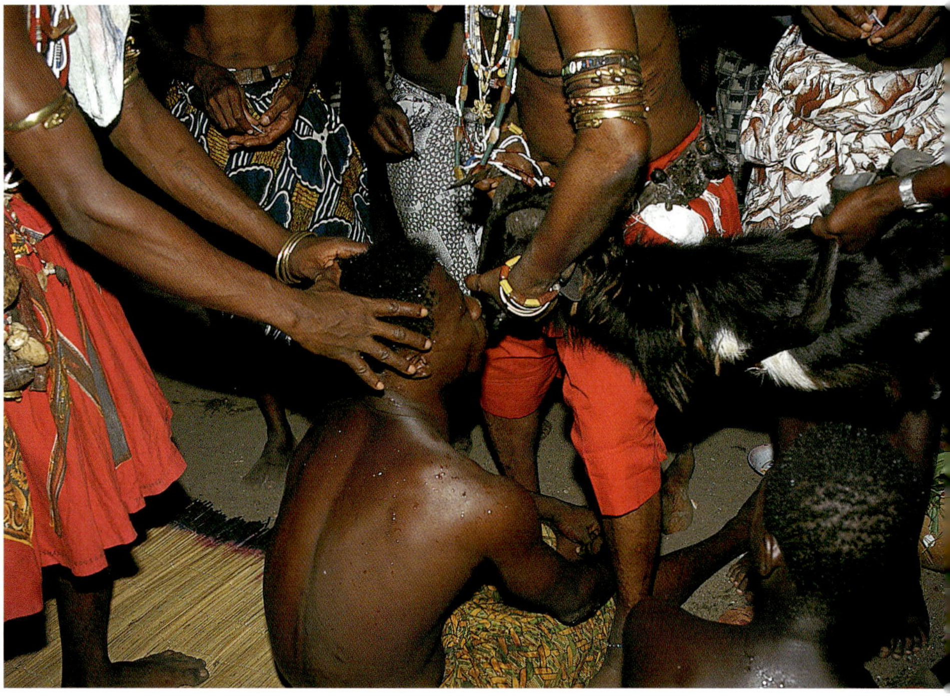

Die Sühnung beginnt damit, daß die Jugendlichen auf Geheiß des Priesters einer nach dem anderen die Ziege, die sie gestohlen hatten, mit ihrem Mund berühren, was ein Zeichen der Demut ist. Anschließend wird das Tier geschlachtet und sein Blut auf allen Shango geweihten Gegenständen vergossen.

ten „weit oben" in der Hierarchie. Der Blitzgott der Ewe, Xeviésó (Heviéso), ursprünglich ein Stadtgott von Xevié (gelegen etwa in der Wegmitte zwischen Allada und Ouidah im früheren Dahomey), gebietet über große Macht und hat eine zahlreiche Anhängerschaft. Wenn es donnert, pflegt er in die Gläubigen einzufahren und sie zum Tanzen zu animieren. Er gilt als „Besitzer" des Himmels und oberster Richter. Eigentlich ist er ein Fruchtbarkeitsgott: Der Regen, der sowohl reinigend als auch lebenspendend gilt, wird als sein Samen aufgefaßt. Ebenso kann er aber auch sengende Hitze schicken, im Zorn Menschen töten und ihre Häuser zerstören.

Auch die Fon verehren Xeviésó, der hier nach seinem heiligen Tier den Beinamen Agbolesu („großer Widder") trägt. Eingeführt wurde sein Kult wahrscheinlich von der Mutter des Königs Tegbesu (Regierungszeit ca. 1740–1774). Er löste hier den „älteren" Gewittergott Só (Sogbo) ab, woher auch sein Name Xeviésó („Só aus Xevié") rührt. Vor ihm kannte man in Dahomey eine ganze Reihe von Gewittergöttern. Deshalb konnte es schwierig sein herauszufinden, welcher genau den Tod eines Menschen verursacht hatte. Dazu bedurfte es einer Autopsie, zu der allein die Priester imstande und autorisiert waren.

Xeviésó hat vielerlei Ähnlichkeit mit Shango, dem Donner- und Blitzgott der Yoruba. Dennoch gehört Shango zu den Erd-, nicht zu den Himmelsgottheiten. Unter den Yoruba besitzt er eine große Anhängerschaft. Sein Kult spielt eine wichtige Rolle bei der Inthronisation des Königs von Oyo, einem alten Zentrum der Yoruba. Überhaupt verbindet ihn vieles mit dem König; so pflegt man in Yoruba-Städten, wenn auf einen Blitz- ein Donnerschlag folgt, auszurufen: „Willkommen Majestät, lang lebe der König!" Als göttlicher Oberaufseher residiert er über dem Firmament. In seinem großen, mit Bronzetüren verschlossenen Palast hält er – so die Vorstellung – zahlreiche Pferde und vergnügt sich mit Jagd wie Fischfang. Sein „Bruder" Ogun, der Eisen- und Kriegsgott, stellt ihm „Feuerketten" (Blitze) her, mit denen er seine Feinde niederstreckt. Shango ist auch für den Niedergang der sogenannten „Donnerkeile" (ashe) – kleine, geschliffene prähistorische Steinaxtklingen – verantwortlich. Wurde ein Haus durch Blitzschlag zerstört, galt das als Zeichen dafür, daß seine Bewohner sich schuldig gemacht hatten. Shangos Priester führten daraufhin großangelegte Reinigungszeremonien durch. Dazu mußte sich – mit Ausnahme des obersten Herrschers, des Alafin („Herr des Hauses") von Oyo – auch der Landesfürst einstellen und Shango den fälligen Tribut zollen. Eine wesentliche Aufgabe der Priester bestand darin, den vermeintlich dazugehörigen Donnerkeil aufzuspüren, den man dann auch im Boden ganz in der Nähe des Unglücksortes fand.

Mag sich die Verehrung Shangos formal auch verändert haben, wacht er doch weiterhin über die Moral und grollt in den Wolken, sobald ihn die Sünden der Menschen erzürnen. Gezielt straft er vor allem Ehebrecher, Lügner und Diebe. Dabei unterstützt ihn seine Gemahlin Oya, die Göttin des Niger und seiner Nebenflüsse. Sie schickt gefährliche Wirbelstürme, die Bäume entwurzeln und Häuser zerschmettern.

Shango ist zwar ein strafender, aber auch gerechter Gott. In Cotonou wurde eine Ziege gestohlen, die man vor einem seiner Heiligtümer festgebunden hatte. Gestiftet hatte sie ein von ihm „gezeichnetes" Mädchen. Schuld an seinem Schicksal war indes seine ältere Schwester, die Geld von einem Mann akzeptiert hatte, was traditioneller Auffassung nach einem Eheversprechen gleichkommt. Das aber wurde nicht eingelöst. Als die junge Frau sich weigerte, das Geld wieder herauszugeben, wandte sich der um Frau und Geld Geprellte an die Priester Shangos: Der Gott sollte ihm zu seinem Recht verhelfen. Das tat er dann auch, indem er die junge Frau durch Blitzschlag hinrichtete. Beim Versuch, ihren Leichnam aufzuheben, kam die Schwester mit dem Bösen in Kontakt: Shango zeichnete ihren rechten Arm mit seinem Mal. Um das Unheil von ihr zu nehmen, beabsichtigten die Priester, eine Reinigungszeremonie durchzuführen – und eben für diese war die Opferziege vorgesehen. Nun aber entwendeten drei junge Brüder das Tier. Die Jugendlichen hatten vor, es auf dem Markt zu veräußern, wobei sie dann ertappt und daraufhin zum Heiligtum geführt wurden. Ihre Auslösung kommt ihre Mutter teuer zu stehen: Die Priester verlangen nicht nur einen überhöhten Preis für die Ziege, sondern noch zahlreiche weitere Opfergaben. Hätte sie jedoch ihre Söhne nicht freigekauft, wäre der Verlust viel schmerzlicher gewesen, dann nämlich hätte Shango die Jungen für ihr Vergehen getötet.

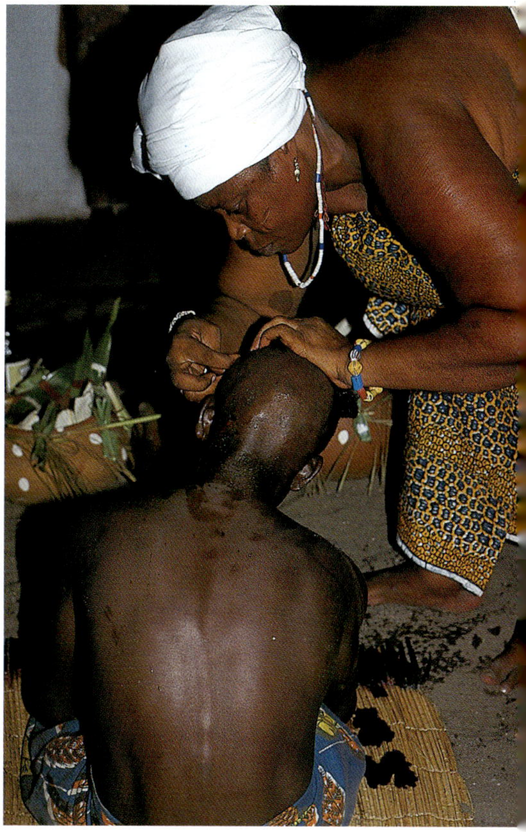

Mit den Haaren, die ihnen eine Priesterin abschneidet, werden sie auch ihre Schuld los. Zur vollständigen Wiedergutmachung indes muß die Mutter der Täter eine Reihe weiterer Opfergaben leisten. Damit gibt sich Shango versöhnt, und die Jungen können – solange sie nicht rückfällig werden – sicher vor seinem Zorn sein.

Shango-Mythen

Der Gott Shango und die drei Göttinen der Yomba.
Aus: Fetichism and Fetich Worshipers, N.Y., Cincinnati, St. Louis, 1885

Der Legende nach regierte Shango als vierter König in Oyo im heutigen Westnigeria. Sieben Jahre (eine mythische Zahl) befand er sich an der Macht. Seine Herrschaft war bewegt, viele erfolgreiche Feldzüge werden ihm zugeschrieben. Doch verdankte er seine Erfolge nicht nur seinem großen Heldenmut, sondern auch besonderen magischen Gaben: Er konnte aus Mund und Nasenlöchern Feuer und Rauch ausstoßen, womit er seine Gegner in die Flucht schlug und seine Untertanen das Fürchten lehrte. Zu seiner Zauberkunst zählte auch ein Mittel, den Blitz heraufzubeschwören.

Eines Tages bestieg er in Begleitung seiner Getreuen den Hügel, an dessen Fuß sein Palast lag. Auf dem Weg meinte er plötzlich, seine „Blitzmedizin“ testen zu müssen, da sie wohl feucht geworden war, weshalb er um ihre Zuverlässigkeit bangte. Dieser Befürchtung ziemlich sicher, lenkte er den Blitz auf seinen Palast. Doch die Medizin hatte ihre Wirkung keineswegs eingebüßt: Ein Sturm zog herauf, Blitze schossen vom Himmel herab und verwandelten den Palast alsbald in ein einziges Flammenmeer. Die meisten seiner Frauen und alle seine Kinder fielen den Flammen zum Opfer. Gebrochenen Herzens dankte Shango ab. Er verließ Oyo, um bei Elempe, seinem Großvater mütterlicherseits im nördlich gelegenen Nupe-Land, Zuflucht zu suchen. Seine Untertanen scheuten kein Mittel, auch Gewalt nicht, um ihn zur Umkehr zu bewegen. Shango aber richtete sein Schwert gegen jeden, der sich gegen ihn wandte. Man versprach ihm Ersatz für die verlorenen Frauen, so daß er erneut Kinder hätte haben können, doch nichts konnte ihn umstimmen. So zog er denn mit wenigen Getreuen, darunter seine Lieblingsfrau Oya, dahin. Unterwegs bedauerten seine Begleiter schon bald, sich darauf eingelassen zu haben, und kehrten um. Selbst Oya, seine treue Gefährtin, verließ der Mut, als sie ihre Heimatstadt

Darstellung des Gewittergottes Shango. Er hält seine Attribute Axt und Schale.

Ira erreichten. Alleingelassen, wollte auch Shango nicht weiterziehen, doch seine Ehre verbot ihm umzukehren. Er beschloß deshalb, seinem Leben ein Ende zu setzen. Über die Art und Weise, wie er seinen Entschluß in die Tat umsetzte, sind verschiedene Versionen in Umlauf. Eine sagenhaft-verklärende Fassung läßt ihn keines gewöhnlichen Todes sterben, sondern in den Boden eingehen: Als er in Koso unter einem Schibutterbaum (Butyrospermum parkii) saß, erschütterten plötzlich Blitz und Donner die Erde, in der er langsam versank. Einer weniger spektakulären Überlieferung nach bestieg er einen Baumwollbaum (Ceiba pentandra) und erhängte sich. Jedenfalls endete mit seinem Dahingang das irdische Wirken dieses bedeutenden Königs, der über das Yoruba-Reich, einschließlich des alten Benin, Dahomey und Popo, geherrscht haben soll. Nach seinem Ableben wurde er von seinen Getreuen vergöttlicht und zum Blitz- und Donnergott erhoben.

Nach wieder einer anderen Fassung allerdings soll Shango abgesetzt und des Landes verwiesen worden sein, da er, wie es hier heißt, ein äußerst grausamer, verschlagener und ungerechter König war, dessen Weg Diebstahl, Mord, Kriege und andere Gewalttätigkeiten säumten. Die Ältesten verlachte, die Priester verhöhnte er – niemand, bei dem er sich nicht unbeliebt machte. Als die Situation unerträglich wurde, übersandten ihm die Notabeln einen Flaschenkürbis mit Papageieneiern – zum Zeichen dafür, daß man seiner überdrüssig sei, er jedoch seine Todesart selbst bestimmen sollte. Shango wählte daraufhin den Tod im Exil und erhängte sich in Koso, daher sein Beiname Oba Koso („König von Koso").

Die Version ist durchaus nicht unplausibel, denn bis heute hegen die Yoruba eine Abneigung gegenüber Königen, die über todbringende Zauber gebieten: Ein souveräner Herrscher bedarf derlei Hilfsmittel nicht – es sei denn, er will damit Personen aus seiner unmittelbaren Umgebung schaden.

Wie dem auch immer gewesen sein mag, Shangos tragisches Ende versetzte seine ihm einstmals Getreuen in Panik. Der ersten Version nach begingen seine Sklaven ebenfalls Selbstmord; auch Oya brachte sich um, als sie vom Tod des Gatten erfuhr. Der Version nach, die Shango als brutalen Tyrannen porträtiert, zogen seine Gefolgsleute in das Land der Bariba (nach Borgu), um sich dort in der Herstellung bestimmter „Medizinen" unterweisen zu lassen, mit deren Hilfe es ihnen gelang, den Blitz auf die Häuser ihrer Feinde zu lenken. Als sich nach ihrer Rückkehr die Blitztoten mehrten, gerieten sie bald in Verdacht. Um den Argwohn von sich abzulenken, schrieben sie die Katastrophen dem toten König zu, der sich damit für das ihm zugefügte Unrecht räche. Um ihn zu versöhnen, wurden Opfer nötig. Aus diesen seinen ersten Gefolgsleuten und ihren Nachkommen konstituiert sich Shangos Priesterschaft, die magba.

Ein besonders mächtiger, mit Menschenknochen versehener Bo der Fon, der Unschuldige vor dem Zorn des Gewittergottes Shango schützt. Außerdem wird er zur Reinigung von Personen eingesetzt, die die „afrikanische Pistole" (unsichtbare Pfeile beziehungsweise Kugeln, mit denen Zauberer auf ihre Opfer zielen) getroffen hat.

Die unsichtbare Welt

Religiöse Vorstellungen

Der Ahnenkult kann als Grundlage der afrikanischen Religiosität betrachtet werden. Alle haben so ein vitales Interesse daran, auch mit ihren wirkungsmächtigen, abgeschiedenen Verwandten in bestem Einklang zu leben. Vor wichtigen Entscheidungen sucht man im Gebet ihren Rat und erhält Antwort durch ein Zeichen oder im Traum. In Notfällen bittet man die Ahnen um Hilfe. Manchmal warnen sie die Ihren auch, wenn Gefahr droht. Regelmäßig bringt man ihnen Speise- und Trankopfer dar, teilt also, wie zu Lebzeiten, die Nahrung mit ihnen. Zu großen Festen glaubt man sie gegenwärtig, bewirtet sie und speist dann, wie unter Familienangehörigen üblich, gemeinsam mit ihnen, um so die Verbindung immer wieder aufs neue zu stärken. Unmittelbar verantwortlich für den Ahnendienst sind die Ältesten, die ihnen am nächsten stehen, oft aber auch, wie namentlich

in Westafrika, der „Erdherr", der Senior der Ältesten, das heißt, der lokalen „Gründersippe".

Die Verstorbenen tragen vor allem Sorge für die Fruchtbarkeit des Bodens, zumal sie in engem Zusammenhang mit der Erde stehen. Ertragsfähige Böden sind lebenswichtig für ackerbautreibende Völker. Im Zentrum ihrer religiösen Vorstellungen stehen daher neben den Ahnen immer auch die Erde selbst, ferner das Wasser (Quellen, Flüsse) – unerläßlich für das Wachstum der Pflanzen besonders in trockeneren Gebieten – und der Himmel, der den Regen spendet. Häufig, wenn auch nicht durchgängig, glaubt man die Erde in Gestalt einer Göttin, den Himmel in der eines Gottes verkörpert. Beide bilden dann gewöhnlich ein „Weltelternpaar", das alljährlich im Frühjahr, zu Beginn der Regenzeit, Hochzeit feiert. Der erste fallende Regen wird entsprechend als Sperma des Himmelsvaters aufgefaßt und für besonders fruchtbarkeitsträchtig gehalten.

Für das kräftige Wachstum der Nahrungspflanzen sind dann wesentlich die Menschen selbst verantwortlich. Verstöße wider das Herkommen, Mißachtung der Ahnen und Unehrerbietigkeit gegenüber der Erde würden den notwendigen Einklang zwischen Menschen und Umwelt stören und zu Unglück, sozialem Unfrieden und vor allem erheblichen Ernteeinbußen führen. Und abermals kommt den Ahnen dabei, gewissermaßen als Repräsentanten der Gruppe im Jenseits, die entscheidende Rolle zu: Wie sie ein Fehlverhalten der Ihren auf Erden ahnden, vermitteln sie auf der anderen Seite auch zwischen ihnen und der Erde, indem sie gegebenenfalls Fürsprache einlegen und deren Gebete und Opfer an die Erde weiterleiten. Manchmal, wie bei den Ibo in Nigeria, bezeichnet man sie deshalb geradezu auch als „Diener der Erde".

Beider Kult obliegt „oben" unter den Lebenden, wie schon erwähnt, im Familienrahmen den Ältesten, für die Gruppe insgesamt dem Erdherrn, dem „Besitzer des Landes", wie er gelegentlich – etwa in Teilen des Ost- und Westsudan – auch bezeichnet wird. Seine zur Hauptsache priesterlichen Aufgaben bestehen vor allem darin –

Oben: Heiliger Hain mit „Idolen und Fetischen"von einem anonymen Künstler, Aus: Les missions catholiques, 1875.

Links: asen (Ahnenaltäre) zur Opferung der Ahnen. Das Chamäleon auf einer der asen ist ein Symbol für Lisa, die männliche Seite der vodun-Hauptgottheit Mawu-Lisa.

Linke Seite: Regenmacher der Lotuko (Uganda/Sudan) bei der Vorbereitung zum Regenzauber: Der Mageninhalt einer schwarzen Ziege wird mit Hirsebier und Erde gemischt. Die Töpfe enthalten Quarzkristalle, die beim Regenzauber vieler Völker der Erde eine wichtige Rolle spielen.

ergänzend zu einer Fülle unterschiedlicher fruchtbarkeitsmagischer Praktiken, wie sie jedermann auf seinen Feldern vollzieht –, nach schweren Vergehen, die sich wie eine giftige Wolke auf das Land legen, die rituelle Reinigung vorzunehmen, alle wichtigeren Agrarrituale, wie zum Beispiel zu Aussaat- und Erntebeginn, zu eröffnen oder auch vollends durchzuführen und die Kollektivopfer an Ahnen und Erde darzubringen. Abgesehen von den täglichen, familiären Gaben an Speise und Trank werden dabei Tiere – früher auch Menschen – geopfert. Während man das Blut entweder über dem Erdaltar oder an einer bestimmten Stelle im Feld ausgießt, verzehrt man das Fleisch gemeinsam – vorausgesetzt, daß unter den Anwesenden keinerlei Unfriede herrscht; andernfalls müßten die Betreffenden, um Zugang zum Opfermahl zu erhalten, ihre Differenzen zuvor bereinigen.

Für den Regen dagegen sind gewöhnlich eigene Spezialisten, die „Regenmacher", verantwortlich. Spezifische magische Kenntnisse, besondere Gaben sowie ein guter Schuß wetterkundliche Erfahrung setzen sie in den Stand, im Bedarfsfall entweder Gott selbst erfolgreich um Regen zu bitten oder die ausbleibenden Niederschläge auch durch Zauber herbeizuführen. Fällt überreichlich davon, so daß große Verheerungen drohen, können sie dem auf gleichem Wege Einhalt gebieten.

Mit „Gott" ist hier der schon genannte Himmelsgott gemeint, wie ihn fast alle afrikanischen Völker kennen und verehren – „Der Große des Himmels" (Njadenga) oder einfach „Der dort oben" (Wokumusoro), wie ihn neben vielen anderen Völkern zum Beispiel die Shona in Moçambique nennen. Zürnt er, macht sich sein Unmut im Donner Luft, während ihm der Blitz als Waffe dient, um Schwerstschuldige zu richten und anderen zur Warnung zumindest einen gehörigen Schreck einzujagen. Gelegentlich, wie bei den Thonga in Südafrika, wird der Regen als sein Sohn, als eigenständige Gottheit also, verehrt.

Auch sonst glauben afrikanische Völker die Welt von einer – in der Regel jedoch begrenzten – Reihe weiterer sogenannter „Ressortgottheiten" beherrscht: Mächte im Rang unter dem des „Allerhöchsten" im Himmel, die über bestimmte Flüsse und Berge, das Meer und den Wald gebieten, Herren oder Herrinnen des Wildes und Krieges, der Sonne und des Mondes sind. Wahre Heere von Göttern, die sich leicht messen lassen können mit den Götterwelten der Ägypter, Babylonier oder Römer, kennen indes allein die alten Hochkulturvölker im Westsudan. Die Yoruba in Nigeria zum Beispiel verehren sogar ganze 1 700 Gottheiten (die Orisha)!

Näher aber stehen den Menschen, wie überall auf der Welt, die Geister, mit denen es – erwünscht oder unerwünscht – unmittelbarer zu Berührungen kommt. Das gilt zum einen für die menschenfreundlicheren unter ihnen: die lokalen Schutzgeister einer Familie, Sippe oder eines Dorfes, die praktisch dieselben Aufgaben wie die Ahnen wahrnehmen und meist auch kaum von ihnen zu scheiden sind. Sie teilen sich ebenso mit in Visionen und Träumen, durch Zeichen und Besessenheit, vermitteln zwischen Menschen und Göttern, sorgen für das Wohlergehen ihrer Schützlinge und empfangen Verehrung und Opfer dafür. Lassen es die Menschen mal daran fehlen, strafen sie die Säumigen prompt mit Krankheiten, Unglück, Mißernten und anderem Unerfreulichen mehr. In islamischen Ländern sind diese Geister nicht selten in muslimische Heilige übergegangen.

Diesen sozusagen „zivilisierten" Geistern der reinen, durch Kultur veredelten Binnenwelt der Menschen stehen auf der anderen Seite in erheblich größerer Zahl die „wilden", „kulturlosen" Buschgeister gegenüber. Sie sind so unberechenbar und tückisch wie ihre Lebenswelt und immer darauf aus, den Menschen, die sich in ihre Nähe wagen, weidlich zu schaden. In düsteren Höhlen, tiefen Quellen, Flüssen und Sümpfen, im pfadlosen Dickicht, auf kargen Bergen wie in sengenden, lebensfeindlichen Wüsten hausend, können sie so ziemlich jede Gestalt annehmen, erscheinen aber, wenn sie sozusagen die Maske fallen lassen, stets ebenso häßlich wie furchterregend. Immerhin kann man sie meiden oder kennt Mittel, sie abzuwehren.

Die Voraussetzung dazu liegt nicht zuletzt im allgegenwärtigen „Kraftglauben" begründet. Was immer irgendwie ungewöhnlich erscheint oder sich in besonderer Weise wirkungsvoll

Magischer Gürtel zum Schutz von Jägern (Fon, Benin). Er kombiniert verschiedene krafthaltige Stoffe (u. a. Teile eines Vogels, Kaurischnecken und „Medizinen") zur Verstärkung der Abwehrkraft. Der Spiegel warnt den Jäger vor Gefahren.

Ein Priester der Wassergöttin Mami Wata mit dem Altar der Göttin.

Drei beschuldigte Hexen der Asante knien in Demut neben einem „Hexen-Steinhaufen", um den vorbeigehenden Priester zu ehren. Danach müssen sie sich, den Ritualen zur Hexenaustreibung folgend, auf die Steine knien.

zeigt – das „fressende" Feuer, ein reißender Strudel, bizarr geformte Wurzelholzstücke und Felsen, ein Kristall, hartes Gestein, alte Bäume mit festem Holz, gifthaltige oder heilkräftige Pflanzen usw. –, besitzt nicht nur nach afrikanischem, sondern universalem Glauben übergewöhnliche Kraft. Sie läßt sich entsprechend auch nutzen, und zwar um so mehr, je größer das Wirkvermögen ist, über das man selber verfügt. Menschen, die besonders stark, gesund und fruchtbar sind, danken ebendies ihrem Übermaß an Vitalkraft. Handelt es sich dabei noch um ältere, die viel Erfahrung besitzen, wissen sie auch besser als andere, wie – das heißt wo, zu welcher Zeit und mit welchen Mitteln – man sich die in der Natur enthaltenen Kräfte dienstbar machen und magisch wirksam einsetzen kann, sei es zum Guten wie Bösen, segensreich oder schädigend.

Soul of Africa

Manche Völker wie die Chinesen, Griechen, Engländer oder Deutschen sind berühmt für ihre Philosophen; bei anderen scheint es niemals welche gegeben zu haben. Und doch sind alle von Natur aus an Intelligenz einander gleich. Sie schwankt nur unter den einzelnen Individuen.

In Europa begann das Philosophieren mit den alten Griechen, den sogenannten „Vorsokratikern", Denkern, die vor Sokrates (469–399 v. Chr.) lebten, wie beispielsweise Thales von Milet (ca. 624–546 v. Chr.) oder Empedokles (ca. 494–434 v. Chr.). Sie sannen nach über Fragen, die sich eigentlich jeder hätte stellen können, weil sie mit jedermanns tagtäglicher Erfahrung und Beobachtung zu tun hatten – so etwa: wie die Erde entstand und ihre Gestalt gewann, ob und inwieweit Tiere und Menschen entstehungsmäßig miteinander verwandt sind, ob ein Fluß immer derselbe bleibt, obwohl seine Wasser doch ständig dahinfließen, ob das, was wir zu sehen vermeinen, auch tatsächlich so ist oder nur zu sein scheint, und wie sich Gedanken und Vorstellungen bilden. Zur Zeit Platons (427–347 v. Chr.), des bedeutendsten Schülers von Sokrates, verstand man unter „Philosophie" noch mehr das Bemühen um den Erwerb konkreter Kenntnisbestände. Sophia, ein damals weitverbreitetes Wort, bezog sich weniger auf abstraktes, etwa mathematisches, als ganz konkretes handwerkliches, gewerbliches Wissen.

Nicht anders verhielt es sich auch in den schriftlosen Kulturen. Überlebensfähig und tüchtig war nur, wer solide Kenntnisse in der Gerätefertigung, der Jagd, dem Bodenbau, der Wetter- oder Heilpflanzenkunde, dem Verhalten von Tieren und Menschen, von Geistern und Göttern besaß. Das wiederum setzte voraus, daß man das eine mit dem andern zu verbinden verstand, also Zusammenhänge zwischen den verschiedenen Erscheinungen sah, wie etwa zwischen Wasser und Wachstum, Gesundheit und Fruchtbarkeit, friedlicher Kooperation und Erfolg. Weitere Verknüpfungen führten zu umfassenderen, schließlich allumspannenden Lebens- und Weltanschauungssystemen. Jahrhundertealte überlieferte Erfahrung, durch die tägliche Beobachtung gestützt oder in Frage gestellt und entsprechend korrigiert, sicherte die Verläßlichkeit dieser Art „elementarer", „naiv realistischer" „Volks-" oder „Naturphilosophien", wie man in der Ethnologie dazu sagt, mehr und mehr ab. Es handelte sich durchaus um „Lehren"; aber sie wurden nur zum geringen Teil unterrichtet, sondern den Jüngeren von den Älteren vorgelebt. Daher spricht man auch von „impliziten Philosophien", deren Geltungssätze aus dem Handeln, der Erziehung, Moral usw., um eindeutig formuliert werden zu können, erst zu erschließen wären. So enthält zum Beispiel der Hexenglaube, wie der englische Ethnologe Edward Evans-Pritchard zur Erläuterung anführt, „Elemente einer Natur- und Moralphilosophie". Und ebendiese „verschlüsselten" Gedanken gleichsam hervorzukehren, „explizit zu machen", bildet nach Auffassung des afrikanischen Philosophen Theophilus Okere auch die Voraussetzung zum Aufbau einer im eigentlichen Sinne „afrikanischen Philosophie".

Ihre typischen Überlieferungsformen stellen Mythen und Märchen, Sprichwörter, Redewendungen, Erzählungen von beispielhaften Taten der Vorfahren, Brauchtümer, moralische Grundsätze – kurz: eigentlich das Ganze des Traditionsguts – dar. Und da alles das viel auf Erfahrung, auch im sozialen Umgang wie namentlich in Konfliktfällen, beruht, könnte man auch von „Weltweisheit" sprechen – ebendies nämlich bedeutete „Philosophie" ursprünglich auch. In dörflichen Gesellschaften wird sie im wesentlichen zwar von allen älteren Erwachsenen geteilt, doch gibt es oft einzelne, die anderen darin überlegen sind, weil sie besondere spekulative Neigungen besitzen und länger über das eine oder andere nachgedacht haben. In Problemfällen wendet man sich an sie um Rat, die Mächtigen nicht ausgenommen – ganz wie das auch im alten Griechenland geschah. Einen berühmten Fall stellt der Dogon Ogotemmêli, der Hauptinformant und Lehrer des französischen Ethnologen Marcel Griaule (1898–1956), dar.

Linke Seite: Shango-Priester und Anhänger im Zebu-Viertel (Foto Dossa Z. Cosmes, 1962).

Unten: Der afrikanische Fotograf Dossa Z. Cosme porträtierte 1955 diese Gruppe von Priestern und Gefolgsleuten vor ihrer „Ceremonie du Fetiche Gbeloko, Quartier Zebu Aga".

Möglicherweise hatte das Philosophieren dort Tradition. In den langen Gesprächen, die Griaule mit Ogotemmêli führte, stellte sich nämlich heraus, daß die Weltanschauung der Dogon – aber auch ihrer Nachbarn (Bambara, Malinke, Kurumba u. a.), wie Mitarbeiter Griaules in der Folge herausfanden – ein höchst komplexes, überaus eindrucksvolles Gedankengebäude bildet. Geordnet nach festen Regeln (Prinzipien), aufsteigend vom Gegenständlichen über symbolische Bilder bis zu den abstrakten, „reinen" Ideen, ist alles mit allem dabei zu einem einzigen, sinnvollen Ganzen verbunden, das durchaus den Vergleich mit den vorsokratischen Naturphilosophien, ja teils auch mit platonischem Denken (der „Ideenlehre") aushält. Griaule selbst sprach mal von Sophie („Weisheit"), mal von Ontologie („Seinslehre"), mal von „praktischer und theoretischer Metaphysik". Von einzelnem davon wird in diesem Buch noch die Rede sein.

Ähnliche Eindrücke hatte auch der belgische Franziskaner und Missionar Placide Tempels (geb. 1906) in den dreißiger und vierziger Jahren des 20. Jahrhunderts bei den bantusprachigen Bemba (Sambia) und Luba (Zaïre) gewonnen. Das Schlüsselelement ihrer Vorstellungswelt sah er im Kraftglauben, konkreter der Lebenskraft (force vitale), die, in unterschiedlicher Konzentration – am wenigsten im rein Stofflichen, mehr in den Pflanzen und weiter in wachsendem Maß in Tieren und Menschen enthalten – alles wechselwirkend durchwaltet und ihre Höchstpotenzierung in Gott besitzt. Tempels gab seinem Buch, in dem er das darlegte, den irreführenden Titel „Bantu-Philosophie" („La philosophie bantoue", erschienen 1945); denn zum einen bezog er sich ja nur auf zwei Gruppen und zum anderen bezeichnet „Bantu" keine ethnische oder kulturelle, sondern eine Sprachgemeinschaft.

Gleichwohl hatte das Buch eine zündende Wirkung – vor allem natürlich auf afrikanische Denker, die es als wegweisende Pionierleistung priesen. Nach seinem Vorbild entwickelte sich, was heute als „Ethnophilosophie" bezeichnet wird und eben die Bemühungen meint, durch Analysen und Interpretationen ethnischen Traditions- und Glaubensguts die darin implizit enthaltenen quasi-philosophischen Überzeugungen und Ideen gleichsam herauszudestillieren. Unmittelbar in der Nachfolge Tempels' versuchte Alexis Kagame, die Seinsauffassung (Ontologie) ruandischer Gruppen anhand von Ausdeutungen ihres Sprachgebrauchs, Sprichwort- und Brauchtumsschatzes zu bestimmen. Leo Apostel stellte grundlegende Übereinstimmungen zwischen den Kraftkonzeptionen der Luba und Dogon fest und charakterisierte die Weltanschauung der letzteren, ihres hohen Differenzierungsgrades wegen, als „pluralistischen Energetismus", ja sah überhaupt in der „pluralistisch-energetischen Ontologie" die eigentlich tragende Basis der „afrikanischen Philosophie". Zu ähnlichen Einschätzungen kamen auch andere. Einige, wie Stephen Okafor, messen ergänzend auch der Gemeinschaftlichkeit beziehungsweise dem Gemeinsinn (franz. corporalité, engl. commensality) die Bedeutung einer afrikanisch-philosophischen Fundamentalkategorie zu.

Das blieb allerdings nicht unwidersprochen. Anhänger der sogenannten „kritischen", das heißt der eigentlichen Schulphilosophie (Paulin J. Hountondji, F. Eboussi-Boulaga, Marcien Towa u. a.) vertreten entschieden

Jäger des Latuko-Stammes haben einen mächtigen Büffel erlegt, aber bevor sie ihre Jagdbeute zerlegen, müssen sie sorgfältig auf Einhaltung der Rituale achten: Sie zollen ihrem erlegten „Gegner" Respekt, nähern sich ihm mit größter Vorsicht, um die Geister zu besänftigen. Sonst wird sie beim nächsten Mal ihr Jagdglück verlassen. Das Foto wurde unter dem Titel „Die primitiven Latukos" von einer Presseagentur im Jahr 1952 zur Veröffentlichung freigegeben. Foto um 1930

den Standpunkt, daß es nur eine einzige, die professionelle, nicht aber eine griechische, deutsche oder afrikanische Philosophie geben könne – fanden jedoch nicht allzuviel Anklang damit. Die Ethnophilosophie besitzt nach wie vor – und wohl auch legitimerweise – ihre engagierten Befürworter. Neben den Verfechtern der oppositionellen Eckstandpunkte finden indes zunehmend Autoren Gehör, die eine vermittelnde Position einnehmen. Kwasi Wiredu, Theophilus Okere, J. O. Sodipo und andere sind beispielsweise der Auffassung, daß traditionelle Vorstellungssysteme, nicht zuletzt auch ganz spezielle Konzepte, wie der Kausalitäts- und Kraftglaube, der Zeit- oder Persönlichkeitsbegriff, durchaus zum Stoff kritisch-philosophischer Überlegungen taugten, ja Gegenstand gezielter Feldstudien sein sollten. „Afrikanische Philosophie" dürfe sich jedoch keinesfalls im Studium traditioneller Überlieferungsweisheit erschöpfen, da sonst, wie Wiredu zu bedenken gibt, Disziplinen wie die Symbolische Logik oder Philosophie der Mathematik keinen Platz in ihr hätten oder gar als „unafrikanisch" verworfen werden müßten.

Die Ethnophilosophie wird, schon aus Gründen der Selbstbestimmung, ihre Bedeutung behalten. Die afrikanischen Völker interessiert, wie andere auch, was das Besondere ihrer Geistigkeit ausmacht, worin ihre spezifische Eigenleistung, ihr Beitrag zur Kultur- und Geistesgeschichte der Menschheit besteht. Umstritten ist allerdings noch, ob das Studium einzelner ethnischer Vorstellungssysteme oder aber die Herausarbeitung zumindest der Grundzüge einer gesamtafrikanischen Philosophie das vorrangige Ziel bilden sollte.

Ein Lungwara-Hexendoktor und Stammesmitglieder. Mit ihrem Antilopenkopfschmuck nähern sie sich in einem zeremoniellen Tanz dem Feind. Foto um 1930

Welchen Verlauf die Entwicklung aber auch immer nimmt, behaupten werden sich als grundlegende Züge traditionell afrikanischer Geistigkeit die klare Erfahrungsorientierung, das Denken in gesellschaftlichen Bezügen mit der hohen Wertschätzung der Sozialmoral, die Rückbindung allen Daseins und Geschehens über die Ahnen an die eigene Geschichte sowie, nicht zuletzt, eine eigene Spiritualität. Letztere hat nichts mit Mystik im buddhistischen, islamischen oder christlichen Sinne gemein, sondern meint ein spezifisches Gespür für Gegebenheiten unmittelbar hinter der sichtbaren Vielfalt der Erscheinungen, die man eher andeutend umschreibt. Dies geschieht auch aus Freude am Umgang mit Worten und immer mit viel Humor, der scheinbar Feststehendes leicht wieder auflöst und alles, selbst die Regeln der Gemeinschaftlichkeit, spielerisch wie in der Schwebe läßt, im steten Wechselspiel zwischen Zugriff und Nachdenklichkeit, Ernst und heiterem Hintersinn, Pflichtbewußtsein und gelassener Großmut – eben „The Soul of Africa".

Die Natur lebt

Für den neuzeitlichen Menschen, vor allem den Städter, besitzt „die Natur“ fast einhellig positive Bedeutung. Sie bildet den Kontrast zu Verbauung in Stein, Verkehrslärm, Luftverschmutzung und Hektik des beruflichen Alltags. Wer kann, begibt sich am Wochenende und im Urlaub „aufs Land“, atmet tief durch und genießt die Schönheiten weithin vermeintlich noch unberührter Landschaften oder schafft sich mit dem eigenen Garten wenigstens künstlich ein kleines Stück „Natur“. Ein Blick zurück in die Geschichte zeigt, daß die Wertschätzung und Idealisierung der Natur mit der Entstehung der Stadtkulturen im alten Orient wie in China und Indien begann. Sie verklärte sich zum paradiesischen „Garten“, Dichter priesen das Landleben als friedliche, sorgenfreie und heitere Idylle.

Auf dem Land selbst sieht man das anders. Dort lebte man in und mit der Natur. Die Art, wie sie betrachtet und verstanden wurde, hängt dabei wesentlich von der Kultur der Menschen ab, ob sie etwa als Wild- und Feldbeuter oder Bauern lebten. Begriffe wie „schön“ und „erholsam“ spielten dabei keinerlei Rolle; die Natur war die gewohnte Alltagswelt. Zudem bestand ein scharfer Kontrast zwischen der bewohnten und genutzten, „in Kultur genommenen“ Binnenwelt und der wilden, „kulturlosen“, weil noch unberührten Außen- oder Naturwelt. Gewöhnlich unterschied man dabei drei Areale: den vertrauten engeren Lager- oder Siedlungsbereich im Zentrum, die Sammel- und Jagdgründe oder die Feldflur ringsum und den unvertrauten „Busch“, die Fremdwelt und Wildnis. Sicher und „heimisch“ fühlte man sich am meisten in der inneren, etwas weniger bereits in der mittleren Zone, während man die äußere möglichst mied, da sie höchst bedrohlich, weil voller unkalkulierbarer Risiken, schien. Es galt als zivilisatorisch verdienstlich, Teile der Wildnis „urbar zu machen“, Natur in „Kulturland“ umzuwandeln.

Landschaft auf den Prinzeninseln im Golf von Guinea.
Aus: Westafrika. Vom Senegal bis Benguela, Leipzig, 1878.

Wald und „Busch“ besitzen allerdings auch ihr Gutes. Sie bilden ergiebige Rohstoffquellen – für bestimmte Tone zum Töpfern, wertvolle Mineralien, Holz, Wildhonig und Heilkräuter. Leute freilich, die davon leben, sind immer ein wenig vom Anruch des Unheimlichen umgeben, wie in Europa die „Kräuterweiblein“, die früher oft genug der „Hexerei“ verdächtigt wurden, Schäfer und Köhler, in Afrika Heiler, die ihre Medizinen aus dem Busch beziehen, und Jäger in agrarischen Gesellschaften. Letztere können nur erfolgreich sein, wenn sie zuvor die Erlaubnis der Wild- und Buschgeister eingeholt haben. Ihre Streifzüge ins Unbekannte tragen ihnen einen besonderen, scheuen Respekt ein.

In Westafrika glaubt man, daß sie über ungewöhnliche Zaubermittel gebieten, die Sprache der Tiere und Bäume verstehen, ja imstande sind, sich unsichtbar zu machen; denn wie anders konnte es möglich sein, daß sie die Gefahren der Natur unbeschadet überstanden? Manchmal allerdings werden sie auch Opfer der Schrecken, die ihnen dort begegnen. Unheimliche, grauenerregende Erscheinungen etwa, die plötzlich, wie aus dem Boden gewachsen, unmittelbar vor ihnen Gestalt annehmen, können sie ihrer Fassungs- und Abwehrkraft berauben, so daß sie, wie man bei den Gurma im Norden von Togo glaubt, regelrecht den Verstand verlieren. Jäger, die immer wieder unangefochten zurückkehren, genießen daher um so mehr Anerkennung; man achtet sie großen Kriegern gleich. Die erfolgreiche Jagd ist, wie der amerikanische Ethnologe Thomas Beidelman bei den Kaguru im Norden Tansanias erfuhr, „Ausdruck für die Beherrschung der Wildnis und wird, wie bei vielen anderen ostafrikanischen Völkern, mit besonders erfolgreichem, heldenmütigem Führertum gleichgesetzt“.

Demgegenüber zeichnen sich ein Mann oder eine Frau in der Binnenwelt durch Geschick bei der Arbeit, Friedfertigkeit, Hilfsbereitschaft, Erfahrung und Weisheit aus. Der heimische Boden ist immer zwar auch Natur, doch bereits seit der Schöpfungszeit in Kultur genommen, das heißt veredelt und befriedet. In seiner Tiefe ruhen seit Urgedenken die Ahnen. Die Erde ist heilig; sie spendet die

Heiliger Berg in Nord-Kamerun.

Heiliger Baum bei Hlepehoné, Benin.

Nahrungsgüter, von denen die Menschen leben, ja nach Überzeugung vieler afrikanischer Völker, wie der Lyela im südlichen Burkina Faso zum Beispiel, trägt und überwacht sie die Ordnung des sozialen Zusammenlebens. Verstöße dagegen bestraft sie entsprechend mit Unfruchtbarkeit, Dürre und Mißernten, auch Krankheit und Tod.

Feldflur und Busch besitzen indes nicht nur ihre unmittelbar wahrnehmbaren Formen und Eigenschaften. Hinter der „Flucht der Erscheinungen" verbergen sich die Strukturen einer anderen, der transzendenten Welt. Diesseits und Jenseits gehen in der Natur fließend ineinander über. Überraschende Ereignisse, ein Stolpern oder Ausgleiten, ein Glücksfund und dergleichen mehr können ebenso Zeichen von Geistern sein wie auf Begegnungen mit ihnen zurückgehen. Deren „Charakter" entspricht, wovon schon die Rede war, ihrer Nähe zur menschlichen Lebenswelt. Herd-, Haus- und Feldgeister tun den Menschen, wenn diese ihnen ihrerseits respektvoll und freundlich begegnen, nur Gutes; sie warnen sie, wie die Ahnen, vor Gefahren, schützen sie und sind ihnen in kritischen Lagen behilflich. Buschgeister dagegen kennzeichnen Unberechenbarkeit, Tücke und Bösartigkeit; vor allem dann, wenn man in ihre Nähe kommt, sie im Schlaf stört oder gar unwissentlich tritt. Das kann man nicht immer, aber doch in vielen Fällen vermeiden, da bekannt ist, wo „Naturgeister" sich bevorzugt aufzuhalten pflegen. Fast sicher hat man mit ihnen an Quellen und Weihern, an Kreuzungen, in Höhlen, im tiefen Dickicht des Waldes, in Geröllfeldern, Wüsten und hohen, kargen Bergregionen zu rechnen: Dies nämlich sind Berührungs- und Passagestellen zur jenseitigen Welt, an denen die Geister gewissermaßen „von drüben herübertreiben", und das namentlich nachts, zur „Geisterzeit". Man kann dort Visionen haben, Einblick in die Zukunft nehmen – aber auch den Tod finden, ganz wie es den Buschgeistern gefällt.

Geister können die verschiedensten Formen annehmen, sich frei bewegen oder an bestimmte Stätten, ja besondere Pflanzen gebunden oder mit ihnen identisch sein. Langsam wachsende, alte und große

Bäume vor allem, wie der Baobab (Affenbrotbaum, Adansonia digitata), sind ein Beispiel dafür. Sie besitzen eine Seele, empfinden Freude wie Kummer und geraten, wenn die Menschen ihnen Anlaß dazu bieten, in Zorn. Im Grunde wird die gesamte nähere Umwelt gleichsam „vermenschlicht". Geister leben allein, in Familien oder Gruppen. Länglich geformte, schmale und spitze Gegenstände, alles Rechtsseitige, der zunehmende Mond, Blitz, Donner und der wachstumsfördernde Regen aus dem Norden werden, wie bei den Buschmännern zum Beispiel, als „männlich" aufgefaßt; kurze, runde, stumpfe Dinge, alles Linksseitige, der abnehmende Mond, Nieselregen und kurze Schauer aus südlicher Richtung, zerstörerische Naturphänomene und Stoffe aus kleinen Partikeln, wie Puder oder Sand, als „weiblich" begriffen. Himmel und Erde gelten als Gatten.

Die Natur lebt, und zwar mit den Menschen. Sie schenkt ihnen Rohstoffe zur Gebrauchsgüterfertigung, ernährt sie, „spricht" zu ihnen in Zeichen (Omina) und nimmt Einfluß auf ihr Dasein, wie etwa der Mond: Wachstumsfördernde Zeremonien oder solche, durch die ein Mensch in einen höheren Status überführt wird, nimmt man – wie bei den Swazi in Südafrika beispielsweise – bei zunehmendem, Eröffnungsrituale bei Neumond vor. Vergehen wiederum wirken sich ihrerseits ebenfalls auf die Umwelt aus. Sexuelle Fehltritte, vor allem Inzest, Diebstahl, Mord und religiöse Frevel lösen Dürren oder Überschwemmungen aus, lassen Quellen versiegen und führen zur Abwanderung des Wildes. Ein regelkonformes, untadeliges Leben trägt daher zum Erhalt der Natur bei. Spezielle Verantwortungsträger wie die „Erdherren" achten mit besonderer Wachsamkeit darüber, daß es zu keinerlei Verstößen wider die von der Erde gesetzte Ordnung und ihre Gebote kommt. Überhaupt behandelt man seine natürliche Umwelt umsichtiger, achtet darauf, wohin man tritt, und geht sparsam mit den Ressourcen, mit Wasser, Pflanzen und Wildtieren um. Ihre völlige Ausbeutung, etwa mehr Tiere zu töten, als man gerade zum Leben bedarf, oder das Abernten einer Wildpflanzenart, ohne etwas zurückzulassen, das eine Regenerierung erlaubt, halten Buschmänner zum Beispiel für eine schwere Sünde, der die Strafe Gottes nur auf dem Fuße folgen kann.

Und schließlich handelt es sich immer ja auch um Ahnengrund. Innerhalb der Siedlung und Feldflur schreitet man, wo man geht, über die Häupter der Verstorbenen längst versunkener Generationen hinweg, von deren Gräbern keinerlei Spuren mehr vorhanden sind. Bestimmte Punkte der Landschaft zeugen von bedeutenden Geschehnissen während der Schöpfungszeit, an andere knüpfen sich Überlieferungen besonderer Ereignisse – eine Vision, die ein Vorfahre dort hatte, ein Wunder, der Sieg über frühere Bewohner, der zur Ansiedlung führte, oder auch ein Verbrechen. Die Umwelt bildet einen Erinnerungsraum, der die Geschichte der Menschen lebendig erhält. Wann immer man einen historisch bedeutsamen Punkt erreicht, erzählt man den Jüngeren, was sich dort einstmals begab.

Seit der Kolonialzeit hat sich vieles verändert. Da dies die alten Traditionen betraf, reagierte man mit Unbehagen, wenn nicht der Befürchtung darauf, daß mit der traditionellen Ordnung auch die Existenzfähigkeit ernsthaft bedroht sei. Da der Wandel oft äußerst einschneidend ist, kann er sich nicht mehr allein auf eigenes Verschulden zurückführen, also auch nicht durch entsprechende Eigenbemühungen mehr rückgängig machen lassen. Der Grund muß bei den Fremden, den Europäern, liegen, die allzu massiv und rücksichtslos in die altüberlieferte Ordnung, wie sie von den Ahnen überkommen war, eingriffen. Die Tugen in Kenia haben, wie viele andere Völker Afrikas auch, unter zunehmender Dürre zu leiden. Sie erklären das damit, daß die Briten ihnen den Regengott (Ilat) raubten „und nach England entführten, wo seither der Regen im Überfluß fällt, die Felder und Weiden grün und die Menschen und Tiere fett sind, während in den Tugenbergen Trockenheit herrscht und die Menschen hungern müssen".

Fetisch-Baum.
Aus: Fetichism and Fetich Worshipers, N. Y., Cincinnati, St. Louis, 1885.

Die Zeit

Zeit wird besonders bewußt beim Blick auf die Uhr oder bei der Benutzung öffentlicher Verkehrsmittel wahrgenommen. Gleichwohl handelt es sich dabei nur um einen sehr geringfügigen Ausschnitt dessen, was Zeiterfahrung insgesamt ausmacht. In früheren Kulturen gab es weder Uhren noch Busse oder Eisenbahnen. Dennoch kannte man vergleichbare Verfahren, in ähnlichen Situationen die Zeit zu messen. Anders wäre es nicht möglich gewesen, bestimmte Aufgaben fristgerecht zu erledigen und sie vor allem mit den Tätigkeiten anderer abzustimmen, ohne daß es zu empfindlichen Störungen im gemeinsamen Arbeitsablauf kam.

Bei den wesentlich von der Rinderhaltung lebenden Nkole in Uganda fängt der Tag zum Beispiel mit der Melkzeit an (etwa 6 Uhr morgens); wichtige weitere Einschnitte bilden eine Ruhepause für Mensch und Vieh (etwa 12 Uhr), das Wasserholen (etwa 13 Uhr), die Zeit, wenn die Tiere die Tränke verlassen und erneut zu weiden beginnen (etwa 15 Uhr) – und so fort. Zur genaueren Präzisierung lassen sich derartige tätigkeitsspezifische Tageszeiten mit der Sonnenbewegung verbinden, speziell den Momenten, an denen die ersten Sonnenstrahlen am Morgen und die letzten am Abend einzelne Punkte am Horizont berühren, mittags im Dorf keinen Schatten mehr werfen oder durch Ritzen im Dach auf bestimmte Stellen im Hausinneren fallen. Solche „Punkte" wandern im Verlauf eines Jahres und kehren zuletzt an ihre Ausgangsstelle zurück. So markieren sie Linien im Raum, die Zeitabschnitten entsprechen. Wichtig sind sie für bodenbautreibende Völker in der Hauptsache freilich nur in bezug auf die Anbauphasen, markiert vor allem durch die Eckpunkte der Aussaat- und Erntezeit. Beide stellen jeweils Beginn und Ende zweier Jahreszeiten dar, die in weiten Teilen Afrikas zudem noch scharf durch das periodische Ein- und Aussetzen der Niederschläge geschieden sind. Dabei entspricht die Regenzeit dem „Sommer", die Trockenzeit dem „Winter".

Zur weiteren Unterteilung dieser größeren Phasen hält man sich an Erscheinungsbild und Umlauf des Mondes: Die Zeit vom Neu- bis zum Dunkelmond macht einen Monat aus, der wiederum durch den zunehmenden und abnehmenden Mond in zwei Hälften geschieden ist, deren Zeitscheide der Vollmond markiert. Und abermals gewinnt das Ganze an Präzisierung und Anschaulichkeit, indem man die „Sonnen-" und „Monduhr" mit Vorgängen in der Natur korreliert, die für die einzelnen Zeitphasen typisch sind: dem Wiedererscheinen gewisser Vogelarten zum Beispiel, der Blüte von Blumen, Büschen und Bäumen, der Reife ihrer Früchte, dem Auf- und Untergang von Sternbildern.

Und noch ein weiterer Aspekt kommt hinzu. Gewissermaßen die innere, allgegenwärtige Orientierungsachse aller Zeiterfahrung bildet für den einzelnen sein eigenes Leben, für die Gemeinschaft gegebenenfalls die Amtszeit ihres Königs. Beide besitzen wiederum spezifische Einschnitte – markiert insbesondere durch Geburt, Namengebung, Zahnen, Pubertät (Initiation), Hochzeit, erste Mutter- bzw. Vaterschaft, eine Amtsübernahme (Inthronisierung), den Tod.

Zeit wird in ländlichen afrikanischen Gesellschaften also sehr konkret und nicht einheitlich, sondern mehrdimensional erfahren. Sie schöpft aus dem persönlichen wie dem Gemeinschaftserleben, ist an die Vorgänge in der Natur und die tagtäglichen Arbeitsverrichtungen geknüpft, verbindet Leben, Raum und Gesellschaft, stellt also eine ständig erlebte „Naturraumzeit" dar. Insofern bedarf sie auch, um zu verläßlicher Orientierung dienen zu können, der steten rituellen Verankerung. Würde ein Teil aus dem Gesamtverband der miteinander verschränkten Zeitmaßsysteme herausgebrochen, müßte das Ganze ins Wanken geraten. Ebendaher werden zu den wichtigsten Einschnitten – bei Einsetzen eines neuen Lebensabschnitts, zu Beginn und Ende einer Anbauphase, an „Neujahr" usw. – Übergangsrituale (Feste) veranstaltet, deren Zweck ist, die periodisch gleichsam kreisenden Verlaufsprozesse in Gesellschaft und Natur über die Schnittstellen hin-

Zeit wird konkret erfahren, da sie zum Beispiel an die täglichen Arbeitsverrichtungen geknüpft ist.

weg durch magische „Nachzyklisierung“ zu stabilisieren, damit es nicht etwa zu gefährlichen Abweichungen kommt. Gleichzeitig herrscht während dieser „Zwischenzeiten“, in denen die geltende Ordnung gleichsam „weich“ wird, immer auch ein besonderes kreatives Potential, das gute Voraussetzungen zur Einflußnahme auf den Folgeabschnitt bietet. Zum Kernbestand von Geburtsfeiern, Initiationen, Hochzeiten, Aussaatzeremonien und Neujahrsfeierlichkeiten gehören daher stets Binde-, Fruchtbarkeits- und Stärkungsrituale.

Insgesamt entsteht so der Eindruck, als wären ländliche Gesellschaften Afrikas im Gegensatz zu den westlichen Industriezivilisationen von einem „zyklischen“ Zeitverständnis beherrscht. In der Hauptsache ist das auch so – nicht viel anders als bei uns: Alle wichtigen Tätigkeitsprozesse und Erfahrungen wiederholen sich täglich, monatlich, jährlich; Menschen kommen zur Welt, wachsen heran, heiraten, bekommen ihrerseits Kinder und sterben; sie sündigen, erkranken zur Strafe, leisten Sühne und finden Wiederaufnahme in die Gesellschaft. Im übrigen helfen wir der Zyklisierung der Zeit noch durch Geburtstags-, Gründungs- und periodische Gedenkfeste, durch Jubiläen, Jahrhundertfeiern und dergleichen mehr nach.

In Wahrheit besitzen alle menschlichen Gesellschaften sowohl ein zyklisches als auch ein lineares Zeitverständnis. Es handelt sich

Bei wesentlich von der Rinderhaltung lebenden Stämmen richtet sich die zeitliche Orientierung nach dem spezifischen Ablauf der Tätigkeiten, die mit den Rindern verbunden sind. Hier werden sie zur Tränke geführt.

immer um eine Kombination beider; lediglich die Gewichtung ist, je nach Tätigkeit, anders gelagert. Wie wir fassen Afrikaner kurzfristige und kosmische Entwicklungsprozesse linear auf: die Phasen zum Beispiel, die ein Lebensabschnitt, die Herstellung eines Geräts, Aussaat und Ernte ausmachen, die Zeit von der Schöpfung und Erschaffung des ersten Menschen – das heißt immer des Urahnen der je eigenen Gruppe – bis zur Gegenwart. Sie kombinieren lineare mit zyklischen Zeitsystemen, geben letzteren jedoch den Vorzug, da sie den Erfordernissen des ländlichen Daseins besser entsprechen, sich auch leichter überblicken, kontrollieren, absehen und zu mehreren synchronisieren lassen, als das unter den Bedingungen der industriellen Fertigung und des städtischen, naturfernen Lebens der Fall ist.

Gleichsam den Extremfall der Linearität stellt die Herrschaftszeit einer Dynastie dar. Um der Bevölkerung glaubhaft zu machen, daß die Könige rechtens Herren des Landes sind, muß der „Nachweis“ geführt beziehungsweise muß vorgetäuscht werden, daß sie dies schon seit Anbeginn waren, das heißt ihr Urahn der einheimischen Bevölkerung entstammte oder besser noch einen lokalen Heros oder

gar Gott zum Vater hatte. Und dazu sind eben entsprechend lange und lückenlose Genealogien erforderlich, die von Barden bei den großen Jahresfesten rezitiert, ja teils auch durch eigene Hofchronisten festgehalten werden. Gleichsam verdinglicht ist die herrscherliche Genealogie bei den Akan in der Aufstellungsanordnung der königlichen Stühle „belegt".

Aus alledem folgt, daß afrikanische Gesellschaften nicht nur in mehreren (teils kombinierten) Zeitsystemen leben, sondern diesen auch unterschiedliche Qualitäten zuschreiben. Abgesehen von Friedens-, Kriegs- und Katastrophenperioden, tätigkeitsintensiven, „erfüllten" und ereignisarmen, „leeren" Zeiten kommt etwa Schwangerschaften und den „Wochen" nach der Geburt eine je andere Bedeutung als den Aufenthalten im Initiationslager oder einer mehrtägigen Festzeit zu. Die erste Tageshälfte, bestimmt von der aufgehenden, „erstarkenden" Sonne, und die Zeit des zunehmenden Mondes gelten als heil-, Abstiegsphasen als unheilvoll. Dem lichten Tag und der Anbauphase stehen die Nacht und die Trockenperiode (der „Winter") als „Geisterzeiten" gegenüber, in denen man sich tunlichst nicht allzuweit von Haus und Dorf entfernt. Eine ganz besondere Qualität besitzen immer auch die Übergangszeiten, in denen nicht nur die Ahnen in Träumen erscheinen oder bei Festen zu Gast sind, sondern wieder auch weniger willkommene Geistmächte umgehen.

Wenig Bedeutung mißt man – oder maß man jedenfalls früher – der Zukunft zu. Sie erscheint „flach", da nur kurzfristig absehbar. Ihr Horizont reicht so weit wie die konkrete Tätigkeitsplanung, die unvermeidlich über die Gegenwart hinausführt – bis zur Initiation, der nächsten Ernte, dem eigenen Tod. Nur mehr schattenhaft zeichnen sich die möglichen Geschicke der Enkelgeneration oder die eigene Wiedergeburt nach drei bis vier Generationen ab.

Die „geschichtliche" Zeit endlich, für moderne nationalstaatliche Gesellschaften so bedeutsam, spielt für dörfliche Gemeinschaften nur eine minimale Rolle. Sie gliedert sich üblicherweise in die drei Phasen der Ur- und Schöpfungszeit, in der die bestehende Ordnung ein für allemal eingerichtet wurde, die lebendige, erlebte Gegenwart und die dazwischenliegende Vergangenheit oder „Ahnenzeit". Letzterer kommt das geringste Interesse zu, da die Vorfahren offenbar nicht anders als ihre Nachkommen lebten, das heißt sichtlich nichts Einschneidendes geschehen war – denn anders würde man ja nicht imstande sein, ihr Dasein kontinuierlich fortzuführen. Auch in diesem Fall ist das Zeitempfinden „flach"; es reicht gewöhnlich kaum mehr als drei Generationen zurück.

Längs der ruhenden kosmischen Zeitachse, die Urzeit mit Gegenwart linear verbindet, zieht das Leben so seine zyklischen Bahnen, im Innern der Kreisebenen, die sie umschreiben, durch kürzere Vertikalstrecken gestützt und auf ihren „Höhenniveaus" gehalten. Unverkennbar verbürgt diese Art Zeitauffassung ein hohes Maß an Orientierung und Verläßlichkeit, wie das für bäuerliche Gesellschaften unabdinglich ist.

Sonnen- und Mondbewegungen präzisieren die Zeitabschnitte. Zeit verbindet also Leben, Raum und Gesellschaft und wird zur erlebten „Naturraumzeit".

Die geheimen Mächte in Afrika

Vielen Menschen – Fachleute wie Mittelalterhistoriker, Volkskundler und Ethnologen eingeschlossen – ist der genaue Unterschied zwischen „Hexerei“ und „Zauberei“ („Magie“) nicht sonderlich klar. Und doch handelt es sich um grundverschiedene Dinge, die allerdings zu ähnlichen Ergebnissen führen können. Beide Phänomene werden daher auch in den meisten, vor allem in nichteuropäischen Sprachen, durch Bezeichnungen ausgedrückt, die nichts miteinander gemein haben. In europäischen Sprachen dagegen macht sich die mangelnde Differenzierung bereits in einer entsprechenden Unsicherheit im Gebrauch der Begriffe bemerkbar. Abgesehen vom Deutschen, in dem „Hexerei“ auch für „Zauberei“ gebräuchlich ist, lauten im Englischen zum Beispiel die Worte für den ersten Begriff witchcraft (wörtlich „Hexenkraft“), für den zweiten magic, sorcery, enchantment, aber eben auch witchcraft; im Französischen entsprechend sorcellerie oder magie bzw. charme, magie und wiederum sorcellerie.

Ethnologen, mit dieser unscharfen Begrifflichkeit aufgewachsen, vermochten dann auch bei den Völkern, die sie besuchten, selbst nicht immer sachgerecht mit den Phänomenen umzugehen und schrieben die Mißverständnisse gewissermaßen in ihren Berichten fest – zumal auch manchen Einheimischen, wie bei uns, die Unterschiede nicht ganz geläufig waren. In afrikanischen Gesellschaften jedoch kennen sich die Menschen darin teils heute noch sehr gut aus.

Ein Gehilfe des Hexenpriesters fällt in Trance und ruft den „Gott“ an, die bevorstehende Austreibung der Hexenkraft zu unterstützen.

Hexerei

Der Hexenglaube kommt überall auf der Welt, aber so gut wie ausnahmslos nur in seßhaften Gesellschaften vor. Es handelt sich um die Vorstellung, daß bestimmte Menschen – überwiegend Frauen – eine spezifische Kraft besitzen, die sie instandsetzt, ja dazu treibt, nachts, während sie schlafend zu Bett liegen, ihre leibunabhängige „Freiseele“ vom Körper zu lösen und auf Reisen zu schicken. Unseligerweise geschieht das allein zu verderblichen Zwecken. Hexen gelten als Urheber vieler Todesfälle, Krankheiten und materieller Einbußen. Ihr Trachten steht im Widerspruch zu allen gesellschaftlich geschätzten Werten wie Hilfsbereitschaft und Solidarität. Hexen verursachen Unfälle, entwurzeln Bäume, wüten in Wirbelstürmen, lösen entstellende Krankheiten wie Lepra und Krätze aus, machen blind, lahm, taub, stumm, impotent oder steril, indem sie die entsprechenden Organe „auffressen“ oder Frauen die Gebärmutter im Leib herumdrehen. Sie verführen zu Diebstahl, Verschwendung und Trunksucht. Mit anderen Worten: Jedes unerklärliche Unglück geht auf ihr Konto.

Dabei fehlt Hexen – im Gegensatz zu den Zauberern – meist ein verständliches Motiv für ihre Untaten. In den seltensten Fällen töten oder schädigen sie Personen, die ihnen übel mitgespielt haben. Sie attackieren vornehmlich Blutsverwandte, darunter selbst die eigene Nachkommenschaft. Kein Wunder, daß Hexerei Schrecken verbreitet! Gefürchteter noch als weibliche sind männliche Hexen. Diesen gelingt es allerdings häufig, ihre Schadenskraft unter Kontrolle zu bringen, ja sogar ins Positive zu wenden und andere Hexen zu stellen und unschädlich zu machen. Voraussetzung dafür ist, ihnen die Hexenkraft auszutreiben.

Diese besondere Kraft kann gegen den ausdrücklichen Willen und ohne sein Wissen von jemandem Besitz ergreifen. Immer jedoch bringt sie den Betreffenden dazu, gegen seine menschliche Natur zu handeln, verwandelt ihn in ein gefährliches, die Gemeinschaft im Kern attackierendes Wesen. Sein zerstörerisches Wirken weist ihn als Vertreter der Unwelt aus: als Un-Menschen, ja Ungeheuer. Früher wurde eine entlarvte Hexe verbrannt, erdrosselt (um die Erde nicht mit ihrem Blut zu verunreinigen) oder mit einer brennenden Fackel aus dem Dorf verjagt.

Eine Hexe, die ihr Ende nahen fühlt, vermag ihre Hexenkraft auf jeden beliebigen Gegenstand zu übertragen beziehungsweise in einem Topf, einer Kalebasse, Muschelschale, Perle oder Münze, einem

Amulett oder Tuch zu verschließen. Derjenige ihrer Nachkommen, der das Behältnis erbt, gelangt in den Besitz der Hexenkraft. Daneben gibt es noch zahlreiche andere Möglichkeiten ihres Erwerbs. Manch einer findet sie, indem er vielleicht unbedacht eine Münze vom Boden aufhebt, ein anderer nimmt sie mit einer Mahlzeit in sich auf, während ein dritter sie mit voller Absicht zu gewinnen sucht.

Nicht jede Hexenkraft ist gleich stark. Am schrecklichsten wirkt sie bei jenen Hexen, die sie bereits im Mutterleib empfangen, das heißt bereits „böse" zur Welt kommen. In ihrem Fall gelingt es nur selten, ihnen die Kraft auszutreiben. Die Asante sagen: „Mit ihnen ist es so, als wolle man ein lebendes Huhn rupfen, kaum hat man ihm die Federn ausgerissen, wachsen sie schon wieder nach."

Die Hexenkraft macht es ihrem Besitzer möglich, sich gleichsam in zwei Naturen zu spalten. Des nachts, wenn die eine, der Leib, schlafend darniederliegt, entschlüpft ihm die andere als Hexe, um im Dunkeln ihr Unwesen zu treiben. Die Hexenseele fällt, in Form eines Feuerballs, wie die Gonja in Ghana meinen, meist jedoch in Tiergestalt oder in Begleitung bestimmter nachtaktiver Tiere, wie etwa Eulen und Hyänen nach dem Glauben der Kaguru in Tansania, über andere Schlafende her und saugt ihnen Zug um Zug die Lebenskraft (die Vitalseele) aus. Das kann über Tage, manchmal Wochen, ja Monate hin geschehen. Äußerlich erkennt man das am plötzlich einsetzenden Siechtum der Opfer.

Hexen haben nicht nur ihre Aktivität, sondern auch Erscheinung und Verhalten wie auf den Kopf gestellt. Alles an ihnen ist „verkehrt": Sie gehen nachts um wie die Geister, laufen mit den Beinen nach oben, können aber auch fliegen. Dann versammeln sie sich, Nachtvögeln gleich, auf hohen Bäumen, aus deren Geäst ihre Augen rot hervorleuchten. Sie sind nackt, tun sich gütlich an Menschenfleisch und verkehren während ihrer orgiastischen Ausschweifungen mit Tieren.

Meist einmal im Jahr pflegen sich die Hexen auch an einem bestimmten Ort, etwa auf einem Berg, zu versammeln, Menschen, bevorzugt Kinder, zu opfern, ihr Fleisch zu verzehren und sich anschließend orgiastischen Tanzgelagen hinzugeben.

Besonders ausgeprägt ist diese Vorstellung bei den Asante. Dort kommen die Hexen zum „Hexensabbat" am Dorfrand zusammen. In der Organisation allerdings halten sie sich an das gesellschaftliche Vorbild: Sie bilden kooperative Zusammenschlüsse mit derselben Rangordnung, wie sie auch das politische Leben bestimmt. An der Spitze ihrer „Antigesellschaft" stehen Könige und „Königinmütter", denen Älteste, „Sprecher", Scharfrichter, Boten, Metzger, Köche, also alle Amtsträger, die sich auch bei Hofe finden, unterstehen. In die führenden Positionen können durchaus auch Frauen aufsteigen, vorausgesetzt, daß sie über eine besonders mächtige Hexenkraft gebieten, die es ihnen ermöglicht, sich nachts in imposante Männer mit wallenden Bärten zu verwandeln. Auch ihr „Freizeitverhalten" hat viel mit der übrigen Dorfbevölkerung gemeinsam: Sie schätzen reiche Mahlzeiten mit viel Fleisch, frönen auch

Der Assistent des Hexenpriesters, auch „witchdoctor" genannt, tanzt sich vor den Trommeln weiter in Trance. Bei der Versenkung in die Trance sind die Trommeln ein wichtiges Instrument, da durch ihren Rhythmus die Trance gelenkt wird.

Der Gehilfe des Hexenpriesters tanzt gänzlich seiner Versenkung hingegeben. Als Zeichen seiner rituellen Reinheit bestäubt er sich über und über mit weißer Tonerde. Die Kraft der Hexen, ihre „Freiseele“ nachts vom Körper zu lösen und auf Reisen zu schicken, dient nur zu verderblichen Zwecken. Sie gelten als Urheber vieler Todesfälle, Krankheiten und materieller Einbußen.

anderen „fleischlichen“ Genüssen und sind begeisterte Tänzer und Fußballspieler – nur benutzen sie dazu einen Menschenschädel!

Immer, wenn auch im Dorf gefeiert wird, laden sie zum Bankett. Jedesmal stellt eine andere das Opfer-“Tier“, das zum Fest gemeinsam verspeist wird. In der Regel handelt es sich um das eigene Kind oder sonst einen Angehörigen aus der engsten Verwandtschaft. Die Hexen saugen ihm die „Seele“ aus, verwandeln sie in ein Schaf und binden „das Tier“ an einem Pflock oder Baum fest. Daraufhin erkrankt der Beraubte, fühlt sich schwach und elend. In diesem Stadium ist noch Rettung möglich, falls es einem Spezialisten gelingt, die „Seele“ unversehrt zurückzuholen. Haben die Hexen jedoch bereits ein „Stück Fleisch“ verzehrt, kann der Geschädigte zwar genesen, doch der betroffene Körperteil bleibt zeitlebens funktionsunfähig. Das Opfer behält zum Beispiel ein steifes Bein oder einen kraftlosen Arm. Wurden Penis oder Gebärmutter „aufgefressen“, sind Impotenz und Unfruchtbarkeit die Folge. In dem Augenblick aber, in dem das „Opferschaf“ zerteilt, das Fleisch nach genau festgelegten Regeln verteilt und verspeist ist, tritt unwiderruflich der Tod des betreffenden Menschen ein.

Diese Hexen besitzen wie die Dorfgemeinschaft einen gemeinsamen Schrein – meist in Form eines vom vielen Blut schwarz gefärbten Topfes. Dieser gilt als Unterpfand ihres Bestehens als Gruppe und wird im dichten Geäst eines hohen Baumes verborgen oder zwischen seinen Wurzeln vergraben. Geht der Schrein verloren oder wird entdeckt, zerbricht ihre Gemeinschaft. Auch die „persönliche“ Hexenkraft ist in nahe am Körper getragenen Gegenständen oder schwarzen Töpfen enthalten. Den Hexen stehen außerdem eine Vielzahl von „Hilfsgeistern“ in Tiergestalt zu Diensten, meist Schlangen, Raubtiere und Nachtvögel, auf denen sie reiten oder fliegen und die sie vor Entdeckung bewahren.

Zu Beginn der Zeremonie zur Austreibung der Hexenkräfte sinken die drei befallenen Frauen neben dem sogenannten Hexenhügel, einer Anhäufung von magischen Steinen, auf den Boden.

Der Hexenpriester oder auch „witchdoctor“ tritt auf. Als Kampfansage an die Hexen sticht er auf seinem Weg zum Tanzplatz mit einem Messer in die Luft und streut weißes Kreidepulver vor sich.

Der Priester ist bereit, den Kampf mit den Unheilsmächten aufzunehmen. Da Hexen meist ohne Motiv Unheil zufügen, ist die Angst vor ihnen groß und die Austreibung dieser Mächte auch für die engsten Angehörigen besonders wichtig.

Zwar können nur Hexen einander erkennen, doch gibt es immer auch gewisse äußere Anzeichen, die sie verraten. Verdacht erwecken zum Beispiel starke Behaarung, vor allem am Kinn, Zahnlücken und gerötete Augen. Davon sind besonders ältere Frauen nach Einsetzen der Menopause betroffen. Mißtrauen löst ferner auch die Vorliebe für bestimmte Speisen aus, darunter vor allem die rote Palmölsuppe, ein für Westafrika typisches Gericht. Auch Wortkargheit, Verschlossenheit und Stottern, ja generell ungeselliges, eigenbrötlerisches Verhalten bilden sichere Hinweise. Neben derart Randständigen oder Außenseitern kann jedoch auch Verdacht erwecken, wer plötzlich und aus scheinbar unerfindlichen Gründen, sozusagen aus „eigener Kraft“ sozial oder gesellschaftlich zu Erfolg kommt. Zeigt er sich seinen Angehörigen gegenüber als großzügig, so daß sein Vermögen wieder sichtlich zusammenschmilzt, schwindet damit auch der Argwohn dahin. Sucht er aber sein Geld zusammenzuhalten, verfestigt sich der Verdacht. Insgeheim ist man sich einig über seine Hexennatur und macht ihn fortan für Todesfälle in der Familie verantwortlich. Er oder sie „opferte“ Angehörige für eigene Zwecke, erwarb also Reichtum letztlich auf ihre Kosten. Daher rührt das Asante-Sprichwort: „Wo Reichtum ist, ist immer auch Tod.“

Auch ihre Kraft vererbt sich auf andere als die übliche Weise: Herrscht Patrilinearität, geht sie unmittelbar von den Müttern auf die Töchter über. Manchmal tritt Hexerei, gleich einer Erbkrankheit, in einzelnen Familien oder Sippen gehäuft auf. Da Hexen ihr Unwesen jedoch ohne ihr Tagwissen, also eigentlich unwillentlich treiben, kann es vorkommen, daß eine verdächtigte Frau aufgrund gewisser „Indizien“ schließlich selbst die Überzeugung gewinnt, eine Hexe zu sein.

Nicht jedermann freilich ist imstande, sie als solche zu identifizieren. Dazu bedarf es entweder erfahrener Wahrsager, die die Orakel befragen, sobald jemand auf die verdächtige Weise erkrankt, oder sogenannter „Hexendoktoren“, die mutmaßliche Hexen nicht nur auf geradezu kriminalistische Weise zu entlarven verstehen, sondern auch das erforderliche ärztliche Wissen besitzen, ihre Opfer wieder zu heilen. In selteneren Fällen, wie bei den Nupe im Norden Nigerias, kann die Hexenjagd auch Aufgabe einer Männer-Geheimgesellschaft sein. Bringt jedoch letztlich nichts Gewißheit, kann man nur abwarten, bis die Verdächtigte stirbt. Dann nämlich wird ihr Leichnam obduziert. Stößt man dabei auf gewisse „Substanzen“ im Darmbereich oder auffällige innere Wucherungen, darf man den Verdacht als bestätigt betrachten. Die Abnormalität prägt sich, nur äußerlich nicht erkennbar, auch im Organismus ab.

Die Hexerei stellt ein bis heute nicht zufriedenstellend erklärtes Phänomen dar. Insbesondere ganz bestimmte Einzelzüge, wie die jährlichen Orgien mit Kinderopfern und kannibalischen Mahlen, geben der Forschung Rätsel auf, da diese Vorstellungen weltweit, wenn auch nicht durchgehend verbreitet sind, ohne daß ein historischer Zusammenhang wahrscheinlich, geschweige denn nachweisbar wäre.

Magie

Leichter zugänglich ist demgegenüber die Magie, da es sich hier nicht um eine besondere, angeborene Veranlagung handelt, sondern eine prinzipiell für jeden erlernbare „Technik", mit Kräften umzugehen, die im Unterschied zur Hexerei zum Guten wie zum Bösen nutzbar sind.

Die Zeremonie hat an Intensität zugenommen: in wilder Ekstase hat der Priester einem Hahn den Kopf abgebissen und tanzt nun mit diesem im Mund weiter.

Der Priester lauscht wieder den Trommeln, die ihn tiefer in die Trance versenken, so daß ihm die Gottheit die weitere Vorgehensweise vermitteln kann.

Derartige Kräfte können in Mineralien, Felsgruppen, in Pflanzen, Tieren wie Menschen, also eigentlich überall in der Natur enthalten sein. Sie sind an sich weder „gut" noch „böse", lediglich stärker oder schwächer und lassen sich nach Wunsch aktivieren, indem man sie richtig zusammenstellt, den richtigen Ort wählt und die richtigen Besprechungen durchführt. Aus unpersönlichen Kräften werden so „Zaubermittel" oder „Medizinen" unterschiedlicher Art und Intensität. Wenn diese Kräfte in Gegenstände – Töpfe, Figuren, Hörner, Flaschen u.ä. – eingeschlossen und gar mit Blutopfern zum Leben erweckt werden, gewinnen sie an Wirkkraft und können magisch genutzt werden. Allerdings müssen Zaubermittel in regelmäßigen Abständen aufgefrischt, das heißt gegen noch unverbrauchte ausgetauscht werden.

Jede „Medizin", jedes „Zaubermittel" besitzt seine bestimmten Verwendungsbestimmungen. Verletzt man sie, wird ihre Wirkung geschmälert oder vollends zunichte gemacht. Das entsprechende Wissen, die Rezepturen und Mittel werden in den Familien vom Vater auf den Sohn vererbt. Viele „Zauber" lassen sich aber auch käuflich erwerben. Ein solcher Schritt bedarf jedoch reiflicher Überlegung, da Fehler bei der Verwendung sich gegen den Besitzer kehren. Dieser „erkauft" die gewünschte Unterstützung oft mit anderweitigen Nachteilen: Hilfsmittel, die Reichtum und Erfolg versprechen, können sich negativ auf den Kindersegen auswirken oder sonstwie von schädigendem Einfluß sein.

Ein Erfolg setzt darüber hinaus bei dem Durchführenden bestimmte Bedingungen, wie ein bestimmtes Maß an Konzentrationskraft, voraus. Größere Anstrengungen, auch der Sexualverkehr, werden daher vor dem magischen Akt gemieden. Positiv kann man sich zusätzlich noch durch den Genuß besonders krafthaltiger Speisen, Getränke oder „Medizinen" stärken. Auch die Mittel, die eingesetzt werden, sollten möglichst wirkmächtig sein – wie der eigene Blick zum Beispiel, gewisse bewährte Formeln und Lieder, kraftträchtige Organe von Tieren, Menschenknochen oder ein „Fetisch". Nicht minder kommt es auf die Wahl geeigneter Orte und Zeiten an. Stätten, die Passagen zur Unter- oder Oberwelt darstellen und denen Kraft aus dem Jenseits zuströmt, wie Höhlen, Quellen, Kreuzungen, Heiligtümer oder Bergspitzen, ebenso Übergangszeiten, wie Sonnenaufgang, Mitternacht oder Neujahr, an denen sich das Diesseits gleichsam um einen Spaltbreit zum Jenseits hin auftut, können magischen Handlungen gleichsam zusätzliche Schubkraft verleihen.

Generell lassen sich zwei Haupttypen magischen Handelns unterscheiden: die Kontaktmagie und die Analogie- oder Bildmagie. Bei ersterer geht es um Einflußnahmen durch unmittelbare und mittelbare, das heißt durch Trägerstoffe „übertragene" Berührung, also etwa durch Handauflegen, Anblicken und Zurufen, Salben, Einreiben, Impfen mit bestimmten Substanzen oder durch ihren Verzehr. Hinzu kommt die zauberische Einwirkung auf Namen (die an der Persönlichkeit teilhaben) sowie auf Stoffe und Dinge, die Vitalkraft dessen enthalten, auf den man Einfluß nehmen will. Das können Fetzen eines Kleidungsstücks sein, das er lange getragen, oder ein Werkzeug, das er

oft in der Hand gehalten hat und die beide daher Schweiß (einen sozusagen „hochprozentigen" Lebenskraftträger) von ihm enthalten. Derartige „Seelenstoffträger" werden dann, nachdem sie magisch „besprochen" oder sonstwie „behandelt" wurden, möglichst unbemerkt wieder in die Nähe des Betreffenden gebracht, damit der Zauber seine Wirkung tun kann.

Analogiemagie dagegen dient zur Einflußnahme über größere Distanzen hinweg: Man deutet an oder stellt mimisch dar, was man bewirken will. Das bekannteste Beispiel dafür liefern die sogenannten „Defixionspuppen", Abbilder desjenigen, den man zu schädigen beabsichtigt und denen man dazu etwa eine Nadel in die Herzgegend sticht oder den Kopf abschlägt. Unerläßliche Voraussetzung dabei ist, daß man sich während der Handlung fest auf den Betreffenden konzentriert und so die Verbindung zu ihm, über die sich der Zauber gewissermaßen geschoßgleich bewegen wird, in Gedanken herstellt. Entsprechende Formeln treten oft stützend hinzu, die das Gewünschte auch noch einmal verbal zum Ausdruck bringen.

Schadenszauber ist besonders gefürchtet. Erlangt jemand Kenntnis davon, daß ein anderer ihm Böses wünscht, plagen ihn ungute Gedanken und Gefühle, er schläft schlecht, wird vielleicht sogar krank.

Ein Zauber läßt sich auch als Gegenzauber verwenden, als Abwehr eines anderen, zu guten wie zu bösen Zwecken nutzen. Entscheidend für den Vorgang ist die gehegte Absicht; die Kraft selbst bleibt an sich „neutral". Allen magischen Akten liegen dabei bestimmte elementare Handlungsprinzipien zugrunde. Sie laufen im wesentlichen auf vier Intentionen hinaus: die Absicht zu binden (zu verknüpfen, zu bannen), wie etwa bei Hochzeitsritualen; zu trennen (bzw. zu lösen), indem man etwas symbolisch durchschneidet, Verschlossenes öffnet, eine Linie kreuzt oder über jemanden (meist im Schlaf) hinwegschreitet; die Absicht zu stärken, etwa das Wachstum, die Gesundheit, die Fruchtbarkeit von Pflanzen, Tieren und Menschen; sowie schließlich auch zu schwächen beziehungsweise zu zerstören, beispielsweise durch den „Bösen Blick", der krank machen kann, durch einen Fluch oder indem man einen Gegenstand aus jemandes Besitz in einen Fluß wirft, der ihn für immer davonträgt und das Opfer so um einen Teil seiner Gesundheit bringt, im Extremfall auch durch Todeszauber.

Erst wenn die Hexengeister besiegt sind, bricht der Hexenpriester erschöpft zusammen. Drei Männer müssen ihn ins Heiligtum tragen, wo er nur langsam wieder zu sich kommt.

Schwache Menschen – neben Kindern etwa auch Kranke – besitzen geringe, Oberhäupter und Könige maximale Zauberkraft, die sie freilich nur zum Wohle der Ihren einsetzen sollten. Darum eröffnen sie beispielsweise auch wichtige Gemeinschaftsrituale, z. B. bei Aussaat und Ernte. Starke Menschen von üblem Charakter dagegen stellen eine Gefahr für die Gesellschaft dar, da ihr Neid und Haß sie dazu treibt, anderen Schaden zuzufügen – nicht offen, denn das bekäme ihnen schlecht, sondern verdeckt, auf magische Weise. Werden sie entlarvt, kann ihnen die Todesstrafe drohen – nicht anders als auch in Europa nach Artikel 109 der „Peinlichen Gerichtsordnung Kaiser Karls V. von 1532", die bis Ende des 18. Jahrhunderts zumindest formelle Gültigkeit behielt. Nähme Schadenszauberei überhand, wäre die Existenzfähigkeit einer jeden Gesellschaft bedroht.

Mahama Samyine, Wahrsager aus dem Dorf Sombo, verkauft auch Hexenkraft. Er wirft zwei Kaurischnecken in eine mit Wasser gefüllte Kalebassenschale, um zu sehen, ob er diese Kraft an den Klienten verkaufen darf. Rechts neben der Schale liegt ein Fetischbeutel mit ungewissem Inhalt, auf dem immer wieder Blut geopfert wird.

Zum Beweis, daß er die Hexenkraft besitzt, spricht Mahama eine magische Formel und legt das Huhn dann auf den Fetischbeutel. In etwa drei Minuten verendet das Huhn ohne erkennbare äußere Gewaltanwendung: Die Kraft des Zauberers hat ihm das Blut entzogen.

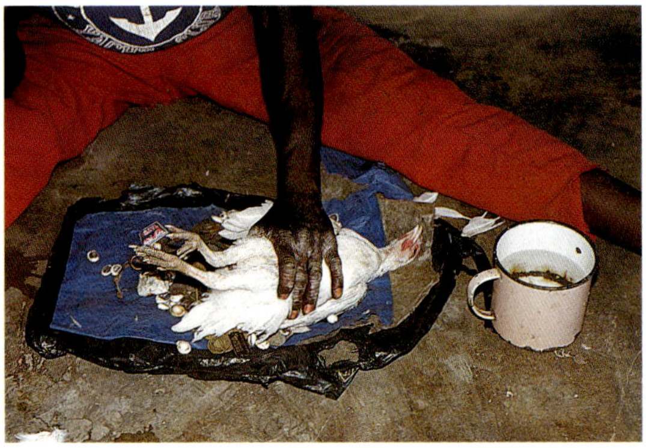

Mahama verkauft weiße und schwarze Hexenkraft. Das meiste Klientel kommt für die schwarze Kraft, um anderen Schaden zuzufügen, und nicht so sehr, um sich selber zu schützen.

Mahama greift nach dem Huhn, um ihm die Kehle aufzuschneiden.

Verkauf magischer Mittel

Besondere magische Kräfte sagt man oft gerade den „Hinterwäldlern" nach, so im weiter entwickelten Süden Ghanas den eher „rückständigen" Bewohnern der nördlichen Landesteile. Viele, die Probleme haben, suchen bei diesen Leuten Rat und Hilfe.

Ein „Zauberer", der zahlreiche Klienten aus dem Süden hat, ist Mahama Samyine, der in einem Dorf in der Nähe der Stadt Wa lebt. Er gehört zur Gruppe der Dagarti, die im äußersten Nordwesten beheimatet ist. Mahama ist nur „nebenberuflich" als Wahrsager tätig, hat sich jedoch gleichzeitig auch den Ruf eines mächtigen „Zauberers" oder „Ju-ju-Mannes" (vom französischen joujou, „Spielzeug") erworben, der sowohl mit Weißer wie mit Schwarzer Magie umzugehen weiß. Zum symbolischen Preis von drei Kaurischnecken oder drei Cedis (ghanaische Münzeinheit) und einer Flasche Gin überläßt er Zaubermittel allen, die ihn darum ersuchen. Jedes Mittel hat seinen festen Preis. Wer mehr oder weniger gibt, schmälert dadurch seine Wirkkraft. Und, so paradox es erscheinen mag, gerade besonders mächtige Zauber lassen sich oft für einen relativ geringen Betrag erwerben.

Die Besucher aus dem Süden Ghanas sind besonders an Mitteln interessiert, die es ihnen erlauben, sich sowohl gegen Widersacher zur Wehr zu setzen als auch ihnen selbst Schaden zuzufügen. Mahama heilt jedoch auch. Vor allem behandelt er durch Zauberei oder Hexerei verursachte Leiden, ja verfügt auch über prophylaktisch wirkende Mittel, die allerdings teurer als seine anderen „Medizinen" sind. Der Klient muß in diesem Fall noch zusätzlich für Opfergaben, darunter eine schwarze Henne und einen schwarzen Widder, aufkommen. Trotz dieses Aufwands suchen immer mehr Menschen seine Hilfe. Der Erfolg zeigt Wirkung: Zunehmend besser als die Wahrsagerei floriert Mahamas Handel mit Zaubermitteln.

Nicht nur im Norden Ghanas blüht der Handel mit Zaubermitteln. Versierte Zauberer wachsen auch unter der kleinen Gruppe der Nzima, die im Süden Ghanas bis in die Elfenbeinküste siedeln, heran. Wie anders hätte einer der ihren auch derart mächtig werden können! Kwame Nkrumah wurde der erste Premierminister und der spätere Präsident von Ghana (bis 1966). Auch die Nzima handeln mit Zaubermitteln.

Mahama schneidet dem toten Huhn die Kehle auf und zeigt, daß praktisch kein Tropfen Blut mehr fließt. Dieser Mangel an Blut beweist, daß die Zauber- oder Hexenkaft dem Huhn auf der Astralebene, also einer uns unsichtbaren, das Blut ausgesaugt hat, woraufhin es dann verendete. Hexen agieren im allgemeinen auf dieser Astralebene. Sterben oder erkranken Menschen, so kann eine Hexe ihnen auf dieser Ebene Blut abgesaugt oder ein Organ aufgefressen haben.

Germain, der Zauberer

In den Städten hat sich mit der Lebensform auch die magische Praxis verändert: Beide sind vielfältiger und differenzierter geworden. In Großstädten wie Cotonou (Benin) mit seinen etwa 600 000 Einwohnern und unüberschaubaren Strukturen grassiert geradezu die Furcht vor Schwarzmagie. Um sich zu schützen, Feinden eins auszuwischen, Glück und Erfolg in der Liebe, im Beruf oder in der Schule zu erlangen, sind viele bereit, große Teile ihres Vermögens zu opfern.

Dafür ist Germain Bamenou die erste Adresse. Tagsüber tätig als Schnitzer von „Airport-Art" – Holzarbeiten, die leichtgläubigen Touristen als „traditionelle Kunst" feilgeboten werden – verwandelt er sich nach Einbruch der Dämmerung in einen Zauberer (bokonon). Zu seinen Dienstleistungen zählen der Schutz vor Hexenangriffen und Schadensmagie wie die Behandlung von Hämorrhoiden und Unfruchtbarkeit bei Frauen. Um sich sein medizinisches Zubehör

Voraussetzung für das Gelingen eines Zaubers ist das Aussprechen der richtigen magischen Formel – ohne sie bliebe die Handlung wirkungslos. Hier bespricht der Zauberer Germain einen skelettierten Hundeschädel, in den er verschiedene Kräuter, Baumrinden und zerstoßene Tierknochen gestopft hat.

Das Umschnüren des Hundeschädels entspricht dem sogenannten „Nestelzauber". Germain versucht damit, den Schuldner seines Klienten zu „binden". Der Hund wird genommen, weil er ein schnelles Tier ist und so den Schuldner besser jagen kann.

Germain stellt den Schädel in die Türöffnung: Der „Hund" kann Witterung aufnehmen und „die Jagd" auf den Schuldner bald beginnen.

Germain läßt Hühnerblut auf den Hundeschädel tropfen, um den Zauber zu aktivieren. Auch eine Ziege wird noch zu diesem Zweck geschlachtet.

– Tierschädel und -krallen, Vogelklauen, Schlangen, eine Vielzahl von Pflanzen und vieles mehr – zu beschaffen, braucht er heutzutage nur den großen Zaubermarkt von Cotonou zu besuchen.

Auf Wunsch treibt Germain auch Schulden ein. So im Falle eines „Geschäftsmannes", bei dessen Partner alle anderen Maßnahmen erfolglos geblieben sind. Dazu kramt Germain aus einem Lederbeutel verschiedene Kräuter, schiebt sie seinem Klienten in den Mund und reicht ihm Schnaps zum Nachspülen. Dann wirft er Kaurischnecken aus: Das Orakel soll ihm den Wahrheitsgehalt der Geschichte bestätigen und offenbaren, ob der Zauber gelingt. Ist die Antwort, wie stets, positiv ausgefallen, macht er sich ans Werk. Unterstützung liefern ihm dabei verschiedene Kraftträger („Fetische" beziehungsweise bo und bocio), deren Gunst er mit einem Gin-Trankopfer und Blut zu gewinnen sucht. Zum Abschluß des nächtlichen Rituals reicht Germain auch seinem Klienten Gin und Blut in einer schwarz verkrusteten Opferkalebasse und verspricht eine schnelle Wirkung des Zaubers. Germain geht dabei keinesfalls leer aus: Sein Klient hat nicht nur die Kosten für die Opfergaben zu tragen, er muß darüber hinaus zehn Prozent des ausstehenden Betrages an den Zauberer abführen – immer vorausgesetzt, daß der Schuldner zahlt.

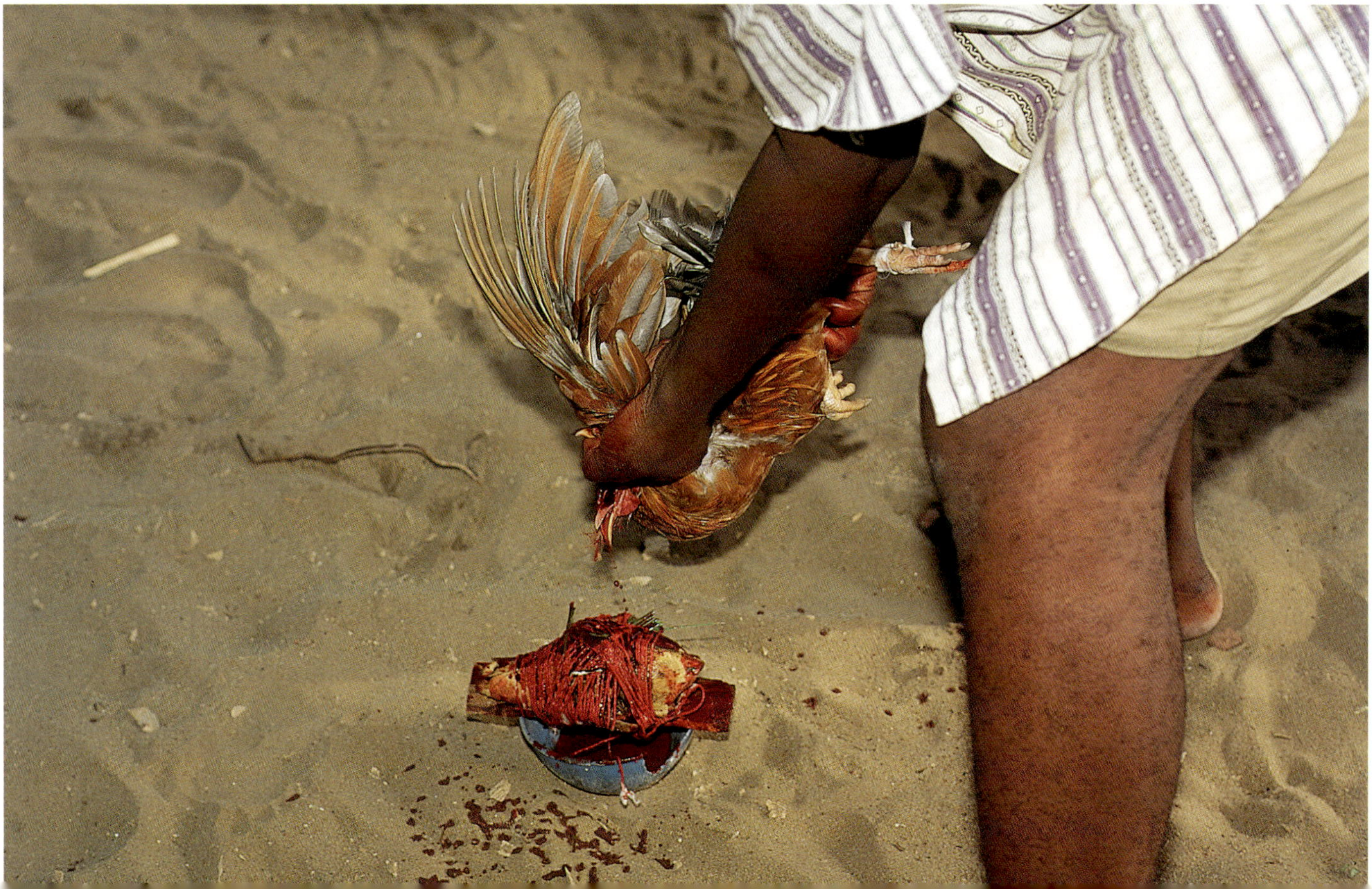

In einem Korb bewahrt Germain seine Fetische auf. Auch ihnen wird geopfert, damit sie nicht aus Neid Schaden anrichten.

Durch das vergossene Blut werden die im Hundeschädel zusammengefaßten Kräfte aktiviert: Sie jagen dem Schuldner im Traum wilde Tiere auf den Hals, die ihn hetzen und quälen. Das bringt ihn zum Nachdenken, was der Anlaß sein könnte – bis ihm sein Gläubiger einfällt. Eines Tages hält er der Quälerei nicht mehr stand und zahlt seine Schulden zurück.

Folgende Seiten: Der verhexte Hundeschädel wird dafür sorgen, daß der Schuldner nachts von Alpträumen gequält wird, in denen ihn wilde Hunde verfolgen.

Mythos von der Herkunft der Zaubermittel

Mit Perlen und Kaurischnecken reichgeschmückte „Medizinflasche" der Fon (Benin), wie sie sich häufig im Besitz von Heilern und vodun-Priestern befindet. Der Behälter hat nur sekundäre Bedeutung, entscheidend ist die magische Substanz, die er umschließt.

Eine Legba-Figur mit Augen aus Kaurischnecken. Der Legba ist ein Sohn der vodun-Hauptgottheit Mawu-Lisa. Bevor man irgendeinen anderen Gott um etwas bittet oder ihn „anspricht", muß immer zuerst der Legba „kontaktiert" werden, da er den menschlichen Bemühungen sonst in die Quere kommen könnte.

Legba, das jüngste, aber besonders begabte Kind des androgynen Schöpfergottes Mawu, gilt als der erste Zauberer. Zu jener Zeit erhielten die Götter noch keine Opfer, weshalb sie ständig hungrig waren. Aus diesem Grund schuf Legba eine Schlange, setzte sie auf den vielbenutzten Weg zum Markt und befahl ihr, die Vorübergehenden zu beißen. Anschließend forderte er: „Gib mir etwas und ich werde dich heilen." Auf diese Art und Weise führte er ein gutes Leben.

Eines Tages begegnete er einem gewitzten Menschen namens Awe, der auf die Schlange zeigte und fragte: „Was beißt denn da die Leute?" Legba antwortete: „Das ist ein bo. Wenn du mir zwei Hühner, acht Kauries und etwas Stroh bringst, zeige ich dir, wie man ihn herstellt." Awe willigte ein, woraufhin ihn Legba abseits vom Weg führte und in der Herstellung des bo unterwies. Dann sagte er ihm, er solle eine Kletterpflanze auf den Boden werfen, die sich – dank des bo – vor seinen Augen in eine Schlange verwandelte und die Leute biß. Mit dem Zauber gab er ihm auch die Medizin zur Heilung von Schlangenbissen, denn – wie es im Sprichwort heißt – „Wenn Gott dir Krankheit gibt, gibt er dir auch Medizin."

Im Laufe der Zeit erhielt Awe noch viele bo von Legba, den er immer dann zu Hilfe rief, wenn er einen Zauber für jemanden benötigte. Gemeinsam stellten die beiden dann, vor neugierigen Blicken geschützt, im Hausinnern den richtigen bo her. Legba blieb dabei eine Gottheit (vodun), Awe aber wurde zum Zauberer (bokonon), der sowohl über weiße als auch schwarze Magie gebot. Die Leute entlohnten ihn reichlich für seine Dienste.

Bald jedoch packte Awe der Hochmut, und er glaubte, sich sogar mit Mawu messen zu können. Darüber verärgert, beschloß dieser: „Die Menschen sind schlecht, und wer unter ihnen fortan Böses tut, soll sterben." So kam der Tod (ku) in die Welt, gegen den auch Awe nichts auszurichten vermochte. Er kümmerte sich zwar weiterhin um die Kranken, doch wenn der Tod kam, mußte er sich ihm beugen.

Die Menschen verdanken Legba zahlreiche Heilmittel – sei es gegen Kopfschmerzen, Koliken, Durchfälle, Lepra, Augenleiden oder Rheumatismus. Daneben lehrte er Zauber, die im Kriegsfall vor Verwundung oder auf Reisen vor Unfällen bewahren. Außer Legba gelten noch zwei weitere Gottheiten als besonders versiert in der Herstellung von Zaubermitteln: Da (in der Schlange verkörpert und dem Regenbogen verbunden, der selbst als riesiger, urzeitlicher Python aufgefaßt wird) ist spezialisiert auf Zauber, die Reichtum, Prestige und Erfolg bringen; während der Erd- und Pockengott Sakpata über eine Unmenge an Heilmitteln gebietet.

Doch erhalten die Menschen heute kaum mehr Zaubermittel von den Göttern (vodun), sondern von den Buschgeistern (aziza), denen Mawu ebenfalls entsprechende Fähigkeiten verlieh. Vor allem Jäger können ihnen begegnen und, wenn es ihnen gelingt, sich ihres Wohlwollens zu versichern, bei ihnen die Herstellung wirkungsvoller Jagdzauber erlernen. Auch bei Kinderlosigkeit wissen die Buschgeister häufig Rat, denn neben der Jagdmagie sind sie besonders mit Fruchtbarkeitszauber vertraut.

Legba-Fetische sind häufig am Rande von Dörfern zu finden, denen sie Schutz gewähren sollen. Dieser gehörnte Legba ist fast zwei Meter hoch. Die Kette um seinen Hals besteht aus Teilen von Tierschädeln. Wurde ein Legba errichtet, so mußten lange Zeit noch Menschen dafür geopfert werden. Auch unter diesem sehr alten Exemplar befinden sich noch Menschenknochen.

Der Kriegergott Koku sucht die Hexen

Am Heiligtum des Kriegergottes Koku, der gegen die Hexen kämpft, werden rund 30 mit Tüchern umwundene Kalebassen aufbewahrt, die die verschiedenen kraftträchtigen Substanzen oder „Medizinen" enthalten. Ein Anhänger Kokus „setzt" sich über eine der Kalebassen, um die darin enthaltene Kraft in sich aufzunehmen. Kokus „Krieger" tragen während der Rituale Röcke aus Raffia oder Stroh, was deutlich die „Naturverbundenheit" dieses Gottes zeigt.

Der Ewe-„Gott" Koku ist – wie das gesamte gorovodun-Pantheon – jüngeren Ursprungs. Der gorovodun-Kult fand in der Kolonialzeit unter verschiedenen ethnischen und linguistischen Gruppen an der Küste von Ghana, Togo und Benin zahlreiche Anhänger. Kultstätten für die neuen „Götter" finden sich heute in nahezu allen Ewe-Siedlungen, so auch in Gbezedzekope (Ghana).

Anders als die älteren (Natur-)Gottheiten, (voduwo bzw. trowo) sind sie mit ihren Anhängern nicht durch Familienbande verknüpft. Es sind vielmehr „Medizinkulte", die ein Handelsgut darstellen und in einer Vielzahl von Kopien existieren. Es handelt sich um „gekaufte" oder „gefesselte" Menschen (amefeflewo), also Sklaven, die ihre Besitzer als Gegenleistung für ihre Versorgung beschützen und heilen. Das Renommee dieser Kulte beruht vornehmlich auf dem Schutz vor Hexen und Schadenszauberern. Gleichwohl verpflichten sie ihre Anhänger, wie die „alten" Gottheiten, zu ganz bestimmten moralischen Verhaltensweisen.

Aufgrund der ethnischen Vielfalt der Bewohner der Ewe-Siedlungen setzen sich die Züge Kokus aus Traditionen und Vorstellungen verschiedenster Herkunft zusammen. Dabei bezieht er wie alle „Medizinkulte" seine besondere Kraft aus einer

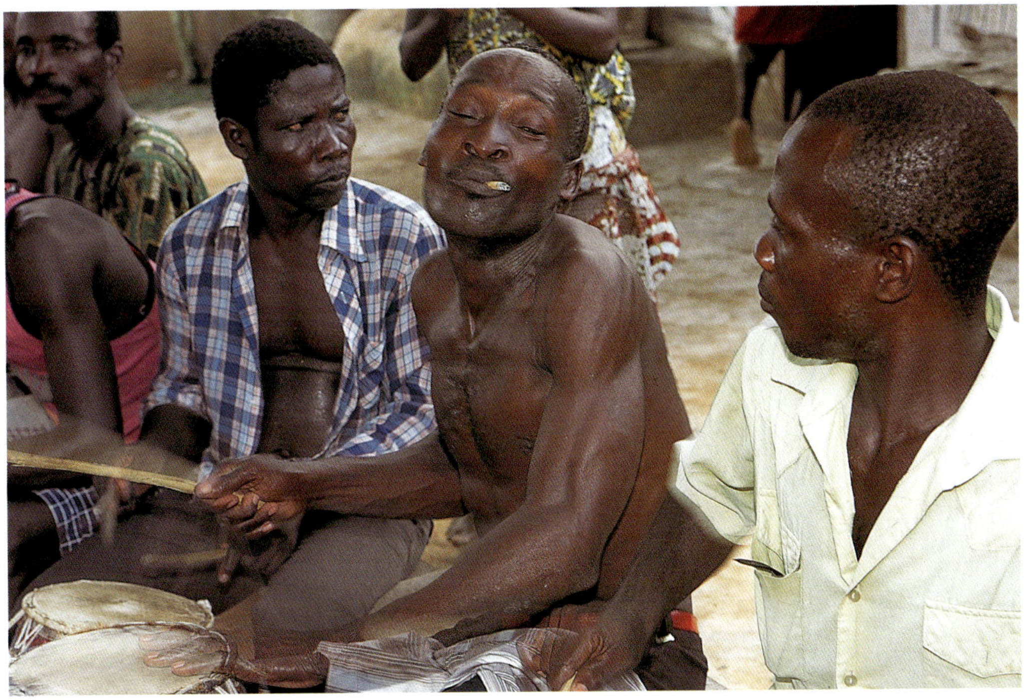

Links und unten: Im Trancezustand fügen sich Kokus Anhänger gegenseitig Verletzungen zu, womit sie ihre große Kraft und Unempfindlichkeit demonstrieren, was sie gegen die Hexen feit. Dem Kult sind immer auch Trommler angeschlossen. Sie stimulieren durch ihre Instrumente die Induktion von Trancezuständen, indem sie den Rhythmus abrupt ändern, beschleunigen oder die Lautstärke allmählich steigern.

Folgende Seiten: Kokus Anhänger entzünden Schießpulver und inhalieren den Rauch. Die Hitze des Feuers bringt ihr Blut zusätzlich in Wallung. Das Einatmen von Schießpulver dient aber auch dazu, erneut Kraft für die Zeremonie zu schöpfen.

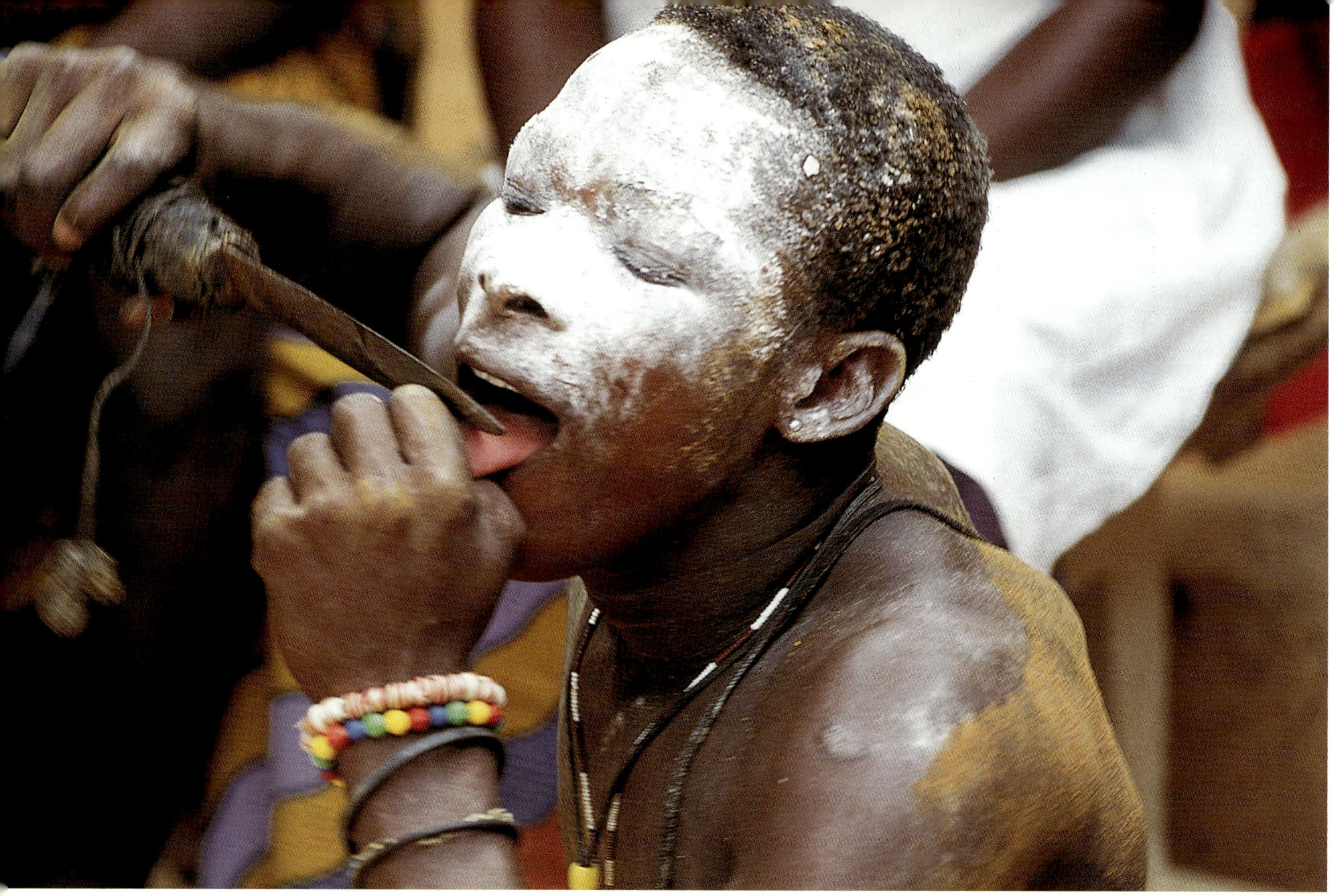

Zum Zeichen seiner Kraft schneidet sich ein Adept Kokus in die Zunge.

Zwei erschöpfte Adepten liegen nach der Zeremonie mit ausgestreckten Gliedern auf dem Boden.

Ein anderer Anhänger Kokus hängt sich mit seinen Füßen an einen Baum und imitiert damit das Verhalten der Hexen, die ihre Natur „auf den Kopf gestellt haben“. Unter ihm – und in identischer Position – hängen zwei Eulen (Hexenvögel).

Kombination von Wirkstoffen, die an ganz bestimmten Stätten gesammelt werden, häufig auf Friedhöfen. Welche der Wirkstoffe in welcher Zusammensetzung für welche Ziele eingesetzt werden, bleibt Kultgeheimnis. Um ihre „freien“ Kräfte faßbar und manipulierbar zu machen, bannt man sie wieder in bestimmte Gegenstände, die so die Bedeutung ihres „Körpers“, ihrer „Haut“ oder ihres „Hauses“ annehmen. Und da sie wie die „alten“ Götter Besessenheit auslösen können, nennt man sie großzügig ebenfalls vodun.

Koku ist ein blutrünstiger Gott. Er veranlaßt seine Anhänger, sich im Trancezustand Verletzungen mit Messern, Glasscherben oder Scheren beizubringen. Ähnlich bereiteten sich früher die Krieger auf bevorstehende Schlachten vor: Durch Einnahme von „Schutzmedizinen“ sowie das Vollführen von Drohgebärden und Kampfpantomimen versuchten sie sich in einen Zustand von Rage und unkontrollierbarer „Wildheit“ zu versetzen, um fähig zu werden, gegen jeden Feind zu bestehen. Die Gegner des „neuen Kriegsgottes“ sind indes keine Gruppenfremden; sie kommen aus den eigenen Reihen. Kokus „Rage“ richtet sich gegen Hexen und Zauberer, die vielleicht ihre Familie und ihre Nachbarn zu täuschen vermögen, nicht jedoch ihn. Ohne selbst einzugreifen, verleiht Koku seinen Anhängern die immensen Kräfte, die sie befähigen, Schwarzmagier und Hexen zu entlarven und zu bekämpfen. Vorwiegend diesem Zweck der Kräfteverleihung dienen die Zusammenkünfte seiner Kultgemeinschaft.

Die Ewe sind bekannt dafür, daß sie nicht hartnäckig an Althergebrachtem festhalten. Seit langem pflegen sie einen regen Austausch mit den nördlichen Landesteilen; theatralische Darbietungen in Kostümen, die von dort stammen, sind Teil ihrer religiösen Praxis.

Ama, die 14jährige Hexe

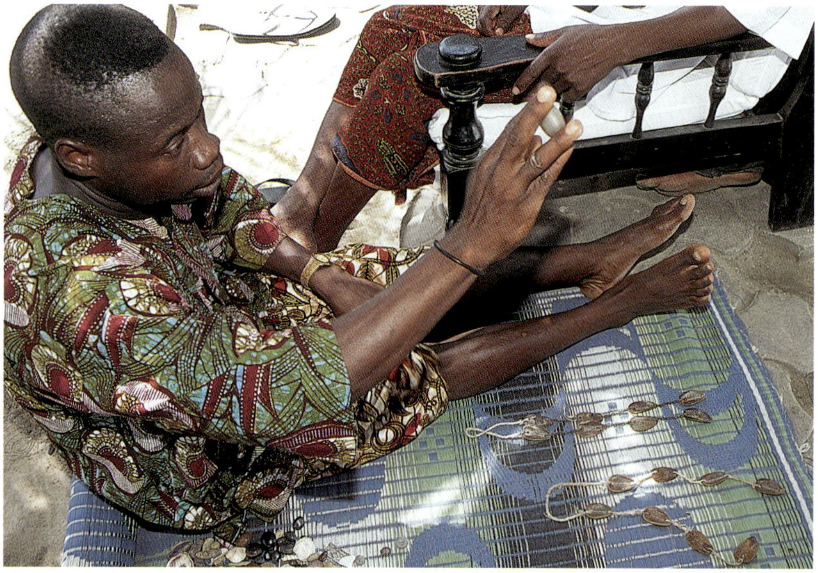

Oben: Der richtige Zeitpunkt für die ausstehende Reinigungs- und Versöhnungszeremonie wird durch das Fa-Orakel festgelegt. Dazu wirft ein Gehilfe des Priesters Kaurischnecken auf den Boden. Da die Antwort positiv ausfällt, besorgt er die notwendigen Mittel unverzüglich auf dem nahe gelegenen Markt: Kolanüsse, einen Hahn, eine Flasche Gin und einen jungen Hund.

Rechts: Die Zeremonie kann beginnen: Ein über der Erde vergossenes Trankopfer soll die Ahnen versöhnlich gegenüber dem Mädchen stimmen. Erst danach ruft der Priester seinen Gott mittels Schlagen einer Klapper herbei.

Rechte Seite: Ama, die sich selbst als Hexe bezichtigt, bietet dem Gott der Versöhnung, Alafia, eine Kolanuß. Die Kolanuß ist sakral und wird als Götterspeise angesehen.

Goro-vodun ist ein jüngerer „Medizinkult", der möglicherweise erst seit den 40er Jahren in den Ewe-Siedlungen Verbreitung fand. Heute gelten die „Medizinen" (atike) als das Eigentum eigenständig handelnder Schutzgottheiten, die es sich zur Aufgabe gesetzt haben, energisch gegen jede Art von Groll und Erbitterung vorzugehen.

Im Zentrum des goro-vodun stehen, worauf schon der Name hinweist, die geheimen Kräfte der Kolanuß (goro in der Sprache der Fon). Damit wird eine alte Tradition aufgegriffen; die stimulierend wirkenden Kolanüsse spielen im religiösen und sozialen Leben vieler westafrikanischer Gesellschaften eine wichtige Rolle. Gäste erhalten sie als Zeichen besonderer Hochachtung; Fürsten und Dorfoberhäupter zeichnen damit geschätzte Gefolgsleute aus. Früher war ihr Konsum eingeschränkt; sie zählten zu den Luxusgütern, die nur als rituelle Gabe, etwa bei Namengebungszeremonien, Hochzeiten und Beerdigungen, Verwendung fanden. Noch immer stehen die Nüsse für Verbundenheit und Freundschaft. Da jede Schale zwei Kerne enthält, bedeuten das Teilen und gemeinsame Verzehren einer Nuß uneingeschränkte Vetrauensbekundung. Das macht sie auch zum idealen Geschenk für die Götter – und besonders für den „Hausa-Gott" Tonou Deka Alafia.

Sein schlichtes Heiligtum (hukpa oder hukpe) steht in Ashaiman, einem Fischerort zwischen Ghanas Hauptstadt Accra und Tema, dem größten Hafen des Landes. Die Kultstätte besteht aus nicht mehr als einem kleinen, von weißen Lehmmauern eingefaßten Areal. In der Mitte befindet sich ein unscheinbarer Altar, an dem Blutopfer und Kolanüsse dargebracht werden. Alafia gilt als Gott (kpa, kpe) des Friedens und der Versöhnung. Sein derzeitiger Priester (hunon, wörtlich „Geister- oder Göttermutter", hu bedeutet außerdem Blut) Klutse Aliso Kodzo besitzt unter der ausgesprochen gemischten Stadtbevölkerung zahlreiche Anhänger. Seine Aufgaben sind vielfältiger Art: Er heilt mit Kräutern (amasi, „Medizinpflanzen"), betreibt Wahrsagerei mittels Befragen des Fa-Orakels, und verspricht Schutz vor Unglück und Hexerei. Er befreit auch geständige Hexen von ihrer Schuld,

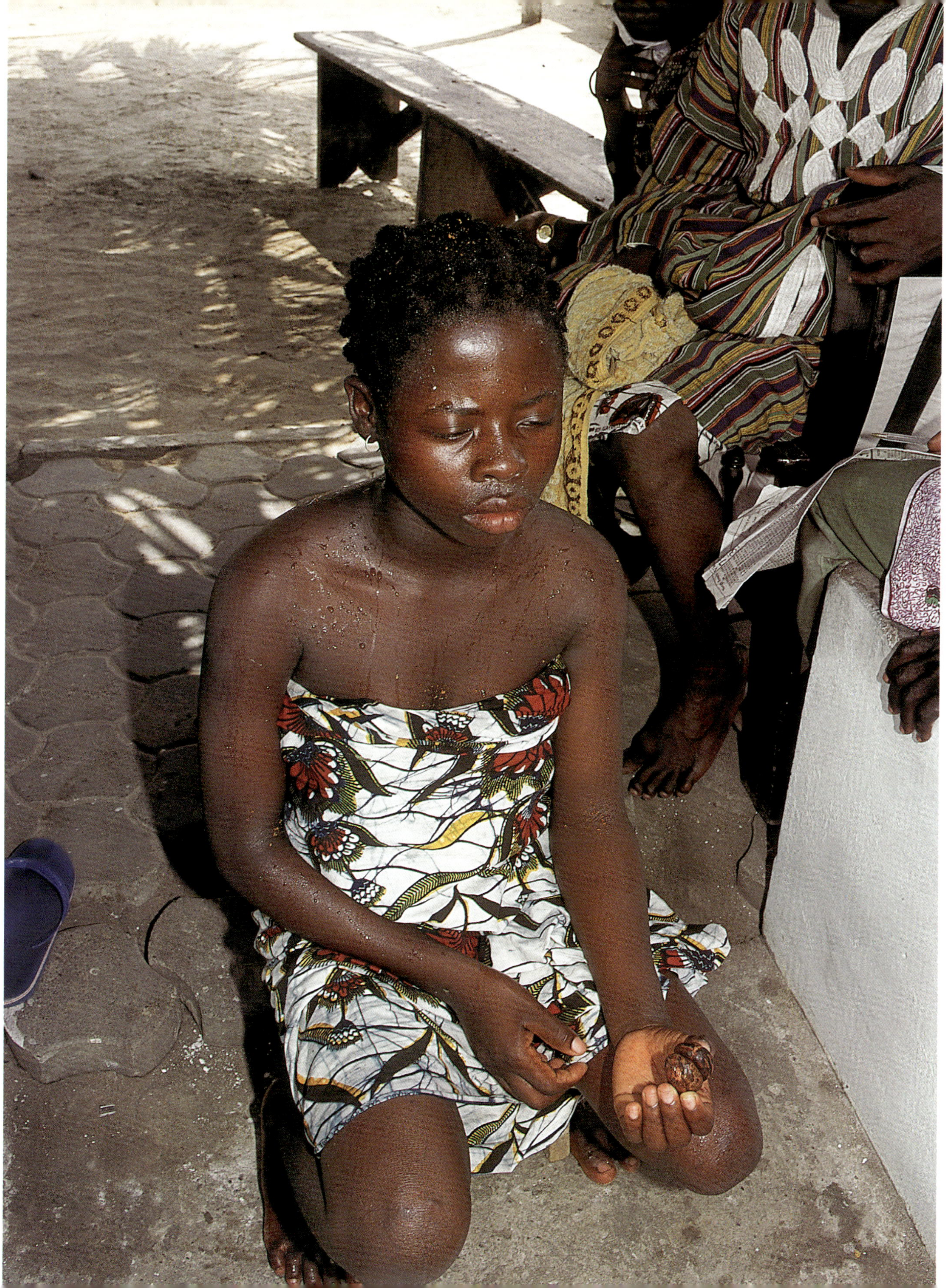

Der Priester badet und massiert das Mädchen mit verschiedenen Kräutern, die die Hexenkraft von ihm nehmen sollen.

Dem Gott wird dargebracht, was ihm Kraft und Leben verleiht. Im Falle von Alafia handelt es sich um Hunde. Dies zeigt, daß er ein „Fremdling" aus dem Norden ist; die Leute aus dem Süden und ihre Götter „essen" gewöhnlich keine Hunde. Die „Hundeseele" begibt sich gleichsam als Bote in die andere Welt, um dort um Unterstützung für die Austreibung der Hexenkraft zu bitten.

wenn sie aus eigenem Entschluß zu ihm kommen oder von ihren Angehörigen gebracht werden.

Zu letzteren gehörte auch das 14jährige Mädchen Ama. Es kam in Begleitung seiner Mutter, die es der Hexerei bezichtigt hatte. Ama legte ein schriftliches Geständnis ab: Goro-vodun ist eine Religion der öffentlichen und privaten Bekenntnisse; alles, „was man im Bauch hat", läßt sich hier abladen, womit schlechten Gefühlen, Todeswünschen und Eifersucht gleichsam der Stachel genommen wird. Amas Geständnis enthüllt nicht nur ihre Lebensgeschichte, es verrät auch ihre verborgenen Wünsche und geheimen Gedanken.

Sie bezichtigt sich darin gleich einer ganzen Reihe von Vergehen. Dazu gehören, „hexennaturgemäß", die besondere Vorliebe für Menschenfleisch und rote Palmölsuppe sowie ihre Zugehörigkeit zu einer Hexengesellschaft, die bevorzugt kleine Kinder verzehrt. Ihre Feindseligkeit zielte auf Personen ihrer Verwandtschaft, denen sie fortwährend Unglück brachte. Dabei ging es in der Regel um Geld, das heute viele Familien entzweit. Amas Groll richtete sich vor allem gegen den Vater, der ihren Berufswunsch, Schneiderin zu werden, konsequent hintertrieb. In einer Gesellschaft, in der die meisten Kleidungsstücke handgearbeitet sind, ist das Schneidern ein gediegenes Handwerk.

Ama machte aus ihrem Zorn keinen Hehl: Sie wurde aufmüpfig, beleidigte ihren Vater, kochte für ihn in „unreinem" Zustand (d. h. während der Menstruation) und wünschte, „ihm mit einem Stock die Augen zu durchbohren". Da sie sich zurückgesetzt fühlte, gönnte sie auch ihren Schwestern kein Weiterkommen: Sie verleitete sie zur Verschwendung, so daß sie ihr Geld für unnütze Dinge

Das Hundeblut wird über das Kultobjekt des Gottes gegossen, das von unzähligen Kolanüssen umringt ist.

Man begräbt den Hundekadaver in der Nähe der Kultstätte. Dabei wird der „Hundeseele" nochmals eingeschärft, daß sie fortan gut über das Mädchen zu wachen habe. Erst dann legt der Priester Kolanüsse auf das blutige Kultobjekt und opfert einen Hahn, um auch die Unheilsgeister zu beschwichtigen.

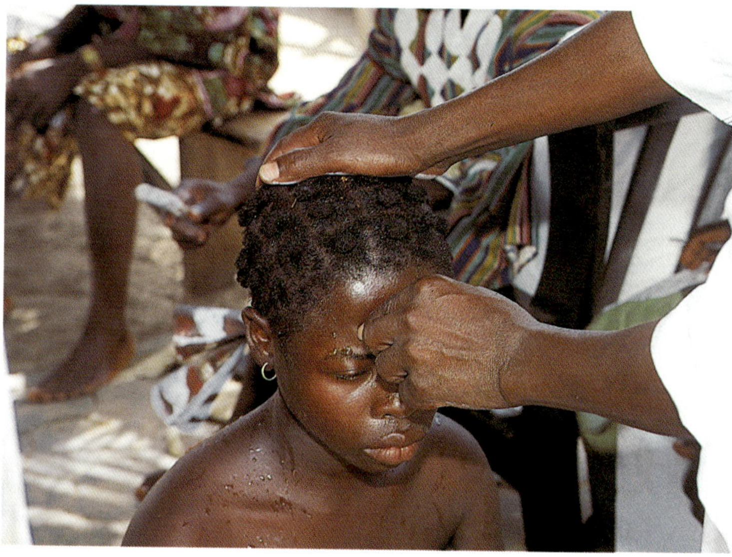

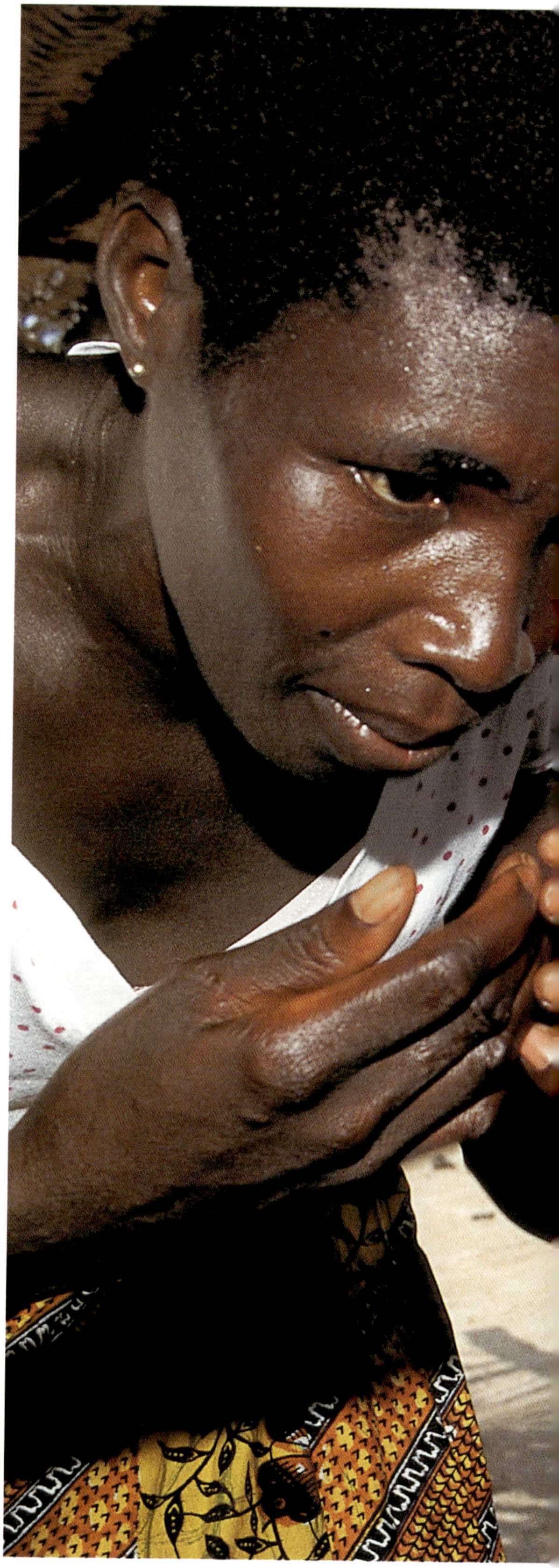

Zum Ende der Zeremonie drückt der Priester eine Nuß gegen die Stirn des Mädchens, die alle schlechten Gedanken, die in seinem Kopf sind, hinwegnehmen soll.

ausgaben, statt es gewinnbringend anzulegen. Sie selbst lieh sich wiederholt Geld aus, ohne es zurückzuzahlen. Verweigerte man es ihr, nahm sie es sich einfach. Doch stahl sie nicht nur, sie log auch, leistete Meineide und trieb sexuelle Spiele auf nackter Erde. Immer, wenn jemand vom Glück begünstigt schien, griff sie ein und vereitelte ein Geschäft oder verursachte einen Abort.

Die Wurzel allen Übels und der Antrieb für ihre Untaten war das Geld. Dort galt es anzusetzen; das Geständnis bildete den ersten Schritt dazu. Der folgende Ritus soll das Mädchen mit der Hilfe Alafias von seiner Hexenkraft befreien.

Linke Seite oben: Die Mutter des Mädchens gebietet den Hexentieren, bei denen es sich in diesem Fall um Schlangen handelt, durch die Vagina aus ihrem Körper zu weichen. Befreit von der Hexenkraft, wird sie erst von der Mutter gewaschen und anschließend vom Priester mit zerriebenen Kolanüssen abgerieben. Dann reicht er ihr eine Nuß zum Kauen und verleibt ihr damit gleichsam Alafia, den Gott des Friedens und der Versöhnung, selbst ein.

Zum Dank für die vollzogene Kur tanzen Mutter und Tochter vor dem Kolanuß-Tempel.

Fetisch – der Begriff und seine Problematik

Sogenannter „Nagelfetisch“, wie er vor allem bei den Bakongo verbreitet ist. Er wird hauptsächlich für zerstörende Rache- und Schadensmagie eingesetzt.

Rechte Seite: Drei bocios der Fon. Das Wort setzt sich aus Macht (bo) und „Kadaver“ (cios) zusammen, was verdeutlichen soll, daß die Macht hier figürlich umgesetzt wurde. Ein bocio kann sowohl für Gutes als auch Böses eingesetzt werden.

Zu den besonders problematischen Begriffen der europäischen Afrikareisenden des 19. Jahrhunderts zählt der Ausdruck „Fetisch“. Er entstammt dem Portugiesischen und bezeichnete schon lange zuvor bei Seefahrern und Kaufleuten geschnitzte Gegenstände und Figuren. Im Portugiesischen hat der Begriff feitico („ein mittels magischer Künste von einem Zauberer, feiticeiro, gefertigter Gegenstand“) eine eher neutrale Bedeutung im Sinne von „Zaubermittel“ oder „Amulett“. Durch seine Übertragung auf „primitive“, „wilde“ und vor allem afrikanische Kulturen erweiterte sich sein Bedeutungsinhalt jedoch in spezifischer Weise. Nicht alle, aber einige Ethnologen und Religionshistoriker sahen in ihm den Inbegriff für die älteste Stufe menschlich-religiöser Vorstellungsbildung: Gegenstände, die einen Geist enthielten, standen diesem Verständnis nach im Kern des „Fetischglaubens“ (oder „Fetischismus“).

Bereits 1760 veröffentlichte der französische Historiker und Parlamentspräsident Charles de Brosses (1709–1777) ein eigens diesem Thema gewidmetes Buch „Kult der Fetisch-Götter“. Unter Berufung auf die Berichte portugiesischer und französischer Seefahrer schrieb er: „Die Neger der Westküste Afrikas […] haben als Gegenstand der Anbetung bestimmte Gottheiten, die die Europäer Fetische nennen […]. Diese göttlichen Fetische sind nichts anderes als das erstbeste irdische Ding, das eine Nation oder ein einzelner willkürlich auswählt und von den Priestern weihen läßt: Es ist ein Baum, ein Berg, ein Meer, ein Stück Holz, ein Löwenschwanz, ein Kiesel, eine Muschel, Salz, ein Fisch, eine Pflanze, eine Blume, ein Tier einer bestimmten Gattung wie Kuh, Ziege, Elefant, Schaf; eigentlich alles, was man sich vorstellen kann. All das sind Gottheiten für die Neger, die ihnen einen strengen und heiligen Kult weihen, die bei ihnen schwören, ihnen Opfer bringen, sie bei Prozessionen mit sich führen (sofern sie dazu geeignet sind), sie mit großen Zeichen der Verehrung bei sich tragen und bei allen wichtigen Gelegenheiten um Rat fragen […].“ De Brosses und anderen zufolge trennt „der

Legba bocio der Fon. Ihm wohnt die Kraft der vodun-Gottheit Legba inne, der als Götterbote und Mittler immer dann eingeschaltet wird, wenn man die Götter um besondere Vergünstigungen oder Gnaden bittet. Dann erhält er immer als erster ein in der Regel kleines Opfer. Der überdimensionale Penis zeigt seine männliche Potenz.

Neger" in seiner Vorstellung den Geist nicht (oder selten) von dem sinnlichen Gegenstand; beides bildet für ihn ein Ganzes, den „Fetisch".

Begründet sah man die religiöse Verehrung dieser geheiligten Dinge in der Annahme, daß alles Unvorhergesehene in der Seele des „primitiven Menschen" Furcht und Schrecken auslöse, da er noch nicht rational zwischen Ursache und Wirkung zu scheiden vermöge und so bestimmte Gegenstände für die Verursachungsmächte halte, sie beschwöre und ihnen Opfer darbringe. Kolonialvölker wie die Afrikaner gerieten in den Ruf „dumme, amoralische Fetischisten" zu sein, die Bäume, Tiere und Steine anbeteten. Reisende, aber auch Missionare und Kolonialisten, die bestenfalls einen oberflächlichen Eindruck von den afrikanischen Kulturen gewannen, griffen den Ausdruck als ebenso nichtssagende wie bequeme Vokabel auf. So wurde „Fetischismus" kurzerhand mit Hexerei und Aberglauben gleichgesetzt, ja wahllos auf jeden Gegenstand angewandt, der auf irgendeine Weise mit magischen oder kultischen Vorstellungen und Praktiken in Verbindung zu stehen schien, mochte es sich dabei um die Plastik eines Kulturheroen oder eine königliche Insignie, eine Ahnenstatue oder ein Wahrsagegerät handeln. Im gleichen Zug wurden dann auch die „Eingeborenen" gleichsam mitfetischisiert – man sprach von „Fetischhütten", „Fetischdiensten", „Fetischpriestern", „Fetischzeremonien", „Fetischleuten", „Schutzfetischen" und vielem ähnlichen mehr. Die „Geschichte des Fetischs" schöpft aus einem krassen Mißverständnis seitens der abendländischen Zivilisationen; in der neueren ethnologischen und religionswissenschaftlichen Literatur wird der Begriff tunlichst gemieden. Er gilt dabei nicht nur als veraltet, sondern geradezu als anstößig.

Zu den bekanntesten Objekten, die von den Europäern als „Fetische" bezeichnet wurden, gehören die an der Loango-Küste und am unteren Kongo verbreiteten nkisi, sogenannte „Nagelfetische", sowie eine Reihe von Gegenständen und Figuren der Fon im heutigen südlichen Benin.

Typisch für die Bevölkerung der letzteren Region ist der Glaube an die vodun, geheimnisvolle Mächte, die das Geschehen in der Welt und die Geschicke der Menschen lenken. Ihre Kraft wohnt in den „Wächterfiguren" (bocio), die den Menschen Beistand gewähren, Vitalität verleihen und Veränderungen bewirken können. Abbilder oder Symbole der „Götter" (vodun) sind sie jedoch nicht; sie stehen nur in enger Verbindung mit ihnen, sind Konzentrationsstätten ihrer Kraft und insofern auch elementarer Bestand der Lebens- und Naturanschauung. Man verspricht sich von ihnen Heilung und Hilfe in Not, erhofft sich die Erfüllung sehnlicher Wünsche. Insofern leisten sie ihren Beitrag zur Bewältigung vieler ernsthafter Probleme, sind Gegenstand von Hoffnung und Zuversicht – wie die Heiligen europäisch-ländlicher Bevölkerungen.

Ganz links: Kpobla bocio der Fon, die den Feind blockieren sollen. Diese Funktion wird durch die Fesseln und Schlösser an den Figuren symbolisiert.

Links: Eine Ewe-Darstellung der Wassergöttin Mami Wata, deren Vorliebe für Schmuck und schöne Dinge auch an dem der Figur umgehängten Schmuck zu ersehen ist.

Ganz links: Neben den eher gegenständlichen bo kennen die Fon auch figürliche Darstellungen, sogenannte bocio („bevollmächtigter Kadaver"), denen an verschiedenen Stellen, häufig in der Nabelgegend, zusätzliche Behälter angefügt sind.

Links: Bocio, am Kopf mit einer Metallskulptur (asen) versehen, mit der die Fon ihre verstorbenen Eltern und Verwandten ehren und über der Opfer dargebracht werden. Da die Ahnen wesentlich zur Fruchtbarkeit ihrer Nachkommen beitragen, verspricht diese Figur Abhilfe bei Impotenz.

Die Toten wachen, wenn die Lebenden schlafen

„Der Tod ist die Frucht des Lebens, das Leben die Frucht des Todes", heißt es in einem Sprichwort der Dyula (Senegal). Wenn der Mensch eines Tages die Welt verlassen muß, dann eben, weil er gelebt, gegessen, getrunken, geschlafen, gearbeitet und sich ausgeruht, weil er seine Felder bestellt, getanzt, gefeiert und, vor allem, weil er Kinder gezeugt hat. In vielen Mythen vom Ursprung erscheint der Tod als Preis, den es zu zahlen gilt, wünscht man die Fülle des Lebens bis zur Neige zu kosten. Er gilt als die notwendige Voraussetzung für die Regeneration von Mensch, Natur und kosmischer Energie. Ohne ihn herrschte ewiger Stillstand. Leben aber ist ein steter Fluß von Kräften und Formen, ist Bewegung wie Ruhe, Zirkulation und Aktivität. Unter diesem Aspekt betrachtet, rechtfertigt sich der Tod durch das Leben selbst.

Dennoch wird er immer als irgendwie „fremdartig" aufgefaßt, ja gilt als Macht, die von außen her in das Leben der Gesellschaft eingreift. Betrachtet als Inbegriff der Zerstörung, als Übel schlechthin, steht er im eklatanten Widerspruch zur göttlichen Schöpfungsordnung. In allen Teilen Afrikas gibt es Mythen, in denen davon die Rede ist, daß er ursprünglich nicht in der Welt war. Die Menschen, an sich unsterblich erschaffen, verfallen ihm erst durch die Schuld eines Boten, in der Regel eines Tieres, das entweder seine Botschaft verzögert überbringt oder gar verwechselt. Dadurch erreicht den Menschen die Nachricht vom Tod statt der ihm eigentlich zugedachten Verheißung vom ewigen Leben. Oder der Tod, schon seit Urbeginn neben Gott, doch ohne sein Wissen irgendwo im Hintergrund des Alls existierend, schleicht sich unter den Menschen regelrecht ein. „Früher" – so heißt es in einer Überlieferung der Krobo – „war Spinne der weiseste Mann auf Erden. Als Vogel ihm seine Stellung als Ratgeber der Oberhäupter streitig machen wollte, beschloß der Anführer, beider Weisheit zu testen. Wohlwissend, daß der Weg zahlreiche Hindernisse bereithielt, entsandte er sie mit einer Botschaft. Spinne führte seine Weisheit in einem Beutel mit sich. Nachdem Vogel und Spinne gemeinsam aufgebrochen waren, dauerte es nicht lange, bis sie zu einer Stelle kamen, an der ihnen ein mächtiger Baumstamm den Weg versperrte. Vogel überwand das Hindernis spielend, Spinne aber hatte Schwierigkeiten, über den Stamm zu klettern. Da kam Vogel zurück und bot sich an, Spinnes Beutel zu tragen. Er flog mit ihm hoch in die Luft, weit weg, zu einem Ort, wo der Tod hauste, händigte ihm den Beutel aus und erhielt statt dessen einen anderen. Mit diesem kehrte er zu Spinne zurück, und beide setzten ihre Reise fort. Bald darauf blockierte ein riesiger Fels ihren Weg. Vogel überflog ihn problemlos; Spinne hingegen konnte, so sehr er sich auch mühte, den Fels nicht überwinden. Wieder kam Vogel zurück. 'Schlag deinen Beutel gegen den Stein', riet er Spinne, 'dann wird deine Weisheit zum Vorschein kommen und dich führen.' Spinne befolgte den Rat und schlug den Beutel mit Gewalt gegen den Fels. Heraus kam der Tod, der sich über die ganze Welt verbreitete."

Bei der Beerdigung ihres Kindes sinkt die Mutter, von Trauer überwältigt, auf den Boden vor dem Sarg.

Wie in dieser Geschichte tragen vielerorts in Afrika Trickstergestalten – wie hier die Spinne – die Verantwortung dafür, daß der Tod, ein bislang im verborgenen hausendes Nachtwesen, aus seinem Versteck herauskam oder seine Bleibe in der Unter- oder Jenseitswelt verließ.

Leben und Tod gestalten sich nicht für jeden gleich; die Erde ist – so heißt es häufig – ähnlich einem Markt. Wie dort die unterschiedlichsten Händler aufeinandertreffen und die verschiedensten

Das Grab für den Kindersarg wird ausgehoben. In ganz Afrika ist die Kindersterblichkeit sehr hoch, vor allem bei Kindern unter fünf Jahren. Fast alle sterben an Malaria. Haben es die Kinder aber bis zu ihrem fünften Lebensjahr geschafft, so geht man davon aus, daß sie der Malaria nun nicht mehr unterliegen werden.

Waren angeboten, verkauft und gekauft werden, muß jeder Mensch versuchen, aus dem Leben den größtmöglichen Gewinn zu ziehen. Ein „gutes" Leben zeichnet sich dadurch aus, daß es erfolgreich gemeistert wird und lange währt. Allein der Tod eines alten Menschen, der seine Pflichten gegenüber der Gemeinschaft erfüllt und den Gott, wie es heißt, zu sich geholt hat, wirkt sich segenbringend auf die Nachkommen aus. Wer nach erfülltem Leben dahingeht, „lebt auf" im Totenreich. Fortan führt der Verschiedene im Kreise der vor ihm Verstorbenen ein „Leben" analog dem auf Erden – nur seiten- und zeitenverkehrt: Das Totenreich verhält sich in allem invers zum Diesseits, stellt eine „verkehrte Welt" dar. Wenn auf Erden Tag oder Regenzeit ist, herrscht dort Nacht bzw. Trockenzeit. Die Toten wachen, wenn die Lebenden schlafen. Die Sonne geht bei ihnen im Westen auf und im Osten unter. Der rechten entspricht die linke Seite. Tote betreten ihre Häuser von hinten und laufen gewissermaßen „auf dem Kopf" – mit den Sohlen gegen die Unterseite der Erde; Dachfirste und Baumkronen weisen, aus irdischer Optik, „nach unten". Eine Zulu-Frau erklärte dies einem Europäer, indem sie auf ihre Innenhand wies, und sagte: „So leben wir." Dann kehrte sie die Handfläche um, so daß der Rücken nach oben zeigte, und setzte hinzu: „So leben die Ahnen."

Andächtig haben sich die Trauernden um das Grab gehockt, das gleich den Sarg des verstorbenen Kindes aufnehmen wird.

Eintritt ins Totenreich

Die phantasievoll gestalteten Särge werden von Stammesmitgliedern in Teshi bei Accra produziert. Dabei wird immer ein Bezug zur verstorbenen Person hergestellt. So sind etwa die Särge in Fisch- und Krebsform wahrscheinlich für Fischer. Der Sarg in der Mitte, der ein Huhn mit leicht ausgebreiteten Flügeln zeigt, ist für eine Mutter, die viele Kinder hatte und sie immer gut umsorgte, wie eine Henne ihre Küken.

Jeder Todesfall löst Erschütterung aus. Kinder verlieren Vater oder Mutter, Gatten den Lebensgefährten, die Familie ihre Hauptstütze im Kampf ums Überleben, die Gruppe ein seiner Erfahrung, seines Wissens, seiner Güte wegen geschätztes Mitglied, im Falle des Königs gar die „tragende Säule", die Mikro- und Makrokosmos miteinander verband. Die Hinterbliebenen reagieren auf den Verlust mit starken Emotionen, häufig auch Zorn. Tod verursacht Chaos, stellt das Leben der Gemeinschaft gleichsam „auf den Kopf". Bindungen sind mit einem Mal zerrissen, dringende Tätigkeiten bleiben unerledigt, wichtige religiöse Riten können nicht mehr vollzogen werden, kurz: Die bestehende Ordnung droht ins Wanken zu geraten.

In der Zeit bis zur Beisetzung verläuft nichts „normal". Arbeit und Alltagsaktivitäten ruhen; es scheint, als hätte auch sie der Hauch des Todes gestreift. Um der Bedrohung entgegenzuwirken, müssen Vorkehrungsmaßnahmen getroffen, zahlreiche Vorschriften beachtet werden. Der Tod berührt jeden; man fürchtet, das Sterben könne um sich greifen. Angestrengt konzentriert sich die Gesellschaft darauf, den Tod möglichst schnell zu vertreiben. Den Hinterbliebenen fällt die Aufgabe zu, die notwendigen Riten zu veranlassen. Ohne sie kann der Verstorbene – beziehungsweise dessen Seele – nicht ins Totenreich gelangen und Aufnahme unter den Ahnen finden.

Trauerfeierlichkeiten sind große soziale Ereignisse. Familienmitglieder aus nah und fern reisen an – zum einen, um den Verstorbenen zu beklagen, zum anderen, um verwandtschaftliche Solidarität zu demonstrieren: Obwohl der Tod Bindungen aufreißt, stärkt er doch auch die Bande unter den Hinterbliebenen. Einem Dahingegangenen die letzte Ehre zu erweisen ist für Verwandte, Nachbarn und Freunde selbstverständliche Pflicht.

Ein Blick in die Werkstatt, in der gerade ein Löwensarg entsteht. Der Löwe, König der Tiere, zeigt hier an, daß ein Häuptling beerdigt wird.

Die Bedeutung, die man dem einzelnen Todesfall beimißt, hängt wesentlich von der Lebensreife und dem Status des Verstorbenen ab. So richten sich Ablauf und Ausmaß der Zeremonien danach, ob es sich bei dem Toten um ein Kind, einen Mann oder eine Frau, einen Jungen oder Alten, einen einfachen Mann oder eine wichtige Persönlichkeit handelt. Wenig Aufhebens macht man um den Tod eines kleinen Kindes, das sich gerade erst im Anfangsstadium seiner menschlichen Existenz befindet. Kinder werden ohne rituellen Aufwand zu Grabe getragen, oft innerhalb nur weniger Stunden. Man glaubt, daß sie sich bald erneut reinkarnieren und, wenn die Eltern sich dann richtig verhalten, auch in der Welt verweilen. Der Tod eines älteren Kindes oder Jugendlichen wird zwar als überaus schmerzlich empfunden und entsprechend beklagt, aber doch nicht in dem Maße und in dem Rahmen aufwendiger Trauerfeierlichkeiten, wie es allgemein bei Erwachsenen der Fall ist. Großangelegte Zeremonien finden allein für gereifte Menschen von Alter, Status und Ansehen statt.

Auch die Todesart spielt eine Rolle. Für Personen, die auf ungewöhnliche Weise – durch Blitzschlag, ein Raubtier, bestimmte stigmatisierende Krankheiten wie Lepra und Pocken, durch Mord, Suizid oder Unfall – ums Leben kamen, also einen sogenannten „Schlimmen Tod" erlitten, finden keine, bestenfalls verkürzte Riten statt. Die Unmittelbarkeit und Härte des Schlags gelten häufig als Indiz dafür, daß die Todesursache nur in einem besonders schwerwiegenden Fehlverhalten des Betreffenden liegen kann. Aller eines „Schlimmen Todes" Verstorbenen sucht man sich daher möglichst rasch und ohne weitere Umstände zu entledigen. Sie werden weder – zumindest nicht offiziell – betrauert noch in der üblichen zeremoniellen Weise beigesetzt. Heute vergräbt man sie manchmal schnell und in aller Stille am Friedhofsrand; früher war es allgemein üblich, sie irgendwo in den Busch zu werfen oder nur ganz flüchtig zu verscharren. Indem man sie aus dem dörflichen Umfeld verbannte, exkommunizierte man sie auch als Tote: Ihre Seelen konnten nicht mehr zurückkehren.

Nur wer eine Bestattung erhält, die allen traditionellen Regeln entspricht, findet Eingang ins Totenreich.

Ein besonders ausgefallener Sarg in Form eines Autos, der für einen Taxifahrer angefertigt wird. Einen Mercedes wird er wahrscheinlich nicht gefahren haben, einen gewünscht hat er sich sicherlich.

Das Nummernschild des autoförmigen Sarges „R.I.P" steht für „Rest in Peace".

Im Bildvordergrund die Rohform eines Krebs-Sarges für einen Fischer. Stimmt die Grundform, so sind der Phantasie bei der Bemalung und Ausschmükkung keine Grenzen gesetzt.

Verstorbene dieser Art werden inmitten der Siedlung beigesetzt. Oft werden sie direkt unter dem Wohnhaus, im Hof, vor dem Gehöft oder in einem nahe gelegenen Familienfeld begraben.

Die Verabschiedung eines „ordentlich" Verstorbenen, zumal wenn er ein hohes Alter erreichte, ist ein langwieriger Prozeß in mehreren Phasen. Der erste Schritt besteht darin, noch einmal letzte Hand an den Leichnam zu legen, ihn „standesgemäß" der Erde zu übergeben. Sorgfältig wird er gewaschen, mancherorts auch bemalt, mit wohlriechenden Essenzen eingerieben. Er bekommt Fuß- und Fingernägel geschnitten, die Haare geordnet oder wird kahlrasiert. Anschließend legt man ihm oft seine beste Kleidung an, schmückt ihn und gibt ihm Gebrauchsgüter, die für sein Geschlecht und Alter, in manchen Gesellschaften auch seinen Beruf oder Status typisch sind oder ihm besonders teuer waren, in die Hand. Diesen Liebesdienst verrichten meist alte Frauen. Ihnen, die bereits selbst an der Schwelle zum Tod stehen, kann das Miasma der Zersetzung, das jeder Leichnam ausstrahlt, nichts mehr anhaben. Diese sogenannte „Leichenkosmetik" findet ohne Lamento im engsten Familienkreis statt.

Danach wird der Tote gewöhnlich feierlich im Haus aufgebahrt. Man will ihn noch an den Trauerfeierlichkeiten teilhaben lassen, Verwandten, Nachbarn und Freunden Gelegenheit geben, sich von ihm zu verabschieden. Das Haus steht für Besucher offen. Lautes Wehklagen beginnt. In Liedern über Leben und Tod wird seiner rühmend gedacht. Gehörte er einer exklusiven Gemeinschaft, etwa einem Geheim- oder Maskenbund, einer Jäger- oder Handwerkerzunft an, ehren die Mitglieder ihn bisweilen, indem sie in bestimmten Masken oder Kostümen erscheinen.

Wo bereits die Beisetzung Anlaß zu einem größeren Fest gibt, wird bis tief in die Nacht hinein geklagt, gesungen und getrommelt. Wer erschöpft ist, verläßt das Totenzimmer, um sich für kurze Zeit zu erfrischen und auszuruhen. Fortwährend treffen neue Besucher ein, niemand mit leeren Händen. Wert und Größe der Geschenke richten sich nach dem Verhältnis, in dem der

Ein Sarg in Form eines Hummers hat seine farbenfrohe Bemalung schon erhalten. Nun werden ihm nur noch einige Fühler eingesetzt.

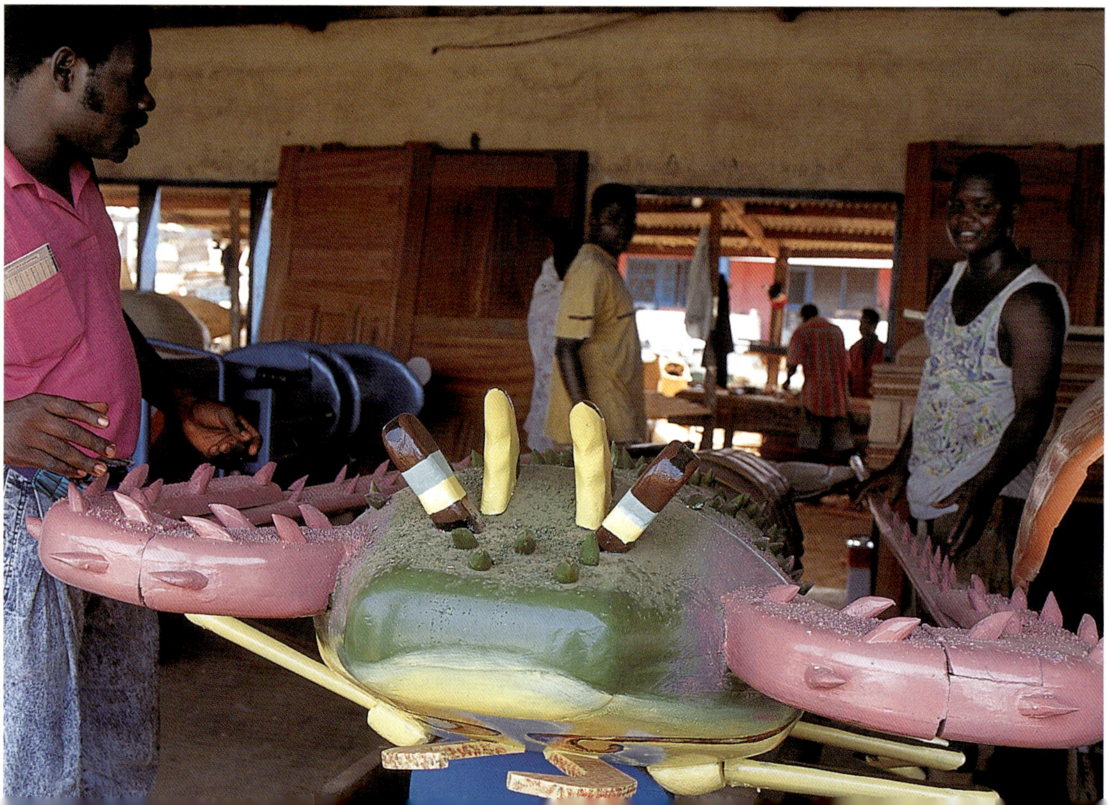

Betreffende zu dem Verstorbenen stand. Früher waren die Gaben je nach Verwandtschaftsgrad vorgeschrieben. „Klassische" umfassen eine bestimmte Stückzahl Hühner oder Vieh, große, aus Schmalbandgewebestreifen zusammengenähte Baumwolltücher, einen festgelegten Betrag „Muschelgeld" (Kauris, bestehend aus dem Gehäuse der kleinen Seeschnecke Cypraea annulus) oder eine Flasche hochprozentigen Alkohols. Heute gibt man häufig auch Banknoten. Ein letztes Mal berühren Verwandte und Freunde den Verstorbenen, allerdings – in Umkehr zum Alltag – mit der linken Hand. Der eine oder andere hält noch eine kurze Rede, mit der er den Toten verabschiedet und ihn bittet, den Überlebenden künftig aus dem Jenseits heraus beizustehen, ihnen ein langes Leben, Gesundheit und Fruchtbarkeit zu schenken.

Meist jedoch finden Beisetzungen in einem bescheidenen Rahmen und nur im Kreis der engsten Verwandtschaft statt. Nachbarn und Freunde erscheinen nur kurz. Während der Leichenwache wird bereits das Grab geschaufelt. Die Grablegung, meist Sache der Männer, findet noch am Abend des Todestages nach Einbruch der Dunkelheit, spätestens aber einen Tag später statt. Früher blieben nur bedeutende Persönlichkeiten über mehrere Tage hin aufgebahrt. Da sich der Leichnam wegen der klimatischen Bedingungen schnell zersetzte, kannte man bestimmte Methoden zu seiner Konservierung. Üblich war unter anderem Kampfer, durch Destillation aus dem Holz von Cinnamonum camphora gewonnen. Die dabei entstehende feste, weißlich-durchsichtige Masse ist in Alkohol löslich; mit einer Rum-Kampfer-Lösung etwa ließ sich der Zerfallsprozeß verzögern. Man goß sie in verschiedene Körperöffnungen des Leichnams und rieb die Haut – mit Ausnahme des Gesichts – dick damit ein. Moderne Kühltechniken erlauben, allerdings nur im städtischen Milieu, den Aufschub der Beisetzung um einige Tage. Dadurch können auch von weither anreisende Verwandte der Bestattung beiwohnen.

Im ländlichen Bereich indes muß die Beisetzung immer noch kurz nach dem Tod erfolgen. Die große Abschiedsfeier verlegt man auf einen späteren Termin. Sie kann Monate, manchmal sogar Jahre später stattfinden. Bis dahin existiert der Tote unter den Lebenden fort, bestehen die Treuepflicht der Witwen und Witwer und die Amtszeit der verstorbenen Würdenträger weiter.

Bereits lange im voraus werden Verwandte und Freunde benachrichtigt, so daß niemand ohne triftige Entschuldigung der Totenfeier fernbleiben kann. Aufgrund der hohen Kosten der benötigten Mittel wählen die Familien als Zeitpunkt für das Fest bevorzugt die Zeit nach der Ernte. Dann steht ausreichend Nahrung für die Gästebewirtung zur Verfügung, zahlreiche Opfertiere, deren Essenz der Tote den Ahnen als Geschenk mitbringt, sind fettgemästet. Jetzt, da die Arbeit auf den Feldern ruht, haben die Dorfbewohner auch die rechte Muße zum Feiern. Da inzwischen nahezu in jedem Haushalt ein Toter zu beklagen ist, reisen sie gleichsam von Fest zu Fest. Mit lärmendem Trommelschlag, Kalebassenrasseln und Gewehrsalven wird der Tote endgültig verabschiedet. Da der Verstorbene schon lange bestattet ist, repräsentierten ihn häufig eines seiner Kleidungsstücke, oftmals auch bestimmte Personen, die Gewänder von ihm anlegen, so daß er tatsächlich bei seiner Feier „präsent" ist.

Ein wesentliches Element dieser Trauerfeierlichkeiten ist der Tanz. Er löst die Trauernden aus der Apathie, leitet den Übergang in die Normalität ein. Gesang und Musik dienen der Ehrung des Toten; in städtischen Regionen spielen ihm immer öfter moderne Steelbands auf. Überall werden die Gäste freigibigst bewirtet. Großzügig schenkt man Limonaden, Bier oder Palmwein, aber auch hochprozentige Alkoholika wie Rum, Gin oder Whisky aus. Je größer die Palette des Angebots, desto zufriedener stimmt man den Verstorbenen. Der verschwenderische Aufwand, in dessen Mittelpunkt der Dahingegangene steht, gereicht ihm nicht nur unter den Lebenden, sondern auch in der Nachwelt unter den Ahnen zu Ruhm. Die Verwandten scheuen daher keine Kosten, dieses Ereignis für alle Beteiligten unvergeßlich zu machen. Danach gehört der Tote zur Ahnengemeinschaft, mit der er künftig, wenigstens einmal im Jahr, gemeinsam verehrt wird.

Dieser prächtig verzierte Adler-Sarg ist für einen Häuptling bestimmt, da der Adler als König der Lüfte angesehen wird.

Totenehrung bei den Asante

Der Tod verschont niemanden, doch gestaltet sich der Abschied nicht für jedermann gleich. Auch in Asante hängen Ausmaß und Großartigkeit der Trauerfeierlichkeiten wesentlich von Reichtum und Stand der Familie des Verstorbenen ab. Früher erfuhr so vor allem der königliche Leichnam eine besondere Behandlung. Dem Asantehene hatten ehemals viele in den Tod zu folgen. Die einen taten dies freiwillig: Frauen und Hofbedienstete betrachteten es gleichsam als Ehre, den König in die Jenseitswelt begleiten und ihm dort weiterhin dienen zu dürfen. Anderen blieb keine Wahl: Kriegsgefangene und „Verbrecher" stellten das Hauptkontingent seiner nachweltlichen Gefolgschaft. Auch Unbeteiligte verloren bisweilen ihr Leben; die aberafo, die königlichen Scharfrichter, gleichsam in Blutrausch geraten, ergriffen jeden, der unvorsichtigerweise ihren Weg kreuzte.

Unterdessen überführten asokwafo (Elfenbeinhornbläser und Totengräber) den Leichnam an einen heiligen Ort vor den Toren Kumasis, den Asonyeso, „Tröpfelstätte", oder Barim Kese, „großen Friedhof". Dort legte man den verstorbenen Asantehene in einen Sarg, der früher aus den Pfahlwurzeln des Baumwollbaumes gearbeitet war und auf Stützen über eine Gru-

Die Trauerkleidung der Asante ist im Kontrast zu den hellen Festtagsgewändern und der weißen Ritualtracht eher dunkel. Die Trauerbänder (abade) um den Kopf sollen verhindern, daß Unheilsgeister – und damit Gram – ihre Gedanken beherrschen.

Bei der Trauerfeier eines wohlhabenden Mannes aus Kumasi stellt die Familie ihren Reichtum öffentlich zur Schau. Vor allem die Witwen und Kinder legen wertvollen Goldschmuck an.

Begleitet von einer Trommel, tanzt ein kleines Mädchen für die Trauergäste.

Der Auftritt der Mädchen bei den Trauerfeiern beschwört die Kontinuität des Lebens, tröstet die Trauernden über Sorgen und Kummer hinweg – und nimmt damit dem Tod den Stachel. Der Tanz besiegelt die Rückkehr der Gemeinschaft in die Normalität: Sich zu bewegen und zu tanzen bedeutet, wieder am Leben teilzuhaben.

be gestellt wurde. Durch Löcher im Sargboden tropfte mit fortschreitender Zersetzung der Leichensaft in die Grube. Wächter hielten Tag und Nacht Wache, warfen Erde in die Grube und vertrieben mit Fächern die Fliegen. Erst nach achtzig Tagen durfte der Leichnam wieder entfernt werden. Befand sich noch Fleisch an den Knochen, wurde es von den asokwafo abgeschabt. Anschließend rieben sie die königlichen Gebeine mit Büffelfett ein und behängten sie mit Talismanen (suman), die den Asantehene schon zu Lebzeiten geschützt hatten. Die Langknochen wurden an den Gelenken mit dünnen Golddrähten verbunden.

Am ersten Jahrestag des Todes trugen die asokwafo das Skelett in einem sechseckigen Sarg vom Barim Kese ins königliche Mausoleum nach Bantama, der letzten Ruhestätte der Herrscher von Asante. Damals lag Bantama, das die Briten nach dem letzten Asante-Aufstand im Jahre 1895 zerstört hatten, noch außerhalb Kumasis. Der jeweils amtierende Asantehene hatte künftig dafür Sorge zu tragen, daß die Skelette seiner Vorgänger gut versorgt wurden. Sie verfügten über

ihre eigenen Bediensteten, darunter auch Köche. Eunuchen bewachten sie. Die Regel, daß der König nicht mit der Erde in direkte Berührung kommen durfte, galt somit über den Tod hinaus.

„Gewöhnliche" Sterbliche dagegen werden durchaus in die Erde gelegt. Ihre schmucklose Beisetzung erfolgt gewöhnlich kurz nach Eintritt des Todes. Anschließend finden nachgeordnete Riten am achten, fünfzehnten, vierzigsten, achtzigsten und dem Jahrestag des Todes statt. Oft legt man das endgültige Abschiedsfest auf einen dieser Tage. Wer es sich leisten kann, richtet zu diesem Anlaß eine aufwendige Feier aus, in deren Mittelpunkt zwar der Verstorbene steht, die aber zugleich die Rückkehr der Trauernden in die Normalität einleitet. Ein letztes Mal beklagen die Angehörige ihren Toten: „Agya e! pue!" – „Ach, Vater, o weh!" Dazu werden Gewehre abgefeuert.

Eine große Besucherzahl, schon von weitem erkennbar an ihrer braun-roten, schwarzen oder orangefarbenen Kleidung, erscheint, um dem Verstorbenen die letzte Ehre zu erweisen. In Asante spielen Tracht und Körperschmuck eine wichtige Rolle, weil sie bestimmte Lebensabschnitte und Übergangssituationen für alle sichtbar markieren. So drückt die Kleidung, die Angehörige und Trauergäste tragen, die Beziehung aus, in der sie zu dem Dahingegangenen standen.

Ganz oben: Die Tänze bei den Trauerfeiern vollziehen die Geschlechter getrennt. Vor allem junge Mädchen stehen dabei im Vordergrund. In der matrilinearen Asante-Gemeinschaft können nur Frauen „Blut übertragen", weshalb die Mädchen Hoffnungsträger für das Fortbestehen der Familie sind.

Oben: Leibwächter eines Fürsten bei einer Trauerfeier in Konongo. Die Leopardenkopfbedeckung symbolisiert Macht.

Dailys Sarg: eine gefaltete Zeitung

Ein Sarg aus einer gefalteten Ausgabe der Zeitung „Daily Graphic“ für Ernest Tagoe, den seine Familie und Freunde „Daily“ nannten. Zu seinem Spitznamen kam Ernest so: Selber Analphabet, ließ er sich täglich von seinem Sohn die „Daily Graphic“ vorlesen, um danach bei den Nachbarn die eben gehörten Nachrichten zu verbreiten, wodurch er ihre Ausgabe des „Daily“ wurde.

Der Aufwand bei Bestattung und Trauerfeierlichkeiten hat immer auch zum Ziel, den Kontakt zu den Toten zu festigen. Dazu scheut die Verwandtschaft keine Anstrengung. Bei den Ga an der Küste von Ghana gehört seit einiger Zeit die Beisetzung in ausgefallenen, aufwendig gestalteten „Phantasiesärgen“ dazu. Gewöhnliche, rechteckige Holzkisten hatten die Europäer schon früh in Ghana eingeführt, sie bildeten jedoch zunächst ein Privileg der Höhergestellten. Die ausgefallenen Varianten kamen etwa Ende der sechziger Jahre des 20. Jahrhunderts in Mode. Eine kleine Schar von Zimmerleuten aus Teshie, einem Ort vor den Toren Accras, profitiert seither von ihrer Herstellung. Ihr Zweck ist, die Individualität des Toten herauszustellen und Besonderheiten aus seinem Leben bildlich festzuhalten.

Die Särge haben durchaus ihren Preis, den jedoch viele anstandslos als letzten Liebesbeweis für die „teuren“ Verstorbenen zu zahlen bereit sind. Ein Phantasiesarg kostet, je nach Design, verwendeter Holzart und künstlerischer Gestaltungsfreiheit, um 400 US-Dollar – was dem jährlichen Durchschnitts-

einkommen eines Ghanaers entspricht. Hinzu kommen noch andere Ausgaben, die für die meisten kaum aufzubringen sind. Zwar steuern die Trauergäste im Rahmen ihrer Möglichkeiten mit zu den Aufwendungen bei, doch ist damit nur ein Bruchteil der Kosten gedeckt. Manch einen treiben die Trauerfeierlichkeiten an den Rand des Ruins. Dennoch denkt niemand daran, sie einzuschränken: Letztlich ist selbst die ärgste Verschuldung einem beleidigten Toten vorzuziehen.

Auf die Idee, Verstorbene in Phantasiesärgen auf ihre letzte Reise zu schicken, kam in den sechziger Jahren des 20. Jahrhunderts der Kunsttischler Kane Kwei. Die ersten Phantasiesärge in Fisch- und Bootsform schnitzte er noch für eigene Verwandte. Damit erregte er – neben Erstaunen – immense Bewunderung. Man beglückwünschte und feierte ihn mit Unmengen von Palmwein. Schnell sprach sich seine Fertigkeit herum. Bald erhielt er Aufträge auch von jenseits der Landesgrenzen. Vier Söhne und mehrere Lehrlinge gingen bei ihm in die Schule, so daß Idee und Werk auch nach seinem Tod im Jahr 1978 gedeihlich fortbestehen. Die Nachfrage ist groß; viele legen Wert auf ein besonders prestigeträchtiges Stück, das die Verstorbenen aus der Masse der Toten sichtbar herausheben soll. Die Hinterbliebenen hoffen, damit dem Verstorbenen auch unter den Ahnen eine seiner Stellung im Leben angemessene Position sichern zu können.

Dabei sind der Phantasie keine Grenzen gesetzt. Dennoch stehen die gewählten Modelle meist in irgendeinem Bezug zum Leben des Toten: Treusorgende Mütter erhalten Särge in Gluckenform, hochgestellte Männer eher solche in Adlergestalt. Ein Sarg in Form einer Kakaobohne oder Zwiebel zeichnet einen erfolgreichen Pflanzer aus. Särge in Boots- oder Fisch-

Weiß (Zeichen der Reinheit und des Todes) eingekleidet und würdevoll aufgebahrt ruht „Daily" auf einem von seinem Sohn speziell zu diesem Anlaß ausgeliehenen Bett. Um seine Verdienste als Fischer zu würdigen, halten die Trauernden, während sie den Verstorbenen preisen und ihm einen guten Fang auch in der nächsten Welt wünschen, ein Fischernetz neben dem Totenlager aufgespannt.

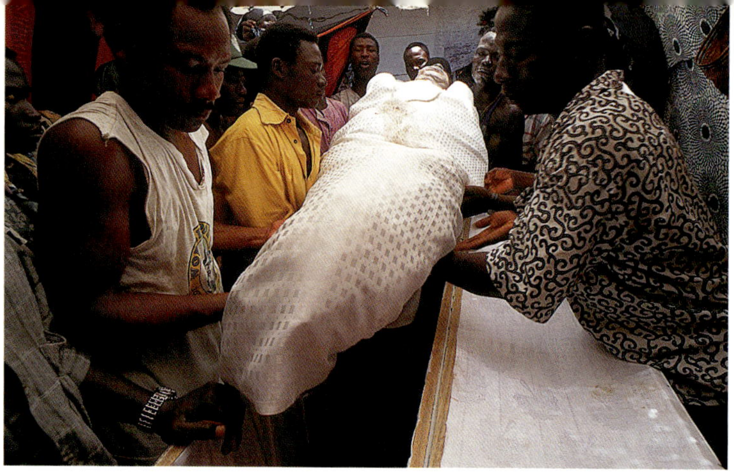

Oben und unten: Als der Sarg schließlich fertig, die Farbe allerdings noch nicht ganz trocken ist, zwängen junge Männer den Leichnam in seine schmale Öffnung. Sobald sich der Sargdeckel über dem Verstorbenen schließt, ist der Tote bereit für seinen letzten Gang.

Gattin und Sohn stützen sich gegenseitig in ihrem großen Schmerz.

gestalt gehören zu den bevorzugten Modellen für Fischer und Fischverkäuferinnen. Berufsübergreifender Beliebtheit erfreuen sich repräsentative Häuser, Autos und Flugzeuge, von denen viele, die darin ihre letzte Reise antreten, zu Lebzeiten nur träumen konnten. Und selbst wenn einer tatsächlich dergleichen besessen haben sollte, übertrifft die hölzerne Ausführung das Vorbild bei weitem. Aus einem einfachen Kahn wird so ein prächtiges Schiff, aus einem bescheidenen Kleinwagen oder Modell der Mittelklasse eine imposante Luxuslimousine, aus einem Häuschen eine beeindruckende Villa. Der Ausgangspunkt ist der Wunsch, die Verhältnisse des Toten im Jenseits zu verbessern, bei Publikum und Ahnen Eindruck zu machen.

Ein Beispiel für ihre Kunstfertigkeit lieferten die Sargtischler anläßlich der Beisetzung von Ernest Tagoe, eines im Alter von 72 Jahren verstorbenen Fischers. Selber des Lesens und Schreibens unkundig, ließ sich Ernest zu seinen Lebzeiten täglich von seinem Sohn aus Ghanas führender Tageszeitung, dem „Daily Graphic", vorlesen. Im Besitz der neuesten Nachrichten, ging er von Haus zu Haus, um mit Freunden und Nachbarn das Gehörte zu diskutieren. Deshalb verlieh man ihm den Spitznamen „Daily".

„Daily" lebte und starb in Jamestown, einem vornehmlich von Ga besiedelten, ebenso alten wie schmutzigen und lauten Viertel Accras. Der Sohn, der seinem Vater einen respektablen Platz unter den Ahnen sichern wollte, lieh sich weiße Tücher sowie ein Prunkbett aus, auf dem der Tote mehrere Tage lang aufgebahrt lag. Unterdessen arbeiteten die Zimmerleute in Teshie fieberhaft daran, den für „Daily" kurzfristig in Auftrag gegebenen Sarg fertigzustellen. Das gewünschte Modell sollte die Form einer gefalteten Zeitung haben. Bis dahin hielt die Familie Totenwache; Verwandte, Nachbarn und Freunde umrundeten das Bett und schlugen leicht mit der linken Hand darauf.

Als der Sarg schließlich fertig, der Leichnam hineingezwängt war, stritten junge Männer um das Vorrecht, wer von ihnen den Sarg anschließend tragen dürfe. Das gehört zum Ritual, gilt als besondere Ehrung des Verstorbenen, der sich aus dem Jenseits heraus später für die Gefälligkeit revanchieren wird. Der Sarg war kaum verschlossen, als vier kräftige, reichlich mit Gin gestärkte junge Männer ihn auf ihre Köpfe luden. Doch anstatt würdevoll zu schreiten, jagten sie im Laufschritt durch die Gassen. Taumelnd und schwitzend machten sie hier und dort halt, so daß Verwandte und Freunde dem Toten einen letzten Gruß entbieten konnten. Als schließlich weit und

breit ein jeder vom Abschied „Dailys“ in Kenntnis gesetzt war, schlugen sie eine Reihe von Umwegen ein, um der Totenseele die Orientierung zu nehmen. Vom Rückweg abgeschnitten, muß sie ihren Weg ins Totenreich einschlagen und kann den Lebenden keinen Schaden mehr zufügen. Auch die zehn Meilen bis zum Friedhof legten sie weitgehend im Laufschritt zurück, so daß der Trauerzug Mühe hatte, ihnen zu folgen. Und immer wieder wurde der Sarg herumgewirbelt. Ruhe kehrte erst ein, als man auf dem Friedhof angekommen war: Langsam und bedächtig wurde der Sarg ins Grab gesenkt. Ein letztes Trankopfer wurde vergossen, dann traten die Anwesenden ohne weitere Zeremonie ihren Rückweg an.

Endgültig im Totenreich eingebürgert sein wird „Daily“ jedoch erst, nachdem weitere kleine Gedenkfeiern für ihn ausgerichtet wurden. Wie die Eingliederung eines Kindes in die menschliche Gesellschaft ist auch die Aufnahme in die Ahnengemeinschaft ein langwieriger Prozeß. Für „Daily“ stehen die Chancen gut: Sein ungewöhnlicher Sarg und der Aufwand, der um seinen Leichnam betrieben wurde, zeigten den Ahnen, was er auf Erden geleistet hatte und wieviel Ansehen er genoß: Sie werden ihm auch in ihren Reihen den gebührenden Platz einräumen.

Links oben: Damit die Götter bei dem Toten sind und ihn segnen, wird über dem Sarg noch ein Hühneropfer dargebracht.

Oben: In einer Prozession geht man mit dem Toten von Tür zu Tür, damit sich Freunde und Verwandte verabschieden können.

Der Verstorbene wird durch die Gassen von Jamestown getragen, wo Freunde und Verwandte ihm einen letzten Gruß entbieten. Am Ende der Prozession wird dann der so kunstvoll gefertigte Sarg in das Grab gesenkt.

Die Jäger trauern

Soziale Unterschiede bleiben über den Tod hinaus bestehen, der keineswegs alle gleich macht. Manche Berufsgruppen oder Spezialisten, wie Wahrsager und Schmiede, haben besondere Riten. Eine eigene Sonderstellung nehmen weiterhin die Jäger ein. Oft treten sie als Kulturheroen auf, die neue Siedlungen gegründet, Natur- in Kulturland verwandelt haben.

Ihre Welt ist der Busch – das Wildland außerhalb der Feldflur, das stets als bedrohlich empfunden wird. Vor allem zu den beiden positiven und negativen Kulminationszeiten Mittag und Mitternacht geschieht dort Absonderliches: Tiere, Bäume, selbst Steine wandeln ihre Gestalt, täuschen und narren die Menschen, ja gefährden ihr Leben. Niemand verläßt daher zu diesen Zeiten freiwillig die gesicherte Binnensphäre von Dorf und Kulturland.

Jäger indes sind gezwungen, sich in der „un-heimlichen" Wildnis zu bewegen. Die Jagd ist ein riskantes Geschäft. Leicht kann man sich im pfadlosen Dickicht verirren. Auf Schritt und Tritt muß der Jäger mit Angriffen wilder Tiere rechnen. Und noch größere Gefahren lauern auf ihn: Der Busch beherbergt eine Vielzahl von Geistern, die ihm, der auf Töten aus ist, nicht unbedingt freundlich gesonnen sind. Jäger schweben ständig in Gefahr; bereits die geringste Unvorsichtigkeit kann sie das Leben kosten. Wer dabei alt wird, verdient daher, mit Respekt und Ehrfurcht behandelt zu werden. Nur weil er über das entsprechende Wissen verfügte, konnte es ihm gelingen, Tiere und Buschgeister mit Erfolg zu überlisten. Derartige Kenntnisse aber gewinnt man nicht nur aus eigenem Bemühen, dazu bedarf es immer auch jenseitiger Hilfe, weshalb man den Jägern besonders gute Kontakte zu den Wesen der Wildnis nachsagt.

Geister offenbaren sich ihnen bisweilen im Busch und bieten sich als Schutzwesen an, die über die Fami-

In Kankalaba, einer Ortschaft im Südwesten an der Grenze Burkina Fasos zur Elfenbeinküste, finden die Trauerfeierlichkeiten für einen verstorbenen Jäger statt. Die Ältesten des Jägerbundes nehmen dabei die Ehrenplätze ein. Vor ihnen steht ein mit prächtigen Hörnern geschmückter Büffelschädel, die Jagdtrophäe eines der gefährlichsten Wildtiere.

Tänzerisch spielen maskierte Bundmitglieder eine Jagd nach. Im Bildvordergrund ist hier die Maske des Buschgeistes zu sehen.

Jede Maske hat ihren Ursprungsmythos oder eine „Entdeckungsgeschichte", die in der Regel als Geheimwissen innerhalb der Familie oder einer größeren Kultgemeinschaft tradiert wird. Zu solchen Bünden haben sich vielerorts besonders die Jäger zusammengeschlossen, die dieses Wissen streng hüten. Das gilt auch für die Senufo, zu denen kulturell recht unterschiedliche Bevölkerungsgruppen im Norden der Elfenbeinküste, dem Südosten von Mali und Südwesten von Burkina Faso gehören. Sie kennen ein hochentwickeltes Kultbundwesen, und Jägerbünde sind in fast jedem Dorf vertreten. Daß darüber nur wenig bekannt ist, liegt mit an der großen Diskretion, mit der dieses Thema in der Senufo-Gesellschaft gehandhabt wird.

Wie Mitglieder anderer Geheimbünde benutzen auch die Jäger eine Geheimsprache. Ein eigenes Orchester empfängt sie mit Musik, wenn sie nach erfolgreichem Weidgang ins Dorf zurückkehren. Auch Tanz ist dabei üblich. Jäger besitzen eine besondere, möglichst unauffällige und in Tarnfarben gehaltene Tracht. Ihr Jagdrock ist häufig mit Amuletten und Talismanen besetzt. Die Wurzeln bestimmter Pflanzen, Tierfelle, -klauen und -zähne, Lederbänder, vor allem Eisenreifen und -ringe an den Gelenken wehren Unheil ab und verleihen ihnen Kraft.

Jägerbünde erfüllen wichtige Funktionen beim Tod ihrer Mitglieder. Sie helfen, die Seele vom Körper zu lösen, die Trennung der Lebenswelten, die der Tod zeitweilig „verwischt" hat, wiederherzustellen. Als Grenzgänger zwischen Wildnis und Dorf, Natur und Kultur, sind sie dafür besonders geeignet. Bei der Beisetzung einer ihrer Gefährten übernehmen sie die Rolle von „Wächtern", die kontrollieren und sicherstellen, daß alle Riten für den Verstorbenen ordnungsgemäß vollzogen werden, wovon sie den Ahnen Zeugnis ablegen. Weiterhin helfen sie dabei mit, die Unheilskräfte, die jeder Tod freisetzt, zu vertreiben. Höhepunkt der Beisetzung eines Jägers ist die Zerstörung seiner Waffen. Das ist Aufgabe seiner Verwandten und Freunde. Sowohl bei der Beisetzung wie bei der Totenfeier treten die Jäger mit den unterschiedlichsten Musikensembles auf, die überwiegend aus dem Dorf selbst oder seiner nahen Umgebung stammen und die Geschichten und Lieder untermalen, die von den Ältesten der Jagdbünde beim Begräbnis eines Bundmitglieds vorgetragen werden. Inhaltlich geht es

Im Rahmen der Zeremonie treten verschiedene Masken auf: Kafieni, ein Buschgeist, Zachaya, das Warzenschwein und Nionhon, die Antilope. Hinter den Masken, die als Kopfaufsatz getragen und durch ein Faserkostüm (hergestellt aus Hibiscus cannabinus oder Cannabinus indica) ergänzt werden, verbergen sich jüngere Bundmitglieder.

lie, den Klan oder das Dorf wachen, ihren Besitzern, wenn man sie richtig verehrt, Fruchtbarkeit, Gesundheit und Wohlstand schenken. Tiere und Buschgeister sind jedoch erst dann kultfähig, wenn man sie in einen Gegenstand bannt oder figürlich nachbildet – in Ton, aus Holz oder in Maskengestalt. Dann rücken sie in enge Verbindung zu den Ahnen, was sich daran zeigt, daß Masken auch bei den Opfern über den Ahnenschreinen und Totenfesten gegenwärtig sind.

Antilope und Warzenschwein machen, erschöpft vom Tanz, eine kleine Pause.

Geduckt stehen Buschgeist, Antilope und Warzenschwein dem Halbkreis der Jäger gegenüber, die im Nachspiel einer Jagd zu Ehren des Verstorbenen die Gewehre auf sie richten.

dabei zur Hauptsache um die jägerische Erfahrungswelt – den Busch. Insofern spielen Tiere mit ihren spezifischen Eigenschaften sowie wundersame Erlebnisse mit Buschgeistern darin die Hauptrolle. Gewöhnlich erscheinen die Bundmitglieder dazu in Jägerkluft, die Gewehre geschultert. Andere treten – als besondere Ehrung für den verschiedenen Gefährten – in Tiergestalt auf.

Das Totenfest sollte, sind die notwendigen Mittel vorhanden, möglichst bald nach der Beisetzung stattfinden. Da dies jedoch selten der Fall ist, dauert es oft geraume Zeit, bis der Tote endgültig verabschiedet wird. Dabei helfen die Masken, seine Seele nunmehr definitiv von der Welt zu lösen. Erst dann kann sie Aufnahme unter den Ahnen finden. Die tiergestaltigen Helmmasken der Senufo veranschaulichen einerseits sehr eindrucksvoll, wie beängstigend, wild und gefährlich die Buschtiere für die Menschen sind, stellen zum andern aber auch ein geeignetes Mittel zum Umgang damit dar. Wesentliche Elemente der Masken sind Hörner, Stoßzähne, doppelte Zahnreihen, Blatt- und Pflanzenteile, die auf dramatische Weise die geballte Aggression, Streitlust, Bedrohlichkeit, Lebensgefährlichkeit und Wildheit der Buschbewohner veranschaulichen. Nach dem Rhythmus, den die Musiker mit ihren hölzernen becherförmigen oder runden Kalebassentrommeln vorgeben, tanzt jede Maske etwa fünf Minuten, in choreographisch stilisierten und einfach gestalteten Bewegungen das Verhalten der entsprechenden Tiere nachahmend. Ein Warzenschwein bewegt sich trotz seines gedrungenen, kraftvollen Körpers auffallend behende über den Platz und wirbelt beim Tanz dichte Staubwolken auf. Die breite Schnauze, große warzenartige Hautfortsätze unter den Augen und nach oben gekrümmte Eckzähne an Ober- und Unterkiefer kennzeichnen das gefährliche Tier. Bei dieser Maske dominieren eindeutig die Hauer; sie symbolisieren die blinde, ungestüme Gewalt eines wütigen Ebers, seine unberechenbare, zerstörerische Natur. Diese Maske zeichnet gleichsam ein Gegenbild zu den gesellschaftlichen Verhaltensidealen, die in Mäßigung und Besonnenheit bestehen, eben den Eigenschaften, die Kultur und Zivilisation erst ausmachen.

Diese Antiwelt verkörpert auch die Maske eines Buschgeistes. Er ist den Dorfbewohnern zwar ähnlicher als die Tiere, aber dennoch kein Mensch. Sein Tänzer geht in die Knie, bewegt sich in gekauerter Haltung. Buschgeister besitzen aufgrund ihrer kleinen Statur und ihres launischen Verhaltens große Ähnlichkeit mit kleinen Kindern. Ursprünglich noch fremd und „wild“, müssen auch sie erst gebändigt werden, um in die Gesellschaft integriert werden zu können.

Die Gesamtheit der Masken repräsentiert demnach verschiedene Aspekte des Busches, der den Dorfbewohnern zwar gefährlich sein kann, von dem sie gleichzeitig aber in bezug auf Nahrung, Rohstoffe, Wissenserwerb und Kindersegen auch profitieren.

Im Stuhlhaus gilt die Macht des Chefs nicht mehr. Wer es betritt, schlüpft schon am Eingang aus seinen Sandalen und ordnet seine dunkle Toga so an, daß die rechte Schulter bloßliegt (Zeichen der Demut). Bevorzugt trägt man zu diesem Anlaß ein einfaches, altes Gewand: Es gehört sich nicht, in Gegenwart eines Ranghöheren durch ein prunkvolles Äußeres glänzen zu wollen. Ehrfurchtsvoll vergießt Nana Obei ein Trankopfer über einen der Hocker.

Blut für die Ahnenhocker

Der Tod markiert zwar einen Einschnitt, ist letztlich aber nur Teil eines kontinuierlichen Prozesses: Die Verstorbenen setzen ihr Leben als Ahnen im Jenseits fort. In ihrer neuen Rolle gleichsam als „Oberälteste" tragen sie fortan Verantwortung für das Wohlergehen ihrer Nachkommen.

Allerdings hält nicht jeder Tote in die Ahnenwelt Einzug. Dies Segensgeschick widerfährt – wie bereits erwähnt – nur jenen, die ein makelloses Leben führten, das heißt, ein hohes Alter und einen gehobenen Status erreicht haben, mit Gütern reich gesegnet auf zahlreiche Nachkommen zurückblicken können. Der Tod gilt gewissermaßen als Prüfstein für die rechte Lebensführung: Wer ohne ordentliches Bestattungsritual, also auf schimpfliche Weise dahingeht, ist verdammt, rast- und ruhelos zwischen den Welten umherzuirren. Jene unbefriedeten Seelen trachten danach, sich an den Lebenden zu rächen, ihnen, wann und wo immer sie können, Schaden zuzufügen. Mit diesen dem Vergessen überantworteten Toten will die Gemeinschaft nichts mehr zu tun haben. Sorgsam werden die Örtlichkeiten gemieden, an denen sie umgehen.

Ganz anders gestaltet sich die Beziehung zu den „ordentlich" Verstorbenen. Hier bleibt das Verhältnis über den Tod hinaus auf Gegenseitigkeit gestellt: Die Nachgeborenen versorgen die Vorfahren mit allem, dessen sie im Totenreich bedürfen. Die Toten spenden im Gegenzug Segen, Gesundheit, langes Leben, Glück, Erfolg und vor allem Kinder.

Die Verstorbenen haben sich zwar von der Welt gelöst, bleiben ihr aber verbunden: Solange man sich ihrer erinnert, leben sie auch, was heißt, daß sie weiterhin Teil der Gruppe sind und man miteinander Kontakt hält. Bei den täglichen Mahlzeiten pflegt man ihrer stets zu gedenken und ein wenig von Speise und Trank für sie abzustellen. Von jedem Nahrungsgut erhalten sie Erstlingsgaben. Hat man Sorgen oder ist gar in Not geraten, wendet man sich an die Ahnen in dem sicheren Vertrauen, daß sie helfen werden. Nicht selten erscheinen sie dann auch den Ihren im Traum, raten und erteilen ihnen den einen oder anderen hilfreichen Hinweis oder warnen vor Gefahren.

Generell gelten die Ahnen als wohlwollend, besorgt und hilfsbereit. Sie nehmen lebhaften Anteil an den Geschicken der Ihren, beobachten das Geschehen auf Erden genau, um jederzeit helfend, korrigierend oder, wenn es sein muß, auch strafend einzugreifen. Ihr Trachten ist, die soziale Ordnung, die sie beispielhaft vorgelebt haben, aufrechterhalten zu wissen. Insofern sind ihnen Verstöße gegen die Tradition, die „guten Sitten", zuwider. Sie reagieren darauf, indem sie den Übeltätern ihren Schutz entziehen oder sie, je nach Schwere des Delikts, mit kleineren Unglücksfällen, Krankheit, Sterilität, Mißgeburten, vorzeitigem Tod, Ernteausfällen, Viehseuchen und verheerenden Unwettern heimsuchen.

Die Ahnen spielen im Dasein der Lebenden eine sehr wesentliche, für Gesellschaftsbestand und Existenzerhaltung entscheidende Rolle. Begreiflich daher, daß man bemüht ist, die Beziehungen zu ihnen zu pflegen und ihnen keinerlei Anlaß zu Unmut zu geben. Man unterrichtet sie selbst von geringfügigen Vorfällen und Vorhaben, erforscht ihren Willen durch Wahrsager und Orakel.

Abgesehen von den täglichen kleineren oder größeren Zeichen der Aufmerksamkeit, von Bittgebeten und Opfergaben, gedenkt man der Ahnen alljährlich, meist nach Abschluß der Erntearbeiten, in großem Stil. Bei diesem „Allerseelen-Fest" tragen die Dorfbewohner den Ahnen ihre Anliegen für das kommende Jahr vor, bedanken sich für Unterstützung und Hilfeleistung und erflehen auch für die Zukunft ihren Segen. Dabei müssen blutige Tieropfer dargebracht werden, damit die Empfänger sich mit der im Blut enthaltenen Lebenskraft stärken können. Sie finden auf den Gräbern oder an besonderen Altären, oft in Gestalt von Lehmkegeln, statt.

In manchen Gesellschaften hat man den Ahnen darüber hinaus bestimmte, teils ausgesprochen kunstvolle Objekte geweiht. Auch bei ihnen handelt es sich um Ahnenaltäre, in denen – nach Gebet und Opfer – die Totenseelen Einzug halten. Die jährlichen Feiern sind steter Akt der Erinnerung – Demonstration des großen Respekts und der hohen Wertschätzung, die man den Verstorbenen zollt. Sie enden mit dem gemeinsamen Opfermahl, das Lebende und Tote in einer Art heiliger „Kommunion" vereint.

Außer dem Dorfchef und einem Bediensteten, der seinen Oberkörper ganz entblößt hat, ist auch eine alte Frau, eine Tante oder Schwester des Dorfchefs, anwesend. Alte Frauen gelten als die besten Kennerinnen und Hüterinnen der Familiengenealogie.

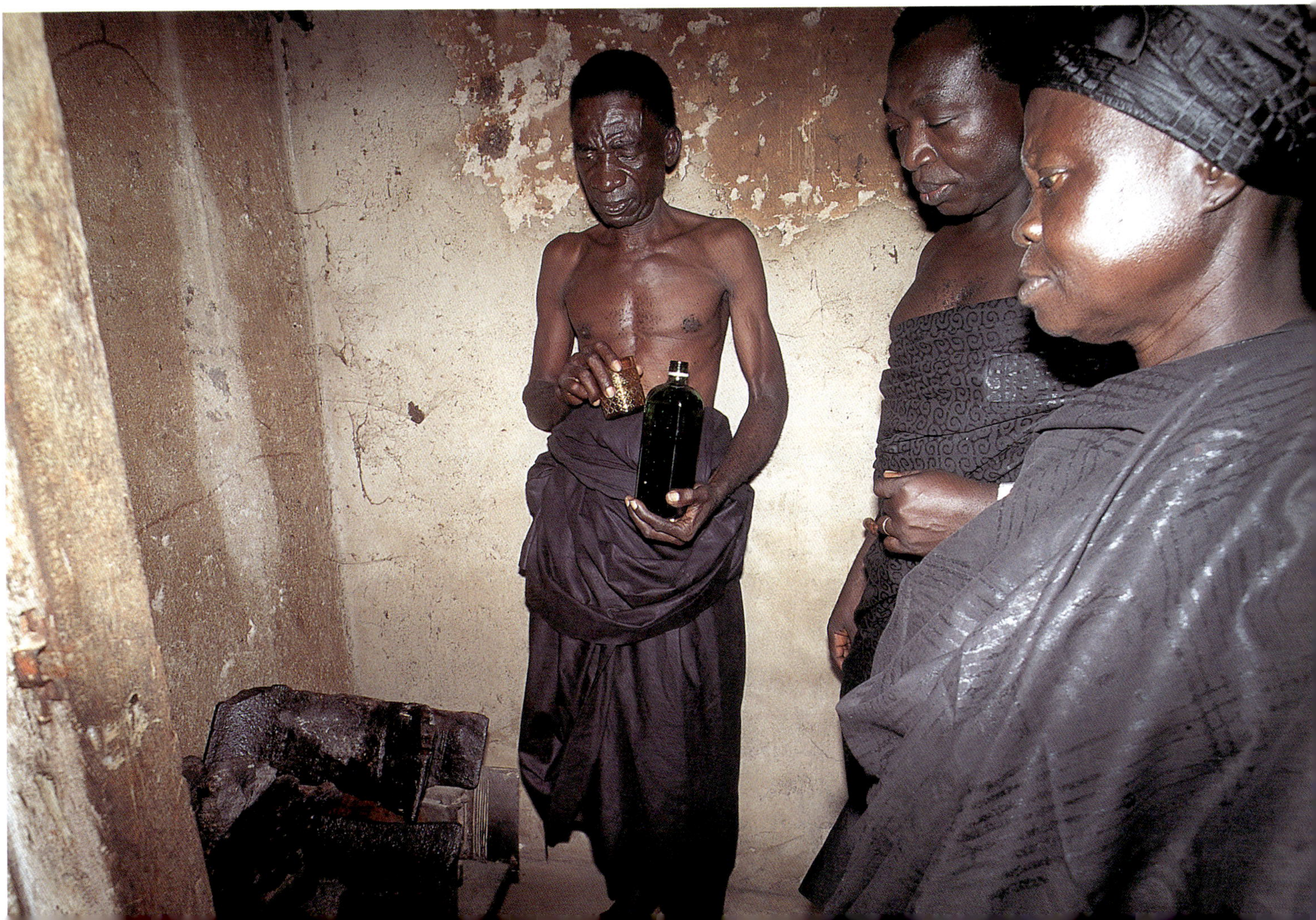

Asen – Altäre für die Ahnen

In Abomey, ehemals Hauptstadt des Dahomey-Reiches, öffnet ein Angehöriger der Schmiede-Familie Lammadoucelo die Tür des Hauses, in dem man die asen – Metallskulpturen, über die im Ahnendienst die Verbindung zu den Ahnen aufrechterhalten wird – verwahrt. Über der Tür hängen die besonders krafthaltigen Schädel und Unterkieferknochen der Tiere, die den Ahnen zum Opfer dargebracht wurden.

„Zwischen einer Person und ihrem Stuhl gibt es keine Geheimnisse“ – Asante und andere Akan glauben, daß etwas vom Wesen des Besitzers auf seinen Hocker übergeht. Ein Hocker bietet seinem Besitzer im Alltag Bequemlichkeit, gibt ihm die Möglichkeit, sich auszuruhen. Ist er nicht in Gebrauch, wird er auf die Seite gelegt, um zu verhindern, daß „schlechte“ Seelen (sunsum bone) von Menschen oder anderen Lebewesen, die eines gewaltsamen, also „Schlimmen Todes“ starben und keine Ruhe finden, von ihm Besitz ergreifen.

Ein Schemel begleitet einen Asante von seinem Eintritt in das soziale Leben bis zum Tod. Er ist das erste Geschenk des Vaters an seinen Sohn, spielt ebenso in den Pubertätszeremonien der jungen Mädchen eine Rolle wie als Gabe des jungverheirateten Ehemannes an seine Frau. Über einem Hocker wird der Leichnam gewaschen, bevor man ihn öffentlich aufbahrt. Da die Schemel insofern also bei allen wichtigen Übergangsriten und kritischen Lebenssituationen eine Rolle spielen, geht ihre Bedeutung weit über die eines bloßen Gebrauchsgegenstandes hinaus. Die „Bindung“ des Menschen an seinen Schemel überdauert selbst den Tod – falls sein zu Lebzeiten „weißer“ Hocker „geschwärzt“ und damit in einen Ahnenstuhl verwandelt wird.

Eine derartige Würdigung widerfährt allerdings nicht jedem Verstorbenen. Damit ehrt man allein herausragende Persönlichkeiten, an der Spitze den König und die „Königinmutter“, dann Fürsten und ihre Mitregentinnen, wichtige Klanälteste, führende Priester und, früher, bedeutende Kriegsherren. Da ihre Hocker Autoritätszeichen und Machtsymbol zugleich sind, werden sie nicht nur mit einer Person, sondern mit der gesamten Familie, einer Kultgemeinschaft oder, im Falle von König und Fürsten, mit dem „heiligen“ Amt, das sie innehaben, gleichgesetzt. Als Führer repräsentieren sie eine größere Gemeinschaft, für deren Wohl sie ihre Kräfte eingesetzt hatten.

Segenstiftend können sie aber nur wirken, wenn sie ein vorbildliches Leben geführt haben. Erinnert werden deshalb nur diejenigen unter ihnen, die Nachkommen hinterließen, nicht ihres Amtes enthoben wurden und eines „guten“ Todes starben. Ein frühzeitiger oder plötzlicher Tod – davon ausgenommen war wohlweislich der Tod auf dem Schlachtfeld – gilt als unehrenhaft, eben als „Schlimmer Tod“. Die betreffenden Seelen haben es nicht verdient, in geschwärzten Stühlen verewigt zu werden, die damit zum Familienerbstück (agyapadie) aufrücken.

Zu den Pflichten eines neuernannten Fürsten gehört, den persönlichen Schemel seines Vorgängers schwärzen und bei den Hockern der früheren Amtsinhaber in einem fensterlosen, auch tagsüber dunklen Raum oder Gebäude des Palastes deponieren zu lassen. Sorgsam muß er sie hüten und dafür Sorge tragen, daß sie regelmäßig Nahrung erhalten. Im „Stuhlhaus“ (nkonnwafieso) ruhen die Hocker auf einer Holz- oder Lehmbank unter einer schweren Decke oder einem handgewebten grobwollenen Tuch (nsaa). Davor stehen irdene Töpfe, in denen sich all das befindet, von dem man glaubt, daß es die Toten in der Jenseitswelt benötigen. Früher gehörte dazu auch, daß man vor die Hocker bedeutender Könige Metallgefäße mit Goldstaub oder Goldnuggets stellte.

Die geschwärzten Hocker sind in genealogischer Abfolgeordnung aufgereiht beziehungsweise archiviert. Einige werden höher geschätzt als andere, weil sie Herrschern gehörten, die sich um Land und Volk besonders verdient gemacht haben. Männer- und Frauenstühle werden in der Regel getrennt voneinander aufbewahrt. Sollten sich beide im selben Raum befinden, stehen die der Frauen (ahemmea) links, die der Fürsten rechts.

Für die Zeremonie des Schwärzens wird ein Tag bestimmt, an dem alle dem Fürsten untergeordneten Amtsinhaber bei Hof zusammenkommen. Es ist ein trauriger Anlaß: Die bevorstehende Zeremonie führt allen die Vergänglichkeit des Lebens vor Augen, gemahnt insbesondere den Fürsten an sein eigenes Schicksal.

Alle Ahnenhocker werden aus dem Stuhlhaus in die offene Halle des Palastes getragen. Darunter stellt man den noch „weißen" Schemel des Jüngstverstorbenen. Die lebendige Beziehung zwischen Stuhl und Besitzer wird oft noch dadurch verstärkt, daß man ein Haarbüschel sowie Finger- und Zehennägel des Toten in ein kleines, senkrecht in der Zentralsäule des Schemels angebrachtes Loch steckt. An manchen Hockern wurden dort schon zu Lebzeiten des Fürsten Messingspangen angebracht, um seine Seele fest an den Stuhl zu binden. Eigens daran befestigte Glocken dienen dazu, die Ahnen herbeizurufen.

Als erstes gießt der Fürst als Trankopfer Palmwein über die Hocker und erfleht den Segen der Ahnen. Er beginnt mit dem ältesten und endet mit dem jüngsten Schemel. Anschließend zerbrechen der „Erste Stuhlträger" und seine Assistenten rohe Eier, die sie in einer Kalebasse oder einem Tontopf mit Ruß vom Herdfeuer und Spinnweben aus der Küche vermengen. Die Spinne tritt in vielen Volkserzählungen auf. Als gewitzte Tricksterfigur (Ananse) überlistet sie Mensch und Tier. Ihr Netz steht folglich für Klugheit und Weisheit der Ahnen. Gleichzeitig symbolisiert es als Insektenfalle den weitreichenden Arm des Regenten, der die

Die Ansammlung von Tierschädeln und -unterkieferknochen zeigt, wie viel den Ahnen schon geopfert wurde. Mit den Opfern besänftigt man sie und hofft auf ihre schützende Einwirkung.

Wer vor die Skulpturen tritt, läßt seine Schuhe am Eingang zurück. Männer entblößen ihren Oberkörper bis zur Taille, Frauen legen ihre Schultern frei. Der Familienälteste ruft die Ahnen, oft mit einem Opfer von Bier, Schnaps oder Softdrinks. Nach der Anrufung der Ahnen dirigiert der Familienälteste die Zeremonie, in der den Ahnen sämtliche Familienprobleme vorgetragen werden. Die jungen Familienmitglieder müssen dabei vor der Türe bleiben.

Macht der Ahnen auf Erden repräsentiert. Mit Eiern wieder muß man vorsichtig umgehen, damit ihre dünne Schale nicht zerbricht. Insofern versinnbildlichen sie einmal das Sprichwort „Die Macht ist ein Ei“, was besagt, daß sie mit Vorsicht zu handhaben ist. Zum anderen steht das Ei, da es keine „Knochen“ hat, für Friedfertigkeit und verweist damit auf die eigentlich versöhnliche Natur der Ahnen und „Stühle“.

Mit der Mixtur aus Ruß, Eiern und manchmal noch Schießpulver schließlich wird der Schemel bestrichen, damit er sich schwarz färbt. Schwarz ist Zeichen für Macht und Zeit, steht für Veränderungen, für Tod und Wiedergeburt, die Macht der Ahnen und des Reiches, kurzum: für Geschichte, Tradition und Erinnerung.

Als nächstes wird ein Widder getötet. Sein Blut fließt zuerst über den zu weihenden, dann über alle anderen Ahnenstühle. Indem es gerinnt, verleiht es den Hockern eine noch dunklere Farbe. Bis zum Beginn des 20. Jahrhunderts wurden viele Ahnenstühle noch mit dem Blut eines bedeutenden männlichen Familienangehörigen geweiht. Außer Blut wird auch das Fett des geopferten Widders über die Hocker verstrichen. Anschließend bittet man die Ahnen mit einem Gebet um ihren Segen. Danach hält der „neue“ zusammen mit den „alten“ Hockern im Stuhlhaus Einzug.

Die Aufbewahrungsstätten der Ahnenhocker sind heilig. Nur wenige dürfen das Stuhlhaus betreten. Zu diesen zählen primär Personen, die dem Reich und dem Fürsten dienen: Stuhlträger, wichtige Hausbedienstete und „Sprecher“. Europäern bleibt in der Regel der Zutritt verwehrt – ebenso wie Personen, die körperliche Schäden aufweisen, wozu früher auch Beschnittene gehörten. Auch menstruierende Frauen dürfen das „reine“ (konkron) Stuhlhaus nicht betreten. Ein weiteres Verbot betrifft die Krieger, allen voran den Kurontihene, den Führer der Vorhut. Seine Präsenz im Stuhlhaus würde die Ahnen an vergangene Schlachten erinnern und damit ihren Frieden empfindlich stören.

Vor allem an sogenannten „schlechten Tagen“ (nnabone) ist es Pflicht des Fürsten, seiner Vorfahren zu gedenken. Als ausgesprochen „schlimm“ gelten die beiden wichtigsten Tage jedes zweiundvierzig beziehungsweise dreiundvierzig Tage umspannenden adaduanan (wörtlich „vierzig Tage“-)-Zyklus. Dabei handelt es sich jeweils um einen Mittwoch oder Sonntag. An beiden Tagen konzentriert man sich verstärkt auf den Innenbereich, sucht mit einem kleinen beziehungsweise großen Gedenkfest (adae) die einstigen Machthaber versöhnlich zu stimmen. Dabei erhalten die Ahnen Speisen und Getränke, vornehmlich Rum und Schnaps. Man ruft sich ihre Namen und Taten in Erinnerung, bittet sie um Hilfe und Vergünstigungen.

Der rituelle Kalender endet mit dem neunten akwasidae, dem adae kese (großes adae) oder odwira, dem „Höhepunkt des Jahres". Vor allem früher bot dieses oft saturnalienartig begangene Fest allen Beteiligten – König, Fürsten, Dorfchefs, Untertanen, Ahnen und Gottheiten – Gelegenheit, ihre Bindungen untereinander zu kräftigen. Es war und ist die Gedenkzeit einstiger Schlachten, vergangenen Ruhms und ehemaliger Glorie; Anlaß also genug, die Verstorbenen durch besonders aufwendige Opfer zu ehren; allen Groll und familiäre Zwistigkeiten zu begraben.

Der versöhnliche Aspekt der Ahnen hat sich bis in die Gegenwart erhalten. Früher kamen ihnen daneben noch andere, weniger friedfertige Aufgaben zu: Man erhoffte sich von ihnen auch tatkräftige Unterstützung im Krieg. Vor entscheidenden Schlachten holte man ihre Hocker aus dem Stuhlhaus, damit sie den Kämpfenden beistünden. Drohte dennoch eine Niederlage, konnte es zu einem letzten, verzweifelten Hilferuf kommen. Dann suchte man den Zorn der Ahnen durch Tabubruch zu schüren: Ihre Schemel wurden gleichsam entweiht, indem man sich auf sie stellte.

Die geschwärzten Hocker bilden den Kern des Ahnenkultes der Asante. Sie werden bei Prozessionen mitgeführt, denn nicht nur im Leben erfahren Fürsten und Könige große Verehrung. Sie überdauert den Tod, weil ihre Herrschaft im Jenseits (asamando) fortwährt. Die Nachfahren sichern ihnen mit den Hockern auch weiterhin „einen Platz" in der Welt. Ihr Kult ist in erster Linie Sache ihrer Nachfolger, die sonst an sich nicht mit dem Tod in Berührung kommen dürfen, um ihre Lebenskraft nicht zu gefährden. Im Palast stirbt niemand; kein Fürst wird – mit Ausnahme von außergewöhnlichen Ereignissen – einen Friedhof betreten. Der übliche Ahnenkult an den Gräbern wurde für die Asante-Elite durch die Heiligung der Hocker gleichsam „verträglich" gemacht. Mit ihnen in Kontakt zu treten, bildete für die Fürsten keine Gefahr mehr. Damit behielten sie die Kontrolle über den Ahnenkult – und ein wesentliches Machtinstrument in ihren Händen.

Auch die Fon kennen eine besondere Art der Ahnenverehrung: Sie halten die Erinnerung an die Toten in Altären oder Metallskulpturen (meist aus Eisen) fest, den asen (im Singular und Plural gleich), in denen die Totengeister zu bestimmten Anlässen Einzug halten. Über einen Eisenstab in der Erde verankert, „wächst" der asen gleichsam nach oben: Er erweitert sich zu einem konischen Sockel mit einer flachen, runden Plattform an der Spitze. Diese erinnert an eine Kalebasse als wahrscheinlicher Ausgangsform. Tatsächlich sagen die Fon: „Ein asen ist wie eine Kalebasse, in der man dem Toten Wasser und Nahrung reicht", und die Alten gebrauchen häufig das Wort sinnuká, „Wasserkalebasse", zur Bezeichnung der asen.

Mündlichen Überlieferungen zufolge stammen die asen ursprünglich aus Allada, in dem einstmals eine den Yoruba verwandte Bevölkerung an der Macht war. Von dort sollen sie nach Abomey, der Hauptstadt von Dahomey, gekommen sein.

Lange Zeit war der Gebrauch von asen durch das Königtum monopolisiert. Mit dem Exil des letzten Herrschers im Jahr 1900 endete das königliche Mäzenatentum, und die Schmiede mußten nach neuen Klienten suchen. Um das königliche Prestige aufrechtzuerhalten und ihre Vorfahren gebührend zu ehren, gaben immerhin die acht Distriktchefs, alle Abkömmlinge früherer Herrscher, asen nach königlichem Vorbild in Auftrag. Etwa gleichzeitig kamen asen mit geschmückter Plattform auch bei bürgerlichen Reichen in Mode: Zu Beginn des 20. Jahrhunderts erlebte diese Kunstform ihre Blütezeit. Ein ehemals königliches Privileg wurde „demokratisiert", heute sind asen in allen Gesellschaftsschichten verbreitet. Blecherne sind für nahezu jeden erschwinglich und werden auf vielen Märkten feilgeboten.

Vorbei ist auch das Monopol, das nur den Angehörigen bevorzugter Schmiedefamilien die Herstellung von asen erlaubte: Heute werden die Stücke in Schmiedewerkstätten verschiedener Städte Südbenins hergestellt. Manche von ihnen sind wahre Meisterwerke. Die Künstler signieren sie am Unterbau (gó) des asen. Ein andermal geben die am Rand der Plattform angebrachten Anhänger Aufschluß über die Person des Künstlers. Der Schmied hat dabei die Auswahl unter einer Vielzahl von Mustern. Nur wenn ein asen für einen Toten vornehmen Ranges hergestellt wird, tritt sein Schöpfer in den Hintergrund, und es dominieren Motive, die an den Verstorbenen erinnern. Allerdings sind viele der früher eher persönlichen Anhängermotive heute popularisiert, so daß sie nicht mehr die Handschrift eines bestimmten Schmiedes tragen.

Über die Herstellung der asen wacht Ogun (Gu), der Gott des Eisens. Er ist ein „energischer" Gott, der

Auf den Metallplatten der Ahnenaltäre werden die Geschichten oder besondere Leistungen der Verstorbenen dargestellt. Die Familien wenden sich bei allen wichtigen Ereignissen an ihre Ahnen. Ein Neugeborenes etwa wird immer seinen Vorfahren präsentiert. Auch Ehen und Saatgut müssen von den Ahnen gesegnet werden. Dies sind dann immer größere Zeremonien mit reichen Opfern. Aber auch zwischenzeitlich sollte man die Ahnen mit dem Notwendigsten versorgen, um sie nicht zu verstimmen.

gleichsam die Hitze des Feuers verkörpert. Seine Stärke wohnt auch den ehernen Waffen inne, mit denen er die Kraft verleiht zu verwunden – ja sogar zu töten. Insgesamt erscheinen die Eigenschaften Oguns (Gus) nicht so recht verträglich mit dem grundsätzlich friedfertigen Charakter der Ahnen. Deshalb muß das Eisen, bevor die Totengeister in einen asen eingehen können, gekühlt, ihm gleichsam die Hitze Oguns (Gus) entzogen werden. Der Auftraggeber sucht den Gott zu beschwichtigen, indem er verschiedene Dinge (Gin, Geld, Kolanüsse, Malaguetta-Pfeffer) mit in die Werkstatt bringt. Nachdem der Schmied mittels Kolanußorakel die Wünsche Gus in Erfahrung gebracht hat, gibt er drei der dem Gott heiligen Blätter in eine mit Wasser gefüllte Kalebasse. Damit kühlt er den asen. Zugleich besänftigt er Ogun (Gu) mit Gin und Geld. Erst wenn diese Zeremonie vollzogen und Ogun (Gu) nicht mehr in dem Metall enthalten ist, steht der asen bereit, den Geist eines Verstorbenen aufzunehmen. Auf dem Höhepunkt der Totenfeier wird er dann aufgestellt und dem Ahnen geweiht.

Die Verstorbenen sind zwar der Welt entrückt, aber nicht unerreichbar. Mit den asen errichten die Fon ihren Toten nicht nur ein würdiges Denkmal, sondern auch eine Stätte, an die ihre Seelen zurückkehren und am Gemeinschaftsleben teilhaben können. Insofern demonstrieren die asen Einheit und Verbundenheit der Familie über den Tod hinaus. Greifbare Bindeglieder zwischen Lebenden und Verstorbenen, stehen sie gleichzeitig auch für das Aufeinander-angewiesen-Sein beider. Sie erinnern die Lebenden an ihre Pflichten gegenüber den Ahnen, sind Sinnbilder ihrer Ergebenheit und persönliche Ehrenmale der Toten. Insofern sollte jeder Verstorbene seinen asen haben. Häufig aber fehlen den Familien die Mittel, jeden Toten auf diese Weise zu würdigen. So gedenkt man der Ahnen oftmals im Kollektiv.

Die Aufstellung der asen geschieht im Rahmen einer besonders aufwendigen Trauerfeier, die einer langen und gründlichen Vorbereitung bedarf und längere Zeit nach der Bestattung, oft erst nach einem oder gar mehreren Jahren stattfindet. Sie verpflichtet die Hinterbliebenen, des Verstorbenen auch künftig zu gedenken; zumindest einmal jährlich sollte er Opfer erhalten. Die Feste, orientiert an den höfischen Vorbildern der vorkolonialen Zeit, variieren dabei im Aufwand. Während die meisten in eher bescheidenem Rahmen bleiben, wird in bestimmten Abständen geradezu geprаßt. Das verschlingt dann nicht nur einen Großteil der vorhandenen Ressourcen, sondern stürzt die Familien darüber hinaus in hohe Schulden. Im Prinzip ist ein jedes Familienmitglied verpflichtet, seinen Teil zu den Kosten beizusteuern. Dennoch reichen die Mittel in der Regel nicht aus, die Toten jedes Jahr in gleichem Maße zu würdigen. Deshalb spart man so lange und legt zusammen, bis – meist in jedem sechsten oder siebten Jahr – ein wahrhaft großartiges Fest stattfinden kann.

Zwischenzeitlich werden die Verstorbenen wenigstens mit dem „Notwendigen" versorgt, um sie nicht zu verstimmen. Schließlich liefert der Alltag mannigfach Anlaß, sich ihres Rates und ihrer Hilfe zu versichern. Vornehmlich in kritischen Situationen ist ihre Unterstützung gefragt. Jedes Neugeborene wird den Ahnen präsentiert; Eheschlüsse wie die Fruchtbarkeit der Frauen hängen von ihnen ab. Vor der Aussaat sollten sie das Saatgut segnen, wofür sie die Erstfrüchte jeder Ernte erhalten. Bei Unternehmungen unsicheren Ausgangs, wie einer geplanten Reise oder bevorstehender Prüfungen, erbittet man ihren Schutz und Beistand und verspricht ihnen für den Erfolgsfall Dankesgaben. Bei Krankheiten, plötzlichen Todesfällen, katastrophalen Ernten – alles Zeichen dafür, daß die Ahnen unzufrieden sind – sucht man sie zu versöhnen. Bleibt der Regen zu lange aus, versprengt man in einem eigenen, ahanliba genannten Ritual Wasser über die asen, um die Ahnen dazu zu bewegen, sich beim Himmelsgott für die Menschen um Regen zu verwenden.

Mit den asen ehren die Fon ihre verstorbenen Eltern und Verwandten. Dabei erinnert vor allem die Plattform mit ihren in Eisen oder Stahl gehämmerten, in Messing gegossenen oder getriebenen Darstellungen von Menschen, Tieren und Pflanzen bildhaft an denjenigen, für den der asen eingerichtet wurde. Einen zusätzlichen Schmuck bilden bisweilen Holzschnitzereien, Knochen- und Tuchfragmente sowie besondere Fundstücke wie Flaschenkronen und Münzen. Miteinander kombiniert, verschmelzen die einzelnen Elemente zu einem „Gesamtkunstwerk", mit dem die Fon früher allein einflußreiche Persönlichkeiten, heute jedoch allgemein ihre verstorbenen Mütter und Väter würdigen.

Die Skulpturen ihrerseits „sprechen" in reichen, oft subtilen Bildern, vermitteln Botschaften, in denen sich verschiedene Formen des optischen Diskurses miteinander verbinden. Dargestellt sind neben dem Verstorbenen oft die bzw. der Stifter des asen. Außerdem machen die Skulpturen zentrale Werte der Fon-Kultur deutlich und spielen auf bestimmte Gotthei-

Während die familienältesten Frauen den Ahnen ihre Probleme vortragen, bieten sie ihnen auch Getränke und Speisen dar.

Die Ahnen erhalten Opfer – Wasser, Alkohol, Blut und Nahrungsmittel, bevorzugt Bohnen –, dargereicht in kleinen Kalebassen. Ohne wahrgenommen werden zu können, nehmen sie die spirituelle Essenz der Gaben zu sich.

Die asen sind nicht nur Denkmäler für die Verstorbenen. Sie sind auch eine Stätte, an die ihre Seelen zurückkehren und am Gemeinschaftsleben teilnehmen können. So demonstrieren die asen vor allem Einheit und Verbundenheit der Familien über den Tod hinaus.

Nur die Ahnen, die ein vorbildliches Leben geführt haben, können später segenstiftend wirken. So erinnert man sich auch nur an diejenigen, die Nachkommen hinterließen und eines „guten" Todes starben.

ten, Sprichwörter, Preislieder oder Wortspiele an. Jedes dieser verschiedenen Elemente kann zudem mehrere Bedeutungsaspekte besitzen und läßt daher unterschiedliche Interpretationen zu. Ohne Angabe einer Erklärung ist die Symbolik der asen oftmals nur schwer verständlich, vor allem, wenn Sprichwörter und Wortspiele miteinbezogen sind. Die Fon selbst sagen, daß die Bildersprache der Skulpturen in der Regel nur zwei Personen verstehen: der Hersteller des asen und sein Auftraggeber. Dennoch lassen sich generelle Charakteristika bestimmen.

Dazu gehört, daß die runde Plattform des asen, seine „Spitze" meist verschiedene Figuren aus Eisen, Holz oder Messing zieren. Sie bilden die Ehrung des Toten nach und betonen die Einheit der Großfamilie. Ist der Verstorbene selbst Teil des Ensembles, nimmt er die zentrale Position auf der Plattform ein. Man erkennt ihn etwa daran, daß er einer für ihn typischen Tätigkeit nachgeht, zum Beispiel webt. Ein andermal wird eine bestimmte religiöse Bindung herausgestellt: Die Skulptur zeigt ihn vielleicht als Weihling des Gewittergottes Hevioso und seines Kultes. In der Regel sind die Verstorbenen auf den asen als Autoritätspersonen, als fürsorgliche Familien- oder Dorfälteste dargestellt. Zudem bekleidet und ausgestattet wie Fürsten, werden sie von den Fon gleichsam zu Herrschern erhoben: Auf vielen asen thront der Verstorbene auf einem Schemel.

Häufig ist auch der Stifter dargestellt. Er steht oder kniet vor dem Toten – Demutshaltungen, die von Respekt und Hochachtung zeugen. Gleichsam „nebenbei" rühmen viele asen auch den Wohlstand und sozioökonomischen Status des Stifters. Weitere Hinweise lassen sich der Kleidung der Dargestellten entnehmen. So trägt der Verstorbene ein über die linke Schulter geschlagenes Gewand, während der Stifter mit bloßem Oberkörper vor ihm steht oder kniet. Wichtig ist auch die Frisur: Rasierte Schädel zeigen, daß es sich um trauernde Hinterbliebene handelt, indes der Verstorbene selbst oft einen Hut trägt, ein ähnlich wichtiges Statussymbol wie der Stuhl. In gewisser Weise erinnern auch die asen selbst an große Hüte.

Nachdem die Ahnen ihr Mahl beendet und die Sorgen ihrer Angehörigen angehört haben, versprüht die älteste Frau der Familie einen Schluck Bier mit dem Mund über den asen. Damit verabschiedet sie die Ahnen.

Vor größere Schwierigkeiten stellen die zahlreichen Symbole den Betrachter. Ein zentrales Motiv vieler Skulpturen ist eine Kalebasse mit Deckel. Sie steht für die getrennten Bereiche der Lebenden und der Toten, die sich gleichwohl – wie die beiden Kalebassenhälften – berühren und ergänzen. Die Kalebasse besitzt neben ihrer profanen Funktion auch eine symbolische Bedeutung. In ihr wird Besuchern Wasser gereicht, aus ihr speist man gemeinsam, sie ist unerläßliches Ritualgefäß und wichtigste Metapher für die Beziehung zwischen Lebenden und Toten. Ihre Symbolik reicht aber noch weiter: Sie repräsentiert das Universum, das ebenfalls aus zwei Hälften besteht und dennoch ein Ganzes bildet. Man assoziiert sie mit dem Schöpferpaar Mawu–Lisa, das sich ebenso komplementär ergänzt. Das weibliche Prinzip Mawu verkörpert dabei Fruchtbarkeit, Ruhe, Freude, die Nacht und den Mond, der männliche Aspekt Lisa Macht, Arbeit, den Tag und die Sonne. So umfassen die Kalebassenhälften gleichnishaft das gesamte menschliche Leben, die Natur und den Kosmos.

Häufig abgebildet ist auch das Kreuz, ein Symbol für Mawu, das möglicherweise auf christlichen Einfluß zurückgeht. Bilder von Sonne, Mond, dem Chamäleon – Zeichen für Lisa sowie Bedächtigkeit und Glück – und der (Regenbogen-)Schlange, die unter anderem für Reichtum steht, sind ebenfalls gängig. Darstellungen von Opfertieren zeigen, welche von ihnen den Verstorbenen ins Jenseits begleiteten, welche ihm in seiner Stellung als Ahn dargebracht wurden. Eine in Y-Form geflochtene Kordel symbolisiert Kontinuität, wobei das offene Ende bedeutet, daß es Aufgabe der Lebenden ist, den Fortbestand der Familie zu sichern.

Wortspiele nehmen häufig Bezug auf denjenigen, für den der asen errichtet wurde. Ein Mann aus Abomey zum Beispiel verzierte die Metallskulptur für seine Mutter mit einem Fisch und einem Mahlstein. Fisch heißt in der Fon-Sprache hué, das Wort für Mahlen oder Zerstoßen lautet li. Beider Zusammensetzung ergibt den Familiennamen der Mutter, nämlich Huelinu.

In Sprichwörtern wiederum drückt sich eher die Beziehung zwischen Lebenden und Verstorbenen aus. Beispielsweise kann man auf einer asen-Plattform einen Hund erwartungsvoll vor seinem Herrn stehen sehen, mit etwas, was er gefangen hat, im Maul. Das dazugehörige Sprichwort lautet: „Ein Hund zeigt seine Beute zuerst seinem Besitzer“, was besagt, daß die Lebenden ihren Reichtum mit den Verstorbenen teilen müssen.

Zwillinge, die launischen Begleiter

Neu geschnitzte Zwillingsfiguren von kürzlich verstorbenen Zwillingen werden hier einer Schutzzeremonie unterzogen. Dafür zieht der Priester einen Schutzkreis aus weißer Kreide um die Figuren.

Zwillingsgeburten sind keine Seltenheit, sie treten eher gehäuft auf – und dennoch betrachtet man die Kinder nicht als „normal“: Zwillinge gelten gleichsam als „bisexuelle Einheit“. Die Bambara (Bamana) in Mali glauben, daß Faro, als „Herr des Wassers“, die Zwillinge den Menschen selbst gibt. Während in „gewöhnliche“ Kinder durch Vermittlung Faros die spirituellen Substanzen von kurz vorher verstorbenen Verwandten übergehen, verläßt die Seele oder das „Doppel“ (dya) von Zwillingen nie die Gewässer, sondern bleibt immer bei Faro, weshalb es frei von Gefahr und Unreinheit ist. Dabei gilt jeder Zwilling als „Doppel“ des anderen, und beide sind zudem eine Art Replik des Faro. Insofern ist ihre Geburt ein Segenszeichen und nur für Privilegierte bestimmt.

Bambara und Dogon in Mali, Luba-Lulua im Südkongo und andere Völker Afrikas sahen ihre mythischen Urzeitwesen doppelgeschlechtlich angelegt; Himmel und Erde stellte man sich etwa als göttliche Zwillinge vor. Bei den Yoruba rangiert beispielsweise unter dem – nur in vagen Zügen gedachten – Hochgott Olorun (bzw. Olodumare) das Zwillingspaar Obatala (Himmel) und Ododua (Erde). Beide denkt man sich einer verbreiteten Version nach als Hälften einer Kalebasse, die eng aufeinander liegen. In der Urzeit herrschte noch keine klare Trennung der Formen, männliche und weibliche Komponenten gingen fließend ineinander über. Zwillingswesen markieren daher den Beginn, verkörpern gleichsam die „Hoch-Zeit“ der Schöpfung.

Verbreitet ist auch die Vorstellung zweier „Väter“ von Zwillingen, einem irdischen und einem spirituellen, wobei meist der jüngere Zwilling seinen Ursprung der Zeugung durch die Geistmacht verdankt. In ihm sieht man häufig das zuerst geborene Kind. Da Jüngere gemeinhin für die Älteren Botengänge verrichten, glaubt man es von seinem Geschwister vorausgeschickt, um zu prüfen, ob sich der Eintritt ins Leben überhaupt lohnt.

Bisweilen glaubt man aber auch, daß beide Kinder ihr Leben dem Einwirken böser Geister verdanken, weshalb sie früher – gleich nach der Entbindung – getötet

Aufsicht des Schutzkreises für die Zwillingsfiguren, in dem sie auch Opfer bekommen.

Vodun-Anhängerin mit Zwillingsfiguren (Mono-Region, Benin). Verstorbene Zwillinge werden zu kleinen Gottheiten, die wohl umsorgt sein müssen, da sie dafür bekannt sind, launisch zu sein. Als kunstvoll gefertigte Puppen werden die verstorbenen Zwillinge fortan von ihren Verwandten versorgt. Im Gegenzug können sie ihrer Familie Schutz bieten.

Mutter mit ihren Kindern und Zwillingsfiguren (Mono-Region, Benin). Zwillingspuppen müssen wie lebende Kinder versorgt und immer mitgenommen werden. Bei den Zwillingen handelt es sich nicht unbedingt um eigene Kinder und Geschwister, es kann auch der Zwillingsbruder des Großvaters oder einer Tante sein.

wurden. Mancherorts werden Zwillinge noch immer mit den Buschgeistern in Verbindung gebracht, da sie gleich diesen paarweise auftreten. Und weiblichen Buschgeistern sagt man nach, daß sie nur Zwillinge zur Welt bringen würden. Bei den Mosi und Bisa tragen Zwillinge deshalb gleich den Namen der Buschgeister: Kinkirsi bzw. Kirgar.

So läßt sich verstehen, daß im Umgang mit Zwillingen – wie mit Buschgeistern – Vorsicht geboten ist: Beide gelten als launische, kapriziöse Wesen, denen erhöhte Aufmerksamkeit zu zollen und deren Wünschen unverzüglich Folge zu leisten ist. Vor allem müssen Zwillinge immer gleich behandelt werden, sie sollten zum Beispiel gleich große Essensportionen und identische Kleidungsstücke erhalten. Letztendlich bedarf es nur wenig, die Kinder gegen ihre Eltern aufzubringen. Fühlen sie sich vernachlässigt, kehren sie dieser Welt schnell wieder den Rücken – eine plausible Erklärung dafür, warum häufig eines, oft beide Kinder schon bald nach der Geburt sterben.

Früher entschied häufig das Geschlecht der Zwillinge über ihr weiteres Schicksal. Nach einem Bericht aus dem 17. Jahrhundert wurden in Asante damals nur Kinder desselben Geschlechts aufgezogen. Andernfalls wurde eines am Leben gelassen, das andere getötet. Später brachte man Zwillingspärchen an den Hof und überantwortete sie gleichsam dem König. Der nahm alle Knaben als Höflinge in seinen Dienst, Mädchen zu seinen Frauen. Damit glaubte man sichergestellt, daß sie weiterhin eine ihrer Herkunft angemessene und gleiche Behandlung erfahren würden.

Schlimm war indes, wenn in die Familie des Asantehene Zwillinge geboren wurden. Sie mußten sofort getötet werden, da sie zu dem vielen zählten, was dem „Goldenen Stuhl" verhaßt war. Zugrunde lag dem die Furcht um den Erhalt der Reichseinheit: Zwillinge verfügen über identische Thronansprüche, müßten sich also auch „die Macht" teilen. Nun könnten zwei Herrscher, wie man meinte, aber nicht gleichzeitig regieren. Neben den üblichen Rivalitäten und Thronstreitigkeiten hätte ihr Überleben leicht zur Reichsspaltung führen können.

Daß dies kein rein hypothetisches Problem war, zeigt das Beispiel des Mosi-Reiches Tenkodogo, in dem Zwillingsbrüder gegen Ende des 19. Jahrhunderts einen Bürgerkrieg auslösten, der unzählige Menschenleben kostete und über die Bevölkerung großes Leid brachte. Um eine Wiederholung der Vorfälle auszuschließen, vergrub man daraufhin – wie jedenfalls behauptet wird – einen kraftvollen „Zauber", der fortan, wurden einem Herrscher Zwillingsknaben geboren, einen davon gleich nach der Geburt sterben ließ.

Auch in anderen, eher demokratisch und von Ältestenräten dominierten Gesellschaften betrachtet man gleichgeschlechtliche Zwillinge häufig mit Argwohn. Werden den Senufo Zwillinge unterschiedlichen Ge-

Ein Schuljunge trägt in der Brusttasche seines Hemdes die Figur seines verstorbenen Zwillingsbruders bei sich, so daß sein Geschwister weiterhin an allem teilhaben kann (Cotonou, Benin). Wenn der Schuljunge zu Mittag ißt, wird er die Zwillingsfigur auf den Tisch setzen und ihr von jeder Speise etwas „zu essen" geben.

Für den Erhalt ihrer Gesundheit werden die Zwillingspuppen in einem Kräuterbad gewaschen.

schlechts geboren, halten sie das Verhältnis für ausgewogen. Kommen gleichgeschlechtliche Paare zur Welt, sehen sie darin eine einseitige, gefährliche Übergewichtigkeit. Früher galten Zwillingsgeburten deshalb vielerorts als großes Unglück. Daneben trifft man jedoch wie erwähnt auch die Vorstellung, derzufolge Zwillinge, eben ihrer Außergewöhnlichkeit wegen, eine erhöhte Wertschätzung genießen. Sie erregen Neugierde wie Bewunderung, zumal wenn sie einander sehr ähnlich und leicht zu verwechseln sind. Da zumindest ein Zwilling eine Geistmacht zum Vater hat, glaubt man sie mit außergewöhnlichen Gaben ausgestattet und begrüßt ihre Geburt als Zeichen heilbringenden Segens, das heißt vor allem gesteigerte Fruchtbarkeit. Sie gelten als kostbares Geschenk für die ganze Familie, der sie nur Gesundheit, Wohlstand und Schutz vor Krankheit und Tod bescheren können. Gleichwohl vermögen Zwillinge ihre Überkräfte zum Guten wie zum Bösen aufzuwenden und ebenso Glück wie Unglück heraufzubeschwören. Im einzelnen hängt das davon ab, was ihrer Geburt in der Familie vorausging. Die Gulmanceba in Burkina Faso konsultieren zur Vergewisserung einen Wahrsager, der feststellen soll, ob es sich bei den Kindern um „gute", das heißt menschliche Zwillinge oder aber um Buschgeister handelt.

Aufgrund ihres oft geringen Geburtsgewichtes und entsprechend größerer Anfälligkeit werden Zwillinge meist später als andere Kinder der Öffentlichkeit vorgestellt. Stirbt einer von ihnen vorher, wird er zu seinem Ursprungsort zurückgebracht: in der Regel in den Busch oder an den Rand eines Gewässers. Der Zwilling, der zuerst „geht", kehrt – ohne Zeremonie und Umstände – in die Natur zurück: Er wird außerhalb der Siedlung begraben oder – wie bei den Mosi – unter einem Termitenhügel verscharrt.

Sollten indes beide Kinder die beiden ausnehmend kritischen ersten Jahre überleben, trägt die Mutter sie auf den Markt. Man glaubt ihre Seele inzwischen ausreichend fest an den Körper gebunden, so daß sie bei der geringsten Irritation nicht gleich weicht. Der Gang zum Markt, an dem sich immer auch Fremde aufhalten, gilt gewissermaßen als Probe dafür, ob die Kinder bleiben oder, wie nach flüchtigem Besuch, den Weg zurück einschlagen wollen. Jeder, der ihnen an diesem Tag begegnet, macht ihnen kleine Geschenke – alles Versuche, sie durch diese sichtlichen Zeichen von Wertschätzung zum Bleiben zu bewegen.

Sollen Zwillinge nämlich als „Heilbringer" wirken, müssen sie besonders gut aufgenommen und versorgt werden. Sie müssen das beste Essen, Getränke und die schönsten Kleider erhalten. Man bemüht sich, sie in jederlei Hinsicht zu verwöhnen, damit sie ihre Gaben ganz zum Wohl der Familie entfalten, statt, weil sie sich vernachlässigt fühlen, Schaden anzurichten.

Bei manchen Gruppen – wie den Yoruba in Nigeria, den Ewe in Togo und den Fon in Benin – hat sich um die Zwillinge ein regelrechter Kult entwickelt: Sie gelten als Auserwählte der Geistmächte. Man betont ihre enge Verbundenheit, die selbst den Tod überdauere. So glauben die Yoruba, daß Zwillinge eine gemeinsame Seele haben. Stirbt einer, droht daher auch dem anderen der Tod: Ihre Seele ist aus dem Gleichgewicht geraten, schwankt gleichsam zwischen Diesseits und Jenseits. Der verstorbene Zwilling ist ständig darauf aus, den lebenden möglichst bald zu sich zu ziehen. Dem gilt es entgegenzuwirken. Die Eltern bemühen sich nicht nur um so intensiver um das überlebende Kind, sondern trachten danach, auch das verstorbene in ihrer Mitte zu halten. Stirbt ein Zwilling vor dem siebten Jahr, beauftragen die Yoruba einen Schnitzer mit der Anfertigung einer kleinen, etwa 25 cm hohen Figur, einem sogenannten ere ibeji („Abbild des Zwillings"). Diese Figur „ersetzt" künftig das verstorbene Kind. Durch Vermittlung eines Priesters der Orakelgottheit Orunmila, eines babalowa („Vaters der Ge-

Zwillingsfiguren spielen bei vielen vodun-Zeremonien eine Rolle, etwa als Wächter auf dem Weg einer Zeremonie, in der eine Frau von ihrem Pech erlöst werden soll.

heimnisse"), hält die Zwillingsseele im ibeji Einzug. Die Figur stellt sicher, daß die Zwillinge nicht getrennt bleiben, dient fortan als irdische Wohnstatt oder Hülle der Seele, die im ibeji fortexistiert. Zu besonderen Anlässen, vor allem bei Festen, wiegen die Mütter ihr „Kind" im Arm und tanzen mit ihm, als lebe es noch. Auch sonst hegen und pflegen sie es, füttern und kleiden es ein. Ab einem gewissen Alter übernimmt der Überlebende die Sorge für seinen verstorbenen Zwilling. Sollten beide Kinder sterben, so daß keine Trennung der Zwillingsseele erfolgt, läßt die Mutter dennoch für beide Kinder Figuren anfertigen. Sie kümmert sich um die ibeji – ganz wie um lebende Kinder. Ja, man stellt sie auf den Altar der Familiengottheit (orisha), wo sie besondere Verehrung erfahren, und sie werden in den Götterkult mit einbezogen.

Die Sitte, Zwillingsseelen noch zu Lebzeiten eine eigene sakrale Heimstatt einzurichten, ist in Westafrika weit verbreitet. Häufig handelt es sich dabei, wie bei Asante und Fon, um irdene Gefäße mit zwei untereinander verbundenen Abteilungen. Bei Kindern ein und desselben Geschlechts weisen die Öffnungen in dieselbe, bei Mädchen und Jungen in einander entgegengesetzte Richtungen. Die Mosi und Bisa errichten für ihre Zwillinge kleine „Lehmhäuschen" (kinkirs-roogo) mit zwei „Räumen". Hier suchen die Familien in Problemfällen Rat, legen bei verschiedenen Jahresfesten die ersten Opfer nieder und bitten die Zwillinge um ihren Segen. Sie gelten den Ahnen zwar nicht über-, aber doch gleichsam vorgeordnet. Ihr Wohlwollen sichert Feldern und Menschen Fruchtbarkeit und garantiert den Fortbestand der Gemeinschaft.

Findet die Opferung eines Tieres für eine Zeremonie statt, so stellt man Zwillingstöpfe (Schalen der Zwillingsfiguren) in die Nähe, so daß auch sie etwas von dem Opferblut bekommen.

Auch die Ga begrüßen Zwillingsgeburten als überaus freudiges Ereignis. Ihre Mutter darf sich als besonders beneidet betrachten und fortan keinerlei Zeichen von Trauer mehr zeigen. Wie die Priester und Priesterinnen der verschiedenen Gottheiten legt sie weiße Gewänder an – ein Zeichen der Neugeburt und spirituellen Reinheit, weshalb auch die Zwillinge weiß eingekleidet werden. Zwillinge haben alles gemeinsam. Sie pflegen ihre Geschenke zu teilen und stets, wie man glaubt, auf die gleiche Weise zu reagieren. Ein vernachlässigter Zwilling erkrankt und spricht auf Heilungsbemühungen erst an, wenn er versöhnt und zufriedengestellt ist. Erwachsen, werden Zwillinge, was sonst ausgesprochen verpönt ist, geradezu ermutigt, zwei Brüder bzw. Schwestern zu heiraten. Diese Abweichung von der Norm erscheint legitim, da Zwillinge übermenschlichen Ursprungs sind und unter Gottheiten sogar Geschwisterehen üblich sind. Früher glaubte man die Zwillinge beseelt vom Geist einer „Buschkuh" (wuo), die nicht nur als unberechenbar, sondern auch als besonders „wild" gilt. Heute bringt man sie eher mit bestimmten Naturgottheiten in Verbindung.

Sobald sie eine Woche alt sind, findet ihre Namengebungszeremonie statt, zu der jedes Kind einen kleinen Tontopf erhält. Beide Gefäße werden, gefüllt mit bestimmten Kräutern, Wasser, versetzt mit Rum, Kaurischnecken und Geld, nebeneinander in eine Plattform aus Lehm vor der mütterlichen Hütte eingegraben. Anschließend übergießt man sie mit dem Blut geopferter Hühner. Gleichzeitig umwindet man Fuß- und Handgelenke der Kinder mit Fasern der nyanya-Pflanze, um ihre Seele zu „binden" und zu kräftigen. In die Hofmitte wird ein tiefer Holzteller getragen, in dem sich Wasser, Rum, die Blätter verschiedener Pflanzen sowie die Spitze einer eisernen Axt befinden. Rings herum knien die Eltern der Kinder sowie alle Anwesenden, die selber Zwillinge oder Eltern von Zwillingen sind, nieder. Darauf nehmen sie dreimal nacheinander einen Mundvoll von Flüssigkeit, um sie jedesmal wieder auszuspucken. Schließlich waschen beziehungsweise reinigen sie damit ihre und die Gesichter ihrer Kinder.

Die Namen, die Zwillinge bei den Ga erhalten, stehen – wie in vielen westafrikanischen Gesellschaften – bei ihrer Geburt bereits fest: Mädchen werden Akwele

Altar für Zwillingsfiguren (Mono-Region, Benin). Das Opferblut wird in die Tontöpfe vor den Zwillingsfiguren gefüllt.

und Akuokor, Knaben Oko und Akwele genannt. Handelt es sich um ein Pärchen, nennt man den Jungen Oko, das Mädchen Akwele. Damit stehen auch die Namen der nachgeborenen Kinder fest: Das nächste wird Tawiah heißen, dem man, handelt es sich um einen Knaben, das Suffix nuu, bei einem Mädchen yoo anhängt. Auf Tawiah folgen Ago, Abam-Kofi und Nyankoma-Ago, das heißt, eine Zwillingsgeburt hat für die Ga Auswirkungen bis zum fünften Kind.

Sind die Zwillinge mehrere Monate alt, glaubt man hoffen zu dürfen, daß sie wirklich „bleiben" wollen. Dann werden ihre tönernen – wie sie selbst noch immer zerbrechlichen – Gefäße gegen ein Paar Hörner ausgetauscht, die angeblich von der wilden Buschkuh (wuo) stammen. Man stellt sie auf weißes Baumwolltuch. Sie bilden fortan den wertvollsten Besitz der Zwillinge. Ein Zwilling, der sich von jemandem gekränkt fühlt, kann ihn töten, indem er beide Hörner ergreift, gegeneinander schlägt und dabei den Namen des Betreffenden nennt. Stirbt ein Zwilling im Dorf oder seiner Umgebung, werden alle anderen, die davon hören, vom Geist der Buschkuh ergriffen. Sie rennen dann wie wild geworden umher, brüllen, stoßen mit den Köpfen und schlagen um sich. Nach einigen Stunden des Wütens übermannt sie schließlich totale Erschöpfung.

So jedenfalls war es früher. Da die Ga keine homogene Gemeinschaft bilden und als Küstenbevölkerung den unterschiedlichsten Einflüssen ausgesetzt waren, existieren lokale Unterschiede. Nicht zuletzt trug die Verbreitung des Christentums das Ihre zum Niedergang des „heidnischen Brauchtums" bei.

Heute geschieht es nur selten noch, daß man die Zwillinge, bevor man sie der Öffentlichkeit präsentiert, in Pflanzenwasser badet, um sie anschließend mit Tonerde und einer wohlriechenden Kräuterpaste einzureiben. Wo man aber noch daran festhält, opfert der Familienvorstand als nächstes einen Hahn, dessen Fleisch dann alle mit gestampftem Yamsbrei (fufu) zusammen

Am Vortag des homowo-Festes (ein mehrwöchiges, großes Fest) findet in Jamestown eine allgemeine Reinigungszeremonie statt. Jede Familie mit Zwillingen richtet zu diesem Anlaß auf einem Tisch eine Art Altar ein. Darauf legt man die beiden Rinderhörner, in denen die Kraft oder "Seele" der Zwillinge wohnt. Die Hörner erhalten Münzen, Eier und andere hochgeschätzte Nahrungsmittel als Opfer.

gemeinsam verzehren. Nach Abschluß der Mahlzeit, noch bevor man die Hände wäscht, streicht jeder mit der rechten, also der Hand, mit der er gegessen hat, leicht über die Körper der Kinder. Mit der reichhaltigen Brühe, voller weißer Yamskrümel und Fettaugen darauf, werden die Zwillinge anschließend gewaschen. Der Vater hat für jedes der Kinder ein Rinderhorn bereitgestellt, in das ihre „Seele" jetzt Einzug hält. Damit werden die Hörner zum Altar, an dem man Gebete spricht und Hilfe sucht. Der „Geist" der Zwillinge hat die Macht, vielerlei Unheil zu wehren. Über Neider und Übelsinnige kann er Leid, Unglück, ja den Tod bringen.

Allgemein üblich ist die Verehrung von Zwillingen im Rahmen des homowo-Festes zu Beginn des traditionellen Neujahrs, zu dessen festem Bestandteil eine „Zwillingsfeier" gehört. Die Ga im Großraum von Accra (Ga-mashi) „reinigen" zunächst ihre Zwillinge am Freitag vor dem eigentlichen Festtag. Dazu werden die Hörnerpaare aus ihrem Schrein im Haus herausgeholt, auf ein neues weißes Baumwolltuch gelegt und so öffentlich zur Schau gestellt. Rings herum drapiert man zahlreiche Münzen; früher verwandte man auch nyanya-Blätter. Als besondere Sakralspeise wird zerstoßener Yams mit rotem Palmöl angerichtet. Mit gekochten Eiern zusammen füllt man das goldfarbene Gericht in eine kleine Kalebasse, das dann die Zwillinge selbst, sollten sie alt genug sein, zusammen mit Rum über ihre Hörner vergießen. Am Morgen schlachtet der Haushaltsvorstand darüber eine Ziege, mit deren Blut er die Hörner „wäscht" und für den Verlauf des kommenden Jahres stärkt. Früher wurden sie häufig noch zum Zeichen ihrer Zwienatur, die Gefährdung wie Segenskraft bringt, mit weiß-roten Streifen bemalt.

Doch nicht nur die Hörner, auch die Zwillinge müssen von dem „Schmutz", den sie über das Jahr hin angesetzt haben, gereinigt werden. Schon zeitig am Festtagsmorgen sind die Eltern oder die Zwillinge selbst aufgestanden, um bestimmte Pflanzen zu sammeln, die dann in Wasser mit Opferblut gelegt werden, mit dem man die Körper, vor allem aber die Gesichter der Zwillinge abwäscht. Nunmehr „rein", erhalten sie weiße Kreide aufgetragen – vornehmlich wieder auf die Gesichter. Zusammen mit ihrer weißen Gewandung treten sie, für alle Welt sichtbar, im Stande der Reinheit ins neue Jahr ein. Das Waschwasser aber mit dem Schmutz des vergangenen Jahres muß noch vor Sonnenuntergang aus der Siedlung entfernt werden. Dazu findet eine Prozession zum vermeintlichen Ursprungsort der Zwillinge statt. Dabei handelt es sich um eine besondere Stelle im Busch, an der Küste in der Regel um eine bestimmte Lagune oder sonst eine Stätte am Fluß. Dort angekommen, gießt man das Wasser aus. Abschließend bringt eine Priesterin manchmal noch ein Trankopfer dar.

Das Zwillingsfest war ehemals eng mit dem Yamskult verbunden. Das erklärt, warum es in den weiter von der Küste entfernten „Buschdörfern", in denen die Knolle zu den Grundnahrungsmitteln zählt, am ausgeprägtesten gefeiert wird. Hier erweitert sich das Fest zu einem allgemeinen Dankritual. Alle, die eine wirkungsvolle „Medizin" besitzen, die ihnen bei Jagd, Fischfang oder Handel Erfolge verspricht oder sie vor Gefahren, besonders vor Hexerei, schützt, statten ihren Dank ab. So feiert jeder, der sich auf irgendeine Art „gesegnet" glaubt, am Zwillingstag yeleyeli sein eigenes Fest, um für erfahrene Hilfe Dank zu sagen und dieselbe Gunst für Familie und Dorfgemeinschaft auch für das kommende Jahr zu erbitten.

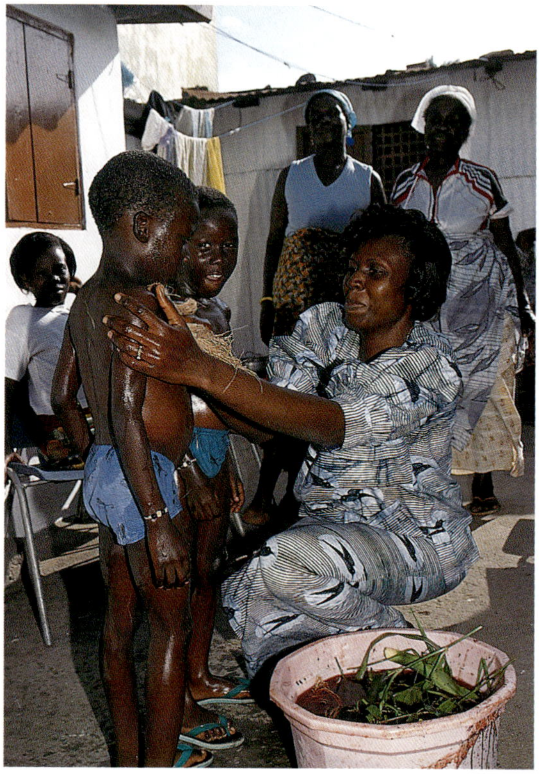

Die Zwillinge werden mit Wasser, das mit Opferblut und verschiedenen, Unheil abwehrenden Pflanzen versetzt wurde, gewaschen.

An diesem ihrem eigenen Festtag werden die Zwillinge mit weißer Kreide, der Symbolfarbe für Reinheit und Wiedergeburt, bemalt.

Weiß bemalt und in Weiß gekleidet, ziehen die Zwillinge durch die Straßen von Jamestown.

Die Mütter tragen die schweren, mit dem „Badewasser" der Zwillinge gefüllten Emailschüsseln auf ihren Köpfen zur Stätte der Ahnen..

Im Badewasser ist all das von den Zwillingen abgewaschene Unheil enthalten.

Diese Unheilskräfte können während der Zeremonie in die Mütter, die das Wasser tragen, hineinfahren, die dann in Trance fallen.

Diese Zwillingsmutter stürzt in ihrer Trance fast zu Boden. In letzter Minute springen ihr zwei junge Männer bei, die sie stützen.

Die Heiler
Leib-, Lebens- und Freiseele

Ein alter, universaler Glaube, der noch heute in vielen ländlichen Bereichen der Welt fortlebt, besagt, daß zwischen Krankheit und Fehlverhalten ein zwingender Zusammenhang besteht. Das heißt, daß auch das Verantwortungsbewußtsein, also die Seele, daran mitbeteiligt ist. Es handelt sich, in moderner Begrifflichkeit, um ein „psychosomatisches" Krankheitsverständnis.

Traditioneller Anschauung nach setzt sich der Mensch aus Leib, Lebens- und Freiseele zusammen. Die beiden ersteren Bestandteile bilden einen funktionalen Engstverbund, der unmittelbar mit der Zeugung entsteht: Der Fetus baut sich, wovon schon im Kapitel „Familie und Verwandtschaft" die Rede war, aus dem nach der Empfängnis gleichsam „gestauten" Menstruationsblut und dem Sperma des Vaters, einem Hochkondensat an Lebenskraft, auf. Letztere, die Lebens- oder Vitalseele also, verleiht dem Körper das Bewegungsvermögen und erhält damit seine organische Funktionsfähigkeit aufrecht. Sie ist infolgedessen besonders konzentriert in allem, was sich bewegt und, in der Folge davon, Wärme entwickelt: dem immerfort kreisenden Blut, den Organen, die reich daran sind (Herz, Leber, Nieren), und dem Atem, ferner Füßen, Händen und Geschlechtsorganen. Da intensivere Gemüts- wie physische Bewegung Ausscheidungen verursacht, glaubt man auch diese hochvitalkraftgesättigt: den Schweiß, das Sperma, Tränen, liebevolle oder haßerfüllte Blicke und Worte, den Speichel (durch Kauen ausgelöst). Und schließlich mißt man auch allem, was sich beständiger als anderes erweist, wie Nägel und Haare – die zudem noch lebenslang wachsen, also Bewegung zeigen – und vor allem Zähnen und Knochen, ein hohes Maß an Lebenskraft zu. Alle diese Substanzen und Körperteile finden ebendaher immer auch bevorzugte Verwendung in der Magie.

Erst mit der – leibunabhängigen – Freiseele indes empfängt der Mensch Leben im eigentlichen Sinne, da sie ihm das Bewußtsein, die Vorstellungs- und Willenskraft verleiht. Das geschieht etwa ab dem dritten Schwangerschaftsmonat, wenn sich der Fetus erstmalig zu rühren beginnt: Die Bewegungsfähigkeit erhält nunmehr gezielte Impulse. Die Freiseele stellt das eigentlich spirituelle Element im Menschen dar; meist handelt es sich um einen Ahnen, der sich erneut zu reinkarnieren wünscht. Da sie gegenüber Leib und Vitalseele eine selbständige Größe darstellt, gelingt ihre Bindung immer nur unvollständig. In Schwächezuständen, wenn der Organismus deaktiviert ist oder ruht, wie im Schlaf, vermag sie sich leicht aus der leiblichen „Umhüllung" zu lösen. Im ersteren Fall besteht für den Menschen Lebensgefahr; im letzteren träumt er, nimmt wahr, was die Seele während ihrer nächtlichen Wanderung sieht und erlebt. Hierin liegt daher immer ein besonderes Risiko.

Gesund ist ein Mensch daher, wenn sich Leib, Lebens- und Freiseele in einem dichten und festgefügten Verbund befinden, wie bei Erwachsenen in der „Blüte ihrer Jahre", denen nichts ernstlich Sorge gibt, so daß sie ihren Geschäften in Gelassenheit nachgehen können. Meistens ist das jedoch nur selten der Fall. Irgendwelche Mißstimmungen aufgrund von Meinungsverschiedenheiten, Nachlässigkeiten, Pflicht- oder gar Regelverletzungen stellen sich immer wieder ein. Sie rühren leicht die Empfindungen auf und führen zu „Unpäßlichkeit". Doch nicht nur das. Da alle aufeinander angewiesen sind, stört das wie beim einzelnen auch den Kräfteausgleich in der Gemeinschaft. Es besteht so die Auffassung, daß eine Erkrankung immer auch zumindest die nähere Umgebung des Betroffenen in Mitleidenschaft zieht. Das Wohlbefinden des einzelnen ist mit dem aller anderen verknüpft. Gesund können eigentlich immer nur alle gemeinsam sein, weshalb man, wie bei den Lele in Zaïre zum Beispiel, von einem engen Wechselverhältnis zwischen dem individuellen und dem Zustand des Dorfes ausgeht. Allein ausgeglichene und störungsfreie Beziehungen aller, die Unversehrtheit der Gesamtgesellschaft, verbürgt Aussicht auf Gesundheit.

Erkrankungen und Unfälle werden in allererster Linie durch persönliches oder kollektives Verschulden verursacht. Hat jemand einen anderen belogen, betrogen oder bestohlen, ein Sexualdelikt wie Verkehr mit Minderjährigen, ja Inzest gar oder Ehebruch begangen, ist ein Opfer an Ahnen oder Götter schuldig geblieben, erheben die Jenseitigen, um des Erhalts der bedrohten Ordnung halber, strafend die Hand wider die Pflichtvergessenen, schlagen die Sünder mit Krankheit, Unfruchtbarkeit, Mißgeschick oder anderem Ungemach. Handelt es sich um leichtere Schläge, also eher mahnende und leichtere Strafmaßnahmen, schwächt das die Betroffenen immerhin. Ihr „schlechtes Gewissen" macht sie empfindlicher und damit anfällig für schädigende Einflußnahmen aus ihrer Umgebung. So erklärt man sich auch, warum nur bestimmte, nicht aber alle potentiell gefährdeten Menschen einer Ansteckungskrankheit erliegen. Die südafrikanische Ethnologin Monica Wilson, die das Problem mit einem Grundschullehrer der Pondo (Transkei) besprach, erhielt zur Antwort: „Ich verstehe schon, daß Typhus von Läusen übertragen wird – nur: Wer sandte die betreffende infizierte Laus? Warum biß sie gerade A und nicht seinen Bruder B?" Mit Malaria sei es das gleiche. Wenn Krankheit lediglich

Lobi-Wahrsager in seiner Hütte mit Fetischen und geopferten Tieren.

die Familie eines Gehöftes dahinraffe, müsse sie „gesandt" sein, von wem und aus welchem Grund auch immer.

Nach dem zu Eingang Ausgeführten können Leiden generell auf dreierlei Weise ausgelöst werden: durch Schädigungen des Leibes, der Lebens- oder der Freiseele. In den beiden ersteren Fällen wirken die Störungen, wegen des engen Funktionsverbunds von Körper und Lebensseele, wechselweise aufeinander ein: Eine Verletzung führt zu Blutverlust, der wiederum die physische Leistungsfähigkeit schwächt. Im einzelnen werden vor allem folgende mögliche Ursachen einer Erkrankung (bzw. eines Unfalls) namhaft gemacht:

– Verunreinigung, ausgelöst durch Anblick, Berührung oder Genuß von Dingen, Substanzen oder Personen, mit denen der Betroffene keinen Kontakt haben sollte; dazu zählen etwa auch eingeführte Waren und Nahrungsmittel sowie Gruppenfremde.

– Unserem Verständnis nach „natürliche Ursachen", die man aber erst seit der Bekanntschaft mit der westlichen Medizin als solche benennt, wie zum Beispiel „falsche Ernährung", Wurmbefall, das Einatmen verunreinigter, toxischer Luft sowie erbbedingte Leiden.

– Ungute Empfindungen anderer, wie Mißgunst, Neid und Haß, die sowohl zu offenen Zwistigkeiten führen und dann „das Dorf krank machen" als auch verdeckt über die Willenskraft Einfluß nehmen können. „Der böse Wille", gibt ein Beobachter die Auffassung zentralafrikanischer Bantu-Gruppen dazu wieder, „ist so gut wie die böse Tat. Er wirkt, wie die Sonnenstrahlen wärmen [, ...] wie Gifte von Pflanzen und Tieren." Eine Mutter, die ihrer Tochter übelnimmt, daß sie das Haus verläßt, muß bei den Lobedu in Südafrika (Transvaal) befürchten, sie um ihre Fruchtbarkeit zu bringen.

– Böse Blicke und Worte. Letztere tragen die unguten Empfindungen, die sie antreiben, hörbar, erstere gleichsam projektilartig mit dem „Augenstrahl" ins Ziel, bohren sich ein und können neben Krankheiten auch Potenzstörungen, Unfruchtbarkeit, ja den Tod auslösen.

– Schadenszauber und Hexerei, im ersteren Fall mittels verschiedenster magischer Praktiken, im letzteren vermöge einer angeborenen Gabe, wovon schon die Rede war.

– Geistereinwirkung. Darauf führt man schwerere, vor allem psychische Leiden zurück. Eine übelwollende Geistmacht dringt entweder in einen Menschen ein und ergreift von seiner Freiseele Besitz oder fängt sie des Nachts, wenn sie sich außerhalb des Leibes befindet, ab, treibt sie in die Irre, hält sie gefangen und quält sie auf die eine oder andere Weise – was dann eben Ohnmachten, Halluzinationen, kurzfristiges Irresein oder schwere Psychosen, auch den Tod auslösen kann. In Westafrika (bei den Kusasi in Ghana beispielsweise) rächen sich große Bäume (bzw. „Baumgeister"), die man verletzt, vor allem mit Haut- und Gelenkkrankheiten.

– Strafmaßnahmen der Jenseitsmächte, mit denen Ahnen und Gottheiten die Vergehen sündiger Menschen ahnden.

Gewöhnlich erkennt man die Ursache an der Art des Leidens, so daß es nur in mehrdeutigen, strittigen Fällen einer Diagnose bedarf, die dann von erfahrenen alten Männern und Frauen, Heilern oder Priestern vorgenommen und gegebenenfalls durch Traumanalysen und Orakelbefragung näherhin präzisiert wird. „Wir ziehen unsere Orakel zu Rat", erklärten Lugbara (Uganda) dem englischen Ethnologen John Middleton, „während die Europäer die Ärzte in den Krankenhäusern aufsuchen, um Aufschluß über Ursache, Natur und Behandlung eines Leidens zu erhalten."

Schutzkreis für ein krankes Kind aus Nahrungsmittelopfern.

Unten: Hinter einem abschirmenden Geflecht-Zaun wird eine Schutzzeremonie für den jungen Mann mit blauem Lendentuch vorbereitet.

Die therapeutischen Maßnahmen richten sich dann nach dem Befund. In leichteren Fällen finden vor allem pflanzliche Heilmittel Anwendung. Verunreinigungen müssen durch Waschungen, Räuchern, Kasteiungen oder Erbrechen getilgt, soziale Mißstimmungen etwa durch öffentliches Bekenntnis beigelegt, Schädigungen durch Wiederherstellungsrituale rückgängig gemacht, Versündigungen gesühnt werden. Stärkungs- und Rehabilitationsmaßnahmen – durch Berührung, Einmassieren oder Genuß entsprechend krafthaltiger mineralischer, pflanzlicher oder organischer Substanzen – schließen eine geglückte Heilung ab.

Eine unerläßliche Voraussetzung für den Erfolg traditioneller Heilverfahren ist, daß sie im Beisein und unter der aktiven Anteilnahme der Nächstangehörigen, gegebenenfalls der gesamten Gruppe durchgeführt werden. Die Eltern frisch beschnittener Jungen achten – bei den Kaguru in Tansania zum Beispiel – sorgsam darauf, nichts zu tun, was den Genesungsprozeß beeinträchtigen könnte. Sie folgen noch strikter als sonst den Verhaltensvorschriften und meiden insbesondere Streit und eheliche Untreue, um die familiäre Gemeinschaftlichkeit nicht zu schwächen. Gatten, die Ehebruch begehen, während der eine von ihnen schwer krank ist, gefährden sein Leben. Die seelische ist immer Teil der sozialen Beziehung.

Die Sorge um die Gesundheit beschäftigte auch die „Naturvölker“ schon in hohem Maß. Manche Ethnologen sprechen in dem Sinne geradezu von „obsessiver Hypochondrie“. „Jede Magenverstimmung“, berichteten die südafrikanischen Ethnologen Eileen und John Krige in den 40er Jahren des 20. Jahrhunderts von den bereits genannten Lobedu, „jedes Anzeichen einer Störung, jede Veränderung im Leben wird behandelt, als gehe es um eine schwerwiegende Bedrohung [. ...] Den Europäer wundert nichts mehr als die Zahl der Heilmittel, die erprobt, abgesetzt oder gewechselt werden, wenn jemand vermutet, krank zu sein oder es ist.“ Im Grunde könnte man, etwas überzogen zwar, aber nicht unzutreffend, das gesamte, so sehr auf die Wahrung der überkommenen Ordnung bedachte Verhalten ländlicher traditioneller Gesellschaften als eine einzige Sorge um die Sicherung, den Erhalt und, im Erkrankungsfall, die Wiederherstellung der Gesundheit, des einzelnen wie aller gemeinsam, verstehen.

Ganz links: Für den Schutz des jungen Mannes wird neben einem Kessel mit Kräuterwasser Schießpulver entzündet.

Links: Um der Schutzfunktion habhaft zu werden, muß sich der junge Mann über das qualmende Schießpulver stellen.

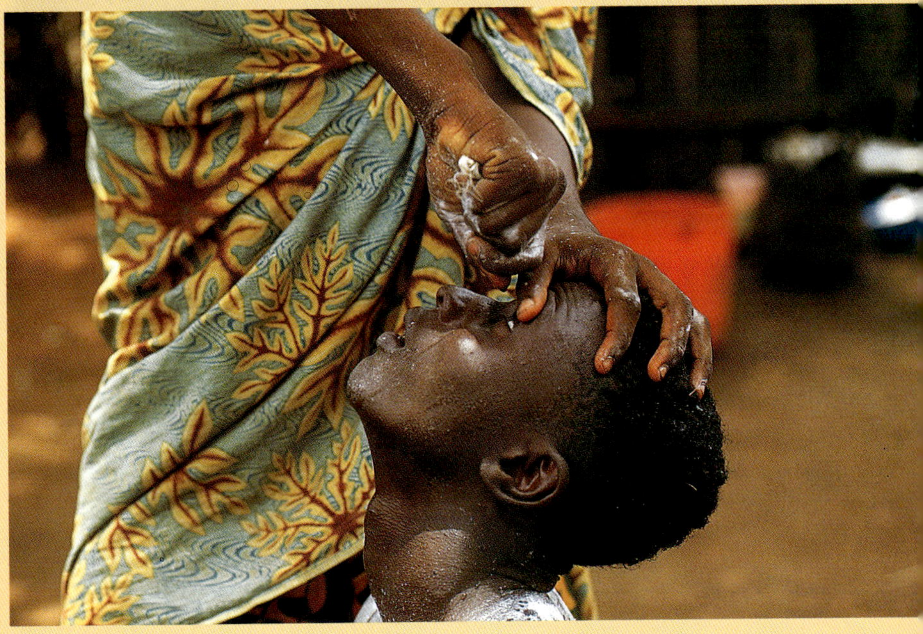

Links: Um sich von allem Unheilvollen reinzumachen, wird eine gründliche Waschung vorgenommen.

Oben: Die Augen werden mit einem Kräutersud ausgewaschen, was insofern als Schutz dient, als der junge Mann nun klarer sieht und Gefahren eher erkennen kann.

Heilungsrituale der Götter und Geister

Eine junge Frau wird vom Unglück verfolgt. Kinderlos, vom Mann verstoßen und ohne Geld setzt sie ihre ganze Hoffnung auf göttliche Hilfe. Im vodun-Konvent wird sie rituell gereinigt und in weiße Tücher gehüllt. Die beiden weißen Tauben und das Huhn in ihrer Hand sind als Opfertiere bestimmt.

Eine Prozession geleitet sie zum Eingangstor, wo der Priester einem Huhn die Kehle durchtrennt. Aus seiner Lage ersieht er, was ihr bevorsteht: Verendet das Huhn auf dem Rücken, bleibt sie vom Unglück weiterhin verfolgt; fällt es auf die Brust, darf sie auf Besserung hoffen; allein eine Seitenlage verheißt ihr die Befreiung vom Unglück.

Wo Religion und Medizin nur unterschiedliche Aspekte ein und desselben Ganzen sind, Krankheit auf religiöses Fehlverhalten zurückgeführt und Genesung weithin als Wiedergewinnung von „Heil" verstanden wird, besteht zwischen beiden nur ein gradueller Unterschied. Daher wirken in vielen Teilen Afrikas auch Priester gleichzeitig als Heiler. Das gilt für die Repräsentanten der alten Erd- und Flußgottheiten genauso wie für die Häupter neuerer Kultgemeinschaften, wenngleich die bestehenden Unterschiede sich natürlich auf die Behandlungsmethoden auswirken. Die Skala ist breit, doch stehen Wahrsagung – meist im Besessenheitszustand – sowie Heilungsrituale im Anschluß daran gewöhnlich im Mittelpunkt. Geister und Gottheiten offenbaren über die Medien die Ursache des Leidens und erteilen Anweisungen, wie zu verfahren ist.

Im Rahmen der Heilrituale spielen Pflanzen eine wichtige Rolle: Ein in der vodun-Tradition ausgebildeter Therapeut mag über 1000 davon kennen und etwa 500 täglich verwenden. Wichtiger als die Heilsubstanzen der Pflanzen noch ist der Glaube an ihre Wirkkraft (Placebo-Effekt). Schon 1955 konnte in mehreren Studien nachgewiesen werden, was sich afrikanische Heiler seit jeher zunutze machen: Bei der Behandlung mit sogenannten „Scheinmedikamenten" ergab sich – quer durch alle Krankheitsbilder – im Schnitt bei 35 Prozent der Patienten eine deutliche Besserung der Symptome, und zwar nicht nur dem subjektiven Empfinden nach. Nachweislich können auch meßbare Größen – wie Blutdruck und Hormonspiegel zum Beispiel – durch Placebos beeinflußt werden. Vertraut man der schmerzstillenden Wirkung eines Mittels oder Rituals, kann insofern eine Linderung durchaus eintreten, als dadurch die Produktion körpereigener „Opiate", der Endorphine, angeregt wird, die tatsächlich schmerzstillend wirken. Bis heute nutzen afrikanische Heiler – bewußt oder unbewußt – diesen Effekt.

Weiterhin hängt der Erfolg einer Behandlung entscheidend von der Persönlichkeit des Heilers ab. Je zuversichtlicher und bestimmter er auftritt, je unanfechtbarer seine Autorität ist, desto sicherer sein Erfolg. Priester-Heiler behandeln nach ganzheitlichen „Therapiekonzepten". Sie beziehen die besonderen

Die Priesterin Delassi führt die vom Unglück verfolgte Frau, die zwei weiße Opfertauben und ein Huhn hält, zur Opferstelle. Priester-Heiler behandeln nach einem ganzheitlichen „Therapiekonzept“. Die besonderen Lebensumstände des Patienten werden mit einbezogen; über die isolierte Betrachtung von Krankheit oder Unglück hinaus entsteht ein Bild der ganzen Person.

Die junge Frau wird über eine kunstvolle Zeichnung am Boden geführt. Auf ihrem Weg zerreißt sie einen Faden zum Zeichen dafür, daß sie mit der Vergangenheit bricht und ihr Weg in eine bessere Zukunft führt. Die Bodenzeichnung beschreibt diesen Wandel, der sich in ihrem Leben vollziehen wird.

Lebensumstände des Patienten mit ein und machen sich so ein Bild von seiner Person und ihrer Krankheit. Im Verlauf oft langwieriger Zeremonien werden sie mehr und mehr sowohl mit seiner Kranken- als auch seiner Lebensgeschichte vertraut. Liegt eine Störung im Verhältnis des Patienten zu einer Gottheit oder sonstigen Geistmacht, zur Familie oder zu den Nachbarn vor, werden die Angehörigen in den Heilungsprozeß miteinbezogen: Sie nehmen entweder selbst daran teil oder sind indirekt durch die Nahrungs- oder Kontaktverbote des Kranken mitbetroffen.

Häufig handelt es sich auch zugleich um Initiationsrituale. Ist die Krankheit unmißverständliches Anzeichen einer Berufung, kann der Patient nur geheilt werden, wenn er der entsprechenden Kultgemeinschaft beitritt und damit selbst zum Medium wird. Bereits den Aufnahmeriten sagt man große therapeutische Wirksamkeit nach. Zwar ist die Initiation in einen der zahlreichen Kulte gewöhnlich ein längerer, oft auch kostspieliger Prozeß, bietet bei bestimmten Krankheiten jedoch die einzige Aussicht auf Heilung.

In weniger ernsten Fällen, bei Personen, deren Wohlbefinden durch ungute Lebensumstände beeinträchtigt ist, vermag oft schon ein Reinigungsritual, von kompetenter Hand durchgeführt, Abhilfe zu

Nach der Heilung empfängt sie der Priester mit Trommelmusik.

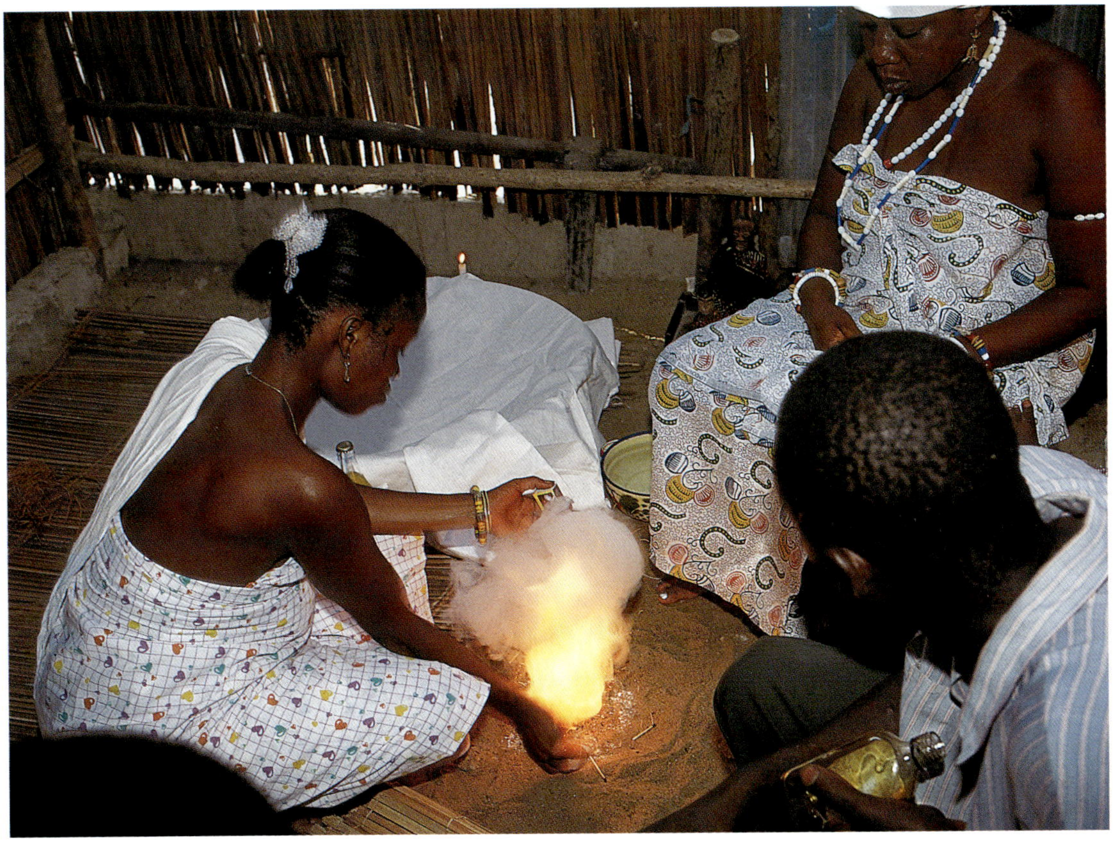

Während einer Zeremonie, die Wekenon in Cotonou durchführt, um die zwei Marktfrauen vom Unglück zu befreien, entzündet sie zunächst Schießpulver, um die Unheilsgeister zu verjagen. Der Name Wekenon heißt übersetzt „Mutter des Universums" – sie ist eine mächtige Priesterin.

schaffen. Vor allem in den größeren Städten, in denen so viel vom beruflichen Fortkommen abhängt, wenden sich viele an die Priester-Heiler, um sich vor Unglück und Mißerfolg zu sichern oder davon befreien zu lassen. In der Regel gehören dazu eine rituelle Behandlung mit heiligem Wasser und Heilpflanzen sowie Opfergaben an eine der zahlreichen Gottheiten, unter deren speziellem Schutz der Betreffende dann sofort steht.

In Benin ist eine der bekanntesten Priester-Heilerinnen Wekenon, die „Mutter des Universums", weil sie nicht einem oder mehreren, sondern gewissermaßen allen Göttern dient. Bevor sie frei praktizierte, verbrachte sie acht Jahre in einem vodun-Konvent in Lakossa. Seither vereint sie verschiedene Welten in sich. Sie ist eine typische Erscheinung der Moderne.

Einer besonderen Behandlung bedürfen psychische Krankheiten, die vielfach auf eine „verwirrende" Begegnung mit Geistern zurückgehen. Die Bambara (Mali) waschen derart Geschädigte mit Kuhurin (Reinigung) und schlagen ihnen mit frischen Zweigen eines buschständigen Baumes (Calotropis procera) auf den Rücken (Exorzismus). Eine weitere heilkräftige Reinigungslösung wird aus Rinden von heiligen Bäu-

Nach gebührender Vorbereitung breitet Wekenon am Boden ein weißes Tuch aus, auf das die Opfergaben gelegt werden.

Ein Speiseopfer für die Wassergöttin Mami Wata. Den Opfergaben werden aber auch Gegenstände wie Kamm und Puder beigefügt, die der Göttin, die alles Schöne liebt, besonders gefallen. Die Marktfrau ißt von diesem Opfer, speist sozusagen mit der Göttin.

Die Opfergaben werden in ein weißes Tuch gewickelt, das dann mitsamt einer weißen Taube dem Meer anvertraut wird.

men gewonnen, die als Schutzgottheiten über die Dörfer wachen. Als verläßlicher indes gilt die Aufnahme in einen der zahlreichen Initiationskulte.

Die Priester setzen dabei oftmals auch Drogen ein – in Afrika kennt man einige hundert alkaloidhaltiger Pflanzenspezies mit toxischen, halluzinogenen und narkotisierenden Eigenschaften. Je nach Krankheitsbild verordnen sie anregende, beruhigende oder Halluzinationen auslösende Medizinen. Anhaltende Erfolge scheinen dieser Therapie jedoch nicht beschieden, was die große Zahl psychisch Gestörter zeigt, die man überall in Afrika sehen kann. In den Großstädten pflegt man, wann immer eine Konferenz bevorsteht und vor allem Besucher aus dem Ausland erwartet werden, sie schon routinemäßig von der Polizei oder Armee auflesen zu lassen, auf Lastwagen zu verfrachten und aufs Land fortzukarren. Es dauert dann allerdings nur wenige Tage, bis sie wieder zurückgekehrt sind. Offensichtlich haben auch afrikanische Heiler ihre Probleme mit psychotischen Leiden!

Das Opferbündel mit der weißen Taube wird ins Meer geworfen. Damit wird alles Unheil hinweggeschwemmt. Dann beginnen Wekenon und ihre Helfer ein Kräuterbad aus Pflanzen und Seewasser vorzubereiten.

Neben einem mit Kräutern versehenen Wasser wird auch Kondensmilch für das Reinigungsbad über die Marktfrauen gegossen.

Die Augen der Frauen werden mit Kräutern ausgewaschen, damit sie künftig klarer sehen und ihre Feinde besser erkennen können. Die Kosten für diese Zeremonie sind erheblich.

Blätter, Wurzeln und rituelles Sterben

Pflanzen werden kleingeschnitten und anschließend getrocknet.

Alle Pflanzen lassen sich medizinisch nutzen, gesetzt, man weiß wie. Allerdings besitzen einige mehr, andere weniger Kraft. Selbst bei ein und derselben Pflanze kann sie an verschiedenen Stellen – vor allem in Wurzeln, Rinden und Blättern – konzentrierter als in anderen enthalten sein. Das erkennt man oft schon am äußeren Erscheinungsbild; Wurzeln oder Blätter verströmen etwa einen besonderen Duft, das Holz eines Baumes erweist sich als besonders hart und widerstandsfähig. Gemeinhin sind Teile vieler Gehölze heilkrafthaltig. Häufig werden vor allem Blätter, Früchte, Samen und Rinde von Wurzeln und Stämmen genutzt. Bei krautigen Pflanzen verarbeitet man das Ganze oder nur die oberirdischen Teile.

Die traditionelle Medizin geht vielfach nach dem Prinzip similia-similibus vor, nach dem Ähnliches mit Ähnlichem zu behandeln ist. In Burkina Faso verwendet man so gegen Gelbsucht etwa die gelben Wurzeln von Cochlospermum tinctorium und Cochlospermum planchonii oder andere gelb blühende Pflanzen; als Mittel gegen Bandwürmer dienen Winden (zum Beispiel Cuscuta sp.) usw.

Die Art der Zubereitung einer Medizin richtet sich nach der Art der Krankheit und der Natur des Pflanzenteils, der verwandt wird. Weiche Substanzen zerstößt oder zerdrückt man, um ihren Saft dann auf die erkrankten Körperpartien aufzutragen. Diese Art der Behandlung eignet sich besonders für Wunden, Abszesse und Hautinfektionen. In geklärtem Zustand wird die Flüssigkeit auch bei Augenentzündungen eingesetzt. Am häufigsten finden Dekokte oder andere flüssige Medizinen Verwendung. Bei inneren Krankheiten wird das Heilmittel vielfach getrunken, bei äußeren auf die Hautfläche aufgetragen. Oft kocht man zwei oder mehr Pflanzen in Wasser und verwendet den Sud sowohl als Getränk als auch zum Einreiben, Abwaschen, für Einläufe, Mund- und Vaginalspülungen. Große Bedeutung kommt im afrikanischen Heilwesen Nahrungsmitteln zu: Speisen und Medizinen unterscheiden sich oft nur in

Rechts: Eine Mischung verschiedener Pflanzenteile, die anschließend verbrannt und in Pulverform verabreicht werden.

Ganz rechts: Salbenzubereitung zur Behandlung von Hautkrankheiten.

Hier werden die Pflanzen in einem Mörser zerstampft.

Das Pflanzen-Pulver wird gesiebt, um es staubfein zu machen.

Eine junge Frau ist mit einem Hexenfluch belegt und dadurch vom Tode bedroht. Die Zeremonie, in der dieser Fluch verbannt werden soll, ist streng geheim. Vor ihrem Beginn wird das Orakel befragt, wer davor gefeit ist, während der Austreibung von dem Fluch befallen zu werden. Der Priester selber ist davon bedroht, daß der Fluch in ihn fährt. Zur Ausführung des Rituals wird der Sohn des Priesters bestimmt. Während der Zeremonie sperren sich alle Dorfbewohner in ihren Hütten ein, um nicht von dem Todesfluch befallen zu werden. Die Zeremonie einleitend, werden mit Kreide die Umrisse eines Grabes auf den Boden gezogen.

der Art ihrer Zubereitung. Hirsebrei, Reis oder Fleischbrühe werden zum Beispiel nicht mit Wasser, sondern mit Pflanzensud gekocht und dann so eingenommen.

Eine weitere Form der Zubereitung ist der kalte Auszug (Mazerat). Dazu weicht man Wurzeln, Rinden, Früchte oder Blätter für längere Zeit in Wasser ein. Die Flüssigkeit wird dann getrunken oder für Einreibungen, vielfach auch für Einläufe genutzt. Als Klistiere dienen Kalebassen oder Holzröhrchen. Bei Kleinkindern bläst die Mutter die Medizin auch mit dem Mund in den Anus. Besonders Neugeborene und Säuglinge werden vielerorts täglich sogenannten „Waschungen" unterzogen. Sie dienen der äußerlichen wie inneren Reinigung, sollen die Darmentleerung erleichtern und damit Bauchschmerzen, Blähungen, Durchfall und anderen häufigen Kinderkrankheiten vorbeugen. Zusätzlich verspricht man sich davon eine generelle Stärkung und Wachstumsförderung. Bei den „Waschungen" erhalten die Babys den Absud verschiedener Pflanzen eingeflößt, werden damit gewaschen oder bekommen einen Einlauf. Ab dem Kleinkindalter nimmt man sie nur noch gelegentlich, vor allem bei Bauchschmerzen und Durchfall vor. Die Schulmedizin rät davon ab, da der Absud aggressive Substanzen enthält, die besonders bei Säuglingen zur Schädigung der Darmflora und Beeinträchtigung der natürlichen Darmfunktion führen können. Diese Warnung hat aber bei der Landbevölkerung noch kaum Gehör gefunden.

Zur äußeren Anwendung, etwa im Rahmen der Wundbehandlung und bei rheumatischen Beschwerden, verwendet man häufig Pflanzenasche. Dazu werden die entsprechenden Pflanzenteile zerkleinert, in einer Tonscherbe geröstet und anschließend mit dem Mörser zerstoßen. Das gut haltbare Pulver streicht man entweder direkt auf oder richtet durch Zusetzen von Fett (zum Beispiel Schibutter) eine Salbe daraus an. Als eine Art „Serum" bringt man es wiederum über Einschnitte in den Körper, bevorzugt an den erkrankten Körperstellen oder auch den Gelenken, ein. Bei Hautkrankheiten reibt man die erkrankten Partien auch

Um die Erde wegen der Ruhestörung zu besänftigen, wird ihr ein Schnaps-Trankopfer dargebracht.

einfach mit dem frischen Kraut ab. Pflanzen- insbesondere Milchsaft findet zur Augen- und Ohrenbehandlung Verwendung. Bei Atemwegserkrankungen, Verwirrtheit und Kopfschmerzen inhaliert oder raucht man den Qualm verbrennender Pflanzen. Das Kauen bestimmter Rinden- und Wurzelstücke hilft bei Zahnschmerzen und kann appetitanregend wirken.

All diesen Anwendungsweisen liegt die Vorstellung zugrunde, daß das applizierte Heilmittel in oder am Körper des Patienten seine Heilkraft entfaltet. Daneben versucht man sich auch auf magische Weise von einer Krankheit zu befreien, indem man sie auf einen Gegenstand, einen Baum oder ein Tier, „überträgt".

Die Adja in der Mono-Region (Benin) praktizieren so eine Heilungszeremonie, zu der ein Wiedergeburtsritual gehört, das mehr oder weniger dramatisch inszeniert werden kann. Man „begräbt" zum Beispiel einen Kranken lebendigen Leibes und legt ihm heilkräftige Pflanzen mit ins Grab.

Im Falle eines Mädchens allerdings, dem Hexen nach dem Leben trachteten, bestimmte das Orakel, daß für sein Leben ein anderes zu opfern sei. Nur so konnte das eigene Leben erhalten werden. Das Ritual ist für den Ernstfall vorgesehen, wenn es gilt, jemanden, der in Lebensgefahr schwebt, noch in letzter Minute dem Tod zu entreißen. Es handelt sich um einen der stärksten Abwehrzauber, den selbst der Priester fürchtet. Das Orakel bestimmte seinen 16jährigen Sohn dazu, das Ritual zu vollziehen.

Begräbnisse finden nachts statt, weil es nicht gut für die Menschen ist, mit dem Tod in Berührung zu kommen. Um Mitternacht beginnt man mit dem Ausheben des „Grabes", dem zeitlichen Wendepunkt zwischen den Tagen, an dem sich nunmehr das Schicksal des Mädchens entscheiden wird. Durch die Tiere soll sein Leben ausgelöscht, das Verlangen der Hexen nach Blut gestillt werden.

Mitte: Das Grab wird mit einem weißen Tuch ausgelegt.

Rechts: Ein Holzpfahl wird so zurechtgeschnitten, daß er in etwa die Größe des Mädchens besitzt: Er repräsentiert die Kranke bzw. ihren „Leichnam". Um ihm Fleisch und Blut zu geben, wird zunächst ein Widder an ihm festgebunden. Das Mädchen berührt ihn mit der Hand, um die Verbindung herzustellen.

Nacheinander werden weitere Tiere – Ziege, Hund, Huhn, Perlhuhn, Katze und Ente – an den Pfahl gebunden.

Das Mädchen wird mit dem Blut eines Perlhuhnes „gekühlt", das insofern eine Sonderstellung unter den Tieren einnimmt, als es sowohl in wilder als auch in halbdomestizierter Form vorkommt, also zwischen Natur und Kultur steht.

Auch ein Perlhuhn wird an den Holzpfahl gebunden.

Eine kleine, schwarze Katze kommt hinzu.

Man legt den Pfahl mit den daran gebundenen Tieren ins Grab.

Die Tiere werden mit einem Trankopfer übergossen und kräftig eingepudert. Damit ist alles vorbereitet, und das „Grab" kann geschlossen werden.

Die verängstigten Tiere werden mit einem weißen Leinentuch bedeckt. Verzweifelt versuchen sie, sich aus der Bedrängnis zu befreien, was den Anschein erweckt, als bewege sich unter dem Tuch ein menschlicher Körper.

Das Grab wird zugeschaufelt.

Über dem Grab wird die Zeichnung „aufleuchtender Stern" angebracht, das Symbol neuen Lebens jenseits des Grabes. Wenn die Tiere verendet sind, wird das Mädchen zu neuem Leben auferstehen – der Fluch ist von der jungen Frau genommen.

Das dem Tod entrissene Mädchen vergießt ein Trankopfer.

Das Grab der Tiere mit Opfergaben.

Der Geistheiler und die Schulmedizin

Ein Konzept, demzufolge Gesundheit als wesentlicher Ausdruck für die intakte Beziehung zur natürlichen, sozialen und spirituellen Umwelt verstanden, Krankheit und sonstiges Ungemach dagegen auf eine Störung dieses Verhältnisses zurückgeführt wird, kann nur Bestand haben, solange Heiler und Patient das Weltbild teilen. Infolge der tiefgreifenden neueren Veränderungen ist ein merklicher Bruch hierin vorwiegend zwischen Stadt- und Landbevölkerung eingetreten. Viele Städte verfügen über ein Krankenhaus, Großstädte auch über Spezialkliniken; für die meisten Dorfbewohner indes ist der Weg zum nächsten Hospital immer noch weit. Sie haben daher selten die Wahl zwischen einer modern ausgestatteten Klinik auf der

Wie in der Stadt die unterschiedlichsten Lebensformen zusammenfließen, zeichnen sich die Behandlungsmethoden von Louis Aguidamo aus Cotonou durch eine Vielfalt an Praktiken aus. Das Spezialgebiet sind „Geistheilungen". Hier ruft er die Geister an, einem Mann beizustehen, der vom Pech verfolgt wird.

Hinter seinen zahlreichen Hilfsmitteln hat er ein Tuch aufgespannt, bedruckt mit den heiligen Zeichen des Fa-Orakels. Louis preßt seine Stirn auf die heiligen Zeichen, um Stärkung und Inspiration zu erlangen.

Heiler und Patient schlucken ein schwarzes Pflanzenpulver, das im Körper seine schützende Kraft entfalten soll.

Louis bringt ein Segenszeichen auf der Stirn des jungen Mannes an.

einen und den traditionellen Heilern auf der anderen Seite. Auch wenn im näheren Umkreis eine Sanitätsstation existieren sollte, fehlt es dort meist am Nötigsten, und das Personal ist eher behelfsmäßig ausgebildet. Doch selbst an Orten, wo bessere Einrichtungen zur Verfügung stehen, werden dortige Behandlungen meist nur in Notfällen in Erwägung gezogen, da zwar die ärztlichen Konsultationen – zum Beispiel in Burkina Faso – kostenfrei sind, der Patient aber für jede Verordnung, jede Spritze und jeden Verband selber aufkommen muß. Röntgenaufnahmen, Narkosen und Operationen sind daher für die zumeist arme Landbevölkerung erst recht unerschwinglich. Deshalb ist gerade auf den Dörfern die traditionelle Medizin weiterhin unentbehrlich.

Aber auch in den Städten behauptet sie durchaus ihren Platz. Stadtbewohner suchen zwar häufiger nach westlichem Vorbild ausgebildete Ärzte auf, wenden sich aber, wenn deren Methoden versagen, immer noch an die traditionellen Heiler. Manche suchen sicherheitshalber auch beide auf. Darüber hinaus gibt es Leiden, wie etwa anhaltendes Unglück, denen die westliche Medizin nichts anhaben kann, wohl aber afrikanische Heiler. Von daher erwächst ihnen in der Biomedizin keine Konkurrenz. In ihren Augen ergänzen sich beide Systeme; je nach Krankheitsursache erweist sich das eine oder das andere als effektiver.

Auch unter den traditionellen Heilern gibt es beträchtliche Unterschiede, und nicht jeder behandelt dieselben Krankheiten. Die Entscheidung für diesen oder jenen der unterschiedlich spezialisierten Heiler richtet sich nach dem Leidensbefund. Ohne magische Hilfsmittel behandeln in der Regel jedoch nur Knochensetzer und Hebammen. Letztere sind meist alte Frauen jenseits der Menopause. Um der hohen Kindersterblichkeit entgegenzuwirken, hat man in vielen Teilen Afrikas besonderes Gewicht auf die Ausbildung der Hebammen nach westlichem Vorbild gelegt.

Gegen alltägliche Beschwerden setzt man Heilpflanzen ein, wie sie in afrikanischen Gesellschaften schon lange in Gebrauch sind. Viele der sogenannten Hausmittel gegen gängige Beschwerden wie Kopf- und Bauchschmerzen sind jedermann bekannt. Man weiß, wo die entsprechenden Pflanzen zu finden sind, wie man die Mittel zubereitet und in welcher Dosierung sie verabreicht werden müssen. Auch die alten Frauen, in deren Zuständigkeit diese Art der Behandlung fällt, benötigen gewöhnlich keinerlei Magie. Sie sammeln ihre Heilmittel im Busch oder erwerben sie auf dem Markt. Spricht eine Krankheit nicht auf die Behandlung an, schließt man auf eine ernstere Ursache und sucht einen Spezialisten auf, der allein zu erkennen vermag, wodurch – ob durch Hexerei, Zauber oder Fluch – sie ausgelöst wurde.

In einer großen Kalebassenschale verwahrt er unter anderem Schädel verschiedener Wildtiere. Sie repräsentieren Lisa, den mänlichen Teil der vodun-Gottheit Mawu-Lisa.

Der Pockengott Sakpata heilt die Kranken

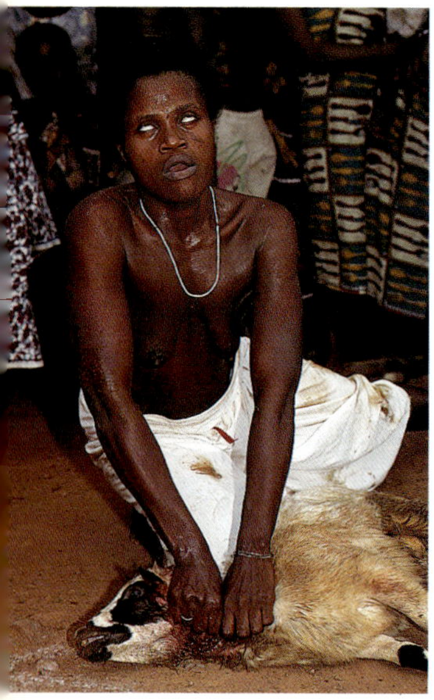

Die vom Jäger- und Heilkräutergott Age besessene Frau legt ihre Hände auf die noch blutende Halswunde der Ziege, um zu „fühlen", welches Heilritual für ein erkranktes Kind angezeigt ist.

Medien spielen auch im Kult der Erdgottheiten – Shoponna bei den Yoruba, Sakpata bei den Fon, in die europäischen Sprachen mit „Pocken" oder „Blattern" übersetzt – eine wichtige Rolle. Eine Vielzahl von Krankheiten, darunter Pocken (Variolen) und wieder auch Psychosen, wird auf „Zusammenstöße" mit ihnen zurückgeführt. In Nigeria hatte die britische Kolonialverwaltung die Ausübung dieses Kultes untersagt, da man glaubte, er würde zur Verbreitung der Pocken beitragen; tatsächlich gibt es Hinweise darauf, daß Kultanhänger sich einer freiwilligen Impfung mit dem lebenden Virus unterzogen. Dennoch bestand er im geheimen weiter.

Auch die Alladahonu-Herrscher des Dahomey-Reiches schätzten den Sakpata-Kult gering. Sakpata herrscht über die Erde und schenkt ihr Fruchtbarkeit, während Hevioso über Feuer und Wasser regiert; zum Wohlergehen der Menschen wirken beide zusammen. Im Yorubaland galt Hevioso (unter dem Namen Shango) eng der königlichen Dynastie von Oyo verbunden, während in Dahomey Sakpata alle Macht für sich beanspruchte. Folglich war sein Verhältnis zur herrschenden Dynastie eher feindlich, zumal er – unantastbares Privileg des Königs – wie jener die „Todesstrafe" verhängte. Und wie die Alladahonu-Herrscher erhob er Anspruch auf den Leichnam und den Besitz derjenigen, die er durch die Pockenkrankheit hingerichtet hatte. Sakpata stellte damit ihre dynastische Legitimität in Zweifel, und die Könige betrachteten ihn und seine Anhänger als Konkurrenten um die Macht. Während der Regierungszeit von König Agaja (ca. 1708–1732) stellte die rituelle Autorität der Erdherren, das heißt der Angehörigen von Lineages, die das Land als erste in Besitz nahmen und eine heilige Allianz mit ihr eingingen, eine ernste Bedrohung für die Herrscher dar. So suchten sie die „alten" Besitzer des Landes für sich zu gewinnen, indem sie einen der ihren zu ihrem fiktiven Ahnherren erhoben und ihnen bestimmte Würden antrugen, doch hielt sich die Opposition bis zur Regierungszeit Tegbesus (ca. 1740–1774).

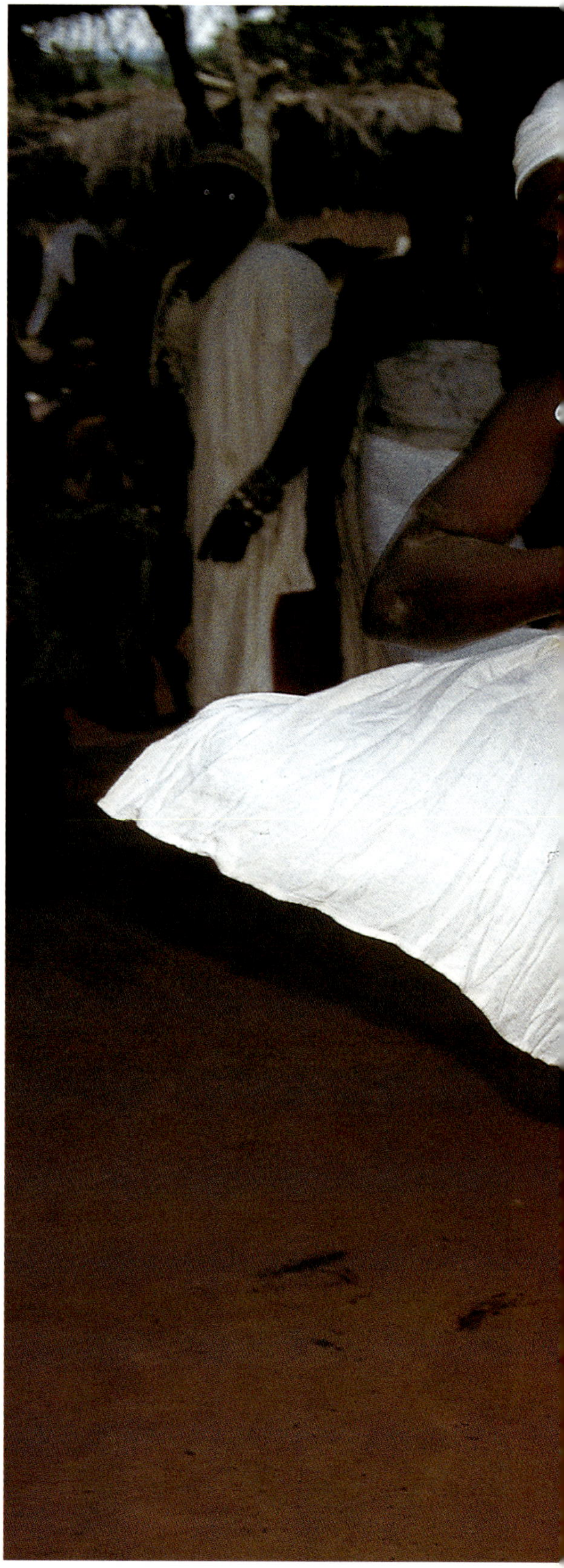

Age verleiht seinem Medium ungeahnte Kraft: leichthändig wirbelt die Frau den Tierkadaver herum. Dabei ruft sie die Götter um Unterstützung an.

Die in Trance versunkene Frau geht auf das zu behandelnde Kind zu und verkündet dem ausführenden Priester den Willen ihres Gottes. Die Kindseltern haben versagt, und so ist göttliche Hilfe dringend vonnöten: Wären sie pflichtbewußter gewesen, hätte ihre Liebe das Kind wie ein magischer Schutzwall umhüllt und die Hexen hätten ihm nichts anhaben können. Die Großmutter des Kindes schließlich vertraute es der Fürsorge Ages an.

Da die Erdgötter gefährlich für die Reichseinheit waren, weil sie gleichsam „Hitze" und Zerstörungskraft ausstrahlten, wurden ihre Heiligtümer aus den Städten aufs Land oder in den Busch verlagert, wo man sie besser kontrollieren und sich mit ihnen aussöhnen konnte. Tanzen und Trommeln – Aktivitäten, die hauptsächlich Totenfeiern begleiteten – waren verboten, wenn Sakpata in die Stadt kam und die Pocken grassierten. Auch hatten seine Priester den öffentlichen Auftritten im Rahmen herrscherlicher Machtdemonstrationen fernzubleiben. Wahrscheinlich fürchteten die Erobererdynastien die alteinheimischen Erdgottheiten – mit Sicherheit aber Sakpata: Von allen Geißeln, mit denen er die Menschheit heimsucht, gelten die Pocken, die im heutigen Benin wahrscheinlich in der zweiten Hälfte des 18. Jahrhunderts mit Sklavenschiffen eingeschleppt wurden, als die härteste. Auch einige Dahomey-Könige sollen der gefürchteten Krankheit zum Opfer gefallen sein (was indes nicht wörtlich zu nehmen, sondern eher eine versteckte Anspielung darauf ist, daß ihre königliche Macht bedroht war), und mehr als eine Schlacht ging verloren, weil eine Pockenepidemie ausbrach und die Heere entscheidend dezimierte. So waren den Königen die Erdgottheiten gleich aus zwei Gründen verhaßt: Zum einen machten sie ihnen die Herrschaft streitig und untergruben damit ihre Legitimität (daher das Sprichwort: „In einer Stadt kann es nicht zwei Könige geben"), zum anderen stellten sie eine Gefahr für ihr Leben und ihre machtpolitischen Ziele dar.

Ganz links: Das kranke Kind wird mit weißen Punkten, den Zeichen des Pockengottes Sakpata, versehen und damit dem Gott geweiht, der die Krankheit von ihm nehmen soll.

Links: Wie segnend erhebt der Priester seine Hände über das mit Sakpatas Zeichen versehene Kind – eine Geste, die deutlich zeigt, daß es fortan unter dem Schutz des Gottes steht.

Links: Während des Rituals fällt die Großmutter in einen „kurzen Tod", indem sie sieht, was dem Kind droht, wenn es nicht geheilt wird.

Oben: Die so in das Heilsritual mit einbezogene Großmutter erwacht aus dem kurzen Zustand ihrer Umnachtung.

Rechts: Die Großmutter wird zum Kriegsgott geführt, der sie beschützen wird. Der Priester hinter ihr spricht schützende Worte über sie.

Ganz rechts: Das Kind empfängt den Segen der Gemeinschaft.

Rechts: Das Kind sitzt, den Kopf mit Kräutern bedeckt, auf einem Heiltopf. Mit weißem Kreidepulver zieht eine Frau einen schützenden Kreis um den kleinen Kranken.

Ganz rechts: Man läßt einen roten Hahn über dem Kind ausbluten. Mit seinem Leben soll alles „Böse" entweichen.

Ganz links: Das Heil- ist zugleich ein Reinigungsritual: Das Kind wird einer Waschung unterzogen, um ihm alles Übel zu nehmen.

Links: Nachdem der Kleine gründlich eingeseift und abgerieben ist, beginnt man, ihn mit Kräuter-Wasser abzuspülen.

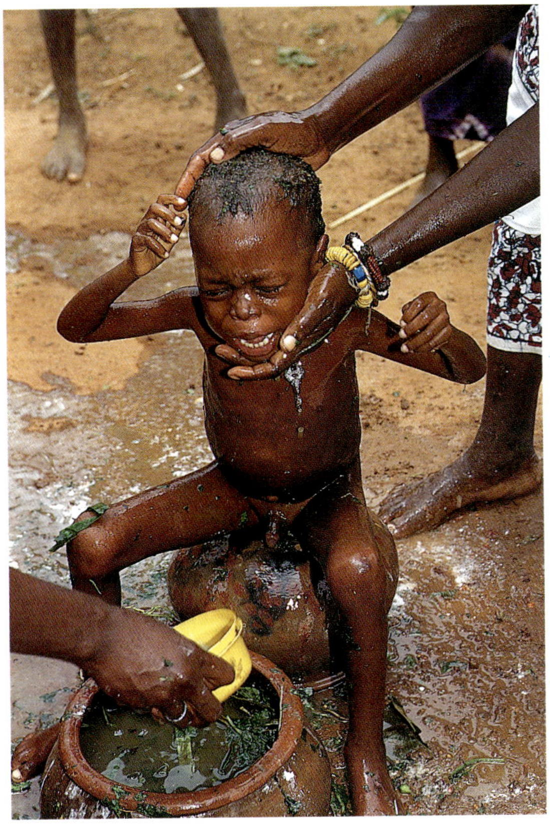

Ganz links: Fast gänzlich reingewaschen, ist das nicht ganz so angenehme Ritual fast überstanden.

Links: Zum Abschluß muß das Kind mehrere ineinander verschlungene Kreise passieren – was bedeutet, daß es über seine Feinde hinwegschreitet und sich auf dem Weg zur Heilung bzw. „zum Heil“ befindet.

Heilung einer schwangeren Frau, die nicht gebären kann, da sie die Gesetze der vodun gebrochen hat. Das Orakel schreibt eine Sakpata-Reinigungszeremonie vor, damit sie ihr Kind ohne Probleme zur Welt bringen kann. Die Patientin wird mit blauen, die Pocken und somit den Pockengott Sakpata symbolisierenden Punkten versehen. Mit Kräutern bedeckt wird sie neben einen Mami Wata geweihten Altar gesetzt, um geheilt zu werden.

Während er auf der einen Seite mit der Pocken-Drohung auf den ihm gebührenden Respekt pocht, schenkt Sakpata den Menschen auf der anderen doch alles, was sie zum Leben brauchen – das heißt vor allem die Hirse. Wer ihn trotz dieser Segnungen mißachtet, dem zieht er das Korn gewissermaßen wieder „aus der Haut", wovon das Krankheitsbild – je nach Stadium die berüchtigten roten Flecken, Bläschen und Pusteln – Zeugnis ablegt.

Früher wurden an Pocken Erkrankte streng isoliert; die Adja brachten sie in den Busch, wohin sie nur Sakpatas Priester und Personen, die das Leiden erfolgreich überstanden hatten, begleiten durften. Legte der Patient ein Geständnis seines Vergehens ab, das ihm die Krankheit eingebracht hatte, bestand Hoffnung auf Heilung. Andernfalls ging der lebende Körper, gräßlich aufgeschwollen und von Pusteln übersät, in grauenhafte Zersetzung über. Zuletzt starb der Sünder einsam im Busch, wobei in seiner Todesstunde im Dorf alles Leben ruhte: Ihm krähte – im wahrsten Sinn des Wortes – kein Hahn nach.

Seit Einführung von Schutzimpfungen stellen die Pocken keine ernsthafte Bedrohung für die Bevölkerung mehr dar. Heute widmen sich die Priester Sakpatas daher allen möglichen anderen Leiden, so daß der Kult ein gesteigertes Ansehen und große Popularität gewann. Mit ein Grund für seine Anziehungskraft ist, daß Sakpata zu den drei Gottheiten (vodun) gehört, denen die Menschen die Kenntnis zahlreicher Heil- und Zaubermittel verdanken, weshalb seine Priester als besonders versiert sowohl in weißer als auch in schwarzer Magie gelten.

Bevor die Ente für das Heil der jungen Frau geopfert wird, berührt der Assistent des Priesters mit ihr die Stirn der Frau.

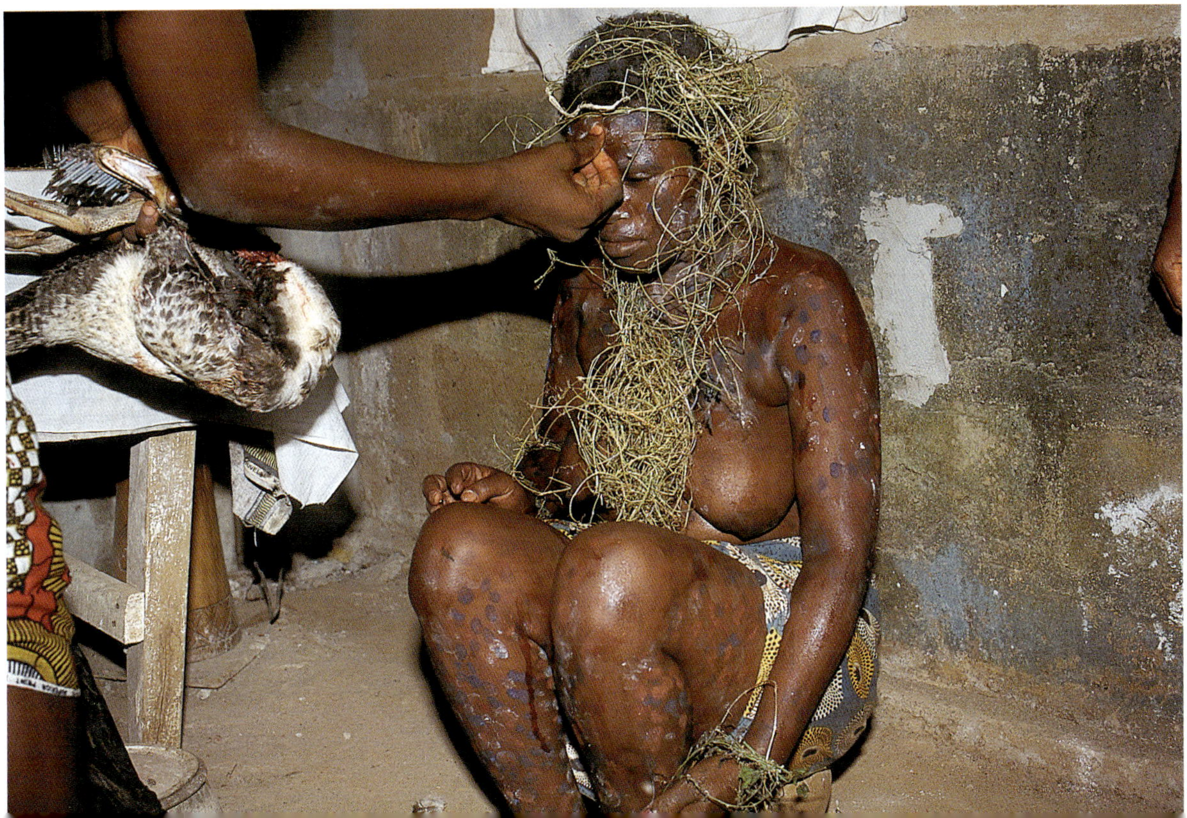

Nach der Opferung der Ente wird die Stirn der Frau mit dem Entenblut bestrichen. Man schreibt ihm eine abkühlende Wirkung zu, da die Ente auf dem Wasser lebt.

Die Patientin wird verhüllt, damit sie keiner erkennen kann. Mit einem Tuch über den Kopf gestülpt, wird sie in das Sanktuarium geführt.

Dort wird sie vor einen Altar Shangos, des Gewitter- und himmlischen Richtergottes, geführt, der ihr Vergehen abwägt. Nur wenn er sie freispricht, kann ihre rituelle Neugeburt eingeleitet werden.

Dazu wird sie zunächst in Milch „gebadet", das heißt in Säuglingsnahrung getaucht, um Mutter und Kind neue Lebenskraft zu verleihen. Zusätzlich stärkt sie Medizin aus einem der heiligen Töpfe, die aus Wasser besteht, in dem Pflanzen eingeweicht wurden.

Im Anschluß daran wird ihr – wie jedem Neugeborenen – der Schädel kahlgeschoren und mit dem „verunreinigten" Haar das Böse des alten Lebens genommen. Den Körper eingepudert und mit einem weißen Tuch bedeckt (das hier für Nacktheit steht), geleitet die Priesterin sie aus dem Heiligtum und übergibt die „Neugeborene" der Obhut ihrer Familie und der Kultgemeinschaft.

Sakpatas Geschichte

Zeitgenössische Darstellung vom Pockengott Sakpata des Ewe-Künstlers Moses aus dem Jahr 1996.

Mawu-Lisa, der zwiegeschlechtliche Schöpfergott, wollte, nachdem er die Welt erschaffen hatte, ruhen und übertrug daher die Aufsicht über sein Werk seinen Söhnen Sakpata und Sogbo. Die aber gerieten in Streit. Sakpata verließ darauf den Himmel und richtete sich auf der Erde ein. Als der älteste Sohn nahm er alles aus dem Besitz seines Vaters als Erbgut mit auf die Erde. Sein jüngerer, gewalttätiger Bruder blieb bei den Himmelsgöttern und gewann mit der Zeit ihr uneingeschränktes Vertrauen. Sakpata hatte inzwischen auf der Erde die Position eines Königs eingenommen, und da er über große Reichtümer gebot, zeigten sich die Menschen zunächst erfreut über seine Herrschaft. Bald schon stellten sie jedoch mit Entsetzen fest, daß die Niederschläge ausblieben. Laut begannen sie, sich bei Sakpata zu beklagen. Er vertröstete sie von einem auf den anderen Tag. Schnell war ein Jahr vergangen – und noch immer kein Regen gefallen. Da kam Sakpata zu Ohren, daß zwei Bewohner aus dem Himmel durch das Land zogen und überall von etwas erzählten, das sie Fa nannten. Diese beiden ließ er vor sich bringen und fragte sie, warum die Niederschläge ausblieben. Die Männer entgegneten, daß auch sie darauf keine Antwort wüßten, doch könnten sie ihr Fa-Orakel befragen. Sie warfen ihre Palmkerne und erklärten, daß ein Streit zwischen zwei Brüdern, von denen jeder die Herrschaft anstrebe, das Problem verursache. Seine Lösung setze die Einigung zwischen beiden voraus. Dazu aber sei es notwendig, daß der ältere den jüngeren versöhne und sich ihm unterordne. Jetzt erinnerte sich Sakpata schmerzlich daran, daß er zwar vieles vom Himmel mit auf die Erde gebracht, Feuer und Wasser jedoch zurückgelassen hatte. Zu spät wurde ihm klar, wie sehr Menschen, Tiere und Pflanzen des Wassers bedurften, über das jetzt Sogbo verfügte. Auf die Frage, wie die Erde doch noch zu retten sei, wiesen die Männer ihn an, einen Teil seiner irdischen Güter zusammenzustellen. Mit ihnen solle der Vogel Otutu hinauf in den Himmel fliegen und Sogbo eine Botschaft überbringen. Kaum hatte dieser sich in die Luft erhoben, rief er mit voller Stimme: „Ai, Sakpata hat eine Nachricht für dich! Hörst du mich, So? Er sagt, er überläßt dir das Universum! Hörst du mich, So? Er sagt, er überläßt dir Häuser, Söhne, Väter, Kinder, Mütter! Hörst du mich, So?“ Um sicherzugehen, daß er auch richtig gehört hatte, und zu sehen, wer der Überbringer der freudigen Nachricht sei, erleuchtete Sogbo mit einem Blitzstrahl die Welt. Im grellen Licht erkannte er Otutu, der ihm Gaben und Botschaft seines Bruders brachte. Daraufhin ließ er Sakpata ausrichten, daß er als der ältere zwar alle Güter des Vaters geerbt, nicht aber erkannt habe, was wahre Macht ausmache: Feuer und Wasser nämlich besäßen die Kraft, alle irdischen Reichtümer zu zerstören, weshalb allein dem, der sie besitze, die Herrschaft gebühre. Damit hatte Sogbo den Sieg über Sakpata errungen.

(Erzählung der Priester der Gewittergottheiten, die damit die Überlegenheit „ihrer“ Gottheit herausstellen.)

Singende vodunsi vor einem Sakpata-Bild in einem vodun-Kloster.

Die Deutung der Wahrsager

Eine Orakel-Kette aus Nußschalen beim Fa-Orakel Bokonon.

In Gesellschaften mit weniger komplexen Götterwelten fällt Ahnen und Geistern bei der Heilung eine um so gewichtigere Rolle zu. Hier sind die Wahrsager nicht nur Seher oder auch Priester, sondern vor allem Heiler. Wahrsager, die sich allein auf Weissagung beschränken, sind ohnehin selten, viele gleichzeitig auch Jäger, besonders befähigte oft blind – und vermögen so eher „hinter die Dinge“ zu schauen. Die meisten werden durch die Buschgeister „berufen“.

Wahrsager bedienen sich verschiedener Hilfsmittel, durch die sich die Jenseitigen mitteilen. Sie stellen gezielte Fragen und erhalten durch geschicktes Handhaben – etwa Werfen oder Reiben – der Gegenstände, die sie verwenden, die gewünschte Antwort. Dem läuft oft ein Gespräch mit dem Patienten parallel; der Wahrsager legt ihm dabei verschiedene Deutungsmöglichkeiten vor, um seiner Erinnerung gleichsam „auf die Sprünge“ zu helfen. Zunächst noch vage, tastende Aussagen werden zusehends konkreter, bis schließlich die Diagnose feststeht und der Wahrsager das passende Heilmittel und die geeignete Therapie (wozu wiederum Versöhnungsriten und Opfergaben gehören) verordnen kann.

In vielen Gesellschaften ist die Konsultation eines Wahrsagers ohnehin unerläßlich. Es geht dabei nämlich nicht nur darum, in Erfahrung zu bringen, was dem Patienten fehlt, sondern mehr noch, warum gerade er – und nicht ein anderer – krank geworden ist. Auch hier steht das soziale Beziehungssystem (Konflikte innerhalb der Familie, mit Nachbarn, Freunden und vor allem den Geistmächten) im Zentrum der diagnostischen Bemühung. Die dazu verwandten Techniken, denn um solche handelt es sich dabei, weisen eine große Bandbreite auf und reichen von einfacheren wie dem Werfen von Kauris, Münzen oder Knochen bis hin zum hochspezialisierten Orakelwesen der Yoruba.

Viele Krankheiten behandeln die Wahrsager selbst. Sehen sie sich dazu außerstande, verweisen sie den Patienten an einen Spezialisten in der nahen Umgebung – oft jemanden, der die betreffende Krankheit am eigenen Leib erfahren und sie erfolgreich bekämpft hat, was zeigt, daß er ein geeignetes Heilverfahren kennt.

Die therapeutischen Maßnahmen der Wahrsager sind vielleicht weniger beeindruckend als die augenfälligeren Zeremonien der vodun-Kulte, doch sicherlich ebenso effektiv. Zu ihren eher schlichten Behandlungsmethoden zählen Waschungen mit Medizinen, Impfungen, bei denen die Medikamente in Schnitte an Arm oder Stirn eingerieben werden, und die Herstellung von Amuletten und Talismanen. Letzteres praktizieren besonders die muslimischen Wahrsager, die meist gleichzeitig Korangelehrte (marabut oder malam) sind.

Sollte eine Behandlung nicht anschlagen, ist dies in der Regel die Schuld des Patienten, der wesentliche Details verschwiegen oder die erteilten Ratschläge nicht befolgt hat.

Bokonon deutet die Orakel-Kette aus Nußschalen für einen Mann, der wegen seiner Pechsträhne den Wahrsager befragt.

Bokonon mit einem Opfertier: einer weißen Taube (Zeichen der Reinheit).

Bokonon bereitet eine Opfermasse aus Kräutern, Talkum, Federn etc.

Er schüttet Gin auf einen Fetisch zur Bestärkung der vodun-Zeremonie.

Bokonon leckt die Opfermasse vom vodun-Brett ab.

Der Wahrsager fertigt einen Fetisch für den vom Pech verfolgten Kunden.

Um sein Pech loszuwerden, muß der Mann den eben erstellten Fetisch vor dem Fa-Orakel (das Orakel ist der Wahrsager Bokonon) begraben.

Schutz gegen das Böse

„Vorbeugen ist besser als heilen“ – getreu dieser Maxime bieten alle Heiler Mittel und Rituale an, die Krankheit und Unglück bereits vorzeitig abwehren. Viele treten einem Kult ohne konkreten Anlaß bei, einfach weil sie sich davon weitreichenden Schutz versprechen. Auch ganze Dorfgemeinschaften suchen möglichem Ungemach entgegenzuwirken, indem sie sich rechtzeitig – das heißt in der Regel zu Beginn des neuen Jahres – einer generellen Reinigungszeremonie unterziehen. Mancherorts ist sie mit einer rituellen Neugeburt verbunden.

Zur Präventivmedizin gehört auch der Schutzzauber, mit dem man Anschlägen von Unheilsgeistern, Hexen und Zauberern, dem „Bösen Blick“, Neid und Mißgunst begegnet. Diesem Zweck dienen zunächst vor allem Talismane und Amulette. Der äußeren Form nach kaum voneinander zu unterscheiden, handelt es sich meist um kleine Gegenstände, die man dicht am Körper trägt. Talismane sollen Glück bringen, Amulette alles Böse abwehren. Jede Gesellschaft kennt eine Vielzahl beider Sorten aus den unterschiedlichsten

Oben: Ein geopfertes Huhn mit Maismehl und rotem Palmöl auf weißem Tuch wird zum Schutz für ein ganzes Dorf in der Mono-Region am Dorfeingang aufgehängt.

Rechts: Vorbereitung weiterer Palmzweige mit roten und weißen Tüchern sowie Hühner- und Nahrungsmittelopfern, die die bösen Geister neutralisieren sollen.

Entstehung der am Eingang des Dorfes aufzuhängenden Palmzweige: Die Opfergabe für die Götter, die dem Dorf ihren Schutz bieten sollen, wird vom Priester gemischt.

Zur Opferung eines Huhnes spricht der Priester noch einige Worte.

Die Opfergaben werden zusammengemischt, um dann auf ein Tuch, das später an Palmzweigen befestigt wird, aufgetragen zu werden.

Materialien. Wichtig ist nur, daß man an ihre Wirksamkeit glaubt. Geläufig sind Ringe aus Eisen und Kupfer, Hüft-, Arm- und Halsbänder aus Leder, den Knochen, Klauen, Zähnen, Haaren oder Fellstücken besonders „mächtiger" Tiere, aus Baumwollgarn, Perlen und noch vielem anderen. Alle werden bevorzugt an den kritischen körperlichen „Bruchstellen", das heißt an den Gelenken getragen, um unguten Einflüssen den Zugang zu verwehren und dem Körper Festigkeit zu verleihen.

Die Bambara nennen sie tafo. Beliebt sind Baumwollbänder, in die der Hersteller in bestimmten Abständen Knoten einknüpft. Bevor er sie festzurrt, spricht er eine magische Formel (kilisi) und spuckt darauf. Überall in Westafrika werden von Muslimen und Nichtmuslimen kleine Lederbeutel getragen, in deren Herstellung sowohl die Wahrsager-Heiler als auch Korangelehrte besonders bewandert sind. Erstere füllen sie in der Regel mit einer Aschemischung aus Tier- und Pflanzenteilen, während letztere ihnen Papierstückchen mit geheimen Zeichen und Sprüchen aus dem Koran einnähen. Sonst werden als Abwehrmittel auch die monson benutzt, Kugeln aus der Erde eines Termitenhügels, die man mit Wasser oder Schibutter (Fett vom Samen des Schibutterbaumes, Butyrospermum parkii) anfeuchtet.

Man kann die Prophylaxe indes auch „inwendig" betreiben, indem man sich die entsprechenden Medizinen einverleibt oder schluckt. Muslime lassen sich von einem Korangelehrten heilige Texte auf hölzerne Tafeln schreiben, die anschließend mit Wasser abgespült werden, das der Auftraggeber dann trinkt oder über seinen Körper reibt. Auch Priester-Heiler führen Schutzzauber, für einzelne wie ganze Dorfgemeinschaften, durch.

Abschließend werden die Palmzweige am Eingang des Dorfes aufgehängt, um Unheils- und Krankheitsgeistern den Zugang zu verwehren und sie, durch Gaben beschwichtigt, zum Weiterziehen zu veranlassen.

Ganz links: Die Ewe im Mono-Distrikt (Benin) steigen im Rahmen der Neujahrszeremonie in ein Grab, aus dem sie nach ihrem rituellen Tod dann gereinigt auferstehen.

Links: Sie erhalten einen kpantin genannten Stock, der Sündenbockfunktionen erfüllt: Auf ihn kann alles Böse übertragen werden.

Ganz links: Noch im Grab werden sie mit weißem Puder bestäubt.

Links: Sobald sie „wiederauferstehen“, gleichen sie reinen Neugeborenen, erfüllt nur mit guten Gedanken. Anschließend werden sie mit „heiligem“ Wasser gewaschen.

Aller Sünden ledig, können sie unbeschwert dem neuen Jahr entgegensehen.

Erst nachdem alle Tod und Grab „durchwandert“ haben, wird die Gruft mit all dem abgelegten Bösen darin verschlossen.

Pflanzenheiler als „Allgemeinmediziner“

Isaac Sayi, ein großer alter Heiler in Cotonou.

In manchen Familien sind sowohl Männer als auch Frauen ausgezeichnete Heilpflanzenkenner. Das Wissen wird dabei in der Regel jeweils vom Vater an den Sohn und von der Mutter an die Tochter weitergegeben. Gewöhnlich beschränken sich Frauen auf die bloße Pflanzenheilkunde, während die Männer mehr mit kombinierten Materialien operieren, die neben Mischungen pflanzlicher auch organische Stoffe von Tieren und Tonerden mit einbeziehen. Auch sie jedoch verwenden vorrangig Pflanzen, darunter zahlreiche Nutzpflanzen. Dennoch stammen die meisten Heilpflanzen aus dem Busch, was voraussetzt, daß die Heiler mit den Buschgeistern und Wildtieren auf gutem Fuß stehen. Das gilt insofern gerade auch für die Jäger, die Buschgeister häufig die Heilmittel und ihre Anwendungszwecke lehren.

Viele Heiler gehen der Heilpflanzensuche mit besonderer Vorsicht nach: Bevor sie Blätter pflücken, Rinden abschälen oder Wurzeln ausgraben, bringen sie ein kleines Opfer dar, sprechen eine Formel oder umzirkeln, wenn es sich um einen Baum handelt, den Stamm mit einem Aschekreis. Außerdem kommt es immer auf den richtigen Wochentag, die genaue Stunde oder Mondphase, das heißt den Zeitpunkt an, zu dem sich die Heilkraft der Pflanze am intensivsten entfaltet. Ihr geheimniskrämerisches Gebaren dabei, verbunden mit dem Aufenthalt im Busch, weckt neben Respekt häufig auch Mißtrauen. Da in Afrika zahlreiche Giftpflanzen vorkommen, verdächtigt man Heiler mancherorts auch der Giftmischerei. Wer anderen Übel will, sagt man, kann von ihnen Mittel erhalten, die, unter die Nahrung gemischt, einen oft schleichenden, qualvollen Tod zur Folge haben.

Auf den Dörfern praktizieren die meisten Heiler im „Nebenberuf“, früher auch unentgeltlich. Das allerdings hat sich geändert, zumal es heute – und besonders im städtischen Umfeld – viele professionelle Heilpraktiker gibt. Sie haben sich in Standesvereinigungen zusammengeschlossen, die eigene Zertifikate ausstellen, um die Seriosität ihrer Mitglieder glaubhafter erscheinen zu lassen. Allerdings sagt das oft wenig über ihre professionelle Eignung aus. Nicht in allen Vereinigungen ist eine Aufnahmeprüfung Voraussetzung der Mitgliedschaft, häufig wird sie schon auf Antrag bescheinigt.

Heilpflanzenkundige sind „Allgemeinmediziner“, das heißt bewandert auf mehreren Gebieten ihrer Kunst. Sie kennen die Funktion der einzelnen Körperorgane und behandeln Krankheiten ganz unterschiedlicher Natur. Genau besehen behandeln sie allerdings nur die Symptome – wie etwa Rückenbeschwerden, Verstopfung, Krämpfe, Husten, Schwindel,

Frau beim Sammeln von Heilpflanzen in der Nähe von Sakete (Benin).

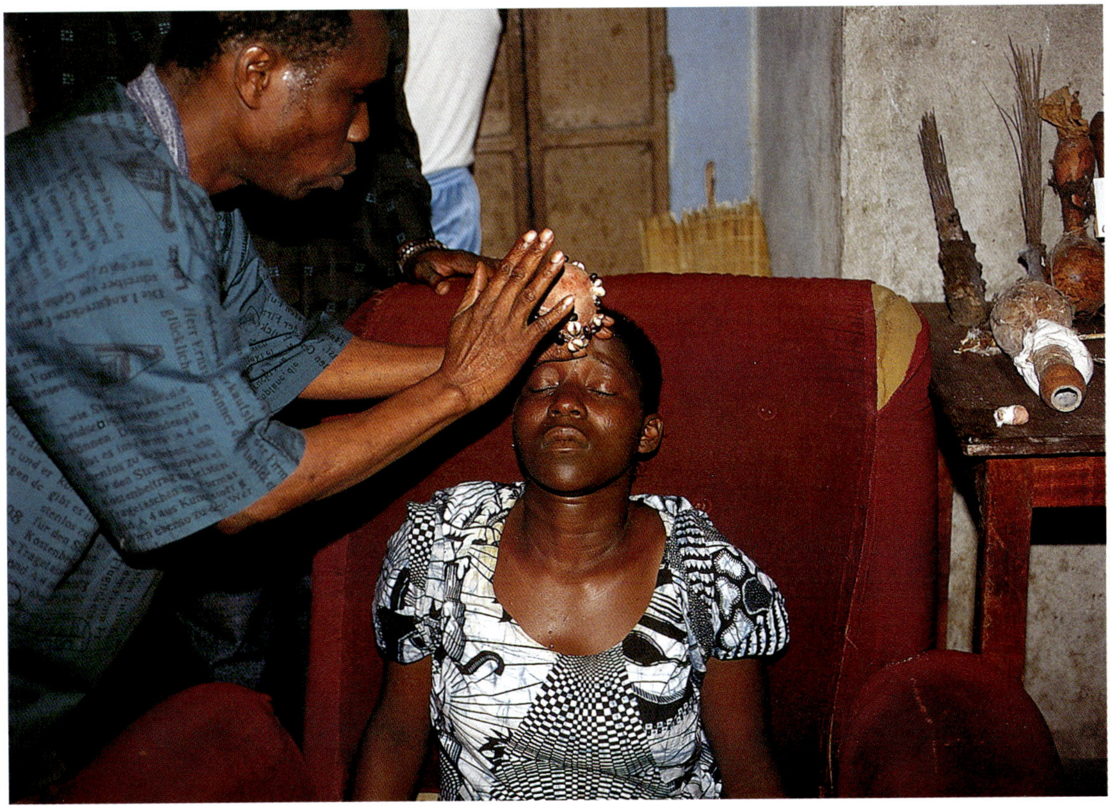

Viele Heiler wenden neben Heilpflanzen auch magische Heilverfahren an. Hier behandelt Antoine Tottin aus Cotonou eine Psychopathin.

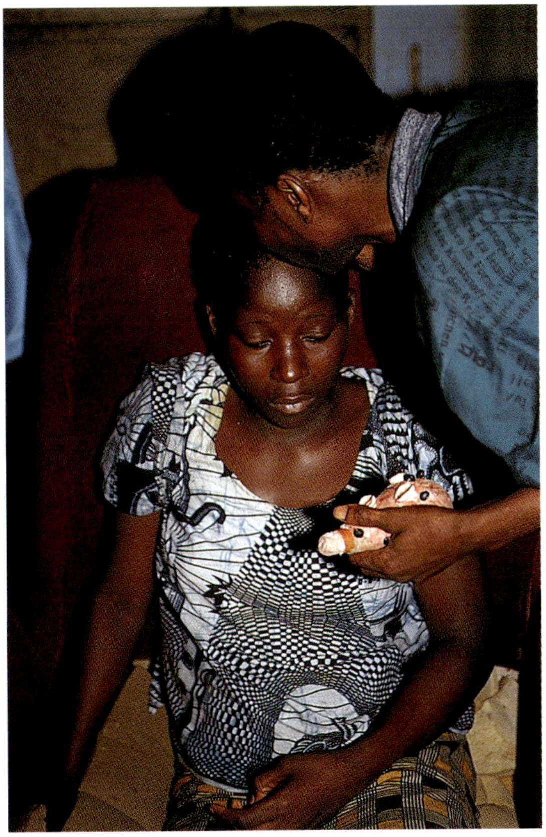

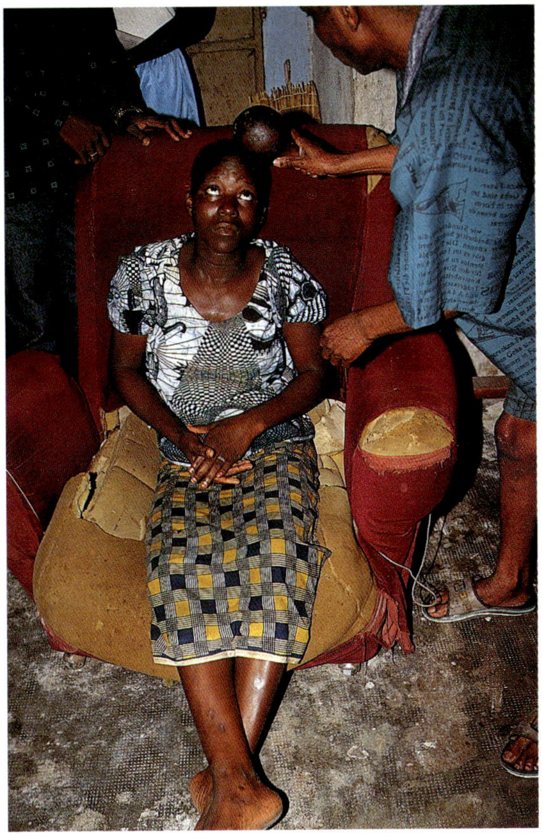

Ganz links: Ein moderner Wohnzimmersessel dient als Behandlungsstuhl.

Links: Am Ende der Zeremonie wird der Heiler dem Mädchen einige beruhigende Kräuter geben.

Antoine Tottin behandelt nicht nur psychische Leiden mit magischen Mitteln. Hier sucht er eine Frau von ihren Bauchschmerzen zu befreien. Dazu drückt er zerstoßene Yamsknollen und eine Fetisch-Flasche auf ihren Leib, die den Schmerz „herausziehen“ sollen.

Ohnmacht, Blähungen, Kopf- und Bauchschmerzen. In der Regel nehmen sie sich viel Zeit und gehen die Behandlung mit großer Sorgfalt an. Viele treffen ihre Verordnungen erst, nachdem sie den Patienten gleichsam „auf Herz und Nieren" geprüft haben. Um die Ursache eines Leidens zu ergründen, bedienen sich auch diese Heiler oft der Wahrsagerei; die Grenze zwischen beiden Praktikern ist ohnehin fließend. Andere treffen keinerlei Diagnose, befragen aber dennoch das Orakel. Ihnen geht es in erster Linie darum, zu erfahren, ob ihre Art der Therapie überhaupt Aussicht auf Erfolg hat. Nur dann begibt sich der Heiler auf die Suche nach den Zutaten für die benötigte Medizin. Da manche Pflanzen, vor allem aber Einzelbestandteile wie Früchte und Samen, nur zu bestimmten Zeiten im Jahr vorkommen, trocknet und verwahrt man sie in kleinen Ziegenlederbeuteln.

Insgesamt verfügen Heiler indes nur selten über einen großen Pflanzen- oder gar fertigen Medikamentenvorrat – es sei denn für häufiger auftretende geringfügigere Leiden. In der Regel ist jeder Krankheitsfall, wie der Patient, „einzigartig". Jede Behandlung setzt daher ein spezielles Vorgehen voraus, jede Medizin muß frisch und für jeden gesondert, oft unter Mitarbeit des Kranken oder eines nahen Verwandten, erst zubereitet werden.

Den Heilern steht dabei eine enorme Vielfalt an Pflanzen zur Auswahl – und das nicht nur bei verschiedenen Gruppen, sondern auch innerhalb ein und derselben Gesellschaft. Dennoch faßt man die Pflanzen häufig nur als Trägersubstanzen auf, die ihre volle Wirkkraft erst entfalten, wenn ihre „Seele" aktiviert, das heißt magisch belebt wird. Dazu zählt man zum Beispiel die Namen all jener auf, in deren Besitz sich die Medizin schon befand, oder rezitiert spezifische „Zauberformeln". Diese Wortmagie überträgt sich bereits durch das einfache Sprechen, wirkt aber noch effektiver, wenn man gleichzeitig ein Tier, meist ein Huhn, über der Medizin ausbluten läßt oder bei ihrer Zubereitung hineinspuckt. „Moderne" Heiler kennen darüber hinaus eine Vielzahl anderer magischer Verfahren, die sie gezielt bei bestimmten Krankheiten einsetzen.

Nach korrekter Diagnose und individuell abgestimmter Behandlung sollte einer Heilung eigentlich nichts im Wege stehen. Bleibt der Erfolg dennoch aus, geht man gewöhnlich davon aus, daß ein anderer – Mensch oder Geistmacht – sich im Besitz einer stärkeren Gegenmedizin befindet, was alle Bemühungen zum Scheitern verurteilt.

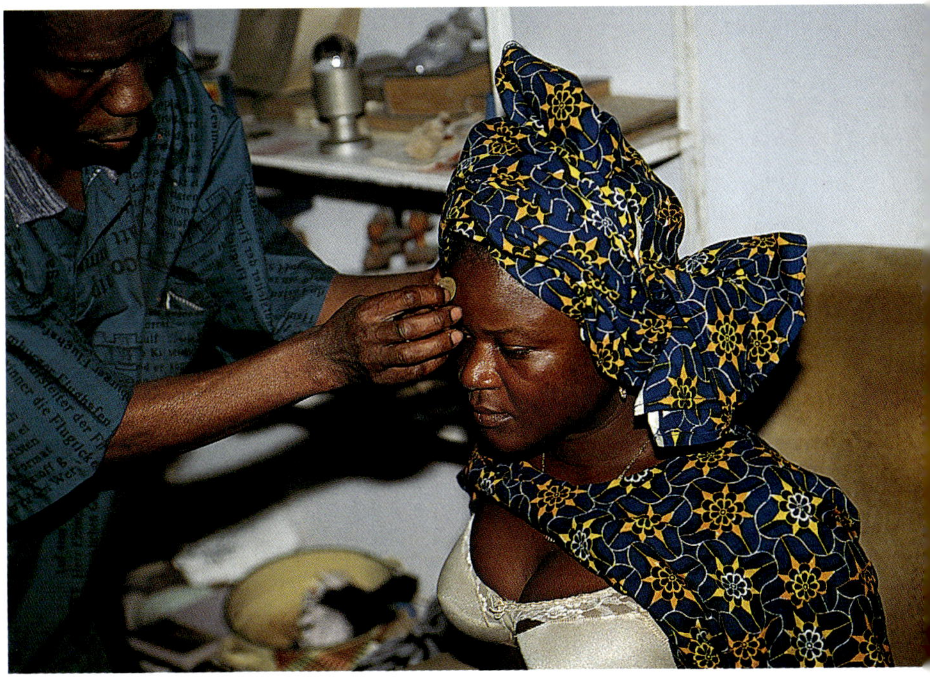

Ganz oben: Sobald der Yams den Schmerz „aufgesaugt" hat, drückt der Heiler ihn gegen die Zimmerwand, der er nichts anzuhaben vermag. Später legt er ihn an einem Kreuzweg ab. Wer den Yams verzehrt – meist irgendein Tier – handelt sich damit gleichzeitig die Bauchschmerzen ein.

Oben: Die Sitzung endet damit, daß der Heiler die Stirn der Frau mit einer Münze berührt, die sie künftig vor Ungemach schützen soll.

Apotheke am Straßenrand

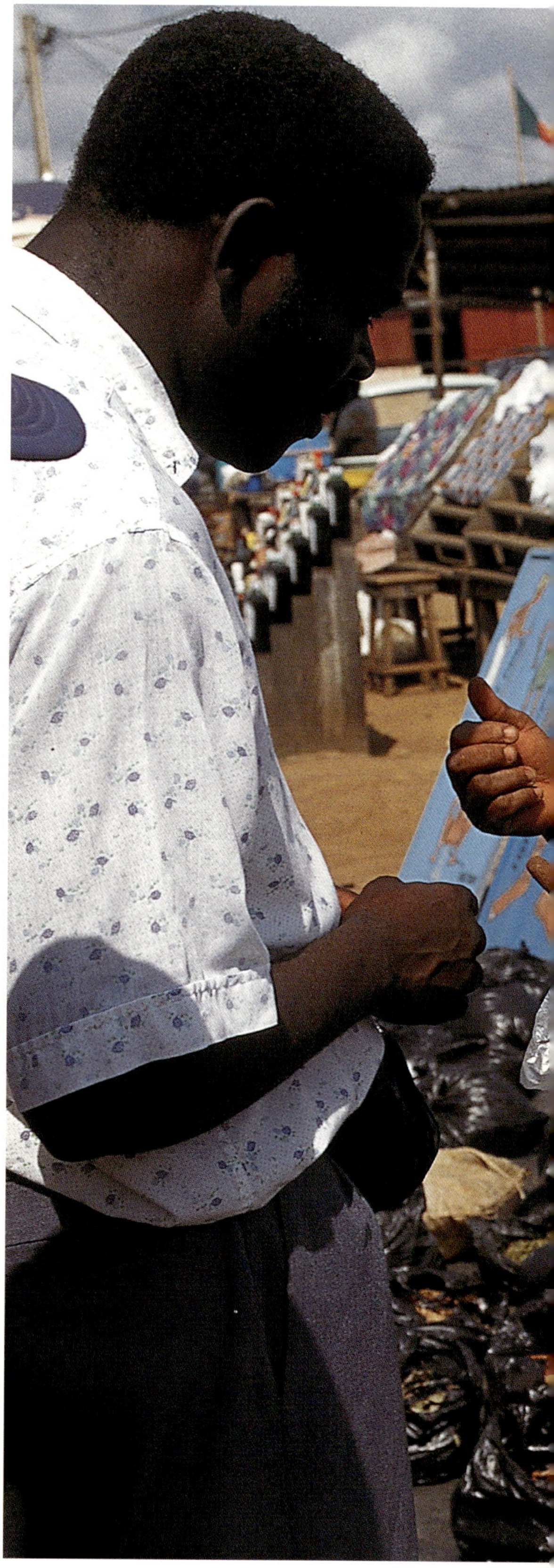

Rechts: Eine typische „Apotheke", wie sie in Ghana in vielen Städten zum Straßenbild gehört. Hier bietet eine Händlerin Medizinen für die unterschiedlichsten Krankheiten an. Hinter den Pflanzen sind die Krankheiten, die sie heilen sollen, plakativ aufgezeichnet.

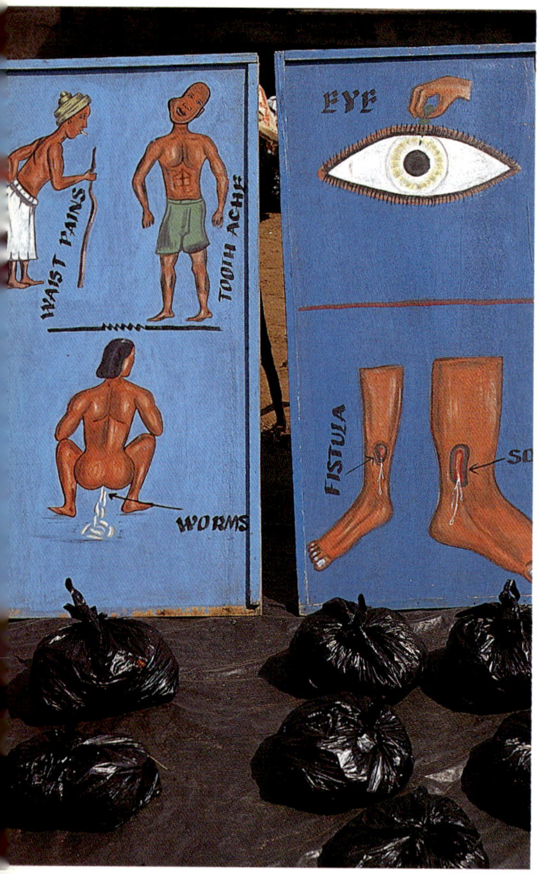

Damit sich auch Analphabeten in der Straßenapotheke zurechtfinden können, sind die Einsatzbereiche der verschiedenen Kräuter in sprechenden Bildern dargestellt.

Viele Pflanzenkundige (wie in Botswana die dingaka tsa dichowa) betätigen sich als Händler, die – ähnlich den fahrenden „Wunderheilern" im Westen der Vereinigten Staaten – durch das Land ziehen und auf Märkten auftreten. In Ballungsgebieten ist die Bevölkerung verstärkt auf sie angewiesen, da es für Stadtbewohner schwer möglich ist, selbst in den Busch zu gehen und Wurzeln, Rinden und Blätter zu sammeln. Um so willkommener kann nur das Angebot der Händler an frischen und getrockneten Pflanzen sein. Zunehmend sind neuerlich Pulver im Handel. Der Preis ist hier höher, da die Zubereitung mitberechnet wird. Das Sortiment der Anbieter unterscheidet sich hauptsächlich dadurch, daß einige nur mit Pflanzen und Pflanzenmedizinen handeln, andere auch tierische Materialien wie Schlangenhäute, Eidechsenköpfe und Vogelbälge feilbieten. Eine Untersuchung auf dem Markt von Bamako (Mali) ergab ein durchschnittliches Angebot – gezählt wurden Blätter, Rinden und Wurzeln – von 28 verschiedenen Pflanzensorten.

Die übliche Kundschaft der Markthändler sind Frauen, die ganz gezielt bestimmte Pflanzen verlangen. Käuferinnen, die zunächst Rat in einem Krankheitsfall suchen oder sich die Zubereitung einer Medizin erklären lassen wollen, sind in der Minderheit. Der Nachfrage folgend, arbeiten die Pflanzenkundigen auf den Märkten verstärkt als Drogisten, verkaufen also Rohstoffe oder Medizinen in bereits fertiger Form. Es entfällt somit die spezifische Abstimmung der Medizin auf die Person des Patienten wie auf dem Land, und nur selten noch werden die Heilmittel in der altüberlieferten Weise besprochen.

SYSTEM
BRAIN
DIARRHOEA
KWASHIORKOR
CONVULSION
TUBERCULOSIS
BLOOD PRESSURE
RASHES
TEETH
SORE
PENIS
FEMALE
OVARY
VAGINA

Pflanzenapotheke am Straßenrand von Cotonou (Benin) mit Medizinen für verschiedene Anwendungsgebiete wie Trunkenheit, Abszesse, Hämorriden oder sexuelle Schwäche.

Pflanzenmarkt in Porto Novo (Benin).

Der Heiler Antoine Tottin aus Cotonou beim Mischen verschiedener Pflanzen und Pflanzenteile. Sein Geschäft blüht, sonst könnte er nicht seine 13 Frauen und 60 Kinder ernähren – letztere sind die beste Reklame für ein von ihm vertriebenes Aphrodisiakum.

Ganz links: Der Heiler Ogunlola vor seiner Apotheke in Porto Novo.

Links: Das Ladeninnere: Ogunlola hat seine Medizinen aufs sorgfältigste in Plastikbeutel verpackt und präsentiert sie, übersichtlich in Wandregalen geordnet, seinen Kunden. Flüssigmedizinen sind in Flaschen abgefüllt.

Benoit D. Sondo, Heiler in Abomey, vor seinem Verkaufsstand.

Neben den Genannten bieten auf den Märkten noch weitere Spezialisten Waren oder Dienstleistungen an. In Burkina trifft man zunehmend auf fahrende Händler aus Ghana, die, glaubt man ihren Worten, in ihren Bauchläden wahre Wundermittel mit sich führen, die vom Schlangenbiß über Impotenz bis hin zu AIDS scheinbar alles kurieren können. Sie haben zwar immer ihr Publikum, doch bleiben die Leute, oft nicht zu Unrecht, mißtrauisch.

Anderswo, wie zum Beispiel in Bamako, treten Hausa aus Nordnigeria auf, die nicht nur Medizinen verkaufen, sondern auch als Feldscher arbeiten, indem sie Kranke zur Ader lassen, schröpfen oder skarifizieren. Das gilt als angezeigt bei Muskelschmerzen, Gelenkknoten und anderen Gliederbeschwerden. Seltener praktizieren sie auch die Uvulektomie, die Entfernung des hinteren Gaumenzäpfchens (der Uvula). Dazu benutzen sie ein langes, hakenartiges Instrument mit einem kleinen Messer an der Spitze. Der Eingriff soll Leiden des Rachenraums wie Rachenkatarrh (Pharyngitis), Stottern und akute wie chronische Kehlkopfentzündung (Laryngitis) beheben. Er ist keinesfalls ungefährlich: Nachblutungen und Infektionen sind häufig.

Die geheime Heilkraft der Pflanzen

Die Pflanzenmedizin tropischer Länder, inzwischen mit dem Schlagwort Apotheke Regenwald versehen, rückt immer mehr in den Mittelpunkt des Interesses: Heilungssuchende warten auf Therapie-Alternativen zur harten Medizin der pharmazeutischen Industrie, und die ist auf der hektischen Suche nach neuen Wirkstoffen, nicht zuletzt in der stillen Hoffnung, auf das Mittel gegen Krebs oder AIDS zu stoßen. Plant hunters werden ausgeschickt, Pflanzenjäger, die versuchen, den traditionellen Heilern die Geheimnisse ihrer Rezepturen zu entlocken, ihnen Hoffnung auf Geld, Ruhm und Anerkennung machen.

Nachdem es jedoch in den Reihen der westafrikanischen Medizinmänner zu einigen mysteriösen Todesfällen gekommen war – so starb der ghanaische Heiler Nana Drobo 1992 unter ungeklärten Umständen kurz nach der Rückkehr von einer Reise nach Fernost, die er auf Einladung eines japanischen Pharmakonzerns unternommen hatte – war die alte Mauer des Schweigens wiederhergestellt. Die Kenntnisse über die therapeutischen Eigenschaften der Pflanzen gehören zum geheimen Wissen der initiierten vodun-Priester und werden vertraulich in einer fast zehn Jahre dauernden Ausbildungszeit an die Schüler und Adepten weitergegeben. Ein langer Zeitraum, der aber angemessen erscheint, wenn man sich den Umfang des Lehrstoffes vor Augen hält: ohne Lehrbuch, schriftliche Aufzeichnungen sind verboten, werden Kenntnisse von über 1 000 verschiedenen Heil- und Nutzpflanzen vermittelt, von denen immerhin 400 in der täglichen phytotherapeutischen Praxis zum Einsatz kommen.

Doch es gibt Veränderungen, und nicht nur durch die rabiaten Vorstöße der plant hunters.

Ende der 70er Jahre wurden im Benin, unter dem Einfluß des damals herrschenden sozialistischen Regimes, die Medizinmänner vor die Wahl gestellt, sich entweder in das öffentliche Gesundheitswesen einzuordnen, oder aber vertrieben zu werden und ihre Aktivitäten nur noch illegal ausüben zu können. Als typische Vertreter der vodun-Kultur, die immer eine große Anpassungsfähigkeit gezeigt hatte, reagierten die meisten Heiler rasch. Natürlich gaben sie niemals die rituellen Geheimnisse ihrer Heilkunst preis, aber sie gründeten eine Bewegung mit dem griffigen und klugen Namen „La Feuille et non le Fètiche" – Blatt statt Fetisch. Damit wurde für die Heilpraxis ein neuer Schwerpunkt gefunden, von den Fetischen, der Verkörperung spiritueller Heilung, hin zur Phytotherapie, der Pflanzenheilkunde. Und eigenhändig begannen die Medizinmänner, erste, wenn auch schmale und oft unter Rückhalt des letzten Geheimnisses, Arzneibücher zu veröffentlichen.

Damit hatten sie sich der öffentlichen Diskussion gestellt, auch der wissenschaftlichen. Und nicht nur den Funktionären im Gesundheitswesen der westafrikanischen Staaten wurde klar, welche Ressourcen sich da auftaten. Längst war ihnen bewuß, daß eine technisierte Medizin und Pharmazie westlicher Prägung in ihren Ländern weder zu finanzieren noch nachhaltig zu entwickeln war – zunächst eine bittere Einsicht für die meist in Europa oder den USA ausgebildeten Spezialisten. Bei näherer Betrachtung der Veröffentlichungen ihrer traditionellen Heiler-Kollegen erkannten sie das Potential dieses Wissensschatzes. In exakter Differenzierung wurden nicht nur die Eigenschaften der Pflanzen dargestellt, sondern auch genau zwischen den unterschiedlichen Wirkungen einzelner Teile unterschieden: Wurzeln, Rinden, Blätter, Stengel, Blüten und Früchte wurden beschrieben und voneinander abgegrenzt, Heil- von Giftwirkung präzise abgegrenzt. Der Sinn des Paracelsus-Satzes – „Allein die Dosis macht's, daß ein Gift kein Gift ist" – ist auch Grundlage der afrikanischen Heilpraxis, wenn auch unter erschwerten Bedingungen: Da dem Medizinmann keine präzisen Waagen zur Verfügung stehen, muß er komplizierte Verdünnungsreihen herstellen, um die erwünschte Dosis zu erhalten. Er kann dabei aber auf eine weitere wesentliche Wurzel afrikanischer Medizin zurückgreifen: Viele Medikamente waren zunächst als Jagdgifte, besonders Pfeilgifte im Einsatz, aus denen später die phytotherapeutisch wirksam abgeschwächte Form entwickelt wurde. Diese Formen entsprechen genau der uns vertrauten traditionellen Arzneimittelzubereitung: Am weitesten verbreitet ist der Kräutertee, aber auch alkoholische Auszüge, Inhalate, Pulver und Salben werden hergestellt.

Die rational nachvollziehbaren Techniken und Erkenntnisse erlauben es, die Erfahrungen der vodun-Medizin in einen wissenschaftlichen Vergleich zu stellen, der über den afrikanischen Kulturkreis hinausgeht. Der Freude über die wertvollen heimischen Ressourcen folgt jedoch rasch die Ernüchterung: In einigen Regionen Westafrikas sind Heilkräuter durch wildes Ernten bereits in ihrem Bestand bedroht. Erste Entwicklungshilfeprojekte mit dem Ziel eines kontrollierten Anbaus versuchen, dem entgegenzusteuern.

Die Erfahrungen der Heiler, die die Ansprüche der Pflanzen an Bodenbeschaffenheit, Licht und Feuchtigkeit kennen, aber auch Saat- und Erntezeit genau bestimmen können, sind auch hier entscheidend und werden bereitwillig weitergegeben.

Aber es gibt Grenzen. Ein Initiierter wird niemals die Bedeutung der spirituellen 41 vertues thèrapeutiques, der 41 Heiltugenden, preisgeben, die jeder Pflanze innewohnen – so wie sich auch die Wirkungsweise des Dahomey, des Mutterbaumes, einem naturwissenschaftlichen Zugriff entzieht: Nach der Entbindung eines Kindes vergräbt der Heiler die Plazenta, die Nachgeburt, in geweihter Erde. Darauf wird ein Baum gepflanzt. Der wächst nun zusammen mit seinem Menschen auf und versorgt ihn lebenslang mit heilsamen Produkten aus Rinde, Blättern und Früchten, stärkt seine physische und psychische Abwehr.

Konrad Rippmann

Nerium oleander (Fam. Apocynaceae). Verwendete Pflanzenteile: Stengel, Blätter (giftig), Blüten, Wurzeln (antiseptisch, antibiotisch), Milch. Anwendungsmöglichkeiten: Hautausschläge, Durchfall, Herzrhythmusstörungen, Krebs, Leukämie.

Jatropha multifida (Fam. Euphorbiaceae). Verwendete Pflanzenteile: Blätter, Latex (Milch). Anwendungsmöglichkeiten: wirkt adstringierend, d. h. zusammenziehend bei Erkrankungen der Mundschleimhaut und bei Halsschmerzen. Blutstillend bei Hautwunden.

Bixa orellana (Fam. Bixaceae). Verwendete Pflanzenteile: Blätter, Früchte, Samenschalen. Anwendungsmöglichkeiten: Wurmbefall, Fieber, Entzündungen.

Lantana camara (Fam. Verbenaceae). Verwendete Pflanzenteile: Stengel, Blätter, Blüten, Früchte. Anwendungsmöglichkeiten: Husten, Fieber, Gelbsucht (Blüten).

Lawsonia inermis (Fam. Lythraceae). Verwendete Pflanzenteile: Blätter (antiseptisch, enthalten Vitamin K), Rinde, Wurzel. Anwendungsmöglichkeiten: Diabetes, Wundversorgung, Entzündungen, Wehenbeschleunigung (Abort), Menstruationsstörungen.

Ocimum gratissimum (Fam. Labiatae). Verwendete Pflanzenteile: gesamte Pflanze, Blätter, Wurzeln. Anwendungsmöglichkeiten: Erkältungen, Fieber, Gedächtnisstörungen, Immunstimulanz (Steigerung der Körperabwehr), Psychostimulanz, krampflösend.

Combretum micranthum (Fam. Combretaceae). Verwendete Pflanzenteile: Blätter (antiseptisch), Früchte, Rinde. Anwendungsmöglichkeiten: Fieber, Malaria, Gelbsucht, Durchfall, Wurmbefall, Wundversorgung, Blaseninkontinenz, Asthma.

Commiphora africana (Fam. Burseraceae). Verwendete Pflanzenteile: Zweige, Blätter, Rinde, Wurzeln, Milch. Anwendungsmöglichkeiten: Furunkel, Hautkrankheiten, als Kauholz (Zweige, Rinde), gegen Blähungen, zur Stärkung des Magens und Förderung der Verdauung (Blätter), Arthritis, Gicht, Gelenködeme, Rheuma (Milch).

Mitracarpus scaber (Fam. Rubiaceae). Gesamte Pflanze verwendet. Anwendungsmöglichkeiten: Frisches Kraut zum Einreiben gegen Akne und Ausschlag sowie bei Pilzkrankheiten; intern gegen Kopf- und Zahnschmerzen.

Moringa oleifeira (Fam. Moringaceae). Verwendete Pflanzenteile: Blätter, Wurzeln, Samen. Anwendungsmöglichkeiten: Blätter und Wurzeln bei Gonorrhö, Typhus, Diabetes, Schmerzen und Entzündungen, Abszessen, viraler Hepatitis. Das aus den Samen gewonnene Öl dient zur äußeren Anwendung bei Arthritis, Gicht, Gelenködemen, Rheuma.

Argemone mexicana (Fam. Papaveraceae). Verwendete Pflanzenteile: Stengel (antiseptisch, antibiotisch), Blätter, Früchte, Samen, Wurzeln, Milch (giftig). Anwendungsmöglichkeiten: Schmerzen, bakterieller Durchfall, Tuberkulose (verursacht durch Mycobacteria tuberculosis), Nervosität, Insektenbefall, Herzrhythmusstörungen, Bluthochdruck.

Crataeva andansonii (Fam. Capparidaceae). Verwendete Pflanzenteile: Stengel, Rinde, Wurzeln. Anwendungsmöglichkeiten: Schmerzen, Wunden, Wehenbeschleunigung (Abort), Krebs (antitumorale Eigenschaften), Immunstimulanz, Migräne.

Die Gegenwart der Geistmächte

Allüberall sieht sich der Mensch von einer Fülle „niederer" Geistmächte umgeben, von denen die einen ihm wohlgesonnen sind und ihn hilfreich bei seinem Tagwerk unterstützen, während die anderen danach trachten, ihm auf die eine oder andere Weise übel mitzuspielen, ihn gleichsam vom „geraden Weg" abzubringen, ja unter Umständen vollends ins Unglück zu stürzen. Letztere können Busch- oder Wildgeister, aber auch die Seelen auf unheilvolle Weise Verstorbener sein, die keinen Eingang ins Totenreich finden und so ruhelos umherirren, wie besessen von dem Wunsch, sich an den Lebenden für ihr Mißgeschick zu rächen. Zu den wohlgesonnenen zählen zum einen die Ahnen, die Sorge für die Gesundheit, Fruchtbarkeit und Wohlfahrt ihrer Nachfahren tragen und über ihre Traditionstreue wachen, zum anderen auch persönliche Hilfs- und Schutzmächte, die den Menschen sein Leben lang begleiten, ihn vor Gefahren warnen, ihm in kritischen Situationen beistehen und allgemein Geschick, Kraft, Glück und Erfolg verleihen.

Ein sogenannter Zwergtempel für Buschgeister.

Wie die „kleinen Wesen“ nach Dahomey kamen

„Kleine Wesen“, die im Wasser leben, kannten die Bewohner von Dahomey schon unter Akaba (1685–1708). Daß man ihnen keinen Kult gewidmet hatte, lag daran, daß der König ihre Wildheit fürchtete. Auch Akabas Nachfolger Agaja (1708–1732) beließ es dabei, wofür die Geister sich bitter rächten: Während eines Angriffs der königlichen Streitmacht erschienen sie auf dem Schlachtfeld und vernichteten mit einem Schlag das gesamte Oyo-Heer. Gleichwohl weigerte sich Agaja weiterhin, einen Kult für sie einzurichten. Dessen Sohn und Thronerbe Tegbesu (1732–1774) blieb ebenfalls auf Distanz zu den Geistern. Daraufhin entsandten diese eine Fledermaus mit einem brennenden Blatt unter dem Flügel. Über Abomey angekommen, ließ sie es fallen und setzte die ganze Stadt in Brand. Tegbesu ergriff die Flucht. Doch die toxosu folgten ihm auch nach Kana, wo er sich in Sicherheit glaubte und seine Hauptstadt errichten wollte. Er sah ein, daß es kein Entrinnen gab, und kehrte nach Abomey zurück. Kurz darauf erschien eine große Zahl toxosu in der Stadt, bärtige Wesen mit kleinen Peitschen. Sie vertrieben die Bewohner; dem König gelang es, mit knapper Not zu entkommen. Lange Zeit irrte er mit seinem Gefolge mal hierhin, mal dorthin; doch überall fand er nur große Hungersnot: Die Bevölkerung erntete, obwohl sie Mais gesät hatte, Steine.

In der Stadt war einzig ein kranker Prinz, Homenuvo, zurückgeblieben. Ihn nahmen die Geister, deren Zahl sich inzwischen verdoppelt hatte, gefangen. Sie brachten ihn vor ihre Oberhäupter, die unter dem Vorsitz Zumadunus an der Stelle, wo ihnen später ihr Heiligtum errichtet werden sollte, zusammengekommen waren. Zumadunu, der sechs Augen hatte, neben den üblichen noch zwei auf der Stirn und zwei am Kinn, ließ den Prinzen wissen, daß ganz Dahomey dem Untergang geweiht sei, falls man für ihn, den Sohn Akabas, sowie alle anderen ehemals mißgebildeten Toten keinen Kult einrichte. Entsetzt erklärte sich Homenuvo einverstanden. Daraufhin unterwies ihn der Geisterfürst in der rechten Art der Ahnen- und Götterverehrung: Er gab ihm 666 verschiedene Lieder, wie sie bei den verschiedenen Zeremonien zu singen seien. Weiterhin legte er fest, wo das neue Heiligtum zu errichten sei, und sagte verschiedene Ereignisse voraus, darunter die Geburt elf weiterer toxosu, die im Königshaus zur Welt kommen würden. Sprach's und entließ Homenuvo, nicht ohne ihm angezeigt zu haben, daß er den König in genau elf Tagen um Mitternacht am gleichen Ort erwarte. Der Prinz, von seiner Krankheit plötzlich geheilt, berichtete alles, was vorgefallen war, dem König, der auch nicht zögerte, Zumadunus „Einladung“ Folge zu leisten.

Zwei toxosu („Kleine Wesen“, die im Wasser leben) mit Zigaretten, die ihnen zum direkten Genuß gleich in den Mund gesteckt wurden, und jeweils einer Banane, die in der Armbeuge der kleinen „Könige des Wassers“ auf ihren Verzehr warten.

An besagtem Tag vernahm er, wiewohl noch weit vom vereinbarten Treffpunkt entfernt, einen lauten, von Kürbisrasseln begleiteten Gesang. Sieben davon übereignete Zumadunu dem König und unterrichtete ihn, zu welchem Anlaß genau ein jeder von ihnen zum Erklingen gebracht werden sollte. Schließlich übergab er ihm noch 33 Kaurischnecken samt weiteren heiligen Objekten. Tegbesu blieb nun keine andere Wahl mehr, als den toxosu einen Kult zu weihen. Die heiligen Objekte gab er seiner Mutter, einer Frau aus Adja, in Verwahrung, die fortan neben den Himmelsgöttern auch den toxosu diente. Später kehrte eine Gruppe von ihnen noch einmal zurück, um die Bewohner von Abomey davon in Kenntnis zu setzen, daß auch jeder einzelne toxosu auf einem Weiheobjekt oder Heiligtum zu seinem Gedenken und seiner kultischen Verehrung bestehe.

So wurde der toxosu-Kult in den Ahnenkult integriert. Später benutzten die Dahomey-Könige den Kult dazu, um die Expansion ihres Königreiches zu konsolidieren. Alle abhängigen Dörfer und Städte wurden angehalten, für die königlichen toxosu ein Heiligtum zu errichten – zum Zeichen dafür, daß man die Oberhoheit Dahomeys anerkannte.

Geisterzeit im Busch

In der Regel bedarf die Anlage neuer Felder der Erlaubnis der Buschwesen. Jedes Jahr feiern die Bewohner von Lakple, einem Dorf der Anlo-Ewe (Ghana), ein Fest zu Ehren von Arabzie, dem Gründungsvater der Siedlung. Dabei erhalten er und die anderen Ahnen ein Trankopfer auf der Straße zum Dorf.

Während die Götter fern sind, leben die Geister nahebei, bisweilen sogar unter den Menschen. Ihre eigentliche Heimstatt aber ist die Natur, das heißt das noch unbebaute, „unkultivierte" Land und die Gewässer, die im Widerspruch zur Kulturwelt der Menschen zu stehen und sie zu bedrohen scheinen. Vor allem die Wildnis, der „Busch" atmet förmlich verunreinigende und gefährliche, gleichzeitig aber auch immens wirksame Kräfte, die sich vor allem in den Wesenheiten personifizieren, die dort hausen. Tatsächlich vollzieht sich jede bedeutsame Kontaktnahme mit mächtigen Geistwesen in der Wildnis, und je weiter ab sich eine Region von der heimischen Siedlung befindet, desto größer und unkalkulierbarer sind die Kräfte, die sie beherbergt.

Im Busch herrschen umgekehrte Verhältnisse: Nachts, wenn im Dorf alles ruht, erwacht dort das Leben. Abend- und Morgendämmerung bilden eine deutliche Grenze zwischen der lichtvollen, aktiven Kultur- und der Geisterzeit, die von „wilder" Regellosigkeit beherrscht wird. Die ersten Strahlen der Sonne treiben die Geister ins Dunkel versteckter Erdspalten, in die Laubkronen hoher Bäume, ins Dickicht, in verborgene Höhlen, in die Gewässer und auf einsame Hügelhöhen zurück, von wo aus sie sich höchstens am Mittag, der Grenzscheide der Tageszeit, den Menschen bemerkbar machen. Dann kommt es vor, daß sie mit Steinen nach ihnen werfen; und wen sie treffen, der erkrankt oder wird wirr im Kopf. Wer sich nach draußen begibt, geht dieses Risiko ein. Die Buschgeister lauern ihm unbemerkt auf, gleichsam auf dem Sprung, ihn in ihren Bann zu ziehen. Die wenigsten Menschen allerdings bekommen sie zu Gesicht. Dennoch weiß man ziemlich genau, wie sie aussehen und wie sie leben. Gewöhnlich von zwergenhafter Gestalt, führen sie ein quasi-menschliches Dasein in Familien. Auffallende Merkmale indes sind ihre extrem starke Behaarung, die rückwärtige Stellung der Füße und die Übergröße ihrer Geschlechtsteile. Sie unterhalten sich durch die Nase in einer eigenen, den Dorfbewohnern unverständlichen Pfeifsprache. Wer im Busch zu übernachten gezwungen ist, kann hören, wie sie sich amüsieren, singen, tanzen und einander zurufen – wenngleich die meisten die Bedeutung dessen, was sie hören, nicht verstehen. Manchem zeigen sie sich auch bei Tage, in weniger schreckhafter, eher burlesker Erscheinung, so daß vielerlei Geschichten von der launigen Verspieltheit der Geister und ihrem Hang zum Schabernack in Umlauf sind, wobei man ihre Rede oft in einem hohen, nasalierten Singsang wiedergibt.

Häufig unterstehen die Buschgeister einem „Herrn des Wildes“, der wie die Erdgottheit für die Felder und das Gedeihen der Anbaupflanzen, Sorge für den Bestand der Wildtiere trägt. An ihn wenden sich die Jäger mit der Bitte um Jagdglück, das er gewährt, wenn sie seine Verhaltensvorschriften befolgen, ihm einen Anteil ihres Proviants und, dies vor allem, ihrer Beute opfern. Zuwiderhandlungen bestraft er selbst durch Abzug des Wildes und Krankheit, namentlich Irrsinn, oder betraut die Buschgeister damit, seine „Wildhüter“.

Das Verhältnis zwischen diesen und den Menschen ist ambivalent. Als echte Kobolde erscheinen die Buschgeister unberechenbar, ihre Handlungen sind von Willkür bestimmt. Mal spielen sie ihren Opfern üble Streiche, mal nehmen sie ihnen das Leben, wenn ein Vergehen sie besonders aufgebracht hat. Es gibt genaue Regeln dafür, wie man sich verhalten muß, wenn sie einem draußen plötzlich entgegentreten und ansprechen. Meist zeigen sie sich dabei harmlos, können aber nur kaum von ihrem Hang zum Unfug lassen. Besonderes Vergnügen bereitet es ihnen, den Frauen Palmwein und Essensreste zu stehlen oder ihre Finger in Milchtöpfe zu tauchen.

Das Verhältnis kann sich jedoch zum Positiven kehren, wenn die Menschen die Beziehung zu den Geistern bewußt suchen, sich ihnen zuwenden und

Arabzie und die anderen Vorfahren kamen als Jäger, der Erscheinung eines Geistes in menschlicher, völlig von Blattwerk verdeckter Gestalt folgend, in das heutige Siedlungsgebiet. Nachdem er den Ahnen geraten hatte, sich ebendort niederzulassen, verschwand er so plötzlich, wie er gekommen war. Seither hat ihn niemand mehr gesehen – und doch glaubt man ihn noch immer zugegen. Einmal im Jahr gedenkt man seiner und legt dazu Kostüme aus Laubwerk an.

Um von den Nachbarn nicht erkannt zu werden, vermummt sich jeder in Nachahmung der Buschgeister soweit wie möglich.

Ganz oben: Auf der Prozession durch das Dorf wird eine große Trommel geschlagen, die den Rhythmus der Marschierenden bestimmt.

Oben: Nur noch die Beine sind bei dieser Verkleidung zu sehen. Der nachgeahmte Buschgeist scheint tatsächlich gerade dem Busch entstiegen zu sein.

sie als Hilfs- und Schutzgeister akzeptieren. So kommt es häufig vor, daß jemand im Busch auf einen irgendwie auffälligen oder merkwürdigen Gegenstand stößt oder unvermutet bestimmte Tiere (zum Beispiel das Chamäleon) bei der Kopulation sieht. Ein Wahrsager, der mit den Buschgeistern auf vertrautem Fuß steht und einen Großteil seines Wissens von ihnen bezieht, befindet dann, ob es sich möglicherweise um einen „Fingerzeig" oder ein „Geschenk" handelt – ein Zeichen dafür, daß Buschgeister mit dem Betreffenden oder über ihn mit der Dorfgemeinschaft in direkte Beziehung treten wollen. Wer darauf eingeht, kann mit ihrer Hilfe in Rat und Tat sowie mancherlei Vergünstigungen rechnen. Um den „Bund" auf Dauer zu besiegeln, muß ein Mittel seiner konkreten Pflege gefunden werden. Tiere und Buschgeister sind erst dann kultfähig, wenn man sie in einen Gegenstand bannt oder figürlich nachbildet – in Ton, Holz oder Maskengestalt. Solche Darstellungen finden sich an vielen Heiligtümern, da die Geister in manchen Gesellschaften, beispielsweise bei Mosi und Asante, in engem Kontakt zu den

Zur Maskierung gehört auch die Gesichtsbemalung in Weiß – der Totenfarbe.

Unten: Der Priester und Dorfchef Togbui Nazah Kudese gilt als direkter Nachfahre des Dorfgründers. Nachdem die Kostüme vor dem Dorfheiligtum abgelegt sind, reinigt er die Bevölkerung mit heiligem Wasser, das sie von Krankheit und Unheil befreien soll.

Ganz unten: Dann verabschiedet der Priester die Ahnen, indem er ihnen, wie zu Festbeginn, ein Trankopfer darbringt.

Naturgottheiten stehen, als deren „flinke Boten" sie gelten; oder sie besitzen eigene Verehrungsstätten.

Da sie intelligenter, wissender und nicht zuletzt auch mächtiger als die Menschen sind, können sie ihnen in vielem behilflich sein und sie manches lehren. Der Überlieferung nach unterwiesen oftmals sie die Vorfahren im Anbau, der Bierbrauerei, der Herstellung der Musikinstrumente (besonders Xylophone), im Tanz, der Domestikation der Tiere und in der Heilpflanzenkunde. In letzterer gelten die Buschgeister als besonders versiert. Viele Jäger und Heilkundige haben bei ihnen eine „Lehrzeit" durchlaufen.

Auf der anderen Seite offenbaren sie aber auch immer wieder ihre Schattenseiten. Manchem, der ihnen zu nahe kommt, setzen sie kräftig mit Hieben zu, hängen ihm eine Krankheit, Geistesverwirrung, Schlafstörungen oder Blindheit an. Andere betören sie so, daß sie den Weg zurück nicht mehr finden. Dabei machen die Betroffenen manchmal nur ansatzweise eine „Wandlung" durch, werden gleichsam „wild", bewegen und verhalten sich entsprechend, sehen und hören, was sie sonst nicht wahrnahmen, beginnen die Sprache der Tiere zu verstehen und schauen zuletzt auch die Geister selbst. Es ver-rückt ihnen den Verstand, sie fallen den Geistern zum Opfer, statt sie in Dienst zu nehmen.

Die Geister sind ebenso real wie die Naturphänomene. Im einzelnen kennt jede Gesellschaft eine Fülle von Bezeichnungen für ihre verschiedenen Arten; insgesamt werden sie oft mit dem Wind verglichen, der, wenngleich unsichtbar, doch seine Spuren hinterläßt. „Die Geister" – so sagt man – „sind Wind, denn wir sehen sie nicht. Wir erkennen sie nur an dem, was sie tun."

Wassergeister, die Herrscher des Wassers

Der Schnitzer Sallah Moses beginnt unter einem Baum mit dem Schnitzen einer neuen Statue der Wassergöttin Mami Wata.

In seiner Hütte setzt er die Arbeit an der Kultfigur fort.

Viele Geister besitzen einen ausgesprochenen Drang, sich auf irgendeine Weise Zugang zur Menschenwelt zu verschaffen. Außer den Nächten bieten auch Markttage eine günstige Gelegenheit dazu: Sie mischen sich dann in der Gestalt von Fremden unter die Besucher. Doch gelingt es ihnen selten, ihre wahre Natur zu verbergen. Kinder zum Beispiel, die mit sichtbaren Anomalien zur Welt kommen, geben sich als Geister in Menschengestalt, als „Wechselbälger" zu erkennen. Solche mit überzähligen Fingern oder Zehen stehen nach dem Glauben der Fon mit Lisa, der mit dem Chamäleon und der Sonne assoziierten Himmelsgottheit, in Verbindung. Sie gelten als relativ harmlos, trennt man ihnen die betreffenden Gliedmaßen ab, können sie sich zu „ordentlichen" Menschen entwickeln. Schwieriger ist es, wenn Kinder mit weniger, also etwa vier Fingern oder Zehen geboren werden. In dem Fall wenden sich die Eltern an einen Priester der toxosu, der „Wasserkönige", wie die Fon beschönigend Geister mißgebildeter Kinder nennen. Der Priester befragt daraufhin das Orakel, ob das Kind den Eltern Reichtum oder Armut bringen werde, womit früher sein weiteres Schicksal entschieden war.

Die Geburt eines derartigen Kindes kann für die Familie nämlich sowohl positive als auch negative Folgen haben. In den meisten Fällen ziehen die Eltern es dennoch auf, wenngleich nicht ohne Widerstreben. Früher wurden jedoch auch immer wieder Kinder „zurückgeschickt". Da sie anomal waren, ihr Zustand der Norm widersprach, verwehrte man ihnen die Aufnahme in die menschliche Gemeinschaft und brachte sie dorthin zurück, wo sie eigentlich hingehörten: Vielerorts wurden sie im Busch, bei den Fon nach einer kleinen Zeremonie am Ufer eines Flusses ausgesetzt. Manche Kinder bekundeten Widerstand: Sie begannen lauthals zu schreien oder protestierten sogar in Worten – solche Kinder sollen nämlich schon bei der Geburt sprechen können –, bis man sie wieder mit zurück ins Dorf nahm.

Das galt jedoch nur für bestimmte Fälle, wie eben für jene Kinder, die nur vier Finger an einer Hand hatten, und eventuell auch für solche, die mit Haaren oder Zähnen auf die Welt kamen. Bei anderen körperlichen

Mit Sorgfalt wird die fertig geschnitzte Göttin bemalt.

Unregelmäßigkeiten war man sich absolut sicher, es mit Sendboten bösartiger Geistmächte zu tun zu haben. Dazu gehörten vor allem Zwitterwesen (Hermaphroditen) und Kinder mit „Wasserköpfen". Sie wurden, gleich totgeborenen, abgetriebenen und unehelichen Kindern, ausnahmslos dem Fluß übergeben, eben weil sie dorthin gehörten. Dadurch blieb ihnen der Zutritt ins Totenreich verwehrt, und sie waren verurteilt, allewig und unstet auf Erden beziehungsweise im Wasser umherzuirren. Noch immer werden derartige ausgestoßene und ruhelose Seelen von allen Geistern am meisten gefürchtet – zumal sie nicht einzeln, sondern in ganzen Heeren auftreten. Getrieben, sich an den Lebenden zu rächen, verfolgen, erschrecken und belästigen sie ebenso einzelne wie sie auch Unheil über das Land zu bringen suchen. Außerdem gelten sie als die Wächter der Flüsse, die jeder „ordentlich" zu Grabe Getragene überqueren muß, um ins Totenreich zu gelangen. Sind sie nicht hinreichend versöhnlich gestimmt, versperren sie den Toten den Weg und überantworten sie damit einem Los wie dem ihren. Die Rache dieser Enttäuschten und Betrogenen bekommen dann vor allem die Hinterbliebenen zu spüren.

Berühmtheit erlangte der toxosu-Kult im alten Dahomey-Reich. So wie Könige über die Fon herrschten, wurden die toxosu regiert von Zumadunu, einem mißgebildeten Sohn König Akabas (1685–1708). Danach soll auch jedem weiteren Herrscher Dahomeys wenigstens ein deformiertes Kind geboren worden sein, die als Jüngere untergeordnete Führungspositionen im Geister-

Links: Damit die Figur ihre Wirkkraft entfalten und die Göttin aktiv werden kann, muß die Statue von Abidjan Mami Wata, dem Priester ihres Heiligtums, „belebt" werden.

Mitte und unten: Der Priester bei der Weihe des Kultbildes. Erst ein Ritus oder eine Folge von Riten, in denen bestimmte Substanzen dargereicht, magische Formeln gesprochen und durch Salben oder Opfer Kraft übertragen wird, machen aus der Figur einen wirkmächtigen Sakralgegenstand. Anders bliebe es bloßes Schnitzwerk.

heer einnahmen. In der wilden, unkontrollierten Gewalt der Flüsse und ihrer Geister lag immer eine Herausforderung der sozialen Ordnung. Wassergeister gelten wie ihr Element als heimtückisch und unberechenbar. Ihr Dienst birgt stets ein gewisses Wagnis, das die Notwendigkeit nach sich zieht, ihren Forderungen mit peinlicher Genauigkeit nachzukommen. Sind sie dem Menschen wohlgesonnen, entfalten sie erstaunliche Fähigkeiten. Sie können auf dem Schlachtfeld erscheinen und den Feind vernichten, ohne einen einzigen Streich zu führen, genausogut aber auch tatenlos dem Untergang des Reiches zusehen. Als die Franzosen Dahomey eroberten, hielt sich König Behanzin (1889–1894) einer Überlieferung nach in 75 km Entfernung von Abomey auf. Der Sieg der Fremden erschien nur möglich, weil Zumadunu verärgert war. Die Bevölkerung opferte ihm deshalb während der Nacht einen Stier, mit der dringenden Bitte um Unterstützung. Am nächsten Morgen war das tote Tier verschwunden, doch man fand es tags darauf vor der Tür des Königs, ein eindeutiges Zeichen dafür, daß Zumadunu das Opfer zurückgewiesen hatte, womit das Schicksal Dahomeys besiegelt war.

In Abomey hatten die toxosu gesonderte Heiligtümer in der Nähe des Königspalastes, wo im August einige der wichtigsten Zeremonien des königlichen Ahnenkultes stattfanden. Für Mißgeburten innerhalb der Herrscherfamilie gab es darüber hinaus noch eigene Verehrungsstätten, an denen während der Ahnengedenkfeiern ebenfalls Opfer dargebracht wurden. Besonders die Riten für die königlichen toxosu unterschieden sich nur kaum von den Kultzeremonien für die „großen" Götter. Wie jene besaßen sie eigene Kulthäuser, Priester und Novizen, die eine Initiationszeit durchliefen, in deren Verlauf sie in den Kult der toxosu eingeweiht wurden. Von daher sind sie kaum mehr von Gottheiten zu unterscheiden.

Heute stehen, vor allem bei den Ewe und Minah, die toxosu in enger Verbindung zum Mami-Wata-Kult. Hier gehören sie zu den Geistern oder „Göttern", die entscheidend das Persönlichkeitsbild ihrer Priester und Anhänger prägen.

Die Holzfigur hat nun ihre volle Sakralkraft, in der sie als Göttin wirken kann.

Die Hierarchie der Götter

Die Übergänge zwischen Geistern und Göttern sind fließend. Ein wesentliches Unterscheidungsmerkmal besteht darin, daß Gottheiten dem Schöpfergott nahestehen, ja häufig als seine jüngeren Geschwister oder Kinder gelten und über einen größeren Wirkungsradius als die Geister verfügen. Einige, wenngleich nicht alle, existieren zudem weiter von der Erde entfernt als die Geister, die zwar gesondert von den Menschen, aber in ihrer unmittelbaren Nachbarschaft wohnen.

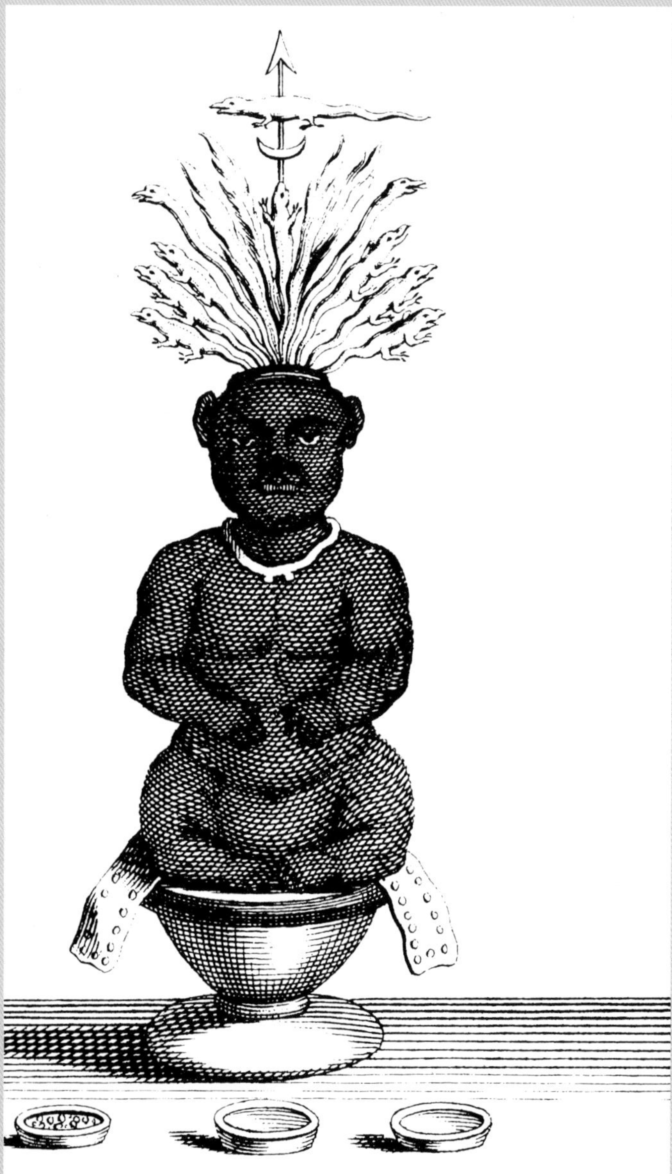

Die westafrikanischen Gottheiten lassen sich grob in drei Gruppen einteilen: erstens Gottheiten, die mit wichtigen Naturerscheinungen, wie der Erde, dem Himmel, dem Gewitter und Wasser, in Zusammenhang gebracht und überregional verehrt werden. Zweitens zu nennen sind Gottheiten, die entweder einem bestimmten Ort, auch einer Stadt, oder einer Verwandtschaftsgruppe (Klan oder Lineage) verbunden sind. In diesen Fällen wird das Priesteramt in der ältesten dieser Familien vererbt. Drittens werden Gottheiten verehrt, die von außerhalb eingeführt wurden. Viele dieser „Zugezogenen" waren ursprünglich einfach „Zaubermittel", derer man sich mit Erfolg bei der Hexenjagd bedient hatte. Ihr Priesteramt kann käuflich erworben werden.

In Gesellschaften, die auf eine lange, wechselvolle Geschichte zurückblicken, führten Krieg, Handel und Migration gewöhnlich zu Verschränkungen der verschiedenen Glaubenssysteme, zu spezifischen Auswahlprozessen und einem hierarchischen Aufbau der Gesellschaft. Das gilt besonders für die zunehmend expandierenden Großreiche der Yoruba und Fon. Kennzeichnend für sie war der auch für die archaischen Hochkulturen Altvorderasiens charakteristische mikrokosmisch-makrokosmische Parallelismus im Aufbau der irdischen und der Götterwelt: Erstere erfuhr dadurch, als Abbild der geheiligten letzteren, ihre unantastbare Sakralisierung. In Dahomey zum Beispiel stand der König, wie der amerikanische Ethnologe Melville J. Herskovits, einer der besten Kenner der dortigen Verhältnisse, die Situation beschreibt, an der Spitze einer Beamtenpyramide, deren Struktur die der Götterwelt abbildete: „Wie jeder Oberhäuptling einer Region unter sich Unterhäuptlinge hatte, die ihm verantwortlich waren, befanden sich in der Botmäßigkeit jedes Obergottes untergeordnete Gottheiten, die ihm Rechenschaft schuldig waren."

Da die Gottheiten einen größeren Wirkungsradius als Geister und Ahnen besitzen, stehen sie den Menschen ungleich ferner. Dennoch wirken sie auf die Geschicke der Irdischen ein. Als Personifizierungen teils auch einzelner Aspekte des Lebens, wie der Fruchtbarkeit etwa, sind sie für die Menschen als wichtige Mittlerinstanzen bedeutsam.

Agoye, der Gott der Ratsversammlung, im Haus des großen Opfers in Whydah, Benin. Das aus schwarzem Ton geformte Götterbild hockt auf einem Podest aus rotem Ton über einem Stück roten Tuches. Seinen Hals schmückt ein scharlachfarbenes Band, an dem vier Kaurischnecken hängen, seinen Kopf krönen mit roten Federn durchsetzte Schlangen und Eidechsen. Die Spitze bildet ein Pfeil, der durch einen silbernen Halbmond und eine größere Eidechse führt (Stich von 1746).

Der Kosmos der vodun-Götter

„Am Anfang existierte nur Olorun, der Himmelsgott. Er herrschte über die Sonne. Die Erde gab es noch nicht. Unter ihm war alles Wasser. Olorun schickte seinen Sohn Obatala mit einer großen Kugel nach unten, der Erde, die Obatala aufs Meer setzte, wo sie in Brocken zerbrach, aus denen sich Gebirge und Inseln bildeten. Das erste Lebendige, das dort sproß, war Agbon, der Palmbaum, aus dem Obatala Palmwein herstellte. Er trank ihn und schlief ein. Entrüstet darüber, schickte ihm Olorun seine Tochter Odudua nach, damit sie die Dinge in Ordnung brächte. In ihrer Begleitung befand sich Aje, die Göttin des

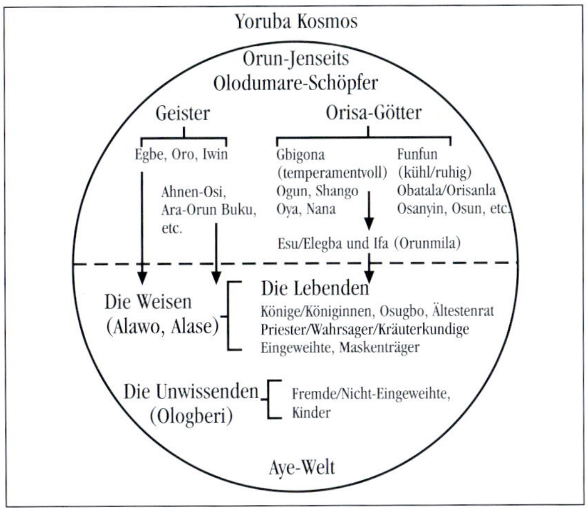

Reichtums und der Fülle in Truthahngestalt, die den Boden in alle Richtungen auseinanderscharrte, so daß die Erde sich weiter ausdehnte und bewohnbar wurde. Daraufhin gab Olorun Odudua einen Korb voll Hirse, die sie zusammen mit anderen Samen ausstreute, so daß bald überall Pflanzen und Bäume wuchsen. Darauf stieg Olorun (oft gleichgesetzt mit Olodumare, dem Schöpfergott) auf die Erde herab und ließ sich nahe des Palmbaumes nieder, wo jetzt die alte Stadt Ife liegt, die das Zentrum der Erde ist." So berichtet ein Mythos der Yoruba.

Obwohl die meisten Yoruba in Nigeria und Benin entweder Christen oder Muslime sind, ist ihre traditionelle Religion keineswegs ausgestorben, ja hat

Links oben: Diagramm mit einigen der Hauptelemente des Yoruba-Kosmos. Er besteht aus zwei unterschiedlichen und dennoch interaktiven Sphären – „aye", der berührbaren Welt der Lebenden, und „orun", dem unsichtbaren Bereich spiritueller Kräfte wie Götter, Ahnen und Geister. Alle Wesen, ob lebend oder geistig, besitzen Lebenskraft, „ase". Weise Individuen wie Priester, Initiierte, Wahrsager etc. sind als „alase" oder „alawo" bekannt.

Der Fluß Ivi in Dahomey, einer Gegend von sehr üppiger und vielfältiger Vegetation.
Aus: Malerische Studien, Neuchatel, ohne Jahresangabe.

Alte Darstellung eines bocio (Dassa/Benin). Ein bocio verleiht der Macht menschliche Gestalt. Der abstrakte Begriff Macht wird dadurch greifbar visualisiert. Der Begriff selber setzt sich aus einem aktivierenden Objekt, der Macht (bo) und der Form des menschlichen Körpers, genauer eines Kadavers (cio) zusammen. Die bocio sind als Instrumente großer Macht anzusehen.

sich in der Zeit des Sklavenhandels sogar in die Neue Welt verbreitet. Sie basiert auf einer vierstufigen Rangpyramide der spirituellen Mächte. Olodumare, auch Olorun, „Besitzer des Himmels", genannt, nimmt in der Götterhierarchie den obersten Rang ein. Er gilt als unsterblich, einzigartig und gerecht. Die Yoruba errichten ihm zwar keine Heiligtümer, rufen ihn aber in Notfällen an. Seine Gehilfen, die Orisha, nehmen den zweiten Rang ein. Sie besitzen eigene Heiligtümer und Priester. Der bedeutendste unter ihnen ist Obatala. Auf der dritten Ebene rangieren die vergöttlichten Ahnen, zum Beispiel Shango. Als letzte schließlich folgen die Geister, die häufig mit bestimmten Naturphänomenen, wie Flüssen, Bergen und Bäumen, in Verbindung stehen.

Die Fon, seit langem in engem Kontakt mit den Yoruba, besitzen ein ähnliches Welt- und Götterbild. Die Doppel- oder Zwillingsgottheit Mawu-Lisa, Mawu dem weiblichen Mond, Lisa der männlichen Sonne zugeordnet, erschuf die Erde. Auch bei den Fon meint Schöpfung eigentlich das Ordnen der Welt. Land und Wasser mußten in der rechten Weise verteilt und miteinander verbunden werden. Dabei war Dan die rechte Hand des Schöpfers. Seine Kraft, so heißt es, lebe noch heute im Regenbogen fort. Er legte sich nämlich schlangenartig, als Python, um die Erde und drückte sie so zusammen. Seither bedienen sich alle Götter seiner. Selbsttätig handelt er allerdings niemals; andererseits läßt sich ohne ihn nichts bewegen. So verbürgt er, allen dienend, Kontinuität.

Das Paar Mawu-Lisa entspricht dem typisch westafrikanischen Himmels- und Hochgott, der den Menschen und ihren Sorgen weit entrückt ist. Mythen berichten zwar von einer fernen Zeit, da es mit den Menschen zusammenlebte, doch trug ihm das nur Enttäuschung ein, so daß es sich in den Himmel zurückzog. Um den Kontakt mit der Erde jedoch aufrechtzuerhalten, schuf es die vodun, die künftig für es die Erde verwalten und zwischen ihm und den Menschen vermitteln sollten. Von diesen vierzehn „Kindern" Mawu-Lisas richteten sich die drei ältesten, Sakpata, Sogbo und Agbe, jeweils ihre eigene Götterwelt ein. In der Welt Mawu-Lisas selbst nimmt Ogun (Gu), „der Eisengott", den höchsten Rang ein. Wie Dan bei der Schöpfung war Ogun (Gu) dem Hochgott als rechte Hand bei der Einrichtung der Welt behilflich und stattete sie mit der Kraft aus, derer die Menschen sich auch zur Naturbeherrschung bedienen. Sein Bild ist deshalb zentraler Bestandteil aller Heiligtümer der Himmelsgötter.

Die Aufgabe der vodun besteht in der Erhaltung der Welt. Sie sorgen für Gesundheit, Fruchtbarkeit und Glück. Dazu hat Mawu sie mit großer Macht ausgestattet. Besondere Popularität genießen Hevioso (Sogbo), der die atmosphärischen Erscheinungen lenkt, und Sakpata, der über die Erde und über die Pocken herrscht. Mit der wachsenden Differenzierung des Daseins wachsen auch den vodun immer neue, entsprechend speziellere Aufgaben zu.

Wie die vodun nach Abomey kamen

In Dahomey waren die vodun-Götter lange Zeit unbekannt. Der Legende nach brachte sie eine Frau namens Wandjele unter Agaja, dem vierten König von Dahomey (1708–1732), ins Land. Während seiner

Rechts: Abbildung des Regenbogengottes Dan, dem Alkohol und Zigaretten als Opfer dargebracht wurden. Nicht jedem Gott dürfen starker Alkohol und Zigaretten geopfert werden, da ihnen eine erhitzende Wirkung zugeschrieben wird. Bei dem Gewittergott Shango etwa sollten solche befeuernden Gaben vermieden werden.

Regierung häuften sich die Kriege; Stadt und Land versanken im Chaos: Schwangere Frauen gebaren Ziegen, die Ziegen ihrerseits Menschen. Wandjele, die auf dem Markt mit Indigo handelte, sah häufig, wie Männer Ziegen und Ziegenböcke Frauen bestiegen.

Der König hatte eine Frau mit Namen Naye Adono, war aber wenig glücklich mit ihr. Eines Tages, als sie vom Markt zurückkehrte, erzählte sie ihrem Gatten, sie habe eine Frau getroffen, welche die richtigen Opfer kenne, um die Ordnung herzustellen. Daraufhin ließ König Agaja sie zu sich bringen. Wandjele, denn um diese handelte es sich, sprach: „In unserem Dorf gebären Menschen Menschen und Tiere Tiere. Dafür sorgen die vodun, die ihr hier nicht habt.“ Da bat Agaja sie, diese wunderbaren Götter auch nach Abomey zu bringen. Wandjele erklärte sich dazu bereit und unterrichtete den König, was zur Verehrung der Götter erforderlich sei. Als alles entsprechend vorbereitet war, kehrte sie in ihre Heimat zurück und überführte von dort Mawu-Lisa, Sakpata, Hevioso, Ogun (Gu), Dan und viele andere vodun. Daraufhin nahm der König sie zur Frau, und fortan verlief das Leben in geregelten Bahnen.

Darstellung des Regenbogen- und Schlangengottes Dan. Die Schlangen leben auf der Erde und im Wasser, in Gestalt des Regenbogens haben sie auch Anteil an der Luft. Dan ist der Gott der Händler und Kaufleute; er steht für Reichtümer, die man erwirbt und wieder verliert: für Geld und Gold, für Perlen und Edelsteine. Die umgekehrten Körbe sind Symbol des Gottes Sakpata, der Krankheiten bringt und nimmt. Überhaupt haben die Götter oft sehr menschliche Züge. Sorgt man nicht richtig für sie, so bringen sie Schaden. Gaben und Beschwichtigungen lassen sie positiv wirken.

Ein Kriegergott wird gestaltet. Er ist auf asen (Ahnenaltären) plaziert, durch die sich seine Kraft vermehrt.

Legba, die unberechenbare Gottheit

Opfergaben für den Legba Saint Michelle auf dem Dantokba-Markt in Cotonou. Diese Legbafigur ist eine der ältesten im Benin. Aus ihrer Entstehungszeit liegen unter ihr noch die Knochen von Menschenopfern begraben, die für den Gott ihr Leben geben mußten.

Das Schicksal der Menschen liegt nach Auffassung der Yoruba und Fon von Geburt an fest. Die Verantwortung dafür trägt die Gottheit Fa, die aus der Verselbständigung von Worten Mawus entstand. Gleichwohl ist man seinem Los nicht unentrinnbar ausgeliefert, sondern kann ihm eine Wendung geben, bei den Yoruba mit Hilfe Eshus, bei den Fon mit Hilfe Legbas. Mit diesen Göttern nämlich hat es eine besondere Bewandtnis. Eigentlich hochgestellt – Legba ist das jüngste Kind des Götterpaares Mawu-Lisa, Eshu der Erste Diener des Yoruba-Hochgottes Olodumare – stehen sie den Menschen doch näher, in ihren Leidenschaften wie ihren Schwächen. Ganz im Gegensatz zur gestrengen Gottheit Fa ist Legba (wie Eshu) ein typischer Trickster, voller launischer Einfälle und eher dem Zufall als dem Schicksal ergeben. Verschlagen, triebhaft und egoistisch spielt er Gottheiten und Menschen die übelsten Streiche. Den christlichen Missionaren galt er als Inbegriff des Teufels, zu Unrecht, denn neben Bösem bewirkt er durchaus auch Gutes. Er besitzt die Macht, zu belohnen wie zu strafen, er kann den Menschen ebenso hilfreich beistehen wie ihnen das Leben sauer machen, zumal denen, die es nicht verstehen, mit ihm ins reine zu kommen. Die meisten sind klug genug, ihn unter allen Göttern am meisten zu verehren. Weil er sich zwischen den Welten bewegt, sind seine Beine von unterschiedlicher Länge: Eines fußt im Götterreich, das andere auf der Erde. Im Himmel wie auf Erden sorgt er für stete Verwirrung. Selbst die mächtigsten Götter bleiben dabei nicht verschont. Weisungen Mawus, beziehungsweise Olodumares, wandelt er beispielsweise nach eigenem Gutdünken ab.

Die Menschen sind auf ihn angewiesen, da man das Ohr der „anderen" Gottheiten nur über ihn erreicht, weshalb alle Priester seinen Dienst mit verrichten können. Bittgesuche an die Götter pflegt man daher mit einem Opfer an Legba zu verbinden, damit er im Bedarfsfall entsprechend nachhilft. Wer meint, es nicht so genau damit nehmen zu müssen, kann rasch Grund haben, seine Nachlässigkeit zu bereuen: Allein Legba hat es in der Hand, wie die Botschaft „ankommt".

In vielen ländlichen Haushalten, vor Häusern und Ortschaften, finden sich Abbilder des Gottes, in menschenähnlicher oder Hundegestalt, das Gesicht immer nach draußen gerichtet. Hunde sind Legba (Eshu) heilig. Daher legt man ihnen die für den Gott bestimmten Speiseopfer vor. Fressen sie die Gaben, nimmt der Gott sie an und gibt damit seiner Wohlgesonnenheit Ausdruck. Hunde deuten auch auf den Wächteraspekt des Gottes hin. Gleich ihnen wehrt er Fremde und Feinde ab, ohne die Hand, die ihn füttert, zu beißen. Ganz kann man ihm trotzdem nicht trauen. Er hintergeht sogar Mawu und bleibt ein zwielichtiger, unberechenbarer Charakter, der insofern allerdings auch Veränderungen in Gang setzen kann.

Warum Mawu, die Mutter aller Götter, im Himmel lebt

Am Anfang war Legba stets um seine Mutter Mawu, führte ihre Weisungen gewissenhaft aus und unternahm nichts ohne ihre Zustimmung. Tat er in ihrem Auftrag etwas Unheilvolles und wandten sich die Menschen an sie, gab sie Legba als den Verantwortlichen an. Verrichtete er Gutes, strich Mawu den Dank ein. So begannen die Menschen, Legba zu hassen. Der fragte Mawu, warum das Böse immer zu seinen Lasten gehe, worauf Mawu entgegnete, daß es ganz in der Ordnung sei, wenn man den Herrscher für das Wohl seiner Untertanen, seine Schergen dagegen für alle Unannehmlichkeiten verantwortlich mache. „Gut", sagte Legba und ging.

Mawu besaß einen Garten, in dem sie Yams anpflanzte. Diesen Yams, hinterbrachte ihr Legba, wollten Diebe stehlen. Daraufhin rief Mawu ihre Untertanen zusammen und warnte sie: „Der erste, der es wagen sollte, meinen Yams anzurühren, wird sterben."

Die folgende Nacht fiel Regen. Legba kroch in Mawus Haus, schlüpfte in ihre Sandalen und entwendete allen Yams aus dem Garten. Als Mawu am nächsten Morgen den Diebstahl bemerkte, riet ihr Legba, jedermann kommen und feststellen zu lassen, wessen Füße den im feuchten Erdboden deutlich sichtbaren Spuren entsprächen. Einer nach dem anderen setzte seinen Fuß in die Abdrücke, doch keiner hatte die passende Größe. Da sprach Legba: „Könnte es sein, daß Mawu selbst in der Nacht in ihrem Garten war und es vergessen hat?" Mawu erwiderte: „Was? Ich? Legba, weil du solche Dinge sagst, mag ich dich nicht. Aber ich will mich dem Test unterziehen." Natürlich bestand sie ihn nicht, und die Leute wunderten sich: „Ha, ein Besitzer, der seinen eigenen Yams stiehlt!" Verärgert rief Mawu aus, daß ihr eigener Sohn ihr einen Streich gespielt habe, darum werde sie die Erde verlassen und fortan im Himmel wohnen. Künftig habe Legba dort jeden Abend vor ihr zu erscheinen und zu berichten, was tagsüber auf der Erde geschehen sei. So kam es, daß Mawu heute im Himmel lebt.

Legba-Darstellung aus der Mono-Region. Charakteristisch für die Lehmplastiken, die vielerorts an Dorf-, Hof- und Hauseingängen stehen, ist ein übergroß proportionierter Kopf, der auf einem groben, gedrungenen Körper sitzt, der wiederum in riesigen Füßen ausläuft.

Ogun, der Gott des Eisens, hat viele Gesichter

Der Ursprungsschrein des Eisengottes Ogun (Gu bei den Fon) soll genau an der Stelle errichtet worden sein, an welcher der Jäger, der ihn trug, einst in der Erde verschwand. Manche sagen, Ogun sei nicht empfindsamer Natur wie die anderen Götter, sondern geballte Kraft von einem Körper aus Stein mit einem Kopf aus Eisen. Ogun gilt bei den Fon als einer der ranghöchsten Götter.

Unter den 201 bis 401 (und mehr) namentlich bekannten vodun-Gottheiten genießen einige lediglich lokale Verehrung, während andere im ganzen Land in hohem Ansehen stehen. Zu ihnen zählt Ogun bei den Yoruba oder Ogun Gu, der ranghöchste Himmelsgott der Fon im Kreis um Mawu-Lisa. Er hat seit alters die Aufgabe, die Welt bewohnbar zu machen, der er bis heute nachgeht. Der Überlieferung nach schlug er mit seinem Buschmesser einen Pfad für die Götter, als sie das erste Mal die Erde betraten. Wegen seines Geschicks im Umgang mit Eisen und wegen seiner großen Kraft stieg er zum Gott der Jäger und Krieger, der Grob- und Goldschmiede, Schlächter, Soldaten und Barbiere auf. Mit der fortschreitenden sozialen und gewerblichen Differenzierung erweiterte sich auch sein Betätigungsfeld: Heute ist seine Domäne ebenso die moderne Technologie wie die Sicherheit auf den Hauptverkehrsstraßen, insgesamt eigentlich alles, was mit Metall, Gefahr und Transport in Zusammenhang steht. Besonders verehren ihn Facharbeiter, die Metallwerkzeuge verwenden, die Lastwagen- und Taxifahrer, die Mechaniker und Friseure, eben alle Erwerbstätigen, die mit Metall zu tun haben. Seine Anhänger gehören zu den beweglichsten gesellschaft-

Ogun (Gu) dürstet nach Blut, er ist ein gewalttätiger Gott, der sich am Blut berauscht. Blut, der Lebenssaft, wird als heiligste Opfergabe angesehen, was die vielen blutigen Opfer erklärt.

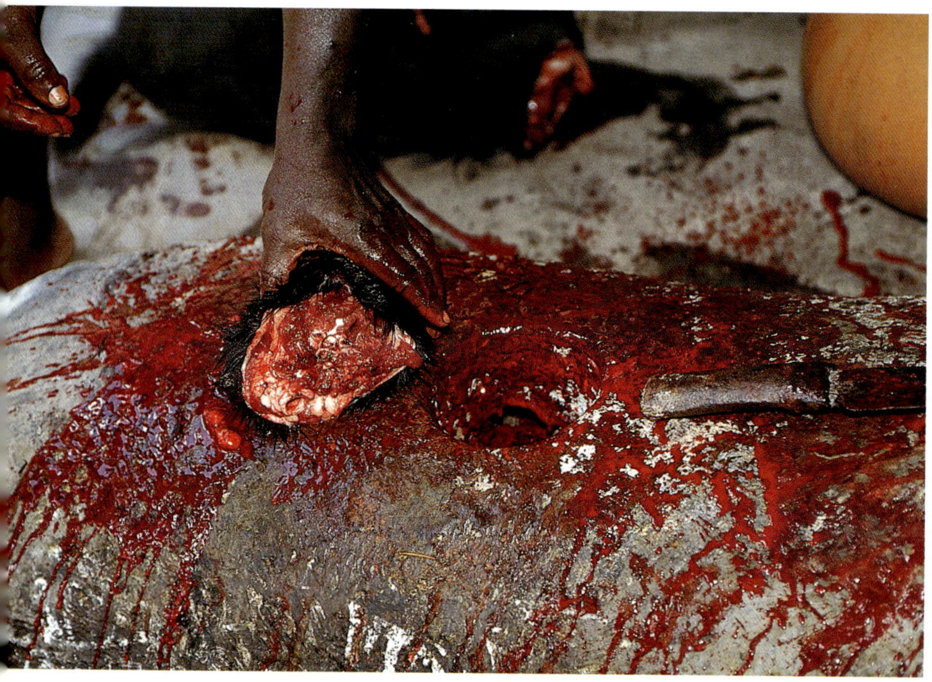

Oben und rechts: Nach der Schlachtung des Widders wird die Skulptur Oguns (Gus) mit dem frischen Blut, diesem so lebensvollen Saft, eingerieben.

lichen Gruppen. Er ist der Schutzpatron der Pioniere, die Wege bahnen, Straßen, Brücken und Siedlungen bauen, kurz: für Veränderung und Neuerung stehen.

Ogun vereinigt in sich die verschiedensten Eigenschaften und Neigungen. Zum einen gilt er als zügellos wild und wird dargestellt als schwerbewaffneter Krieger, mit todbringenden „Medizinen" behängt. Andererseits verkörpert er auch den „idealen Mann": hochpotent, mit starkem Arm die Seinen ernährend und schützend, und ebenso gerecht wie formvollendet in seinen Manieren. Unerschütterlich wahrheitstreu überwacht er Verträge und Abmachungen, und wenn ein Anhänger der alten Yoruba-Religion vor Gericht erscheint, schwört er weder auf die Bibel noch auf den Koran, sondern auf Eisen, das erfüllt ist von der Kraftessenz Oguns. „Er hat", wie seine Anhänger sagen, „viele Gesichter". Zeigt er sich von seiner zerstörerischen Seite, nimmt er die Züge eines einsamen, isolierten Außenseiters an; wirkt er Gutes, ist es die kreative Kraft, die ihn treibt und immer wieder Neues entstehen läßt.

Grundlage seiner Macht ist sein spezielles Vermögen, Eisen zum Schmelzen zu bringen. Entsprechend nehmen auch Schmiede in afrikanischen Gesellschaften eine außergewöhnliche Stellung ein. Ihre besonderen Fähigkeiten tragen ihnen mal furchtsame Scheu, mal Wertschätzung, mal Verachtung ein. Schmiede stellen neben nützlichen Feldgeräten auch Waffen her, mit denen man jagt und Kriege führt, also Gewalt ausübt, die Leben vernichtet. Jagd und Heerwesen waren früher eng miteinander verbunden; in vielen westafrikanischen Reichen bildeten Jäger im Krieg die Vorhut. Jäger und Kämpfer, die durch den Tod verunreinigt waren, mußten mit Wasser aus der Schmiede „abgekühlt" werden, bevor sie wieder in die Gesellschaft zurückkehren konnten. Nicht nur deshalb sind Schmieden heilige Stätten, von denen eine reinigende und heilsame Wirkung ausgeht.

Frühe Hinweise auf die Verehrung Oguns als „Eisengott" stammen aus dem 16. Jahrhundert. Damals wuchs im Ost-Yorubaland der Bedarf an Eisen, und es wurden verstärkt Kriege geführt. Hier wie im alten Reich Benin kannte man rituelle Zweikämpfe zwischen Herrschern und Stadtführern als Bestandteil der Umzüge zu Ehren des Gottes. „Turniere", die eigentlich die siegreiche Kampfkraft Oguns zur Schau stellen sollten, spielten auch in den Königszeremonien in Dahomey eine Rolle und haben sich bis heute in kleinem Rahmen bei seinen Anhängern noch erhalten. Dabei werden bevorzugt Schwerter oder andere Waffen aus Eisen mit scharfer Klinge geführt. In den Besessenheitstrancen seiner Anhänger tritt die zerstörerische Natur des Gottes zutage; Zornausbrüche, wirksam in Szene gesetzt,

zeichnen sich durch extreme Gewalttätigkeit aus. Doch selbst diese Seite des Gottes hat letztlich ihr Gutes: Die Machthabenden, Krieger und Jäger töten in bester Absicht; ihr „höheres" Ziel dient der Versorgung der Bevölkerung und der Erweiterung des Reiches. Zerstörung geschieht um der Erhaltung willen, ja setzt wesentliche Neuerungen in Gang: Ogun vernichtet Altes, um Platz für Neues zu schaffen, jagend treibt er Raubbau an der Natur, um den Fortbestand der Kultur zu sichern.

In der Kosmogonie, in der er eine zentrale Rolle spielt, sind Zerstörung und Erschaffung eng miteinander verbunden; zerstörerischen Akten wohnen immer auch kreative Potenzen inne. Ogun, der die Menschen im Gebrauch des Feuers und der Eisenherstellung unterwies, ihnen zeigte, wie man Städte baut und Reiche über den Trümmern anderer errichtet, ist so Sinnbild schöpferischen Willens und Wandels. Die Weisheit, die sich hinter seinen Zügen verbirgt, schöpft aus der Erfahrung, daß Vergehen und Werden unauflöslich miteinander verknüpft sind. Ogun lehrt die Menschen, daß jede Handlung eine Eigendynamik entwickeln, außer Kontrolle geraten und unvorhersehbare Konsequenzen haben kann. Dafür steht seine einsame Abseitigkeit. In einer bekannten Legende, die in vielen Varianten erzählt wird und in der es um Bürgerkrieg, Rebellion und blutige Konflikte geht, verurteilt sich der kriegswütige Ogun zuletzt selbst zu ewiger Isolation, in einigen Versionen begeht er sogar Selbstmord, nachdem er seine eigenen Leute niedergemetzelt hat, oder verschwindet nach erbittertem Kampf ganz einfach in der Erde. Einer Überlieferung zufolge stand er seiner Mutter Odudua im Kampf gegen ihre Feinde bei und bewies dabei so viel Mut, daß er mit dem Königreich Ire belohnt wurde, dessen Herrscher von ihm abzustammen behaupten. In Ire wurde er auch zuletzt gesehen, als er mit seinem Schwert im Boden versank. An ebender Stelle errichtete man ihm dann ein Heiligtum.

In Dassa (ehemals Ida-Cha), einem Ort im heutigen Mittelbenin und einer der frühesten Yoruba-Siedlungen in dieser Region, lebte er mit anderen „alten" Yoruba-Göttern jedoch weiter. Von hier aus kamen sie zu den Fon. Dabei wurde Ogun zu Gu, der in Dassa seinen „ursprünglichen" Schrein hat. Hier auf dem Berg, so wird erzählt, lebte lange Zeit ein Mann dieses Namens. Alle fünf Tage, wenn Markt abgehalten wurde (auch die fünftägige Marktwoche haben die Fon von den Yoruba übernommen), stieg er herab, um Männer zu fangen und sie zu kastrieren.

Der beunruhigte König ließ ihn durch einen Boten in seinen Palast bringen und gebot ihm, seine Greuel einzustellen. Gu zeigte sich taub und machte weiter Jagd auf Männer: mit seinem Speer bewaffnet, auf den Schultern eines Jägers sitzend, den er nicht verließ. Nachdem er Gu lange Zeit getragen hatte, verschwand der Jäger im Berg und ließ nur den Speer zurück. Noch heute soll er sich auf dem Berg und damit im Besitz der Bevölkerung von Dassa befinden. Seither ist der Herrscher von Dassa Wächter des Gu.

Die Erzählung macht deutlich, daß die ersten Bewohner Dassas Jäger waren, die bereits die Technik des Eisenschmelzens kannten, und daß die Fon das Schmiedehandwerk wohl von ihnen übernahmen.

Ganz oben: Auch seine Anhänger gehen gestärkt aus der Zeremonie hervor: Sie trinken aus dem Schädel vom Blut des Widders.

Oben: Der Drang, Blut zu trinken, rührt daher, daß die Anhänger des Gottes von seinem Geist besessen sind und somit die gleichen Gelüste haben wie er. Es ist immer jemand in der Nähe von Besessenen, damit sie sich oder anderen in diesem Zustand nichts antun.

Nana Tongo, der Gott, der aus der Fremde kam

Der Priester bringt aus dem Heiligtum zwei Sakralien, denen die große Macht des Gottes Nana Tongo innewohnt. Die Kultmitglieder opfern viel Geld für eine angemessene Ausstattung der Gottheit: Kleidung, Speere, Gongs, Talismane und anderes, was typisch ist für den Norden – vor allem die Speere, mit denen der Gott die Feinde seiner Anhänger niederstreckt.

Etliche Gottheiten sind im Lande nicht heimisch. Man holte sie aus dem Norden, da man sich wirksame Hilfe, vor allem beim Hexenfang, von ihnen versprach.

Ein solcher Gott ist Nana Tongo. Er wurde von seinem heutigen Priester Charles Adowo aus Gbedzekope in der Volta-Region, der drei Jahre (die klassische Ausbildungszeit eines traditionellen Priesters) in der Tong-Region um Zuarungu verbracht hatte, mit nach Hause gebracht. Wie die meisten Importgötter aus dem Norden beschäftigt sich Nana Tongo hauptsächlich mit der Verfolgung von Hexen, die man in seiner Heimat nicht kannte. Dort residierte er als Ton-nab („Chef von Tongo"), in dessen Zuständigkeit es fiel, für das Gedeihen der Feldfrüchte und ausreichende Niederschläge Sorge zu tragen, Hungersnöte abzuwehren und Mensch und Vieh reichlich mit Nachwuchs zu segnen. Er besaß große Bedeutung. Sein Ruhm war bereits in den zwanziger Jahren bis an die Küste gedrungen. Seine Macht dankte er unmittelbar

Ganz oben links: Die Assistenten des Priesters bringen die Tong-Fetische und Fetisch-Speere. Die Fetische sind bereits von Schichten schwarz gewordenen Opferblutes bedeckt.

Ganz oben rechts: Die „Medizinen" werden auf Schaffellen angesetzt. Nana Tongo schützt vor allem gegen Hexerei, daher zwei Eulen oder „Hexenvögel", die man vor ihm festgebunden hat.

Oben links und rechts: Kultmitglieder und Medien Nana Tongos sind hauptsächlich Frauen, die in Trance geraten, wenn „der Gott in sie hineinfährt".

Rechts: Die Besessenen geraten in den Blutrausch des Gottes und wollen mit ihm das Opferblut trinken.

Nana Tongo ernährt sich von Blut: Das Ritual beginnt mit der Opferung einer Ente.

Nachdem der Priester das Blut des Tieropfers über seine Kultgerätschaften ausgegossen hat, trinkt er selbst davon, um den Sakraltrank mit der Gottheit zu teilen.

Ein Medium in Trance trägt die Ente im Mund, um gleichfalls etwas von ihrem Blut zu bekommen.

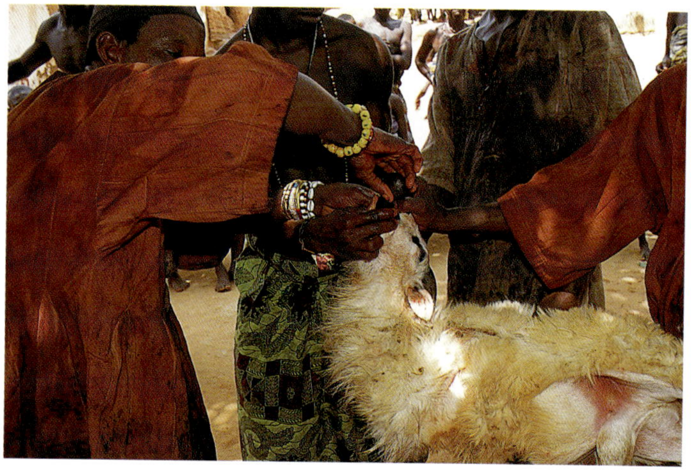

Dem nächsten Opfer – einem Widder – wird zuvor ein Schluck Gin eingeflößt; im Norden nimmt man eher Wasser, um an seiner Reaktion zu erkennen, ob der Ahn, Gott oder Geist auch gewillt ist, das Opfer anzunehmen.

Der Priester leckt und beißt das rohe Fleisch des Widders.

Die Gehilfen des Priesters tragen den Kadaver des Widders zwischen den Zähnen. Daraufhin entspannt sich zwischen ihnen und dem Priester ein Kampf, bei dem jeder möglichst viel von dem Blut zu erlangen sucht.

Gott (Na Yin). Mit seinem Dienst war der Erdherr (tendan) der in der Region ansässigen Tallensi betraut. Ursprünglich befand sich seine Kultstätte in den menschenleeren Tong-Bergen, deren einstige Bewohner die Briten im Zuge einer Strafexpedition zur Umsiedlung in die Ebene gezwungen hatten. Dort wurde Tonnab in einer großen Felsenhöhle verehrt; eine zweite Höhle ganz in der Nähe barg seinen Altar. Schon 1928 traf der britische Ethnologe und Kolonialbeamte Captain Robert Sutherland Rattray dort auf Personen, die von weither gekommen waren, weil sie den Gott um bestimmte Vergünstigungen bitten wollten. Am Fuß des Berges pflegten die Besucher ihre Kleider abzulegen, weil das Heiligtum nur nackt bis auf einen Slip und rückwärts gewandt betreten werden durfte. Nacheinander trug man dem Gott sein Anliegen vor, wobei pekuniäre Wünsche Rattrays Aufzeichnungen nach im Vordergrund standen. Der Erdherr wiederholte die Bitte jeweils in der lokalen Sprache. Nach jeder Bitte ertönte aus dem Hintergrund der Höhle ein langgezogenes Geheul, woraufhin die versammelten Anwesenden in die Hände klatschten. Nachdem jeder Bittsuchende gehört worden war, verließ man die Höhle und folgte dem Erdherrn zum Eingang der zweiten. Dort wurden auf einem kegelförmigen Altar die Opfer dargebracht. Verkrustetes, geronnenes Blut und Unmengen von Hühnerfedern, mit denen ringsum auch der Boden fußhoch übersät war, zeugten vom Alter der Sitte. Jedes Opfer wurde dem Gott vom Erdherrn angekündigt, indem er mit einem runden Stein gegen den Altar schlug. Erst danach vollzog er das Opfer. Nach dem letzten stiegen alle schweigend wieder zum Fuß des Berges hinab. Zum Abschluß erhielt jeder auf beide Wangen, Unterarme, Beine, zwischen den Brüsten und auf dem Rücken eine Linie aus rotem Ton aufgetragen.

Erschöpft sinken der Priester und seine beiden Gehilfen neben dem Kadaver des Widders nieder.

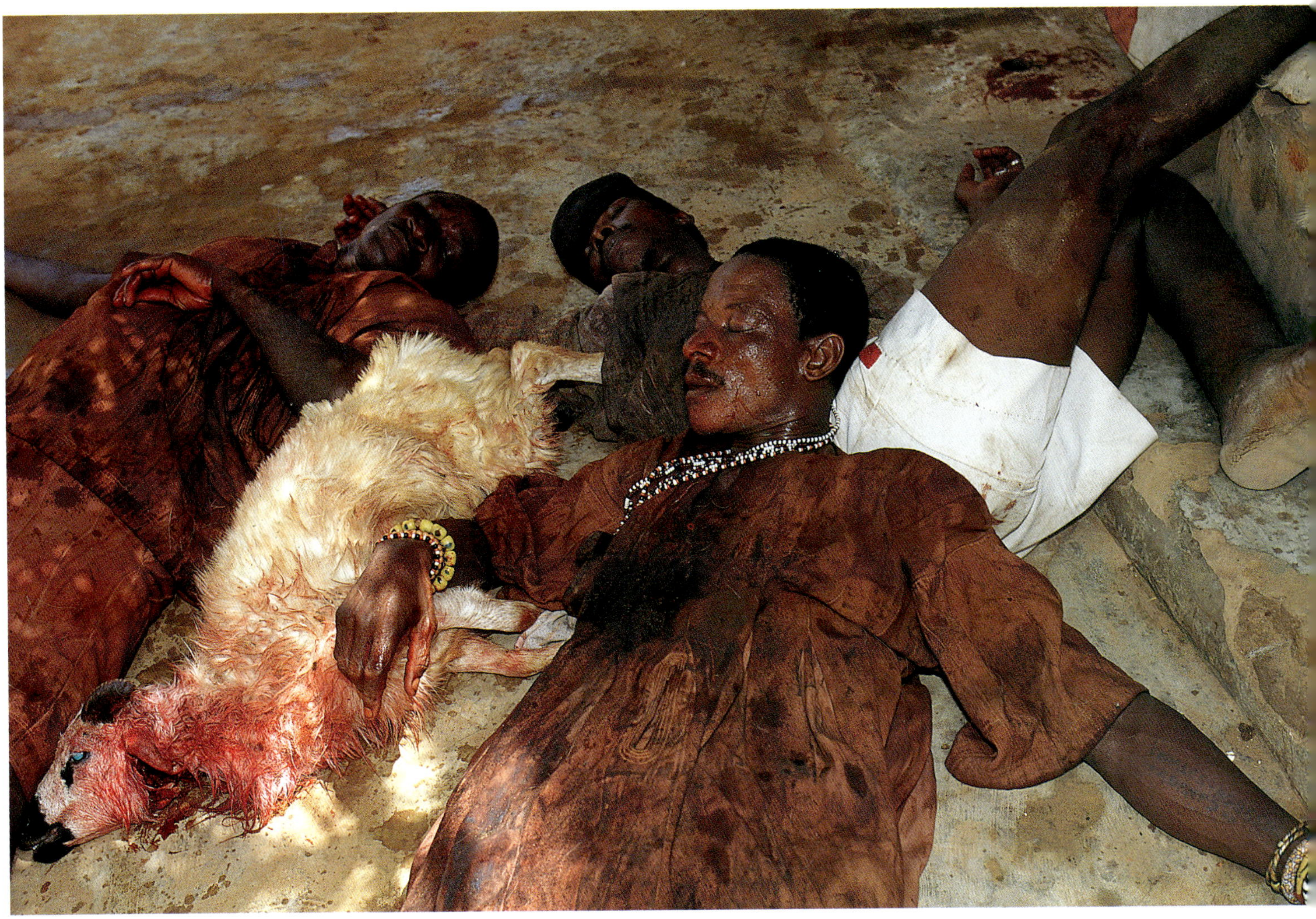

Mami Wata – die schöne Nixe

Eine „neue“, überaus erfolgreiche Gottheit des vodun-Pantheons ist Mami Wata, die Göttin des Wassers. In ihr sind ganz unterschiedliche Vorstellungen miteinander verschmolzen. Die Ewe im Süden von Togo und im Südosten von Ghana widmen ihr einen Kult, der viele Züge mit den alten und neuen Kulten der Wassergeister teilt, sich aber in der Wertschätzung moderner Konsumgüter konträr zu den alten Gottesanschauungen verhält. Mami Wata geht es nicht um Moral, Gruppensolidarität und Gemeinsinn, sondern nur um Glück oder Unglück des einzelnen. Wer von ihr besessen ist, erlebt eine Art Persönlichkeitsspaltung. Überhaupt scheint die Göttin besonders Personen anzuziehen, die Probleme mit der Selbstfindung haben und unentschieden zwischen den alten Traditionen und neuen, fremdkulturlichen Gütern schwanken. Entsprechend mischen sich im Bild Mami Watas Elemente der Wasserverehrung mit nicht autochthonen Zügen, stellt ihr Kult eine Verbindung afrikanischer, indischer und europäischer Traditionen dar.

Die ersten Europäer an der Guineaküste schienen mit ihren Schiffen wie aus dem Meer aufzusteigen.

Heiligtum der Wassergöttin Mami Wata in der Volta-Region (Ghana). Sie wird auf unterschiedlichste Art dargestellt, oft auch als Nixe. Das aus Zement gefertigte Kultbild weist deutlich hinduistische Einflüsse auf: Jeder der sieben Köpfe trägt ein indisches Kastenzeichen. Vor der Göttin im Wasser liegt eine kleine Christus-Figur. Christus offenbarte sich ihrem Priester Abidjan Mami Wata im Traum, woraufhin er einen Künstler, der ebenfalls eine Christuserscheinung hatte, mit der Herstellung der Figur beauftragte.

Abidjan Mami Wata beim Gebet. Die Priester sind das wichtigste Bindeglied zwischen den Menschen und der Gottheit. Sie rufen die Götter, tragen ihnen die menschlichen Sorgen und Nöte vor und versuchen, möglichst vorteilhafte Konditionen und Kompromisse auszuhandeln. Der Priester und weitere Kultanhänger haben sich um die Statue versammelt und preisen die Göttin in Lobgesängen.

Eine Kultanhängerin fällt in Besessenheit.

Die Kultanhängerin kniet vor dem Bildnis der Göttin. Mami Wata gebietet über eine weitaus größere Macht als Christus, weshalb der Priester die Christusfigur unter die der Göttin gestellt hat. Die Integration Christi in das Mami-Wata-Pantheon ist noch auf wenige Kulturen beschränkt.

Ihre Haut glich der von Wasserleichen, ihre seltsamen Gerätschaften konnten nur Schöpfungen versponnener Wassergeister sein. Ihr Reichtum und die besondere europäische Kultur wurden schon früh mit dem Meer in Verbindung gebracht. Eine Vielzahl ursprünglich sehr verschiedener Wassergeister erhielten die Pidgin-Bezeichnung „Mami Wata“, bisweilen auch „Mammy Water“ geschrieben, und eine Reihe neuartiger, gleichzeitig erstaunlich einheitlicher Züge. Dabei gelang es den Ewe, den Kult der Mami Wata fest in das Ganze der älteren vodun-Dienste einzupassen, indem sie die Göttin mit verschiedenen der traditionellen Gottheiten in Verbindung setzten. Vor allem geschah das mit Dan, dem vodun des Geldes, der Händler, Edelsteine und Perlen. Verschiedentlich gilt sie auch als Gattin des Gottes Ablo, der schon um die Wende zum 20. Jahrhundert mit dem „Reichtum aus dem Meer“ in Beziehung gesetzt wurde. Ein andermal wieder genießt sie Verehrung als Geist eines Ertrunkenen oder als „Herrin des Wassers“ und der Ertrunkenen. Eine ganze Reihe „alter“ Gottheiten, Mami Toxosu, Mami Ablo, Mami Densu usw., erscheinen in ihrem Gefolge, wenngleich immer aufgeputzt mit Attributen des neuen, „modernen“ Lebens. Auch hinduistische Gottheiten (Mami Rama, Mami Vishnu usw.) erscheinen in ihrer Begleitung. Christliche Ewe setzen sie bisweilen mit der Jungfrau Maria gleich und stellen ihr Mami Jesuvi, Mami Josef usw. zur Seite. So entstand mit der Zeit eine äußerst gemischte Götterwelt, für die aber immer irgendeine Form der Verehrung der Geistmächte des Wasser charakteristisch blieb.

Die ersten „nordischen“ Meeresgöttinnen an der Guineaküste waren sichtlich den Gallionsfiguren der Segelschiffe nachempfunden. Ein neuer Typus kam auf, als europäische Drucke auf den afrikanischen Märkten erschienen und in der Folge immer wieder von Wandmalern, Schnitzern und Bildhauern kopiert wurden. Zuerst handelte es sich dabei wohl um volkstümliche Nixen-Darstellungen, bis kurz vor dem Ersten Weltkrieg ein deutsches Schaustellerplakat mit dem Titel „Die Schlangenbändigerin“, das aller Wahrscheinlichkeit nach zwischen 1880 und 1887 in Hamburg gedruckt wurde, auf den westafrikanischen Märkten große Verbreitung fand. Motiv, Milieu und Gesichtsschnitt erinnern an Indien. In den 40er und 50er Jahren veranlaßte die

enorme Popularität des Bildes indische Händler, es in ihrer Heimat nachdrucken zu lassen. Die Vielzahl seiner Reproduktionen beschleunigte die Verbreitung in Westafrika enorm. Bald zierte es die Wände zahlreicher Häuser, in denen die Anhänger Mami Watas zusammenkamen. Wahrsager und Heiler verwandten Abbilder aus Plastik, Holz oder Zement als Werbe- und Kultfiguren. Im gleichen Zusammenhang entstand unter der afrikanischen Bevölkerung ein wachsendes Interesse an indischen Drucken mit Darstellungen der verschiedenen Hindugötter und -göttinnen. Die Anwesenheit indischer Händler und ihr sichtlicher kommerzieller Erfolg verliehen dem Kult und seiner Verbreitung neue Impulse. Ein Yoruba-Händler, der in Togo volkstümliche Hindubilder vertrieb, erklärte, warum: „In der Kolonialzeit hatten wir zwar die Bilder, doch ihre Bedeutung war uns noch fremd. Den Leuten gefielen sie, deshalb schmückten sie ihre Räume und Häuser damit. Dann aber begannen die Afrikaner sie zu studieren und sich zu fragen, warum die Inder Kerzen, Lichter und Weihrauchstäbchen vor die Bilder stellten. Ich glaube, sie benutzten sie dazu, um uns das Geld aus der Tasche zu ziehen, oder etwa nicht? Um hinter das Geheimnis der Bilder zu kommen, freundeten wir uns mit ihnen an." In dieser Aussage wird eine direkte Beziehung zwischen den Götterbildern der Inder und ihrem finanziellen Erfolg hergestellt, wie früher im Falle der Meerjungfrau und dem Reichtum und der Macht der Europäer. Heute hat sich Mami Wata zu einem hochkomplexen Kult entwickelt, in dem traditionelle, christliche, hinduistische, buddhistische und sogar astrologische Elemente zusammenfließen.

Abidjan genießt sichtlich die Macht, die ihm seine bedeutsame Stellung verleiht. Schließlich steht er einem ganzen Dorf (Mami Wata Village) vor und ist Leiter einer Kultgruppe, die Hunderte von Mitgliedern zählt.

Besessenheit – die Seele in der Hand der Götter

In einer Welt, in der die Götter einen kleinen, die Menschen einen größeren, Ahnen und Geister den überwiegenden Teil der „höheren“ Lebewesen ausmachen, sind Berührungen unter ihnen unvermeidlich. Das Wirken der Götter nimmt man wahr im Walten der Natur – in der Strahlkraft der Sonne, der zyklischen Zu- und Abnahme des Mondes, in der Herabkunft der Niederschläge, im Wind und in der Gewalt der Gewitter. Nur wenigen zeigen sie sich direkt. Ahnen und Geister dagegen erscheinen den Menschen schon öfter einmal oder machen sich durch Zeichen – besondere Begebenheiten, eine Krankheit, eine überreiche Ernte – bemerkbar. Unmittelbare Kontakte jedoch sind allein über eine Eigenheit möglich, die allen gemeinsam ist.

Ein Medium hat sich während der Trance eines Kindes bemächtigt und trägt es davon.

Götter sind vollends, Geister überwiegend spiritueller Natur. Doch auch die Menschen haben teil daran: dank ihrer Freiseele, die nach dem Tod nicht vergeht, sondern als Ahne fortlebt, um sich nach einer gewissen Zeit erneut unter den Lebenden zu reinkarnieren. Über sie also, die von der Art der Geister und Götter ist und die dem Menschen das Bewußtsein, das Denkvermögen und die Willens- und Urteilskraft verleiht, können die Menschen in Kontakt mit den Jenseitsmächten treten. Die Freiseele ist ja im Unterschied zu der zweiten, für die organische Funktionsfähigkeit des Körpers verantwortlichen Lebensseele, leibunabhängig und imstande, sich vom Körper zu lösen. Davon kann jeder sich allnächtlich in der Geisterzeit auf das deutlichste überzeugen: Während des Schlafes nämlich, wenn die physischen Aktivitäten weitgehend ru-

hen, so daß die leiblichen „Halterungen" der Freiseele gleichsam gelockert sind, vermag sie aus dem Körper herauszutreten und Reisen ins stofflose und eben darum nur den Geistwesen zugängliche Jenseits zu unternehmen. Und was sie dort sieht und erlebt, bildet den Inhalt der Traumgesichte.

Offensichtlich schon früh wußten sich die Menschen diese Möglichkeit auch bewußt zunutze zu machen. Voraussetzung war, den Körper gezielt in einen schlafähnlichen Zustand zu versetzen. Das geschah – und geschieht nach wie vor in weiten Teilen der Welt – durch strenges Fasten und andere Kasteiungen, rhythmische Bewegungen, Tanz, Singsang oder den Genuß von bewußtseinsverändernden (halluzinogenen) Drogen, wodurch der Körper alsbald in einen Trancezustand verfällt, so daß die Freiseele „aussteigen" und mit Ahnen, Geistern oder Göttern in Kontakt treten kann, ganz wie es in diesem Fall der Absicht des Betreffenden entspricht. Es handelt sich hier um „Ekstase" (von griech. ékstasis: Heraustreten, Außersichsein, Entrückung). Meister in dieser „Technik", wie man auch geradezu sagt, waren die Schamanen. Sie nutzten sie, um verirrte oder von Geistern geraubte Seelen (der Grund für Psychosen) heimzuholen, Ahnen und Göttern die Wünsche der Menschen vorzutragen, den Standort des Jagdwilds auszumachen und Einblick in die Zukunft zu nehmen.

Während der Trance wird das Gesicht zuerst mit weißem Puder eingerieben und danach mit blauen Zeichen versehen. Beide Farben schützen vor Unheil und verleihen den Medien die Fähigkeit, Hexenumtriebe wahrzunehmen sowie künftige Ereignisse vorauszusehen.

Aber natürlich ist die Kontaktaufnahme erst recht auch in der umgekehrten Richtung möglich. Geister oder Götter, die sich den Menschen mitteilen wollen oder deren Rat man sucht, wählen dazu jemand Bestimmten aus, um sich seiner Stimme zu bedienen. Und „besetzen" können sie dabei nur den spirituellen Teil seiner Persönlichkeit, eben die Freiseele, die ihnen wesensgemäß ist.

Das verläuft nicht ohne entsprechende Auswirkungen. Die gewissermaßen „störende" Stofflichkeit muß dazu abgedämpft werden – das Medium verfällt wieder in Trance. Wird die Geisteinkörperung bewußt gesucht, sind dieselben Vorbereitungen wie im Falle der Ekstase erforderlich: Abgeschiedenheit, Fasten, Kasteiungen, Konzentrationsübungen, Beten, rhythmische Bewegungen, Tanz, unter Umständen auch der Genuß von Drogen. Je nach der Art, auch dem Geschlecht der Geistmächte wandeln sich Stimme und Verhalten des Mediums nach Einsetzen der „Besessenheit" in charakteristischer Weise. Ahnen oder Schutzgeister äußern sich anders als bösartige Mächte, Fruchtbarkeitsgöttinnen anders als Kriegs- oder Gewittergottheiten. Oft ist üblich, daß die Medien, um den „Verschmelzungsprozeß“ bis zur annähernden Identität zu intensivieren, sich auch im Äußeren der Geistmacht, die von ihnen Besitz ergreift, anzugleichen versuchen, indem sie die Kleidung, die man ihr zuschreibt, anlegen und ihre typischen Gerätschaften oder Waffen tragen.

Besessenheit tritt fast ausnahmslos in seßhaften, also agrarisch-ländlichen und städtischen Gesellschaften auf, in denen sich die sozialen Probleme mehren, so daß es häufiger notwendig wird, „höhere“ Mächte um Aufklärung in undurchsichtigen Situationen, Vermittlung oder Schiedsspruch in Streitfällen zu bitten. Besessenheit kann dann gezielt etwa zur Erkundung des Ahnenwillens eingesetzt werden, um Aufschluß über die Ursache einer Erkrankung, eines anderen Mißgeschicks oder um Klarheit in problematischen Situationen zu erhalten. Besessenheit dient aber auch zu Vorhersagezwecken, der Prophetie.

Besessenheitskulte

Wie die Ekstase stellt Besessenheit zwar mehrheitlich ein individuelles Phänomen dar, tritt aber häufig auch kollektiv auf. Wenn mehrere Menschen sich zu religiösen Übungen zusammenfinden, kann „der Geist“ über einen von ihnen kommen, was dann oftmals wie zündend auf andere wirkt, zumal alle sich ja in einer besonders sensibilisierten, empfangsbereiten Stimmung befinden. Da dabei in der Hauptsache nur Menschen zusammenkommen, die einander etwa als Nachbarn kennen, lag die Tendenz immer nahe, die gemeinsame religiöse Erfahrung in eine Organisation einzubinden. Die Folge waren sogenannte Besessenheitskulte, wie sie bereits aus dem Altertum, unter anderem von den alten Israeliten und frühchristlichen Gemeinden, bekannt sind. Heute treten sie zunehmend in den Ländern der Dritten Welt, insbesondere den Städten auf. Und abermals hat das sichtlich mit den sich mehrenden sozialen Problemen, oft auch ganz ausgesprochenermaßen mit der Ungleichstellung der Geschlechter zu tun; denn in nicht wenigen Kulten, wie im brasilianischen Candomblé oder dem nordostafrikanischen Zar zum Beispiel, nehmen Frauen dabei die führende Rolle ein. In Nigeria vollzog sich eine derartige Entwicklung im Zuge der Islamisierung der Hausa, die den Frauen im öffentlichen Leben kaum mehr Raum ließ, so daß sie sich im Bori-Kult ihre eigene, autonome Gegenwelt schufen.

Gelegentlich nehmen derartige geistliche Gemeinschaften die Form einer „Kirche“ an. Sie schreiben ihren Mitgliedern dann, auch über die religiösen Zusammenkünfte hinaus, ein ganz bestimmtes, an spezifischen Moralvorstellungen orientiertes Verhalten (eine maßvolle Lebensführung, Hilfs- und Opferbereitschaft) vor, besitzen strikte Zugangsbedingungen und Aufnahmeregeln, ein spezielles Brauchtum und Ritual, ihre eigenen Kultstätten, Trachten und Priesterinnen beziehungsweise Priester, ja teils auch eine mehrköpfige, hierarchisch gegliederte Geistlichkeit.

Gewöhnlich wird ein Mensch zum Medium durch die Geister selbst berufen. Er spürt das, indem er in einer bestimmten Weise erkrankt. Es kann sich dabei um Hautleiden, Lepra, Magenverstimmungen, Impotenz, Unfruchtbarkeit und vor allem Geistesverwirrung handeln. Nur wenn er die Berufung annimmt und sich in einen Kult initiieren läßt, findet er Heilung.

Die Initiation verläuft nach altbewährtem Muster: Der Novize lernt, seine Leiderfahrung in eine positive Wirkkraft umzusetzen, die er dann später nutzt, sich selbst wie auch anderen zu helfen. Mit der Initiation beginnt eine dauerhafte Beziehung. Man bannt die Geistmacht in einen Altar, um während der Kultfeiern immer wieder von ihr besessen zu werden. Die zunächst noch unkontrollierten Zustände veränderten Bewußtseins weichen allmählich dem kulttypischen Verlaufsmuster: Der Umgang mit der Trance wird zur gemeisterten Technik. Alles das erlernt der Novize während der Initiation. Er erfährt Genaueres über die Geistmacht, die ihn berufen hat, wird unterwiesen in der Sprechweise und dem typischen Verhalten der einzelnen Geister oder Götter, ihren Preishymnen, Liedern, Trommelrhythmen, Tänzen und ihrer spe-

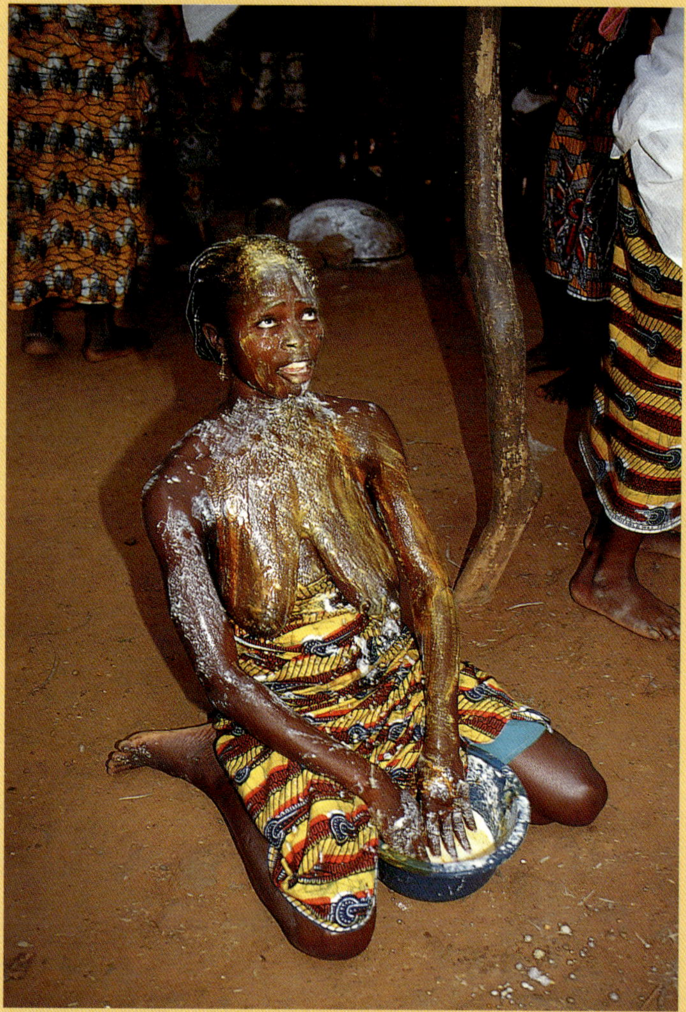

Die Besessenheitsrituale der Minah beginnen in aller Regel am frühen Nachmittag und enden irgendwann in der Nacht oder am frühen Morgen. Das Bild zeigt ein Medium von Jagli, einem gewalttätigen Gott aus dem Norden, der entsprechende Trancen auslöst und seine Medien zu besonders wilden Tänzen veranlaßt.

Eine Adeptin der Wassergöttin Mami Wata aus dem Stamm der Minah in Trance.

zifischen Bewegungsweise. Damit besitzt er alle notwendigen Voraussetzungen für seine künftige Tätigkeit als Medium.

Bei Laien und Anfängern verläuft der Übergang vom Normal- in den Trancezustand abrupter und ungleich heftiger als bei erfahreneren Medien. Kultmitglieder wissen das und stellen sich darauf ein. Insofern gleicht keine Trance der anderen. Das Erscheinungsbild wandelt sich mit der Erfahrung, dem Alter und der Routine der Medien.

Eine nicht unwichtige Rolle spielen äußere Hilfen beim Eintritt in die Trance. Von Kult zu Kult zwar variierend, zeigen sie doch überall grundlegende Übereinstimmungen. So erleichtert man sich die Aufnahme der Geistmächte durch vorheriges Fasten und Wachen, dann rhythmisches Singen zu Trommelbegleitung und ausdauerndes, stetig gesteigertes Tanzen. Ein weiteres probates Mittel besteht in der Konzentration auf bestimmte Körperpartien oder Bewegungsabläufe, um ein Abgleiten der Gedanken zu verhindern. Nicht selten ergreifen im Verlauf einer Kulthandlung verschiedene Geistmächte nacheinander von den Medien Besitz. Die Anwesenden verstehen dabei durchaus, gespielte von echter Besessenheit zu unterscheiden. Letztere zeigt sich vor allem am Ansteigen der Körpertemperatur: Die Körper der Medien werden heiß, starke Schweißausbrüche gelten als sichtbarster Ausdruck für die Gegenwart einer Geistmacht. Sobald die Besessenheit vollzogen ist, verändert sich das Verhalten des Mediums. Vor allem die Sensibilität scheint wie abgedämpft. Die Medien verhalten sich in anomaler, teils normenwidriger Weise: Sie reißen Tiere, trinken ihr Blut oder beschmutzen sich. Auf äußere Gewalteinwirkung wie Verletzungen durch Glasscherben und Waffen oder auch auf Verbrennungen reagieren sie unempfindlich. Es ist daher wichtig, daß ihre Handlungen nicht außer Kontrolle geraten, was durch den ehernen Rahmen erfolgt, den der Kult setzt. Erfahrene Mitglieder überwachen den Ablauf der Trance. Sollte die Selbstentäußerung der Medien bedrohliche Ausmaße annehmen, schreiten sie mit geeigneten Mitteln ein und holen sie in die Wirklichkeit zurück. Auf den Besessenheitszustand folgt eine komplette Amnesie: Die Erinnerung an alles, was das Medium in der Trance gesprochen oder getan hat, ist wie ausgelöscht.

Bori – Pferd und Reiter

In einer Seitenstraße von Dogon-Doutchi (Niger) findet auf einem Platz vor dem Haus des Sponsors eine der periodischen Tanzveranstaltungen des bori-Kultes statt. Die Musiker bahnen mit dem Rhythmus ihrer großen, halbkugeligen Kalebassentrommeln den Windgeistern (bori) den Weg, die sich ohne ebendiese Musik nicht einstellen würden.

Eine Prostituierte beginnt zu tanzen. Der Tanz leitet in den Besessenheitszustand über. Die Beziehung zwischen Geist und Medium wird durch die Wortbilder „Pferd" (Medium) und „Reiter" (Geist) ausgedrückt; männliche Medien nennt man doki, Hengst, weibliche godiya, Stute.

„Vor langer Zeit", so erzählt ein Mythos der Hausa, „befahl Allah dem ersten Menschenpaar, Adamu und Adama, ihm seine Kinder zu bringen. Aber die Frau riet ihrem Mann, Gott nur einen Teil der Kinder zu zeigen und den anderen zu verbergen, da Gott vielleicht die Kinder behalten wolle. Doch Allah durchschaute sie und sprach: 'Die anderen sind dort verborgen; es sind verborgene Leute; sie sollen für immer verborgene Leute bleiben.' Diese verborgenen Wesen, mit denen uns bis heute wechselseitige Verpflichtungen verbinden, sind die Geister."

Die Rolle, die Allah, Adam und Eva in der Legende spielen, läßt erkennen, daß der Mythos relativ „jung" ist. Die Geister-Besessenheit hingegen war bereits Bestandteil der vorislamischen Hausa-Religion (Maguzawa), der nur noch wenige ländliche Gebiete bis in die jüngste Zeit treu geblieben sind, während der alte Kult, der einmal eng mit der Staatsreligion verbunden war, an die Peripherie des Islam gedrängt wurde. Geistmedien, Musiker und Sympathisanten des bori bilden heute eine Art marginalisierte Subkultur.

Der bori-Kult ist, wie so oft in der islamischen Welt, wesentlich Frauensache: Das meiste spielt sich innerhalb der Gehöfte ab. Die öffentlichen Kultdarbietungen mit ihrem gemischten Publikum werden von „ehrbaren" Frauen nur selten besucht. Die Männer, überwiegend strenge Muslime, begegnen dem bori erst recht reserviert; wer ihm beitritt, wird häufig als impotent oder homosexuell diffamiert.

Die Hausa-Gesellschaft kennt eine strikt nach Geschlecht, Alter, Herkunft, Stand, Kindersegen, sozialem Erfolg und Reichtum gestufte Rangordnung. In diesem System gilt die Heirat als die natürliche Bestimmung der Frau, sie erst macht aus dem Mädchen eine Erwachsene. Wer das entsprechende Alter besitzt, jedoch geschieden und noch nicht wiederverheiratet oder überhaupt ledig geblieben ist, gilt als karuwa (Plural karuwai, von karuvanci „Prostitution"). Zu derartigen Personen wahrt man Distanz. Im Fastenmonat Ramadan bilden sie gar die öffentliche Zielscheibe des Kinderspotts. Viele, die in den bori-Kult eingebunden sind, werden als karuwai stereotypisiert.

Musiker, Medien und Sympathisanten des Kultes setzen sich aus Angehörigen verachteter Berufe (Schlachter, Fischer, Fährleute, Holzarbeiter, Kanubauer, Töpfer, Färber, Grob- und Weißschmiede, Schausteller, Bauern oder Hausdiener), sozialen Abweichlern und Außenseitern (Prostituierte, Homosexuelle und Transvestiten) zusammen.

Zu Recht gilt der bori-Kult der städtischen Hausa als eine Vereinigung von Außenseitern, Erniedrigten und Verfemten – mit allen erforderlichen Erfahrungen, neuerlich Leidenden beizustehen. Kultanhänger wie Sympathisanten setzen sich aus Personen von „zweideutiger" Herkunft zusammen; ihre Identität ist aufgrund spezifischer Eigenschaften (Homosexualität, Transvestismus, Nymphomanie) gespalten; ihre Erwerbstätigkeit gilt als verachtenswert. Bei manchen löste ein biographischer Bruch (Scheidung, Krankheit) den Schritt in die Abseitigkeit aus. Sie alle benutzen den bori, um ihre soziale Stellung neu zu definieren. Mit dem Eintritt in den Kult erlangen sie wenigstens irgendeinen Status und eine genaue Rollenzuweisung. Der Umstand, daß eine Geistmacht für die Abweichung verantwortlich ist, erleichtert die gesellschaftliche Verständnisbereitschaft für die Anomalität, die dann nach der Initiation in den Kult auch akzeptiert wird. Die Kultmitgliedschaft macht aus einem entwurzelten Außenseiter ein „Pferd der Geister" mit seinen spezifischen medialen Aufgaben. Insofern erfüllt der Kult wesentliche soziale Integrationsfunktionen. Der bori-Kult bietet den Randständigen der Hausa-Gesellschaft ein sinnvolles Dasein in einer eigenen Welt gegenseitiger Verpflichtungen und so die Möglichkeit, gemeinsam der Stigmatisierung zu trotzen oder sich ihr doch wenigstens zu entziehen.

Künftig haben sie ganz den Windgeistern (bori) zu Diensten zu sein. Wer seinen Status in der Kultgemeinschaft erhalten oder weiter aufsteigen will, muß bereitwillig an allen Veranstaltungen teilnehmen. Dabei handelt es sich vor allem um Heilungs- und Initiationsrituale (girka) sowie periodische Tanzveranstaltungen (wasan bori, das bedeutet „bori spielen"), die entweder zu internen Anlässen oder auf Einladung von Sympathisanten, etwa zu Hochzeiten und islamischen Namengebungszeremonien, stattfinden. Die Auftritte der Tänzer und Musiker sind dabei kultische Pflicht, dienen aber auch der Unterhaltung.

Wie die Medien besitzen auch die Kultmusiker einen niedrigen Status. Sie gelten als faul, schmutzig, verschwendungssüchtig und kriecherisch, ihre Tätigkeit zählt zu den verachteten Gewerben (sana'a) und wird als Bettelei (roko) bezeichnet. In der Regel sind sie nicht in den Kult initiiert und spielen gegen Bezahlung. Ihre Aufgabe besteht in der Pflege der mündlichen Überlieferung, des Liedgutes und Brauchtums des bori. Während der Kultfeierlichkeiten stellen sie mit ihren Liedern und Rhythmen die Verbindung zu den Geistern her, die ohne ihre Musik nicht „reiten" könnten. Ihr Einfluß ist daher nicht unerheblich.

Die Trance hat sich eingestellt, und das Medium ergreift einen der anwesenden Männer. Eine Kultanhängerin, oder „Tochter des bori" (yar bori), hilft dem Medium, auf den Rücken eines Mannes zu steigen. Damit ahmt sie den Windgeist nach, der in sie hineingefahren ist und sie in ihrer Trance nun „reitet".

Schließlich reitet die Frau beziehungsweise der Geist auf dem Mann. Die Prostituierten benutzen den Priester bisweilen, um durch laszive Bewegungen beim Tanz und in Trance Klienten anzulocken.

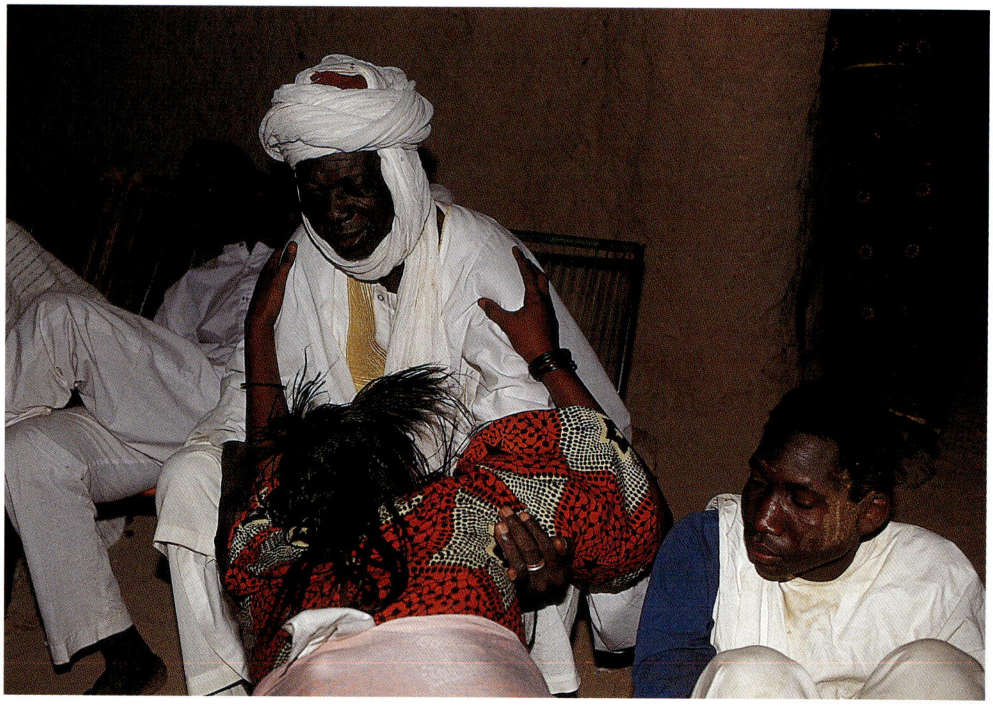

Zum Abschluß sinkt das Medium vor dem Priester (sarkim bori, „Chef des bori“) nieder. Der Aufstieg in dieses Amt setzt Erfahrung als Medium sowie die Unterstützung der Kultanhänger im Bezirk voraus. Er hat die Kultveranstaltungen zu organisieren und pflegt Geschenke und Einladungen an die verschiedenen Akteure zu verschicken. Dafür erhält er einen beträchtlichen Teil der Einnahmen.

Ein Transvestit beginnt auf „weibische" Art zu tanzen. Entsprechend ihren Bewegungen besitzen die yan dauda auch hohe und weiche Stimmen. Man merkt ihnen das Transvestitentum an, und in der Regel machen sie auch gar nicht erst den Versuch, es zu verbergen. Diese Sichtbarkeit hat ihren Preis: Sowohl in der Öffentlichkeit als auch im Kult werden sie oft karikiert.

Unten: Das Medium fällt in Trance. Die Ankunft der Geister und der Beginn der Besessenheit besitzen oft eine theatralische Note: Das Medium beginnt zu stöhnen, fällt zu Boden, Schaum tritt aus dem Mund, der Körper zittert und verkrampft sich. Es bewirft sich selbst mit Schmutz und bringt dadurch seine niedere soziale Stellung zum Ausdruck.

Das Medium bricht erschöpft zusammen und wird von einem „Soldaten" wieder zu Bewußtsein gebracht.

Die Geister – vom Islam toleriert – werden durch die Klänge angelockt. Sie bewegen sich schwebend wie der Wind, weshalb sie iskoki (Singular isaka, „Wind"), in städtischen Gebieten häufig auch aljanu (Singular aljani, vom arabischen „jinn") oder bori genannt werden. Bisweilen glaubt man, daß sie wie die Menschen in Familien, von einem König (Sarkin Aljan, das Oberhaupt aller Geister) mit großem Hofstaat beherrscht, in der mythischen Stadt Jangare leben. Zu den Aufgaben der Geister gehört es, zwischen Allah und den Menschen zu vermitteln. Ebendeshalb findet man sie überall. Die Kultanhänger kennen allein zwischen 125 und 275 verschiedene Geister beim Namen und können ihre bevorzugten Aufenthaltsorte und Opfergaben angeben. Jeder besitzt einen oder mehrere Eigennamen, sein spezifisches Musikstück oder Preislied, seine typische Sprechweise, Tracht und Art zu tanzen. Bestimmte Geister haben manche Eigenschaften gemeinsam, weshalb man sie für miteinander verwandt oder verschwägert hält und zur gleichen Geisterfamilie rechnet. Während der Kulthandlungen halten sich die Geister für eine begrenzte Frist unter den Menschen auf. Jeder wird gebührend begrüßt. Fährt er wieder aus, was man daran erkennt, daß sein Medium niesen muß, wünscht man ihm eine gute Reise.

Wesentlich nach ihrem Aufenthaltsbereich klassifiziert man die Geister in „schwarze" und „weiße". Erstere hausen im Busch, in Bäumen und Gewässern und gelten den Muslimen daher als „Heiden", letztere dagegen als „Gläubige", da sie in den Städten leben. Bringt man den weißen Geistern Opfer dar, verleihen sie Reichtum; vernachlässigt man sie, rächen sie sich mit Krankheit. Den schwarzen dagegen verdankt man fast immer nur Leiden; jeder ist für ein spezifisches verantwortlich. Akzeptiert man die Geister, findet man Heilung: Die Krankheit wandelt sich um in „professionelle" Besessenheit. Die Scheidung der Geistergruppen wird allerdings mit einer gewissen Großzügigkeit gehandhabt. Ein Muslimgeist kann schwarz werden, wenn er Böses tut oder wenn sein Gewand aus dunklem oder schwarzem Tuch besteht. Der eine kann einem Medium weiß, einem anderen schwarz erscheinen.

Hauka – Tanz der Europäergeister

Im bori-Kult (Kult der Windgeister) treten auch zahlreiche Europäergeister (iskokin turawa) auf. Die islamische Gesellschaft der Hausa widmete ihnen keinen eigenen Kult wie die Songhay. In Baboule (Niger) marschieren die Medien, angeführt vom Priester, der seine Augen hinter den Gläsern einer dunklen Sonnenbrille verbirgt, in militärischer Rangfolge auf dem Tanzplatz auf.

Hauptpriester des hauka-Kultes in seiner Hütte.

Im bori-Kult treten auch zahlreiche Europäergeister, iskokin turawa, auf. Sie sind Teil jener Fremdgeister, deren Medien in den Ritualen Repräsentanten fremder Kulturen verkörpern und oft nach fremdländischen, „exotischen" Opfergaben verlangen. Im bori der Hausa wie im hauka der Songhay in Niger und Mali treten in dieser Rolle koloniale Europäer und Soldaten auf, deren Erinnerung so bis in die Gegenwart fortlebt.

Nicht nur bei den Hausa-, auch bei Songhay-sprachigen Gruppen in Niger reichen die Wurzeln der Besessenheitskulte tiefer, möglicherweise bis in die Zeit der Islamisierung im 15. Jahrhundert zurück. Der holey-Kult zum Beispiel besitzt viel Ähnlichkeit mit dem bori. Es spricht sogar manches dafür, daß die Songhay die hauka-Geister von den Hausa übernahmen. Hauka ist ein Hausa-Wort und bedeutet soviel wie „Verrückte" oder „Wahnsinnige". Die holey-Geister teilen sich in verschiedene Familien auf, Geisterfamilien, die jeweils mit bestimmten Naturbereichen und mit Nachbarvölkern in Verbindung gebracht werden, was ihre Zuordnung zu bestimmten Epochen der Geschichte erlaubt. So stehen die tooru, die Geister der Flüsse und des Himmels, mit den großen Ahnen, den Gründern

Eine Frau wird vom bori-Geist Dumboro ergriffen und stöhnt laut auf. Sobald der Geist in die menschliche Sozialsphäre eintritt, reagiert das Medium, indem sich sein Verhalten verändert.

Der Kopf des Mediums wird mit einem Tuch bedeckt, so daß der Geist sein „Pferd" ungestört „reiten" kann.

Unten: Die Frau ist vom bori-Geist ergriffen und stöhnt laut auf.

Von anderen Frauen im Kreise wird sie beruhigt.

der ersten Songhay-Dynastie, in Verbindung. Die genji kwaan oder „weißen Geister" repräsentieren Tuareg beziehungsweise Korangelehrte, die mit der Islamisierung an Einfluß gewannen, während die genji bi oder „schwarzen Geister" die frühen Landesbewohner, darunter die „Erdherren", verkörpern, die später versklavt wurden. Die doguwa oder Hausa-Geister dagegen sind relativ jung; sie hielten erst um 1911 mit der Einwanderung größerer Hausa-sprachiger Gruppen ihren Einzug in die heimische Geisterwelt. Noch jüngeren Ursprungs schließlich sind die hauka, die „Geister des Wahnsinns" und der europäischen Kulturwelt. Sie traten erstmals 1925, knapp drei Jahre nachdem Niger zur französischen Kolonie geworden war, während eines Tanzfestes in einem kleinen Dorf in der Nähe von Filingue in der Kurfey-Region, auf. In diesem von Hausa- und Songhay-sprachigen Gruppen bewohnten Gebiet war es zuvor zu Unruhen gekommen. Als dann eine fremde Macht plötzlich Besitz von einer Frau ergriff und man sie nach dem Namen des Geistes fragte, antwortete sie, es sei Gomno Malia, der „Gouverneur des Roten Meeres". Wenig später wurden auch andere Frauen und Männer von unbekannten Geistern besessen. Diese „Töchter und Söhne" Biladis, des afrikanischen Vertrauten von Prophet Muhammad, kamen mit dem Harmattan, dem trockenen Wüstenwind, und stellten sich als hauka, als Gäste des gewalttätigen Gewittergottes Dongo, vor. Sie traten auf in einem von Weißen besetzten Land, in dem das Militär wie Dongo Dörfer verbrannte, Menschen tötete, Tiere und Getreide beschlagnahmte, Steuern erhob und die Männer zur Zwangsarbeit verschleppte. Wer sich widersetzte, mußte mit Geldstrafen rechnen oder wurde zu Gefängnis verurteilt – wahrlich, die Macht der Weißen grenzte ans Übernatürliche. Die Europäer zogen die Aufmerksamkeit nicht nur wegen ihrer fahlen Farbe, sondern auch wegen ihres martialischen Gebarens auf sich. Folglich salutierten und exerzierten auch die Geister mit Fleiß. Ferner verlangten sie brennende Fackeln, mit denen sie die Körper ihrer Medien traktierten.

Schon bald nach ihrem Debüt breitete sich diese Art der Besessenheit weit über die Grenzen von Filingue hinaus aus. Da sie zunächst bei den überkommenen Besessenheitskulten holey und bori auf hartnäckigen Widerstand stieß, nicht zuletzt ihrer Gewalttätigkeit wegen, schlossen sich die Medien zu kleineren Gruppen zusammen und gründeten eigene Dörfer. Die einheimische Bevölkerung riefen sie auf, Steuern und Zwangsarbeiten zu verweigern. 1927 steigerte sich das zu der Erklärung, sie besäßen die Kraft, die Kugeln der Europäer in Wasser zu verwandeln. Für die französische Kolonialadministration bedeutete das offene Rebellion. Allein schon die Nachahmung ihres militärischen Gehabes stach ihr empfindlich ins Fleisch. Da sie nur wenig von den Grundlagen der Hausa- und Songhay-Besessenheit wußte, verstand sie die Bewegung als politischen Aufruhr und reagierte – wie üblich bei Rebellionen – mit harten Strafen. Die ersten Tänzer wurden auf Befehl des französischen Kolonialbeamten Croccichia nach Niamey verbracht und festgesetzt. Nach drei Tagen indes wieder freigelassen, begannen sie erneut zu tanzen. Nunmehr forderte er ihnen das Geständnis ab, daß alles nur Schwindel sei und die hauka-Geister in Wahrheit nicht existierten. Die Tänzer taten ihm den Gefallen, doch es währte nicht lange, bis die verleugneten Geister sich erneut zu Wort meldeten. Daraufhin wurde der Kult verboten und seine Anhänger teils zwangsexiliert mit der Folge, daß sich das Besessenheitsritual zu immer komplexeren Formen fortentwickelte.

Die Bewegung besaß indes nicht nur politische, sondern auch religiöse Aspekte. Die Kolonialherrschaft lieferte nur den Nährboden und Sprengstoff dafür. Unter Verhältnissen, in denen die alten Dorfchefs zu Marionetten der Kolonialherren herabgewürdigt waren, die Menschen unter der Last der Steuern zu Arbeitsmigration, ja Zwangsarbeit auf den Plantagen der neuerlich betriebenen Monokulturen (cash-crops) nach Weltmarktbedingungen gezwungen wurden, ihre bäuerliche Eigenständigkeit verloren und sich zu Sujets („Untertanen") der Willkür herrischer Verwalter er-

Die meisten Europäergeister stellen Soldaten dar und tragen militärische Titel. Bewaffnet mit ihren hölzernen Gewehren fordern sie Disziplin und sofortige Ausführung ihrer Befehle. Ihre Kleidung und Ausstattung sind der sichtbare Ausdruck ihrer Fremdartigkeit.

Während sie über den Sand stampfen, stöhnen und brüllen die Medien und hämmern sich mit geballten Fäusten gegen die Brust. Aus ihrem Mund läuft Speichel, sie stammeln, ihre Augen lodern.

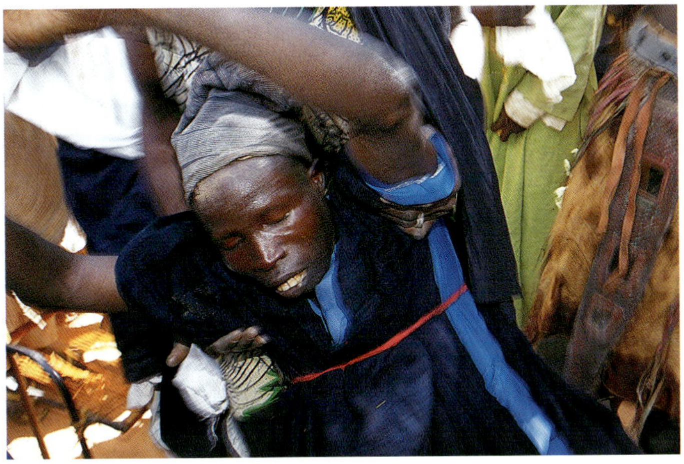

Hier ergreift der Geist Kabrana („Corporal") ein Medium und versetzt es in Trance.

Rechts: Erschöpft sinkt das Medium zu Boden.

niedrigt sahen, konnte es der Bewegung leicht gelingen, über alle Verwandtschaftsbande, die Dorf- und Gruppenzugehörigkeit, ja selbst Sprachbarrieren hinweg eine übergeordnete Form von Gemeinschaftlichkeit zu schaffen, sich zum „Phänomen“ internationalen Ausmaßes zu entwickeln. Die hauka-Geister setzten den Konflikt durch Imitation der Kolonialherren bis ins Detail auf höchst schöpferische, ebenso subtile wie komplexe Weise in eine Art theatralische Gegengroteske um.

In den dreißiger Jahren führten Songhay-Wanderarbeiter den hauka-Kult in die Goldküste ein, wo er in den vierziger und fünfziger Jahren seine Blütezeit erlebte. Die Kultanhänger schwangen brennende Büsche in ihren Händen, aßen giftige Pflanzen, opferten Hunde und schlugen mit den Köpfen gegen Wände. Jean Rouch, der berühmte französische Ethnologe und Filmemacher, porträtierte 1954 in „Les maîtres fous“ das Jahresfest einer hauka-Kultgruppe in Accra. Der Film schockierte die Pariser Öffentlichkeit. Es hagelte Proteste sowohl von seiten afrikanischer Intellektueller als auch von Ethnologen: Marcel Griaule wollte ihn gar verboten wissen.

Seit dem Ende der Kolonialzeit sind die hauka aus Ghana verschwunden, nicht jedoch aus Nigeria und Niger. Man muß sich fragen, warum die Europäergeister im bori- und hauka-Kult weiterhin eine Rolle spielen, wo doch ihre historischen Vorbilder, die kolonialen Administratoren und Militärs, beide Länder spätestens seit der Unabhängigkeit im Jahr 1960 verlassen haben? Warum ahmen die Kultanhänger immer noch die Kolonialherren und ihre Einrichtungen auf eine Weise nach, die das Publikum zwar erheitert, ihm andererseits aber auch Angst einflößt? Ein Grund könnte sein, daß sich inzwischen nur die Lebensbedingungen einer kleinen Schicht verbessert haben. Das Gros der Landbevölkerung leidet weiterhin Armut und Elend, zwischen Arm und Reich herrscht eine tiefe Kluft. So mag der Besessenheitskult den Notleidenden weiterhin die Möglichkeit zur karikierenden Auseinandersetzung mit den neuerlichen Erfahrungen wechselnder Militärregimes und den Mächtigen generell bieten. Im Ritual wird das auf hochdramatische, komödiantische wie tragische Weise überzeichnet. Insofern beschreibt der „Tanz der Europäergeister“ immer noch eine aktuelle Wirklichkeit, löst sie für wenige Stunden in der Irrealität der Groteske auf. Richter, Ärzte, Rechtsanwälte, Lastwagenfahrer, Generäle, Majore, ja sogar der Präsident legen tanzend Hand an die lokalen Probleme. Ein Songhay erklärte 1987 dem amerikanischen Ethnologen Paul Stoller: „Wir brauchen heute die hauka mehr als früher; sie leisten gute Arbeit für uns.“

Die Auftritte der Europäergeister mimen protzende Machtdemonstrationen: In Trance bewegen sich die Medien durch Feuer oder fahren sich mit brennenden Fackeln über Arme und Beine. Bei dieser „Feuerwäsche“ (wankan wuta) bezwingen sie wie spielerisch die Glut der Flammen und stellen damit ihre Furchtlosigkeit und Widerstandskraft zur Schau. Ihre Unempfindlichkeit zeigt sie anderen Afrikanern wie Europäern überlegen.

Die bizarre Erscheinung der Fremdgeister läßt komische wie schreckliche Erinnerungen an die Kolonialzeit wiederauferstehen: Hier verschleppt ein Medium ein Kind, wie früher die Vorfahren zur Zwangsarbeit abgeführt wurden. Die Geschichte lebt in den Geisterauftritten weiter.

„Soldaten“ geleiten zwei Mädchen, die in den Kult initiiert werden sollen, auf den Platz. Wie früher die Angehörigen der französischen Kolonialarmee gelten die Geister als unerbittliche Autoritäten, die alles schnell und effizient erledigt sehen wollen.

Der Priester spreizt das rötliche Gefieder des Vogels, den er den Geistern zum Schutz der Mädchen opfert.

Anschließend reinigt er die Hände der Initiandinnen mit Hühnerblut und Wasser.

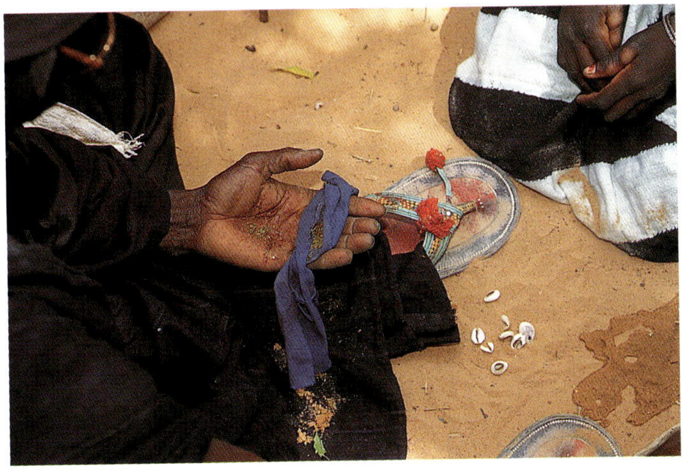

Priester verstehen sich auf die Herstellung magischer Tränke und „Kuchen“, die sowohl Schutz als auch Heilung versprechen. Hier wickelt einer aus einem blauen Tuch eine kleine Portion Haschisch.

Die Mädchen werden zu den anderen Adepten gesetzt.

Die Kraft der Hexenjäger

Vornehmlich dienstags und freitags, an Tagen, die Akonedi heilig sind, ergreift die Gottheit von ihrer Priesterin Besitz. Sie tanzt auf weiß markierten Vierecken, die den Medien reserviert bleiben.

An den Tagen, an denen die Göttin Akonedi auftritt, können aber auch andere Götter in die Priesterin und Anwesenden einfahren. Einem jungen Mann tritt Schaum aus dem Mund, ein Zeichen dafür, daß ein Gott ihn besetzt hat. In diesem Fall eine Gottheit aus dem Norden, zu deren „Spezialität" es gehört, ihre Medien bei der Hexenjagd zu unterstützen.

Kulte verbreiten sich häufig von ihrem Entstehungsort auf Nachbargruppen, auch über größere Distanzen hinweg. In Ghana und im Südwesten Burkina Fasos haben Kulte Hochkonjunktur, die wie Waren erworben und wieder veräußert werden können. So herrscht ein reger Handel mit „Medizinen", die gezielt zum Fang und zur Bekämpfung von Hexen eingesetzt werden. Das hatte an der Küste wie im Hinterland zahlreiche religiöse Veränderungen zur Folge. Neue Kulte werden oft in bestehende integriert (wie im Fall von Akonedi) oder, was besonders für Gesellschaften mit bereits entwickeltem Kultwesen (wie im Fall des Wara-Kultes der Senufo) gilt, nach dem Vorbild der älteren Männerbünde in das Gemeinschaftsleben eingebunden.

Bereits Ende des 19. Jahrhunderts etablierte sich in Late, einer Stadt in Akuapem, ein Besessenheitskult, der sich inzwischen über ganz Ghana verbreitet

Rechts: Der junge Mann erhält ein Kriegergewand nördlichen Ursprungs, mit dem er sich auf Hexenjagd begibt.

Mitte: Auf der Suche nach Hexen durchstreift er die engen Gassen.

Unten: Immer wieder reißt es ihn hoch zu wildem Tanz.

hat: Das landesweit bekannte Heiligtum seiner „Göttin“ hat regen Zulauf. Dem Ursprungsmythos nach war Nedi die Tochter eines Mannes mit Namen Ako und wohnte im Stadtteil Kubease. Sie starb schwanger im Busch, wo sie sich in einen Ameisenhügel verwandelte. Schon bald nach ihrem Tod ergriff ihr Geist Besitz von einer Frau aus Kubease, die dann als Erste Priesterin des für Akonedi neu errichteten Heiligtums amtierte. Seitdem stammen alle führenden Priesterinnen aus dieser Familie. Heute unterziehen sich Frauen aus allen Landesteilen einer Ausbildung in Late, um nach Abschluß ihrer Lehrzeit in ihre Heimatorte zurückzukehren, wo sie entweder ein neues Heiligtum errichten oder sich einem bereits bestehenden anschließen.

Akonedis Aufgaben sind vielfältig, von teils weither anreisenden Ratsuchenden werden ihr die unterschiedlichsten Anliegen vorgetragen: Unfruchtbare Frauen bitten um Kindersegen; Mütter, deren Kinder immer wieder sterben, um Entbindung von dem vermeintlichen Fluch; Kranke um Heilung; andere, die vor einer Reise, einem wichtigen Schul- oder Geschäftsabschluß stehen, um ihren göttlichen Beistand. Personen, die um Hab und Gut betrogen worden sind oder deren Frauen ihnen untreu waren, wünschen die Schuldigen bestraft zu sehen. Mancher sucht sie auch ohne ein aktuelles Anliegen auf, möchte sich jedoch ihrer Obhut anvertrauen, um sich gleichsam im voraus gegen Unglück und Mißgeschick zu feien.

Bevor die Göttin auftritt, stimmt sich die Priesterin auf ihren Besuch ein. Vom Vortag an enthält sie sich sexueller Kontakte und bestimmter Nahrungsmittel, um zu einem reinen Gefäß für die Gottheit zu werden. In der Nacht kürzt sie sich das Haar. Schon vor Tagesanbruch warten Kultpersonal und Besucher darauf, daß Akonedi sich einstellt. Ihr Erscheinen kündigt sich an, wenn die Priesterin schläfrig wird. Unmittelbar davor stellt sich bei vielen Medien ein kurzer, eigentümlicher Zustand der Ruhe und Entspannung ein, bei dem sie gähnen und ihre Glieder strecken. Der Übergang in den Besessenheitszustand

Vorhergehende Seiten und links: Bald erklimmt er ein Dach, um einen besseren Überblick zu gewinnen…, bald verbirgt er sich wie ein Jäger, der seinem Wild auflauert, hinter einem Gebüsch.

Verschiedene Anwohner werden einem „Verhör" unterzogen, ob sie die Hexen gesehen haben oder es selber sein könnten.

Gegen Ende der Zeremonie spendet die Priester für Akonedi ein Trankopfer.

erfolgt dann rasch und dramatisch. Sofort setzt rege Aktivität ein. Da Akonedi das Licht scheut, werden alle Lampen im Heiligtum gelöscht. Trommler fordern das Kultpersonal auf, sich im Hof vor dem Zimmer der Priesterin zu versammeln. Dort ist es inzwischen laut geworden: Das Medium schreit abwechselnd auf, singt, murmelt dann wieder, springt, tanzt und stakst herum, während Assistentinnen die Besessene weiß einkleiden, mit Perlen behängen und ihr Sandalen über die Füße streifen. Mit einem Ritualschwert und einem kleinen Besen in den Händen kehrt sie als Akonedi in den Hof zurück: Ihr Gewand und ihr bleiches Gesicht leuchten förmlich in der Dunkelheit. Nana – ein Ehrentitel, mit dem die Priesterin nur im Besessenheitszustand angesprochen wird – wirkt angespannt, wie „aufgedreht" und spricht unentwegt in einem altertümlichen Guan, der Sprache der ursprünglichen Bevölkerung jener Region. Assistenten reichen ihr Schnapsflaschen zu, deren Inhalt sie verschwenderisch über verschiedene Kultgegenstände, Kopf und Schultern vergießt. Nunmehr ist sie bereit, den zahlreichen Bittstellern Gehör zu schenken. Zunächst handelt es sich um eher häusliche Angelegenheiten. Sie äußert sich ungehalten über die mangelnde Disziplin des Kultpersonals und rügt Novizinnen, die gegen das Enthaltsamkeitsgebot verstoßen haben. Nachdem sie für Ordnung im eigenen Haus gesorgt hat, wendet sie sich den Besuchern zu. Einer nach dem anderen trägt der Göttin sein Anliegen vor. Akonedi macht dazu ihre entsprechenden Bemerkungen, urteilt und gibt Anweisungen. Sie deckt die Ursachen der unterschiedlichsten Beschwerden auf und verordnet geeignete Heilmittel.

Seit geraumer Zeit ist es jedoch nicht mehr nur Akonedi selbst, die im Ritualverlauf auftritt. Sie erscheint zwar als erste, nach ihr können aber noch andere Gottheiten in die Priesterin oder auch andere Kultmitglieder einfahren – zum Beispiel Kwaa Asou Gyebi, ein etwas zögerlicher Gott, der Twi (die Sprache der Akon) mit dem Akzent eines Nordghanaers spricht und nach schottischem Whisky verlangt, sowie weitere Gottheiten aus dem Norden, zu deren „Spezialität" es gehört, ihre Medien bei der Hexenjagd zu unterstützen.

Der Wara-Kult (ein Hexenfangkult) im Senufo-Dorf Kankalaba ist neueren Ursprungs. Früher kannten die Senufo nichts dergleichen. Zwar ergriffen die Masken oder die Buschgeister (tugubele) hin und wieder Besitz von einem Dorfbewohner, doch verwirrten sie damit meist lediglich seine Sinne. Eine fremde Macht in dieser Rolle, wie hier Wara (was soviel bedeutet wie „stark wie ein Löwe"), ist etwas Neues.

Wie auch die Jagd- und Maskenbünde spielt Wara vor allem eine Rolle im Trauerritual des Kults, bei dem die Tänzer auftreten, um ein verstorbenes Mitglied zu ehren. Ein „Spiel mit dem Feuer", das Waras unermeßliche Macht zeigt, gehört dabei immer mit dazu: Die Flammen symbolisieren dabei sowohl die „hitzige" Natur dieses Gottes als auch die Unverwundbarkeit, die er seinen Medien verleiht.

Nur Kultmitglieder sind vor den Flammen gefeit: Weder empfinden sie Schmerz, noch zeigt ihr Körper Verbrennungsspuren.

Die Götter sprechen

Die Ewe der Mono-Region haben eine Reihe von Kulten aus dem Minah-Gebiet übernommen. Die „Götter“ dieser Kulte – Koku, Jagli und Ganbada („wildes Eisen“) – verursachen besonders heftige Trancen, bei denen sich die Medien oft Verletzungen zufügen. Bei einem Kultritual in Dogbo Zafi (Benin) zerschlägt ein Anhänger Ganbadas eine Flasche auf seinem Kopf, um die Stärke seines Gottes zu demonstrieren.

Ganbadas Kraft ist in verschiedenen Gegenständen (bo) enthalten. Dazu gehören vor allem alte eiserne Reifen und die Hörner bestimmter Wildtiere. Diese heiligen Objekte werden auf die Kultröcke der Medien gelegt, so daß Ganbadas Stärke sich auf Stoff und Medium überträgt.

In Ghana, aber auch in Togo und Benin herrscht in der Verbreitung der Besessenheitsphänomene ein starkes Nord-Süd-Gefälle. Im Norden sind sie eher selten und werden, wenn sie auftreten, ausschließlich durch fremde Götter und Geister ausgelöst, während die alten, einheimischen Geistmächte niemanden besessen machen. Im Süden dagegen pflegen fast alle Geistmächte von bestimmten Menschen in mehr oder weniger regelmäßigen Abständen Besitz zu ergreifen. Das gilt im besonderen für die sprachlich und kulturell eng verwandten Ewe und Minah.

Im 19. Jahrhundert zerfielen die Ewe in eine Vielzahl politisch weitgehend autonomer Häuptlings- und Fürstentümer, deren Gründer Flüchtlinge aus dem alten Königreich Notsie waren. Die Minah wieder leiten ihren Ursprung aus der Umgebung von Accra, der heutigen Hauptstadt Ghanas ab. Sie gingen jedoch bald Mischungen mit Ewe aus Anlo und Keta, Portugiesen, Nachfahren von Sklaven, die aus der Neuen Welt heimgekehrt waren, sowie Fante-Flüchtlingen aus dem Gebiet von Elmina ein, weshalb sie von den Ewe „Minah“ genannt wurden (ihre Eigenbezeichnung ist Ge). Diese an sich schon sehr gemischte Gesellschaft wird in nahezu allen größeren Siedlungen noch von Hausa-, Yoruba-, Fon-, Anlo-, Adja-, Kabye- und anderen Zuzüglergruppen ergänzt. Und ebendieses Bevölkerungsbild findet seine Entsprechung in einer hochkomplexen Geister- und Götterwelt mit einem zahlenmäßig hohen Auftreten von Besessenheitstrancen, wie man das oft bei derartig ungleich zusammengesetzten Gesellschaften mit hohen Bevölkerungsdichten, die zudem noch einem beschleunigten sozialen Wandel unterliegen, beobachten kann. So überrascht es kaum, daß im Weltbild der Ewe und Minah neben den Ahnen zahlreiche Geistmächte eine wichtige Rolle spielen. Sie leben an bestimmten Stätten in der Natur und zeigen sich bevorzugt in Tiergestalt, vor allem als Python oder Krokodil. Hinzu kommen die ruhelosen Seelen der eines schlimmen Todes Verstorbenen, die ohne jedes Ritual, wie früher auch die fremdstämmigen Sklaven, außerhalb des Dorfes beigesetzt wurden und ständig darauf aus sind, sich für ihr unseliges Los an den Lebenden zu rächen.

Mit steigender Komplexität der Gesellschaft mehrten sich auch die Geistmächte, die heute, ihrer Herkunft entsprechend, unterschiedliche Ränge einnehmen. Die Ewe unterscheiden dabei „gebundene" von „freien". Im Kult der freien ist jedem der Zutritt, auch der Aufstieg möglich. Bei den gebundenen hängt beides von der Zugehörigkeit zu bestimmten Lokal- und Abstammungsgruppen ab. Eine weitere Unterscheidung betrifft „alte" und „neue" Geistmächte. Die alten oder Erbgötter brachten die Vorfahren einst aus ihren Ursprungsgebieten mit; die neuen lernte man erst an den späteren Siedlungsorten kennen. Oft sind die freien mit den neuen oder Wandergottheiten identisch, während man die alten auch als gebundene auffaßt. Dennoch gibt es immer Ausnahmen von der Regel sowie beträchtliche regionale Unterschiede. Ähnliche Unterscheidungen treffen die Minah. Ihre alten Heimatgottheiten bezeichnen sie als kotavoduwo („Klangottheiten") oder gevoduwo („Götter der Ge"), die neuen, eher von einzelnen verehrten dagegen als adjavoduwo („Götter der Adja").

Ewe und Minah glauben wie auch andere Gruppen in Westafrika an eine präexistente Welt (amedzofe), die als genaues Abbild der sichtbaren diesseitigen vorgestellt wird. Dort leben die Menschen vor der Geburt als Geisterkinder (nolimewivo) in verschiedenen Familien. Bevor ein Geisterkind (nolimevi) auf die Erde herabsteigt, hält man in amedzofe eine Versammlung ab, bei der Gott (Mawu-Lisa) sowie seine Geistermutter Persönlichkeit und Lebenszeit, ja überhaupt das gesamte Schicksal des

In den Besessenheitskulten treten immer mehrere Geistmächte auf. Hier wird ein Medium vom Krokodilgott Adzakpa ergriffen, woraufhin sich seine Gestik und Mimik entsprechend wandeln. Das Krokodil ist ein Grenzgänger, es lebt sowohl auf dem Land als auch im Wasser.

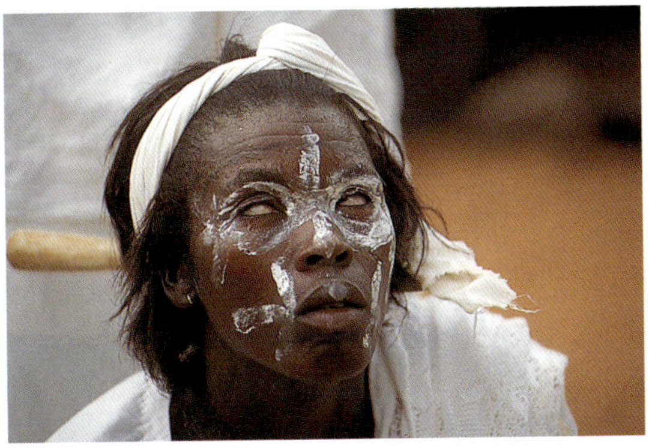

Anfangs ist die Identität der Geistmächte dem Publikum meist noch unbekannt. Ein in Trance gefallenes Medium wird von den Kultanhängern zunächst in sein „Haus", das heißt ins Heiligtum gebracht. Dort kleidet man es um. Einige Medien erhalten dabei fremdartige Trachten oder lassen sich das Gesicht bemalen.

Die verschiedenen Kostüme und Verhaltensweisen vermitteln dem Publikum bestimmte Botschaften. Insofern lassen sich die einzelnen Tänze am besten zusammen als „Tanzgeschichte" begreifen, in der verschiedene Geistmächte nacheinander ihre Vorstellung geben, „ihre Szene haben".

Bild rechts und folgende Seiten:
Fahren gewalttätige „Götter" wie Ganbada, in die Medien ein, sind sie kaum noch zu bändigen. Ganbadas Präsenz äußert sich zunächst in heftigen Krämpfen, Augenrollen und heftigem Gebrüll, oft scheint sich der Körper gegen die fremde Macht regelrecht aufzubäumen.

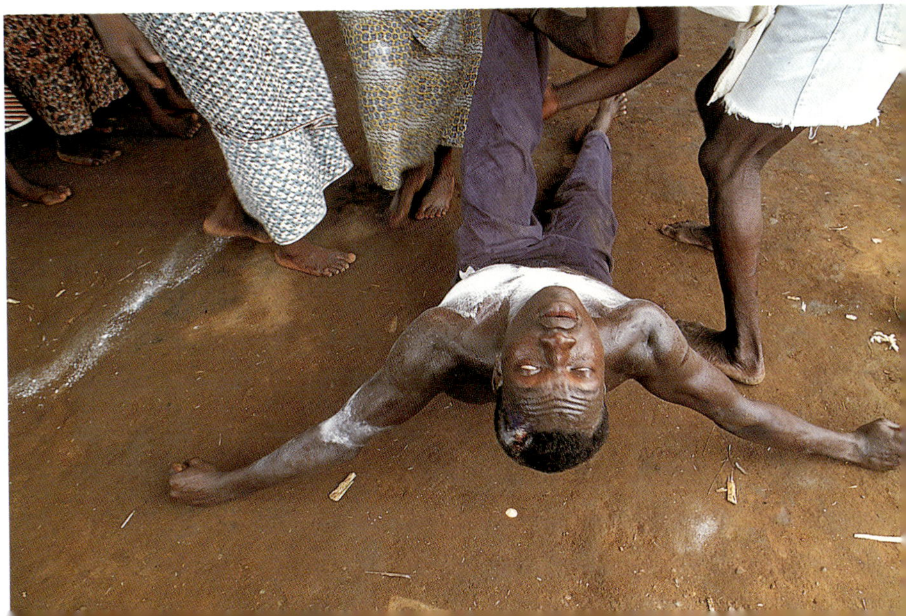

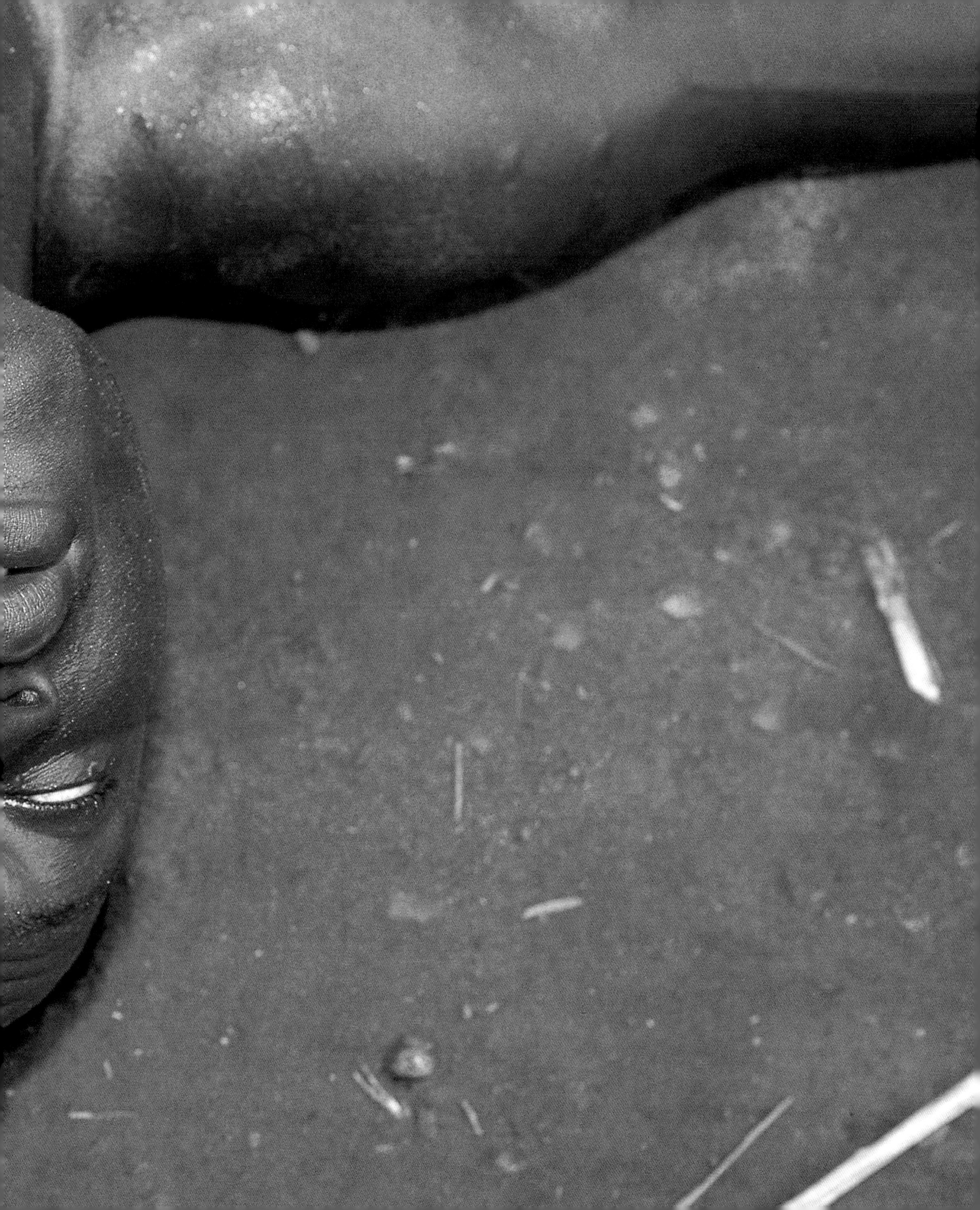

Ganbada prägt seinen Medien unverkennbare Verhaltensweisen auf: Sie gebärden sich wild, gewalttätig und blutdürstig. Wer von ihm besessen ist, schreckt vor nichts zurück – auch davor nicht, einem Huhn den Kopf abzureißen und sein Blut zu schlürfen.

Zu den Eigenheiten der ungestümen Sklavengötter gehört auch, daß sie ihre Medien auf Dächer und Bäume treiben oder sie nötigen, mit dem Kopf gegen Mauern zu schlagen.

Zuschauer erkennen die Identität der Geistmächte an den Kostümen und Emblemen der Medien – Erkennungszeichen, aber auch Ausweis der Legitimität und respektgebietender Würde. Pflanzenfasern um den Kopf des Mediums und der Tierschwanz, den es in der Hand trägt, zeigen die nördliche Herkunft dieses „Gottes".

Dieses Medium demonstriert seine besondere Kraft dadurch, daß es auf seiner Handfläche Schießpulver entzündet.

Ganbada befähigt seine Medien auch zu besonders hohen Luftsprüngen.

Die Unverwundbarkeit, die Ganbada seinen Anhängern verleiht, zeigt sich auch daran, daß seine Medien in der Lage sind, mit bloßen Füßen Glasscherben zu zertreten. Die grob pulverisierten Reste verleiben sich andere Anhänger Ganbadas ein, um ebenfalls seiner Kraft teilhaftig und unverletzlich zu werden.

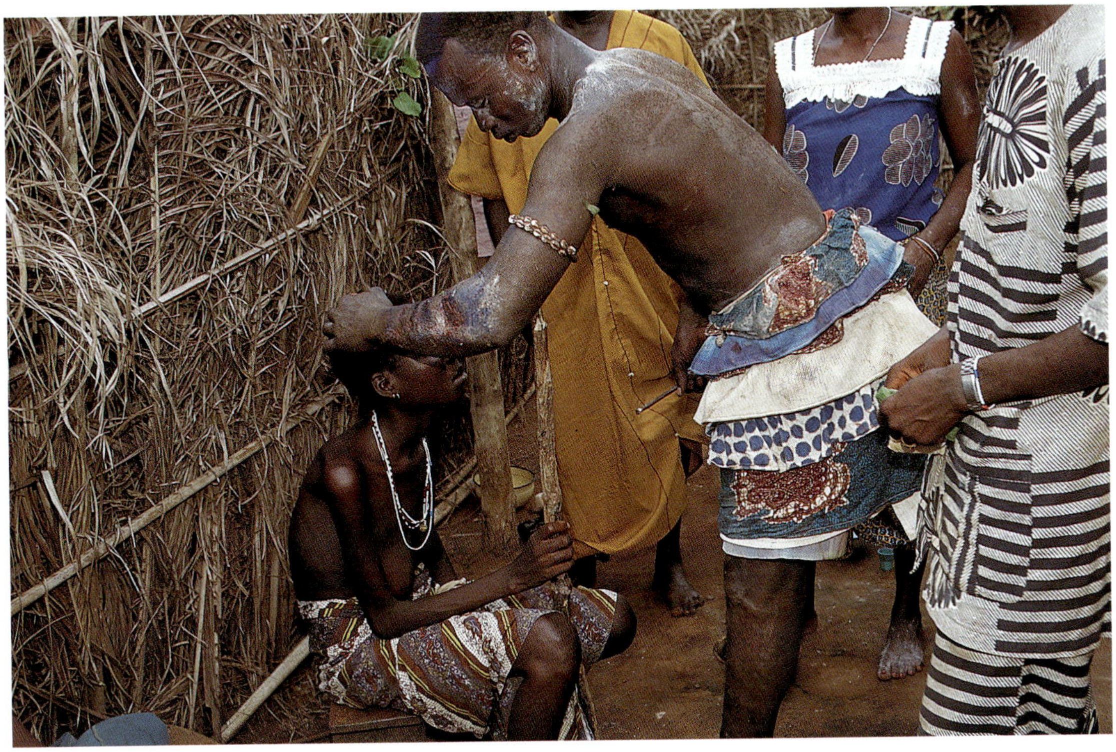

Im Besessenheitszustand erteilen die Medien oft wertvolle Hinweise oder Rezepte zur Heilung. Dieses Medium beugt sich über eine Kranke und erklärt, wie der Frau geholfen werden kann.

Kindes festlegen. Die scheidende Seele erhält entsprechende Verhaltensvorschriften und verpflichtet sich, sie einzuhalten. Seelen, die ein derartiges formales Gelöbnis ablegen, bringen es im Leben oft zu Reichtum, während diejenigen, die heimlich oder verärgert scheiden, mit Armut und Unglück geschlagen werden.

Auf ihrem nicht ungefährlichen Weg in die Welt verlieren die Geisterkinder allerdings die Erinnerung an ihre frühere Existenz und ihr Versprechen. Für die gefahrvolle Reise erhalten sie einen Ahnen als schützenden Begleiter. Er prägt dann entscheidend die Persönlichkeit (dzodome), in der auch die individuellen Bindungen an die freien Gottheiten mit verankert sind. Jeder Mensch besitzt sie, doch nicht bei jedem müssen sie offenbar werden. Während manche Menschen ihr Leben in zufriedenem Einvernehmen mit ihren Geistmächten verbringen, werden andere krank. Dabei muß es sich nicht einmal um Störungen der eigenen Bindungen handeln, die auslösend für ein Leiden sind. Ebensogut kommen Bindungen eines Ahnen in Betracht, die sich auf den Betreffenden übertragen haben. Die spezifischen Geistmachtbindungen verdankt ein Mensch also entweder seinem vorher bestimmten Schicksal oder seiner familiären Abkunft. „Zu sich selbst“ findet daher nur, wer diese Bindungen nicht

Links unten: Danach bricht das Medium bewußtlos zusammen. Sein Körper wird zu einem etwas abgelegenen Ruheplatz getragen und oft mit Tüchern bedeckt.

Unten: Wenn es nach einiger Zeit – nach wenigen Minuten oder auch Stunden – das Bewußtsein wiedererlangt, ist ihm, als sei etwas Schweres von ihm genommen.

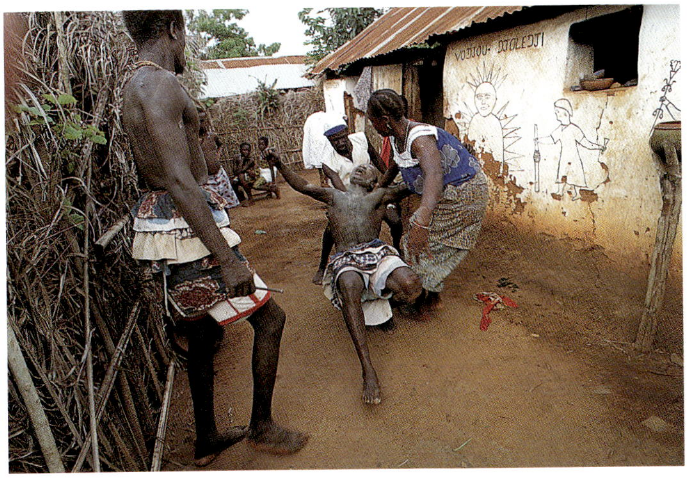

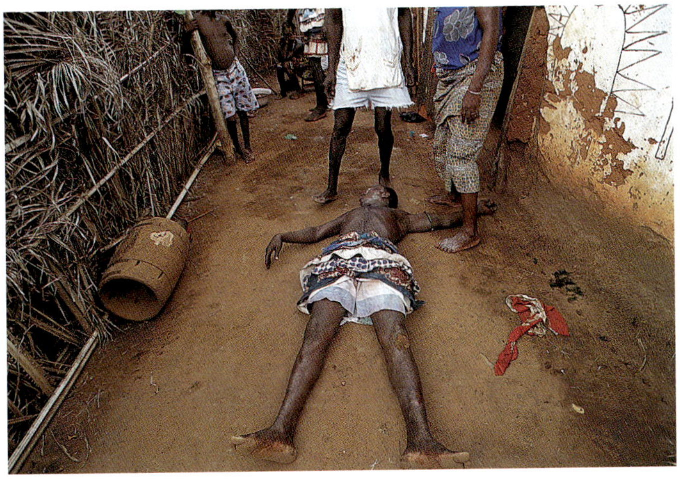

Medium im „Kostüm“ von Mama Tsamba (muslemischer Kriegsgott). Emblem der Gottheit ist ein arabisches Männerkopftuch (hatta), wie es häufig von den Sklavenjägern und -händlern getragen wurde. Tsamba ist der Name einer Stadt in Mitteltogo, die in den vergangenen Jahrhunderten ein blühender Sklavenmarkt war. Wohlhabende Ewe- und Minah-Familien bezogen von dort ihre „Ware“, um sie entweder weiter an die Europäer zu veräußern oder für sich selbst zu behalten.

verletzt, sich zu den Geistmächten, die seinen Charakter bestimmen, sollten sie sich offenbaren, auch bekennt. Das hieße dann, daß der Betreffende sich in ihren Kult einweihen läßt.

Daneben gibt es auch Kräfte oder Geistmächte, die man auf eigene Initiative erwerben kann – etwa durch leibliche Einvernahme, indem man ihre Medizin (atikedudu) ißt. Auch diese Geistmächte besitzen ihre Heiligtümer und Gemeinden, die ähnliche Strukturierungen wie auch andere Kultgruppen aufweisen. Manche Medien sind mehrfach gebunden und treten in den Kultzeremonien mal als Personifikation der einen, mal der anderen Geistmacht auf. Allerdings wird kaum jemand von einer besessen, an die er nicht kraft seiner Initiation gebunden wäre. Die kultisch verehrten Mächte treten meist in menschlicher oder tierischer Gestalt auf. Man erkennt sie an der Kleidung, Haartracht und Bemalung der Medien. Jede hebt sich zudem von den anderen durch ihre besondere Art sich zu geben, zu sprechen sowie durch ihre Lieblingsspeisen und -getränke ab. Auch ihre Charaktere sind verschieden. Die eine ist eher zurückhaltend und von vornehmer Art, andere gebärden sich wild und gewalttätig. Zu letzteren gehören zum Beispiel Koku, Tsamba und Ganbada, die einerseits Totengeister von Sklaven, darüber hinaus aber auch Wesenheiten darstellen, zu denen die Sklaven selbst Beziehungen hatten, die also aus ihren nördlichen Heimatgebieten stammen. Man glaubt, daß auch in diesen Fällen die Beziehungen vorgeburtlich festgelegt waren und mit der Reinkarnation eines Sklaven seine Bindungen auf den neuen Menschen übergehen. Daß es sich dann um Sklavengötter handelt, erkennt man häufig an der strichförmigen Gesichtstatauierung, die den Medien aufgetragen wird. Diese Sitte war ehemals in den nördlichen Regionen der westafrikanischen Savanne weitverbreitet, die Ewe und Minah aber lehnten sie ähnlich wie die Asante ab. Auch eiserne Ketten, mit denen man die Sklaven früher fesselte, spielen in diesen Kulten eine wichtige Rolle.

Ein Medium sucht den Kontakt zur figürlichen Darstellung seines „Gottes“, der zur Gruppe der Tsamba gehört. Dabei handelt es sich nicht um tatsächlich in den nördlichen Landesteilen heimische Götter, sie stellen lediglich Umsetzungen der Erfahrungen der Ewe dar. Die Beziehung zum Norden zeigt sich an der roten, fesartigen Kopfbedeckung und weissen Gewandung.

Im Rahmen einer Zeremonie für die Wassergöttin Mami Wata fährt ein Kriegsgott in eine der Frauen ein.

Die Besessene tanzt. Jeder Mensch hat verschiedene Schutzgötter, die in ihn einfahren können. So bedeutet es etwa auf einer Zeremonie für Mami Wata nicht, daß nur sie die Anwesenden „besetzen“ kann. Dies kann jeder der jeweiligen Schutzgötter.

Mami Wata tritt bevorzugt im Kostüm der westlichen, fremden Frau auf. Ihre Medien tragen schulterfreie weiße Kleider, Perücken oder in das Haar eingeflochtene Haarteile und geben sich häufig wie eitle europäische Frauen.

Der Ruhezustand ist wieder eingetreten. In den Töpfen und Schüsseln befinden sich die verschiedenen, nach geheimen Rezepturen hergestellten Kultmedizinen. Meist bauen sie auf Blättern und Wurzeln auf, denen häufig noch Tierblut, bei Mami Wata auch Puder, Parfüm und Limonaden hinzugefügt werden.

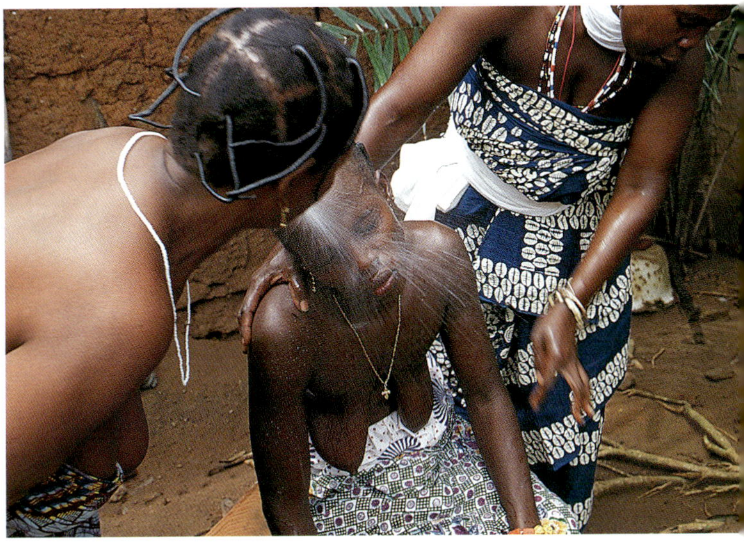

Ein Medium wird aus der Trance ins Bewußtsein zurückgeholt. Dazu bedarf es geschulter Personen. Hier wird die Behandlung mit einer bestimmten Kräutermischung, sonst bisweilen auch mit Parfüm vorgenommen.

Lydwins Tod und Wiedergeburt

Rechte Seite: Nachdem sich die junge Frau Lydwin sehr lange nicht von ihrem Malaria-Anfall erholte und die Schulmedizin keinen Rat mehr wußte, schickte ihre Mutter sie zu dem Heiler und vodun-Priester Hounon Djalé. Zum Schutz soll die von einem Fluch Belegte einem mächtigen Kriegsgott geweiht werden. Alles beginnt damit, daß die junge Frau in Trance geht. Als ob sich eine unsichtbare Gestalt an ihr festkrallt, beugt sie den Rücken, windet sich wie umhergeworfen, mal Halt suchend, mal breitbeinig stampfend unter dem Rhythmus der Trommelschläge.

In einer abrupten Geste – halb Abwehr, halb Unterwerfung – reißt Lydwin beide Arme hoch zum Kopf. Das Weiß ihrer Augen wird starr: Die Trance beginnt.

Im August 1997 bereiste eine Gruppe von Ethnologen und Medizinern den Südbenin. Im Auftrag einer Entwicklungshilfeorganisation erstellte sie eine Studie, in der sie die Bedeutung der traditionellen Medizin der Region beurteilte. Untersucht wurde die Seriosität der Heiler und Phytotherapeuten, das medizinische Potential von Behandlungstechniken und Medikamenten und die Voraussetzungen für einen kontrollierten Anbau der Heilpflanzen.

Aus dieser Gruppe beschäftigte sich Dr. Konrad Rippmann, Klinikarzt aus Hamburg, mit der ethnomedizinischen Bedeutung der Trance. Zuvor hatte er dieses Phänomen in seinen medizinischen, psychologischen und sozialen Aspekten im westindischen Haiti, das ebenfalls zum Kulturkreis des vodun gehört, dokumentiert und veröffentlicht.

Dieser Exkurs gibt Beobachtungen einer Trancemanifestation in einem Dorf aus dem Stammesgebiet der Minah wieder, nahe der Grenze zu Togo. Ergänzend werden die ethnomedizinischen und psychologischen Zusammenhänge der Vorgänge erläutert, die in ihrer Formensprache und Intensität zwar verwirrend, ja erschreckend wirken – und die doch ein wirksames therapeutisches Konzept darstellen.

Der Heiler und vodun-Priester des Ortes, Hounon Djalé, stellte seine Patientin vor. Lydwin war Anfang März 1997, kurz nach ihrem 18. Geburtstag, plötzlich zusammengebrochen. Bewußtlos und mit hohem Fieber wurde sie in die Universitätsklinik von Cotonou gebracht. Man diagnostizierte eine Malaria. Nach der Einnahme von Medikamenten war die Patientin wieder ansprechbar, das Fieber ging zurück. Aber sie erholte sich nicht. Schmerzen im ganzen Körper, Ohnmachtsanfälle und Schlafstörungen quälten sie, ihre Sekretariatsarbeit mußte sie aufgeben. Nach ihrem Anfangserfolg hatten die Mediziner in der Hauptstadt dem zunehmenden Verfall der jungen Frau nichts entgegenzusetzen.

Als letzter Ausweg erschien ihrer Mutter der vodun-Priester Djalé, der sich als Heiler weit über die Grenzen des heimatlichen Dorfs hinaus einen Namen gemacht hatte. Nach sechs Monaten Leidenszeit brachte sie ihre Tochter, gegen den Willen der streng katholischen Familie ihres Mannes, zu ihm. Nach kurzer Unterredung stellte Djalé bei ihr eine crise de prépossession fest, ein vodún d´asi („vodun nimmt Frau"): ein Trancezustand, der die Betroffene fast zwangsläufig in eine Phase der Initiation hineinführt. Zwei vodun-Adeptinnen brachten die teilnahmslose und abgemagerte Lydwin daraufhin in den Klosterbereich des Priesters.

Nach drei Monaten erhielt ihre Mutter die Nachricht, ihre Tochter sei wieder gesund. Aber Lydwin hatte nicht nur ihre Kräfte und ihr Körpergewicht zurückgewonnen, sie kam der Mutter verändert vor, gereift, das Erlebnis der ausgestandenen Krankheit schien die Schönheit ihrer Züge zu unterstreichen. Aus der Patientin war eine vodun-Adeptin geworden, und

Djalé reicht Lydwin zwei mit Palmwedeln umflochtene Holzstäbe und zieht sie, leise auf sie einredend, zurück in den Stand. Dann winkt er eine vodunsi (Adeptin der vodun-Götter) heran, die ihr zur Stärkung aus einer Tonschale eine Mischung aus Palmwein und Wasser einflößt.

nach den Wochen der klösterlichen Abgeschiedenheit sollte sie in einer letzten grande cérémonie ihrem Schutzgott „geweiht" werden.

Als Ursache der Erkrankung hatte Djalé eine Reihe von Konflikten diagnostiziert, die aus einer verunglückten Liebesbeziehung der Patientin herrührten und in einer maladie malfaiteur endeten, in einer „Krankheit durch Fluch". Diese Pathogenese (Krankheitsentstehung) nimmt einen wichtigen Platz im Krankheitsbegriff des vodun ein – und erfordert einen aufwendigen Heilungsweg: Zunächst müssen die Konflikte und ihre Parteien genau identifiziert werden, um sie dann einer dörflichen Gerichtsbarkeit zuzuführen. Abschließend wird im rachat, in der „verheißungsvollen Aktion", das innere und äußere Gleichgewicht zurückgewonnen. Einer solchen Aktion mußte sich Lydwin abschließend unterziehen. Da der Fluch, unter dem sie gelitten hatte, ein besonders bösartiger gewesen war, sollte ihr ein entsprechend machtvoller Schutzgeist zugewiesen werden: Danou-Woto, der Kriegsgott des Mami-Wata-Kultes.

An ihren letzten Tagen im Kloster war Lydwin intensiv auf das Ereignis vorbereitet worden. Entspannung in aromatisch duftenden Blätterbädern wechselte mit rhythmischer Anspannung durch Trommeln und Gesang. Schlafwandlerische Benommenheit ging über in Erregung, Starre in raumgreifenden Tanz. Die unfreiwillige und als quälend empfundene crise de prépossession der letzten Monate war überwunden und hatte Trancemanifestationen Platz gemacht, die von der Adeptin immer bewußter herbeigeführt, fast kontrolliert werden konnten.

Die crise de possession – „der vodun, der sie reitet" – ist der Abschluß der Initiation. Zuvor mußte die „alte" Lydwin jedoch sterben. In einer spirituellen Beerdigung durchlief sie den „vodun-Tod". Im Laufe der Nacht in ihrem rituellen Grab hatte sich Lydwins Zustand der Starre bei gleichzeitig geschärftester Konzentration noch verstärkt, die Phase äußerster seelischer Verletzlichkeit und Aufnahmebereitschaft war erreicht. Am nächsten Morgen ließ Djalé sie „auferstehen" und führte sie un-

Mit gebeugten Ellenbogen und geballten Fäusten scheint sie von neuer Kraft erfüllt. Unter Flügelschlägen gleichenden Bewegungen der Arme geht sie mit langen, zielsicheren Schritten zurück in den Kreis der Tänzer und verbeugt sich tief vor dem Altar ihres Schutzgottes Danou-Woto.

Wie eine federgeschmückte Kapuze zieht sie das Opferhuhn über ihre Stirn – und in einer einzigen, heftigen Bewegung reißt sie es auseinander. Aus dem zerfetzten Körper rinnt ihr das Blut über Kopf und Oberkörper.

mittelbar in den Kreis der vodun-Tänzerinnen und Trommler, die sich um den Altar von Danou-Woto geschart hatten. Kaum hatte sie mit kurzen, unsicheren Schritten die Gruppe erreicht, trat eine Veränderung ein: Die Augen weit geöffnet, traf sie das plötzliche Accelerando des Trommelrhythmus wie eine Keule.

Djalé verfolgte das Geschehen ernst und konzentriert von seinem Sessel in unmittelbarer Nachbarschaft der Trommeln, deren Intensität und Rhythmus er durch gelegentliche Fingerzeige beeinflußte. Dadurch war Djalé auch nicht entgangen, daß Lydwins Kräfte langsam nachließen. Plötzlich hob er beide Hände, und aus dem sich überschlagenden Staccato wurde ein tiefes, ruhiges Schlagen.

Der Priester näherte sich vorsichtig seiner Adeptin, die schwer atmend vor ihm in die Knie ging. Um ihren Elan erneut zu entfachen, entschied Djalé, noch mächtigere spirituelle Hilfe heranzuziehen: Sakpata, der Gott der Krankheiten und Gebrechen, mußte beschworen werden.

Nun trat die tiefgreifendste Änderung in Lydwins Ausdruck ein. Ihr verzerrtes Gesicht nahm völlig fremde Züge an, das linke Bein lahmte, mit dem rechten stampfte sie auf den lehmigen Boden. Die Trancephase des vodún djò me ta, des „Heiligen in meinem Kopf“, war erreicht. Mit Baßstimme und in einer fremden Sprache, aber für die Dorfbewohner erkenntlich als das Organ des Schutzgottes Danou-Woto, schrie Lydwin kurze Sätze zu Djalé hinüber. Er verstand ihre Befehle – und auf seinen Wink reichte man der jungen Frau ein lebendes Huhn. Sofort breitete sich Stille aus in der Runde der Gläubigen. Die Trommeln fielen in einen getragenen, synkopenreichen Rhythmus.

Das Tieropfer, die wirbelnden Bewegungen, die kehligen Rufe, jede Geste der Adeptin war den Beobachtern der Szenerie, ob Initiierte oder einfache Dorfbewohner, nun vertraut. In Form und Verlauf der Trance, im Bewegungsmuster der Tänze war für alle ein unverwechselbares Muster zu erkennen. Durch

Lydwin als Vermittlerin trat der angerufene Schutzgott in archetypischer Klarheit in ihre Mitte, wie sie es in früheren Zeremonien bereits erlebt hatten.

Allmählich wurden die Bewegungen der Frau langsamer. Wie zu Beginn der Trance lahmte das linke Bein, als ob eine Kraft es am Boden festhielt. Das, was von Lydwin Besitz ergriffen hatte, war offensichtlich dabei, sie loszulassen – für den Priester das Zeichen, einzugreifen.

Djalé ging auf sie zu, laut sprach er sie an. Das Weiße in den Augen der Adeptin verschwand und wich einem müden und doch strahlenden Blick. Letzte fahrige Gesten fing er mit einer Umarmung ab, Djalé übergab die erschöpfte Frau seinen Dienerinnen, die sie in den Tempelbezirk führten.

Die Ausleitung aus der Trance war geglückt, die Zeremonie jedoch noch nicht beendet. Eine Stunde später kehrte Lydwin zurück, im Arm eine dampfende Schale: Mit der Übergabe einer Opfermahlzeit brachte sie ihre rituelle Verbindung mit der Gottheit zum Abschluß.

Der Lohn für die psychischen und physischen Anstrengungen von Trance und Initiation waren lebenslanger spiritueller Schutz, hohes Ansehen in der Dorfgemeinschaft und eine sichtliche psychische und körperliche Gesundung. Auch Djalé war zufrieden. Durch die Zeremonie hatte er der Gemeinde und den europäischen Beobachtern seine Fähigkeit demonstriert, die Techniken von Ritus, Trance und Heilung steuern und gezielt einsetzen zu können. Er übergab der glücklichen Mutter eine geheilte Lydwin, deren Harmonie mit der spirituellen und sozialen Umwelt wiederhergestellt war. Und bei dem Gedanken, durch sie einen vodun-Geist mitten in eine katholische Großstadtfamilie zu bringen, lächelte er.

Die Funktion der Besessenheitstrance wird von seiten der Wissenschaft sehr unterschiedlich beurteilt; die Bewertungen reichen von der Trance als therapeutischem System bis hin zum reinen Machtinstrument für die vodun-Priester. In dem von uns dokumentierten Fall schien es sich in erster Linie um ein Instrument der Verarbeitung von Konfliktsituationen und der Linderung psychischer Belastungszustände zu handeln, das in der Folge möglicherweise stabilisierend und stimulierend auf die körpereigenen Abwehrkräfte wirkt.

Nach dem Gesundheits- und Krankheitsbegriff des vodun bedeutet Wohlbefinden ein Leben im Einklang mit den Göttern und Ahnen – dem „spirituellen Erbe" – und der sozialen Umgebung. Das spirituelle Element muß jedoch für den Betroffenen und für

Aus dem Opfertier hat Lydwin eine Mahlzeit zubereitet, die sie abschließend Danou-Woto, ihrem Schutzgott, darbringen will.

Bei der Annäherung an den Altar fällt sie erneut in Trance. Die bisher alles beherrschenden Trommelrhythmen verstummen, nur Lydwins Gebete sind noch zu hören.

die assistierende Dorfgemeinschaft faßbar, also sinnlich erfahrbar in die Behandlung einbezogen werden – wie in unserem Fall beobachtet durch eine Initiation, hier die ritualisierte Verbindung der Kranken mit dem Schutzgeist Danou-Woto.

Die Mechanismen der Trance-Induktion sind wissenschaftlich erforscht. Die Unterbrechung des gewohnten Gedankenablaufs erfolgt beispielsweise durch eine intensive Konzentration auf bestimmte Körperbewegungen. Zwanghaft gesteigerte Atmung (Hyperventilation) und die Produktion körpereigener, stimulierender Hormone (Endorphinausschüttung) beeinflussen zusammen mit Erschöpfungszuständen, wie sie beim ausdauernden Tanzen entstehen, in komplexer Weise die Körperfunktionen: Herzfrequenz und Hirnleistung verändern sich ebenso wie biochemische und bioelektrische Werte. Nach außen hin zeigt sich das in Form von Benommenheit, Schwitzen, Pupillenerweiterung, Sehstörungen bis hin zu Blickkrämpfen, wenn „nur das Weiße der Augen sichtbar wird".

Der wichtigste Auslöser ist jedoch die Rhythmisierung. So aktiviert ein bestimmter Frequenzbereich von Trommelklängen und Gesang über die Anregung des Hörzentrums im Gehirn direkt das zentrale Nervensystem: Ein Gefühl „wie auf Watte zu gehen", Schwindelanfälle, Kribbeln und Verkrampfungen der Finger sind die Zeichen dieser Stimulation. Durch Veränderungen von Rhythmus und Tempo lassen sich Trance-Intensität und Dauer beeinflussen.

Aus psychologischer Sicht wird in diesem Moment die Ich-Identität der Patientin kurzzeitig ersetzt durch ein spirituelles Prinzip, hier das des „Schutzheiligen". „Ihr Geist hatte dem Gott Platz gemacht", und zwar in einer aus psychoanalytischer Perspektive gesehen ritualisierten Dissoziation: Die religiöse Handlung führt zu einer Spaltung der Persönlichkeit, allerdings zeitlich begrenzt und vom erfahrenen Heiler kontrolliert.

Die Bewertung dieses Vorganges ist sehr unterschiedlich. Für einige Beobachter stellt er ein seelisch gestörtes (psychopathologisches) Verhalten dar, bestimmt von Angst und Depression. Die Ethno-Psychoanalyse beschreibt ihn als einen verdrängten Teil des „Selbst", das „Es" bei Sigmund Freud, das in der Trance ausagiert wird. Allen Erklärungsmodellen gemeinsam ist die Anerkennung einer Wirkung der Trance als Psycho-Hygiene.

Selbstbewußt nimmt sie vor dem Götterbild ihre Position ein. Jetzt, als Initiierte, hat sie die unterwürfigen Gesten der vorherigen Trancephasen hinter sich gelassen.

Aus medizinischer Perspektive läßt sie sich als Umstimmungstherapie beschreiben: Sie wirkt stabilisierend auf die seelische und körperliche Gesundheit. Aber, und das geht über die uns vertrauten Definitionen hinaus, sie gibt dem Patienten auch seine Position in der Dorfgemeinschaft zurück, stabilisiert ihn auch im sozialen Gefüge von Familie und Stamm. Das ist jedoch nur in der grande cérémonie realisierbar. Nur sie bietet die Gelegenheit, gleichzeitig dem Individuum Heilung, der Gemeinschaft ein sinnliches und „moralisch lehrreiches" Erlebnis und dem Priester eine Machtdemonstration zu ermöglichen.

Diesen Inszenierungs- und Publikumseffekt, der die Wirkung von Techniken wie Hypnose, Suggestion und Trance erst richtig zur Entfaltung bringt, erleben wir aber nicht nur im afrikanischen Ritual. Auch in anderen Kulturen tritt dieses Phänomen auf. Von den Zeremonien nordamerikanischer Indianerschamanen über die Séancen europäischer „Magnetiseure" bis hin zu den ekstatischen Trancetänzen der Derwische im Mittleren Orient und den Massenheilungen asiatischer Gurus: Allen gemeinsam ist diesen Auftritten das große Publikum und der Rahmen des Besonderen – in der Auswahl des Ortes, der Dekoration und der die Aufmerksamkeit fokussierenden rituellen Gegenstände und Handlungen. Die Heilungserwartungen der Anwesenden, Beobachter wie Patienten, verbinden sich mit dem außergewöhnlichen Erlebnis des Rituals unter der Regie des Therapeuten schließlich zur angekündigten Wirkung.

Moderne, auf wissenschaftlicher Basis arbeitende Trance- und Hypnotherapeuten, die beispielsweise in der international agierenden Milton-Erickson-Gesellschaft organisiert sind, verzichten im allgemeinen auf die große Inszenierung, um sie im kleinen um so intensiver aufzubauen: Die Bildung von Spannungsbögen, die Förderung der Reaktionsbereitschaft durch gezielte Provokation und wohldosierte Konfusion – all das trägt dazu bei, Hypnose und Trancezustände herbeizuführen.

Die Persönlichkeit eines Mediziners oder Psychologen, sein Auftreten in einer von ihm bewußt gestalteten Heil-Atmosphäre, wird trotz definierter Therapiestandards und Qualitätskontrolle immer ein Stück Mystik transportieren – dazu Paracelsus: „Die Behandlung des Arztes ist nichts ohne die Vorstellung, daß sie wirkt."

Konrad Rippmann

Schließlich füllt Lydwin die Mahlzeit in die Opferschale des Altars ein, aus der sofort Dampf aufsteigt. Die vodunsi sehen darin das sichere Zeichen, daß Danou-Woto bereit ist, das Opfer anzunehmen; die Zeremonie ist beendet. Lydwin ist nun von ihrem Fluch geheilt, der sie nicht genesen ließ, und ist zugleich eine vodun-Adeptin geworden.

Kult – die Bühne der heiligen Handlung

Gruppe von Fetischleuten. Im Hintergrund Fetischhain und Fetischtempel der Stadt Prampram (zwischen La und Niingo gelegen). Rechts im buntgeblümten Überwurf der Stadthäuptling. Aus: Im Lande des Fetischs, Basel, 1890.

Beziehungen bedürfen der Pflege, um von Bestand zu sein. Unter Eheleuten, in der Familie und gegenüber Höhergestellten nimmt man es besonders genau damit, weil hier ein Bruch sehr schmerzlich, unter Umständen verhängnisvoll wäre. Im Kult wenden sich die Menschen an Ahnen und Götter, gelegentlich auch einflußreichere Geister. Der Begriff geht auf das lateinische Hauptwort cultus, dieses auf das Tätigkeitswort colere, „pflegen", „warten", „dienen", zurück: Der Kult dient der Pflege der Beziehungen, die Menschen zu Ahnen, bestimmten Geistern und Göttern unterhalten.

Anders als die wirkungsmäßig begrenzteren und weniger komplexen Riten und Zeremonien stellt der Kult eine feste, örtlich, zeitlich und formal fixierte Institution dar, die ein wohlorganisiertes Ensemble verschiedener Riten und Ritensequenzen zu einer Einheit verbindet. Während Riten und Zeremonien – eine gebundene Serie ritueller Handlungen – auch von einzelnen oder einer bestimmten Gruppe von Personen (z. B. einer Hochzeitsgesellschaft) durchgeführt werden können, ist Träger des Kultes in der Regel die gesamte Siedlungsgemeinschaft, die Gemeinde; Fremden bleibt der Zutritt daher gewöhnlich verwehrt. Nur im speziellen Fall esoterischer, „geheimer Kulte", von denen noch die Rede sein wird, kann die Mitgliedschaft auf bestimmte, auserwählte Personen der Gruppe beschränkt und der Zugang an besondere Bedingungen (Alter, Geschlecht, Status, Beruf) geknüpft sein.

Wie Riten und Zeremonien im kleineren Rahmen, finden auch Kulte nur zu besonderen Anlässen statt, die hier allerdings von gesamtgesellschaftlicher Bedeutung sein müssen. Da es um die Beziehungen zu den Jenseitsmächten geht, von deren Wohlwollen die Existenz der Menschen abhängt, dienen sie einerseits deren ständiger Pflege, suchen zum andern aber auch möglichen Bedrohungen des guten Verhältnisses entgegenzuwirken. Während man mit Riten und Zeremonien auf fallweise gegebene Anlässe, ein Vergehen, eine Dürre, einen Eheschluß oder den Tod eines Angehörigen, re-agiert, werden Kulte zu immer denselben Zeiten, an immer denselben Orten und auf immer dieselbe Weise (zumindest dem Ideal nach) durchgeführt. Daraus folgt, daß ihre Aufgabe ist, nicht aktuellen, sondern allezeit möglichen Gefahren präventiv zu begegnen.

Solche Bedrohungen betrafen in traditionellen Gesellschaften zur Hauptsache den Nahrungserhalt, die Regenerationsfähigkeit der Gruppe und den Bestand der Schöpfungsordnung. Ansatzpunkte für Kulte bildeten daher jahreszeitliche oder kosmische Wendezeiten, die als „Einschnitte" aufgefaßt wurden, an denen, wenn man nicht die gehörigen Sicherungsmaßnahmen traf, irgend etwas sozusagen „aus dem Ruder laufen", eine unerwünschte Änderung eintreten konnte. Am schärfsten schien das ausgeprägt während des Übergangs vom alten zum neuen Jahr. Fast alle Kulte setzen daher, formal wie zeitlich, an dieser besonderen Problematik an: Fruchtbarkeitskulte zu Beginn der Anbausaison, die der Ertragsfähigkeit des Bodens, der Stärkung des Saatguts und Wachstums dienen; Totenkulte nach Abschluß der Ernte, das heißt während des Jahreszeitenwechsels, in denen man der Toten gedenkt, sie zu Gast lädt, ihnen für den gewährten Erntesegen dankt, mit ihnen feiert und speist und sie zum Abschied reichlich beschenkt, um sich ihres weiteren Wohlwollens, vor allem der Fruchtbarkeit von Mann und Frau zu versichern, die sie ebenso gewähren wie verweigern können; Erneuerungskulte „zwischen den Jahren" (Jahreszeiten) mit dem Höhepunkt am Neujahrstag selbst, in denen alles, Häuser, Kleidung, Geräte, auch die Gesellschaft, gereinigt, Vergehen gebeichtet und Sünden gesühnt werden, man den Göttern dankt und ihnen Opfer darbringt, einander beschenkt, um die Bindungen aufs neue zu festigen, gemeinsam stärkende Speisen genießt und den Schöpfungsmythos rezitiert zur verbalmagischen Erneuerung und Wiedererstarkung der Weltordnung, so daß für das kommende Jahr das Heil der Gemeinschaft gesichert erscheint.

Und abermals gilt das schon mehrfach Gesagte: Da sich mit Bodenbau und Seßhaftigkeit, dem Zusammenrücken von immer mehr Menschen auf engerem Raum, die Spannungen und sozialen Konflikte verstärkten, wuchs auch das Krisen- und Problembewußtsein der Menschen. Während in Wild- und Feldbeuterkulturen Kulte nur ansatzweise, z. B. alljährlich zur Sicherung und Mehrung des Pflanzen- und Jagdwildbestandes, vorkamen, nahmen sie in agrarischen und mehr noch in städtischen Gesellschaften sprunghaft zu. Und je größer die Bedrohung erschien, desto übermäßiger der Aufwand, den man in den Kultveranstaltungen trieb – die christlichen Gottesdienste sind nur ein Beispiel dafür.

Zur Feier eines Kultes sind immer mehrere, teils schon genannte Voraussetzungen unabdinglich, die hier in Kürze resümiert werden sollen. Seiner hohen sakralen Bedeutung wegen sollte er nur an bestimmten Weihestätten, die deutlich von der profanen Umwelt abgegrenzt sind, stattfinden: auf dem zentralen Versammlungs- und Festplatz des Dorfes, unter dem häufig der Siedlungsgründer begraben liegt, in einem „Naturheiligtum" auf einer Hügelkuppe, unter einem alten, großen Baum, an einer Quelle, in einer Felsgrotte, in einem heiligen Hain (in dem dann weder ein Baum gefällt noch sonst etwas verändert werden darf), im Männerhaus oder einem Kultgebäude (Tempel).

Ein Hexenmeister der Kamma.
Aus: Westafrika, vom Senegal bis Benguela, Leipzig, 1878.

Seinen spezifischen Zwecken entsprechend sollte der Kult nur zu den großen gesamtgesellschaftlich bedeutsamen Wendezeiten veranstaltet werden: generell zum Jahreszeitenwechsel beziehungsweise an Neujahr, während der Sonnenwendzeiten und zu Neumond, speziell am Mittag, während des Höchststands der Sonne, oder nach Einbruch der Dämmerung, in der Zeit, wenn Jenseitiges in Diesseitiges übergeht und die Ahnen, Geister und Götter in Erscheinung treten können. Die Durchführung sollte nur in den Händen von Personen liegen, die aufgrund ihres Alters, ihrer Stellung oder spezifischen Ausbildung die erforderlichen Kenntnisse besitzen und besser mit den Jenseitsmächten vertraut sind: die Ältesten (die bald selber zu den Ahnen eingehen werden), ein Sippen- oder das Dorfoberhaupt, der König oder Priester, beziehungsweise Priesterinnen. Nur bestimmte, allein dem betreffenden Kult vorbehaltene Gerätschaften sollten dabei Verwendung finden: heilige Schalen und Trinkgefäße, Opfermesser, Erinnerungsstücke an Ahnen, Idole, Göttersymbole, besondere Musikinstrumente (Flöten, Knochentrompeten, Trommeln). Ebenso deutlich sollten sich auch die Teilnehmer, insbesondere die mit den heiligen Handlungen unmittelbar Betrauten, in ihrem Äußeren vom Alltag abheben: in der Bemalung, Tracht und oft auch Maskierung (wenn sie Ahnen, Geister und Götter darstellen oder verkörpern), in der Bewegung, Gestik und Sprache. Schließlich sollte auch die Handlung selbst, die „Liturgie" des Ganzen, ein allgültiges Geschehen von sakramentaler Bedeutung für die Gesellschaft zum Gegenstand haben: die Einsetzung einer zentralen Institution (wie im Christentum die Abendmahlsfeier), des Kultes selbst, eines besonders wichtigen Opfers oder die Überwindung eines Urzeitmonsters, das damals die gerade erst geschaffene Ordnung der Welt bedrohte. Davon erzählt zunächst der zu Eingang feierlich vorgetragene Mythos, während die Handlung, bestehend etwa aus Maskenaufzügen, Pantomimen, Kampfspielen, Opferungen und einem gemeinschaftlichen Abschlußmahl, von sakralen Gesängen, Textrezitationen, Musik und Tanz begleitet wird.

Die Heiligen Inseln im Jonanga-See (nach einer Zeichnung von Griffon du Bellay). Aus: Westafrika, vom Senegal bis Benguela, Leipzig, 1878.

Da die Adressaten des Kultes dem Menschen übergeordnete Mächte sind, verhalten sich die Teilnehmer auch auf eine entsprechende, angemessene Art. Bevor sie sich anschicken, ihnen gegenüberzutreten, bereiten sie sich in der gehörigen Weise vor: durch sexuelle Abstinenz, Fasten oder spezifische Speiseeinschränkungen und vor allem eine gründliche Reinigung. Während des Kults, in Gebeten und Anrufungen, beugen sie Haupt oder Knie oder werfen sich vollends vor den Angebeteten nieder und bedienen sich einer ehrerbietigen Sprache, ganz wie es Hochstehenden gegenüber, wie Königen etwa, gang und gäbe ist. Dem „höfischen Kult" entspricht immer auch eine bestimmte Etikette, deren wesentlicher Bestandteil – neben dem Unterwürfigkeitsverhalten – stets eine spezifische, streng konventionalisierte Formelsprache ist. Da vor allem die Mächtigen kein Interesse daran haben, daß sich an dem Verhältnis zwischen ihnen und ihren Untertanen etwas ändert, bleibt auch in den Umgangsformen alles beim alten. Daher wirkt höfisches Zere-

Fetischfelsen an der Mündung des Kongo.
Aus: Westafrika, vom Senegal bis Benguela, Leipzig, 1878.

Menschenopfer für Ogun, Gott des Eisens.
Aus: Fetichism and Fetich Worshipers, New York, 1885.

moniell in Tracht, Sprache, Ablauf usw. immer so auffallend „steif" und altertümlich. Und ebendiese Voraussetzungen treffen um so mehr auf den Kult zu: Wie die Ahnen zur Tradition, stehen die Götter mit unerbittlicher Strenge zu der von ihnen geschaffenen Ordnung der Welt. Ließen sie Verletzungen zu, würden sie sich selbst in Frage stellen. Daher besitzen namentlich altüberlieferte Kulte, und das sind meist solche von zentraler Bedeutung, einen ausgesprochen archaischen Charakter. Die Trachten, Requisiten, Lieder, Tänze und Speisen entsprechen früherem, altem Brauch, wie er im gegenwärtigen Alltagsleben kaum mehr vorkommt. Oft ist die Sprache der Mythen und liturgischen Formeln den Gläubigen längst unverständlich geworden. Aber es kommt eben alles darauf an, den Eindruck zu erwecken, als habe sich an der Kultpraxis seit ihrer Einsetzung nichts geändert – sonst nämlich müßte sie an Wirksamkeit einbüßen und verstünden die Jenseitigen nicht mehr, worum die Menschen sie bitten. Der Kult lebt vom Anschein höchsten Alters und der ungebrochenen Kontinuität seiner Überlieferung.

In dieser besonderen formalen Archaik besteht seine magische Wirksamkeit. Eine spontane Allerweltsverrichtung wäre zum Beispiel, einen Topf vom Boden auf den Herd zu stellen oder einen Stein nach einem Esel zu werfen: Der Topf würde heiß, der Esel spränge – vielleicht – zur Seite. Weiter in die Zukunft oder gar auf die Jenseitsmächte ließe sich damit nicht einwirken. Durch Konventionalisierung und Ritualisierung eines Geschehens wird es aus dem Alltag herausgehoben und erhält übergewöhnliche, eben magisch-sakrale Wirkkraft.

Der Kult bedient sich dieser Mittel in Kombination. Damit gewinnt er auch einen ausgesprochen theatralischen Charakter: Er stellt das Geschehen auf überhöhter Bühne dar, verleiht ihm durch den Aufbau der Handlung, die vom Rahmen her konsequent dem Höhepunkt, dem Opfer und der gemeinsamen Mahlzeit, zustrebt, eine Art dramatische Spannung; die Darsteller agieren, wie es in der Theatersprache heißt, „in Kostüm und Maske", im Wechselspiel von Licht und Schatten der Feuer und Fackeln, zu Flöten, Pauken- und Trompetenklang. Alles atmet getragene Feierlichkeit, ist auf szenische Ausdruckskraft angelegt, prägt sich höchstmäßig ein.

Einmal im Jahr findet dieses „Bühnenweihespiel" statt. Es bestätigt die Gültigkeit der von den Göttern gestifteten und von den Ahnen seit alters gelebten Ordnung, verbürgt die Einheit der Kultgemeinde und ihre Verbundenheit mit Ahnen und Göttern immer wieder aufs neue. Die heilige Handlung tilgt das Böse hinweg, reinigt die Menschen und schenkt ihnen neues Leben, versichert sie der erneuten Heilsgewißheit. Die stete Wiederholung liefert die Gewähr, daß es auch in Zukunft so sein wird, wie es allezeit war. Der Kult heilt, stärkt und stiftet Hoffnung.

Tanz der Fetischpriesterinnen. Im Hintergrund ein Baum mit Fledermäusen und der Richtplatz des Königs. Aus: Westafrika, vom Senegal bis Benguela, Leipzig, 1878.

Die Heimat der Ahnenseelen

Ahnenverehrungsstätte der Dogon (Mori, Mali). Das Heiligtum für den Ahnen Damada Ketubile besteht aus einer Felsengrotte, die eine Holztür verschließt.

Unten: Wächter des Heiligtums ist der 82jährige Priester (hogon) Barokomo, der einzige im Dorf, der noch am Glauben der Vorfahren festhält und nicht zum Islam übertrat. Manchmal allerdings kommen Dogon aus anderen Dörfern, um dem Ahnen ein Schaf oder Rind zu opfern.

Der Priester zeigt dem Fotografen den verrosteten Türschlüssel sowie einen Ring des Ahnherrn. Beim Verlassen der Grotte verabschiedet er sich mit den Worten: „Mein Weg ist bald zu Ende. Ich hoffe, wir sehen uns wieder in einer besseren Welt."

Kulthandlungen finden an sakralen Stätten statt, in der Natur an bevorzugten Aufenthaltsorten der Geistmächte, vor allem der Erdgottheit, aber auch der Ahnen und Buschgeister. Hinter manchen kultisch verehrten Lokalgöttern verbirgt sich sehr häufig irgendeine Form des Erdkultes. Oftmals unterhalten die Lokalgottheiten eine enge Verbindung zu den Ahnen, in einigen Fällen ist eine exakte Unterscheidung zwischen beiden kaum möglich. So sind z. B. einige vodun bzw. orisha vergöttlichte Ahnen. Die Geistmächte offenbaren sich zunächst, indem sie in Visionen, Traumerlebnissen, gelegentlich auch in Tiergestalt erscheinen oder sich durch Zeichen erkennbar machen. Sobald man ihnen einen Kult einrichtet, übernehmen sie den Schutz ihrer Verehrer. Sie segnen ihre bäuerlichen Bemühungen, fördern ihr Wohlergehen und vermitteln zwischen ihnen und Gott. Unbotmäßigkeiten bestrafen sie mit Mißernte, Krankheit und anderem Unglück. Zwischen den Lokalgottheiten und der Dorfgemeinschaft besteht somit eine enge Wechselbeziehung: Die Menschen bringen den Geistmächten Opfer und Verehrung dar und werden dafür mit Erfolg und Wohlergehen entgolten.

Oft liegen die Heiligtümer auf einem Hügel, an einem Fluß, werden von einer Höhle oder einem alten Baum gebildet. In ihrem unmittelbaren Umfeld darf die Erde nicht angerührt werden, so daß Pflanzen und Bäume ungehindert wuchern und sich ausbreiten können. An manchen Stätten entstanden heilige Haine, in denen sich, wie man glaubt, die Ahnenseelen aufhalten. Ein Stein oder konischer Lehmaltar markiert den Ort als „Nabel der Welt". Früher waren hier häufig auch hölzerne Ahnenstatuen oder Lehmplastiken von Tieren (beispielsweise dem Krokodil) aufgestellt, die man sowohl mit den Ahnen als auch den lokalen Erdgottheiten verbunden glaubte, weil ein derartiges Tier einstmals einem Ahnen in einer Notsituation geholfen hatte oder als bevorzugte Verkörperungsform der Erd- bzw. Lokalgottheit aufgefaßt wurde. Wie man die Pflanzen, außer zu besonderen Anlässen, wenn man ihrer Heilskraft bedarf, nicht anrührt, tötet man auch kein Tier, das sich in der Nähe des Heiligtums zeigt. In einigen Hainen wurden Tiere, häufig Krokodile wie im alten Ägypten, regelrecht betreut, indem man sie fütterte und in hohen Ehren hielt. Real wie symbolisch gilt der heilige Hain als eine Stätte der Kühle, des Friedens und der Harmonie – als ein Ort, an dem Streit und Zwietracht keinen Platz haben.

Der steigende Bevölkerungsdruck ließ auch die heiligen Haine nicht unberührt, die vielerorts (wie z. B. bei den Mosi) oft nur mehr aus einer kleinen Baumgruppe bestehen, während sie bei den Senufo immer noch einen Baumbestand von ein bis zwei Hektar ausmachen, die von weitem wie kleine Urwaldinseln inmitten der Savanne wirken. Die Artenvielfalt, die Größe und das Alter der Bäume lassen vermuten, daß es sich um Relikte des früheren Primärwaldes handelt.

Obwohl sie sich meist in unmittelbarer Nähe der Dörfer befinden, gelten sie doch als geheimnisumwitterte Stätten, in denen vor allem nachts Seltsames geschehen kann. Der Zutritt bleibt meist einem kleinen Kreis Eingeweihter vorbehalten, Fremden wie Europäern dagegen verwehrt. Wo es Geheimbünde gibt (z. B. bei den Yoruba), dienen sie ihren Mitgliedern als Versammlungsorte, an denen vielerorts Masken, Kultobjekte und Musikinstrumente aufbewahrt werden. Seitdem es jedoch immer häufiger zu Entwendungen (zu Verkaufszwecken) kam, wagt man es nicht mehr, sie unbewacht zu lassen.

In den heiligen Hainen finden alle bedeutenden Kulthandlungen der Dorfgemeinschaft, besonders bei Aussaat und Ernte, statt, versammeln sich die führenden Persönlichkeiten der Gemeinschaft, um politische Entscheidungen zu treffen, Recht zu sprechen und die Jugendlichen zu initiieren.

Anders als im Falle der Naturheiligtümer auf dem Land, erfordert die Errichtung eines Kultheiligtums in der Stadt mit ihrer gemischten Bevölkerung und einer

Der Priester von Nombori vor seinem Tempel am Bandiagara-Tafelberg.

Bevor sie den heiligen Hain der Ahnen betritt, ruft die vodun-Priesterin Wekenon, den Oberkörper entblößt, ihre Götter an. Als Opfergabe hält sie eine Flasche Schnaps in der Hand.

Im Hain vergießt sie ein Trankopfer für die Ahnen und Gottheiten, die hier ihren Aufenthaltsort haben.

Sie sammelt Blätter verschiedener Pflanzen. Die Erlaubnis, als Frau den heiligen Hain zu betreten, wurde ihr allein aufgrund ihres Rufes als mächtige vodun-Priesterin erteilt.

Dennoch bleibt es auch ihr untersagt, sich dem Allerheiligsten zu nähern, wo nur einer der Ältesten den Ahnenstatuen ein Trankopfer darbringen darf.

Vielzahl unterschiedlicher Götter nicht nur beträchtliche Investitionen, sondern auch Heiligtümer, die den veränderten Bedingungen Rechnung tragen. Sie müssen Platz bieten für Altäre oft mehrerer Gottheiten, über einen Konsultationsraum (u. a. für die Orakelbefragung) wie einen geeigneten Hof für Kultrituale verfügen. In städtischen Heiligtümern findet man kaum mehr die schlichten Lehmkegel von einst: Die modernen Götter sind oft aus Zement oder Beton gegossen.

In der Regel richtet sich die Ausstattung der verschiedenen Heiligtümer nach der Größe und den Mitteln der Kultgemeinschaft. Heiligtümer kleinerer Gruppen von etwa fünf bis zwanzig Mitgliedern beschränken sich daher meist auf eine einfache Hütte oder Kammer. Mittelgroße Kultgruppen von zwanzig bis hundert Personen verfügen bereits über ein komplettes Gehöft mit mehreren Heiligtümern und Wohngebäuden. Nur ganz wenige gebieten über mehrere zusammenhängende Gehöfte oder sogar ein ganzes Dorf (wie z. B. der Priester Abidzan Mami Wata). An den Heiligtümern, ob sie nun bescheiden oder größeren Umfangs sind, finden alle wichtigen Kultzeremonien statt. Als bedeutendste Feier wird das Jahresfest begangen, zu dem alle, die Initiierten wie die Laienmitglieder, aber auch viele Kultanhänger zusammenkommen. Dann drängen sich im Heiligtum die Menschen, während sich sonst in der Regel nur der Priester und eine Reihe von Novizen dort aufhalten.

Übergroße und buntbemalte Darstellung des Regenbogen- und Schlangengottes Dan (Mono-Region, Benin), dem ein Opfer dargebracht wird. Das Heiligtum beherbergt außer dem überregional verehrten Dan noch eine Reihe von Lokalgottheiten.

Am Rand der Darstellung des Gottes Dan stehen noch übergroße rotbemalte Kriegergötter, die das Heiligtum bewachen. Alle Statuen sind aus Beton gegossen.

Sie dienen als Tempelsklavinnen

In vorkolonialer Zeit spielten die Kultgruppen auch in der Politik eine Rolle. Je nach Stellung und Bedeutung ihrer Götter unterstützten sie die Herrscher im Krieg oder bei anderen riskanten Unternehmungen. Darüber hinaus gewährten sie Asyl; wer sich in die Obhut eines Priesters begab, entzog sich damit dem Zugriff anderer, verlor allerdings seine Bürgerrechte und mußte sich in den Kult initiieren lassen. Anschließend arbeitete er auf den Feldern des Priesters, womit er de facto Sklavenstatus besaß. Derartige „Göttersklaven" gibt es heute in Westafrika nicht mehr, wohl aber, wie die Anti-Slavery-Society anklagend hervorhebt, noch Tausende von Sklavinnen: Nach den Schätzungen der Society leisten in verschiedenen Heiligtümern um die 8 000 Mädchen und junge Frauen für ihre Herren,

Am Eingang des Konvents steht zum Schutz eine Fetisch-Schale, die mit rotem Palmöl gefüllt ist.

Rechts: Tempelsklavinnen in einem Konvent im Comdji-Wougba-Distrikt (Grenze Benin-Togo), das den Gottheiten Hevioso, Sakpata und Dan geweiht ist. Die jungen Frauen dürfen das Kultgehöft nicht verlassen und werden vom Priester unterhalten. Sie dürfen ihr Gewand nicht waschen: Tagaus, tagein tragen sie dasselbe Tuch, das mit der Zeit vor Schmutz erstarrt und woran man erkennen kann, wie lange sich die Tempelsklavin schon im Konvent befindet.

Die Tempelsklavinnen beim Gebet auf einer Matte im Innern des Kultgehöfts. In der Zeit ihrer Abgeschlossenheit werden die Frauen in die Geheimnisse der vodun eingeführt; sie erlernen ihre Sakralsprache und Tänze.

die vodun-Priester, nicht nur Sklavendienste im Haus wie auf den Feldern, sondern werden zudem noch oft geschlagen und vergewaltigt. Manche der Mädchen werden den Priestern schon mit vier Jahren übergeben und zu Tempelsklavinnen geweiht. Die Volta-Region gilt als eines der berüchtigsten Zentren dieser Art des Hierodulentums. Seit 1996 gelang es der Anti-Slavery-Society, trotz zum Teil heftiger Widerstände der Priester, über 500 Mädchen, mehrheitlich zu einem sehr geringen Preis freizukaufen. Damit ist den Mädchen jedoch noch wenig geholfen. Da sie weder etwas gelernt haben, noch auf familiäre Unterstützung rechnen können, ist es überaus schwierig, sie in die Gesellschaft zu reintegrieren. Mit der eingegangenen Bindung an die Gottheit haben sie familiären Bande gelöst.

Mündlichen Überlieferungen nach waren die Tempelsklavinnen früher als Opfer für die Götter bestimmt, um sich ihres Beistands in Kriegsfällen zu versichern. Die Mädchen wurden dazu den Göttern geweiht und anschließend den heiligen Krokodilen zum Fraß vorgeworfen. Bei den heutigen Tempelsklavinnen handelt es sich meist um Kinder, die der Gottheit für ein Vergehen eines ihrer Familienmitglieder, das unter Umständen schon Generationen zurückliegt, gleichsam als Sühne- oder Wiedergutmachungsopfer dargebracht werden.

Weiter gefaßt, läßt sich der Begriff auch auf alle jene Mädchen und Frauen anwenden, die bis zu ihrer Initiation in den Kultgehöften der Priester leben. Dabei kann es sich, besonders im Falle einer Weihe zur Priesterin, um einen beträchtlichen Zeitraum handeln. In der Regel jedoch betrifft es das

Übergangsstadium zwischen Kultbeitritt und voller Mitgliedschaft, dem Status der „Götter-Gemahlin". Da die Initiation und besonders das Abschlußfest einige Mittel erfordern, zieht sich das Sklavinnendasein indes oft lange hin. Dabei nimmt nicht jede Frau ihren Dienst am Heiligtum freiwillig auf. Mancher vodun-Priester (Amegnindu Dangnigbe zum Beispiel) rekrutiert seine Sklavinnen aus dem Kreis seiner ehemaligen Patientinnen. Kann die Betreffende oder ihre Familie nicht für die Kosten der Behandlung aufkommen, behält er sie so lange als Sklavin, bis die Mittel vorhanden sind, sie freizukaufen und die Kosten für die Initiationszeremonie zu bestreiten. Während dieser Zeit sind die Mädchen und Frauen weniger Sklavinnen der Götter als vielmehr der Priester.

Rechts und unten: Novizinnen beim Einüben neuer Tanzschritte. Während ihrer Initiationszeit ritzt man ihnen bestimmte Muster auf Schultern oder Oberarme, in die ein schwarzes Pulver eingerieben wird, so daß sich die Wunden entzünden und bleibende Narben bilden.

Von der Novizin zur Adeptin

Der letzte Tag Amas als Sklavin der Götter ist angebrochen: Heute wird sie zur Priesterin der Wassergöttin Mami Wata geweiht. Noch sitzt sie auf der Matte, auf der sie während des letzten Jahres ihrer Priesterausbildung schlief. Die beiden Figuren rechts neben ihr stellen verstorbene Zwillinge ihrer Familie dar, für die sie zu sorgen hat, wofür diese selbst ihr hilfreich beistehen werden.

Die Initiation besitzt einen hohen Stellenwert, da sie einen Einschnitt im Leben darstellt und einen radikalen Persönlichkeitswandel und die enge Bindung des Menschen an Ahnen und Geistmächte zum Ziel hat. Im einzelnen unterscheiden sich Initiationen nicht nur regional, sondern unter Umständen auch innerhalb der gleichen Kultgruppe von Novize zu Novize. Überall jedoch bildet die Weihe neuer Mitglieder und Priester das eigentliche Kernstück der kultischen Praxis. Die Zeit bis dahin kann sich unterschiedlich lang hinziehen; in den Städten haben sich inzwischen Kurz- oder Wochenendinitiationen durchgesetzt.

Ama ist neben Mami Wata noch weiteren Gottheiten verbunden: Papa Densu (Name eines Flusses und seines Gottes), dem Ehemann Mami Watas, Ogun (Gu), dem Kriegs- und Eisengott, Adela, dem Gott der Jäger, und schließlich Tsamba, einem gewalttätigen vodun aus dem Norden. Amas Hand- und Fußgelenke werden mit Perlen geschmückt. Vor ihr steht eine Emailschüssel mit Bohnen, die ihr Glück bringen sollen.

Mit der Lösung des Initianden aus seinem früheren Sozialmilieu und dem Einzug ins Kultgehöft wird seine bisherige Persönlichkeit gleichsam ausgelöscht. Er stirbt den rituellen Tod, aus dem er erst bei der Abschlußfeier wieder aufersteht. Die Wiederangliederungsfeiern am Ende der Initiation sind schon insofern von großer Bedeutung, als sie, abgesehen von den Jahresfesten, die einzigen regelmäßigen Zusammenkünfte der Kultmitglieder darstellen. Das Ritual hebt die Seklusion der Novizen auf und läßt sie als Neugeborene wiedererscheinen,

Ganz links: Für diesen Festtag wird sie wie eine Prinzessin eingekleidet. Man setzt ihr eine Perücke auf, legt ihr ein neues Gewand an, bindet ihr Ketten mit Glas- und Porzellanperlen um und bemalt ihren Oberkörper, ihre Arme und Beine mit weißen Streifen. Schließlich wird ihr noch eine Krone auf die Perücke gesetzt – alles Anspielungen auf die europäischen Züge Mami Watas.

Links: Ama erhält ihre Weihe.

Ganz links: Der Weg wird gereinigt, den sie zum Zeremonialplatz gehen wird.

Links: Sie und die Priesterin tanzen in einer Prozession zum Zeremonialplatz

Ganz links: Auf dem Tanzplatz liegt eine Matte mit einem weiß bemalten Schemel darauf, der eigens zu diesem Anlaß bei einem Schnitzer in Auftrag gegeben wurde. Die „Einstuhlung" zählt zu den rituellen Höhepunkten der Zeremonie: Ama thront in ihrer Zeremonialtracht mitsamt ihren Zwillingsfiguren auf dem Stuhl.

Links: Sie grüßt die anderen Adeptinnen.

Ganz links: Hier tanzt sie zu Ehren der Göttin und fällt schließlich in Trance.

Links: Im Kreise der übrigen Priesterinnen und Adeptinnen kehrt sie zum Konvent zurück.

Eine bereits in den vodun-Kult initiierte Frau nahm es mit den Vorschriften der Götter nicht mehr genau. Daraufhin begann sie, unter starken Kopfschmerzen zu leiden. Die Orakelbefragung ergab, daß sie zu den Göttern ihres Großvaters zurückkehren müsse, was eine erneute Initiation erforderlich machte: Ihr Körper wird mit rotem Palmöl (der Farbe Heviosos, des Gewittergottes) überstrichen, das den Schleim und das Blut versinnbildlicht, mit dem alle Neugeborenen zur Welt kommen.

Oben: Die Frau wird mit den Flecken des Pockengottes Sakpata sowie den gewundenen Linien und bunten Punkten des Schlangengottes Dan bemalt.

Unten: Die rituellen Waschungen sind wichtige Elemente des Initiationsrituals.

Oben: Die Frau wird in gebückter Haltung – gleichsam als kleines Kind – aus dem Heiligtum zum Badeplatz geführt.

Unten: Sie teilt einer Ente, die anschließend geopfert wird, ihre geheimen Wünsche mit.

Nachdem das Tier getötet ist, wird sein Blut über dem Kopf der Frau vergossen.

Mit Blut, Eiern, Kondensmilch und Sodawasser übergossen, fällt die Frau in Trance. Für jeden Gott, in dessen Kult sie initiiert wurde, tanzt sie jeweils eine Runde.

Die Male der vodun und die Reste ihrer Flüssigopfer werden nun von der Frau abgewaschen. Mit der Waschung wird sie wieder rein.

Links: Nach diesem Bad wird sie weiß angemalt und mit Perlen geschmückt. Wie bei Neugeborenen legt man ihr die Perlen vor allem um die Hüfte. Das symbolisiert ihre erneute Reinheit und Wiedergeburt als „Gemahlin der Götter" (vodunsi). Als solche wird sie nochmals weiß eingepudert.

Rechts oben: Danach formiert sich eine Prozession: Der Priester und seine Gehilfen schreiten voran, die Novizin und Kultadepten folgen. So betreten sie den Zeremonialplatz.

Rechts: Die Novizin setzt sich mit gesenktem Kopf auf die Zeremonialmatte.

was den dramatischen Höhepunkt der gesamten Initiation darstellt und gebührend gefeiert wird.

Dieses Fest verschlingt erhebliche Kosten. Kaum ein Initiand ist in der Lage, die Mittel allein dafür aufzubringen. In der Regel muß er Eltern und Verwandte um Unterstützung bitten. Aber für die gibt es oft wichtigere Ausgaben, wie zum Beispiel für die Totenfeier eines Ältesten, die dann Priorität haben. Daher stellt man eine Initiation oft zurück, sofern der Initiand nicht auf anderem Wege zu Geld kommt. Erst wenn die Finanzierung gesichert und ein Priester mit der Leitung der Initiation beauftragt ist, wird das Datum für die Abschlußfeier festgelegt. Dann erhält der Initiand vom Priester eine Liste mit den Opfergaben und Requisiten, die er für die Feier bereitstellen muß. Alle Kultgruppen und Priester aus der Umgebung sollten geladen und meist für eine Nacht und einen Tag verköstigt werden. Darüber hinaus erwartet der leitende Priester jetzt seine Entlohnung, während die Musiker und Honoratioren unter den Gästen mit Geschenken und Geldbeträgen bedacht werden sollten. Das alles summiert sich beachtlich.

Oft werden die Feierlichkeiten auf ein Wochenende gelegt: Am späten Samstag nachmittag beginnend, ziehen sie sich über die ganze Nacht hin und enden schließlich am Sonntag abend bei Einbruch der Dunkelheit. Wie bei allen Ritualen bildet ein Opfer für Legba den Auftakt der Initiation. Bei Einbruch der Dämmerung zieht der Priester mit einigen Gehilfen zu einer der Legba-Statuen im Grenzbereich zwischen Dorf und Wildnis und setzt den Gott über das bevorstehende Ritual in Kenntnis. Dazu speist man ihn mit einem Huhn, Maisbrei und rotem Palmöl sowie etwas Schnaps. Damit ist das Ritual eröffnet, in dessen Verlauf der Novize Stufe um Stufe zum Vollmitglied der Kultgemeinschaft geweiht wird.

In Koudohouhoue (Grenzgebiet Togo/Benin) befragt der Priester Mahounon Koudjega das Fa-Orakel, um zu erfahren, ob etwas gegen die Veranstaltung der Zeremonie zur Einweihung einer Legba-Adeptin spricht.

Er greift nach seinem Büffelhorn (okpe), in dem sich seine „Medizin“ befindet, und berührt es mit der Zunge. Das soll der Novizin Schutz verleihen.

Die Neuinitiierte präsentiert sich im Festgewand, das sie als Adeptin des Gottes Legba ausweist. Die Frau fällt nicht in Trance, da Legba nicht in seine Anhänger einfährt.

Die Legba-Adeptin umgeben von den Anhängerinnen anderer Götter.

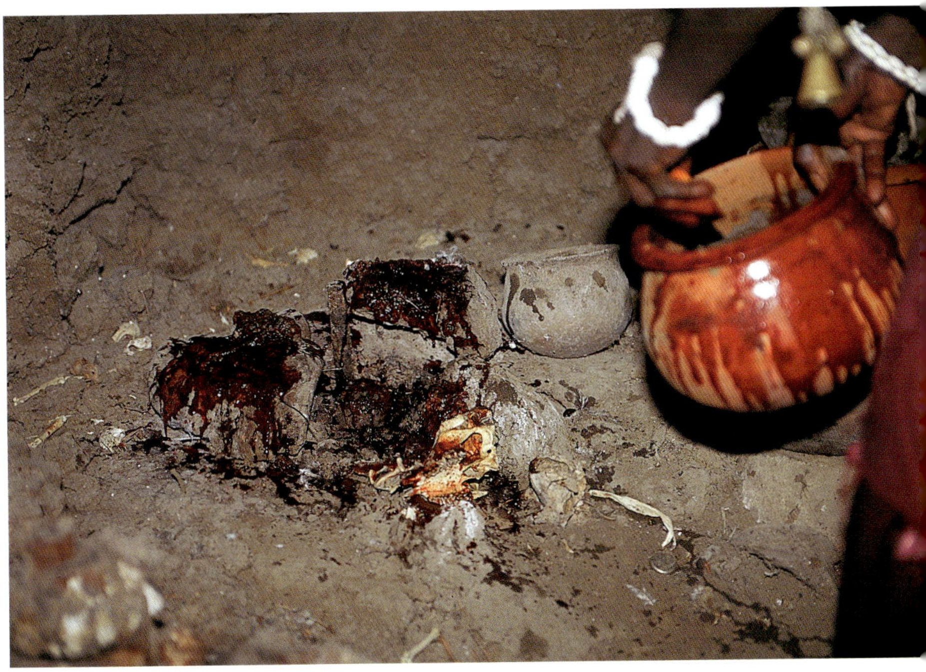

Die Götter erhalten ein Ziegenopfer.

Der Schrein wird mit dem Blut der geopferten Ziege gefüttert.

Speisen für die Götter

Lisa, dem männlichen Teil des vodun-Hauptgottes Mawu-Lisa, wird Kaolin geopfert. Mono-Region, Benin.

„Kleine Geschenke erhalten die Freundschaft." Aber natürlich nur, wenn beide Seiten sich daran halten. Sonst würde aus der freundschaftlichen Beziehung ein einseitiges Abhängigkeitsverhältnis. Die Spruchweisheit spielt auf eine uralte, ebenso elementare wie universale Regel des sozialen Zusammenlebens an, wie sie noch heute in kleineren, dörflichen Gemeinschaften gut zu beobachten ist: Eine Gabe sollte immer mit einer möglichst gleichwertigen Gegengabe, eine Leistung mit einer entsprechenden Gegenleistung vergolten werden. Man spricht in der Ethnologie, wovon schon die Rede war, vom Prinzip der Reziprozität (Gegenseitigkeit). In traditionellen Gesellschaften galt die Regel indes nicht nur unter Gruppen- und ganz besonders Familienangehörigen; sie schloß auch die Ahnen und Götter ein. Mit anderen Worten: sie bildet den Kern des Opferbrauchtums.

So wie man noch sagt, ich „opfere" dir einen Teil meiner Einnahmen, meines Ersparten usw., pflegt man auch in Sammlerinnen- und Jägergesellschaften, wie bei den Buschmännern oder Hadza (Ostafrika) zum Beispiel, immer etwas von dem erbeuteten Wildfleisch für den Himmelsgott oder den „Herrn der Tiere" zu opfern, indem man es in den Busch wirft. Man teilt die Mahlzeit mit ihnen, drückt damit aus, daß sie zur Lagergemeinschaft gehören in der Erwartung, daß auch sie weiterhin ihren Beitrag zur Ernährung aller leisten werden. In agrarischen Gesellschaften teilt man zuallererst mit seinen Familienangehörigen und Verwandten im Jenseits, den Ahnen. Bei jeder Hauptmahlzeit übergibt der Hausvater ein wenig von Speise und Trank dem Feuer und streut immer wieder einmal Mehl, Tabak oder anderes Genießbare über den Ahnenaltar der Familie. Zu besonderen Anlässen, wie namentlich den Totengedenkfesten, trägt man reichlicher auf. Ein Schaf, eine Ziege oder gar ein Rind werden geschlachtet. Das besonders lebenskrafthaltige Blut erhalten die Ahnen (Blutopfer), das Fleisch verzehren die Lebenden; wieder sind alle in der gemeinsamen Mahlzeit vereint. Analog verfährt man bei Opfern für Erdgottheiten. Himmelsgöttern dagegen, allen voran dem Hochgott, bringt man zur Hauptsache Brandopfer dar. Die Tiere, oder Teile von ihnen, werden verbrannt; der Rauch, die feinstoffliche, fast spirituelle Essenz des Bratens, steigt in die Höhe. Götter und Geister gelten nämlich überall auf der Welt als ausgesprochen geruchsempfindlich. Ebenso wie sie sich am Duft der geopferten Speisen laben, verabscheuen sie Gestank. Darum verbrennt man für sie während einer Kulthandlung auch häufig wohlriechende Hölzer oder übergießt ihre Altäre mit duftenden Ölen (Myrrhe im Alten Orient!), neuerdings auch mit Parfüms, wie namentlich im Mami-Wata-Kult.

Das Essen miteinander zu teilen stellt die unmittelbarste, weil quasi familiäre Ausdrucksform dar, Zusammengehörigkeit zu bekunden. Das gemeinsame Mahl steht daher im Kern aller Kulte. Darüber hinaus aber kann eine Beziehung noch durch verschiedene andere wechselseitige Zuwendungsleistungen gepflegt und gefestigt werden. Besonders üblich ist der Gabentausch. Wer eine Wohltat empfing, zeigt sich mit einer Gegengabe erkenntlich beziehungsweise bringt ein Dankopfer dar für Jagdglück, eine reiche Ernte oder die Genesung von schwerer Krankheit. Die Gaben werden auf den Gräbern der Ahnen oder ihren Altären beim Haus, sind sie für Götter bestimmt, in deren Heiligtümern niedergelegt. Handelt es sich um einen ernsteren Anlaß, bringt man wieder auch Tiere dar, allerdings immer nur Haustiere, weil die zum persönlichen Besitz gehören, also tatsächlich ein „Opfer" darstellen. Hat man sich selbst eines Vergehens schuldig gemacht und so die Beziehung zu den Jenseits-

Frauen bringen in einem Tempel Kolanüsse als Speiseopfer dar. Mono-Region, Benin.

Links: Rinderopfer im Rahmen einer vodun-Zeremonie.

Unten: Der Anblick des Blutes versetzt zwei der Kultanhängerinnen in Besessenheitstrance. Mono-Region, Benin.

Ganz unten: Die Besessenen tanzen um das tote Rind, in dessen Blut sie dann später auch ihren Kopf eintauchen werden.

Bild rechts und unten:
Die Dogon opfern den Göttern eine Ziege, deren Blut einem Fetisch geopfert wird.

mächten gestört, sucht man die Dinge durch ein Sühneopfer wieder ins Lot zu bringen. Auch hier sollte es, zumindest in schwereren Fällen, ein Tieropfer sein. Wie stets kommt das Blut dabei den Ahnen oder Erdgottheiten, der Rauch den Himmelsgöttern zu, während die Menschen das Fleisch verzehren und das gemeinsame Mahl den alten Bund aufs neue besiegelt.

Zum intimsten „Besitztum" zählen die eigenen Angehörigen. So gesehen, lassen sich gewissermaßen Extremsituationen denken, in denen zwar seltener Ahnen, aber doch Gottheiten auf Menschenopfern bestehen. Das hat es in der Tat auch praktisch überall auf der Welt gegeben, bezeichnenderweise jedoch allein in hochkulturlichen oder hochkulturlich stark überformten Gesellschaften: im Alten Orient, in Südostasien und Ozeanien, bei Kelten, Germanen und Slawen, Azteken, Maya und Inka sowie, nicht zuletzt, den alten Ägyptern und in Teilen vor allem des westlichen, hochkulturlichen Afrika. Und wieder waren die meisten der bereits genannten Anlässe dabei hauptausschlaggebend.

Der Anbau entzieht dem Boden, und das heißt im engeren Sinne der Erdgöttin, Kraft. Gewissermaßen zum Entgelt vorweg brachten viele afrikanische Völker der Erde daher zu Aussaatbeginn Menschenopfer dar. Im Königreich Matamba (Angola) wurden, wie der Reisende Cavazzi de Montecuccolo Anfang des 17. Jahrhunderts beobachtete, ein Mann und eine Frau mit einer Hacke, also dem Ackergerät der Bevölkerung, erschlagen und im Boden begraben. Die Wandji in Tansania überfielen Fremde, die ihr Territorium durchzogen, erdrosselten sie und richteten aus ihrem Blut und Teilen ihres Körpers Medizinen an, die sie dann zur Stärkung der Fruchtbarkeit ihrer Felder verwandten, während es bei den Tswana in Südafrika wieder üblich war, Blut, Gehirn und Teile des Leichnams der Geopferten zu verbrennen und die Asche über die frischumgebrochenen Felder zu streuen. Und analoge Praktiken sind schon früh auch aus dem Westsudan bezeugt.

Ein ähnlicher Gedanke lag den sogenannten Bauopfern zugrunde. Anlagen, die einerseits durch Größe und Gewicht der Erde einiges abverlangten oder auf deren eigene Haltbarkeit viel ankam, wie Brücken, Schutzwälle, Wehranlagen oder Paläste, hatten oftmals (auch im gesamten Abendland) ein Menschenopfer zur Voraussetzung. Gewöhnlich grub oder mauerte man die – möglichst jugendlichen, besonders wachstumskrafthaltigen – Opfer dabei lebendigen Leibes in die Fundamente ein. Ihre Lebenskraft sollte den Boden wie das Bauwerk stärken. Ein Nebengedanke war, gegebenenfalls den Lokalgeist zu versöhnen, der sich durch die Anlage empfindlich gestört sah.

Hatte sich ein Mensch aufs schwerste wider ein göttliches Gebot vergangen, glaubte man ebenfalls oft, daß die Schuld nur mit dem Leben des Sünders gesühnt werden könne. Er wurde dann hingerichtet, das heißt der Gottheit zum Ausgleich der verletzten Beziehung dargebracht. In anderen Fällen zürnte ein Gott zwar und hielt beispielsweise den Regen zurück, doch kannte man nicht den genauen Grund, den Urheber des göttlichen Unwillens, da die Tat im verborgenen begangen worden war. Auch hier schien das Ausmaß der Schuld ein Menschenopfer zu fordern. Bei anhaltender Dürre sah man daher keinen anderen als diesen letzten Ausweg. Die Lugbara in Uganda verfuhren so noch bis Ende der zwanziger Jahre, opferten allerdings einen Fremden, zum Beispiel einen Kriegsgefangenen. Dem englischen Ethnologen John Middleton erklärten sie jedoch, früher habe man in derartigen Fällen ein Kind der eigenen Gemeinschaft dargebracht. Das Opfer vollzog der Regenmacher. Ab 1930 gelang es den Briten, die Praxis zu unterbinden; seitdem werden statt dessen Widder geopfert.

In vielen agrarischen Gesellschaften überall auf der Welt faßte man zu „heidnischer Zeit" die Hauptanbaufrucht als Kind des himmlischen Vaters und der Erdmutter auf. Beide feierten alljährlich zu Jahresbeginn, das heißt in subtropischen Breiten mit Einsetzen der Regenzeit, ihre heilige Hochzeit. Die ersten Niederschläge entsprachen dem Sperma des Himmelsgottes, mit dem er die Erdgöttin befruchtete. War dann das göttliche Kind herangereift, mußte es, damit die Menschen leben konnten, gewaltsam getötet werden. Das empfand man als durchaus bittere Notwendigkeit und große Schuld gegenüber den „Welteltern" und beklagte es entsprechend in den „Schnitterliedern". Um das unumgängliche Vergehen wenigstens in etwa zu sühnen, brachte man der Erdgöttin während oder nach Abschluß der Ernte ein eigenes Kind zum Entgelt dar. In Afrika geschah das teils noch zu Anfang des 20. Jahrhunderts, bei den Tswana in Südafrika zum Beispiel, den Wamegi in Tansania, den Bobo in Burkina Faso (hier hüllte man die Kinder dabei in Stroh ein), den Ekoi in Südnigeria/Kamerun und den Asante, bei denen das Blut der Geopferten in die Löcher fließen mußte, aus denen man den neuen Yams gehoben hatte.

Eine weitere verbreitete Form des Menschenopfers bildete die Totenfolge. Starb ein bedeutendes Stammesoberhaupt, in Königtümern ein hoher Adliger, Fürst und vor allem der Herrscher selbst, wurden oft Hunderte von Sklaven und Gefangenen, aber auch Bedienstete, Freunde, Gattinnen und hochgestellte Hofbeamte getötet, um dem Verstorbenen auch im Totenreich gefällig zu sein. Als herrscherlicher Ahne hatte er Anspruch darauf, „drüben" ebenso hofhalten zu können wie im Leben. Die Totenfolge kam gelegentlich zwar auch in dörflichen Gesellschaften wie bei den Lele am mittleren Kasai im südlichen Zaïre zur Hauptsache jedoch in den Königskulturen Ost-, Zentral- und Westafrikas vor. In Ghana wurden beim Tod des Königs (des Asantehene) und danach bis zur Inthronisierung seines Nachfolgers wahre Hekatomben von Menschen getötet. In Dahomey folgten gerade die mutigsten Kriegerinnen des Heeres (die „Amazonen von Dahomey") dem verstorbenen Herrscher ins Grab.

Eine verwandte Form des Gedankens, einem Mächtigen ins Jenseits zu folgen, um ihm dort zu dienen, kann man in dem Gelöbnis beziehungsweise der freiwilligen oder aufgezwungenen Bereitschaft von Menschen sehen, ihr Leben ganz dem Dienst einer Gottheit zu widmen. Die Männer oder häufiger Frauen schwören der Welt ab, ziehen sich ins Heiligtum der Gottheit zurück und opfern ihr Leben ganz ihrem Dienst, ja gehen teils auch eine Art Ehe mit ihr ein, das heißt, sie verpflichten sich zu lebenslanger Keuschheit. Formen derartiger – allerdings unfreiwilliger – Gottesknechtschaft treten verstärkt in den vodun-Kulten Westafrikas, vor allem im Volta-Bereich, auf. Die „Opfer" sind ausnahmslos Mädchen, die sich dabei zur Tempelsklaverei verpflichten müssen, wovon ja schon die Rede war. Man könnte von Menschenopfern auf Zeit sprechen.

Sakralgerätschaften werden in das Blut einer geopferten Ziege getaucht, um erneut mit Kraft „aufgeladen" zu werden. Minah, Benin.

Der vodun-Priester hält die Ziege hoch, die geopfert werden soll.

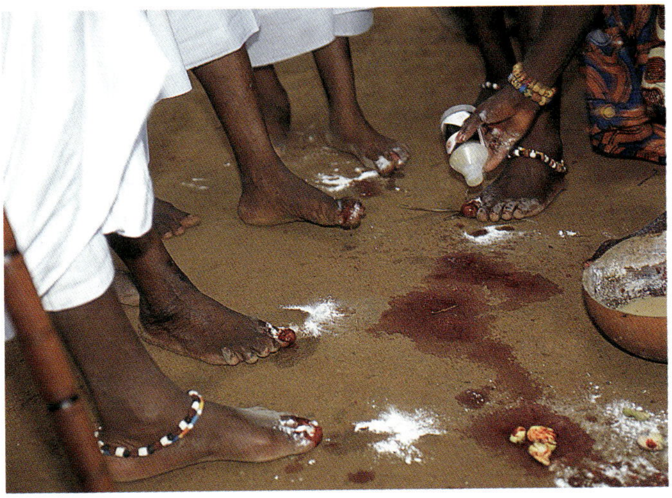

Die große Zehe jedes Adepten wird zum Schutz mit Blut der geopferten Ziege, Puder und Parfüm benetzt. Minah, Benin.

Orakel – Antworten für die Ratsuchenden

„Nur wer immerfort Fragen stellt, verliert nicht den Weg.“ Jeweils den „richtigen“ Weg einzuschlagen, ist von ausschlaggebender Bedeutung im Leben. Dabei hilft das Orakel als eine von vielen Formen der Wahrsagung oder Divination (von lat. divinatio, „Weissagung“). Die Divination hat bei allen Völkern und zu allen Zeiten eine wichtige Rolle bei der Bewältigung von Problemen gespielt, und auch in Afrika gibt es keine Gesellschaft, die nicht mindestens eine, meist sogar mehrere derartige Techniken kennt.

Grundlegende Voraussetzung dabei ist die Überzeugung, daß zwischen Mensch, Umwelt und Kosmos ein enger Zusammenhang besteht, so daß Anstöße in einem Bereich zu sichtbaren oder fühlbaren Wechselwirkungen in anderen führen können. Derartige Impulse können Vergehen sein, die Krankheiten auslösen, ebenso aber auch in Fragen bestehen, die man an Ahnen und Gottheiten richtet und für die man dann durch entsprechende Zeichen eine Antwort erhält. Die Divination bietet Hilfe bei Unsicherheiten, Zweifeln und Unentschlossenheit.

Ihre Techniken und Methoden sind ausgesprochen vielfältig; jede Gesellschaft besitzt ihr eigenes „Zeichensystem“, oft sogar mehrere, unter denen vielleicht eines einen besonderen Stellenwert einnimmt (wie bei den Yoruba das Ifa). Manche Systeme sind über weite Gebiete verbreitet beziehungsweise wurden von Nachbargruppen übernommen.

Der wissenschaftlichen Begrifflichkeit nach unterscheidet man zwischen „induktiven“ (bzw. „kunstmäßigen“ oder „technischen“) und „intuitiven“ oder „natürlichen“ Formen der Divination. Erstere basieren auf der Beobachtung und Deutung von Zeichen (Omina), letztere auf Eingebung, wie sie privilegierten Personen (zum Beispiel den Priestern oder Medien) zu bestimmten Anlässen zuteil werden kann. Die Orakel selbst gehören zu den „experimentell-induktiven“ Divinationsverfahren, bei denen man auf präzise Fragen präzise Antworten erwartet. Das kann sowohl auf mechanische Weise (zum Beispiel durch Loswurf) oder mittels tierischer Medien (in Westafrika bevorzugt Maus und Fuchs) geschehen.

Immer jedoch ist das Wahrsagen keine rein mechanische Prozedur, sondern eine Art intensiver, mittel- oder unmittelbarer Zwiesprache mit Ahnen, Geistern oder Göttern. Gewöhnlich kennt der Wahrsager die Spannungen und Probleme in seiner Gemeinschaft, so daß er bei der Orakelbefragung dar-

Ein typisch westafrikanisches Orakeltier ist die Maus – wegen ihrer gewissen Nähe zum Menschen: Sie ernährt sich wie er von Getreiden, ja verzehrt seine Speisereste und ist zudem noch äußerst fruchtbar, was als Segenszeichen gilt. Daher erscheint sie zur Divination besonders geeignet. Man liest ihre Spuren oder setzt sie in Körbe oder Töpfe, um anschließend zu prüfen, in welcher Weise sie die Anordnung des Inhalts verändert hat. Um sie zu ermuntern, spielt ihr der Kirdi-Wahrsager dazu mit einer einsaitigen Fiedel auf.

auf eingehen kann. Während der Sitzung bietet er dem Ratsuchenden die Möglichkeit, über seine Kümmernisse, Sorgen, Ängste, Leiden, Demütigungen und eigenen Verfehlungen zu sprechen. Anschließend nennt er ihm Wege, wie er sich aus seinen Verstrickungen befreien kann. Einen ersten Test seiner Kunst liefert er damit, daß er den Besuchsgrund des Klienten errät – und je rascher ihm das gelingt, desto mehr bestätigt er seinen Ruf. In jedem Fall wird er – ob nun mit Knochen, Steinen, Samen oder anderen Mitteln der Orakelbefragung – versuchen, den Klienten zum Sprechen zu bringen (nicht unähnlich den Psychotherapeuten in westlichen Gesellschaften). Seine Aufgabe besteht darin, eine Diagnose zu stellen, das Problem und seine Ursache(n) zu identifizieren und gangbare Lösungsmöglichkeiten aufzuzeigen.

Die Orakel rufen die Hilfsgeister und Ahnen

„Wir gehen zum Wahrsager, wenn wir vor etwas Angst haben und nicht wissen, was wir tun sollen", begründen die Lobi ihre häufigen Besuche beim Wahrsager. Dem stehen als „Hilfsgeister" die thila bei, während die Nankanse ihr Vertrauen auf die Ahnen, besonders die verstorbenen Wahrsager setzen. Beide glaubt man bei den Sitzungen präsent.

Zur Grundausstattung eines Nankanse-Wahrsagers gehören eine Kürbisrassel, ein kräftiger, gegabelter Stock mit einem Endstück aus Eisen sowie ein lederner Sack, in dem sich eine Ansammlung scheinbar zusammengewürfelter Gegenstände befindet. Diese unterschiedlichen, teils gefundenen, teils angefertigten Dinge – darunter Kaurischnecken, Tierknochen und -zähne, Münzen, Ringe, Reifen – bilden im Kern die Lebenswelt der Nankanse ab und dienen dem Wahrsager als eine Art Koordinatensystem, Bezugsrahmen oder Code seiner Deutungen. Jede Wahrsagesitzung folgt einem vorgegebenen Muster, einem dramatischen, von lebhaften Gebärden begleiteten Dialog. Zunächst einmal begibt sich der Klient in das Gehöft des Wahrsagers und zahlt einen seinem eigenen Ermessen anheimgestellten Betrag, den der Wahrsager, sei er auch noch so gering, annehmen muß. Daraufhin setzt er sich auf eine Bank oder einen Hocker, und der Klient nimmt in respektvoller Haltung mit gekreuzten Beinen vor ihm auf dem Fußboden Platz. Der Wahrsager schlägt nun mit der rechten Hand auf den Ledersack und schüttelt dazu mit der linken rhythmisch die Rassel, um die Ahnen früherer Wahrsager herbeizurufen. Darauf entleert er den Sack und fügt dem Inhalt zwei Schlagsteine oder -eisen hinzu. Weiterhin rasselschwingend, fordert er die Ahnen auf, auch ja zu erscheinen. Schließlich nimmt er zwei flache „Prüfsteine", spuckt auf die Seite eines jeden, drückt die beiden befeuchteten Flächen gegeneinander und wirft die Steine mit Wucht auf den Boden. Jeder erwachsene Nankanse-Mann versteht das Ergebnis zu deuten. Es bestehen drei Möglichkeiten: Wenn die Steine mit der trockenen Seite nach oben fallen, besagt das „Zurückweisung"; wenn sie mit der feuchten Seite nach oben fallen, bedeutet es „Lachen", und wenn sie mit einer feuchten und einer trockenen Seite nach oben fallen, „Annahme".

Nankanse-Wahrsager bei der Arbeit. Mit seiner Rassel ruft er die Ahnen seiner Vorgänger herbei. Die eigentliche Befragung erfolgt mit Hilfe eines Stockes, dessen gegabeltes Ende der Wahrsager, das untere mit Eisen beschlagene, dagegen der Klient hält. Die beiden Vertiefungen der Eisentülle dienen der alternativen Antwortgebung. Insofern handelt es sich um eine scheinbar ganz objektive Technik: Es ist ein lebloser Stock, der die Antworten liefert.

Im ersten Fall sind die Ahnen nicht erschienen. Im zweiten Fall legen sie sich nicht fest, d. h. sie lassen offen, ob der Klient Grund zur Freude hat – möglicherweise lachen die Ahnen ihm hohn. Allein im dritten Fall stimmen sie rückhaltlos zu.

Bevor die eigentliche Befragung beginnt, müssen zwei Würfe erfolgreich gewesen sein. Nur dann nimmt der Wahrsager das gegabelte Stockende in die eine Hand, während er mit der anderen weiterhin rasselt und die Ahnen ermahnt, „geistesgegenwärtig" zu sein. Mit dem Wahrsagestock mal hierhin, mal dorthin schlagend, berührt er den einen oder anderen der vor ihm liegenden Gegenstände aus dem Sack und rundet damit gleichsam seine Diagnose ab. Je nach der Schwierigkeit des Falles kann die Befunderhebung ein, zwei, aber auch fünf oder zehn Minuten in Anspruch nehmen.

Sobald er auf einen der beiden Steine klopft, ergreift der Klient das untere Ende des Wahrsagestocks. Die Prozedur des Wahrsagers wiederholend, schwenkt er den Stab vor oder zurück, zeigt auf das eine oder andere Objekt, in verschiedene Richtungen und auf bestimmte Körperteile. Jeder der bezeichneten Gegenstände hat eine festliegende Bedeutung oder steht für eine gewisse Vorstellungsverbindung: Ein Tierhorn verweist auf einen bestimmten Ahnenschrein; Kaurischnecken können Reichtum oder Geld, Ziegen-, Schafhufe oder Hühnerkrallen ein Opfer bedeuten. Ähnlich verhält es sich mit den verschiedenen Gesten: Zeigt der Stock auf den Bauch, kündet er eine bevorstehende Schwangerschaft an oder spricht von einem lebenden Kind; weist er auf eine Körperseite, ist damit die angeheiratete Schwiegerverwandtschaft gemeint; berührt er die Hand, geht es um Geld oder Besitz. Die Aufgabe des Wahrsagers besteht nunmehr darin, die noch recht allgemeine Bedeutung dieser verschiedenen Verweise auf die konkrete Situation des Klienten zu übertragen. Dabei geht er mit großer Umsicht zu Werke und überprüft jeden Schritt durch einen Test mit seinen Schlagsteinen. Er formuliert seine Fragen alternativ, das heißt bei jeder Nennung einer Möglichkeit deutet er auf einen der flachen Steine. Ist die Antwort richtig, fährt der Stock auf den betreffenden Stein. Trifft eine Frage nicht den Kern des Problems, verharrt er schwebend in der Luft. Es entspinnt sich beispielsweise folgender Dialog: Es geht um eine Frau. Lebt sie oder ist sie bereits tot? – Antwort „tot“: Handelt es sich um eine Mutter oder um eine Ehefrau? – Antwort „Mutter“: Die eigene Mutter oder die eines anderen? – Antwort: „eigene Mutter“: Die Frau, die mich geboren hat oder eine andere Mutter? – Keine Antwort: Handelt es sich um die Mutter meiner Mutter? – Antwort positiv: Was also? – Der Stock schwingt aus und zeigt auf ein Schafhuf. – Geht es um ein Schaf ? – Antwort positiv: Wurde dieses Schaf bereits geopfert oder muß es noch geopfert werden? – Antwort: „muß geopfert werden“: Warum muß es geopfert werden? – Der Stock zeigt auf den Bauch. – Lebt dieses Kind bereits oder muß es noch geboren werden? – Antwort: „lebt“: Handelt es sich um mein eigenes Kind oder das eines „Bruders“? und so weiter.

Jede Lösung eines Problems birgt wieder ein weiteres, und der Wahrsager hat aus einer Vielzahl von Möglichkeiten die richtige herauszufinden. Oft werden die Fragen mehrfach wiederholt und die Antworten gegengeprüft, indem man die Frage andersherum stellt oder die Bedeutung der Steine umkehrt. Sobald das Ergebnis feststeht, ergreift der Klient die Teststeine und bittet sie, seine Richtigkeit zu bezeugen. Darauf reicht er sie dem Wahrsager zurück, der sie wieder bespuckt und über den Wahrsagesack hält, bevor er sie aufs neue wirft. „Lehnen“ sie „ab“ oder „lachen“, besteht noch irgendein Hindernis. Dann geht die Konsultation in eine zweite, manchmal auch eine dritte, vierte oder weitere Runde, das Problem wird so lange „diskutiert“, bis ein übereinstimmendes Ergebnis zwischen Schlag- und Teststeinen erreicht ist.

Die Lobi-Wahrsager sollen speziell mit den Geistern (thila) in Kontakt stehen, deren bildliche Darstellungen sich an den Wahrsageschreinen befinden. Der Wahrsager muß das Konsultationsmotiv selbst herausfinden, ohne vom Klienten zuvor irgendeinen Hinweis erhalten zu haben.

Nach ähnlichen Kriterien gestalten sich auch die Divinationsveranstaltungen der Lobi. Hier sitzen Wahrsager und Klient nebeneinander und halten sich an der Hand. Der Prozeß verläuft hier so, daß der Wahrsager seinen Hilfsgeistern rasch hintereinander eine Reihe von Fragen stellt, die durch Klatschen auf seine Oberschenkeln bejaht oder verneint werden. Treffen beide Hände voll „klatschend“ auf den Oberschenkel des Wahrsagers auf, bedeutet das „ja“; „nein“ dagegen, wenn sie sich seitlich wegdrehen. Der Wahrsager beginnt dabei mit ganz allgemeinen Fragen, etwa ob jemand schlecht geträumt habe, ein Unfall passiert sei oder jemand verreisen wolle. Kommt er nicht weiter, das heißt, erhält keine positiven Auskünfte, fragt er die thila: „Was ist es, das ich nicht finde?“ Daraufhin führen sie die Hände von Wahrsager und Klient zeichenbildend durch die Luft, woraus sich bestimmte Hinweise ergeben.

Nankanse und Lobi operieren bei der Divination nach den Regeln der Induktion, wie sie ihrer Vorstellungsbildung und der Art ihrer Diskurse entspricht. Ihre Orakeltechnik basiert auf übereinstimmenden Codes; jeder kann sie erlernen und beherrscht daher auch zumindest theoretisch die Kunst des Wahrsagens.

Der Fuchs irrt nie

Jeden Abend bei Sonnenuntergang verlassen Dogon-Männer das Dorf, um in der Nähe der Felsabbrüche große Rechtecke in den Sand zu zeichnen. Damit wilde Tiere ihre Zeichnungen nicht zerstören, umgrenzen sie ihre „Wahrsagetafel" (yurugu goro) mit dornigen Akazienästen. Auch den Sand streichen sie, nachdem sie ihn von Steinen und Hölzern gereinigt haben, mit einem Akazienzweig glatt. Erst dann markieren sie die verschiedenen „Häuser". Ihre Fragen, etwa nach dem Gesundheitszustand eines Kindes, dem Ergehen eines Verwandten oder dem Erfolg einer Werbung, kennzeichnen sie kodifizierend durch Linien, Eintiefungen, Häufchen oder Hirsestengel, die sie in den Sand stecken. Abschließend schälen und zerdrücken sie eine Handvoll Erdnüsse und streuen sie beliebig über die Tafel aus, um den Fuchs in der Nacht anzulocken. Noch vor Sonnenuntergang kehren die Männer wieder ins Dorf zurück. Dabei murmeln sie Worte, die der Fuchs bei seiner Verknüpfung von Zukünftigem mit Gegenwärtigem beherzigen sollte.

Früh am nächsten Morgen, oft noch vor Anbruch der Dämmerung, kehren sie zu den Tafeln zurück und studieren die Nachrichten, die ihnen der Fuchs hinterlassen hat. Jede Spur hat ihre spezielle Bedeutung: Stieß er einen Hirsestengel um, besagt das Krankheit oder Tod; lief er vor und zurück, wird ein Unternehmen zwar einen guten Anfang, aber ein schlechtes Ende nehmen. Der Fuchs irrt nie; treffen seine Voraussagen nicht ein, muß man die Spur falsch gelesen haben. Erscheinen seine Angaben mehrdeutig, bittet man sicherheitshalber einen – besser noch zwei – Nachbarn oder Freunde, dieselbe Frage noch einmal zu stellen. Stimmen alle Antworten überein, hat man Gewißheit.

Die für das Orakel verwendeten Gegenstände und Tiere beziehen ihre Bedeutung oft aus der Mythologie und traditionellen Symbolik. Die Dogon nennen das Orakel nach ihrem Trickster (Gottheit, die in vielen Gestalten auftreten kann), dem Großohrfuchs Yurugu. Das nachtaktive Tier hinterläßt auf den dazu markierten Flächen im Sand seine Spuren, die am nächsten Tag „gelesen" und ausgelegt werden.

Das Ifa-Orakel redet in Rätseln

„Ifa redet in Rätseln, aber der weise Mann versteht seine Worte", lautet eine alte Spruchweisheit der Yoruba. Die von ihnen Ifa, den Fon Fa genannte Orakelmethode wird als alles ordnende Kraft und Personifikation göttlicher Weisheit begriffen. Die Besonderheit des hochkomplexen Systems besteht im Aufzeichnen oder durch den Wurf von Palmkernen o. ä. ermittelten Signaturen, die Aufschluß über den Willen der Götter geben und Unheil abwenden helfen. Zudem gilt Ifa auch als eigene Gottheit und wird als Kult zelebriert, bei dem auch verschiedene andere Götter, allen voran Eshu, zugegen sind. Da Ifa die Weisheit des Schöpfergottes teilt, streben alle Menschen seine Gunst an, um vom Bösen verschont zu bleiben.

Als Begründer des Ifa gilt Orunmila aus Ife, ein heilkundiger und berühmter Mann, der im Leben tiefe Einsichten in das Walten der Götter gewonnen hatte. Trotz seiner Weisheit blieb er arm, weshalb sich Olorun seiner erbarmte und ihn nach seinem Tod als niederen orisha unter die Götter erhob. Fortan bedienten sich diese seiner Gaben und unterstellten ihm die Wahrsagerei. Zum Dank dafür ermuntert Orunmila die Menschen dazu, den Göttern reichlich zu opfern, wie es in einer der zahlreichen Entstehungslegenden des Ifa heißt.

Wegen des hohen Komplexitätsgrads des Ifa kann nicht jeder ohne weiteres damit umgehen. Man braucht dazu eine besondere Ausbildung, die bis zu sieben Jahren währen kann, während der ein Meister seinen Schüler in Technik und Bedeutung, aber auch medizinisches Wissen und die politisch-sozialen Aspekte des Ifa einführt. Nur wer diese gründliche Ausbildung durchlaufen hat, wird zum babalawo – zum „Vater des Geheimnisses".

Zu den Grundbestandteilen des „klassischen" Ifa gehören ein viereckiges, rundes oder halbrundes Orakelbrett mit Reliefrand, beschnitzt mit den Symbolen und dem Antlitz Eshus, der über das Schicksal gebietet, das den Ifa-Priester mit ins Grab begleitet, ein Zeigestab, kleine Knochenfiguren als „Wächter", eine

In Cotonou befragt ein Priester das Fa-Orakel. Dies ist ein höchst komplexes Verfahren, das ein langes Studium erfordert.

Mehrmals nacheinander wirft er eine aus acht Nußschalen oder Kaurischneckengehäusen bestehende Orakelkette auf den Boden, die bei jedem Wurf, je nach der Zahl der mit der Öffnung nach oben liegenden Schalen, eines von 256 möglichen Zeichen ergibt, zu dem jeweils wieder ein ganzes Bündel mythischer Erzählungen gehört.

Schale zum Aufbewahren von Palmkernen, Kolanüssen, Steinen, Pflanzensamen o. ä., ein eiserner Rasselstab mit der Darstellung zweier übereinanderstehender Vögel sowie eine Glocke, mit Figuren aus Elfenbein beschnitzt, mit der die Götter herbeigerufen werden. Während der langen, diffizilen Befragung schüttelt der Priester die Kerne und wirft sie auf das mit Mehl (früher Holzmehl vom heiligen Irosun-Baum) bestäubte Brett. Aus ihrem Fall und aus den Spuren im Mehl entnimmt er dann die Botschaft der Götter. Dabei dienen ihm zur Grundlage 256 (mit Variationen über 4000) heilige Texte oder Orakelverse, die den Kern des Ifa bilden und alle menschlichen Erfahrungen enthalten sollen. Der Priester hat sie durch langes Studium zu erlernen. Um den richtigen Text herauszufinden, braucht er nicht unbedingt ein Orakelbrett; er kann sich dazu auch anderer Methoden bedienen. Gemein allerdings ist allen, daß der Priester mit bestimmten obligatorischen Gegenständen wie Palmnüssen, Kaurischnecken, Tonscherben usw. operiert, die er gewöhnlich auf den Boden wirft und dadurch Zahlenwerte gewinnt, die er dann nach geraden und ungeraden scheidet. Eine gängige Variante besteht zum Beispiel darin, eine aus acht Nußschalen bestehende Orakelkette auszuwerfen und zu prüfen, wie viele Schalen mit der Öffnung nach oben zu liegen kommen. Aus ihrer Zahl beziehungsweise der Anordnung anderer geworfener Lose werden die mystischen Kennzahlen der heiligen Texte errechnet (odo bei den Yoruba, afadu bei den Fon), die der Priester dann frei kombiniert, um einen ersten, noch groben Bezugsrahmen für das Anliegen des Klienten zu gewinnen, der in einem zweiten Durchgang näher konkretisiert werden muß. Dazu verwendet der Priester oft ein ganzes Ensemble von Dingen, die sich jeweils auf bestimmte Geistmächte und Lebenssituationen beziehen: Baumsamen, Knochen, Pfefferkörner, Eisenteile, Perlen, Steine usw., die im zweiten Durchgang entdeckt und mit einer mythischen Rahmenerzählung verknüpft werden. Ein Beispiel: Kommt odo Nr. 168 heraus, was „Wenn ein Vogel durch die Wolken stößt, fällt auf manches Geschick helles Licht“ entspräche, könnte das positiv so gedeutet werden, daß sich etwas zum Guten entwickeln wird, wie auch, daß Ungutes droht, weil ein Problem, wie der Vogel, ins Licht der Öffentlichkeit gerückt wird. Der Priester hat dann zu entscheiden, was genau gemeint ist. Das geschieht und klärt sich ab im Dialog mit seinem Klienten, in dem es um die mögliche Deutung der Vogelerscheinung, der Hindernisse (Wolken) oder des Lichts geht. Häufig wird der Priester allerdings auch bewußt über das Problem seines Klienten im unklaren gelassen, der lediglich wissen will, ob die Götter einem bestimmten Vorhaben günstig gegenüberstehen.

Die Antworten des Ifa sind auf alle Fälle gültig, doch können Opfergaben dazu beitragen, die Unterstützung der Götter für das Vorhaben zu sichern. Das Orakel gibt genauestens an, welche erforderlich sind. Eine abschließende Befragung – wiederum mit Hilfe eines der erwähnten Loswurfverfahren – klärt dann, ob die Götter das Opfer angenommen und damit dem Vorhaben des Klienten ihren Segen erteilt haben.

Geheimhaltung und Machtmanipulation

Es gibt manches im Leben, das sollten andere nicht wissen. Man behält es möglichst „für sich" oder „geheim". Beide Wendungen besagen dasselbe: Das Wort „geheim" hängt im Deutschen mit „Heim" zusammen; es bedeutete ursprünglich „zum Haus gehörig", das heißt, es hatte mit der Intimsphäre des einzelnen und der Familie zu tun. Erfahren andere davon, fühlt man sich „bloßgestellt" – und unter Umständen in die Hand der Mitwisser gegeben.

Die Wurzeln der Sorge, anderen und namentlich Fremden gegenüber nicht alles „bloßzulegen", reichen indessen tiefer. In vielen traditionellen Gesellschaften achtet man zum Beispiel tunlichst darauf, Finger-, Fußnägel und Haare nicht in die Hände anderer gelangen zu lassen; man versteckt oder vergräbt sie irgendwo. Das hat mit der Vorstellung zu tun, daß sie viel Lebenskraft enthalten – weil sie auch nach Abschluß des Wachstumsprozesses immer noch weiter wachsen. Fremde könnten daher über sie magisch Einfluß auf das Leben der Menschen nehmen, von denen sie stammen. Aus demselben Grund hält man die Scham bedeckt und verhüllt in manchen Kulturen in der Öffentlichkeit auch Haupthaar, Augen und Mund mit einem Schleier: Die Mißgunst anderer, konzentriert vor allem im „Bösen Blick", könnte über die Genitalien das Zeugungsvermögen und die Fruchtbarkeit schädigen, den Atem vergiften oder durch die Augen gleichsam sengend ins Innere des Menschen dringen. In älteren Gesellschaften, die nichts außer vielleicht einem Leibriemen oder Schmuck am Körper trugen, glich eine subtile Etikette den „Mangel" aus. Bei Begegnungen blickte man weg, bedeckte die Scham mit den Händen oder schlug beim Sitzen die Beine übereinander. Verpönt ist immer auch, in der Öffentlichkeit über Liebesdinge zu sprechen. Bestenfalls verschleiert man das Gemeinte durch Umschreibung. Denn auch Worte, durchfeuchtet von Speichel und getragen vom Atem, bilden geeignete Zaubermittel.

Ganz besonders aber läßt sich Magie mit Namen treiben – sofern man sie kennt. Namen nämlich gelten als Part der Persönlichkeit. Anders als die Kleider werden sie ständig „getragen", erscheinen daher noch stärker lebenskrafthaltig und zählen somit zum Intimbesitz ihrer Träger. Persönliche Eigennamen werden fast immer geheimgehalten und sind nur den engsten Angehörigen bekannt. In der Öffentlichkeit benutzt man einen anderen, oft auch Spitznamen an ihrer Stelle. Darum benutzt man niemals die wahren Namen unheiliger Mächte oder gefährlicher Raubtiere und verwendet statt dessen Umschreibungen wie „Gottseibeiuns" oder „Schwanziger" (farkas) für den Wolf im Ungarischen, ebenso wie es lebensgefährlich sein könnte, wenn der eigene Namen ihnen zu Ohren käme. Erst recht bleiben die Namen der Herrschenden geheim. Könige in Westafrika nehmen bei der Thronbesteigung einen neuen, offiziellen an; den alten, sofern ihn einer kennt, danach noch zu nennen, käme sozusagen einer verbalmagischen Absetzung des Herrschers gleich.

Lockerer gibt man sich immer nur im engsten Familienkreis, inmitten der eigenen Privatsphäre. Was dort gesprochen wird und geschieht, sollte nicht nach außen dringen. Den erforderlichen Schutz garantiert wieder eine strenge Etikette. Nähert sich jemand im Dorf einer Hütte, räuspert er sich vernehmlich oder hustet hörbar, um sein Kommen anzukündigen. Dann wartet er, bis jemand heraustritt und ihn begrüßt. Ins Innere jedoch wird er nur selten vorgelassen; meist empfängt und bewirtet man Besucher vor der – gewöhnlich einräumigen – Hütte, zum Beispiel auf der Veranda. Der Intim- und Frauenbereich der Familie bleibt den Blicken Fremder entzogen; nahe Verwandte jedoch sind jederzeit zugelassen. „Ein Mann, der seine Geheimnisse vor aller Welt ausbreitet", pflegt man bei den Gola in Liberia zu sagen, „ermöglicht seinen Rivalen, ihm Schaden anzutun." Um so unvorstellbarer, daß jemand anderes als die allerengsten Angehörigen, hohe Würdenträger oder Leibdiener Zutritt zu den Privatgemächern eines Königs erhielte. Seine Person steht, wie schon früher ausgeführt wurde, für Wohlfahrt und Heil des gesamten Volkes. Sein Privatleben bleibt daher Staatsgeheimnis.

Geheimhaltung hat mit Machtmanipulation zu tun. Jemanden seiner Intimität zu berauben, ihn „bloßzustellen", hieße ihn erniedrigen. Behält man das Geheimnis eines anderen, dessen Enthüllung für diesen nachteilig wäre, für sich, kann man den Betreffenden damit erpressen. Ist man im Besitz wirkmächtiger Zauber, gibt einem das Macht über andere, und man wäre sehr töricht, sein Wissen preiszugeben. Auch Geistesgüter, wie bestimmte magische Formeln, Rezepte für Zaubermedizinen, die Kenntnis heilkräftiger Pflanzen und Kuren gibt man daher nur ungern aus der Hand. Es handelt sich da um Geheimnisse, die „eine Familie", wie wiederum die Gola sagen, „stark machen und andere gern in Erfahrung bringen möchten, um sie schwächen zu können". Auch Berufsgeheimnisse gehören dazu. Vor allem Schmiede, aber oft auch Weber, Färber, Jäger, Heiler und Regenmacher pflegen ihr Wissen – nicht nur in Afrika – sorgsam für sich zu behalten. Zum einen sichert ihnen das eine gewisse Monopolposition, zum andern könnte bei Bekanntwerden des geheimen Wissens eine Art inflationärer Effekt einsetzen. In Tenkodogo (Burkina Faso) ist der Zauber des professionellen höfischen Regenpriesters heute kaum mehr etwas wert, weil ein Vorgänger sein Wissen an allzu viele weitergab. Man vertraut daher mehr der Kunst des Königs

Um die Krankheit eines anderen Kindes gleichsam zunichte zu machen, hat man einen Topf umgekehrt, ein Hühnchen darauf gelegt, aufgeschnitten, mit Schießpulver gesprengt und die Reste mit Palmöl übergossen.

(des Tenkodogo-naaba), der klug genug war, seinen Regenzauber, über den er, wie auch sonst in Afrika oft, schon aufgrund seiner Stellung als König gebietet, konsequenter geheimzuhalten.

Manchmal befinden sich derartige – machtstützende und nicht zuletzt auch lukrative – Spezialkenntnisse im wohlgehüteten Besitz eines Geheim- oder Kultbundes. Es handelt sich dabei zumeist um medizinisches oder religiöses Wissen, etwa um Zauberformeln und Rituale zur Stärkung der Fruchtbarkeit von Feldern, Vieh und Mensch. Wer einem solchen Bund beitreten will, muß bestimmte Voraussetzungen erfüllen und wird nur allmählich, Schritt für Schritt, im Rahmen einer Initiation, in das Geheimwissen eingeweiht. Verrät er anderen davon, kann er dafür mit dem Tod bestraft werden.

In gewisser Weise ließe sich auch eine jede Lokalgemeinschaft als eine Art Geheimbund begreifen – in bezug auf ihre Nachbargruppen, beziehungsweise Fremde generell. Denn ein bestimmtes, das heißt vor allem das zentrale Sakralwissen (Mythen, heilige Gesänge, Zauberformeln, Rituale), dessen Kenntnis den Lebenserhalt der Gesellschaft verbürgt, wird von den Ältesten streng gehütet und nur den jungen Männern während der Initiation enthüllt – da die Frauen ja aufgrund der Exogamieregel fremden Gruppen entstammen, in die wieder auch die Töchter fortheiraten werden. Darin lag stets ein besonderes Problem für die Ethnographen, die selbst während der Kolonialherrschaft ihre Mühe damit hatten. Ende der zwanziger Jahre interessierte sich ein junger französischer Ethnograph zum Beispiel für den Zusammenhang zwischen Huhnopfer und Beschneidung bei einer Gruppe im Westsudan. Um die Informationen auch sicher zu erhalten, schaltete er den Gebietskommandanten ein. Der stieß bei den Ältesten jedoch auf beharrlichen Widerstand. Ihr Argument war, daß darüber nur informiert werden dürfe, wer sich zuvor der Beschneidung unterzogen habe, und dazu glaubte man die Bereitschaft bei dem Europäer wohl kaum voraussetzen zu können. Man kam schließlich zu einem salomonischen Übereinkommen, das einer der Ältesten mit den Worten beschloß: „Nun gut, wir werden ihn uns einfach vom Halse halten, indem wir ihm, ohne daß er es merkt, etwas Hübsches vormachen." Auf diesen Kniff, jemandem „Sand in die Augen zu streuen und ihm eine erfundene Geschichte aufzutischen, wenn man ihm die Wahrheit nicht sagen wollte, kam man", resümiert der bekannte afrikanische Schriftsteller Amadou Hampaté Bâ, der den Fall miterlebte, „als die Kolonialmächte ihre Agenten oder Repräsentanten schickten, um ethnographische Forschungen durchzuführen, aber nicht bereit waren, mit den Leuten unter den dafür erforderlichen Bedingungen zusammenzuleben." Dergleichen fand häufiger statt, als die Ethnologen bereit waren einzugestehen – sofern sie überhaupt dahinterkamen. Die Afrikaner wichen ungebührlichen Fragen aus, zogen sich hinter Höflichkeitsfloskeln zurück, deuteten lediglich an, umschrieben den Gegenstand vage – oder logen ganz einfach.

Man schützt, hält „bedeckt" oder vollends geheim, was „privat" ist im familiären wie gesellschaftlichen Sinne, die Lebenskraft aller in sich trägt und in bestimmten Situationen gefährdet erscheint. Geheimnisse müssen gewahrt – und eine Seltenheit bleiben. Das Licht der Öffentlichkeit macht sie „gewöhnlich". Einen besonderen Wert aber stellen sie immer nur dann dar, wenn sie in Kontakt mit heiligen Stätten und mächtigen, sakralkräftigen Persönlichkeiten stehen; beides bedingt einander.

Die geheimen Gegenstände der Dangme

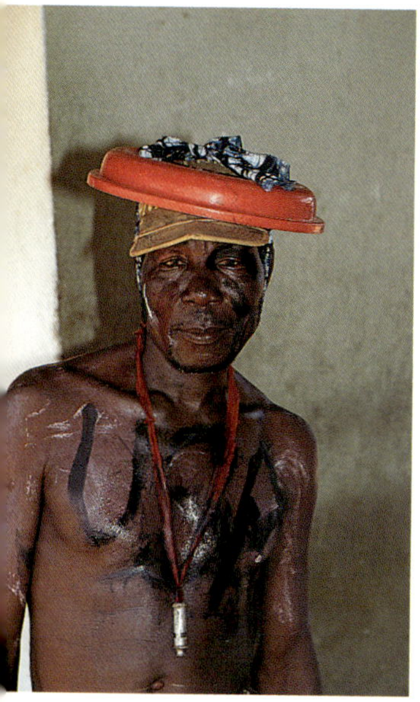

Zum jährlichen kpledzo-Fest zu Ehren aller Götter bemalen sich die Feiernden auch mit Schlammfarbe.

Unten: Mit ihrer kunstvollen Festkleidung und -bemalung ehren die Dangme ihre Götter.

Unten rechts: Priester und Priesterinnen tragen Trachten, die man für die Kleidung der Ahnen hält, als rituelle Amtskleidung.

„Man lernt, Wissen nicht im Kopf, sondern in der Kniescheibe zu verwahren, wo es einem selbst Gift und weibliche Reize nicht entlocken können" – typischer läßt sich die große Bedeutung, die der Geheimhaltung spezieller Kenntnisse und der Dinge, die damit verknüpft sind, kaum beschreiben. Den Dangme in der östlichen Accra-Ebene, die kulturell viele Gemeinsamkeiten mit den benachbarten Ga aufweisen, gelang es gleichwohl, ihre traditionell theokratische Struktur teilweise bis heute zu bewahren. Die alte Religion, vor allem der Ahnenglaube, ist geblieben.

Die Dangme unterscheiden zwischen „großen" und „kleinen" Geistmächten. Erstere sind die „alten" Gottheiten, die dzemawoi (Sing. dzemawo, von dzemi „in der Welt" und wo „Wächter"). Davon gibt es nur wenige, die Kple- und die Klama-Götter, letztere die ursprünglichen, erstere Lokalgottheiten, welche die Dangme von den autochthonen Bewohnern der Accra-Ebene, den Guan, übernommen haben. Beide Arten von Gottheiten verweisen auf den Ursprung der Ortschaften. Eine Gottheit gilt jeweils als Schutzpatron einer Siedlung. Ihr werden bestimmte Gegenstände zugeordnet, die man an ihrem Heiligtum verwahrt. Öffentlich stellt man sie nur zu außergewöhnlichen Anlässen, wie etwa beim Jahresfest, zur Schau, wenn die Erinnerung an die Vergangenheit festlich wiederaufersteht und auch die Ämterembleme – Sinnbilder mit bestimmter, festliegender Bedeutung – vorgeführt werden. Das Jahresfest feiert die Hauptgötter und „belebt" die Geschichte in gedrängter Nachstellung. Doch selbst dann werden nicht alle „Reliquien" sichtbar, und manches Geheimnis bleibt ein Geheimnis. „Staatsstühle" zum Beispiel erscheinen – anders als bei den Asante – nie in der Öffentlichkeit. Jede Kple- oder Klama-Gottheit besitzt ihr eigenes Heiligtum samt Priesterschaft.

Auch dem Glauben der Dangme nach hat Geheimhaltung mit Macht (hewam) zu tun, die unsichtbar, von innen heraus als Kraft im verborgenen wirkt. Ihr Besitzer kann sie für positive wie negative Zwecke nutzen. Die Geheimnisse, die dadurch verschleiert werden, garantieren den Fortbestand der Gemeinschaft. Man nennt sie agbaa – ein Begriff, der sowohl traditionelle Ritualpraktiken wie Eide, bestimmte Kenntnisse wie z. B. die Pflanzenkunde als auch das Geheimwissen um die Embleme der Ahnen sowie schließlich die lokale Priesterschaft einbezieht. Letztere spielt insofern eine einflußreiche Rolle, als sie die „Staatsgeheimnisse", mit denen sie die Bezeichnung teilt, schützt und die jährlichen Zeremonien überwacht. Sie kennt sich aus im Umgang mit den Geistmächten, weiß um ihre heiligen Pflanzen und hütet die Reliquien der Ahnen. Agbaa ist der Angelpunkt der menschlichen und kosmischen Welt; keine Dangme-Siedlung könnte ohne agbaa bestehen.

Zugang zu diesem esoterischen Wissen erhält man allein durch die Aufnahme in die agbaa-Gesellschaft, die allerdings nicht jedem offensteht. Ein wesentlicher Teil des Geheimwissens der agbaa-Gesellschaft besteht in der Pflanzen- und Kräuterkunde. Vor allem die Blätter besitzen Schlüsselbedeutung für den Kontakt mit der spirituellen Welt. Pflanzenmedizinen sind wirksame Mittel, Einfluß auf die Umwelt wie den Menschen zu nehmen, den Kriegern Kraft und gene-

Diese Priesterin wurde von einer „kleineren“ Geistmacht ergriffen. Die abodo (Buschgeister) haben die Dangme von den benachbarten Akan übernommen. Die religiöse Körperkosmetik (he dra mo) hat symbolische Bedeutung, die sich aus der Kombination der Motive ergibt. Zu den besonderen Kennzeichen der „kleinen“ Geistmächte gehören in Prampram die linearen Muster auf dem Oberkörper und den Unterbeinen der Priesterin.

Priesterinnen ziehen in Prozession zum Heiligtum des Wassergottes Digble, der als Schutzpatron der Stadt Verehrung genießt. Die Perlen, die sie tragen, sind Anzeichen von Reichtum und symbolisieren rituelle Reinheit; wer Perlen trägt, lenkt den Segen der Götter auf sich. Perlen sind wesentliche Attribute des Priesteramtes. Diener der Kple-Gottheiten (Lokalgottheiten) tragen weiße Perlen, hergestellt aus Fischknochen oder Elfenbein (nyoli).

Männer holen die heilige Trommel aus dem Heiligtum des Meeresgottes, die im Mittelpunkt dieses Festes steht. Das Jahr über darf sie nur von sechs Personen gesehen werden, andere würde ihr Anblick um den Verstand bringen. Wie alle Reliquien im Digble-Heiligtum wurde sie zum Fest mit dem Doppellinienmotiv bemalt, das den Wassergott symbolisiert.

Frauen beim Transport der „Medizinen“ zum Zeremonialplatz.

rell Schutz vor Unheil zu verleihen. Pflanzen und Blätter sind deshalb die wesentlichen Voraussetzungen zum Erwerb von Macht (hewam), die jedem Menschen zwar innewohnt, letztlich jedoch erst durch den Kontakt mit „Medizinen“ richtig aktiviert zu werden vermag.

Den Umgang mit hewam lernt man in der Gesellschaft bei einem agbaa-Meister oder durch ordnungsgemäße Einführung in ein politisches Amt. Hewam umfassen Pflanzen und Kräuter (baa), Medizinen oder Zaubermittel (tsupa), die sich zusammensetzen aus Pflanzen und anderen natürlichen Materialien wie Tonerde und Tierteilen, und Geheimnisse. Ein dichtes Netz von Verboten schützt die Enthüllung der Geheimnisse wie der Gruppenembleme, die sie Gefäßen gleich enthalten, Geschick und Erfolg der Gesellschaft bergen und Träger ihrer Macht wie Zeugen ihrer Geschichte sind. In ihnen ruhen die Hoffnungen der Vorfahren; auf sie werden Eide geschworen, Fluch- und Segensformeln gesprochen. Ihr Besitz sicherte den Herrschern politische Autorität. Das Geheimnis wurde bewahrt, weil sein Ursprung mit der Geschichte des Königtums verbunden ist. Aber doch nicht so gut, als daß nicht bekannt wäre, um welche Gegenstände es sich ungefähr handelt: Das Wissen um die Existenz des Geheimnisses gehört zu seinen stabilisierendsten Voraussetzungen.

Die Statue Oluwedoku, die für die neue Anbauphase Fruchtbarkeit schenken soll, was deutlich das übergroße Geschlechtsorgan der Figur ausweist, wird mit grünen Blättern geschmückt. Das Wissen um die heiligen Pflanzen ist ein wesentlicher Teil dessen, was in der Dangme-Gesellschaft geheimgehalten wird. Ein Eingeweihter lädt sich die Statue auf den Kopf, woraufhin die ihr innewohnende Macht Besitz von ihm ergreift. Die weiße Lippenmarkierung deutet auf seine Verschwiegenheit hin: Sein Mund bleibt versiegelt – er behält sein Wissen für sich.

Oben: Frauen tragen neben Töpfen mit Kräutermischungen geheime, in weiße Baumwolltücher eingebundene Gegenstände auf ihren Köpfen zum Zeremonialplatz. Viele Dinge, vor allem die Ahnenstühle, bleiben auch während der Zeremonien vor den Augen der Öffentlichkeit verborgen.

Rechts: Im Heiligtum des Wassergottes wird eine Frau aus der Trance geholt. Damit der Gott ohne Profanierung austreten kann, hat man sie mit einem Tuch bedeckt. Zuvor verabschiedet er sich.

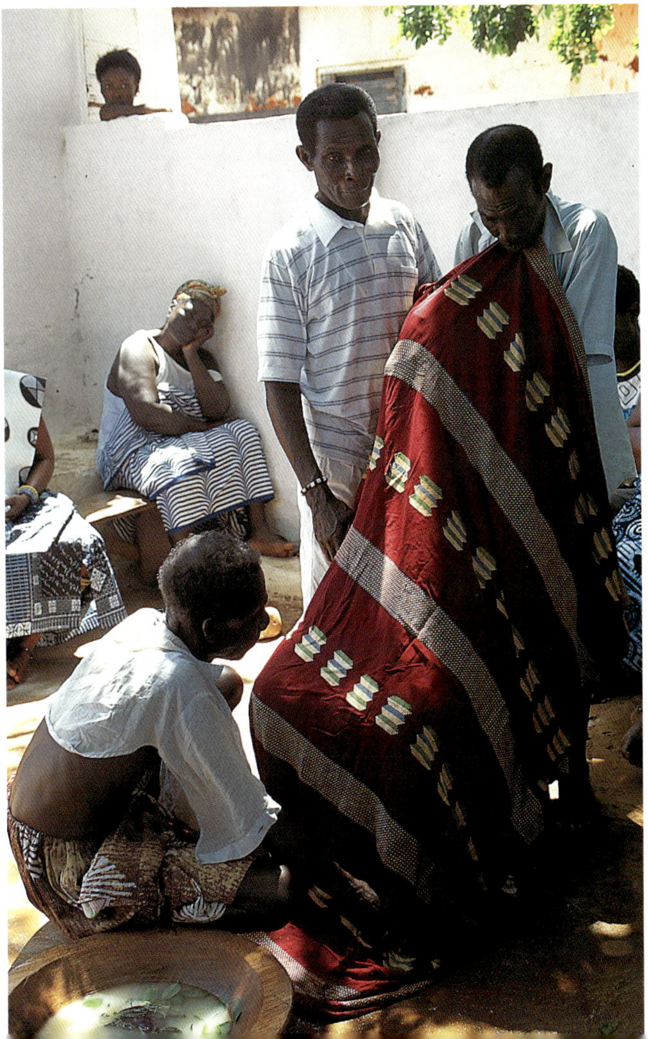

Die geheimen Männerbünde

Geheimnisse sind etwas wert, werden respektiert oder flößen Furcht ein, wenn ihnen irgendeine besondere Bedeutung für die Gesellschaft zukommt und sie sich unter der Obhut möglichst nur weniger befinden, die sie sorgsam zu wahren verstehen. Ihr Besitz kann Ansehen, aber auch Macht verleihen. Darum liegt es im Interesse sowohl der Hochstehenden, solche Geheimnisse unter ihre Kontrolle zu bringen, als auch bestimmter anderer gesellschaftlicher Gruppen, die dadurch Einfluß über andere zu gewinnen suchen, unter Umständen auch ein gewisses Maß an politischer Macht, die dann unvermeidlich in Konkurrenz zu den offiziellen Autoritäten, den Ältesten, Oberhäuptern oder Königen tritt.

Letzteres war bereits in den dörflichen Gemeinschaften der traditionellen Stammeskulturen keine Seltenheit. In vielen Teilen der Welt, namentlich in Ozeanien und Afrika, hier ganz besonders im Westsudan, von Sierra Leone über Ghana, Nigeria und Kamerun bis in den angrenzenden Kongoraum hinein, bildeten Männerbünde, Geheimgesellschaften und Kultgenossenschaften eine verbreitete Erscheinung. Dabei ist zwischen „inklusiven" und „exklusiven" Bünden zu unterscheiden. Zu ersteren zählen in der Regel alle initiierten Männer einer Gruppe. Die Aufnahme erfolgt also automatisch nach Abschluß der Initiation. Und abgesehen von Geschlecht und Erwachsenenstatus vereint alle der Besitz eines bestimmten Geheimwissens, das vor allem das religiöse Überlieferungsgut – Mythen, Gebete, Lieder, liturgische Texte, Rituale von zentraler Bedeutung, magische Praktiken, Rezepturen wirkkräftiger Medizinen wie die Kunst, Idole zu schnitzen und gewisse sakrale Musikinstrumente (Trommeln, Flöten, Knochentrompeten u. a.) zu spielen, – umfaßt. Nichts davon darf zur Kenntnis Außenstehender, in diesem Fall also der Kinder, Frauen und Fremden, gelangen. Als Versammlungs- und Kultlokal dient gewöhnlich das Männer- oder Klubhaus, in dem auch der – gleichfalls geheime – „Tempelschatz" des Bundes aufbewahrt wird: neben den genannten Musikinstrumenten zur Hauptsache etwa Schädel und Knochen großer Ahnen, Beutestücke, altüberlieferte Wertsachen sowie die Gerätschaften, Trachten und Masken für die großen Kultveranstaltungen. Kinder, vor allem aber Frauen dürfen noch nicht einmal in die Nähe der Männerhäuser kommen. Früher hatten sie in derartigen Fällen die harte Strafen (bis hin zur Tötung) zu gewärtigen.

Egungun-Mitglied (in seiner Gestalt kommen die Ahnen). Zeichnung Azokus.

König des Geheimbundes der Egungun bei den Yoruba. Zeichnung Azokus.

In den traditionellen ländlichen Agrargesellschaften besitzen Frauen, als zugeheiratete Fremde, so gut wie ausnahmslos einen geringeren, minderprivilegierten Status als Männer. Diese nämlich sind ihren Mythen und Sagen nach die Ur- oder Altansässigen am Ort. Zahllose Generationen ihrer Ahnen ruhen unter der Erde. Sie kennen jeden Fußbreit des Bodens, die Geister und Götter wie die erforderlichen Riten, um in ihrer Umwelt überleben zu können. Ihnen „gehört" das Land; sie sind seine Herren. Insofern ist es auch ihre Sache, die Kenntnisse, den Erfahrungsschatz, der das Dasein verbürgt, nur an ihre Söhne weiterzugeben, vor anderen aber, wie den Frauen, tunlichst geheimzuhalten, um nicht Fremden Macht über sich zu verleihen. Hierin liegen Aufgabe und Funktion der Männerbünde. Frauen leisten zwar einen Großteil der – gewissermaßen rein profanen – Arbeit auf den Feldern; allein darauf kommt es nicht eigentlich an. Wichtiger sind der Zugang zu den Ahnen und das Wissen um die richtige Art des Umgangs mit den Geistern und Göttern, die für die Fruchtbarkeit des Bodens, den Ernteereichtum und die Wohlfahrt der Gruppe ausschlaggebend sind. So gesehen, tragen die Männer die Hauptverantwortung für den Erhalt der Gesellschaft – dank ihres Wissens.

Unter „exklusiven" Männerbünden dagegen sind die eigentlichen Geheimgesellschaften zu verstehen. Nicht jeder initiierte erwachsene Mann erhält automatisch Zugang zu ihnen. In manchen Fällen kann man sich die Aufnahme zwar regelrecht erkaufen, in den meisten jedoch muß sie mühsam erworben werden. Die Kandidaten haben sich dazu einer langwierigen und mühseligen Initiation zu unterziehen, in der sie Schritt für Schritt, im Zuge einer rituellen Wiedergeburt, nur ganz allmählich in die höchsten und letzten Wissensquellen des Bundes eingeweiht werden. Zuletzt erhalten sie einen neuen Namen und feiern den Abschluß des Aufnahmerituals im Kulthaus des Bundes zusammen mit den übrigen Mitgliedern auf gebührend festliche Weise, wobei das übliche gemeinsame Mahl den Höhepunkt bildet.

Solche Männergeheimbünde kamen bei zahlreichen Indianergruppen Nord-, teils auch Südamerikas, in Melanesien und wiederum in Westafrika vor, wo sie auch heute noch fortleben. Das besondere Wissen, das sie in ihren Reihen monopolisieren und strikt geheimhalten, bezieht sich nicht generell auf sakrale, sondern bestimmte spezielle Kenntnisse – etwa in der Heilpflanzenkunde, spezifischen Therapieverfahren, Zauber- und Fruchtbarkeitsritualen, der Pflege eines bestimmten religiösen Überlieferungsguts (Mythen, Lieder, Tänze), der Beziehungen zu heiligen Tieren oder auch verschiedener Geisterkulte. Alles, was dazu an Kenntnissen und Requisiten erforderlich ist, befindet sich im alleinigen Besitz des Geheimbundes.

Gewöhnlich führt ein solcher Bund seine Legitimation auf einen entsprechenden Enstehungs- oder Einsetzungsmythos zurück, der sein hohes Alter, gegebenenfalls auch seinen göttlichen Ursprung beglaubigt. Daß Täuschung und „Theaterdonner" einiges zur Macht der Bünde beitragen, enthüllt auf ebenso entwaffnende wie naive Weise ein Mythos der Kulere, einer etwa sieben- bis achttausendköpfigen Bevölkerung am Südwestrand des zentralnigerianischen Hochplateaus, die noch bis vor kurzem eine ganze Reihe von Kultgesellschaften besaß. Hier geht es um den Ursprung des Rai.

Früher gab es eine Männer- und eine Frauengesellschaft. Sie wollten erproben, welche von ihnen mächtiger sei. Jede sollte eine Kuh bringen, und die siegreiche Seite sollte beide erhalten. Die Männer hoben eine Grube aus, und nachdem einige von ihnen sich darin versteckt hatten, bedeckten sie sie so, daß man nichts von ihnen sah. Zuerst wurden die Frauen gebeten, etwas vorzuführen, um ihre Macht unter Beweis zu stellen. Aber sie hatten nichts. Als dann die Männer an die Reihe kamen, blies ihr Führer auf einer Hornpfeife. Da antworteten die aus der Grube mit Hörnerblasen und Geschrei. Die Frauen erschraken und liefen davon. Und daher meinen sie, Rai sei übernatürlich. Darauf gründen die Männer bis heute ihre Überlegenheitsposition.

Zangbeto-Geheimbund der Yoruba (Polizei der Nacht).
Zeitgenössische Zeichnung Azokus.

Eine Gelede-Maske der Yoruba.
Zeitgenössische Zeichnung Azokus.

Die besondere Macht der Geheimbünde kann gelegentlich in Terror ausarten, unter Umständen aber auch segensreiche Mittlerfunktion zwischen den verschiedenen Bevölkerungsgruppen oder generell den einfachen Leuten und ihren Obrigkeiten wahrnehmen. Eine gewisse Berühmtheit in der Hinsicht erlangte der Poro-Bund, der sich über mehrere Ethnien Sierra Leones und Liberias erstreckt. Insofern wuchs ihm ganz selbstverständlich auch die Aufgabe zu, schlichtend bei interethnischen Streitigkeiten einzugreifen. War etwa ein Stammeskrieg ausgebrochen, rief der Bund ein Tribunal aus seinen höchsten Repräsentanten zusammen, das den Ursachen der Auseinandersetzung nachging und schließlich die Gruppe, die den Funken ans Pulverfaß gelegt hatte, zu einer viertägigen Plünderung durch Krieger der neutral gebliebenen Stämme verurteilte. Die Exekutoren erschienen dabei maskiert, mit brennenden Fackeln und Dolchen bewehrt, töteten jedermann, der sich nicht rechtzeitig in sein Haus zurückzuziehen vermochte, und raubten, was ihnen unter die Hände kam. Die Hälfte davon erhielt der angegriffene Stamm, die andere sprach der Poro den Plünderern als Belohnung zu. Auch die Untersuchung und Ahndung sozusagen ganz normaler Delikte war Aufgabe des Bundes. Er besaß – wie das auch in anderen Ländern nicht selten Sache von Geheimbünden ist – gewissermaßen polizeiliche Funktionen. Doch nicht nur das: Er übte auch soziale Gerechtigkeit. Gewannen die Häupter des Poro den Eindruck, daß einzelne Familien allzu vermögend und mächtig geworden waren, konnte ebenfalls ihre Ausplünderung angeordnet werden. Widerstand war zwecklos. Wer sich dazu verstieg, wurde sofort mit dem Tod bestraft.

Der Poro hatte dabei sichtlich eine glückliche Hand. Er bewies ebensoviel Umsicht wie Konsequenz. Das machte ihn überaus erfolgreich und trug ihm nicht nur eine allseits anerkannte Autorität, sondern auch eine beträchtliche, überregionale Macht ein. Die englischen Kolonialbehörden (in Sierra Leone) beunruhigte das nicht. Sie sahen im Gegenteil ihre Chance, sich des Bundes im Sinne der Indirect Rule-Doktrin zu bedienen, und übertrugen ihm administrative und polizeidienstliche Aufgaben. Sie konnten so im Hintergrund bleiben und brauchten sich nicht selber die Hände schmutzig zu machen.

Neben den Männer- gab und gibt es, sehr viel seltener allerdings, auch Frauenbünde beziehungsweise Frauengeheimbünde. Hauptverbreitungsgebiet ist in Afrika wieder der Westsudan, vor allem Sierra Leone und Liberia. Über ihre Organisation und Funktionen weiß man nicht viel, da Männer – auch europäische Ethnographen – kaum davon etwas erfahren. In der Hauptsache scheinen sie jedoch geburtshilfliche, medizinische und agrarmagische beziehungsweise entsprechende kultische Aufgaben wahrzunehmen. Auch bei den erwähnten Kulere existieren eine ganze Reihe solcher Bünde, die sich offenbar überwiegend der Förderung des Fruchtpflanzenwachstums widmen. Während des Hauptfestes des mächtigsten dieser Bünde begeben sich die Frauen zu bestimmten Höhlen, empfangen dort von nicht näher bezeichneten Wassergeistern Feldfrüchte, die sie dann als magische Stärkungsmittel zur Mehrung der Ernteerträge verwenden.

Immerhin besaßen die Frauen hier einmal die Möglichkeit, durch Solidarisierung eine gewisse Macht zu gewinnen und sich des Dominanzanspruchs und Herrengehabes der Männer nicht ohne Erfolg zu erwehren. In einigen Fällen hatten sie auch ordnungsdienstliche Funktionen auf sich gezogen. Es gab allerdings Vorformen dazu, auf denen die Bünde aufbauen konnten. Treffen bei den Ibo oder auch Igbo in Nigeria zum Beispiel die Männer Verfügungen, die den Frauen unannehmbar erscheinen, kommen sie in eigenen Gremien zusammen und beschließen entsprechende Gegenmaßnahmen, die von der öffentlichen Verspottung aller, ja der tödlichen Verfluchung einzelner Männer, bis zum geballten Massenboykott reichen können. Ein anderes beliebtes Mittel, unliebsame Männer zur Räson zu bringen, besteht darin, gemeinsam zu ihrem Gehöft zu ziehen, sich dort gesellig niederzulassen, zu tanzen und despektierliche Spottlieder zum besten zu geben und unter Umständen auch mit Mörserstößeln gegen die Wände der Häuser zu hämmern oder sie mit Schlamm zu beschmieren, bis die Betreffenden kapitulieren und sich reuig zu ihren Verfehlungen bekennen. Die Geheimbünde selbst dagegen nehmen ihre disziplinarischen Maßnahmen im verborgenen vor. Die Mitglieder des Njembe-Bundes der Mpongwe in Gabun verfügen zum Beispiel über gewisse Zauberkräfte, die sie in die Lage versetzen, nicht nur unerkannte Missetäter zu entlarven, sondern auch geheime, gegen die Interessen der Frauen gerichtete Machenschaften der Männerwelt zu enthüllen. Bünde in Sierra Leone richten wirkkräftige „Medizinen" an, mit denen sie Männer, die sich den Frauen gegenüber etwas zuschulden kommen lassen, gesundheitlich schädigen – oder, schlimmer noch, um ihre Manneskraft bringen. Da ihre Kunst geheim und die Solidarität der Bundmitglieder fest blieb, vermochten sie ihre Macht zu behaupten.

Egungun-Gewand Olohundes, des Egungun-Boten für Toleranz und Frieden.

Egungun-Gewand des Tnama, der als unruhestiftender Narr fungiert.

Links: Egungun-Gewand des Olohunde.
Oben: Egungun-Gewand des Odé, der Jägerfigur, der oft auf der Suche nach Beute ist, die er „zermalmen" kann. Eine Holzscheibe mit Affenschädel schließt das Kostüm ab.

Geheimbünde der Yoruba

Die Yoruba – ursprünglich ein Hausa-Wort für das Königreich Oyo – leben zum größten Teil (zu ca. 15 Millionen) in Nigeria, kleinere Gruppen auch in Benin. Sie sprechen mehrere, teils untereinander nicht verständliche Dialekte und verteilten sich ehemals über gut fünfzig voneinander unabhängige Königreiche. Die gingen in Kriegszeiten zwar befristete und wechselnde Bündnisse ein, bildeten eine Einheit aber nur insofern, als ihre Könige sich allesamt vom Gott Odudua herleiteten, der vom Himmel nach Ife kam, um die Welt zu erschaffen. In anderen Mythen gilt Odudua als Gattin des bedeutenden Gottes Obatala oder ist die Erde als Urmaterie. In vielen Mythologien der Welt ist die Erdgottheit androgyn und in der Lage, alle Lebewesen selbst zu gebären, ohne befruchtet zu werden.

Die Yoruba kennen viele Bünde, die einen mehr oder weniger exklusiven Charakter besitzen und als geheime Gesellschaften früher häufig ein geradezu terroristisches Regiment ausübten. Insofern lag die eigentliche Herrschaft oft weniger in den Händen des Königs oder der Ältesten als bei einem mächtigen Geheimbund, dessen Sendlinge unter dem Schutz ihrer Masken widerstandslos zu fordern und anzuordnen vermochten, was ihnen beliebte. Andere Bünde, wie die Gelede-Gesellschaft, dienen eher profaneren Zwecken, bevorzugt zum Beispiel der Unterhaltung. Im Kern zwar ebenfalls religiös orientiert, ist er doch weniger exklusiv als andere.

Wie Oro und Egungun in den Besitz der Männer kamen

Olodumare, der Schöpfergott, hatte der ersten Frau, Odu, die Fähigkeit zugestanden, Leben zu schenken. Sie aber mißbrauchte diese Macht, und jeder, der ihr ins Gesicht blickte, lief Gefahr zu erblinden. Obatala wandte sich daraufhin an Orunmila, den Gott der Weissagung, der ihm riet, Geduld zu bewahren. Und schon bald bat ihn Odu, zu ihr ins Haus zu kommen und mit ihr zu leben, so daß er sehen könne, was sie tue. Eines Tages opferte Obatala einige Schnecken. Von einer aß er den Schleim und bot auch Odu davon an. Der Schneckenschleim erweichte ihr Herz, so daß sie Obatala alle ihre Geheimnisse, zu denen auch die der Oro- und Egungun-Gesellschaft gehörten, preisgab. Seither befinden sie sich im Besitz der Männer. Allerdings empfahl sie dabei auch, die Zustimmung und Zusammenarbeit der Frauen zu suchen, da sie aller Mütter seien. So kam es, daß die Männer zwar Macht über die Frauen ausüben, diese aber weiterhin die Kontrolle über das Leben besitzen. Gäbe es sie nicht, würde niemand geboren werden.

Oro, der Schwirrholzbund

Oros Heiligtum befindet sich im Busch, wo ihm bestimmte Haine (igbo oro) geheiligt sind. Früher durfte sie kein Nichtinitiierter betreten, oder er mußte mit dem Tod dafür büßen. Alle drei oder sieben Jahre finden in geheimgehaltenen, von Bundmitgliedern errichteten Buschlagern die Initiationszeremonien statt, die früher drei Monate dauerten. Mit Palmblattröcken und die Gesichter weiß bemalt, werden die Initianden von einem „Wesen", dessen Gesicht verborgen bleibt, in den heiligen Hain geführt.

Besonders einflußreich unter den zahlreichen Geheimgesellschaften der Yoruba ist der Männerbund Oro. Bei den Oyo und Egba (Hauptstadt Abeokuta) überstieg seine politische Macht sogar den religiösen Geltungsanspruch. Oro besaß hier das Vorrecht zu überwachen, ob die Herrscher sich auch getreu den göttlichen Moralvorschriften verhielten. In seinen Händen lag die Wahrung der traditionellen Ordnung, die Kenntnis und Pflege der Mythen, der Folklore und Geschichte. Sein Wissen umschloß die Weisheit der Gesellschaft. Vor der Kolonialzeit stand ihm das Recht zu, in geheimer Gerichtsbarkeit Todesstrafen zu verhängen und die Verurteilten hinzurichten. Das nicht zuletzt verbürgte seine erhebliche Macht. Schuldig Gesprochene wurden in den heiligen Hain des Bundes gebracht, wo man ihnen dann den Kopf abschlug. Ihren Leichnam sah man kaum jemals wieder; es hieß, Oro habe sie „geholt". Bisweilen entdeckte man noch Kleiderfetzen auf einem Baum, die angeblich dort hängengeblieben waren, als Oro seine Opfer durch die Luft davontrug.

Oro erfüllt jedoch auch unterschiedliche soziale Funktionen. So tragen Bundmitglieder Sorge dafür, daß Verstorbene ordnungsgemäß beigesetzt und ihre Seelen sicher ins Totenreich überführt werden, und bestatten Personen, die eines Schlimmen Todes – zum Beispiel im Kindbett oder durch einen Unfall – gestorben sind.

Die Initianden stehen voll Demut vor dem Schrein Oros. Oro steht wesentlich im Dienst der Totengeister und erscheint daher nur nachts. Sein Emblem ist ein Stück Eisen oder Holz, das mit einer Schnur an einem Stab befestigt, also ein Schwirrholz ist. Die Schwirrhölzer erzeugen einen Klang, dem nachgesagt wird, daß er Hexen tötet.

Oro steht wesentlich im Dienst der Totengeister und erscheint daher nur nachts. Sein Emblem ist ein flaches Stück Eisen oder Holz (vorwiegend óbó- oder Kamholz, das Hexen weder sehen noch riechen dürfen), das mit einer Schnur an einem Stab befestigt, also ein Schwirrholz ist. Davon besitzt jeder Bund häufig zwei verschiedene Arten. Ein kleineres, als ise, „Störung", bezeichnet, hörte man früher in den meisten Nächten des Jahres. Es erzeugt einen hohen schrillen Ton, der aja oro, „Oros Hund", genannt wird. Von einem größeren, dem agbe, „Schwert", hingegen geht ein Brummton aus, der als die Stimme von Oro selbst gilt und ankündigt, daß jemandem der Tod droht. Oro gibt die Stimme der Toten wieder, weshalb man sagt, daß sie es seien, die rufen. Vor den Frauen muß er geheimgehalten werden; vor allem aber haben ihn Hexen zu fürchten: Der Schwirrholzklang läßt Hexenvögel – und damit die Hexen selbst – sterben. Bisweilen zerstört er auch Bäume, auf denen Hexenvögel sitzen, und bringt Untäter um den Verstand.

Früher waren sieben, mancherorts sogar neun Tage im Jahr um die Neumondszeit speziell der Verehrung Oros gewidmet; dann verließen die Frauen selbst tagsüber nur wenige Stunden das Haus, um die notwendige Nahrung herbeizuschaffen. Am letzten Tag blieb ihnen selbst das versagt. In den Nächten war dann Oros Stimme deutlich zu hören. Eine unbotmäßige oder neugierige Frau, die Oro bzw. sein Emblem erblickte und das Geheimnis entdeckte, wurde mittels Zauber getötet; man sagte, Oro habe sie umgebracht.

Oro erhält einen Widder geopfert, von dessen Blut auch die Initianden trinken.

Der Hexenglaube ist zwar immer noch weit verbreitet, aber der Oro-Bund hat viel von seiner ehemaligen Bedeutung verloren. Oros Ruf erklingt häufig nur noch nach dem Tod bedeutender Bundmitglieder. Angehörige der Geheimgesellschaft tragen häufig weder Kostüme noch Masken, nur in Abeokuta hölzerne Masken, die aber nicht – wie beim Totenkultbund Egungun – die Person zur Gänze verhüllen.

Das Blut des Widders wird über Oros Schrein getröpfelt.

Der wilde Tanz der Initianden um Oros Schrein geht bis zur völligen Erschöpfung.

Erst nachdem sich alle Initianden vor dem Schrein „wie tot" auf die Erde geworfen haben, werden sie anschließend als neue Mitglieder der Oro-Gesellschaft wieder zum Leben auferstehen.

Rechte Seite: Die Drohgebärde gehört zum Ritual – mit dem blutigen Kopf des Opfertieres versucht der junge Mann, der die Initiation leitet, die Knaben einzuschüchtern.

Der Totenkult und Egungun

Jedes Jahr im Juni findet ein Fest statt, bei dem alle, die in letzter Zeit gestorben sind, gemeinsam betrauert werden. Um Geld für das Fest zu sammeln, ziehen Mitglieder des Egungun-Kultbundes von Dorf zu Dorf. Die farbenprächtig verkleidete Person stellt einen Ahnengeist dar. Ahnenmasken halten die Erinnerung an die Verstorbenen wach und die Beziehung zu ihnen allezeit lebendig.

Egungun im wirbelnden Tanz. Wächter mit langen Gerten achten darauf, daß die Anwesenden den Ahnen den schuldigen Respekt erweisen, wozu auch gehört, daß jeder in ihrer Gegenwart sein Haupt entblößt. Noch wichtiger aber ist, daß die Kostüme nicht verrutschen oder jemand sie berührt. Kam es früher dazu, mußten im ersten Fall der Maskenträger und jede anwesende Frau, im zweiten der Maskenträger und derjenige, der ihn berührt hatte, sterben. Heute ist der Egungun-Tanz eigentlich nur mehr ein amüsantes Spektakel, das vor allem Männer genießen.

Rechts: Bei einer Egungun-Zeremonie wird ein Verwandter des Verstorbenen von den Ahnen zur Strafe markiert. Die Egungun treten als Ahnen auf.

Egun bedeutet „Knochen", „Skelett" sowie den Geist eines Toten, der auf die Erde zurückgekehrt ist. In der Geheimgesellschaft herrscht eine strikte Rollenverteilung. In Oyo nimmt den höchsten Rang der alapini ein, einer der sieben „Vornehmen" der Stadt. In den einzelnen Ortschaften liegt die Führung in den Händen mehrerer Oberpriester oder alagbâ, aus deren Reihen eine Art „Präsident" gewählt wird. Künftig bleibt ein Bereich seines Gehöfts allein für Bundmitglieder reserviert, die hier zusammenkommen und ihre Masken und Kostüme aufbewahren. Bei den öffentlichen Auftritten des Bundes bleiben die Höherrangigen, bei denen es sich immer um ältere Männer handelt, eher im Hintergrund. Putz und Tanz überlassen die Alten den Jüngeren. Sie selbst behalten sich dafür alle wichtigen Entscheidungen vor und kassieren einen Großteil der Bundeinnahmen.

Im Mittelpunkt des Egungun steht die Ahnenverehrung. Bundmitglieder und Maskenträger spielen deshalb vor allem bei Bestattungsritualen eine Rolle. Letztere werden zum Beispiel vom Geist des Verstorbenen besessen, der sich ihrer bedient, um seinen Hinterbliebenen Trost zu spenden und in strittigen Fällen die Entscheidung zu treffen. Sein Wort hat vor allem bei Familienstreitigkeiten und in Erbfragen Gewicht. Früher besaß der Bund auch großen politischen Einfluß. Handelte etwa ein Dorfchef allzu eigenmächtig oder suchte zu sehr den eigenen Vorteil, wurde er vor den Bund zitiert. Das Bundgericht, die Ahnen auf Erden repräsentierend, tagte in einem heiligen Hain (igbole), rügte den Schuldigen und legte das Strafmaß fest. Bei groben Verstößen konnte er abgesetzt, ärgstenfalls sogar aus der Dorfgemeinschaft verstoßen werden. Heute sind die Vollmachten des Bundes allerdings eingeschränkt, so daß seine Macht er-

heblich geschmälert und er kaum mehr gefürchtet ist. Gleichwohl umwittern ihn immer noch viele Geheimnisse. Knaben werden zwar bereits mit fünf oder sechs Jahren in den Kult initiiert, doch bleibt es bei der Geheimhaltung gegenüber den Frauen, die willig auch weiterhin vorgeben zu glauben, daß die Egungun aus der Geisterwelt kommen.

Außer bei Bestattungen erscheinen die Egungun nur einmal im Jahr, und zwar vor Aussaatbeginn im Mai oder Juni, wenn sich die Yoruba an die Ahnen wenden, um sie um ihren Segen für die Gemeinschaft und die Feldfrucht zu bitten. Jeder Distrikt stellt für einen Zeitraum von vier Wochen einen eigenen Plan für die Auftritte der Egungun auf, die deshalb von Ort zu Ort variieren. Nachdem dann Straßen und Plätze reingefegt und alle schadhaften Speicher und Häuser wiederhergestellt sind, schicken sich Lebende und Tote an, gemeinsam ein großes Fest zu feiern. Dazu reist man selbst von weither an, auch die Verstorbenen. In der befristeten Zeitspanne, in der die Egungun auftreten, feiert die Gemeinschaft den Triumph der (Frei-)Seele über den Tod, gehen Vergangenheit und Gegenwart ineinander über, was wiederum Zuversicht für die Zukunft stiftet.

Die ersten rituellen Handlungen beginnen nachts, während der Geisterzeit, wenn die Häuser geschlossen sind und die Dorfbewohner schlafen. Im Zentrum der Ortschaft, am Schnitt- oder Scheitelpunkt zwischen Diesseits und Jenseits, eröffnet ein Geist namens Agan das Fest. Seine Ankunft erfolgt ebenso unbestimmbar und geheimnisvoll wie der erste Regen, der nach der Trockenzeit die ausgedörrte Erde befruchtet. Niemand darf diese mysteriöse Geistmacht sehen, ihre Anwesenheit teilt sich den Menschen allein durch bestimmte Geräusche mit. Am Vorabend des ersten Festtages versammeln sich die Bundmitglieder im heiligen Hain. Kniend und betend verbringen sie hier die Nacht, um Segen und Wohlwollen der Ahnen zu erbitten. Zahllose Hühner und Ziegen werden auf ihren Gräbern geopfert, deren Blut die Erde gleichsam tränkt. Derart „gestärkt“, erscheinen die Ahnen am nächsten Morgen in der Öffentlichkeit, dargestellt, wie gesagt, von den jüngeren Bundmitgliedern, die ihnen Leib und Sprache leihen. Mit Grabesstimme oder in hohen zittrigen Lagen, pfeifend oder nasal, erteilen sie Rat oder Anweisungen. Ihre Stimme ähnelt angeblich den Lauten eines Ijimene genannten Affen.

Begleitet von den alagbâ sowie rangniedrigeren Priestern, ziehen die Egungun, trommelnd und tanzend, zum Haus des Dorfchefs. Der beschenkt sie reichlich, wofür sie ihm und der gesamten Gemeinschaft ihre Unterstützung zusichern. Nach etwa drei Stunden ausgelassenen Feierns mit Gabenaustausch, wildem Tanz und kräftigem Zechen verabschieden sich die Egungun wieder, um sich auf die verschiedenen Dorfviertel zu verteilen, jede Maske gewöhnlich dorthin, wo ihr Träger zu Hause ist. Eine ihrer wichtigsten Aufgaben besteht nunmehr darin, Vergehen der zurückliegenden Zeit aufzudecken, zu rügen und zu ahnden. Dabei haben sie vor allem die Moral der Frauen im Visier. Geht es heute zur Hauptsache nur mehr um die öffentliche Rüge anstößigen Verhaltens, traf früher das Strafgewicht bevorzugt Frauen, die der Hexerei, eines Mordanschlags, der Aufwiegelei oder anderer Kapitalverbrechen verdächtig waren.

Es ist immer Aufgabe der Ahnen, Mißgunst und Zerwürfnisse beizulegen, um die bedrohte Gemeinschaftlichkeit aufs neue zu stärken, so daß die Dorfbewohner ihre ganze Kraft auf die bevorstehende harte Feldarbeit konzentrieren und das neue Jahr in Eintracht

Eine besondere Rolle spielt der sogenannte juju-man oder Zauberer, eine Art Scharfrichter, der nur zu besonderen Anlässen auftritt. Dieser Experte in tödlichen Giften, Schwarzer Magie und Hypnose geht in farbloses Sackleinen gehüllt, das Gesicht hinter einer roten Kapuze verborgen. Seine Zaubermittel trägt er in einem Beutel um den Hals, in der Hand hält er eine abgehackte Gorillapfote.

und Harmonie beginnen können. Daher das Rügegericht der Masken, das die Gesellschaft reinigt, aussöhnt und freimacht. Die „alten Herren“ an der Spitze des Bundes sichern sich damit – früher zumindest – nicht zuletzt die uneingeschränkte Kontrolle über das Tun und Lassen der Frauen und Jugendlichen.

Die Maskenauftritte erstrecken sich über einen Zeitraum von sieben Tagen und kulminieren zuletzt in sportlich-spielerischen, teils verwegen akrobatischen Darbietungen. Besonders beliebt und wirkungsvoll sind auch verschiedene Zauberkunststücke, mit denen manche Egungun ihr Publikum zusätzlich in Erstaunen versetzen.

Am achten Tag schließlich versammeln sich alle Egungun im Haus des Ersten alagbâ. So plötzlich und überraschend, wie es ausbrach, endet das Fest auch wieder: Ein Geist mit Namen Aranta oder Olodungbodu („Besitzer des Festes“) „trägt es fort“ in die andere Welt.

Gelede – Zauber des Schauspiels

Im Palast des Yoruba-Königs von Sakete (Benin) grüßen alte Frauen die Gelede-Masken. Sie sind Ehrengäste des Festes, wozu ein Bundmitglied kommentiert: „Wir rufen die alten Frauen zusammen, damit sie lachen und sich freuen können. Ohne Essen (Synonym für Geschlechtsverkehr) ist die Welt nicht mehr süß." Aus dieser Grundeinstellung leitet sich die Neigung des Bundes zu unterhaltsamen Programmen ab, deren religiöser Aspekt dabei oft in den Hintergrund tritt.

„Zwei Dinge erfreuen das menschliche Auge; eines davon sind magische Darbietungen, das andere ist Schönheit" – heißt es in einem Gedicht des bekannten Yoruba-Gelehrten Adeboye Babalola. Gelede sucht beides miteinander zu verbinden: Akrobatische und artistische Vorführungen, die Darstellung mythischer Themen und die statuarische Eleganz der tanzenden Masken erfreuen Menschen wie Götter gleichermaßen. Die Gelede-Darbietungen, durch die sich hauptsächlich die südwestlichen Yoruba hervortun, haben zum Ziel, Menschen und Geistmächte durch den Zauber des Schauspiels (irun) einander näherzubringen. „Wenn viele Fremde den Schaustellungen beiwohnen, zeigt das, daß unsere Gebete erhört worden sind und unsere Kommunikation mit der jenseitigen Welt erfolgreich verlief", erklärte ein König.

Im Detail unterscheiden sich die Vorstellungen von Ort zu Ort, nur die Intention der überwiegend komödiantischen Maskenspiele bleibt immer die gleiche: dem Hexentreiben durch Kunst den Stachel zu nehmen. Wo Oro und Egungun auf Gewalt vertrauen, setzt Gelede auf mäßigende Besänftigung. Hexen (aje), von den Yoruba schöntuerisch „Mütter" genannt, bedrohen jedermanns Leben und Wohlergehen. Leute, die Erfolg im Leben haben und reich mit Kindern gesegnet sind, meinen die Mißgunst weniger glücklicher und vor allem alternder Frauen fürchten zu müssen, die man zumeist der Hexerei verdächtigt. Wer der Gelede-Gesellschaft beitritt, hofft damit, vor Anschlägen der Hexen gefeit zu sein.

Die jüngsten Tänzer erscheinen zuerst. Sobald die Trommeln einsetzen, treten halbkostümierte Kinder auf, die oft alte Masken tragen und sich mit unsicheren, schwankenden Schritten bewegen. Sie besitzen noch nicht die Akkuratesse der erfahrenen Tänzer und greifen oft mit der Hand nach den Masken, um sie auf dem Kopf zu behalten.

In den Yoruba-Städten und -Dörfern Benins wird das jährliche Fest des Gelede-Bundes (odun gelede) in der Trocken-, also wieder der Geisterzeit, gefeiert, wenn die Feldarbeit größtenteils ruht. Größtes Ereignis zwar und die beliebteste Unterhaltung des ganzen Jahres, wird es aufgrund seiner hohen Kosten doch nicht überall jedes Jahr, sondern oft nur in zwei- oder dreijährigem Abstand gefeiert. Dann aber fesselt es die Sinne nur um so mehr – als facettenreiche Synthese von Malerei, Skulptur, Textilkunst, Musik und Tanz, die nicht nur ein Augen- und Ohrenschmaus ist, sondern auch der höheren Aufgabe dient, die Lebens- und Weltordnung durch regulierenden Ausgleich aufrechtzuerhalten. Die Kraft des Ganzen schöpft aus dem kunstvollen Tanz der Maskierten, im Widerspiel zu den Trommelschlagfolgen, die beide, darstellerisch und sprechend, Szenen aus dem Alltagsleben zum Gegenstand haben, sowie aus den komplexen Maskenaufsätzen über den ausdruckslosen Larven, die wiederum szenischen Inhalts sind. Das Spiel appelliert an Einsicht und Solidarbereitschaft der Hexen, die ja selbst als Mitglieder der Gesellschaft unter den Spannungen leiden, und sucht die Konflikte, die es szenisch ins Spiel setzt, zur Erleichterung aller aufzulösen.

Gelede-Aufführungen gliedern sich in zwei Teile. Rituell eröffnet wird das Fest nachts von zwei Masken, die Eshu und Ogun verkörpern. Danach treten die efe-Sänger auf. efe erscheint nur im nächtlichen Dunkel. Wichtiger jedoch als sein Auftritt ist, was er sagt. In den meisten Gemeinden gibt es nur einen führenden efe-Darsteller, der das Publikum mit humorigen Liedern, Gedichten und Satiren, aber auch Lobpreisungen der orisha (Götter) und „Mütter“, zu deren Ehren das Fest stattfindet, sowie gegenwärtiger und früherer Darsteller unterhält. Alles, was so das Jahr über vorfiel – Diebstähle, Liebesaffären, Korruptionsfälle, Ämtermißbrauch, politische Willkür –, bringt er ans Licht. Seine, mit bissigen Kommentaren, Rüge und Witz, gewürzten Ausführungen sollen die Spannungen lockern. Sprunghaft vom Banalen zum Ernsten, vom Heiligen zum Profanen wechselnd, huldigt er zwischendurch immer wieder anwesenden Respekts-

Traditionell treten gleichkostümierte Paare als Gelede-Tänzer auf. Getanzt wird auf dem Marktplatz, der Arena der Frauen: Yoruba-Frauen sind geschickte Händlerinnen, die oft besser als ihre Männer verdienen. Die Gelede haben eine erzieherische Funktion. Wenn etwa ein Dorfbewohner Aids bekommen hat, werden die Gelede gerufen, um den Bewohnern beizubringen, wie das vermieden werden kann.

personen wie bedeutenden Toten. Das lindert sowohl den Schmerz der Hinterbliebenen als es auch den Verstorbenen schmeichelt, die dann nur um so eher bereit sind, der Gemeinschaft ihren Segen zu spenden. Die efe-Lieder sind wahrscheinlich der wichtigste Teil des ganzen Festes, alles übrige dient mehr der Vorbereitung und Ausschmückung.

Auf die nächtliche Vorstellung folgt am nächsten Tag der Gelede-Tanz, der mehr das Auge als das Ohr erfreut, weshalb es heißt: „Der Taube geht nicht zur efe-Zeremonie, der Blinde nicht zum gelede-Tanz." Obwohl die Maskentänzer Männer sind, liegt die Leitung der Zeremonien in den Händen von Frauen und einer Kultleiterin, Iyalase. „Der Gelede", sagen seine Mitglieder, „ist ein Geheimnis der Frauen, deren Sklaven wir sind. Wir tanzen, um unsere Mütter zu besänftigen." So gesehen, handelt es sich um ein Versöhnungsritual (etutu), das die zerstörerisch „hitzigen" Kräfte der Hexen „abkühlen" soll.

Die Maske schützt den Tänzer dabei sowohl vor als auch durch die „Mütter". Die Erklärung dazu liefert die Mythe von der sicheren Reise Orunmilas, des Gottes der Weissagung, zum geheimen Hain der „Mütter". Als Orunmila in die Domäne der Frauen eindrang, trug er eine Maske (aworan), ein Kopftuch (oja) und Fußrasseln (iku) – Dinge, die zur Grundausstattung aller efe- und Gelede-Kostüme gehören. Er wagte sich gleichsam in die Höhle des Löwen und begab sich damit in große Gefahr. Gleichwohl entkam er dem Tod, weil er bedachtsam vorging und die mächtigen „Mütter" nicht vor den Kopf stieß, sondern zu besänftigen vermochte. Angetan mit seiner bizarren Kleidung, unterhielt er sie mit Sang und Tanz – und kehrte sicher wieder zurück. Das Gelede-Schauspiel stellt das Begebnis nach und bildet ein Exempel für Ausgleich und Vernunft.

Die Gelede-Masken weisen eine große Vielfalt auf, den kreativen Gaben des Schnitzers sind kaum Grenzen gesetzt. Die plastischen Szenen zeigen Tiere, Pflanzen, Menschen und Götter, erotische Motive, selbst Flugzeuge, Autos, und Ketten mit Schlössern sowie vieles andere. Mit der Bewegung lebt die Maske auf. Ihre Augen scheinen für einen flüchtigen Augenblick die Umgebung zu erfassen, während das Gesicht weiterhin statuarische Würde ausstrahlt, als spüre die Maske die Anwesenheit jenseitiger Wesen, die unter den Zuschauern weilen und die Qualität ihrer Vorführung kritisch prüfen.

Die Tänzer folgen mit ihren wippenden Bewegungen der Trommelbegleitung und suchen ihre Schritte möglichst im Gleichtakt zu halten. Die Auftritte folgen rasch aufeinander; jedes Paar ist bemüht, das andere bei den zunehmend schwieriger werdenden Rhythmenvorgaben zu überbieten.

Die Tänzer treten noch einmal gemeinsam auf, bevor sie sich auf den Weg zum heiligen Hain begeben.

Zum Abschluß der Feierlichkeiten findet ein Tanz vor dem heiligen Hain statt. In ihm befindet sich der Gelede-Schrein (ase), wo Iya Nlá, die „große Mutter", verehrt wird, aus der alles Leben entsteht, die aber ebenso unfruchtbar machen und töten kann.

Masken – die Geister gehen um

Fast jeder Mensch trägt eine „Maske". In Bewegung, Gestik, Sprechweise, Haarschnitt und Kleidung ahmt man, bewußt oder unbewußt, irgendwelche Vorbilder nach. Die eigene ist der „Maske" anderer nachgebildet. Im Karneval wird diese Neigung auf die Spitze getrieben, indem man sich „wirklich" verkleidet und eine „echte" Larve anlegt. Zwei Aspekte treten dabei in den Vordergrund. Der Karneval findet seit alters in einer Übergangs-, zur „Geisterzeit" zwischen den Jahren vor Frühlingsanfang statt; er trägt burleske Züge, man ist übertrieben ausgelassen, spielt eine andere als die gewohnte Rolle, ergeht sich in Clownerien und Possen und übt schamlos Kritik an öffentlichen Autoritäten. Beides hat mit dem Ursprung des Maskenbrauchtums zu tun.

Brettmaske Loniaken, Tusyan, Burkina Faso. Diese Masken stehen mit dem do- oder lo-Kult in Verbindung, in den alle Jugendlichen eingeführt wurden. Ausschließlich zu diesem Anlaß traten die Masken auf, die eigens hierfür angefertigt wurden.

Bedeutungsgeschichtlich geht das Wort „Maske" (im Deutschen) auf zweierlei Wurzeln zurück. Zum einen läßt es sich vom althochdeutschen masca, „Masche", „Netz", ableiten, wie man es neben dem Vogel- und Fischfang auch zur Umwicklung von Leichnamen verwandte, bei denen man Anlaß zu der Befürchtung sah, daß sie zu „Wiedergängern" werden könnten; masca konnte daher im übertragenen Sinne auch „Wiedergänger im Netz" oder „Gespenst" bedeuten. Zum zweiten führt das Wort auf das arabische maskara zurück, das sowohl Spott und Possentreiberei als auch den Possenreißer selbst bezeichnet und über das italienische maschera wie das französische masque während des 17. Jahrhundert ins Deutsche gelangte, nunmehr in der noch heute gängigen Bedeutung „Gesichtslarve" oder allgemeiner „Verkleidung".

Masken stellen, ob nur das Gesicht, den Kopf oder den ganzen Körper bedeckend, universaler und so vermutlich auch ursprünglicher Auffassung nach Repräsentationsformen jenseitiger Mächte dar, wie zumeist auch ihre Bezeichnungen ausweisen. Es kann sich dabei um Natur- wie Totengeister, also Ahnen handeln. Und bezeichnenderweise treten Masken dieser eigentlichen, ursprünglichen Art nur zu kosmischen wie biographischen Wendezeiten auf – nachts, im Winter, während der Tage zwischen den Jahren, zum Ernte- oder Neujahrsfest, auf dem Höhepunkt der Initiationen, bei Bestattungs- und Totengedenkfeierlichkeiten – immer dann eben, wenn „die Geister umgehen". Hat man, wie zum Jahreswechsel vor allem, die Ahnen – in Gestalt entsprechend maskierter Senioren der Gesellschaft – zu Gast, die ja immer ein strenges Auge auf die Traditionstreue ihrer Nachgeborenen haben, muß man damit rechnen, daß sie die Gelegenheit ergreifen, Verfehlungen der vergangenen, gerade abgelaufenen Zeitphase öffentlich beim Namen zu nennen, anzuprangern, gegebenenfalls auch Gericht zu halten und die schuldigen Strafen zu verhängen – ganz so, wie es auch zu den Aufgaben der Geheimbünde zählt und ähnlich noch im „Rügerecht" der Karnevalisten fortlebt, letztere namentlich im alemannischen Raum dabei ebenso maskiert wie die geheimbündlerischen Häscher und Richter in traditionellen Gesellschaften Westafrikas.

Masken besitzen oft ausgesprochen bizarre, abstoßende und furchteinflößende oder groteske, jedenfalls irgendwie ungewöhnliche, verzerrte, „häßliche" Züge. Sie können Zwerge mit über-

Rechte Seite: Bamun-Maske aus dem Kamerun-Grasland. Die nakang-Maske wird vom Führer einer Maskengruppe getragen, der die Zeremonie anführt und den Tanzstil vorgibt. In der Ausführung der Maske wird ein typisch männliches Gesicht repräsentiert.

Baka. Aufsatzmaske, Guinea. Die nimba-Aufsatzmasken zählen zu den imposantesten Masken Schwarzafrikas. Sie traten bei Bestattungen, Hochzeitsfeiern und Ernteriten auf. Sie symbolisierten die Fruchtbarkeit von Menschen und Feldern.

großen Köpfen, Tiere oder phantastische Monster darstellen. Das ist indes nicht Ausdruck überschäumender Phantasie oder gar eines Hangs zu Horrorvisionen, sondern im Gegenteil nur realistisch: Man stellt sich die Busch- und Naturgeister in ebendiesen Gestalten vor. Schönheiten sind rar unter ihnen. Zeigt sich einer auf eine derartige „verführerische" oder „betörende" Weise, muß der betreffende Mensch ganz besonders auf der Hut sein; denn gewöhnlich handelt es sich dann um nichts weiter als eine arglistige Täuschung. Haben sie ihr Opfer in ihrer Gewalt, wandelt sich die „schöne Larve" alsbald zur schrecklichen Fratze. Treten Geistermasken bei Festen oder Kultfeierlichkeiten auf, verhalten sie sich auch auf entsprechende Weise, bewegen sich ruckartig und unkoordiniert, hüpfen oder springen absonderlich umher, tanzen wie rasend, fallen Umstehende an, stöhnen, röcheln, stoßen die Worte zischend oder abgehackt, auf jeden Fall mit „verstellter", oft unverständlicher Stimme hervor.

Die Menschen, die ihre Masken tragen und sie „verkörpern", sind immer nahe daran, vom Darsteller ins Dargestellte überzugleiten. Das Ritual kann ihre Empfindungen derart intensivieren, daß sie sich schließlich mit der Geistmacht identifizieren, sie Besitz von ihnen ergreift und beide Naturen miteinander verschmelzen. In derartigen Stadien nehmen Besessene „maskenhafte", das heißt die Züge ebenjener Geister an, die sich ihrer bemächtigten. Maskierung und Besessenheit liegen dicht beieinander.

Daß Masken tatsächlich Geisterköpfen sozusagen aufs Haar entsprechen, bezeugen mitunter ihre Ursprungslegenden. Nach einer Überlieferung der Nuna in Burkina Faso sah ein Jäger zum Beispiel „...einmal im Busch vom Ansitz aus seltsame Wesen tanzen. Voll Furcht schlich er zurück und berichtete das Geschehnis seinem Vater. Der beauftragte ihn, solche Wesen zu fangen. Der Sohn pirschte sich also wieder an die Tanzenden heran und rannte dann auf sie los. Sofort versanken sie im Erdboden. Der Jäger konnte gerade noch einen Kopf, das heißt eine Maske, herausziehen und seinem Vater bringen. Der fragte ihn, ob er gut aufgepaßt habe und nun selbst so tanzen könne. Der Sohn bejahte. Darauf entschloß sich der Vater, Masken selbst herzustellen und Maskentänze zu veranstalten, da dies 'eine gute Sache' sei. Der Jäger wurde Chef der Maskentänzer und lehrte die Nachkommen sein Wissen."

Es war ein Maskenkult entstanden. Warum ist es den Menschen so wichtig, die Geister in Masken nachzubilden und sie mit ihrer Hilfe darzustellen, ja eins mit ihnen zu werden? Ahnen und Geister sind mächtiger als Menschen. Erstere braucht man indes nur zu fürchten, wenn man gesündigt hat. Geister dagegen sind launisch, unberechenbar und überwiegend von bösartiger Natur. Begegnet man ihnen überraschend, kann man nur hoffen, lediglich mit dem Schrecken davonzukommen. Häufig jedoch, während der Wende- und Übergangszeiten, stellen sie sich mit unschöner Regelmäßigkeit unter den Menschen ein. Und um ihnen nicht das Feld zu überlassen und schlimmste Konsequenzen befürchten zu müssen, bemächtigt der Mensch sich ihrer, indem er ihre Gestalt annimmt und sie verkörpert. Das gibt ihm die Möglichkeit, ihre Umtriebe unter Kontrolle zu halten. Das besondere Risiko, das damit einhergeht, wurde bereits benannt: Leicht kann der Geist Herrschaft über den Menschen gewinnen. Dieser Gefahr wehrt die Institutionalisierung des Vorgangs – die kultische Einbindung von Besessenheit. Geheim-, vor allem aber Besessenheitskulte setzen an derartigen kritischen Situationen an und suchen der Gefährdung durch ihre spielerische Umsetzung, bei der eben Masken als den wichtigsten Identifizierungsmitteln eine zentrale Rolle zukommt, Herr zu werden.

Die „Geschichte" einer Maske

Ein junger Mann wollte fischen und war auf dem Weg zum Fluß. Im Busch stieß er mit seinem Fuß gegen das Blatt einer alten Eisenhacke. Er setzte seinen Weg fort – nur um einige Meter weiter erneut über das Eisenblatt zu stolpern. Beim drittenmal schließlich packte ihn Angst, er hob den Gegenstand auf und kehrte in das Gehöft seines Vaters zurück. Beide suchten daraufhin einen Wahrsa-

Mosi-Maske, Burkina Faso. Eine polychrome Maske mit weiblicher Figur als Aufsatz. Diese Masken werden bei den jährlichen Totengedenkfesten verwendet.

ger auf und erzählten ihm die Geschichte. Dieser erklärte, daß sich ein Buschgeist (niblé) habe bemerkbar machen wollen, der beabsichtige, den jungen Mann und seine Familie zu beschützen. Dafür müsse er ihm eine Maske schnitzen, in der er leben und durch die er sprechen könne. Daraufhin breitete der Wahrsager auf dem Boden eine Reihe kleiner gegossener Darstellungen verschiedener Masken aus, griff nach einem hakenförmigen Holzstock und hielt ihn über die Maskenmodelle. Auch der junge Mann ergriff den Stock, und beide zogen ihn hin und her über die kleinen Messingmasken. Plötzlich schlug der Stecken aus und berührte eines der Modelle. Damit war die Form der neuen Maske gefunden, und der junge Mann gab ihre Herstellung bei den Schmieden in Auftrag. Zum erstenmal tanzte die Maske während der Zeremonien zum Ende der Trockenzeit zur Vertreibung der Unheilsgeister.
(nach Christopher Roy, „Art of the Upper Volta Rivers")

Die Einführung der dama

Bevor man die dama kannte, weilten die Totenseelen noch unter den Lebenden. Da sich nach dem Urvergehen des mythischen Ahnen der Tod rasch ausbreitete, verseuchten die vielen verstörten Seelen die Dörfer und belästigten ihre Bewohner. Da sie nicht alleine bleiben wollten, suchten sie auch andere zu sich zu ziehen. Diesem ebenso unhaltbaren wie bedrohlichen Zustand galt es um jeden Preis ein Ende zu setzen. Der sigui-Ritus, der an den ersten Todesfall erinnert, erwies sich dafür als unbrauchbar. Lange Zeit war man ratlos. Eines Tages bemerkte ein Mann, als er von der Feldarbeit heimkam, daß sich die Seele seines toten Vaters im Haus aufhielt. Ratsuchend wandte er sich an einen Wahrsager. Der Alte riet ihm, er solle, um die Seele zu vertreiben, eine Maske anlegen und mit ihr auf die Dachterrasse steigen. Die Kraft (nyama) im Rot der Fasern werde ihr Werk schon tun. So kam es, daß die Männer fortan, wenn es galt, Totenseelen aus den Häusern zu vertreiben, rote Fasergeflechte (Schurze, Röcke) und Kapuzen anlegten, die sie von den andambulu, den zwergwüchsigen Vorbewohnern ihres Landes, übernommen hatten. Ausgerüstet wie Krieger, zogen sie zu den Häusern und bestiegen die Dachterrassen, wo sich die Totenseelen bevorzugt aufhielten, weil dort die Gefäße mit den Trankopfern für sie bereitstanden. Hacken, Messer, Lanzen und Säbel schwingend, stürzten sie sich, von Trommeln begleitet, in die „Schlacht" gegen die Unsichtbaren. Seither bildet dieser Tanz (gyemu) den zentralen Teil des Rituals zur Erinnerung an die Toten (dama).

Ibo-Maske, Nigeria. Diese Maske wird „Geist eines schönen Mädchens" genannt und von einem Aufbau mit Antilope, Leopard und zwei Schlangen bekrönt.

Totenfeiern der Dogon

Die Masken kommen aus dem Busch. Solange man sie nicht benötigt, werden sie in einer westlich vom Dorf, Richtung Sonnenuntergang und Totenreich gelegenen Felsenhöhle verwahrt. Anlaß, die Masken zu rufen, kann eine Totenfeier sein. Die Träger der geflochtenen Stülpmasken, die auf hohen Stelzen schreiten, erscheinen getrennt von den anderen Masken. Deren Aufmarsch wäre zu langsam für sie, so daß sie das Gleichgewicht verlieren könnten.

Nach der Beschneidung mit etwa fünfzehn Jahren beginnen Dogon-Knaben in Masken zu tanzen, und sie hören erst wieder auf damit, wenn ihre Barthaare weiß werden. Der Maskenbund – awa – vereint alle Männer des Dorfes, sofern sie keiner Kaste, wie zum Beispiel den Schmieden, angehören: Die Mitgliedschaft ist obligatorisch und folgt auf die gemeinsame Jugendweihe. In der sogenannten „Buschschule“ (dem Initiationslager) isoliert, werden die Novizen mit den Glaubensvorstellungen, Mythen und Traditionen der Gruppe vertraut gemacht und auf ihr künftiges Leben vorbereitet. Die Masken dienen dabei als unerläßliches Requisit für die oft sehr dramatische Wiedergabe des großen Mysteriums von Tod und Wiedergeburt, das die Kandidaten, wenn „das große Holz

Rechts: Beim Einzug ins Dorf halten die Masken eine bestimmte Reihenfolge ein. Zuerst erscheinen bede und yagule (beide verkörpern junge Mädchen), gefolgt von walu (Antilope) und kanaga (Vogel). Nur die Stelzengänger (tene dana) und Komödianten bewegen sich frei. Maskenträger, die noch sehr jung sind, werden von älteren Männern geführt, die oft den Trommelrhythmus mit Hilfe einer Eisenglocke markieren.

Untersuchungen haben eine erstaunliche Vieldeutigkeit der Symbole ergeben. Das gilt vor allem für die kanaga-Maske mit ihrem Aufsatz in Form eines „Lothringer Kreuzes". Außenstehenden erscheint sie als Raubvogel (kommolo tebu) mit roten Klauen und Schnabel, weißen Flügeln und schwarzem Kopf. Andere sehen in ihr eine Eidechse, ein Krokodil, auf dessen Rücken die Vorfahren einst einen Fluß überquerten, oder einen Menschen, der die Arme dem Himmel, die Beine der Erde zustreckt. Den Höchsteingeweihten gilt sie als Symbol des Gleichgewichts zwischen Himmel und Erde, als Sinnbild der heiligen Weltordnung oder als Abbild des Schöpfers selbst.

Die vordere Maske repräsentiert walu, die Oryx-Antilope, die in der Mythologie eine wichtige Rolle spielt. Walu-Masken zeichnen sich durch ein sehr hohes Maß an Abstrahierung aus: Das kastenförmige Maskengesicht ist nur durch zwei breite und tiefe Einschnitte, auf deren Grund die Augen in Dreiecksform liegen, und eine schmale Mundspalte aufgegliedert.

sie verschlingt", am eigenen Leibe schmerzlich erleben müssen. Die ersten Ahnen starben noch nicht, sie verwandelten sich zur Verjüngung in Schlangen. Während dieser Zeit durften sie – wie die Initianden – nicht sprechen. Ein Ahn brach das Verbot und mußte deshalb sterben. Seit diesem Tabubruch gehört der Tod zum unvermeidlichen Geschick jedes Menschen. Alle sechzig Jahre findet ein großes Maskenfest (sigui) statt, das an diesen mythischen Ahnen erinnert. Der sigui-Zyklus hat zum Ziel, die große Maske – Stütze der Seele des mythischen Ahnen – zu erneuern. Ihn zu tanzen bedeutet, um Vergebung für den Fehler zu bitten, der die Einführung des Todes zur Folge hatte.

Awa ist die Sammelbezeichnung für die Männer einer Altersgruppe, die an dem Ritual teilnehmen, die Masken, die sie tragen, und die Fasern der Maskenkostüme. Die Mitgliedschaft im Bund ist in verschiedene Grade geschieden, den höchsten Rang besitzen die Alten. An der Spitze der Hierarchie stehen jene Greise, die in ihrem Leben schon zwei sigui miterlebt haben. Ihr Ältester hat den Oberbefehl über den Bund. Darunter rangieren alle, die nur einen sigui gesehen haben. Frauen ist, mit wenigen Ausnahmen, der Zutritt verwehrt. Für viele Masken sind Bestimmung und Auftrittszeit genau festgelegt. Oft spielen sie bei Riten eine Rolle, die mit der Fruchtbarkeit der Felder, dem Erfolg bei Jagd und Fischerei zu tun haben. Maskentänze finden zur Aussaat wie zur Erntezeit statt, um auf beides segensreich einzuwirken. Der Kräfte, die sie entfalten, bedient man sich ebenso in Zeiten der Not und Bedrängnis wie beim Übergang von einer in eine andere Altersstufe und Todesfällen: Sie greifen ein, um die schwankende oder erschütterte Ordnung wiederherzustellen. Selbst Hunger und Epidemien können sie Einhalt gebieten.

Maskentanz auf dem Dorfplatz. Jede der insgesamt etwa achtzig verschiedenen Maskentypen, deren Varietätenreichtum die Vielfalt der Welt wiedergibt, verlangt einen besonderen Tanzschritt, wobei der kanaga-Tanz durch seine besondere „Wildheit" auffällt. Der wirbelnde Tanz erinnert die Eingeweihten an die innere Vibration der Materie und den Schöpfer der Welt, der in der Urzeit, hochaufgerichtet, „die Welt getanzt hat, indem er die vier Himmelsrichtungen kreisen ließ".

Da der Maskenbund in engem Bezug zum Ahnenkult steht, gehört es zu seinen wichtigsten Aufgaben, bei den Bestattungsfeierlichkeiten eines prominenten Mitglieds zu tanzen. Gleichzeitig sind die Totenfeste Anlaß für die Herstellung neuer Masken, was wegen der Schnitzarbeiten und der Herstellung der Fasergeflechte viel Zeit beansprucht. Die meisten Dogon-Masken bestehen aus Holz, andere aber auch aus Flechtwerk, die mit einem kurzen, meist roten Faserrock getragen werden und mit Wehrgehängen aus Kauris versehen sind. Dazu kommt die Herstellung von Manschetten, Knöchelschmuck und Gürteln. Für bestimmte Masken werden aus halbierten, schwarz bemalten Kalebassenschalen oder Früchten des Baobab Büstenhalter gefertigt. Da die Totenfeste kostspielige Veranstaltungen sind, begehen sie oft mehrere Familien gemeinsam.

Aufwendige Totenfeiern – dama – finden meist nur alle zwei bis drei Jahre statt. Dama bedeutet in der Umgangssprache „verboten" und „gefährlich" und kann sich auf Nahrungsgebote, Gesten, aber auch Orte beziehen, die man besser nicht betritt. Da der Tod den Familienmitgliedern eine Reihe von Verboten auferlegt, tragen auch die Totenfeste diese Bezeichnung. Das Ausmaß des Festes hängt von der Würde und Zahl der verabschiedeten Toten ab und kann einige Stunden, aber auch bis zu sechs Tagen dauern. Ziel dabei ist, die Seelen der Verstorbenen sicher ins Totenreich zu überführen. Da die Masken gleichsam die Vielfalt der Welt abbilden, kennen die Dogon die unterschiedlichsten Varietäten, deren reiche religiöse Symbolik wiederum ihren Ursprung in ihrer tiefsinnigen Mythologie besitzt.

Neben den Holzmasken kennen die Dogon auch geflochtene Stülpmasken, die Angehörige der eigenen (religiöse Oberhäupter, junge Mädchen, Taubstumme, Schmiede, Trommler, Diebe, Heiler, Jäger usw.) wie auch fremder Gruppen (Fulbe, Marabut, Tuareg, Europäer usw.) schematisierend darstellen. Diese Maske heißt pulloyana und verkörpert ein Fulbemädchen.

Die Masken werden durch ein rotgefärbtes Faserkostüm und Kaurischnecken ergänzt. Wie Helme umschließen sie den Kopf und geben selbst noch die oft kunstvolle Frisur wieder. Die Röcke reichen nur bis zum Knie; Ellbogen, Handgelenke und Knöchel tragen Manschetten.

Der Tanz der Buschgeister bei den Winiama

Diese hohe Brettmaske repräsentiert einen Geist, der kein natürliches Abbild hat. Diese Maske wird „Mitchi - Moschee“ genannt , da ihr Kopfaufbau eine Moschee repräsentiert. Die Masken der Winiama erscheinen während der Trockenzeit zu einer ganzen Reihe von Anlässen: Sie tanzen, um Unheilskräfte für den Verlauf der neuen Anbauperiode vom Dorf fernzuhalten, zur Unterhaltung an Markttagen und während Bestattungs- und Trauerfeierlichkeiten der im Jahresverlauf Verstorbenen, um sie zu ehren und in die Ahnenwelt zu geleiten.

„Krankheit ist unser Feind“ und „Leid ist eine Vorwarnung“ sind Namen, die von den Winiama Masken gegeben werden, die Lebensweisheiten und menschliche Erfahrungen ausdrücken und diese den Initiierten, aber auch der Gemeinschaft insgesamt, vermitteln sollen.

Die Winiama, eine kleine gur-sprachige Gruppe, die zusammen mit den ihnen verwandten Nunuma nur etwa 25000 Personen zählen, kamen ursprünglich aus Nordghana. Sie überquerten die Schwarze Volta und besetzten freies Land in der Bwaba-Region östlich von Bagassi. Ihre wichtigsten Ortschaften sind Boromo und Ouri. Die Winiama besitzen mit ihren Nachbarn (Nunuma und Bwaba) viele Gemeinsamkeiten, sowohl was das Weltbild als auch die Maskenkunst angeht. Alle drei Gruppen besitzen stilistisch sehr ähnliche Masken, die oft beispielsweise dieselben Tiere – vor allem Büffel, Warzenschwein, Nashornvogel und Schlange – abbilden, was dazu führt, daß die der Winiama bisweilen den Nunuma oder Bwaba zugeordnet werden. Alle Masken tragen große, runde und von konzentrischen Kreisen eingefaßte Augen, die Tiermasken oft eine kurze Schnauze, „Buschgeister“ einen hervorstehenden Mund. Sie sind bedeckt mit unterschiedlich kombinierten geometrischen Mustern in den Farben Schwarz, Rot und Weiß. Eine am Maskenrand angebrachte dichte Perücke aus vegetabilischem Material fällt über das Haupt herab. Bei den Winiama überwiegen Geometrisierung und Abstraktion allerdings deutlich. Das gilt besonders für Masken, die Geister ohne tierischen oder sonstwie figürlichen Bezug repräsentieren. Auch bemalen die Winiama als einzige ihre Masken nicht jedes Jahr neu, so daß sie nach häufigem Gebrauch oft eine Schmutzschicht tragen und die Originalfarben und -muster nur noch

Die Maske Hiengo mit ihrem rautenförmigen Mund, den durchbrochenen Zähnen und dem weiblichen Kopfputz stellt junge Mädchen und, dies vor allem, Fruchtbarkeit dar. Die in die Masken eingeschnittenen geometrischen Muster deuten wohl Narbentatauierung an, die bei Männern und Frauen früher verbreitet war.

Da die Winiama die Masken nicht jedes Jahr neu bemalen wie ihre Nachbargruppen, verschmutzen sie mit der Zeit und werden schwarz, so daß die Bemalung nicht mehr genau zu erkennen ist.

Diese kleinere Maske hier wird „Kalé“ genannt. Die verschiedenen Maskenformen und -stile sind Teil eines komplexen Zeichensystems. Jedes Element hat seine mehr oder weniger festgelegte Bedeutung, die sich von Gruppe zu Gruppe unterscheidet.

schwer zu erkennen sind. Informanten zufolge repräsentieren diese „schwarzen" Masken bösartige und unberechenbare Geister aus dem Busch, die man sich, ähnlich wie Geistesgestörte, ungekämmt und schmutzig vorstellt. Die meisten Masken jedoch stellen schützende Buschgeister dar, die über Familie, Klan oder Dorf wachen und, wenn man ihnen die notwendige Verehrung zuteil werden läßt, für Fruchtbarkeit, Gesundheit und Wohlstand ihrer Besitzer Sorge tragen.

Zahlreiche Geschichten erzählen von Begegnungen mit einem Geist im Busch. Das widerfährt vor allem Jägern, die einem Wild nachstellen, und Bauern bei der Rodung neuer Felder. Beide haben daher zu Masken einen besonderen Bezug, die Buschgeister bzw. Geister, die in Tiergestalt auftreten, darstellen. Letztlich jedoch lebt in ihnen allen der Geist Su, der als eine Art Aspekt des höchsten Wesens gilt. Su ist in allen Masken – wie oft auch in geschnitzten Holzfiguren – enthalten; die älteste und heiligste Maske einer jeden Gemeinschaft ist gleichsam sein „Schrein". Man fürchtet ihn zwar, doch wirkt er bei rechter Verehrung zum Wohle der Menschen, schenkt namentlich Frauen Fruchtbarkeit und schadet auf Bitten hin Feinden.

Die verschiedenen Maskenformen und -stile, die Farbkombinationen, Muster und Zierformen sind Teil eines komplexen Zeichensystems. Jedes Element hat seine mehr oder weniger festgelegte Bedeutung, die freilich von Gruppe zu Gruppe, oft sogar von Klan zu Klan variieren kann. Ihre Sprache ist allerdings nicht für jeden gleich verständlich: Für Nicht- oder Frischinitiierte stellen die Masken Buschgeister dar, die zwischen den Menschen und dem Hochgott vermitteln. Auf der esoterischen Stufe der ältesten männlichen Initiierten enthalten ihre Muster eher soziale, politische, wirtschaftliche und religiöse Mementos – geometrische Schriftzeichen in einer Sprache, die nur den Eingeweihten verständlich ist. Ihre Bedeutung ändert bzw. erweitert sich mit dem höheren Initiationsgrad. Ein Dreieck, das ein Frischinitiierter als Fußabdruck einer Koba-Antilope deutet, repräsentiert in den Augen des tiefer Eingeweihten einen Mann und für den Höchstinitiierten schließlich Su. Und jedes der geometrischen Muster auf der Maske ist Aussageteil eines Satzes, der als Ganzes die Bedeutung und Wichtigkeit der Maske selbst beschreibt. Nimmt man alle Symbole zusammen, geben sie den Namen der Maske wieder, der einer Lektion in korrekter, gottgefälliger Lebensführung entspricht.

Die Maske Kêduneh mit gekrümmtem Horn ist typisch für die Winiama; bei den benachbarten Nunuma kommt sie nur selten, bei den Bwaba nie vor. Sie stellt einen wilden unkontrollierten Buschgeist dar. Ihr Tänzer fällt häufig in Trance, bewegt sich im Zickzack, macht hohe Sprünge oder gerät ins Schwanken.

Links: Masken, die Abnutzungsspuren zeigen oder schadhaft geworden sind, sondert man aus und verkauft sie. Das gilt jedoch nicht für das Faserkostüm, das sein Besitzer sorgsam hütet. Beim Tanz saugt es sich mit dem – hochkrafthaltigen – Schweiß seines Trägers voll. Brächte jemand das Kostüm in seinen Besitz, könnte er daher über die Lebenskraft im Schweiß magisch schädigend Einfluß auf ihn nehmen. Der Tänzer müßte befürchten, bei seinem nächsten Auftritt zu stürzen, wenn nicht Opfer eines noch größeren Mißgeschicks zu werden.

Ganz links: Angeregt durch die Masken, überlassen sich auch die Jugendlichen dem Tanzvergnügen.

Links: Honbue, die Büffelmaske tritt auf. Der Büffel gehört zu den Tieren, die am häufigsten in Maskengestalt abgebildet werden. Er steht für ungezähmte Wildheit.

Vagla – die Buschkuh tanzt für den toten Jäger

In Jentilepe, einem Vagla-Dorf in Nordghana, gibt es zwei Maskengesellschaften, zu deren Aufgaben es unter anderem gehört, mit ihrem Tanz den Regen heraufzubeschwören. Vorher opfert man über einer Kalebasse, in der die Regenmedizin verwahrt wird, ein Huhn, das nur, indem man es darüberhält, verendet. Die Medizin besitzt große Wirkkraft, selbst Blitze vermag sie vom Himmel zu holen.

Masken treten nur in der Trocken-, der Geisterzeit auf. Zu ihren wichtigsten Aufgaben gehört, beim Totenfest Verstorbener zu erscheinen, die ein verdienstvolles Leben geführt haben und eines würdigen Todes gestorben sind. Obwohl die Vagla hauptsächlich vom Feldbau leben, besitzt die Jagd doch einen hohen Stellenwert. Auch die Sigma-Masken sind ihr auf irgendeine Art verbunden. Am letzten Tag der Trauerfeier für den großen Jäger Ayai werden die Schädel der Wildtiere, die er erlegte, um einen Pfahl gehäuft.

Erwachsene wissen, daß es Dinge gibt, die eine tödliche Wirkung besitzen. Kinder sollten daher nicht in Berührung mit ihnen kommen. Hören sie das Flötenspiel, das ein Begräbnis begleitet, oder die Glocken der Maskenträger, flüchten sie Hals über Kopf ins Hausinnere und verstecken sich. So jedenfalls war es früher, als Sigma, wie die Vagla ihren Geheimbund samt den dazugehörigen Masken nennen, jeden, der sich auf verbotenes Terrain vorwagte, tötete. Derartige Tabubereiche bildeten sowohl bestimmte Stätten in Dorf und Busch als auch Zauber und Hexerei. Wer das Verbot mißachtet, zieht die Rache Sigmas auf sich. Früher strafte er die Schuldigen, indem er sie verstümmelte oder ihnen „den Atem raubte", was sich durch Bronchitis- und asthmaähnliche Symptome bemerkbar machte. Andere fanden im Busch auf irgendeine „schlechte Art" den Tod.

Wie die Winiama gehören auch die Vagla, die in 13 Dörfern im Bole-Distrikt (Nordghana) leben, zu den Gur-Sprechern. Bole war vormals die Hauptstadt des Gonja-Reiches, das im 16. Jahrhundert von Mande-Einwanderern gegründet wurde. Seine Bevölkerung gliedert sich in drei Gruppen auf: Die herrschende Elite stellen die Ngbanya, Nachkommen des nicht-muslimischen Eroberers und Reichsgründers Ndewura Jakpa. Eine zweite Gruppe, die Muslime oder Karamo, umfassen Mande-Klane, die ihre Abstammung auf einen Korangelehrten (mallam) zurückführen, der Jakpa bei der Eroberung magische Unterstützung gab. Bürger dritter Klasse, das gemeine Volk, sind die Nyamase, zu denen die ursprüngliche Bevölkerung und Immigranten, die teils nach den Mande-Eroberern ins Land kamen, gehören. Dem Herrscher, dem Bolewura, einem direkten Nachkommen des fünften Sohnes von Jakpa, untersteht eine Reihe von Amtsinhabern der Ngbanya-Elite, denen die verschiedenen Dörfer unterstellt sind. Wo Nyamase, das heißt Vagla oder Tampolense, leben, gerieten sie in Konkurrenz zu den Erdherren, deren religiösen Nimbus die „Herren von Gonja" fürchteten. Vollends über die Maskengesellschaft besaß selbst der Bolewura keine Gewalt, so daß deren traditionelle Rechtsprechungspraxis unangetastet blieb. So konnten sich die Beherrschten einen gewissen Grad an Autonomie erhalten. Doch nicht alle Vagla-Dörfer besitzen Sigma-Schreine und -Masken und noch weniger beides.

Der Sigma-Bund ist in drei Ränge gegliedert. Die Aufnahme in den ersten entspricht dem Eintritt ins Erwachsenenalter. Jungen und Mädchen werden mit verbundenen Augen zum Initiationsplatz geführt, wo sie unerwartet den Masken, die ihnen noch kurz vorher mächtig Angst einflößten, gegenüberstehen. Nur oberflächlich führt man sie in deren Wesen und Funktionen ein; sie erfahren, daß die Sigma verkleidete Dorfbewohner sind und die gefürchtete Geisterstimme lediglich einem Schwirrholz entstammt. Im weiteren Verlauf der Unterweisung erhalten sie eine schwarze Medizin (tagdunna), die jeden tötet, der sich der Hexerei verschreibt. Unter Todesandrohung wird ihnen eingeschärft, nichts von dem, was sie sahen, zu enthüllen. Dabei reißt ein Ältester einem Opferhuhn die Zunge aus dem Schnabel und legt sie einer Maske in den Mund.

Damit endet die „Bundkarriere" der meisten Frauen. Einige wenige, meist Schwestern, seltener Ehefrauen der Sigma-Ältesten, werden zwar nach Eintritt der Menopause auch in den zweiten Grad initiiert, doch besteht ihre Aufgabe wesentlich darin, Hirsebier für die nächtlichen Versammlungen der Män-

Zu Ehren des Verstorbenen stellen die Dorfbewohner eine Jagd nach.

ner zu brauen. Diesem zweiten Rang, dem „Nacht-Sigma", gehören gemeinhin nur erwachsene Männer an. Ihr Privileg besteht darin, mit dem kraftvollsten Sakralgegenstand des Bundes, der weit gefährlicher noch als die Masken ist, nächtlicherweise aufzutreten. Wenn sie dann durch das Dorf ziehen, hört man ein schwirrendes, furchteinflößendes Geräusch, das Frauen und Kinder in die dunkelste Hausecke treibt und Männer ihre Unterhaltungen unterbrechen und mit großem Ernst lauschen läßt. Am nächsten Morgen findet man oft Steine oder Holzstücke im Dorf, die dann ebenso geheimnisvoll wieder verschwinden, wie sie aufgetaucht sind – die Initiierten wissen, daß Sigma am Werk war. Geschichten von Fremden machen die Runde, die den Weg des Nacht-Sigma unbedacht kreuzten und später verstümmelt aufgefunden wurden. Tagsüber lauert der Nacht-Sigma bisweilen den Frauen in der Umgebung des Dorfes auf und jagt ihnen mit seinem schrecklich rasselnden Ruf Angst ein.

Nur einige wenige Alte besitzen, zu ihrer eigenen Genugtuung wie zur Bewunderung der Dorfbewohner, Macht über den todbringenden Nacht-Sigma. Geht er um, rufen sie vom Hausdach herunter:

Der Dorfchef (koru) Sumbenali Adae, ausgestattet mit einer roten Kopfbedeckung und einem reich beschnitzten Holzstab, beides Würdezeichen, die seine vornehme Stellung bezeugen.

Die Maskentänzer warten auf ihren Auftritt. Die flachen, über die Stirn gezogenen Helmmasken unterscheiden sich von Dorf zu Dorf. Sie werden wie Kappen getragen. Da sie ohne Augenöffnungen sind, müssen die Tänzer unter ihnen hindurchspähen. Die Masken mit ihrer betont geometrischen schwarz-weiß-roten Musterung krönen elegant geschwungene Hörner.

Masken, die Tiere, häufig die Buschkuh, darstellen, werden durch ein schwarzes Faserkostüm ergänzt. Sie tanzen den kpana-Tanz zu Ehren bedeutender Persönlichkeiten. Wird die Ehrung Totengeistern zuteil, zieht sich der Tanz die ganze Nacht bis zum frühen Morgen hin.

Rechts: Zum Abschluß verbeugt sich der Tänzer.

„Das ist nichts Schlechtes aus dem Busch, ihr Dummköpfe! Es ist nur ein junger Mann, der gegessen und getrunken hat (also ein Mensch ist)! Und du, Hundesohn, laß das Dorf in Ruhe! Merkst du nicht, daß du Frauen und Kindern Angst einjagst? Mach, daß du fort kommst!" Damit enthüllen sie das Geheimnis des Sigma – allein die wenigsten verstehen das Gesagte, da es in sigu, der Geheimsprache des Bundes, gesprochen wird, die nur der innere Kern der Initiierten versteht.

Diese dritte und höchste Stufe kann jeder männliche Erwachsene anstreben, der in den Nacht-Sigma initiiert ist. Das Aufnahmeritual wird nur in langen Abständen, bisweilen in Zyklen von etwa zwanzig Jahren, von einigen wenigen „alten" Dörfern durchgeführt. Die Kandidaten verbringen eine Seklusionszeit im Busch, während der sie die Mythen und Lieder des Sigma und die Geheimsprache sigu, in der sie gehalten sind, sowie die Herstellung der Kostüme und Kultrequisiten erlernen. Sie erfahren die Bedeutung der geheimen Zeichen, wie man richtig tanzt, trommelt und Flöte spielt, und werden in den speziellen Moralgeboten ihres neuen Status unterwiesen. Man legt ihnen die Macht der Masken dar, unterrichtet sie über die zahlreichen Bundaktivitäten sowie auf das detaillierteste über die Geistmächte, mit denen sie Sigma in Berührung bringt.

Dieser dritte und höchste Grad spielt eine zentrale Rolle bei der Bestattung von führenden Persönlichkeiten des Bundes, in der überhaupt seine vor-

nehmste „Arbeit“ (sigma kuma) besteht: Eine Beisetzung, an der die Masken teilnehmen und sigu-Lieder gesungen werden, krönt die erfolgreiche Lebenskarriere eines Alten und sichert seinen Einzug ins Ahnenreich. In der Stimme des Nacht-Sigma klingt voll die Klage der Gemeinschaft in der Trauer um einen toten Freund auf. Gleichzeitig obliegt Sigma auch die richterliche Entscheidung über das Schicksal des Verstorbenen. Stellt sich durch Divination heraus, daß er selbst seinen Tod als Strafe für Hexerei verschuldete, zerren die Masken den Leichnam an den Füßen aus dem Haus, prügeln ihn und werfen ihn in den Busch, wo er unbestattet liegenbleibt. Denjenigen aber, der fehlerlos und würdevoll starb, ehren sie, indem sie ihn respektvoll grüßen und wiederholt umtanzen. An diesen Feiern, die das Dasein des Verstorbenen krönen und seine Aufnahme in den Ahnenstatus besiegeln, nehmen Bundmitglieder aus allen Dörfern teil.

Ganz links: Masken tanzen zu verschiedenen Anlässen zum Wohl der Gemeinschaft. Ihre Heimat ist der Busch. Ein Jäger erhielt sie von den Geistern, die er beim Tanzen beobachtete und die ihm erlaubten, sie samt dem Tanz ins Dorf zu bringen. Dieser Jäger gilt als Ahnherr der Maskentänzer.

Links: Am Ende des Tanzes werden die Masken, deren rautenförmige Muster hier deutlich zu sehen sind, vor den Vagla-koru (geistliches Oberhaupt der Vagla) gelegt.

Eine Nahsicht der Buschkuh mit ihrem sehr geometrisch aufgebauten Kopf, was durch das schwarz-weiße Muster von Quadraten und Rechtecken noch betont wird.

Die Herrscher Afrikas

Im August 1995 feierte Otumfuo („der Mächtige") Opoku Ware II., oberster Herrscher über die Asante, sein 25jähriges Thronjubiläum. Das war Anlaß zu vielerlei Ehrungen, in deren Mittelpunkt die Reichsgeschichte und die Person des Königs standen. Die Prunkentfaltung, ein ausgefeiltes Zeremoniell, die Zurschaustellung sinnfälliger Machtsymbole, mit denen sich afrikanische Könige in der Öffentlichkeit zeigen, sind immer noch beeindruckend. Dieser Effekt ist um so größer, da die Herrscher gemeinhin verborgen bleiben und nur periodisch – zwecks Audienz und Rechtsprechung, zur Einführung von Mitgliedern ihres Hofstaates, ehemals auch vor und nach Kriegszügen, vor allem aber im Rahmen kollektiver Fruchtbarkeits- und Reinigungsriten – an die Öffentlichkeit treten. Doch selbst dann bleiben sie unnahbar, um in der Entrückung ihre Heiligkeit nur um so deutlicher werden zu lassen.

Ein König mit seinem Hauptmann.
Aus: Im Lande des Fetischs, Basel, 1890.

Trotz großer Beschneidungen seiner einstigen Macht – erst durch die Kolonialregierungen, später die modernen Staatschefs – überdauerte die Institution des Königtums. Vielerorts gelten die Könige noch immer als Symbolfiguren der kosmischen Ordnung und Beständigkeit. Sie verkörpern weiterhin die kulturellen Werte ihrer Gemeinschaften, stehen für das Land und seine Geschichte. Man spricht von ihnen in vertrauten Bildern: Sie sorgen wie ein „Vater" für ihr Volk, hüten es wie eine „Herde", verteidigen es wie Löwe und Leopard, stehen fest verankert im Boden wie „alte Bäume".

In der Regel führt man das Königtum auf einen übergewöhnlichen Ursprung zurück. Ein Herrscher besitzt große magische Kräfte, die den fruchtbringenden Regen und reichliche Ernten garantieren. Sichtbarer Ausweis seiner vitalen Kraft sind zahlreiche Nachkommen, früher waren es auch bedeutende Kriegserfolge. Diese besondere Gabe danken die Könige ihren Ahnen und göttlichen Schutzmächten. Ihr Charisma rührt zum einen von ihrer Abstammung, zum anderen von der Kraft der Einsetzungsriten her, bei denen sie eine Reihe geheimgehaltener Zeremonien durchlaufen, durch die ihnen „die Macht" gleichsam einverleibt wird. Der Thronanwärter „stirbt", um als Herrscher „wiedergeboren" zu werden. Das zeigt sich unter anderem daran, daß er seinen alten Namen ablegt und einen neuen annimmt. Kwaku Adusei alias Jacob Matthew Poku wurde bei seiner Einsetzung als König oder Asantehene zu Opoku Ware II. In ihm – wie auch den Nachfolgern anderer afrikanischer Herrscher – kreist das Blut königlicher Ahnherren fort, weshalb manche – wie die Könige im Luapula-Tal, dem Grenzgebiet zwischen Simbabwe und Kongo – alle denselben Namen tragen: Der König stirbt nur als Person, die Institution bleibt unverletzt. Letztere ist von ewiger Dauer. Der Herrscher kann sterben, nicht aber die Monarchie.

Bei Amtsantritt kommt der neue König erstmals mit seinen heiligen Insignien in Kontakt: Lanzen, Säbeln, Schwertern, Tierhörnern, Schemeln u. ä. Ihnen wohnen die geheimnisvollen Kräfte sei-

„Dedjazmatch Aialeu“, einer der großen Fürsten Äthiopiens. In seine Staatsrobe gekleidet und eine Pistole in den Händen haltend sitzt er auf seinem Thron. Seine Vasallen bezeugen seinem Herrschertum die Ehre (Foto von 1927).

ner Vorfahren inne. Später wird er periodisch, besonders in Krisenzeiten sowie bei Aussaat und Ernte, erneut mit ihnen in Berührung gebracht, um seine inzwischen „verbrauchte“ Kraft wieder „aufzufrischen“. Diese sakralen Insignien stehen oft in Gegensatz zu den prunkvollen Emblemen, mit denen die Herrscher sich öffentlich zeigen. Sie bleiben der Allgemeinheit entzogen, in Geheimnis gehüllt. Und eben insofern sind sie im Volk am meisten gefürchtet.

Die traditionellen Machthaber sind noch immer zentrale Bezugsfiguren. Zu ihren wesentlichen Aufgaben zählt es, unterschiedliche „Welten“ zu verbinden; sie vermitteln zwischen verschiedenen sozialen Gruppen, Sippen und Untersippen, früher auch zwischen Freien und Sklaven sowie im Ahnenkult zwischen Lebenden und Toten. Deshalb ist es wichtig, daß sie nicht nur über, sondern auch außerhalb der Gesellschaft stehen. Ihre Sonderstellung wird damit begründet, daß die ersten Könige, deren Blut sie in sich tragen, der Überlieferung nach häufig als fremde Eroberer ins Land kamen oder daß sie die Nachfolger geheimnisvoller Fremder, etwa von Jägern sind.

Herrschen ist Männersache. Das entspricht den üblichen Beziehungen der Geschlechter und dem gängigen Gesellschaftsmodell, das Männern die Führungsrollen an der Spitze der Verwandtschaftsverbände, in der Politik und im Ämterwesen zuweist. So erscheint auch der König sinnvoll als „Landesvater“. Gleichwohl sind Frauen nicht ohne Einfluß. In manchen Monarchien, wie im Asante- und Lunda-Reich, hat eine hochgestellte Frau (die ohemmea bzw. lukokashi) teil an der königlichen Macht. Sie schlägt den Thronkandidaten vor und übt eine Art Kontrollfunktion gegenüber dem Herrscher aus. Ihr Status erlaubt ihr, sein Verhalten öffentlich zu korrigieren oder zu rügen, seine Entscheidungen zu ergänzen, abzuschwächen und sogar abzuwandeln. In Ausnahmefällen gelangten Frauen als Königinnen oder Regentinnen, die das Reich für ihre noch minderjährigen Söhne verwalteten, auch tatsächlich an die Macht.

Einige dieser Frauen, wie die Königin Njinga Mbandi Ana de Sousa (ca. 1582–1663), die zeitweilig über die Reiche Ndongo und

Dahomey – der König von Ifanhim und sein Gefolge.
Aus: Malerische Studien, Neuchatel, ohne Jahresangabe.

Matamba im heutigen Angola herrschte und den eindringenden Portugiesen erfolgreich Widerstand leistete, waren bemerkenswerte Persönlichkeiten. Mit ihrem hohen Amt hatten sie sich allerdings ihrer Weiblichkeit zu entäußern: Ihre Liebhaber mußten Frauenkleidung tragen. Ähnlich verhielt es sich andernorts. Auch die erst während der Kolonialzeit eingesetzten Königinnen der Sakalava und Merina in Madagaskar wurden „vermännlicht". Das äußerte sich unter anderem darin, daß man sie mit maskulinen Attributen ausstattete, daß sie Männertracht trugen, ja sogar andere Frauen „heiraten" konnten, selbst aber keine Kinder bekommen durften.

Derartige Vorkommen blieben jedoch, wie gesagt, die Ausnahme. Nur wenige Fälle sind bekannt, in denen weibliche Herrschaft institutionell verankert war. Das bekannteste Beispiel stammt aus dem kleinen Lobedu-Reich im südafrikanischen Transvaal, in dem Mujaji als „Regenkönigin" regierte. Doch auch Mujaji I. kam erst um 1800 in Nachfolge ihres Großvaters auf den Thron. Sie und ihre Nachfolgerinnen hatten wenig politische Autorität, ihre Macht leitete sich vielmehr ab von ihrer Kontrolle über die „Regenmedizin": Mujaji konnte Wolken in Regen verwandeln. Diese mystischen Kräfte verdankten die Königinnen, einer auch sonst in Afrika nicht seltenen Anschauung nach, einem Inzest bei der Zeugung ihrer Ahnherrin: Mujaji I. entsprang einer Verbindung, die der König, ihr Großvater, zur eigenen Tochter unterhielt.

Die Kolonialzeit löste tiefgreifende Veränderungen aus: Viele Könige mußten ohnmächtig zusehen, wie die Europäer ihr Land in Besitz nahmen, womit ihre Herrschaft auf wenig spektakuläre, ja beschämende Weise zu Ende ging. Waren sie zur Kollaboration bereit, konnten sie untergeordnete Positionen in der Verwaltung einnehmen. Nur die wenigsten, wie etwa die Emire in Nordnigeria, vermochten einen Teil ihrer traditionellen Befugnisse in die Neuzeit hinüberzuretten.

Auch die Unabhängigkeit brachte die alten Herrscher nicht an die Macht zurück, sondern schuf eher neue Probleme. Viele der Revolutionsführer und Staatspräsidenten, die in den sechziger Jahren des 20. Jahrhunderts an die Spitze der jungen Nationalstaaten traten, fürchteten die alten Machthaber ganz ausgesprochenermaßen und begegneten den Königen zumal mit unverhohlenem Mißtrauen, ja deutlicher Ablehnung. Die Regierung der ehemals belgischen Kolonie Rwanda schickte aus Furcht vor der Macht-Renaissance der traditionellen Herrscher Mwami Moshesh II., der zur damals herrschenden Minderheit der Tutsi gehörte, nach der Unabhängigkeit gleich ins Exil. Im Nachbarland Burundi hielt sich eine konstitutionelle Monarchie nach belgischem Vorbild, bis das Militär 1966 auch formal die Republik ausrief. Als Mwami Ntare V. 1972 den Versuch unternahm, den Thron zurückzuerobern, wurde er von der Armee ermordet. Das alte christliche Kaiserreich Äthiopien, das die Kolonialzeit relativ unbeschadet überstanden hatte, endete mit der Revolution im Jahre 1974.

Anderswo mußten die politischen Machthaber erkennen, daß sie ohne die Unterstützung der Könige einen schweren Stand hatten. Die Klügeren unter ihnen zeigten sich daraufhin versöhnlicher und waren zur Zusammenarbeit mit den Monarchen bereit, was ihre Stellung festigte und ihnen entsprechende Wählerstimmen eintrug. In Ghana etwa ist die Macht der traditionellen Herrscher weiterhin anerkannt, wenngleich nur auf lokaler und regionaler Ebene und mit eingeschränkten Kompetenzen.

Bis auf die konstitutionellen Monarchien von Lesotho und Swaziland im südlichen Afrika, die in der ersten kontinentalen Unabhängigkeitseuphorie der sechziger Jahre als besonders „archaisch" und überholungsbedürftig gegolten hatten, sich auf Dauer aber als stabil erwiesen, gibt es in Afrika offiziell keine autonomen Königreiche mehr. Doch wiewohl allein hier die Könige noch de iure herrschen, sind es doch immer noch wesentlich mehr, die de facto regieren. Die traditionellen Machthaber der Asante und Yoruba, der ehemaligen Stadtstaaten im Norden Nigerias, und viele andere Monarchen werden weiterhin vom Volk geachtet und verehrt – und schon deshalb von den politischen Machthabern respektiert und konsultiert. Auch wenn sie ihre ehemaligen Befugnisse weitgehend verloren, überlebten sie doch als Träger der nationalen Identität. Trotz aller Versuche staatlicherseits, die Grenzen zwischen den verschiedenen Ethnien zu verwischen, verkörpern sie weiterhin wirksam die kulturelle Einheit und Geschichte ihrer Völker. Rituale, Festlichkeiten, Palastkultur, Ideologie und Mythos der traditionellen Königtümer sind teils noch von einer Ausdruckskraft, der die säkulare Staatlichkeit wenig entgegenzusetzen hat.

Moro-Naba, der König von Haute-Volta, im Aufbruch zu seinem offiziellen Besuch beim französischen Gouverneur der Region. Der König ist eine mächtige Person in seinem Land und steht in einem guten Verhältnis zur französischen Administration. Sein persönliches Gefolge besteht aus Fürsten und Häuptlingen.

Die Kunst der Könige

Für schriftlose Völker war die Kunst ein wichtiges Ausdrucksmittel, Zeichen vor allem religiösen, aber auch politischen und sozialen Gehalts zu setzen. Die höfische Kunst ist eher statuarischen, wenn auch nuancenreichen Charakters – „die Macht fließt", wie der bekannte nigerianische Schriftsteller Chinua Achebe es ausdrückt, „durch viele Kanäle." Neben der dekorativen und bildenden stellen wichtige Formen der höfischen Kunst Choreographie und theatralische Inszenierung dar. Feste rücken den Herrscher ins Rampenlicht seiner Machtrepräsentation. Eine strenge Regie legt Sitz-, Marsch- und Speiseordnung dabei fest, markiert die sozialen Unterschiede. Kleidung, Schmuck und Rangzeichen dienen als weitere Ausstattungsmittel, Alter, Status, Tätigkeit oder Reichtum entsprechend differenzierend deutlich zu machen. Alles bis hin zu den Gebrauchsgegenständen der Könige drückt Prunk aus, demonstriert ihren Abstand von den „Gemeinen". Ein Abglanz davon fiel auf die höheren Amtsinhaber, die ebenfalls, wenn auch geringer bemessen, das Privileg genossen, spezifische Paradewaffen wie Äxte, Kronen, Zepter und Herrschaftsstäbe, Felle und Federn bestimmter Tiere, Fächer, Wedel und langstielige Pfeifen zu tragen, Trommeln zu führen und auf Thronen zu sitzen. Ihr Glanz warf wiederum sein Licht auf den König in ihrer Mitte, dessen Erhabenheit dadurch nur um so mehr an Strahlkraft gewann.

Rechts: Ein Fürst des Stammes der Ga in voller Staatspracht. Gold glänzt in Form von Mond und Sternen auf seinem Kopf. Sein Oberkörper wird von Goldketten geschmückt.

Unten: Zeremonielles Gewand und schwerer Goldschmuck eines Asante-Herrschers. Der Schmuck ist oft so schwer, daß die Arme auf den Beinen abgestützt oder von Untergebenen gehalten werden müssen.

Sichtbar sollte die Majestät des Königs so für alle sein, nicht aber unbedingt auch begreiflich – was man allzugut kennt, erscheint leichter beherrschbar, verliert an Unantastbarkeit. Wissen und Macht sind in Afrika eng miteinander verbunden. Das Verständnis der höfischen Kunst erschließt sich voll nur dem, der über ein reiches, auch historisches Wissen verfügt. Bestimmte, oft eher einfach gehaltene Objekte besitzen eine um so größere spirituelle Kraft, von der nur wenige Eingeweihte wissen. Dazu gehört z. B. der naamtiibo, eine Kombination vor allem pflanzlicher und tierischer Materialien, von dessen Besitz die Mosi-Herrscher ihre Macht ableiten. Derartige Sakralobjekte bekommt immer nur ein kleiner Personenkreis in der unmittelbaren Umgebung des Herrschers zu Gesicht. Oft besteht ein spezifisches Wechselverhältnis zwischen geheimgehaltenen und öffentlich zur Schau gestellten Machtsymbolen. Ein Beispiel dafür liefern in den Akan-Reichen die geschwärzten Schemel der königlichen Ahnen, die der Allgemeinheit unzugänglich bleiben, und die demonstrativ zur Schau gestellten, teils goldverzierten Stühle des amtierenden Königs. Beides sind Facetten ein- und desselben Systems, das den Herrscher ebenso geheimnisumwoben wie prunkvoll erscheinen läßt. Vor allem bei öffentlichen Auftritten wird höfische Kunst – wenigstens zeitweilig – allen sichtbar gemacht. Kleidung samt Hoheitszeichen und das Antlitz des Königs stehen dabei in auffälligem Kontrast zueinander: Erstere werden sichtlich herausgestellt, während sein Gesicht, oft von einem Schirm bedeckt, hinter einem Schleier oder Vorhang verborgen, unsichtbar bleibt.

In zentralisierten Reichen steht der König an der Spitze einer Pyramide hierarchisch gestaffelter Gruppen von Würdenträgern und Hofbeamten, die an ihren jeweiligen Hoheitszeichen erkennbar sind – Erinnerung an eine Zeit, in der die Herrscher noch die Verwaltung kontrollierten und ihre Getreuen mit Lehen und großzügigen Geschenken belohnten. Damals besaßen sie noch Gewalt über Leben und Tod, konnten Kriege führen und Beute verteilen. Viele bestimmten auch das künstlerische Schaffen in ihrem Land. Sie entschieden über die Auftragsvergabe, entlohnten die Künstler und nahmen damit auch Einfluß auf den Charakter dieser „Auftragskunst". Bisweilen ließen sie ganze Kunstzweige wie das Perlenschleifen und Gießen von Edelmetallen einzig für sich arbeiten. Die Kunst diente ihnen als Mittel zur eigenen Glorifizierung und Mehrung ihres persönlichen Ruhms. Die Allgemeinheit profitierte davon nur insofern, als die Herrscher sie als ihre Heilsträger repräsentierten. Diese Kunst durfte deshalb nicht im verborgenen blühen, früher wie heute setzen die Machthaber sie vielmehr bewußt in der Öffentlichkeit ein: Bei den großen Festen bilden Ausstattung, Szenerie und Dramaturgie ein „Gesamtkunstwerk", das die Majestät des Königs bühnenwirksam ins Bild setzt. Große Vorfahren und bedeutsame Ereignisse der Reichsgeschichte werden szenisch wiederbelebt, die Rollen der am Reichsaufbau Beteiligten kontrastierend herausgestellt und die Erinnerung an die Vergangenheit zur steten Verdeutlichung der gewachsenen Macht des Herrschers wachgehalten. Der König nimmt nicht nur räumlich Höhe- und Mittelpunkt der Schaustellung ein, ihn schmücken auch die prächtigsten Kunstschätze. Schon weniger prunkvoll, aber immer noch vornehm präsentieren sich die Edelleute, wodurch auch sie sich deutlich vom Volk abheben.

Ein eindrucksvolles Beispiel für die Instrumentalisierung der höfischen Kunst im Spiel um die Macht lieferte das jährlich im Frühjahr zelebrierte huetanu-Fest

Gürtelmaske aus Elfenbein in Form eines Leopardenkopfes aus dem 17. oder 18. Jahrhundert (Benin, Nigeria).

Im Benin-Reich (Nigeria) war der Leopard Machtsymbol des Königs (oba), der als Repräsentant seines Volkes und Nachfahre seiner Vorgänger über große und ungewöhnliche Kräfte gebot (Bronzeguß, Benin, Nigeria, 18. Jahrhundert).

Rechte Seite: Alte Kriegerdarstellung aus einem Königspalast in Benin, Nigeria.

Unten: Ehrenhocker eines Asantehene (Asante-Königs). Nur Könige durften auf Elefantenhockern sitzen, da der Elefant eines der mächtigsten Tiere repräsentiert.

im Dahomey-Reich des 19. Jahrhunderts. Damals strömten die Menschen aus allen Teilen des Reiches in der Hauptstadt Abomey zusammen. Der König thronte unter einem hohen zeltartigen Pavillon, umgeben von kleineren Fürsten unter prächtigen Schirmen. Diese wie auch protzige Banner waren mit Bildern geschmückt, die Größe, Bedeutung und Unbesiegbarkeit des Reiches und seiner Führer demonstrierten. In farbenprächtigen Umzügen wurde der Staatsschatz von Dahomey, zu dem große Kunstschätze aus Silber und weiteres Importgut gehörten, auf den Köpfen einiger tausend Leute durch die Straßen getragen. Das Volk, geblendet von der immensen Pracht, erhielt einen kurzen Einblick in Macht und Glanz des höfischen Lebens. Ein kleiner Teil dieser Reichtümer wurde dann unter den Soldaten und anderen loyalen Gefolgsleuten als Lohn für geleistete Dienste verteilt. Eingeblendet waren auch dramatische Sequenzen: Die zahlreichen Menschenopfer – vornehmlich Gefangene, die wegen ihrer körperlichen Verfassung nicht mehr verkäuflich waren – flößten Schrecken ein, erregten Gefühle des Schauderns und den Reiz des Abscheus. Die Könige und ihre Ratgeber wußten wohl, welche Mittel sie einzusetzen hatten, um neben Ehrfurcht und Stolz auch Empfindungen von Furcht und Gefügigkeit zu schüren.

Anderenorts wurden analoge Ziele wieder mit anderen Mitteln der höfischen Kunst verfolgt, wie etwa die Darstellungen auf den Beninbronzen und geschnitzte Kunstwerke aus Kamerun zeigen. Die im Jahre 1910 von Leo Frobenius (1873–1938) in Ife, der heiligen Stadt der Yoruba, ausgegrabenen Porträt-Terrakottaköpfe – daneben auch der berühmte Bronzekopf mit Krone – und weitere wichtige Funde hatten in der Fachwelt großes Aufsehen erregt. Bald wurden noch weitere Bronzekopfplastiken in naturalistischen Ausmaßen gefunden. Schon 1897, als Ife bei einer „Strafexpedition“ der Briten den Flammen zum Opfer fiel, hatten die Engländer über 3000 bronzene Reliefplatten geraubt. Darauf waren Portugiesen des 16. Jahrhunderts mit ihren typischen Uniformen und Waffen, Schildwachen und Fächerträger sowie Götter und Gottkönige (oni bzw. oba) dargestellt. Diese Bronze- sowie ebenbürtige Elfenbeinarbeiten, die sich heute in europäischen Museen befinden, erlangten rasch Weltberühmtheit und genießen inzwischen Anerkennung als Höchstleistungen afrikanischer Kunst.

Andere Kunstformen dienten demgegenüber als eine Art politischer Währung zur Festigung bestehender Allianzen oder Verpflichtung neuer Bündnispartner. So vergaben die Könige z. B. bestimmte Objekte oder das Vorrecht, sie zu tragen, an verdiente Gefolgsleute und neugewonnene Vasallen. Daß dabei Waffen überwogen, zeigt, worauf es dabei vor allem ankam: Im Ritual wie in der Kunst besaß der militärische Aspekt der herrscherlichen Macht immer vorrangige Bedeutung. Vom 15. bis ins 19. Jahrhundert bleibt sich die Kunst, und insbesondere die Ikonographie der hohen Würdenträger und Könige, weitgehend gleich. Die martialischen Züge, personifiziert im König als der unbezwinglichen Überfigur, beherrschen die Motivpalette.

Analoges läßt sich auch in der höfischen Kunst der Kuba (Bushong) in der Demokratischen Republik Kongo beobachten. Auch hier dienten die Nachbildungen von Königen (ndop) „propagandistischen" Zwecken. Obwohl sie noch zu Lebzeiten des Herrschers entstanden, verzichtete man bewußt auf die Wiedergabe individueller Züge. Jedes Porträt zeigt den König relativ korpulent, gleichwohl stets jugendlich. Auf einem einfachen Thron sitzend, strahlt jeder Herrscher Dauerhaftigkeit, Kraft und Beständigkeit aus: Einer gleicht dem anderen, in Vergangenheit wie in Gegenwart und Zukunft.

Neben der plastischen wurde bei Hof auch die ornamentale Kunst gepflegt. Prachttextilien, Schmuck- und Prestigeobjekte wurden speziell für die Residenzen gefertigt und waren oft mit geometrischen Mustern verziert. Dabei gehörte, wie gesagt, die Verwendung bestimmter, sei es besonders seltener oder besonders wertvoller Materialien, zu den Vorrechten der Herrscher. Dazu zählten vor allem Felle von Leopard und Löwe, Elfenbein, die Federn bestimmter Vögel und Straußeneier. Bei den Akan, die in einem Gebiet mit reichen Goldfeldern leben, galt dieses Edelmetall als „königliches Material", über das allein der Herrscher gebot.

Höfische Kunst besaß so in den Sakralkönigtümern die Doppelfunktion, Höhepunkte der Dynastie- und Reichsgeschichte bildlich lebendig zu halten und damit Sendung, Bedeutung und Macht des Königs gleichsam „verewigt" zur Schau zu stellen. Mit der Einschränkung der herrschaftlichen Macht hat sie vielerorts an Inhalt und Aussagekraft verloren, ja ist oft nur noch ein matter Abglanz einstiger Pracht.

Das Königreich Asante

Der Asante-König Otumfuo Opoku Ware II. hält zu seinem 25jährigen Thronjubiläum Audienz.

„Asante kotoko, wokum apim a apim beba" – „Asante-Stachelschwein, schlag tausend tot, und tausend werden wiederauferstehen", trommelten die königlichen Hofmusiker, sobald sie das Signal zum Angriff gaben. Ein Stachelschwein zierte auch die Stühle, auf denen Vertreter des Hofstaates saßen, wenn es wichtige Angelegenheiten zu entscheiden galt.

Seiner langen und spitzen Stacheln wegen können selbst große und gefährliche Tiere dem Stachelschwein nichts anhaben. Die Asante sagen, daß es damit ebenso auf Angreifer zielt, wie es sie zu seiner Verteidigung einsetzt. Sobald ein Stachel „abgeschossen" ist, wächst an derselben Stelle ein neuer nach. Deshalb wählten sie das Bild für ihre eigene numerische, physische und moralische Überlegenheit gegenüber ihren Feinden. Das Stachelschwein wurde zum Symbol des Asantereiches, ja zum Synonym für Asante.

Im 19. Jahrhundert war Asante mit seinem Ausgangspunkt im Zentrum des heutigen Ghana eines der mächtigsten afrikanischen Reiche – mit der Besonderheit, daß es nicht wie viele andere der bedeutenden westafrikanischen Reiche in der Savanne, sondern im Waldland lag. Edward Bowdich, der 1817 als Leiter einer britischen Delegation an den Hof des Herrschers von Asante, des Asantehene Osei Bonsu kam, war tief beeindruckt von dem Glanz und der Pracht, die den König umgaben. Diesen immensen Reichtum verdankte Asante vor allem seinen reichen Goldvorkommen. Als letzte große Reichsgründung auf dem Boden der Akanvölker im Gebiet der heutigen Länder Ghana, Togo und Elfenbeinküste war Asante das Ergebnis einer langen sozialgeschichtlichen wie politischen Entwicklung. Neben dem Handel hatte dabei die Kenntnis spezifischer Techniken eine wichtige Rolle gespielt. Die Asante verstanden sich besonders auf die – auch künstlerische – Verarbeitung von Eisen, Messingbronze und Gold und stellten auf Trittwebstühlen erlesene, mit Kanten und Borten gesäumte Tuche her. Entscheidend für ihre politischen und militärischen Erfolge war aber die straff zentralisierte Führung, der eine hochorganisierte Verwaltung unterstand.

Das Asante-Reich entstand um 1660 aus einem Bündnis nördlich der Küste siedelnder, anfangs noch unabhängiger und gleichberechtigter Klane. Die Union war ursprünglich zu militärischen Abwehrzwecken gegen Tributforderungen und Übergriffe des wenige Jahrzehnte zuvor (um 1620) gegründeten südlichen Nachbarreiches Denkyera geschaffen worden, hatte langfristig aber auch den ungehinderten Zugang zur Küste und damit zum Handel mit den Europäern zum Ziel. Unterstützung beim Aufbau erhielt sie vom Königreich Akwamu, dem direkten Konkurrenten Denkyeras um die Vorherrschaft im südlichen Ghana, das sich um 1675 zur Vormacht im östlichen Küstenhinterland entwickelt hatte. Dort hatte Osei Tutu, dem später die Führung der einzelnen Fürstentümer und damit der Titel Asantehene übertragen werden sollte, zahlreiche militärische Neuerungen kennengelernt und sich mit einer vorbildlichen Armeeorganisation und dem Gebrauch europäischer Feuerwaffen vertraut machen können. Durch die Heeresreformen schlagkräftiger geworden, trug die Union 1701 bei Feyase den Sieg über Denkyera davon. Dieser Erfolg markiert den Beginn des Aufstiegs von Asante zur unumstrittenen Hegemonialmacht an der Goldküste. Mitte des 18. Jahrhunderts gebot sie über die meisten Akangruppen.

Bei jedem Aufzug des Asantehene geht ein Diener voran. Auf seinem Kopf trägt er ein Metallgefäß, das verschiedene Pflanzen, Amulette, Talismane und weitere Kraftträger enthält. Die samanka (saman: „Totengeist") genannte „Medizin" soll Schadensmächte fernhalten und den Weg für den König licht machen.

Im Verlauf der Auseinandersetzungen zwischen der Asante-Union und Denkyera hatte sich die politische Balance innerhalb des Bündnisses verändert. Nach der Unterwerfung Denkyeras und seiner Vasallen erhoben die Ältesten, die Teil des militärischen Führungsstabes waren, den siegreichen Feldherrn Osei Tutu zum ersten König, dem „Asantehene", und begründeten damit offiziell das Asantereich. Osei Tutu entstammte dem Oyoko-Klan aus dem goldreichen Kwaman, der Region um die spätere Stadt Kumasi. Um seinen Aufstieg ranken sich zahlreiche Mythen. So wird erzählt,

Die Leibgarde des Asantehene. Ihr Führer, der ankobeahene, zog früher mit in den Krieg. Außerdem war er verantwortlich für den Bau und Erhalt des königlichen Speisesaals und vor allem des „Stuhlhauses" (barim dan), in dem die geschwärzten Stühle der königlichen Ahnen aufbewahrt werden.

Die ohemmea, eine hochrangige Frau, deren Autorität respektiert wird, bildet das Bindeglied zu den mütterlichen Ahnen. Sie ist jedoch nicht die „Mutter" des Königs, kann aber wohl seine Schwester sein. Wenngleich sie keine formale Macht besitzt, hat sie ihren eigenen Aufzug, der dem des Asantehene folgt. Auch ihr voran werden Stühle und andere Wertgegenstände getragen, während Hörnerbläser und Trommler den Zug beschließen. Im Unterschied zum König und den Fürsten, deren Erhabenheit Schirme ausdrücken, dienen ihr zwei große Palmblattfächer zur Dekoration und Kühlung.

Unten: Würdenträger mit reichem Goldschmuck im kente-Gewand, das immer zu freudigen und festlichen Anlässen getragen wird. Die „Königsfarbe" Gelb dominiert. Der Fürst ist umgeben von Trägern der goldbeschlagenen Reichsschwerter, die zu den Meisterwerken der Goldschmiedekunst der Asante und der Akan zählen.

daß sein Weg- und Kampfgefährte, der legendäre Priester (okomfo) Anokye, an drei Orten Stecklinge des kum-Baumes (Lannea accidissima) setzen ließ und verkündete, daß dort, wo der Baum Wurzeln schlage, künftig das Reichszentrum liegen solle. Natürlich war das Kwaman, das daraufhin in Kumasi (kum ase: „unter dem kum-Baum") umbenannt wurde.

Unter den Nachfolgern Osei Tutus dehnte sich Asante weiter aus, bis der größte Teil der damaligen Gold- und ein Teil der Elfenbeinküste dem Reich eingegliedert oder tributpflichtig war. Bald kontrollierte Asante den wichtigen Handel nach Norden, wo es sich Ende des 18. Jahrhunderts auch Dagomba untertan machte. Der nunmehr weitreichende Herrschaftsbereich, teils auch durch Schutz- und Freundschaftsverträge noch erweitert, konnte verläßlich nur durch ein streng zentralisiertes Verwaltungssystem mit aufwendigen Kontrollmechanismen regiert werden. Dabei spielte das Militär eine wichtige Rolle – auch als Organisationsschablone für die Bevölkerung, die gleichsam zum Truppenkörper verschmolz und so der Regierung leichte Hand ließ. Jedermann in dieser hochkomplexen Gesellschaft wußte um seine genaue Funktion und Aufgabe. Die straffe Reglementierung beherrschte fast alle Lebensbereiche. Etikette und Zeremoniell standen dabei ganz obenan; sie markierten die neue, verschärfte soziale Differenzierung.

Die Herrscher des vorkolonialen Asante waren nicht nur Kriegsherren, sie wirkten ebenso auch führend in der Legislative und Rechtsprechung. Sie verwalteten, mehrten aber auch das Erbe ihrer Ahnen. Von jedem in diesem System wurde viel verlangt, damit er seinen Nachkommen einmal mehr hinterlassen konnte, als er selbst von seinen Vorfahren empfangen hatte. Reichtum spielte eine wichtige Rolle im Leben der Asante. Daneben bestand die Möglichkeit, sich durch korrektes, vorbildliches Verhalten und Bildung auszuzeichnen, wie sie die vollkommene Kenntnis der Sprichwörter und Spruchweisheiten mit ihrem gewachsenen Schatz an Erfahrung und Einsicht ausmachte. Wer darin Meister war, besaß alle Voraussetzungen zum gewandten Redner, Richter und Anwärter auf die Ältestenwürde.

Im 19. Jahrhundert befand sich Asante auf dem Höhepunkt seiner Macht. Ausfallstraßen führten von Kumasi aus in alle Teile des Reiches. Allerdings wurde immer mehr zum Problem, daß seine Südgrenze 60 Kilometer entfernt von der Küste verlief und ihm damit der unmittelbare Zugang zu den dortigen Häfen und vor allem den begehrten europäischen Waren und Waffen versperrt blieb. Davor zog sich ein Riegel von Küstenreichen, besonders der Fante hin, die sich rechtzeitig des Schutzes der Briten zu versichern gewußt hatten. Versuche des Asantehene Kwame Bonsu seinerseits, mit den Briten vertrags- und handelseinig zu werden, scheiterten: Während des 19. Jahrhunderts fanden allein sieben Kriege zwischen den Vertragspartnern statt, in denen Asante dem überlegenen Gegner zwar erbitterte Gegenwehr leistete, zuletzt aber doch unterlag. 1896 wurde der Asantehene Osei Agyeman Prempeh I. verbannt, 1901 Asante zur britischen Kronkolonie erklärt.

Wie in vielen differenzierten Gesellschaften Afrikas dient auch bei den Asante der Tanz zur Markierung der Rangordnung. Untergeordnete Fürsten und Frauen drücken damit sowohl ihre eigene Würdestellung als auch ihre Reverenz und Verehrung gegenüber dem König aus.

Wirtschaftliche Entwicklungen und Modernisierungsprozesse in den letzten hundert Jahren veränderten das Leben der Bevölkerung auf vielen Gebieten. Desungeachtet stehen die Asante noch stolz zu vielen ihrer Traditionen – nicht zuletzt ihrem Königtum. Ungebrochen leben sie im Bewußtsein einer großen und ruhmreichen Vergangenheit. Ghana, das 1957 als erste afrikanische Kolonie in die Unabhängigkeit entlassen wurde, beließ dem Asantehene den Status eines traditionellen Herrschers. Die alte Reichshauptstadt Kumasi mit mehr als 800 000 Einwohnern ist heute zweitgrößte Stadt des Landes voll pulsierenden Lebens. Der riesige Zentralmarkt lockt täglich Tausende von Besuchern aus allen Teilen Westafrikas an. Der amtierende Asantehene hat in England Jurisprudenz studiert und praktizierte ursprünglich als erfolgreicher Anwalt, bevor er die Nachfolge seines Onkels, eines Bruders seiner Mutter, antrat – die Asante sind mutterseitig (in

Der bedeutende Regionalhäuptling der Konongo vollzieht auf einem Trauerfest zu Ehren der Ahnen einen Kriegstanz.

matrilinearer Deszendenz) verwandt, so daß die Erblinie vom Mutterbruder über den Schwestersohn (Neffen) verläuft. Gleich seinen Vorgängern respektiert er die kulturelle und religiöse Vielfalt im Lande. Zu den Feierlichkeiten anläßlich seines 25jährigen Thronjubiläums empfing er die traditionellen Ahnenpriester in einem mit arabischen Schriftzeichen und Mustern bedruckten Gewand. Damit erinnerte er an die jahrhundertealten, auf gegenseitigem Respekt, wirtschaftlicher Zusammenarbeit und politischer Verständigung basierenden Beziehungen des Hofes mit den Muslimen. Weitere öffentliche Festakte reichten vom Besuch einer anglikanischen Messe über Gebete in der zentralen Moschee, der Eröffnung einer Kunstausstellung und Ausrichtung eines Banketts bis hin zur Einweihung eines neuen Museums im Manhiya-Palast. Höhepunkt aber war die traditionelle adae-Zeremonie, die in einem Hof in der alten Residenz der Asantekönige stattfindet. Zum Silberjubiläum mußte sie wegen der zahlreichen geladenen Gäste ins Fußballstadion verlegt werden. Auf den Eintrittskarten war die Sitzordnung genauestens vorgegeben. Der Staatspräsident, Fliegerleutnant J. J. Rawlings, erhielt seinen Platz auf einer der Längsseiten, gegenüber dem Asantehene auf der anderen. Bestimmte Abschnitte des Stadions waren für die königliche Familie, andere für die ausländischen Botschafter, die Repräsentanten anderer afrikanischer Länder und Regierungsbeamte reserviert. Sogar die Asante-Kolonie in den USA fand in der Sitzordnung ihre Berücksichtigung. Würdenträger der Palasthierarchie und Fürsten aus anderen Gebieten Asantes nahmen Plätze ein, wie sie ihnen ihrem Rang nach zustanden, ohne daß sie dazu erst den ausgedruckten Plan studieren mußten.

Endlich kündigten Trommeln und Elfenbeintrompeten die Ankunft des Asantehene und seines Hofstaates an. Unter lautem Jubel der etwa 100 000 Anwesenden hielt der König, majestätisch ruhend in einer Sänfte (Palankin) unter dem Schutz der großen Reichsschirme, seinen Einzug ins Stadion. Zusammen mit ihm hatte auch der Goldene Stuhl auf einem besonderen Schemel und unter seinem eigenen Schirm einen seiner seltenen öffentlichen Auftritte – wahrscheinlich den letzten im zweiten Jahrtausend.

Unten: In der Empfangshalle sitzt der Fürst im Kreis seiner Untergebenen. Der Leopardenmann seines Hofstaates sorgt für Ordnung und jagt böse Geister fort.

Rechts: Redner, Gewehr- und Schwertträger begleiten den bedeutenden Häuptling in die Empfangshalle.

Insignien der Macht

Ein Zeremonialhocker, dessen kunstvoll gearbeiteter Mittelteil die Abbildung eines Elefanten, des größten Tieres im Regenwald, zeigt. Die Verwendung dieses Motivs war früher alleiniges Privileg des Asantehene. Die Verwendung von Stühlen kam erst später auf, als man die europäische Form eines Thrones nachempfand, die durch den Einzug der englischen Kolonialmacht bekannt wurde.

Macht muß jedermann kenntlich sein. Bewährte Mittel dazu bilden Glanz und Prunk, die den König umgeben, wie bedeutungsträchtige Erinnerungsstücke, die bei öffentlichen Auftritten des Herrschers mitgeführt werden und die Gründung und Geschichte des Reiches gleichsam „beurkunden".

Die wichtigsten Insignien des Asantereiches sind der goldene Elefantenschwanz, Sika mmara, und der „Goldene Stuhl vom Freitag", Sika Dwa Kofi. Ersterer verkörpert Reichtum und Macht, in letzterem wohnt die „Seele" (sunsum) des Reiches. Er ist Ausdrucksträger des Zusammenschlusses verwandter und benachbarter Klane im 17. Jahrhundert, um gemeinsam stärker gegen das mächtige Denkyera-Reich im Süden antreten zu können. Neben diesen beiden „großen" Reichssymbolen erinnern besondere Trommeln und Waffen, namentlich Schwerter, an vergangene Ruhmestaten. Zu festlichen Anlässen werden sie aus den Schatzkammern des Palastes geholt und der Öffentlichkeit präsentiert. Die Kriegstrommel zum Beispiel erinnert an die Schlacht von Feyase (1701), in der die Truppen Denkyeras nicht nur eine empfindliche Niederlage erlitten, sondern auch ihr König sein Leben verlor. Die Asante schlugen ihm den Kopf ab, faßten seinen Schädel in Gold und hängten ihn als Zeichen des Triumphes an ihre Kriegstrommel. Damit führten sie dem Instrument nicht nur zusätzlich Kraft zu, sondern hielten die Erinnerung an das große Ereignis auch für künftige Generationen fest.

Auch zahlreiche Reichsschwerter (afena) sind mit gegossenen Goldnachbildungen von Menschenköpfen geschmückt, ein Motiv, das die Bezeichnung worosahire („Kopf von Worosa") trägt. Gleichwohl handelt es sich nicht immer um dieselbe Person. Nur in Kumasi und Nsuta bildet der Kopf tatsächlich Worosa, einen früheren Herrscher des Banda-Reiches an der Elfenbeinküste, ab: Der Asantehene Osei Kwadwo (ca. 1752–1781) hatte ihm als Strafe für die Ermordung von Asante-Händlern den Krieg erklärt und nach dessen Niederlage den Kopf abschlagen lassen. In anderen Teilbereichen Asantes geht das Motiv auf analoge Anlässe zurück. In Kumasu schließlich versinnbildlicht es das Sprichwort: „Ein Kopf allein fällt keine Entscheidung", was bedeutet, daß der Regent immer seine Ratgeber hinzuziehen sollte. Auch viele andere Machtinsignien beziehen sich nicht unbedingt auf denkwürdige historische Begebenheiten, sondern spielen bildlich auf verschiedene Aspekte des Königtums an.

Stühle

Im Leben der Asante und anderer Akan spielen Stühle der unterschiedlichsten Form eine wichtige Rolle. Ihre Bedeutung und Funktion reicht vom alltäglichen Gebrauchsgegenstand, der in keinem Haushalt fehlt, über die Zeremonialstühle (adanu dwa), deren Besitz früher Vorrecht des Königs und ähnlich ranghoher Personen war, bis hin zum spirituellen Zentrum einer Gemeinschaft oder Nation, wie im Falle des Goldenen Stuhls von Asante.

Die traditionellen, „alten" Schemel (dwa, nkonnua), von denen schon die frühen Reisenden berichten, besitzen eine identische Grundform, unterscheiden sich jedoch in Details. Schemel werden aus einem Block des „weißen" osese- oder Nyame dua-(Alstonia boonei)Holzes geschnitzt und tragen über einer flachen rechteckigen Basis eine zentrale Säule mit nach oben gebogener Sitzfläche. Sie erinnert an das Bild des zunehmenden Mondes. Diese Grundform haben die Asante, wie andere Ausdrucksformen ihrer Kultur, reich variiert, so daß der englische Kolonialbeamte und Ethnologe Robert Sutherland Rattray (1881–1938) im Jahr 1929 eine Liste von über 30 verschiedenen Typen erstellen konnte. Den säulenartigen Mittelteil zieren verschiedene geometrische oder figurale Muster und Abbildungen bestimmter Tiere, vor allem Elefant (esono) und Leopard (osebo). Sie stehen für „Größe" und „Wildheit". Derartig bedeutungsgeladene und kunstvoll ausgeführte Stücke befanden sich früher allerdings allein im Besitz des Asantehene. Auch das „Kreuz" (mmaremu) als Motiv bildete sein alleiniges Privileg.

Seit der Zeit Osei Tutus, des ersten Asantehene, hat jeder seiner Nachfolger seinen persönlichen Schemel. Diese Zeremonialhocker waren früher nicht nur größer und sorgfältiger gearbeitet als die Hocker gewöhnlicher Leute, sondern darüber hinaus auch mit getriebenem Goldblech beschlagen. Auch die „Königinmutter" und wichtige Würdenträger besitzen eigene, früher mit Silberblech beschlagene und mit Glöckchen, Perlen, Spangen und Amuletten überreich behangene Schemel. Der einfachste Zierat besteht in einer kleinen runden Metallscheibe im Zentrum der Sitzfläche und trägt die Bezeichnung otadee, „wie ein Teich". Sie hat beziehungsweise hatte wahrscheinlich die Funktion, den Hocker und seinen Besitzer vor den Anschlägen unheilvoller Mächte zu schützen. Identischen Zwecken dienen verschiedene, an der zentralen Säule des Hockers befestigte Amulette und Talismane. Sie sind in der Regel muslimischen Ursprungs und enthalten Koranverse, in Leder genäht oder in Metallkapseln verschlossen – alles Mittel, die schemeleigenen Kräfte zusätzlich zu stärken.

Der Mittelteil des Hockers bildet häufig ein Sprichwort ab, das auf Eigenschaften und Bedeutung seines Besitzers verweist. Asantehene Osei Agyeman Prempeh II. (1931–1970) wählte als Motiv seines Schemels zum Beispiel einen geschlungenen, scheinbar unlösbaren Knoten. Das sollte zeigen, daß ein gu-

Die Vorbilder des Thronstuhls des Asantehene und anderer Repräsentationssitze stammen aus Europa. Der abgebildete ist der berühmteste unter den akonkromfi („Gottesanbeterin") genannten Stühlen und heißt kodie („Adler").

Prozession zu Ehren des Asante-Königs, auf der die Stühle jedes anwesenden Häuptlinges zur Schau gestellt werden.

ter Herrscher besser mit Weisheit als Gewalt regiert. Den Zeremonialhocker des Asantehene Kofi Kakari (1867–1874) schmückte ein kreisförmiger Regenbogen (okontonkorowi mpenu). Er symbolisiert das Sprichwort „Ein Regenbogen umschlingt den Hals jedes Reiches", was darauf hinweist, daß Asante als Union viele Glieder in sich vereint.

Die Zeremonialhocker durften – wie die Füße und das Gesäß ihrer ordnungsgemäß inthronisierten Besitzer – nicht mit dem Boden in Berührung kommen. Jeder direkte Kontakt mit der Erde hätte Verunreinigung und Kraftverlust des Herrschers zur Folge, könnte also großes Unglück wie Hungersnot und Krankheit über das Volk bringen. Wer sich früher eines Rivalen entledigen wollte, brauchte ihm also nur seine Sandalen abzustreifen und seine Füße auf die Erde zu setzen. Die Zeremonialhocker standen auf Leopardenfellen oder Elefantenhaut – zusätzlichen Ausdrucksträgern herrscherlicher Hoheit und Macht. Bei öffentlichen Auftritten haben die Schemel ihre eigenen Träger, die man früher schon von weitem an ihrer Frisur erkannte: einer Tonsur in Form eines quer über den Kopf verlaufenden Streifens. Die Schemel ruhen auf ihren Nacken, die Sitzfläche zeigt dabei immer nach vorn. Einige Zeremonialhocker, wie die kleinen goldenen Schemel von Mampong und Akuapem, werden von Fürst zu Fürst weitergegeben. In diesen Fällen repräsentiert der Schemel nicht einen Herrscher, sondern das Reich. In anderen ehemaligen Teilgliedern Asantes, wie auch im zentralen Kumasi, wird für jeden Herrscher vor Amtsantritt ein neuer Hocker hergestellt. Diese Zeremonialhocker werden beim Tod ihres Besitzers geschwärzt und im Stuhlhaus aufbewahrt, wo sie fortan wie Idole verehrt werden und regelmäßige Opfergaben erhalten. Ihre Anzahl entspricht der Zahl der vormaligen Herrscher. Für unwürdig Befundene, die hatten abgesetzt werden müssen oder von den Ahnen mit einem „Schlimmen Tod" geschlagen worden waren, wurden allerdings aus der Genealogie gestrichen, ihre Hocker entsprechend nicht im „Stuhlarchiv" verwahrt.

Noch immer besitzen die Schemel für die Asante große Bedeutung; allein die herrschaftliche Kontrolle über die Verwendung bestimmter Muster und Materialien sowie die strikte Trennung von Männer- und Frauenhockern wurde aufgehoben.

Neben den Zeremonialhockern kennen die Asante auch Stühle, die keine rituelle, dafür jedoch repräsentative Bedeutung besitzen. Als reine Prunkobjekte waren sie noch bis in neuere Zeit allein in der herrschenden Schicht vertreten. Von diesen Prestigestühlen gibt es drei Arten, die alle auf europäische Prototypen zurückgehen. Der gebräuchlichste trägt die Bezeichnung asipim („fest stehend"), ein Name, der im übertragenen Sinn die Stabilität des Herrscherhauses ausdrückt. asipim-Stühle haben einen hölzernen Rahmen mit eingearbeitetem Ledersitz und sind etwa einen Meter hoch. Ein oder zwei dieser Stühle befinden sich im Besitz selbst kleinerer Fürsten, während größere, wie zum Beispiel der Ejisuhene, mindestens über vierzehn verfügen. Alle sind mit Messing beschlagen. Sie dienen den Notabeln als Repräsentationssitze bei der Verhandlung von Reichsangelegenheiten. Zusammen mit anderen Prunkstücken werden sie bei rituellen Umzügen der Öffentlichkeit präsentiert. Bisweilen gehören sie auch zum Inventar von Stuhlräumen und Götterschreinen, erhalten jedoch weder Opfer, noch glaubt man sie der Seele ihres Besitzers verbunden. Eine ähnliche Form wie der asipim besitzt der hwedom („dem Feind ins Auge blicken"), ist aber größer und tief eingeschwärzt sowie mit silbernen Stiften und Knäufen verziert. hwedom-Stühle stehen ihren europäischen Vorbildern am nächsten. Früher wurden sie vor allem zu folgenschweren Anlässen wie Kriegserklärungen und Gerichtsverhandlungen benutzt. Ein dritter Stuhl, akonkromfi („Gottesanbeterin") genannt, ist sorgfältiger gearbeitet und dient deshalb für festliche Gelegenheiten. Der Asantehene und die Fürsten benutzen diese Stühle, wenn sie auf der erhöhten Plattform (sumpi oder sumpene) vor ihren Palästen sitzen und sich der Öffentlichkeit präsentieren. Um auch diesen Stühlen wenigstens etwas Kraft zu verleihen, sind unter ihren Sitzflächen oft Talismane befestigt.

Moderner Verkaufsraum, in dem die verschiedensten Hocker und Stühle ausgestellt sind. Der Geschäftsmann, ein Ewe, verkauft sie wie andere herrschaftliche Würdezeichen an Könige, Fürsten und Dorfchefs, die heute nicht mehr wie früher ihre eigenen Hofkünstler beschäftigen.

Der Goldene Stuhl: Mythos, Bedeutung und Geschichte

Nachdem Denkyera besiegt war (1701), galt es, ein Auseinanderbrechen der Asante-Union zu verhindern. Da jeder der verbündeten Klanoberhäupter nunmehr die Vormachtstellung anstrebte, legte der legendäre Priester (okomfo) Anokye die Entscheidung darüber in Gottes Hand. Mündlichen Überlieferungen nach berief er an einem Freitag in Kumasi eine große Versammlung ein, zu der er die verschiedenen männlichen und weiblichen Klanältesten einlud. Osei Tutu, der den Krieg gegen Denkyera angeführt hatte, empfing die Besucher unter einem kum-Baum vor den Toren der Stadt. Plötzlich wurde es finster, Donnerschläge ertönten, Blitze flammten auf, und in einer dichten Wolke aus weißem Staub schwebte ein hölzerner, mit Goldblech beschlagener Schemel vom Himmel unmittelbar auf den Schoß Osei Tutus herab. Die Bedeutung des Zeichens ließ keinen Zweifel: Der Himmelsgott selbst hatte Osei Tutu zum Oberherrscher erkoren. Um die noch locker Verbündeten unlösbar zusammenzuschweißen, hieß der Priester Anokye die Anwesenden, Haarbüschel von Kopf und Scham sowie Partikel vom Nagel ihrer Zeigefinger abschneiden. Diese typischen Lebenskraftträger vermischte er mit einer pulverisierten „Medizin", die er mit Wasser aufgoß. Etwas davon strich er über den Schemel, den Rest gab er den versammelten Männern und Frauen zum Trinken. Damit verschworen sie sich zum Treueeid, sicherten Osei Tutu, der künftig als Erster unter ihnen, als Asantehene, die Geschicke der Nation lenken sollte, Gefolgschaft und bedingungslose Unterstützung zu. Die Mischung der Vitalkraftträger Haare und Nägel hatten die Seelen aller zu einer (sunsum) im Goldenen Stuhl, früher eigenständige Reiche zu einem einzigen verschmolzen. Damit waren vorherige Bündnisse und Abhängigkeiten nichtig, unterschwellige Rivalitäten ausgeräumt. Jede Rebellion gegen die zentrale Führung in Kumasi bedeutete künftig eine Auflehnung gegen den Himmelsgott, der Osei Tutu höchstselbst zum Führer bestimmt hatte.

Fortan war der Goldene Stuhl heiligstes Sakralgut von Asante. Solange er unbeschädigt und im Besitz der Könige verblieb, konnte die Nation gedeihen, Ruhm und Wohlstand erlangen. Sein Verlust hätte ihren Untergang bedeutet. So jedenfalls soll es der weise Anokye vorausgesagt haben.

Okomfo Anokye, um den sich viele wundersame Erzählungen weben, genießt einen hohen Bekanntheitsgrad in der Geschichte Asantes. Dabei ist unerheblich, daß er in frühen Berichten von der Goldküste keine Erwähnung findet. Besser dokumentiert ist der erste Asantehene Osei Tutu. Er stand bereits mit den frühen holländischen Faktoreien an der Küste in Handelsbeziehungen, von denen er Gewehre und Schießpulver im Tausch gegen Gold erhielt. Einige behaupten darum, daß die Herabkunft des Goldenen Stuhls von ihm selbst ebenso klug wie berechnend inszeniert war. Doch ändert das nichts an der Tatsache, daß der Goldene Stuhl für Asante eine überragende Bedeutung erlangte und heute noch hat. Wenngleich ungeschwärzt, gilt er als der Ahnenstuhl Osei Tutus und wird zusammen mit den Schemeln der späteren Asanteherrscher im Stuhlhaus des Manhyia-Palastes unter strengem Verschluß gehalten.

Mit den Jahren erhielt er kostbares Beiwerk, vor allem verschiedene Glocken, die man teils von den Europäern an der Küste erworben, teils nachgebildet hatte. Die Glocken besitzen unterschiedliche Funktionen: Eine dient dazu, das Volk zusammenzurufen, eine zweite verkündet, daß der Goldene Stuhl sich nähert. Andere, die ohne Schlegel sind, stellen Abbilder feindlicher Herrscher dar, die auf diese Weise herabgewürdigt und zu Dienern (nkoa) des Goldenen Stuhls erniedrigt wurden. Sie sollen öffentlich dartun, wie es den Widersachern Asantes ergeht. Unter den gegossenen „Porträts" befindet sich u. a. eine Darstellung eines früheren Königs von der Elfenbeinküste. Er hatte die Dreistigkeit besessen, für sich selbst eine Nachbildung des Goldenen Stuhls anfertigen zu lassen. Das versetzte den amtierenden Asantehene Osei Bonsu derart in Zorn, daß er seine Armee ausschickte, den „Verbrecher" zu strafen. Er wurde getötet und sein goldener Stuhl nach Kumasi gebracht, wo man ihn einschmolz. Aus dem Gold wurden zwei Abbilder des Königs gefertigt, von denen je eines auf jeder Seite des Goldenen Stuhls von Asante hängt. Ein weiterer „Diener" ist in der Gestalt des britischen Gouverneurs Sir Charles MacCarthy zu sehen, der 1820 von den Asante getötet wurde. Mit zunehmendem Einfluß muslimischer Gelehrter bei Hof erhielt der Goldene Stuhl dann zahlreiche islamische Amulette und Talismane, die vornehmlich seine zentrale Säule schmücken. Durch alles dies wurde seine bereits vorhandene große spirituelle Kraft nur um so mehr verstärkt.

Tatsächlich stand seine Sakralmächtigkeit niemals in Frage, selbst nicht, als die Briten 1874, in ihrem sechsten Krieg mit Asante, Kumasi eroberten und die Stadt plünderten. Im nachhinein erklärten die Asante ihren Niedergang mit ihrer Abkehr von den Weisungen und Geboten Anokyes. Denn bereits vor dem Verlust der Unabhängigkeit hatten sich einige Teilglieder von Asante gelöst. Das Reich, selbst von internen Fraktionskämpfen geschüttelt, stand diesem Verfall machtlos gegenüber. Das Ende der Asante-Nation war 1896 besiegelt, als die Briten den Asantehene Osei Agyeman Prempeh I. absetzten und zusammen mit weiteren bedeutenden Würdenträgern des Landes zuerst nach Sierra Leone, dann auf die Seychellen verbannten.

Im Jahr 1900 trat der britische Gouverneur Sir Frederick Hodgson seinen Dienst in Kumasi an. Er stellte nicht nur hohe Reparationsforderungen, sondern soll dezidiert auf der Aushändigung des Goldenen Stuhles bestanden haben. In Vertretung seiner Königin, der Queen Victoria, wollte er darauf sitzen – ein schier unvorstellbares Sakrileg, bedenkt man, daß dies selbst dem Asantehene nicht gestattet ist. In einer Ansprache von nur drei Sätzen machte er allein sechs schwerwiegende Fehler, auf deren jedem den Rechtsvorstellungen der Asante nach die Todesstrafe stand. Die wohl gravierendsten darunter waren, daß er den Goldenen Stuhl für eine Frau (Victoria) einforderte und selbst darauf sitzen wollte. Sein Irrtum bestand darin, daß er den Goldenen Stuhl anscheinend für eine besonders prächtige Art von Thron hielt und nicht für das, was er eigentlich war – das heilige Einheitssymbol des Asantereiches. Stumm und mit unbeweglichen Mienen lauschten die Anwesenden seinen Worten. Dann kehrten sie heim, legten Trauerkleidung an und rüsteten sich aufs neue zum Krieg. Ihn leitete eine der berühmtesten Frauen Asantes, die Königinmutter Yaa Asantewa aus Ejisu, einem der Kleinreiche der Asante-Konföderation. Zwar verlor Asante auch diesen Krieg, den Goldenen Stuhl aber brachten die Briten auch diesmal nicht in ihren Besitz. Er blieb verschwunden, bis er 1920 zufällig von Straßenarbeitern entdeckt und seines Goldschmucks beraubt wurde. Wieder hielt in Asante Trauer Einzug. Die Bevölkerung forderte das Blut der Schuldigen, das allein das drohende Unheil zu sühnen vermochte. Um zu verhindern, daß die aufgebrachte Bevölkerung die Verbrecher köpfte, schickte die Kolonialverwaltung sie in die Verbannung.

Der schmucklose Torso des Goldenen Stuhls wurde in das Mausoleum der Asantekönige überführt. Wenige Jahre später, 1924, kehrte Osei Agyeman Prempeh I. aus dem Exil zurück. Die Briten erkannten ihn allerdings nicht mehr als Herrscher von Asante, als Asantehene, sondern nur noch als Fürsten von Kumasi, als Kumasihene, an. Dennoch wurde die Rekonstruktion des Goldenen Stuhls jetzt zur dringenden Angelegenheit. Da die ursprüngliche Form nicht mehr genau bekannt war, schnitzte 1925 Osei Bonsu nach der Beschreibung des Ersten Stuhlträgers ein kleines hölzernes Modell. Nana Osei Bonsu (1900–1977), Enkel des Asantehene Mensah Bonsu (1874–1883), darf ohne Zweifel als der bedeutendste ghanaische Schnitzer des 20. Jahrhunderts gelten. Aus seiner Hand stammen zahlreiche der heute am Hof des Asantehene gebräuchlichen Würdezeichen. Mit Hilfe seines Holzmodells fertigten zwei Goldschmiede dann einen neuen Goldenen Stuhl, dem sie als Kernstück die Überreste des entweihten alten einfügten. So erscheint der jetzige als die getreue Nachbildung des Originals. Heute erstrahlt der Goldene Stuhl in neuem Glanz. Er verkörpert nicht mehr nur die Erinnerung an eine große Reichsgeschichte, er wurde darüber hinaus zum Symbol eines harten und zähen Widerstandes gegen die britische Kolonialmacht.

Im Goldenen Stuhl – Sika Dwa Kofi – wohnt die „Seele" (sunsum) oder der „Geist" der Nation, er ist das heilige Symbol der Allianz einer Reihe verwandter und benachbarter Gruppen, die sich im 17. Jahrhundert zusammenschlossen. Nur zu seltenen Anlässen – wie hier beim 25jährigen Thronjubiläum des Asantehene – wird er, geleitet von Trägern der Kurierschwerter (esonfofena), der Öffentlichkeit präsentiert.

Schirm und Sänfte

Ob ehedem in der Schlacht das Getümmel dem Höhepunkt zustrebte oder ob heute in den Straßen Kumasis Menschen dichtgedrängt unterwegs sind, stets kann man schon von weitem die großen Schirme sehen, die König und Fürsten bedecken. Hoch über die Köpfe aller hinausragend, künden sie von der Präsenz der Großen. Hörnerstöße und Trommelklänge begleiten jeden der Schritte des Asantehene. Laut werden seine Ehrentitel gerufen und seine Taten gerühmt. Rhythmisch dazu lassen die Schirmträger (kyinie kyimini) den Baldachin „tanzen", heben, senken und drehen ihn, so daß seine Volants flattern und kreisend wirbeln im bunten Farbenspiel. Auch lässige Bequemlichkeit drückt Erhabenheit aus: Das Schirmdach dämpft das Licht und mildert die Hitze, unterstützt von Fächern und Elefantenschwanzwedeln, mit denen Bedienstete dem König ständig Kühlung zufächeln.

Die farbigen Schirme (kyinie) gehören zu den größten und auffälligsten Hoheitszeichen afrikanischer Könige und wahrscheinlich schon lange auch zur Ausstattung der Fürsten von Asante. Schon für das mittelalterliche Reich Mali dokumentiert der arabische Reisende Ibn Battuta einen Schirm, dessen Spitze ein Vogel zierte. Den Asantehene beschattet ein Schirm, wann immer er seine Residenz verläßt oder sich von einem Bereich seines Palastes in einen anderen begibt. Selbst bei nächtlichen Audienzen sitzt er unter einem Schirm. Das soll ihm Kühlung (dwo) und eine gewisse Distanz zu seiner Umgebung schenken. Wie die Sandalen seine Fußsohlen gewissermaßen zur Erde hin isolieren, schirmt der Baldachin ihn nach oben hin ab. Ein Sprichwort besagt: „Gott darf nicht die Krone auf des Königs Kopf sehen" – „Onyame nhu ohene apampam", möglicherweise, damit er ihm nicht seine hohe Stellung neidet. Der König verbindet Himmel und Erde. Er trägt Sorge dafür, daß der Regen, das Sperma des Himmelsgottes, fruchtbringend in den Schoß der Erde gelangt.

Die Asante-Schirme des 19. Jahrhunderts waren mehrheitlich rund, nur einige wenige besaßen eine quadratische bzw. rechteckige Form. Ihre Herstellung erforderte eine hohe Kunstfertigkeit. Die Schirmmacher bewohnten damals ein eigenes Dorf vor den Toren Kumasis. Heute stehen jedem größeren Akanfürsten eigene Künstler zur Verfügung. Das Trägergerüst wird aus dem harten Holz des twafoyeda-Baumes (Harrisonia occidentalis) gefertigt. Die Bespannung soll möglichst prunkvoll und auffällig sein, weshalb man dafür hauptsächlich importierte Stoffe benutzt. Rot besitzt den höchsten Beliebtheitsgrad; oft allerdings ist der Grundstoff auch fleckenförmig mit gelbem Samt oder anderen Stoffen besetzt. Einige wenige, hochbedeutsame Schirme sind mit dicken, vielfarbigen sogenannten nsaa-Tüchern aus Schaf- oder Ziegenwolle bespannt, die von den viehzüchtenden Ful aus dem Norden stammen. Einer davon, der „Bedecker der Nation" (Katamanso), beschirmt den Goldenen Stuhl, wenn er in der Öffentlichkeit erscheint. Andere wichtige Differenzierungsmerkmale bilden die Spitzen (ntuahire) der Schirme.

Zum Reichsschatz größerer Fürstentümer gehören immer mehrere Schirme, die je nach Anlaß ausgewechselt werden. Ihre Hauptfunktion besteht darin, die besonderen Eigenschaften des Herrschers bildlich darzustellen. Viele nehmen wieder Bezug auf ein Sprichwort, andere verkörpern Tiere, oft Vögel, die dem Herrscherhaus mythisch verbunden sind. Eines der häufigsten Motive jedoch bildet die babadua (Thalia geniculata), ein starkes, bambusartiges Rohr, das hoch über die anderen Pflanzen hinauswächst. Ihr Bild drückt einprägsam die Erhabenheit und kriegerische Stärke der Fürsten aus. Früher legte man in Asante vor Eintritt in einen Krieg eine Trasse aus diesen Rohren an, über die man so viele Krieger marschieren ließ, bis das Material zertreten war – Zeichen dafür, daß die erforderliche Truppenstärke erreicht war. Gleichzeitig ging damit, wie man annahm, die besondere Kraft der Pflanze auf die Mannschaften über. Noch heute übrigens steht die Pflanze in dem Ruf, böse Geister vertreiben oder wenigstens neutralisieren zu können. Die babadua-Schirmspitzen der gewöhnlichen Fürsten (amanhene) waren von Silber, nur der Juabenhene, der Fürst von Juaben, dessen Familie zum Oyoko-Klan des Asantehene zählt, besaß eine goldene – ein altes Privileg des Asantehene.

Aus dem Pflanzenreich stammen auch zwei weitere beliebte Motive. Im einen Fall handelt es sich um das gefiederte Blatt eines Farns, aya, das seiner Symmetrie we-

Nicht nur der hoch über der Menge schwebende Schirm kündigt den Asante-König an, auch von Hörnerstößen und Trommelschlägen wird sein Kommen angekündigt.

Schon von weitem sieht man den großen Schirm, der den Herrscher bedeckt. Er schwebt gleichsam „zwischen Himmel und Erde“: So wie ihn die Sänfte von der Erde abhebt, verhindert der Schirm, wie es in einem Sprichwort heißt, „daß der Himmel die Krone auf seinem Kopf sieht“.

gen als besonders schön gilt. Und wiederum ist das Motiv mit einem Wortspiel verbunden. Bei leicht veränderter Klanggebung bedeutet aya „Mißgunst“, auch „Beleidigung“ und bringt so die furchtlose Gleichgültigkeit des Herrschers gegen Bedrohung sowie die Warnung zum Ausdruck, Schlechtes über ihn zu reden. Die zweite Pflanze, prekese (Tetrapleura tetraptera), verströmt einen aromatischen, stark süßlichen Duft – Ausdruck für die Allgegenwärtigkeit des Herrschers, allezeit wahrnehmbar, selbst dann, wenn er physisch nicht anwesend ist.

Beliebt als Schirmspitze ist auch das Kriegshorn (akoben), verbunden mit dem Sprichwort: „Wenn die Armee unterliegt, bläst man zu ihrer Ehre kein Horn.“ Auch das Kriegshorn signalisiert Siegeszuversicht. Friedvollere Aspekte des Königtums, die seine Schutz- und Fürsorgepflichten zum Gegenstand haben, werden durch eine Henne, die über ihre Küken wacht, oder eine stillende Mutter versinnbildlicht.

Schirme überwölben nicht nur die Herrscher, sondern auch die Schreine der Reichsgottheiten, die bei Paraden der Fürsten – wie früher im Krieg – mitgeführt werden. Vor allem Tano, einem Fluß im Asantegebiet, der als „Sohn“ des Himmelsgottes und großer Kriegsgott Verehrung genießt, wird diese Auszeichnung zuteil. Auf das Heil des Königs und der Allgemeinheit bedacht, ist er eng mit dem Reichskult verbunden. Wie im Falle der zahlreichen anderen Reichsgottheiten bildet sein Schrein ein Messinggefäß, das in einer Sakralräumlichkeit aufbewahrt wird. Neben den Schirmen besitzen alle auch eigene Stühle. Erstere sind jedoch immer in Weiß gehalten, ihre Spitzen ziert oft ein Gong (odawura).

Fürsten und Könige stehen kraft ihrer höfischen Prunkentfaltung im Zentrum der öffentlichen Aufmerksamkeit. Lebenden Kunstwerken gleich, verbinden sie mit der gezielten Ästhetisierung ihrer Person und Umgebung die geballte Demonstration ihrer Macht. „Erhöhung“ bildet ein wirksames Mittel dazu. Bei Audienzen sitzen sie höher als andere; verlassen sie ihre Residenz, geschieht es zu Pferd. In den Waldgebieten Asantes, in denen die Tsetsefliege die Pferdehaltung unmöglich macht, bewegen sich die Mächtigen in der Öffentlichkeit im Palankin (apakan), einer Art Sänfte, die von vier Männern getragen wird, so daß die Herrscher hocherhaben über der Menge thronend erscheinen. Früher wurde der Palankin aus einem einzigen Baumstamm herausgearbeitet, so daß er gerade Platz für den König oder Fürsten bot. Heute handelt es sich um einfache, unverzierte Korb- oder Holztragen, die kaum als bedeutende Kunstobjekte gelten können. Bei manchen ist das Innere mit Tierhaut oder Tuch ausgekleidet. Zu den wertvolleren dieser Futtermaterialien gehören wiederum die wollenen nsaa-Tücher der Ful.

Schwerter

Bis zum Ende des 19. Jahrhunderts zählten neben Schemeln und Sänften auch sogenannte Reichsschwerter (afena) zu den Ehrengeschenken, mit denen vor allem Statthalter der Grenzprovinzen ausgezeichnet wurden, um sie zu belohnen und in ihrer Loyalität zu bestärken. Die Zahl wie die besonders kunstvolle Ausführung der Stücke unterstreichen Würde und Macht ihrer Besitzer. Ab dem 18. Jahrhundert bis zum Beginn der Kolonialzeit entwickelten sie sich von Kampf- mehr und mehr zu reich mit Golddekor überzogenen Paradewaffen. Vor Einführung der Gewehre gehörten Speer und Schwert (domfena) zur Ausrüstung jedes Kriegers. Mit der fortschreitenden Zentralisierung wurden die Schwerter zu Autoritätszeichen, mit denen der Asantehene verschiedene Würdenträger bedachte. Ihre wesentliche Bedeutung lag jetzt im Ausweis der königlichen Machtdelegation.

Mündliche Überlieferungen bringen den Gebrauch der Schwerter als Autoritätssymbole mit der frühen Geschichte Asantes in Verbindung; schon einer der Gesandten des Herrschers von Denkyera soll als Zeichen seines königlichen Auftrags ein langes Schwert (afatene) getragen haben, das ihn dazu legitimierte, im Kerngebiet Asantes, in Kwaman, den fälligen Goldtribut einzutreiben. Von solchen „Botenschwertern" (asomfofena) gab es im letzten Jahrhundert noch ebenso viele in Asante wie Kriegsschwerter (domfena), die zur Ausrüstung der Heerführer gehörten. Letztere wurden vom Asantehene ernannt, indem er ihnen mit einem Schwert mit Goldgriff dreimal leicht über den Kopf strich. Dann schwor der General über dem Schwert, daß er noch in dieser Nacht aufbrechen und die Köpfe der Feinde – in der Regel der Fante – nach Kumasi bringen werde. Auch Fürsten

Trauerfeierlichkeiten in Konogo, Ghana. Die Leopardenmaske soll die bösen Geister verjagen.

und sogar der König selbst leisten bei ihrer Amtseinsetzung den Treueeid auf ein Schwert. Von seiner Inthronisation an begleiten Schwerter den Herrscher sein Leben lang. Wichtig sind sie vor allem in kritischen Situationen, wobei ihre magische Bedeutung überwiegt. Als besonders krafthaltig gelten vor allem die rituellen Schwerter, bosomfena und akrafena. Auf erstere werden Eide geleistet, letztere spielen bei Reinigungszeremonien sowohl für die „Seele" (kra) des Königs als auch seiner Ahnen, die periodisch in ihren geschwärzten Schemeln Wohnung nehmen, eine Rolle. Die Ritualschwerter gehören deshalb zum unerläßlichen Inventar der Stuhlhäuser, zählen aber auch zur Ausstattung der den Reichsgottheiten gewidmeten Heiligtümer. Darüber hinaus werden sie mit dem seelischen Wohlbefinden des Königs in Verbindung gebracht. Um ihm auch während des Schlafes Schutz zu bieten, legt man sie abends auf den Rahmen seiner Bettstatt. Nach seinem Ableben werden sie an seinen prunkvollen Katafalk gelehnt.

Bei den öffentlichen Auftritten des Königs blitzen Schwerter auch in den Händen seiner Eskorte, die ihn stets umgibt. Thront der Herrscher im Kreis seines Hofstaates, stehen die Schwertträger hinter ihm; wird er im Palankin getragen, lassen sie die Waffe mit dem Schaft auf der Sänfte ruhen.

Jedes Schwert hat seinen eigenen Namen; das bedeutendste der vielen, die der Asantehene besitzt, heißt Mponponsuo („Verantwortung"). Schaft und Scheide sind in Leopardenfell gekleidet, stellenweise mit Gold besetzt. Die Scheide zieren verschiedene, in Silber und Gold gefaßte Talismane sowie ein großes Goldemblem in Form eines Fisches, der eine kleine Antilope im Maul hält. Dieses Schwert soll von Opoku Ware I., dem Nachfolger Osei Tutus, stammen, von dem man sagt, daß seine Mutter drei Jahre lang mit ihm schwanger ging und vierzehn Tage in den Wehen lag. Bei seiner Geburt soll seine rechte Hand stark gezittert haben. Der langlebige Priester Anokye nahm dies als Zeichen dafür, daß er bereits in der Wiege kriegerischen Taten entgegenfieberte. Daher fertigte er dem Kind das Schwert Mponponsuo, mit dem es, erwachsen geworden, sein Leben in den Dienst des Volkes stellte. Nicht weniger als sechzehn große siegreiche Schlachten soll der König damit geschlagen haben. Später schworen die Führer der Teilreiche und wichtigen Würdenträger dem Asantehene auf diesem Schwert unverbrüchliche Gefolgschaftstreue. Beim heutigen Mponponsuo handelt es sich allerdings wahrscheinlich um ein Duplikat; das Original fiel 1874 bei der Plünderung des Königspalastes in die Hände der Briten und befindet sich heute im Londoner „Museum of Mankind".

Nach Einführung der Gewehre nahmen die Schwerter immer manieriertere Formen an, allen voran die Prunkschwerter mit ihren auf das sorgfältigste gearbeiteten, überlangen, hauchdünnen, bisweilen sogar verknotet oder durchbrochen gearbeiteten Klingen. Die Zeremonialschwerter, oft mit mehreren Klingen, besitzen meist besonders geformte, goldplattierte Holzgriffe. Große gegossene Goldembleme (abosodee), die zu den künstlerisch anspruchsvollsten und zugleich reifsten Arbeiten der Goldschmiedekunst der Akan zählen, schmücken, mit Lederstreifen befestigt, die Schwertscheiden aus Antilopenleder, Leopardenfell oder Rochenhaut. Auch die Träger der Schwerter sind gehörig herausgeputzt. Oft tragen sie einen auffälligen Kopfschmuck, vielfach zum Beispiel eng anliegende Kappen aus Antilopenfell. Das Haupt des vornehmsten Schwertträgers, der das Mponponsuo hält, bedeckt eine Kappe aus Adlerfedern (ntakerakye), die vorn ein in Gold gegossenes Widderhorn ziert.

Die Entwicklung der Prachtschwerter endete im 20. Jahrhundert, während andere Insignien, besonders die Stäbe, immer ausgefeiltere Formen annahmen.

Die kunstvolle Ausführung der Reichsschwerter des 17. Jahrhunderts sind Ausdruck der Macht und Würde ihrer Besitzer. Aus: The Arts of Ghana, Museum of Cultural History, UCLA, Los Angeles, 1977.

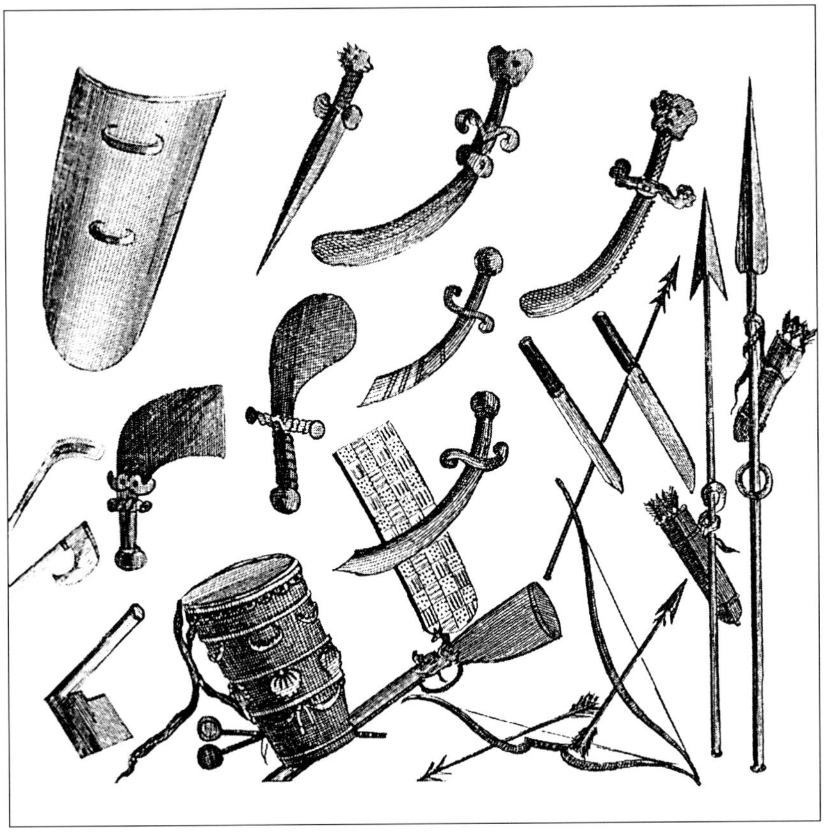

Ein „Sprecher" (okyeame) trägt als Erkennungs- und Würdezeichen den zwischen 1,40 und 2 m hohen, sorgfältig geschnitzten Sprecherstab (okyeame poma). Bedeutende Herrscher besitzen mehrere dieser oft mit Blattgold, seltener auch Silber beschlagenen Stäbe, die in der Regel als Teil des Reichsschatzes im Palast verwahrt werden. Merkmal vieler „moderner", goldüberzogener Stäbe sind erlesene, oft gegenständlich oder figürlich gestaltete Knäufe.

Amtsstäbe

In der Öffentlichkeit pflegen die Herrscher vornehme Zurückhaltung zu üben. Das Wort führen sogenannte „Sprecher" (akyeame, Singular okyeame), die früher im Namen ihres Souveräns Verhandlungen und Gerichtssitzungen leiteten. Dieses hohe Amt ist besetzt mit Männern, die nicht der herrschenden Familie angehören. Früher trug ihr führender Repräsentant, der „Erste Sprecher" (okyeamehene) oder „Ratgeber", große Verantwortung. Er war nicht nur eine Art Premier- oder Außenminister, sondern auch königlicher Sondergesandter, mit wichtigen oder heiklen Aufgaben betraut. Daneben erfüllte er auch priesterliche Funktionen, sprach öffentlich Gebete und brachte Trankopfer dar. Da er als einziger männlicher Würdenträger das Recht hatte, den Schlaf des Herrschers zu stören, bezeichnete man ihn im übertragenen Sinne als „Frau" des Königs.

Jede Unterhaltung mit dem Herrscher muß über seine Vermittlung und in seiner Gegenwart erfolgen. So wird er Zeuge aller Äußerungen des Königs und seiner Gesprächspartner: Kein Herrscher konnte Entscheidungen hinter dem Rücken seiner Ratgeber fällen. Ein okyeame wiederholt, was jeder Anwesende sagt, wobei er wesentliche Passagen geistreich und kunstvoll umformuliert. Seine Redegewandtheit „versüßt" auch die Worte des Königs, indem er Befehle abmildert, Beleidigungen ausläßt oder gekonnt umschreibt. In seiner besonderen Verantwortung liegt, bedeutsame Entscheidungen im Gedächtnis zu behalten. Insofern gilt er als bester Kenner und Chronist der Tradition. Jeder neue Herrscher wird von ihm in sein Amt eingeführt. Ihm obliegt, ihn vor Gefahr und Verunreinigung zu schützen.

Erkennungs- und Würdezeichen des okyeame ist sein Stab (okyeame poma). Die kunstvolleren Exemplare stellen wahrscheinlich eine Entwicklung des späten 19. Jahrhunderts dar und gehen auf Anregungen aus dem Küstengebiet zurück. Sprecher des Asantehene benutzten Stäbe mit Zierknäufen erst nach der Rückkehr Osei Agyeman Prempehs I. aus dem Exil (1924). Sie kopierten dabei bereits bestehende Formen kleinerer Herrscher, besonders der Fante, bei denen die Entwicklung schon Ende des 19. Jahrhunderts eingesetzt hatte. Ursprünglich bildeten sie vermutlich europäische Spazierstöcke nach, wie sie an der Küste spätestens seit dem 17. Jahrhundert in Gebrauch waren. Im damaligen Europa waren Spazierstöcke geschätzte Statussymbole. Man verteilte sie deshalb auch an lokale Machthaber an der Goldküste, was diesen das Ansehen gab, Zugang zu den wertvollen europäischen Gütern zu haben und den Europäern ranggleich zu sein.

Die Asante-Tradition gibt wenig Aufschluß über die Geschichte der Stäbe. Erzählungen nach sollen das Sprecheramt und die in Asante und anderen Akan-Reichen des Hinterlandes älteren schwarzen Stäbe von einer Frau bei Hof eingeführt worden sein. Wer immer ein Anliegen an den König hatte, wandte sich an die vom Alter bereits gezeichnete Nana Amoah. Obwohl sie sich nur mehr mit Krücken bzw. Gehstöcken bewegen konnte, pflegte sie sich vor den Herrscher zu stellen und sprachgewandt für ihre Mandanten einzusetzen. Das stimmte den König dann weicher und bewog ihn, Bitten eher Gehör zu schenken. Nach ihrem Tod führte ihr nicht minder redegewandter Sohn die Tradition fort und bediente sich zum Andenken an seine Mutter ihrer Gehstöcke weiter. Dem damaligen König Oti Akenten (um 1630–1660) soll seine Sprachkunst so gefallen haben, daß er ihn beauftragte, künftig bei allen offiziellen Anlässen für ihn zu reden. Diese Geschichte erklärt in sinnfälliger Weise sowohl den frühen Ursprung des Sprecheramtes wie seines Statussymbols.

Sicher ist jedenfalls, daß es sich bei den in Asante üblichen älteren Stäben um einfache zylindrische, opfergeschwärzte, teils mit Gold oder Silber beschlagene Rohre ohne Knauf handelte. Einige davon, von Oti Akentens Nachfolger Obiri Yeboah Ende des 17. Jahrhunderts eingeführt, sind mit der Haut der Waran-Eidechse (mampam: „Friedensstifter") bespannt – eine deutliche Anspielung auf die wichtigste Funktion der „Sprecher". Diese schwarzen Stäbe, die ehemals vor allem in der Rechtsprechung verwandt wurden, besitzen rein rituelle Bedeutung und bleiben Fremden meist verborgen. Im Gegensatz dazu werden die prächtigen akyeame poma, von denen in den 40er Jahren des 20. Jahrhunderts immer kunstvollere Exemplare aufkamen, öffentlich ausgestellt. Als Vorbild für manche Knaufmotive dieser „neuen" Stäbe mögen Schirmspitzen gedient haben. Beide streichen ähnliche Aspekte des Königtums heraus: die Macht des Herrschers sowie den Erhalt der Reichseinheit. Dabei liegt eine gewisse Ironie darin, daß die Gestaltung der Stäbe ihren künstlerischen Höhepunkt erreichte, als das Sprecheramt schon bedeutungslos, das Asante-Reich längst zerschlagen war.

Wie die Schirmspitzen versinnbildlichen auch die Knäufe einen Aphorismus oder ein Sprichwort (ebe), illustrieren die königliche Macht oder beschwören die Einheit der Gemeinschaft. Schnecke und Schildkröte zum Beispiel drükken Friedsamkeit aus, da sie nicht angreifen, sondern sich bei Gefahr in ihr Haus zurückziehen. Ist ihnen ein Jäger beigesellt, bezieht sich das Bild auf das Sprichwort: „Gäbe es nur die Schildkröte und die Schnecke, würde im Wald kein Schuß fallen." Hier allerdings könnte die Darstellung auch bedeuten: „Wenn jemand dich tragen will, sag nicht 'Ich will laufen'."

Tracht und Schmuck

Herkunft und Status erkennt man des weiteren an Tracht und Schmuck, heute nur mehr Differenzierungsmittel für Männer von Frauen und Angehörige verschiedener Alters- oder Berufsgruppen. Früher hingegen gaben sie immer auch Auskunft, ob man einen Vornehmen, Gemeinen oder Sklaven vor sich hatte. Die Wahl einer Kleidung je nach Anlaß, ihre Farbe und die Art, wie sie getragen wurde, bildete ein eigenes Zeichensystem, dessen teils subtile Bedeutung alle Anwesenden verstanden. Blaue Flächen auf hellem Grund drücken Unschuld, Freude und Rechtfertigung aus. Solche Gewänder legen die Oberhäupter an, nachdem sie den Ahnenstühlen Opfer dargebracht haben; Niedrigergestellte tragen sie bei der ersten Präsentation eines Kindes in der Öffentlichkeit oder nach dem Sieg in einem Rechtsstreit.

Ein Ewe-Fürst in seiner ganzen Pracht von farbintensivem Gewand und fürstlichem Schmuck. Der eher ungewöhnliche Herzschmuck ist eigens für den Fürsten hergestellt und basiert nicht auf traditionellen Formen.

Besonders prachtvoll sind Könige und Fürsten gekleidet. Der Glanz ihrer vielfältigen Roben, ihr Reichtum an Kopfputz, Fußbekleidung und Schmuck heben gleichsam ihre herrschaftlichen Gesten: Hierin erreicht die Körperkunst der Akan ihren Höhepunkt. Repräsentanten hoher Ämter pflegen anlaßgemäß verschiedene Trachten zu tragen. Oft stehen ihnen dazu gleich mehrere zur Auswahl. Jeder Herrscher vermehrt nach seiner Amtsübernahme die Staatsgarderobe um ein oder mehrere Stücke – Gewänder, Fächer, Ringe oder Sandalen, mit denen sein Name künftig verbunden bleibt. Anderes erhält er von Fürsten oder Volk zum Geschenk (früher als Tribut). Öffentliche Auftritte Machthabender zielen geradezu auf die exzessive Zurschaustellung von Besitz und Üppigkeit ab. Damit wird eine Brücke zwischen verschiedenen künstlerischen Ausdrucksformen geschlagen: Die Ornamentierung von Kleidung und Schmuck drückt ebenso große Macht wie tiefe Weisheit und unermeßlichen Reichtum aus. Weiter gilt, daß ein Rangniederer niemals einen Ranghöheren überbieten darf; heute nur mehr ein Fauxpas, stand früher Strafe darauf.

Die reichsten Gewänder stehen allein dem Asantehene zu, der nur zu bestimmten Anlässen betont schmucklos gekleidet erscheint – gebotenerweise zum Beispiel, wenn er im Stuhlhaus vor die Ahnen tritt, die rangmäßig über ihm stehen. In der Öffentlichkeit hingegen erstrahlen Herrscher wie Suite in vollem Glanz. Umfang und Vielfalt des Gefolges spiegeln dabei die Bedeutsamkeit des Reiches wider. Den Asantehene umgibt bei weitem das größte in Ghana – Ausdruck der ökonomischen, militärischen und imperialen Bedeutung des einstigen Zentrums Kumasi. Bei Aufzügen treten oft mehr als zwölf unterschiedliche Gruppen von Hofleuten auf: Sprecher, Ausrufer, die Leibgarde, Schwert-, Schilderträger usw., jeweils erkennbar an Tracht, Kopfbedeckung oder Frisur. Feinere Differenzierungen bestehen oft noch innerhalb der einzelnen Gruppen, etwa in bezug auf den Kopfputz der Träger verschiedener Schwerter und Stühle. Andere Ämter kennzeichnen besondere Attribute: Goldscheiben (akrafokonnu) die „Seelenwäscher“, Patronengürtel die Garde, spezifische Stäbe die Sprecher.

Die kostbarsten Kleidungsstücke der Asante sind große Umschlagtücher von erlesener Importseide aus schmalen Kante für Kante aneinandergenähten Streifen. In der Mehrheit jedoch bestehen sie aus Baumwolle mit lediglich eingewebtem Seidengarn. Charakteristisch für sie sind die kleinen geometrischen Muster – Rauten, Würfelquadrate, Dreiecke, Mäander usw. –, denen jeweils, wie typisch für die Asante, bestimmte Spruchweisheiten entsprechen. Durch wechselnde Kombinationen lassen sich vielfältige Variationen in Dekor wie Bedeutung erzielen. Es sind die berühmten kente-Tücher, ursprünglich ein Fante-Wort, das heute überall in Ghana allgemein gebräuchlich ist. Manche kente tragen Eigennamen, gewöhnlich von Herrschern, andere sind nach Tieren, Pflanzen oder Gegenständen benannt. Früher besaß der Asantehene die Kontrolle über die Vergabe bestimmter Muster und ließ selbst einen Großteil der Webarbeiten in Auftrag geben. Besonders aufwendig gearbeitete Stücke blieben dem Asantehene oder Mitgliedern seiner Familie vorbehalten; andere vergab der Herrscher an Gefolgsleute, die er belohnen oder besonders auszeichnen wollte.

In scharfem Kontrast zu den hell- und vielfarbigen kente-Tüchern steht die düstere Trauerkleidung, die adinkra (von adinkra di: „etwas gebrauchen“, nkra: „Botschaft“, di nkra: „scheiden“, „sich trennen“, „einander verlassen“). Viele der ursprünglich wohl aus dem Norden importierten, dem dunkel eingefärbten Stoff mit Stempeln aufgeprägten oder hölzernen, farbgetränkten Kämmen gezogenen Muster entstammen möglicherweise arabischen Schriftzeichen. In Asante heißt es, die Technik sei erst nach dem Krieg mit Gyaman (1818), dessen König Kofi Adinkra für sich einen Goldenen Stuhl hatte nachbilden lassen, eingeführt worden – wiewohl Bowdich schon 1817 ein adinkra-Tuch in Kumasi erwarb. Nachdem Gyaman den Krieg und Kofi Adinkra seinen Kopf verloren hatte, wurden die Textilien nach dem toten König benannt. Sie stehen für die Verbindung von Lebenden und Toten, drücken Trauer und Verlust aus. Doch gibt es auch helle, leuchtende „Sonntags-adinkra“, die man zu festlichen Anlässen oder sogar im Alltag trägt.

Einflüsse aus dem Norden weist auch die Kriegstracht aus, die batakari-Kittel und die dazugehörigen Tuchkappen. Schon früher glaubten die Asante, wirksame magische Schutzmittel von möglichst weither, von Leuten am Rand ihrer Welt gewinnen zu können, und meinten, daß diese besonders zauberkundig seien. Von Muslimen bezog man etwa die gemeinhin in Leder- oder Tuchbeutel eingenähten, bei ranghohen Persönlichkeiten auch in Gold- oder Silberkapseln gefaßten Amulette, die am Kittel getragen werden. Sie sollten den Kriegern Unverletzlichkeit verleihen, das heißt die Arme der Feinde lähmen oder zittern machen, so daß ihre Kugeln ihr Ziel verfehlten. Die größten dieser Hemden (batakari kese, „großer batakari“) besitzen nur der Asantehene, der das seine von seinem Vorfahren „Katakyie“ Opoku Ware, ein Stück aus dem Jahr 1731, geerbt haben soll, und andere einflußreiche Machthaber. Jeder Asantehene muß zweimal im Leben den batakari kese anlegen: anläßlich des Inthronisationsrituals und während der ayi-kese genannten Zeremonie, die den Abschluß der Bestattungsfeierlichkeiten für seinen Vorgänger bildet. Im ersten Fall unterstreicht das Trachtstück seine Rolle als militärischer Führer, im zweiten die ungezähmte Gewalt, die beim Tod eines Herrschers frei wird.

Ganz außer Gebrauch gekommen ist demgegenüber die noch bis um 1920 unter Jägern übliche alte Rindenkleidung kyenkyen vom Baum gleichen Namens (Antiaris sp.). Bis dahin pflegte sie auch der Asantehene während einer bestimmten Phase des odwira-Festes zu tragen. Sie stand dabei in einem auffallenden Kontrast zu den prunkvollen Roben, die seine übrige Festtracht bildeten.

Ein Indiz für die ungebrochene Traditionskraft des Königtums ist gerade darin zu sehen, daß sich über die letzten Jahrhunderte hin in der Tracht kaum etwas verändert hat.

Da im Laufe der festlichen Auftritte der massive Goldschmuck zu schwer wird, muß ein Diener die Hand stützen.

Griots, Trommler und Trompeter

Preissänger der Hausa, Repräsentant der sogenannten griots, deren Profession im heutigen Afrika viel an Bedeutung verloren hat. Dennoch findet man sie in manchen Städten noch. Sie singen gegen Geld das Hohelied ihrer Auftraggeber, schmeicheln ihnen und rühmen sie.

„Erwache, Adu, Nachkomme des Korobea Asante. Osei Tutu, erlaube mir, dich zu rufen. Wer wäre nicht gerne das Kind Owusu Panins von Edweso und Akua Bakomas, berühmt für ihren Goldschatz? Wenn es jemand so gut hätte, er würde es begrüßen. Dommirefa hält Nachtwache. Oh Kind der Atie Difie (Manu, die Mutter von Osei Tutu), erwache" – mit diesen und ähnlich lautenden Sätzen lassen die höfischen Sänger (kwadwomfo) den Gründer der Nation und seine großen Nachfolger zu neuem Leben erstehen. Der vorliegende Text wurde zur Regierungszeit Prempehs II. (1931-1970) aufgezeichnet, weshalb dieser Herrscher und seine edle Abkunft – Owusu Panin und Akua Bakoma waren seine Eltern – besonders herausgestellt wird. Zwei professionelle Erzähler singen im Dienst des Hofes. Dazwischen erklingen Sprechtrommeln, gefolgt von „sprechenden Trompeten". Auch sie geben „Texte" wieder, die sich auf historische Passagen des Gesangs beziehen oder den regierenden Monarchen preisen. Die Instrumente folgen dabei dem Tonfall und Rhythmus der Lieder. Das ist möglich, da es sich um Tonsprachen handelt, in denen neben Vokalen und Konsonanten auch die Tonhöhe ein Bestandteil der Wortbildung ist.

Musik spielte an den Höfen afrikanischer Könige eine große, ja politisch bedeutsame Rolle. Sie begleitete den Tagesablauf des Herrschers, vor allem jedoch die Festlichkeiten. Dafür bedurfte es besonderer Spezialisten, die Texte zu improvisieren, zu neuen oder auch einzelnen Wörtern aus dem Stehgreif die passende Melodie zu komponieren und mündliche Überlieferungen gut zu memorieren verstanden. Diese „Lieder der Alten" enthalten hauptsächlich Anspielungen auf bedeutsame Ereignisse oder referieren Genealogien und werden insofern nur von überlieferungsfesten Zuhörern verstanden. Die Genealogien setzen den Regenten an den Kopf seiner illustren Ahnenreihe und festigen damit seine Autorität und die

Legitimität seines Herrschaftsanspruchs. Die Lieder mahnen und ermutigen den König, es seinen Vorgängern sowohl nachzutun als auch aus ihren Fehlern zu lernen. In Preisliedern wie Genealogien wird die Vergangenheit als tragende Basis der Gegenwart beschworen, leben Helden- und Ruhmestaten ehemaliger Herrscher, große Schlachten und Siege wieder auf. Ein besonderer Anlaß dazu bietet sich den Hofmusikern von Asante an den Gedenksonntagen (akwasidae). Als Hüter des oralen Überlieferungsguts und wahre Gedächtniskünstler dienen die Musiker den Herrschern als Sprachrohr zur Übermittlung ihrer offiziellen Version der Landesgeschichte.

Wie in den ehemaligen westafrikanischen Kolonien Frankreichs werden auch in der wissenschaftlichen Literatur nicht nur die Preissänger, sondern vielfach alle Musiker als griots bezeichnet. Die Etymologie des Wortes ist umstritten; möglicherweise leitet es sich vom portugiesischen criado, Diener, ab. Tatsächlich besitzen die griots oft einen speziellen Status. In vielen Teilen Westafrikas bilden sie eine eigene Kaste, wobei ihre Stellung in etwa jener der Schmiede vergleichbar ist: Einerseits hochbewertet, werden sie zugleich auch verachtet und gefürchtet. Manche griots treten auf eigene Rechnung bei Begräbnissen, Totengedenkfesten, Namensgebungszeremonien, Initiationen, Hochzeiten und Jahresfesten auf und lassen sich ihre Huldigungen bar auf die Hand bezahlen. Oft jedoch zählen sie zum Gefolge eines Königs oder Fürsten. In manchen Gesellschaften spielen sie auch den Hofnarren und öffentlichen Spaßmacher. Nur in den ehemals britischen Kolonien ist die Bezeichnung „griot“ weder in der Verkehrs- noch der Umgangssprache bekannt. Hier bevorzugt man statt dessen die jeweils lokalen Bezeichnungen.

Mündliche Überlieferung und Musik sind in vielen afrikanischen Gesellschaften eng miteinander verbunden. Letztere hebt die Stimmung und schafft At-

„Ein Mann kämpft, ein Mann läuft nicht davon“, sowie andere Spruchweisheiten schlagen die Trommler mit ihren beiden Schlegeln auf die am Boden stehenden oder auf dem Kopf getragenen fontofrom, die zu den Sprechtrommeln der Asante gehören. Nacheinander werden, mit peinlichem Bedacht auf den richtigen Rhythmus und die Betonung, die Silben jedes Wortes geschlagen.

mosphäre. Die Instrumente wie ihr Klang besitzen eine bestimmte Bedeutung und dienen dem Dialog zwischen Lebenden, Ahnen und Geistmächten, allen voran die Trommeln. Ursprünglich wurden sie wohl zur Signalübermittlung benutzt, in der die Herrscher dem Volk ihren Willen in der „Trommelsprache" kundtaten. Beispiele dafür bilden die „Sprechtrommeln", von denen die Asante wenigstens zwei Arten kennen. Vor allem sind hier die atumpan zu nennen, die im Paar, die eine „männlich", die andere „weiblich", geschlagen werden. Der Klangkörper ist aus dem Holz des tweneboa-Baumes (Cordia millenii) gearbeitet, der als besonders mächtig und dessen „Seele" (sunsum) als „gar nicht gut" (nye kora) gilt. Die Membran besteht aus Elefantenohrleder – vorzugsweise eines weiblichen Tieres – und wird am Rahmen in Schnurpflocktechnik befestigt. Die beiden

Wichtige rituelle Musikinstrumente, die neben den Trommeln in vielen Zeremonien Verwendung finden, sind die Querhörner, die oft besonders am Mundstück reiche Verzierungen aufweisen.

Linke Seite oben: Musik erfüllt eine soziale Aufgabe und begleitet viele wichtige Phasen im Leben des einzelnen und der Gemeinschaft. Die Trommel ist unbestritten das bedeutungsträchtigste Musikinstrument Afrikas südlich der Sahara. Jeder Fürst besitzt verschiedene Formen und Arten. Ein Geheimnis der afrikanischen Trommler bleibt ihre Leichtigkeit und Eleganz, mit der sie bei Festen binnen kurzem eine Atmosphäre einträchtiger Gemeinschaftlichkeit schaffen.

Linke Seite unten: Zu den Sprechtrommeln zählen auch die becherförmigen atumpan, die immer paarweise gespielt werden und einen klangmodulierenden Metallzusatz an der weiblichen (in diesem Fall tiefer gestimmten) Trommel besitzen. Die atumpan umkleidet ein weißes Tuch (nwira). Die „göttlichen Trommler" (odomankoma kyerema) dürfen ihre Instrumente nicht selbst tragen, sie würden sonst den Verstand verlieren.

gewinkelten Schlegel (konta) sind aus Astgabeln von ofema-Holz (Microdesmis zenkeri) gefertigt. Ehemals durften sie nur Personen im Rang eines omanhene, ohene oder asafohene besitzen und wurden, wie heute noch, in einem eigenen Raum im Palast aufbewahrt. Bei öffentlichen Umzügen folgen sie dem Herrscher und erhalten, wenn er sitzt, wiederum hinter ihm ihren Platz. Frauen, selbst die „Königinmutter", dürfen keine Trommeln besitzen und sollten sie nicht einmal berühren. Daneben verbinden sich mit den atumpane noch andere Tabus, vor allem das Verbot, sie weder mit Blut noch mit Unterkiefern oder Schädeln in Berührung zu bringen – ganz im Gegensatz zu den aperede, die speziell mit den Ahnengeistern in Verbindung stehen. Sie nämlich pflegte man mit dem Blut getöteter Feinde zu bestreichen und mit Trophäen, namentlich Unterkiefern, Oberschenkelknochen oder Schädeln besiegter Gegner, zu dekorieren. Beim Tod des Königs dröhnen sie acht Tage und Nächte lang. Gemeinhin begleiten sie auch die geschwärzten Stühle auf dem Weg vom Stuhlhaus ins königliche Mausoleum (barim).

Atumpan und aparede sind nur zwei von einer Vielzahl von Trommeln in den verschiedensten Formen und Größen und eine jede mit eigener Bedeutung, der dann auch die soziale Stellung der Musiker entspricht: aperede-Trommler zum Beispiel besitzen den gleichen Status wie die Stuhlträger, während die atumpan-Trommler den Elfenbeinhornbläsern gleichgestellt sind. Dem Rang nach an zweiter Stelle folgen die Querhörner, die ebenfalls in verschiedenen Formen vorkommen und den unterschiedlichsten Zwecken dienen. In Asante werden sie aus den Zähnen junger Elefanten gearbeitet und besitzen überwiegend ein viereckiges Blasloch an der Innenseite der Zahnspitze. Gewöhnlich zählt der Besitz von Elefantenstoßzähnen zu den Vorrechten der Herrscher. Entsprechend sind auch die Elfenbeintrompeten der Akan, Ewe und Ga nicht nur königliche Musikinstrumente, sondern oft auch große Kunstwerke. Das kostbare Material wie die eingeschnitzten Bildmotive nehmen Bezug auf die herrscherliche Majestät und Macht. Die Elfenbeintrompete beginnt zu „sprechen", wenn ein geübter Bläser in klingenden Sequenzen auf ihr Worte zum Leben erweckt, indem er die Preisnamen des Königs oder Sprichwörter intoniert, ja ganze Geschichten „erzählt".

Gold

„Der Schatzmeister vermehrte die Pracht seines Anzuges noch durch die Auslegung seines ganzen Geschirres; Schüsseln, Büchsen, Waagschalen und Gewichte waren alle von gediegenem Golde" – heißt es in einer Schilderung von Edward Bowdich vom Empfang beim König von Asante im Jahre 1817.

Bei großen Festlichkeiten wird Gold, das früher den Hauptteil des Staatsschatzes (sanaa) ausmachte, mit anderen kostbaren Gütern öffentlich zur Schau gestellt. Sonst verbleibt es zusammen mit den besonders schweren Gewichten des Asantehene und den Hockern seiner Ahnen im Stuhlhaus, wo es ehemals regelmäßige Opfergaben erhielt. „Außerplanmäßige" Opfer wurden immer dann notwendig, wenn der Herrscher das Gold „angreifen" wollte. Um nicht Gefahr zu laufen, beim Öffnen des Behälters zu erblinden, stiftete er dem Schatz ein Schaf- und ein Trankopfer.

Gold, vor allem Goldstaub, diente in Asante vielerlei Kultzwecken. Im Behälter mit den Gewichten wohnte gar ein Teil der Seele seines Besitzers, weshalb man ihn auch in die Seelenreinigungszeremonie mit einbezog: Nachdem der Betreffende am Wochentag seiner Geburt weiße Kleidung angelegt und sich mit weißer Erdfarbe bestrichen hatte, stellte er ihn samt dem Seelengefäß gegenüber seiner Schlafstätte auf und opferte beiden ein Huhn oder Schaf sowie Eier und Yams. Goldstaub wieder gehörte zur Ausstattung der Heiligtümer und fand an den Höfen vornehmlich in Übergangsriten Verwendung. Fürstenkinder wurden damit eingerieben, um stark zu werden; sterbenden Fürsten flößte man ihn mit Alkohol vermischt ein. Nach Eintritt des Todes wurde auch sein Leichnam damit eingerieben und mit purem Staub bestreut. Anderwärts füllte man ihn dem fürstlichen Toten in Mund und Ohren oder trug eine Paste aus Goldstaub und Schibutter auf die Augenlider auf. Zum Abschied schob man seine Hand noch einmal in ein mit Gold gefülltes Gefäß. Da Goldstaub ehedem in Asante ein Währungsmittel war und auf Reisen in bestimmten abgewogenen Mengen in Stoffbeuteln mitgeführt wurde, gab

Goldgewichte in geometrischer Form mit glatter Unter- und ornamentierter Oberseite. Im Motivschatz sind wiederkehrende Motive wie Balken, Kammformen, Wellen- und Zickzacklinien, Bogen, Kreuze, Spiralen und Swastika. Die eigentliche Handelswährung war Goldstaub, den man dann mit den Goldgewichten auswog.

Karte der Goldküste von 1729.

man ihn auch dem Toten mit auf den Weg. Die Beutel wurden in seinen Schurz geknotet – eine Sitte, die sich bis heute erhalten hat. Da allerdings die meisten Familien keinen Goldstaub mehr besitzen, sind Münzen, begleitet von der neuen Formel „als Fahrgeld für den lorry (Lastwagen zum Personentransport)" an seine Stelle und den früher üblichen Spruch „zum Kauf von Trinkwasser" getreten.

Bis zur Entdeckung der Neuen Welt war Westafrika der Hauptlieferant des europäischen Goldaufkommens. Bis zum Ende des 19. Jahrhunderts wurde es ausschließlich durch die einheimische Bevölkerung mit einfachen Methoden gewonnen. Bisweilen brauchte man es nur aufzusammeln, nachdem kräftige Regenfälle es freigewaschen hatten („Waschgold"), oder stieß auch bei der Feldarbeit mit der Hacke darauf. Wann etwa in Ghana mit dem bergmännischen Abbau von Gold (in mehr als mannshohen Gruben) und der eigentlichen Goldwäscherei in Flußbetten und an Uferrändern begonnen wurde, ist unklar. Bekannt ist nur, daß Männer allein oder in Gruppen auszogen und nach besonderen Anzeichen wie bestimmten Pflanzenvorkommen oder Farbtönungen von Boden und Wasser auf Lagerstätten schlossen und Probewaschungen vornahmen. Damit war man durchaus erfolgreich: Als Ende des 19. Jahrhunderts die ersten europäischen Prospektoren das Land zu durchstreifen begannen, mußten sie feststellen, daß alle fündigen Stellen bereits wie wabenartig mit Gruben durchsetzt waren. Da aber weder die Wände verschalt wurden, noch Mittel zur Entwässerung bekannt waren, konnte nur nahe Tage abgebaut werden. Heute indessen bedient man sich moderner Montanmethoden im Untertagebau und gewinnt entsprechend Gold von höchster Qualität.

Als die Förderung noch nicht in den Händen großer Minengesellschaften lag, mußte die Erlaubnis zum Abbau vom Landesfürsten eingeholt werden, der sie mit der Auflage erteilte, alle Klumpenfunde abzuliefern, es sei denn, sie wogen mehr als acht Pfund; denn dann standen sie nicht ihm, sondern dem Asantehene zu. Die Finder selbst erhielten lediglich ein Drittel des Wertes in der landesüblichen Währung ausbezahlt. Nur Goldstaub war von Abgaben frei. Fiel etwas jedoch

Die tiefgreifende Bedeutung der Goldstaubwährung für die Kultur der Akan macht auch die große Zahl von Sprichwörtern deutlich, die in den Gewichten bildhafte Gestalt gewinnen. Aufgrund der wachsenden Nachfrage auf dem internationalen Kunstmarkt ist der Ausverkauf so weit fortgeschritten, daß die Goldschmiede seit einiger Zeit kleinere Repliken nachgießen. Vielfach handelt es sich dabei um gute Kopien der Originale, die indes keinen Gewichtswert mehr haben.

beim Marktgeschäft in Kumasi auf den Boden, gehörte auch dies dem König – der in Notzeiten gar den Marktgrund auswaschen ließ.

Eine Vielzahl von Vorschriften für den Goldabbau zeugen davon, daß er nicht ohne Risiken war. Noch bevor man die Grube aushob, opferten der Landeigentümer oder der Gräber den Ahnen ein Huhn und Schnaps. Dabei legten sie das Versprechen ab, einen reichen Fund mit einem zusätzlichen größeren Opfer zu entgelten. Wusch man an einem Fluß Gold aus, mußte dessen Gott mit einem Schaf, Eiern, Yamsbrei und Gin bedacht werden. Stieß man auf Gold, wurde ein zweites Trankopfer – Rum oder ein anderes hochprozentiger Getränk – fällig. Machte sich der Gräber eines Tabubruchs schuldig oder handelte sich sonst den Zorn der Jenseitsmächte ein, konnte das Gold Tiergestalt annehmen und „fliehen“, so daß die Funde versiegten. Oder es erschien in der Grube ein goldener Hund, der unter lautem Gebell Goldklumpen spie. Dann drohte Einsturzgefahr, und man verließ die Grube Hals über Kopf.

Über viele Jahrhunderte hin war das westafrikanische Gold ein bedeutender Handelsartikel, der Fürsten und Königen ihren legendären Reichtum bescherte. Arabische Eroberungszüge im 8. und 9. Jahrhundert zielten bereits bewußt auf die „Länder der Schwarzen“ (das bedeutet „Sudan“) mit ihrem sagenhaften Goldvorkommen ab. Mitunter ist in den oft recht phantasievollen Nachrichten der arabischen Geographen von „Pflanzengold“ die Rede. So heißt es z. B. bei Ibn al Fakih (9./10. Jahrhundert): „In den Ganaländern (gemeint ist das alte Goldland Gana, eine auf Berber oder Bermischlinge um 300 n. Chr. zurückgehende Reichsgründung im Westsudan) wächst das Gold wie Rüben im Sande und wird bei Sonnenaufgang gepflückt.“

Überhaupt wußten die Araber über die Goldvorkommen zunächst nur wenig Konkretes, und die Afrikaner sahen keinen Grund, ihnen weiterzuhelfen. Nachdem der Goldhandel von den nordafrikanischen Arabern auf Portugiesen und Holländer übergegangen war, verlagerte er sich an die Küste und kam den dortigen Bevölkerungen zugute.

Der Fernhandel mit Gold trug fremde Einflüsse in das westafrikanische Ursprungsgebiet, so auch die Einführung von Waagen und Gewichten. Letztere, die heute zu den faszinierendsten Kunstobjekten der Akan zählen, legen beredtes Zeugnis für die große künstlerische Einfalls- und Gestaltungskraft gerade dieses Volkes ab. Anfang des 18. Jahrhunderts – vielleicht auch schon früher – war Goldstaub in Asante die alleinige Währung, der aber möglicherweise bereits eine Eisenwährung vorausging. Außer an der Küste, wo vor Einführung des Goldstaubs schon kleine Stücke noch minderwertigen Goldes (kakra) als Währung in Umlauf waren, wurde Gold nie in Stücke von festem Münzwert gegossen. Solange der Staub noch in Asante als Währung diente, bedurfte es dazu entsprechender Gerätschaften. Dazu gehörten vor allem die gleicharmige Balkenwaage (nsania) und ein Satz von Gewichten (mbrammo, Singular: abrammoo); dann ein Messinglöffel (saawa) mit kleinem Kopf und langem, oft in Punz- oder Metallschnitttechnik verziertem Stiel, so daß er sich leicht zwischen den Schnüren der Waage bewegen ließ; eine aus Messingblech getriebene, mit Zirkelschlagornamenten verzierte „Blasschaufel“ (famfa) in Form eines breitköpfigen Löffels mit hohem Rand, der am Ende des Stiels eine schmale Lücke aufweist, so daß Beimengungen des Goldes dadurch ausgeblasen werden konnten; weiterhin Siebe, Federn und Bürsten, kleine Läppchen, in die man den Tagesbedarf einschlug, und schließlich noch Büchsen (abamprawa). Das alles wurde zusammen mit den Gewichten und einem Quantum Goldstaub gebrauchsfertig in einem aus Leder, Fell oder Stoff bestehenden Behälter (fotoo) aufbewahrt.

Wann genau die Goldgewichte in Asante eingeführt wurden, ist unbekannt. Als ihre „Erfinder" werden vielfach die unmittelbaren Nachbarn Denkyera und Techiman genannt. Jedenfalls soll Osei Tutu Nachbildungen der im Krieg mit Denkyera erbeuteten Gewichte nach dem Sieg an jeden seiner Heerführer verteilt haben. Zu einem Satz von Gewichten zählen zum einen metallene mit überwiegend geometrischen, teils auch figürlichen Darstellungen sowie „Naturgewichte" wie Samen, Schneckengehäuse, Knochen, dazu auch Glasperlen und Knöpfe, die oft in kleineren Sätzen als „Beigewichte" in Gebrauch waren und Kleinbeträgen entsprachen. Die Anschaffung der Metallgewichte und des kostspieligen Zubehörs hob entsprechend Einkommen und Stand der Goldschmiede. An den Höfen der Akan-Herrscher bildeten sie eine Art Bruderschaft (Innung) und vererbten Kenntnis und Kunst ihrer Gußtechnik immer nur innerhalb ihrer Familien. Daß sie einem privilegierten Stand angehörten, wies schon ihr Privileg aus, außerhalb des Königshofs Goldschmuck tragen zu dürfen.

Ehemals wurden bei einem Handel die Gewichte der Partner durch Wiegen verglichen. Stimmten beide überein, wog der Käufer Goldstaub im Wert des vereinbarten Preises auf seiner Waage ab, worauf der Verkäufer das Ergebnis mit der seinen und seinen Gewichten überprüfte. Obwohl Betrügereien dabei strenge Strafen nach sich zogen, nahmen sie zeitweilig, sowohl unter den Asante selbst als auch im Handelsverkehr mit den Europäern, bedenkliche Formen an. Man benutzte von der Norm abweichende Gewichte, manipulierte die Waage beim Wiegen und setzte dem Goldstaub Fremdstoffe zu, am häufigsten Messingstaub (dutu), der sich von Goldstaub nur schwer unterscheiden läßt.

Als der Akuroponhene Gyamfi Kwadwo in den späten 1820er Jahren starb und man seinen Besitz an Goldstaub taxierte, stellte man fest, daß er größtenteils aus Fälschungen bestand. Daraufhin ließ der Asantehene Osei Yaw (1824–1834) seinen Leichnam exhumieren. Vor Gericht gestellt und für schuldig befunden, wurde ihm der Kopf abgeschlagen. Einem 1867 der Fälscherei überführten Goldschmied aus Kumasi schnitt man die Ohren ab. Die alleinige Verwendung von Münzen setzte sich gleichwohl vor allem im Inland nur zögerlich durch. Am 1. Juni 1912 wurde für das gesamte Gebiet des heutigen Ghana (ehemals bestehend aus der Gold Coast Colony, Ashanti und den Northern Territories) per Kolonialgesetzgebung die Verwendung jeder anderen als der britischen Währung untersagt.

Ganz links und links: Figürliche Darstellungen zeigen Pflanzen, Tiere – häufig Fische und Krokodile –, Menschen und Gegenstände der materiellen Kultur und bilden so heute wertvolle Zeugnisse der einstigen Lebensweise.

Dahomey und Oyo – die Königreiche des „schwarzen Elfenbeins“

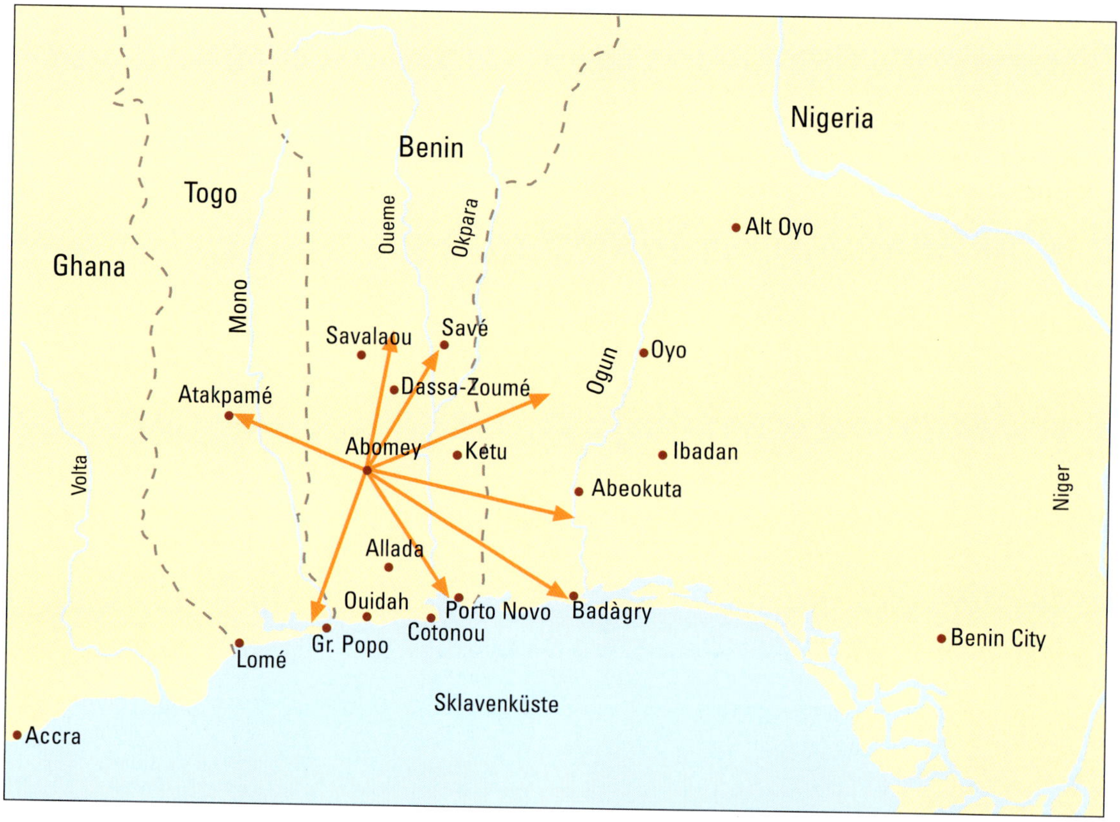

Eine Karte Dahomeys militärischer Aggressionen. Wegen seiner streng zentralistischen Monarchie konnten sich die Dahomey trotz ständiger Händel mit ihrem großen Nachbarn Oyo im Nordosten behaupten und sogar andere Reiche unter ihre Kontrolle bringen.

Gold und Elfenbein gaben Abschnitten der Guinea-Küste ihren Namen, einem auch das „schwarze Elfenbein“: Die Nachfrage der Europäer nach Sklaven hatte den Sklavenhandel aus dem Inland zur Küste gelenkt und bot Herrschern wie Händlern lukrative Gewinnmöglichkeiten. So war der Küstenstreifen zwischen den Flüssen Volta und Niger schließlich zur „Sklavenküste“ geworden. Auf afrikanischer Seite war an diesem „Geschäft“ unter anderen das Dahomey-Reich beteiligt, das in der Breite gerade mal 50 Kilometer maß und sich in der zweiten Hälfte des 18. Jahrhunderts von der Küste ganze 150 Kilometer ins Innere nach Norden zu erstreckte. Die Bevölkerungsdichte war enorm; die Hafenstadt Ouidah (Glehwe) soll 8 000, die Hauptstadt Abomey sogar 24 000 bis 30 000 Einwohner gezählt haben.

Die Könige Dahomeys entsprachen weniger dem Bild treusorgender Landesväter als dem eines durchlöcherten Wassertopfes: Damit ja kein Tropfen verlorenging, mußte jeder Bürger gleichsam einen Finger auf eines der Löcher halten, was ihn sozusagen zum Pfropfen des undichten Ganzen machte. Immerhin setzte die Vorstellung den Zentralisierungsgedanken voraus und entsprach insofern der Wirklichkeit. Die streng zentralistische Monarchie machte die Besonderheit Dahomeys aus und trug dazu bei, daß sich das kleine Reich, trotz Sklavenraub und ständiger Händel mit seinem großen Nachbarn Oyo im Nordosten, nicht nur zu behaupten, sondern sogar andere Reiche unter seine Kontrolle zu bringen vermochte.

Die Europäer erschienen an der von Adja-Gruppen bewohnten Küste gegen Ende des 15. Jahrhunderts. Auf die Portugiesen folgten Holländer, Franzosen,

Engländer und Brandenburger, die jeweils an strategisch günstigen Punkten Forts und Faktoreien errichteten. Die Folge waren nicht nur ökonomische Spannungen und Rivalitäten unter den lokalen Machthabern; die neue Situation führte nach und nach auch zur Auflösung alter ritueller Bande unter einzelnen Reichen. Etwa gleichzeitig hatten jenseits europäischer Reichweite in der Region von Kana und Bohicon (heute zentrales Südbenin) „Königssöhne" aus dem Allada- oder Ardra-Reich eine neue Machtbasis und Dynastie gegründet, die sich anschickte, das entstandene politische Vakuum zu füllen. König Wegbaja (ca. 1645–1685) verlegte die Residenz an eine Stelle nordwestlich von Bohicon und umgab sie mit einem Befestigungswall, was ihr den Namen Abomey (Agbome, me: innerhalb, agbo: Schutzwall, Graben) eintrug, den Berichten späterer europäischer Besucher nach eine wehrhafte Stadt mit breiten Straßen und Plätzen, überschattet von großen, eindrucksvollen Bäumen. Der Name Dahomey (in lokaler Schreibweise Daxome bzw. Danhome, Dan: Eigenname, home: „Leib") spielt auf die Überlieferung an, daß Wegbaja das Reich auf dem Leichnam seines Gegners Dan errichtete.

Wahrscheinlich hatten es Wegbaja wie andere Gruppen aus dem Süden nicht allzu schwer, die auf dem heutigen Dahomey-Plateau in dörflichen Gemeinschaften lebenden Fon, das spätere „Staatsvolk", zu überwältigen. Ihre ungeschützte Lage zwischen Oyo und den im Sklavenhandel engagierten Reichen Allada und Ouidah hatte sie bereits früher immer wieder zu Opfern von Sklavenjägern gemacht, woran sich auch künftig wenig ändern sollte: Die berittenen Heere Oyos bildeten nicht nur eine konstante Bedrohung, sie verwüsteten Abomey auch mehrfach und trieben seine Bewohner zur Flucht. Dennoch gelang es Wegbajas Sohn Agaja (ca. 1708–1732) zwischen 1724 und 1727 eine Reihe von kleinen, älteren Reichen an der Küste zu erobern. Die meisten zeitgenössischen Beobachter wie auch spätere Historiker gehen davon aus, daß er die von den Europäern provozierten Konflikte zwischen Allada und Ouidah zu seinen Gunsten nutzte, um sich den Zugang zum Meer zu erkämpfen, mit dem Ziel, die Zwischenhändler im transatlantischen Sklavenhandel auszuschalten und selbst in das lukrative Geschäft zu kommen. Wenngleich er die Möglichkei-

Ein steinerner Löwe wacht über den Königspalast in Abomey, Erinnerung an König Glélé (1858–1884), dessen Preisname lautete: „Kein Tier, das seinen Zorn zeigt wie der Löwe." Die vom Betrachter aus rechts davon stehende Legba-Figur (bocio) schützt ein Eisengestell vor Sonne und Regen. In der Mitte hat Ogun (auch Gu genannt) ein Heiligtum: Der Gott des Eisens und der Grobschmiede steht auch für die Kriegserfolge der Könige. Er wird häufig, wie hier, durch rostige Metallsplitter in einem Steinblock dargestellt. Die Kombination soll Gefahren abwenden und dem König Segen sichern.

Außenansicht des Palastes von König Ghézô in Dahomey. Er wurde etwas 1820 erbaut und gehörte 1911 (Entstehungszeit des Fotos) zu den wenigen noch erhaltenen Bauten des gesamten Palastkomplexes.
Aus: Les Bas-Reliefs des Bâtiment royaux d'Abomey (Dahomey), Paris, 1926.

ten, die ihm vor allem die Eroberung Ouidahs, die ihn in direkten Kontakt mit den europäischen Händlern brachte, bot, wahrscheinlich sah, war dies doch nicht der einzige Grund für seinen Vorstoß. Auf jeden Fall provozierte er damit Oyo, das sich als Schutzmacht der kleineren Reiche verstand und kaum Interesse daran haben konnte, den Fon die Kontrolle über die Küste zu überlassen. Zahllose Aufstände, sowohl von Oyo als auch den verschiedenen ausländischen Händlern und Handelskompagnien geschürt, zwangen Agaja schließlich, die Übermacht Oyos und seinen führenden Einfluß auf die Sklavenwirtschaft und den Außenhandel mit den Europäern an der Küste zu akzeptieren.

Dieser „neuen" Bindung an Oyo war eine ältere gleichsam vorausgegangen: Die Vorfahren der Adja, von denen die Fon eine Untergruppe bilden, kamen aus Tado (am Mono-Fluß im heutigen Togo), einer befestigten Stadt, die von Migranten aus Ile-Ife, dem heiligen Zentrum der Yoruba, errichtet worden war. Der Stammvater der Dahomey-Herrscher oder onidada aus dem Klan der Alladahonu, der „Seite von Allada", oder Agasuvi, den „Kindern von Agasu", soll der Überlieferung nach halb Mensch, halb Wildkatze gewesen sein – das Kind eines Leoparden und einer Prinzessin aus Tado. Seine raubtierblütigen Söhne töteten den Thronfolger, zerbrachen die königliche Trinkkalebasse und flohen nach Allada, wo sie um 1575 die südlichen Adja zu einem Reich zusammenfaßten. Insofern spielt Allada für die Fon eine ähnliche Rolle wie Ile-Ife für die Yoruba: Aus beiden Zentren zogen Königssöhne aus, um eigene Reiche zu gründen.

Dahomey wird häufig als absolut autonomes Reich dargestellt, das auf eigene Rechnung Sklaven jagte und sich gewinnbringend am Sklavenhandel beteiligte. Tatsächlich aber war es auch kommerziell abhängig von Oyo, das sich im Laufe der Zeit erfolgreich von seinem Zentrum in der offenen Savanne nach Norden und Süden hin ausgebreitet, im Norden die Nupe (am Niger) unterworfen und in den Hafenstädten im Süden Handelskontakte mit den Europäern geknüpft hatte. Der Beginn dieser Entwicklung lag um 1550, nachdem die Herrscher von Oyo erstmals Pferde von den Hausa im Norden erworben hatten; auf ihrem Höhepunkt beherrschte Oyo den gesamten Savannenkorridor bis zur Küste. Oyos Könige trugen den Titel alafin. Ihren Stammbaum führten sie auf Odua zurück – keinen Geringeren als den Schöpfer der Erde und ersten König der heiligen Stadt Ife. Entsprechend richtete sich die Rangfolge unter den verschiedenen Yoruba-Königen nach der genealogischen Nähe zu den einzelnen Söhnen Oduas.

Göttlicher Abstammung zwar, mußten sich die alafin im irdischen Leben doch mit der Macht der Fürsten auseinandersetzen, die ebenfalls über berittene Truppen geboten. Die Könige versuchten sie zu neutralisieren, indem sie ihren Hofstaat aus früheren Sklaven rekrutierten. Gleichwohl besaß die Stärke des Oyo-Reiches, seine schlagkräftige Kavallerie, ihre be-

Statuen der Könige von Dahomey (Musée d'Ethnographie du Trocadéro). Von links nach rechts bringt man die Darstellungen mit den Königen Ghèzo, Gbèhanzin und Glélé in Verbindung. Die Darstellung richtet sich nicht nach den Königen selbst, sondern nach ihrem Machtsymbol, das in einem Orakel erfragt wurde. Dies kann dann ein Tier wie etwa ein Löwe oder Fisch sein, aber auch die menschliche Gestalt.
Aus: Les Bas-Reliefs des Bâtiment royaux d'Abomey (Dahomey), Paris, 1926.

sondere Verletzlichkeit: Der Tsetsefliege wegen konnten keine Pferde gezüchtet, sondern mußten diese mitsamt ihren Pflegern ständig aufs neue aus dem Norden eingeführt werden, was erhebliche Summen oder Gegenleistungen erforderlich machte.

Zu den begehrtesten Handelsartikeln stiegen nach Ankunft der Weißen rasch europäische Importwaren auf, für die im Austausch Sklaven geliefert werden mußten. Oyo wurde so zwangsläufig zu einem Großeinkäufer von Sklaven. Erst der Niedergang des Sklavenhandels gegen Ende des 19. Jahrhunderts brachte diesen besonderen „Warenverkehr" zum Erliegen – und führte prompt zur Verschärfung der alten Konflikte zwischen König und Fürsten.

Bis dahin deckte Oyo seinen Sklavenbedarf teils aus eigenen Quellen, überwiegend jedoch aus Tributleistungen der ihm botmäßigen Reiche. Und eines davon war Dahomey, das so über Oyo Anschluß an das internationale Handelsnetz besaß. Neben den Sklavenlieferungen zählten zu den pflichtigen Abgaben, annähernd hundert Jahre lang, auch gut 1700 Gewehre pro Jahr – Forderungen, denen Oyo im Säumigkeitsfall durch wiederholte Einfälle in Abomey gewaltsamen Nachdruck verlieh.

1743 wurde die wieder einmal zerstörte Stadt von Agajas Sohn Tegbesu (1740–74) neu aufgebaut. Tegbesu war ein in vielerlei Hinsicht ungewöhnlicher König: In seiner Jugend von seinem Vater als Teil der jährlichen Tributverpflichtung nach Oyo geschickt, konnte er offenbar fliehen. Jedenfalls kehrte er nach Abomey zurück und erkämpfte sich dort von seiner einflußreichen Mutter Naye Wandjele (die bereits in der Mythe über die Einführung der vodun eine Rolle spielte), gegen den erbitterten Widerstand seiner Brüder den Thron. Daraufhin ließ er seinen ältesten Bruder ertränken (ein möglicher Grund dafür, daß er den Kult der torhosu einführte), andere Rivalen ebenfalls töten oder nach Übersee in die Sklaverei verkaufen – was dem geltenden Recht zuwiderlief, das den Verkauf freier Bürger verbot. Dann nahm er nach dem Vorbild von Oyo eine grundlegende Neuorganisation des Hofes vor. Eine Reihe männlicher wie weiblicher Würdenträger erhielt mehr administrative Verantwortung übertragen, Kulte neuer Gottheiten wurden eingeführt. Dennoch hing ständig das Damoklesschwert über dem Reich, so daß sich Tegbesu 1748 gezwungen sah, einen neuen Vertrag mit Oyo zu schließen, der Dahomey in völlige politische und militärische Abhängigkeit brachte. Künftig hatte es nicht mehr nur regelmäßig Tribute zu zahlen, es durfte ohne Billigung Oyos auch keine

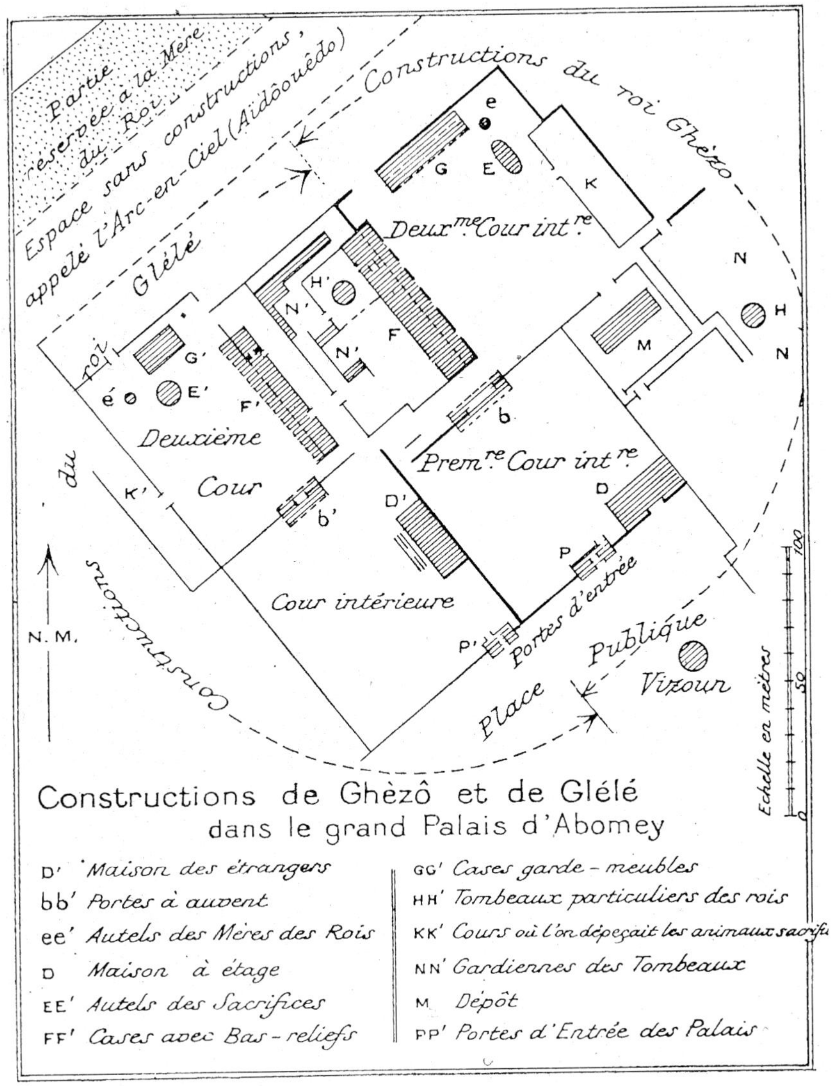

Lageplan der Bauten Ghèzôs und Glélés in Dahomey. Der gesamte Palastkomplex setzt sich aus den Bauten von zehn Herrschern zusammen, die alle ihren eigenen „Palast" bauten. Aus: Les Bas-Reliefs des Bâtiment royaux d'Abomey (Dahomey), Paris, 1926.

Kriege mehr führen. Die Chancenlosigkeit gegen die überlegene Reiterei der Herrenmacht wirkte lähmend: Nach der Küsteneroberung durch Agaja war Dahomey kein bedeutender militärischer Erfolg mehr beschieden. Erst Gezo (1818–1858) führte das Reich nach Absetzung seines Bruders Adandozan einem neuen und glanzvollen Höhepunkt zu. Dahomey erlangte erstmals politische Selbständigkeit. Gezo, vom Zusammenbruch Oyos und den fortgesetzten Kriegen im Yorubaland profitierend, setzte nun voll auf den Sklavenhandel.

Nunmehr erwiesen sich die straffe Zentralisierung und die dichte innere Organisationsstruktur als besondere Stärke. Das Reich besaß eine differenzierte, stark geschichtete Gesellschaft mit einem ausgefeilten Dienstleistungssystem, eine entwickelte Landwirtschaft und Ökonomie, ein gediegenes Handwerk und weitgespannte florierende Handelskontakte. Die Religion

Eine Garde-Amazone des Königs von Dahomey (nach Burton). Die Amazonen waren die berühmte Armee der Könige, oft auch als Leibgarde eingesetzt. Neben einer großen Kampfesgeschicklichkeit waren sie auch im Sklavenfang und im Töten von Sklaven auf jährlichen Opferfesten perfektioniert und als blutrünstig bekannt.
Aus: Westafrika, vom Senegal bis Benguela, Leipzig, 1878.

stand im Zeichen einer Vielzahl von Göttern, der vodun, denen reichlich Opfer – auch Menschen – dargebracht wurden. Dem Reichskult standen Priester vor, die auch für die Initiationszeremonien zuständig waren. Geheimbünde, im westafrikanischen Waldgürtel sonst eine verbreitete Institution, waren verboten, um keinerlei Opposition zum König aufkommen zu lassen. Rivalen aus den eigenen Reihen hielten die Könige in materieller Abhängigkeit. Ihre Verwandtschaft lebte bei Hof, hatte keine eigenen Erwerbsquellen und wurde vom König ausgehalten. Mögliche Thronaspiranten waren deshalb nicht in der Lage, Gefolgschaften zu ihrer Unterstützung zu bilden. Die Nachfolgeregel schloß Söhne von Frauen königlichen Bluts von der Thronfolge aus. Da sie das Privileg genossen, auch mit anderen Männern zu verkehren, konnte der König jederzeit seine Vaterschaft anzweifeln. Hohe Amtsträger durften niemals dem Königsklan entstammen; sie waren meist „Gemeine" und daher nur um so mehr an die Weisungen des Königs gebunden. Da ihre Position Erblichkeit ausschloß, hatten sie auch keinerlei Möglichkeit, sich eine „Hausmacht" aufzubauen. Hinzu kam, daß sie der Aufsicht einer Frau aus dem königlichen Klan unterstanden, die sie mit „Mutter" anzureden hatten. Zum Hofstaat gehörten zudem noch zwei- bis dreitausend formell mit dem König verheiratete Frauen, die in Verwaltung, Landwirtschaft, Handwerk und sogar als Soldaten tätig waren. Diese als „Amazonen von Dahomey" berühmt gewordenen Frauen (gbeto) stellten, zusammen mit einigen Eunuchen, die Leibgarde des Königs. In dieser Funktion sind sie seit 1720 bekannt, doch wurden sie erst im 19. Jahrhundert zur stehenden Truppe ausgebildet, die schließlich mehr als die männlichen Heereskrieger respektiert und gefürchtet wurde.

Reliefs im Palast des Königs Agadja. Dargestellt sind Szenen des Krieges der Dahomey gegen die Nago.
Aus: Les Bas-Reliefs des Bâtiment royaux d'Abomey (Dahomey), Paris, 1926.

Der Ursprung dieser Institution ist umstritten. Eine Erklärungsmöglichkeit könnte in der Organisationsstruktur des Reiches liegen. Auch allen männlichen „Beamten" standen nämlich immer entsprechende weibliche, die im Palast wohnten, gegenüber. Ihre Aufgabe war, die Männer bei der Arbeit zu halten, ihre Leistungen zu prüfen und ihre Ausgaben zu überwachen – alles zum Vorteil des Königs. Analog besaßen auch die Schützeneinheiten des Heeres sowohl männliche und weibliche Soldaten als auch Offiziere. In der Frühzeit belief sich die Zahl der Krieger auf etwa 3000, eine Zahl, die sich zwischen 1725 und 1820 und dann nochmals bis 1845 jeweils verdoppelte, wobei die Frauen etwa ein Drittel ausmachten. Bei Bedarf wurden zusätzlich Männer aus der Bevölkerung rekrutiert; im Kriegsfall galt allgemeine Wehrpflicht. Teile des Heeres setzten die Könige auch für Sklavenjagden ein: Ganze Dörfer wurden überfallen, die Bewohner getötet, verkauft oder in die Armee gepreßt, der Besitz beschlagnahmt. Zudem konnte die großzügigst verhängte Todesstrafe in Sklaverei umgewandelt werden, auch mit der Konsequenz des Verkaufs nach Übersee. Eine weitere ergiebige Einnahmequelle bildete das interne Besteuerungssystem: Für jedes einzelne Dorf war eine Grundsteuer in Naturalform festgesetzt, dazu kamen Abgaben auf Vieh, Salz, handwerkliche Produkte und für die auf den Märkten feilgebotenen Waren. Die Bevölkerung befand sich, zumindest zeitweilig, voll unter behördlicher Kontrolle.

Nachdem auf der Berliner Konferenz 1884/85 die deutschen, französischen und englischen Interessen an der Guinea-Küste verhandelt und Dahomey zur französischen Einflußzone erklärt worden war, brach 1890 Krieg zwischen Dahomey und Frankreich aus. Er dauerte mit Unterbrechungen bis 1894 und endete mit dem Sieg der Franzosen und der Verbannung König Behanzins zuerst nach Martinique, dann nach Algerien. Zu seinem Nachfolger wurde sein Bruder Agoli Agbo (1894–1900) ernannt. Er war jedoch nur noch ein König von Frankreichs Gnaden. 1900 wurde auch er abgesetzt und die Monarchie damit abgeschafft. Die Erinnerung an das alte Reich lebte noch einmal für kurz nach der Unabhängigkeit (1960) auf, als die neuen Herren dem Land den Namen „Dahomey" verliehen. Drei Jahre nach dem Staatsstreich von 1972 wurde es jedoch in „Volksrepublik Benin" umbenannt, in Anlehnung an die hohe und berühmte Kultur des Benin-Reiches in Südnigeria.

Dahomey und der Sklavenhandel

Das Bild, das die Europäer im 18. Jahrhundert vom Dahomey-Reich besaßen, enthält viele Fehleinschätzungen und Mißverständnisse, da es sich lediglich auf die Berichte dreier Autoren stützt, die aktiv am Sklavenhandel beteiligt waren und ihm nur positive Aspekte abzugewinnen vermochten. Insofern maßen sie den gewalttätigen Zügen, wie den Menschenopfern und der Despotie des Regimes, ihre bevorzugte Aufmerksamkeit zu. Ihrer Darstellung nach zerrütteten immer wieder Kriege das Land. Das brachte eine Überzahl von Gefangenen ein, die, wenn sie die Europäer nicht kauften, den Göttern geopfert wurden. Die Untertanen seien nicht besser als Sklaven dran, so daß ihr Verkauf nach Übersee nichts weiter als den Wechsel in einen anderen Kontinent bedeute. Betrachtungen dieser Art lieferten den Anhängern der Sklaverei wertvolle Argumente, mehr noch – sie fanden auch Eingang in das Geschichtsbild

Der König von Dahomey gibt den Befehl, einige Gefangene als menschliche Opfer zu köpfen (Sklavenküste).
Aus: Fetichism and Fetich Worshipers, New York, Cincinnati, St. Louis, 1885.

einiger Historiker des 20. Jahrhunderts. Ihnen galt Dahomey als Musterbeispiel dafür, in welchem Ausmaß der europäische Einfluß und die große Nachfrage nach Sklaven zur Entstehung und Entwicklung afrikanischer Reiche beitrugen. Dahomey lieferte die Bestätigung für die sogenannte „atlantische Theorie", der zufolge ein Kausalzyklus zwischen Gewehren und Sklaven bestand. Die entscheidende Rolle spielten dabei die Gewehre: Mit ihnen wurden Sklaven gejagt, deren Verkauf an der Küste neue Gewehre einbrachte, die wiederum für den Sklavenfang eingesetzt wurden, was insgesamt zur Expansion der Reiche führte – ein Kreislauf, der sich scheinbar endlos wiederholte und den Erhalt absolutistischer Monarchien trug, die dem König den Besitz von Gewehren und das gewinnbringende Monopol auf den Sklavenhandel verbürgte. Die Reichsökonomie beruhte so ganz auf dem Sklavenhandel. Die jährlichen Kriegszüge dienten der Beschaffung von Gefangenen, die teils im eigenen Land als Sklaven verblieben, teils, vor allem beim huetanu-Fest, geopfert und teils durch Agenten des Königs an Weiße verkauft wurden. Dies sei die Ursache dafür, daß bis zu 100 Millionen junger und tüchtiger Menschen auch aus der eigenen Bevölkerung getötet oder verschleppt wurden. Der König selbst habe dabei den besten Profit gemacht: Er ließ die Sklaven fangen, verkaufte sie an die Europäer und kam in den Hauptgenuß der begehrten Importware, nicht zuletzt der Gewehre. Er kontrollierte den Außenhandel, übertrug die Verantwortung für den atlantischen Sklavenhandel jedoch dem Provinzgouverneur von Ouidah (yovogun, gun: „Herr", yovo: „Weißer"). Der hatte die Kapitäne aller anlegenden Schiffe zu begrüßen und teilte ihnen einheimische Träger zu, die dann die wertvolle Fracht in die Magazine der Stadt verbrachten. Einzig der König jedoch legte die Preise für Sklaven und Gewehre fest. Die Europäer durften Ouidah nur mit Erlaubnis des Herrschers verlassen. Umgekehrt soll es Sklavenhändlern aus dem Norden verboten gewesen sein, die Stadt zu betreten: Sie mußten ihre Gefangenen an lokale Zwischenagenten verkaufen. Was immer mit den Sklaven geschah, hing letztlich vom König ab. Niemand hatte das Recht, ohne seine Erlaubnis Sklaven zu halten oder mit ihnen Handel zu treiben. Einige seiner „Beamten" durften gegen Entrichtung einer Steuer mit ihren Haustruppen auf Sklavenjagd gehen und die Gefangenen auch behalten.

Das waren in etwa die Vorstellungen, die man sich von Dahomey machte, bis neuere Forschungen vor al-

„Gräber der Könige von Guinea". Illustration der Gebrüder Bry (1749) zu einem Text, der sich auf die Goldküste bezieht und aus der Feder des Niederländers Pieter de Marees stammt, der um 1598–1601 die Gold- und Elfenbeinküste bereiste. An dem in zahlreichen Reiseberichten immer wieder abgedruckten Stich sind viel Phantasie und das Bestreben der Autoren beteiligt, den Erwartungen ihrer Leserschaft – Kannibalismus, Menschenopfer und ein sehr blutrünstiger Charakter – entgegenzukommen. Entsprechend wurde das Bild je nach Zeitgeschmack modifiziert.

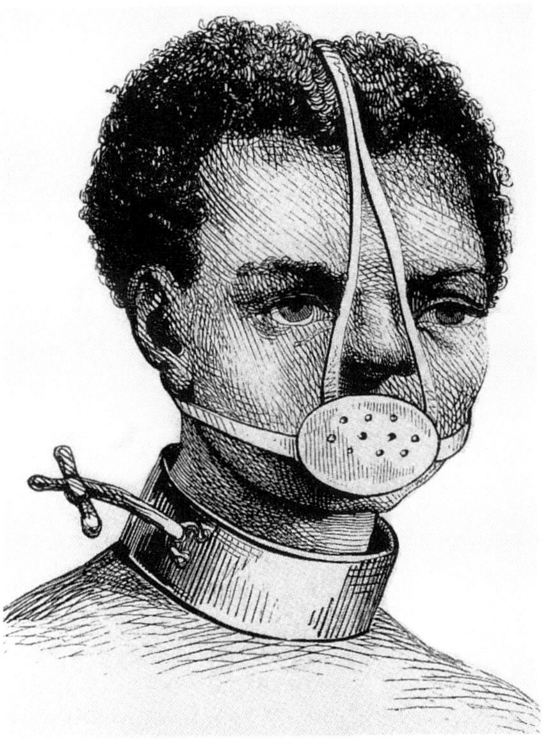

lem die beiden zentralen Thesen der „atlantischen Theorie" widerlegten, daß nämlich erstens die Geschichte Dahomeys vom Sklavenhandel bestimmt wurde und man zweitens eine archaische Ökonomie besaß, deren Außenhandel vom König monopolisiert und deren Binnenhandel nicht von den Regeln der freien Marktwirtschaft regiert wurde. Inzwischen stellte sich u. a. heraus, daß der Außenhandel zum größten Teil in den Händen kleinerer Händler lag, während der König selbst lediglich mit knapp 20 Prozent daran teil hatte. Auch machte der atlantische Sklavenhandel nicht mehr als zwei Prozent des Gesamtumsatzes aus. Und schließlich bildeten Sklaven und Gewehre keineswegs die Haupthandelsgüter; der Tabak aus Brasilien zum Beispiel spielte eine weit größere Rolle.

Es stellt sich die Frage, woher und auf welche Weise die Exportsklaven beschafft wurden. Im Grunde kamen als Bezugsquellen nur der „friedliche" innerafrikanische Handel, die Zwangsrekrutierung eigener Leute, der Selbstverkauf, um sich und seine Familie von drückenden Schulden zu befreien, und der kriegerische Sklavenraub in Betracht. Letzterer wurde, wie gesagt, lange Zeit fälschlicherweise als Regelfall betrachtet. Kriege waren dem Handel jedoch eher im Wege. Auch das königliche Sklavenhandelsmonopol läßt sich nicht als durchgehend nachweisen, wenngleich die Herrscher wohl immer Anstrengungen dazu unternahmen und den Privathandel einzuschränken versuchten. Das gelang ihnen jedoch niemals ganz, und nach Teilerfolgen trat bald wieder der Normalzustand ein. So konnten ausländische Händler fast zu allen Zeiten in Dahomey Sklaven verkaufen; es war ihnen allerdings untersagt, in direkte Beziehungen mit den Europäern einzutreten. Viele zogen daraus die Konsequenz und wandten sich anderen Häfen zu. Die Befunde sprechen insgesamt also eindeutig gegen die Vorstellung eines Monopols und den Kausalverbund von Gewehren und Sklaven, sondern für eine gemischtwirtschafliche Ordnung und einen „friedlichen" innerafrikanischen Handel in einem ansonsten unfriedlichen und menschenunwürdigen Geschäft.

Links: Illustration eines Sklaven. Aus: Jacques Etienne Victor Arago, Souveniers d'un Aveugle: Voyage autour de Monde, Paris, 1839.

Unten: Grabstelle eines Dahomey-Königs mit der Darstellung der bei seinem Tod für ihn geopferten Menschen.

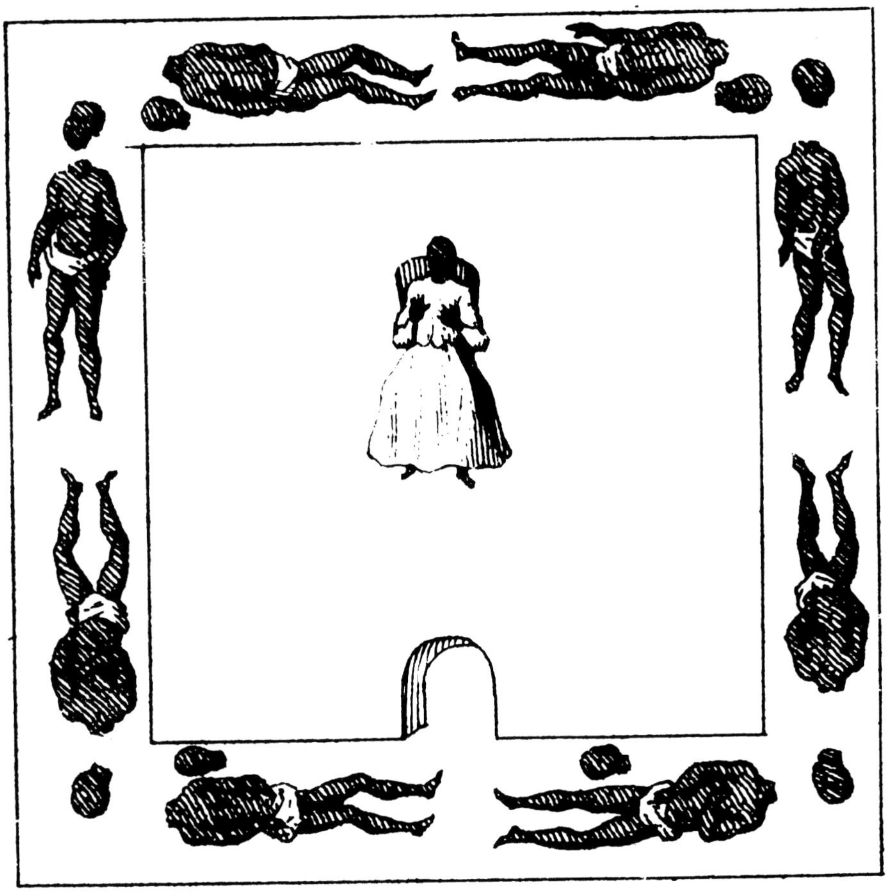

Fremde in Schwarzafrika

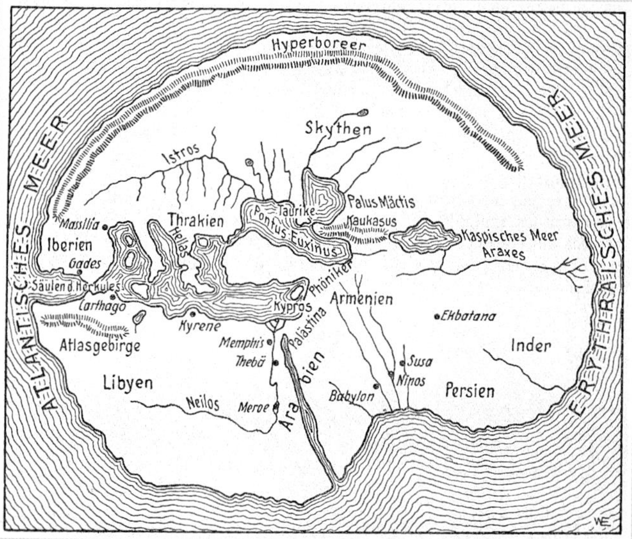

Herodots Bild von der Erde. Aus: Das große Wagnis, Berlin, 1936

Entdeckungsreisen zum „Herzen der Finsternis"

Herodot (ca. 490–430 v. Chr.), der „Vater der Geschichtsschreibung und Völkerkunde", berichtet in seinen „Historien" von einer erstaunlichen Begebenheit: Der ägyptische Pharao Necho II. (610–595 v. Chr.) hatte phönizischen Seeleuten den Auftrag erteilt, „Libyen" (Afrika) zu umfahren. Diese schifften sich in Ägypten ein und durchfuhren das Rote Meer gen Süden. Wenn der Herbst kam, gingen sie an Land, bauten Getreide an, warteten die Ernte ab und setzten die Reise dann wieder fort. Nach drei Jahren erreichten sie die Straße von Gibraltar und kehrten bald darauf nach Ägypten zurück – „und sie erzählten, daß sie während der Umschiffung die Sonne auf einmal zur Rechten gehabt hätten. So wurde zum ersten Mal bewiesen, daß Libyen ganz vom Meere umgeben ist."

Die Phönizier fuhren damals bereits gut 1000 Jahre zur See, besaßen also ausreichend Erfahrung. Um die genannte Zeit kontrollierten sie den gesamten Mittelmeer- und Teile des atlantischen Handels (bis zu den Küsten Englands). Zudem hatten sie als erste gelernt, sich an den Sternen zu orientieren, so daß sie auch bei Nacht fahren, sich von der Küste lösen und in noch unbekannte Gewässer vorstoßen konnten. Der Bericht Herodots wird daher als glaubwürdig eingeschätzt.

Etwa ein Menschenalter später unternahmen nordafrikanische Phönizier, Karthager also, einen ähnlichen Versuch. Hanno (um 500 v. Chr.), ein Feldherr königlichen Geblüts, wurde angewiesen, durch die Straße von Gibraltar und dann die Westküste Afrikas abwärts zu fahren, teils zur Erkundung, teils um Kolonien anzulegen. Die Karthager handelten damals bereits mit Elfenbein, Gold und Sklaven aus Afrika. Möglicherweise wollten sie den teuren Karawanenhandel durch die Sahara umgehen. Die Flotte bestand aus immerhin 60 Fünfzigruderern und hatte gut 30 000 Menschen, Männer wie Frauen, an Bord. Von der Fahrt sind Reste des Reiseberichts erhalten. Das Land, heißt es darin, „war überall von Äthiopen [‚Schwarzen'] bewohnt, die vor uns flohen und jeden Kontakt mit uns zu vermeiden suchten". Nach mancherlei Abenteuern, Fehlschlägen und Verlusten erreichten die restlichen Schiffe immerhin Sierra Leone, vielleicht sogar Kamerun, allnächtlich von ununterbrochenen Becken- und Trommelschlägen in Atem gehalten. Später (im 2. Jh. v. Chr.) versuchte der Grieche Eudoxos von Kyzikos noch zweimal erfolglos, von Gades (Cadiz) aus Afrika zu umsegeln. Beide Male scheiterte er bereits an der Südküste Mauretaniens.

Die Römer hatten an Afrika wenig Interesse. Die Sahara schreckte sie ab. Der Mittelmeerraum und ihr europäisches Hinterland von Spanien bis Osteuropa besaßen für sie größere Bedeutung. Immerhin stieß um 100 n. Chr. ein römisches Korps unter Septimius Flac-

Stanleys erste Begegnung mit dem Stamm der Mazamboni. Blick vom Nzera-Kum-Hügel. Aus: In Darkest Africa, New York, 1890.

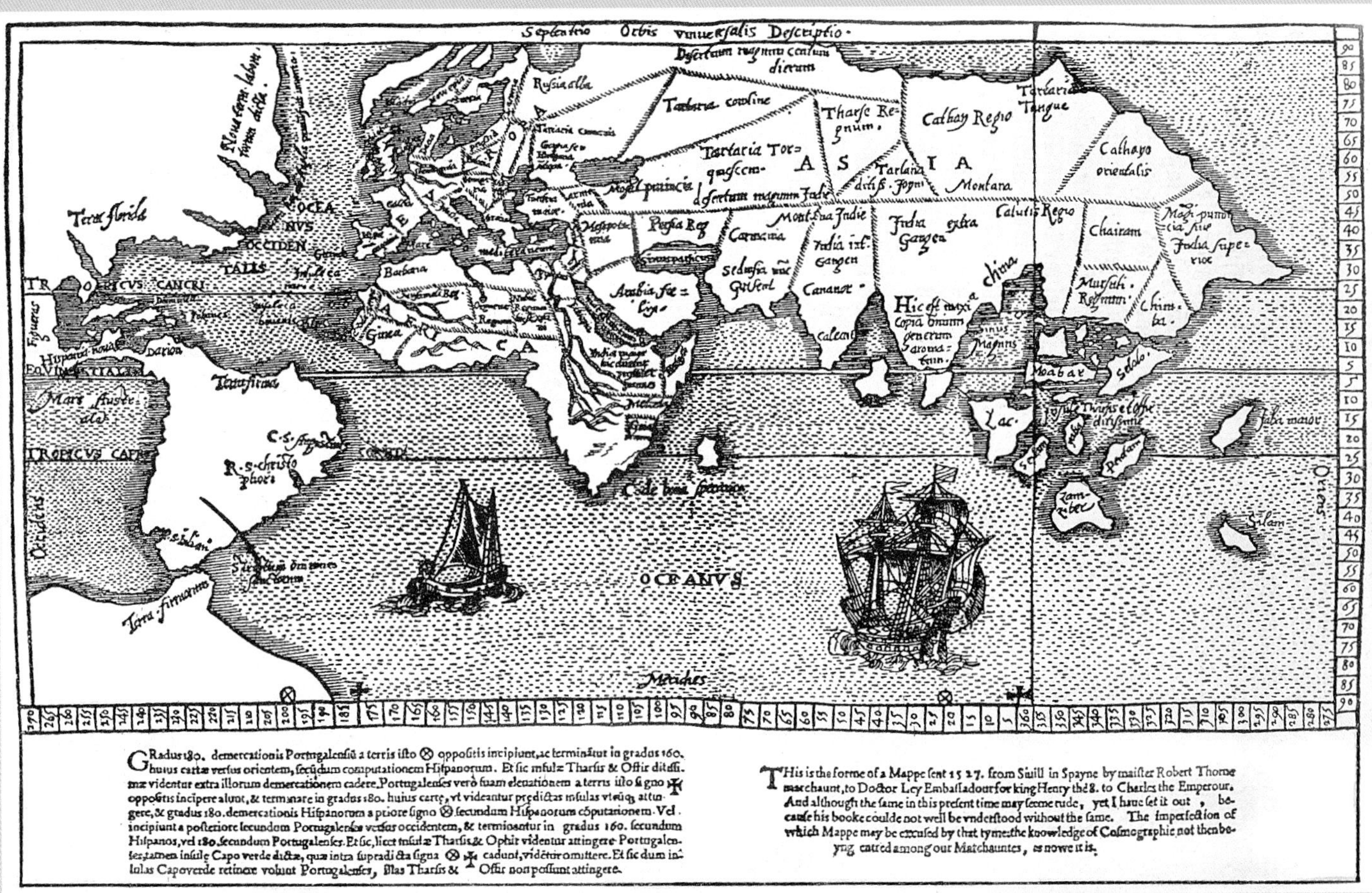

Weltkarte Robert Thornes vom Jahr 1527 mit der Angabe der Demarkationslinie, die die Welt zwischen Spaniern und Portugiesen teilte.
Aus: Das große Wagnis, Berlin, 1936.

cus durch die Sahara bis an den Rand des Sudan vor, und wenig später gelangte ein Kaufmann namens Iulius Maternus, der einen König der Garamanten (etwa im heutigen Libyen) auf einem Feldzug begleitete, bis ins Tschadsee-Gebiet. Nero (54–68 n. Chr.) sandte sogar eine Expedition zur Erkundung der Nilquellen aus, die noch bis ins 19. Jahrhundert hinein eines der Hauptziele der europäischen Afrikaforschung blieben. Die Byzantiner, die Erben Ostroms, waren allzusehr mit ihren unruhigen Nachbarn in den Steppen Südrußlands und Innerasiens beschäftigt und mehr auch am Handel mit ihnen und China interessiert, um noch Aufmerksamkeit für das ferne Afrika aufbringen zu können. Wie bei Karthagern und Römern bestanden allerdings Handelsbeziehungen, vor allem mit dem Sudan und den Küstenländern Nordostafrikas. Hauptsächlich ging es dabei wieder um Edelhölzer, Elfenbein, Gold und Sklaven.

An ebendiesen „Gütern" waren auch die Araber stark interessiert. Ihnen lag Afrika zudem näher. Mit dem Aufstieg des Abbasiden-Khalifats (750–1258) zur Großmacht entwickelte sich alsbald längs der seit alters gebahnten Straßen durch den Sudan (arabisch „Land der Schwarzen") ein blühender Handel – dem die Islamisierung auf dem Fuße folgte. Daß die Berichte vom Goldreichtum Afrikas einen gediegenen Boden besaßen, bestätigte sich auf das eindrucksvollste, als hochstehende afrikanische Pilger Mekka besuchten. Mansu Musa, der Herrscher des westsudanischen Reiches Mali (bzw. Malli), gab bei seiner Reise durch Ägypten 1324 so gewaltige Mengen an Gold aus, daß dessen Preis dort drastisch fiel.

So gewann der Sudan auch das Interesse arabischer Geographen. Ibn Haukal (2. Hälfte 10. Jh.), einer ihrer ersten, kam zwar bis in den Westsudan, fand dort aber nichts eigentlich Erwähnenswertes: „Denn wie konnte ich, ein Liebhaber der Weisheit, Klugheit, Religion, Gerechtigkeit und einer geregelten Regierung, Notiz nehmen von Leuten wie diesen oder sie gar durch einen Bericht auszeichnen?" Idrisi (ca. 1100–1165) drang weiter, teils bis tief in den Süden des Kontinents vor; Ibn Battuta (1304–1377) durchquerte die Sahara bis Mali, wo er gepanzerte Krieger sah, deren Waffen mit Silber und Gold beschlagen waren. Er befuhr den Niger in einem Einbaum – und handelte auf dem Rückweg mit Sklaven.

Wie seine und die Schilderungen anderer Forschungsreisender zeigen, waren die geographischen Kenntnisse der Araber denen ihrer europäischen Zeitgenossen weit überlegen. Daran änderte sich bis Ende des 18. Jahrhunderts nur wenig. Die aufkommende Handelsschiffahrt berührte zunächst nur die Küsten. 1291 versuchten

Mungo Park. Aus: Westafrika..., Leipzig, 1878.

die Genuesen Vadino und Ugolino Vivaldi erneut, Afrika zu umsegeln, um den Quellen des Gewürzhandels auf die Spur zu kommen, scheiterten aber. Danach verstrichen über 100 Jahre, bis den Portugiesen die entscheidende Wende gelang. Das Verdienst daran kam wesentlich „Heinrich dem Seefahrer“ (1394–1460) zu, wie einstmals Hanno von königlicher Abkunft, der selber allerdings, trotz seines Beinamens, niemals zur See fuhr. Dafür entwickelte er ein klares, zukunftsweisendes Konzept für die portugiesische Handelsschiffahrt und schuf auch gleich die erforderlichen Voraussetzungen dafür, indem er die Kapitäne und Offiziere systematisch nach den neuesten Erkenntnissen in Geographie und Astronomie schulen ließ. Abermals ging es vor allem um die Goldreiche im Westsudan und den Weg nach Südostasien, um direkten Zugang zum Gewürzhandel zu gewinnen.

1415 setzten die Portugiesen erstmals ihren Fuß auf afrikanischen Boden, erobern Ceuta (gegenüber Gibraltar) und kontrollierten damit einen wichtigen Umschlagplatz des Karawanenhandels. 1441 erreichte Antão Gonçalves das Kap Nouadhibou (im Norden Mauretaniens) – und brachte von dort Goldstaub und Sklaven zurück. 1456 gelangte Alvise da Cadamosto in einer großangelegten Expedition bis an die „Goldküste“ (Ghana), wo eine erste Handelsniederlassung entstand. 1471 gelang die Einnahme der Goldgruben von „Aprobi“, zu deren Sicherung ein Fort errichtet wurde. 1488 umfuhr Bartholomeu Diaz als erster Europäer das Kap der Guten Hoffnung.

Tiefer ins Inland drangen die Portugiesen nur kaum vor. Versuche, die größeren Flüsse aufwärts zu fahren, scheiterten an der zu geringen Wassertiefe. So blieben vorerst nur die Küstenstriche bekannt. Man begnügte sich damit, Niederlassungen zur Versorgung

Die ersten Entdeckungsreisen in Westafrika. Aus: Westafrika..., Leipzig, 1878.

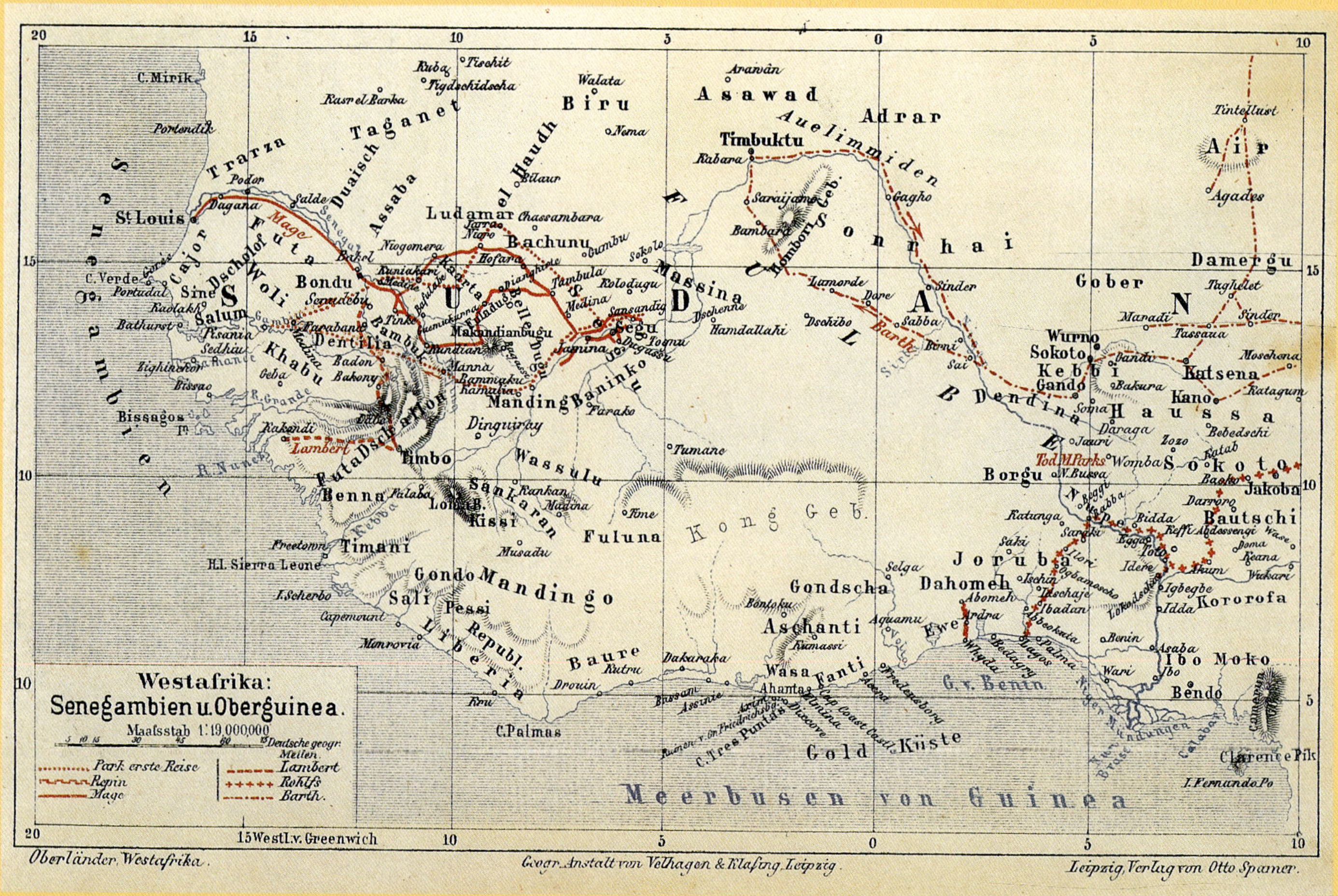

Dr. David Livingstone.
Aus: Into the Heart of Africa, Toronto, 1989.

der Südostasienschiffahrt – und wiederum als Umschlagplätze für den Sklavenhandel – einzurichten.

Das wurde kaum anders, als Ende des 16. Jahrhunderts Franzosen, Holländer und Briten den Portugiesen Konkurrenz zu machen begannen. Auch ihnen ging es vor allem um Gold und Sklaven. 1697 gelang es den Franzosen, im Goldland „Bambuk“ am Oberen Senegal Fuß zu fassen. Sonst blieb es jedoch bei der Gründung von Stützpunkten, die sich alsbald in dichter Folge die afrikanische Westküste entlangzogen. Die große Wende kam erst mit dem Jahr 1788, als in London die „Afrikanische Gesellschaft“ („African Association“), später umbenannt in „Königlich Geographische Gesellschaft“ („Royal Geographical Society“), gegründet wurde.

Das kam nicht von ungefähr. Fünf Jahre zuvor waren mit der Unabhängigkeit der Kolonien in Nordamerika wichtige Absatzmärkte verlorengegangen. Man hoffte, in Afrika die Verluste wettmachen zu können. Dazu schien der Gesellschaft unerläßlich, nunmehr genauer und planmäßig auch das Innere des Kontinents zu erforschen – mit dem erklärten Ziel, „die Ausbreitung des Handels und die Förderung der britischen Industrie“ voranzutreiben.

Das geschah teils von Land – von Nord- und Ostafrika – aus, schien am ehesten jedoch über die großen Flußsysteme im Westen möglich. Fortschritte wurden zwar gemacht, insgesamt kam man jedoch auch jetzt nur langsam voran. Die meisten Forscher erlagen den immensen Strapazen. Eine Landnahme größeren Umfangs gelang zunächst nur den Holländern während des 17. Jahrhunderts mit Gründung der „Kapkolonie“, die alsbald jedoch in britischen Besitz übergehen sollte. Die großen Erfolge verdankte die Gesellschaft im Grunde nur einigen wenigen, ebenso kühnen und hartgesottenen wie vom Glück begünstigten Männern.

Henry M. Stanley.
Aus: In Darkest Africa, New York, 1890

Mungo Park (1771–1806) erhielt den Auftrag, das Niger-Gebiet zu erforschen. Er kam so weit, wie kein Europäer vor ihm – verhungerte dabei fast, erkrankte immer wieder und entging mehrfach nur knapp dem Tod. Nach seiner Rückkehr gab er eine erschütternde Darstellung von den unvorstellbaren Schrecken der Sklavenjägerei, die letztendlich 1815 zum Verbot – zumindest – des Handels mit Sklaven führte. David Livingstone (1813–1873) erforschte in mehrjährigen Reisen, zunächst 1849 von Südafrika aus, wo er als Missionar gewirkt hatte, den Oberlauf des Sambesi, zog von dort bis zur Atlantikküste und dann wieder quer durch den Kontinent zurück bis zur Ostküste, stieß dabei unter anderem auf die Wasserfälle des Sambesi, denen er seiner Königin zu Ehren die Bezeichnung „Viktoriafälle“ verlieh, brach abermals gen Westen auf, entdeckte den Njassa-, Mweru- und Bangweolosee und wandte sich von dort nach Norden ins obere Kongogebiet. Oft krank oder total erschöpft, mußte er streckenweise getragen werden und kam mehrfach nur knapp mit dem Leben davon. Zuletzt galt er, wie schon so viele vor ihm, als verschollen. Daraufhin entsandte der Herausgeber des „New York Herald“ seinen besten Reporter, Henry Morton Stanley, nach Afrika, um ihn zu suchen – mit Erfolg: Am 28. 10. 1871 trat er dem Forscher in seinem Lager mit den berühmten Worten entgegen: „Mr. Livingstone, wie ich annehme?“ Der brach indes noch ein letztes Mal auf, erlag jedoch am Bangweolo-See endgültig seinen Anstrengungen. Auch er hatte alles darangesetzt, die Welt mit den Grausamkeiten der Sklavenjagd vertraut zu machen. Seine afrikanischen Begleiter dankten es ihm. Sie trugen seinen Leichnam bis nach Sansibar. Dort befand sich sein Sohn, der ihn entgegennahm und nach London überführte, wo er feierlich in der Westminsterabtei beigesetzt wurde.

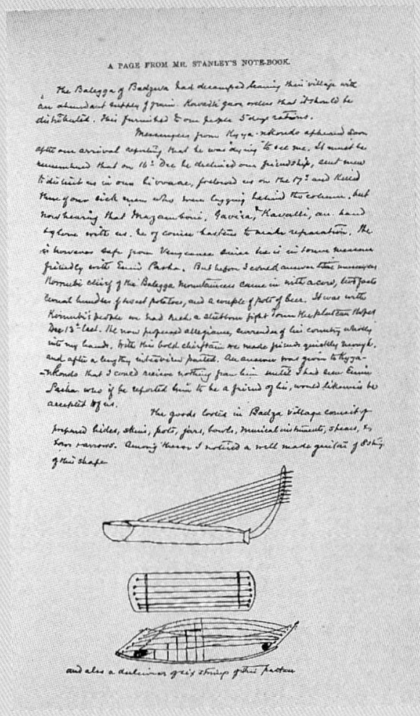

Eine Seite aus Stanleys Notizbuch.
Aus: In Darkest Africa, New York, 1890.

Wesentliche Beiträge zur wissenschaftlichen Erkundung Innerafrikas leisteten schließlich, teils im Auftrag der Royal Geographical Society, auch deutsche Forschungsreisende. Heinrich Barth (1821–1865) durchzog 1850–1855 die Sahara und kam (als Muslim verkleidet) über Timbuktu bis zum Tschadsee. Gerhard Rohlfs (1831–1896) durchquerte als erster 1865–1867 Nordafrika von Tripolis über Bornu nach Lagos. Gustav Nachtigal (1834–1885) rei-

Erforschung Afrikas durch die Europäer vor 1850.
Aus: Bildatlas der Weltkulturen, Afrika, Augsburg, 1998.

ste, ebenfalls von Tripolis aus, 1869–1875 durch den Fessan und das weithin noch unbekannte Tibesti zum Sultanat Bornu südwestlich des Tschadsees, von dort durch die Reiche Bagirmi, Wadai und Darfur nach Kairo. Namentlich seine Berichte zählen mit zu den gediegensten Darstellungen der damaligen Zeit.

So wurde die Geographie Afrikas – und auch nur in groben Umrissen – den Europäern erst Ende des 19. Jahrhunderts besser bekannt. Die Menschen dagegen hatten kaum Aufmerksamkeit gefunden – es sei denn als Sklaven. Arabische wie europäische Denker trugen das Ihre dazu bei. Der hochangesehene Universalgelehrte und Literat al-Dschahiz (ca. 776–868), selber vermutlich afrikanischer Herkunft, verglich die „Schwarzen" mit den Raben und bezeichnete sie als „die schlechtesten der Menschen, die schlechtesten der Geschöpfe in Konstitution und Temperament". Der große, gottesfürchtige Rechtsgelehrte und Geschichtsphilosoph Ibn Khaldun (1332–1406) mochte ihnen kaum „menschliche Eigenschaften" zuerkennen; sie „ähneln", befand er, „den Tieren". Immerhin hielt er es für vernünftiger, sie mit sinnvoller Arbeit, wie etwa Lastentragen, vertraut zu machen, statt sie in ihrer tierischen Abgestumpftheit vor sich hinbrüten zu lassen oder kostspielige Vernichtungskriege gegen sie zu führen. Charles Montesquieu (1689–1755), einer der geistigen Väter der Französischen Revolution, fragte sich verwundert, ob es denn denkbar sei, „daß Gott, der doch die Güte selbst ist, sich habe entschließen können, eine Seele in einen so schwarzen, abscheulichen Negerkörper einzukerkern". Sein Zeitgenosse Voltaire (1694–1778), führender Denker der Aufklärung, war sich sicher: „Die schwarze Rasse stellt eine Spezies von Menschen dar, die von der unsrigen so verschieden ist wie der Spaniel vom Windhund [...] Ist der Verstand der Schwarzen nicht von anderer Art als der unsere, so ist er doch jedenfalls von erheblich niederer Art. Sie sind unfähig, in irgendeiner anspruchsvolleren Weise mit Gedanken zu operieren oder Verbindungen aus ihnen zu bilden."

Erst mit der ethnographischen Erforschung Afrikas etwa ab Ende der 20er Jahre des 20. Jahrhunderts begann sich das Bild, nur sehr allmählich allerdings, zu wandeln. Zwar suchten auch die Völkerkundler „Schätze"; doch galt ihr Interesse den kulturellen Gütern der afrikanischen Völker. Vieles davon, in den Herkunftsgebieten selbst längst untergegangen, lebt heute in den europäischen Museen fort und vermag den Besuchern ein anderes, angemesseneres Bild von der schöpferischen Kraft, Originalität und Erhabenheit afrikanischer Kulturen zu vermitteln.

Mehr aber noch zählen die völkerkundlichen Untersuchungen, die das wahre „Gold" des Kontinents hoben und sich mit dem Gemeinschaftsleben, der Sozialmoral, dem Glauben und der Geistigkeit der Afrikaner befaßten. Von vielem davon wird in diesem Buch die Rede sein. Unter den zahlreichen Forschern, die es verdienten, seien hier lediglich Leo Frobenius (1873–1938), dem afrikanische Denker noch heute hoch anrechnen, daß er den Völkern Afrikas „ihre Würde zurückgab", und Marcel Griaule (1898–1956) genannt, der in mehreren Expeditionen ab den 30er Jahren vor allem die Do-

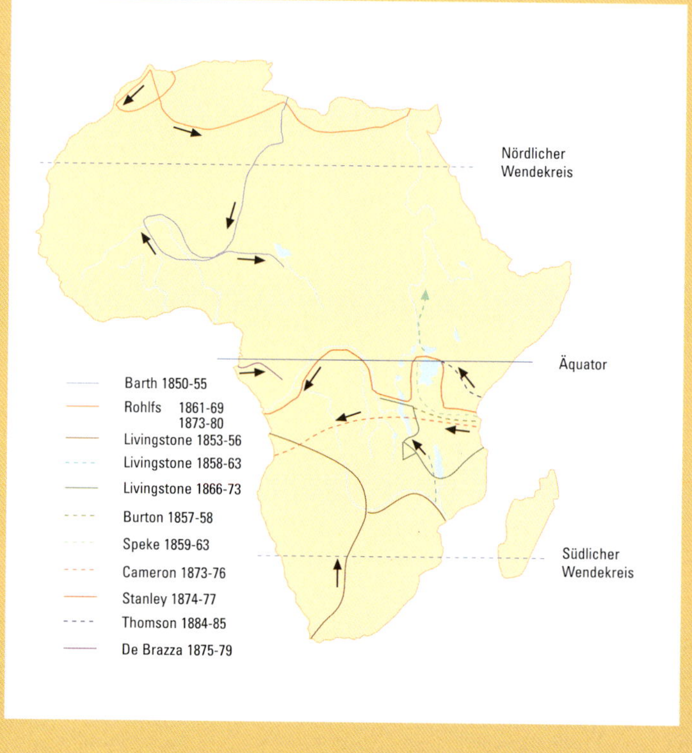

Die Wege europäischer Entdecker im Innern des afrikanischen Kontinents, 1850–80.
Aus: Bildatlas der Weltkulturen, Afrika, Augsburg, 1998.

gon in Mali besuchte und eindrucksvoll zeigte, daß traditionelle Gesellschaften durchaus Weltanschauungssysteme besitzen, die, wie eben im Falle der Dogon, denen der großen vorsokratischen Denker der Antike in nichts an gedanklicher Differenzierung, Komplexität und Tiefe nachstehen.

Als die Dogon vom Tod Griaules erfuhren, veranstalteten sie für ihn ihre eigenen, „ergänzenden" Beisetzungsfeierlichkeiten – ein Bleistift repräsentierte seinen Leichnam dabei. In der Grabrede sagte ein Priester: „Die Dogon kennen weder Tressen noch Titel, um einen der Ihren auszuzeichnen; aber alle, ohne Ausnahme, sind überzeugt, daß Professor Griaule einer der Ihren war."

Konstruktion eines Stahlbootes, das wegen seiner Transportierbarkeit aus mehreren Teilen zusammengefügt wird. Aus: In Darkest Africa, New York, 1890.

Der Einsatz in Afrika: Nach einem mühseligen Marsch durch den Busch wird das zusammengesetzte Boot zu Wasser gelassen. Aus: In Darkest Africa, New York, 1890.

Heiliger Krieg der Moslems

Die Geschichte von Regionen wie Kontinenten wird wesentlich mitgeprägt sowohl von den lokalen geographischen Voraussetzungen als auch ihrer besonderen geopolitischen Lage. Afrika grenzt im Norden an den Mittelmeerraum, in dessen Ostteil vor rund 6 000 Jahren die ersten Archaischen Hochkulturen entstanden; seine Ostküste bietet gute Anlaufmöglichkeiten für den Seeverkehr mit Indien und Südostasien – Madagaskar wurde bereits ab Ende des ersten Jahrtausends v. Chr. von indonesischen Bevölkerungsgruppen besiedelt. Beide Bereiche bilden daher seit alters wichtige Zugangsgebiete fremden Kultur- und Ideenguts: Die ersten bekannten Stadt- und Königskulturen entstanden an der Ostküste, teils auch im Hinterland, vor allem jedoch im Nordosten (Nubien, Äthiopien) und im gesamten Sudan unmittelbar südlich der Sahara an den Endpunkten der großen Karawanenstrassen.

Mtesa und seine Würdenträger. Aus: Die Völker der Erde, Würzburg und Wien, 1891.

Zwei Entwicklungen ganz anderer Art, abermals ausgehend vom östlichen Mittelmeerraum, wirkten sich – zunächst wiederum auf denselben Wegen – vielleicht noch nachhaltiger auf die Geschichte Afrikas aus: Mit dem Christentum und dem Islam (erste Hälfte des 7. Jahrhunderts) entstanden zwei „Weltreligionen“ mit erklärtem Missionsauftrag, die beide, nachdem sie auch politisch Rückhalt gefunden hatten, eine außerordentliche Expansionsdynamik entfalteten. Das frühe nestorianische, später das „orthodoxe“ byzantinische Christentum richteten ihre Missionstätigkeit jedoch mehr auf die östlichen Mittelmeerländer, nach Innerasien, China und Indien aus. In Afrika war das Christentum anfangs nur in Ägypten, damals noch Teil von Byzanz, sowie in Nubien und Äthiopien erfolgreich, wo eigene christliche Königreiche entstanden.

Mit dem Aufstieg des Islam wendete sich das Blatt ebenso rasch wie entscheidend. In den Feldzügen von 622 bis 750 wurde Byzanz auf das anatolische Stammland zurückgedrängt, und muslimische Heere eroberten Persien, Afghanistan, Teile Zentralasiens (Chorasan), Ägypten, Nordafrika und Spanien. Und anders als die Römer und Byzantiner vor ihnen hatten die islamischen Herrscher der verschiedenen süd- und südostmittelmeerischen Teilstaaten des Omajjaden- und später des Abbasiden-Khalifats (750–847) durchaus Interesse am afrikanischen „Hinterland“. Schon seit Jahrhunderten hatten die Araber rege Handelsbeziehungen mit afrikanischen Küstenstädten unterhalten, ja sich dort niedergelassen; und mindestens ebenso alte Traditionen besaß der Karawanenhandel durch die Sahara. Gold, Elfenbein, Edelhölzer und Sklaven waren nach wie vor die begehrtesten Güter des Warenverkehrs. Die neuerliche Intensivierung des Handels sollte sich als wichtige Schubkraft der Islamisierung des Kontinents erweisen.

Mtesa Residenz. Aus: Die Völker der Erde, Würzburg und Wien, 1891.

Weitere Faktoren kamen hinzu. Zum einen die früh- und hochmittelalterlichen Wanderbewegungen arabischer Beduinen, ausgreifend über Nordostafrika ins Obernilgebiet bis in den Ostsudan sowie durch Nordafrika bis nach Mauretanien im Westen, dann die nach Süden in den Westsudan zielende Expansionspolitik verschiedener Maghreb-Staaten, Vorstöße der Mamluken und ab 1517 des Osmanischen Reichs über Ägypten in den Sudan hinein sowie die rege Missionstätigkeit islamischer Sufi-Bruderschaften und schließlich die überragende Führungskraft und der Eroberungswille einzelner einheimischer Herrscher und Ordensführer.

König Ahmadu. Aus: Westafrika, vom Senegal bis Benguala, Leipzig, 1878.

Gleichsam gewachsene „Brückenköpfe“ für den Islam bildeten die Handelsstädte an der nordostafrikanischen Küste. Hier bestanden schon seit Jahrhunderten

Kolonien arabischer Kaufleute. Aus der Mischung von Arabern und Einheimischen war im Laufe der Zeit die Küstenbevölkerung der Suaheli (von arab. sawahil, „Küsten") zwischen Somalia und Moçambique (Mozambik) entstanden. Beide Gruppen trugen in der Folge hauptsächlich zur Islamisierung Ostafrikas bei. Die alte Hafenstadt Mogadischu spielte dabei eine wichtige Rolle. Von hier aus breitete sich der neue Glaube bereits im 9. und 10. Jahrhundert in das somalische Hinterland aus. Überall bildeten sich kleinere Sultanate – zunächst beispielsweise in Süderitrea und Nordostäthiopien – aus, die mit den Städten und benachbarten Ethnien teils lockere Allianzen unterhielten. Spätestens im Hochmittelalter waren Sansibar, die Küstengebiete und Somalia voll islamisiert. Tiefer im Süden kam die Entwicklung dagegen nur längs der Handelsstraßen weiter im Inland voran. Allein bei den Yao, die den Warenverkehr zwischen der Njassaregion und der Küste kontrollierten, setzte sich der Islam noch vor Ankunft der Europäer ähnlich durchgreifend wie bei den Somali durch. Die anderen Binnenlandgruppen hatten allzusehr unter der Geißel der arabischen Sklavenjägerei zu leiden, um Sympathien für die Religion ihrer Peiniger aufbringen zu können.

Im Sudan bildeten die Handelsstädte am Ende wichtiger Karawanenstraßen unmittelbar südlich der Sahara schon seit dem 8. Jahrhundert erste Ansatzpunkte für den Islam. Besonders Timbuktu spielte hier eine führende Rolle, ein frühes Zentrum auch der islamischen Gelehrsamkeit. Vor allem jedoch fand der Islam von Ägypten aus Zugang ins Innere Afrikas. Der entscheidende „Durchbruch" gelang allerdings erst, nachdem im 14. Jahrhundert die christlichen Königtümer in Nubien zerschlagen und die islamischen Funj-Reiche an ihre Stelle getreten waren.

Vom Norden über die Sahara und im Osten vom Obernilgebiet aus wuchs dann zunehmend der Druck auf die mittelalterlichen Großreiche des Sudan. Im 11. Jahrhundert hatten sich erste islamische Zentren in Ghana, Mali, Songhai und Bornu-Kanem gebildet, die ihrerseits ausstrahlten auf Nachbarbevölkerungen im engeren Umland, vor allem die Fulbe und Mosi, sowie nach Süden zu auf die Stadtstaaten der Hausa, wie Kano zum Beispiel, das un-

Große Moschee in Djenne, Mali, nach dem Freitagsgebet. Wie alle Großbauten ist das Gebäude in den Trockengebieten Westafrikas in Lehmbauweise ausgeführt.

Der Imam betet in der Großen Moschee von Djenne, Mali.

Ein Junge lernt die Koran-Suren vor der Koranschule in Djenne.

ter Muhammad Rumfa (1453–1499) eine frühe islamische Blütezeit erlebte.

Anfangs stellte sich die Situation dabei überall auf ähnliche Weise dar, wie sie selbst heute noch in manchen Städten und Königtümern des Westsudan fortbesteht: Die muslimischen Kaufleute und Korangelehrten siedelten sich in eigenen Vierteln an, in denen sie Moscheen, Koranschulen und höhere islamische Bildungseinrichtungen unterhielten. Ihre Schriftkenntnis und Gelehrsamkeit trug ihnen sowohl bei den heidnischen als auch später den muslimischen Herrschern Ansehen und entsprechend einflußreiche Beraterpositionen, ja Ministerämter ein. Gleichzeitig blieben sie streng endogam, das heißt mieden Ehen mit „Ungläubigen“. So bildete sich unter den städtischen Oberschichten und am Hof allmählich eine gewisse „Mischkultur“ aus, die im Zeremonialbereich viel Altes bewahrte, in Bildung, Diplomatie und Alltag jedoch stark islamisch überprägt war.

Eine neuerliche Wende trat im 18. Jahrhundert ein, als der Islam nicht nur in den Städten, sondern auch bei einzelnen Ethnien fest etabliert war und eine lokale Eigendynamik zu entfalten vermochte. Möglicherweise als fernes Echo auf die fundamentalistische Reformbewegung der Wahhabiten in Arabien brachen im Sudan Serien revolutionärer Aufstände aus, die sich einerseits gegen die noch immer „heidnischen“ Herrscher, nicht minder aber auch ihre islamischen Gefolgsleute richteten. Hauptträger dieser Bewegungen waren die Fulbe, die im 14. Jahrhundert vom Senegal aus zum „Heiligen Krieg“ (arab. Djihad) nach Osten aufbrachen. In der Folge kam es zu vielfältigen Überschichtungsprozessen und Staatenbildungen mit „theokratischer“ Führung. Im 16. Jahrhundert fielen so Bagirmi und Wadai, im 18. Adamaua endgültig an den Islam. Abermals wurden überwiegend allerdings nur die städtischen Bevölkerungen erfaßt. Immerhin trieb der Djihad – teils allerdings mit brutaler Härte – den Islamisierungsprozeß weiter voran, unter anderem bis zu den Yoruba im Süden Nigerias.

Einen neuen Höhepunkt erreichte die rigoros fundamentalistisch orientierte Bewegung unter dem großen Reformator Osman Dan Fodio (1754–1817). Einer Gelehrtenfamilie aus dem südlichen Niger entstammend, suchte er zunächst selbst diesen Weg und ging bei verschiedenen Lehrern zur Schule, bis er um 1775 selbst zu leh-

Schüler eines islamischen Seminars (einer „Medrese“) für angehende Imame (Vorbeter in der Moschee, auch Theologen) in Bamako, Mali.

Islamischer Gelehrter liest den Koran an der Großen Moschee von Bamako.

ren begann. Dabei fand er um so leichter Gehör, als er sich bereits auch als religiöser Dichter einen Namen gemacht hatte. In seinen Predigten attackierte er vor allem das üppige Leben der Mächtigen, gerade auch an den Höfen der muslimischen Herrscher im Sudan, die übertriebene Etikette, die Vielzahl der Ämter und Titel, den Prunk, die Kunst und andere Formen rein weltlichen Gepränges mehr. Schließlich rief er seine Anhänger zu den Waffen und den „Heiligen Krieg" wider alle Machthabenden im Lande aus. Ethnische Zugehörigkeit spielte dabei keine Rolle. Selber Fulbe, verschonte er auch die Fulbe-Herrscher nicht, scheiterte jedoch im Osten beim Angriff auf Bornu. Großer Erfolg war ihm dagegen beim Kampf gegen die Hausa-Staaten im Süden beschieden, deren Könige er bezichtigte, bestenfalls dem Lippenbekenntnis nach Muslime zu sein. Weite Teile des Westsudan, von Senegambien bis tief in den Süden Nigerias, wurden nunmehr endgültig islamisch.

Die zunehmende religiöse Strenge schöpfte noch aus einer anderen, bis heute tätigen Quelle. Schon früh nämlich waren an der Islamisierung sehr wesentlich muslimische Bruderschaften beteiligt, im subsaharanischen Raum vor allem die Orden der Qadiriya (gegr. 1165), der Tidjaniya (gegr. 1781), Rahmaniya (gegr. 1793) und Sanusiya (gegr. 1837). Ihr Erfolg gerade unter den ländlichen Bevölkerungen beruhte auf ihrer größeren Toleranzbereitschaft gegenüber den Traditionen der Einheimischen und teils auch auf dem Umstand, daß sie manches mit ihnen gemein zu haben schienen – sie betätigten sich als Wahrsager und Traumdeuter, und ihre Ordensmeister, die „Shaikhs", verfügten, wie afrikanische Oberhäupter auch, über eine besondere Segenskraft (arab. baraka), die ihnen teilweise noch aus dem Geschlecht des Propheten selbst zugeflossen war, auf das einige sich über ihre Vorfahren unmittelbar zurückführten (wie u. a. in Somalia). Sie griffen zwar auch, wenn es galt, zu den Waffen, traten überwiegend aber als Helfer, Heiler, ja Wundertäter und Geistliche auf. Manche Orden sandten ihre Mitglieder auch nur zu Missionszwecken aus, so daß heute viele Afrikaner nicht allein Muslime, sondern gleichzeitig auch Mitglieder (oder Anhänger) der einen oder anderen Bruderschaft sind. Vor allem den Orden ist es zu danken, daß der Islam teilweise auch tiefer ins Waldland vordringen konnte.

Ein Marabout zieht mit seinen Jüngern durch das Dogonland, Mali.

Dogon-Dorf mit Moschee und Vorhof in der üblichen Lehmbauweise, Mali.

Einen besonderen Namen machte sich in dieser Hinsicht die Sanusiya, die enormen Zulauf gerade unter den noch „heidnischen" Gruppen erhielt und Ende der 80er Jahre des 19. Jahrhunderts im mittleren Sudan bereits über sechs Millionen Anhänger zählte – trotz auch ihrer streng puritanischen Orientierung. Gleich den Wahhabiten in Arabien und anderen Orden im Sudan hatten sich die Sanusi zum Ziel gesetzt, den Islam in seiner ursprünglichen Form wiederherzustellen. Mit ihnen gewann zudem eine neue Komponente in der islamischen Mission an Bedeutung: Sie schürten systematisch den Haß gegen die fremden europäischen Kolonialherren. Das bescherte ihnen wie dem Islam insgesamt bleibenden Kredit bei den Afrikanern. Seit Jahrhunderten überdies auch von Einheimischen schon gelehrt, galt der Islam inzwischen ohnehin als eine Art authentisch-afrikanischer Religion. Die Muslime lebten zudem nicht viel anders als die „Heiden" an ihrer Seite; sie hatten die gleiche Hautfarbe und bis zu vier Ehefrauen. Insofern ließen sich Islam und Widerstand gegen die Kolonialmächte mühelos miteinander vereinen. Manche Gruppen, die sich vorher noch ablehnend verhalten hatten, traten während der Kolonialzeit geradezu massenweise zum Islam über – als Ausdruck ihres Protestes. Nicht wenige nationalistische Bewegungen schöpften ihre Motivation und Triebkraft wesentlich mit aus dem Islam (Dahomey, Senegal). Das Christentum dage-

Ein Marabout gibt den Dogon Koranunterricht, Mali.

Ein Marabout legt ein Grigrí auf ein beschnittenes Mädchen, Dogon, Mali.

gen mußte ihnen als Unterdrückungsreligion erscheinen. Die Aufstände, die sich während des 19. Jahrhunderts zunehmend mehrten, wurden überwiegend von Ordensoberen („Shaikhs", bzw. „Marabouts") angeführt. Mit den meisten hatten Franzosen und Engländer allerdings dank ihrer überlegenen Waffen leichtes Spiel. Einzig Muhammad Ahmad ibn Abdallah (1843–1885), der sich 1881 zum „Mahdi" erklärte, dem islamischen Messias, der am Ende der Tage erscheint, um die Welt zu erneuern, erwies sich als gefährlicher Gegner. Sein Ziel war ein „Gottesstaat". Ansetzend im Obernilgebiet, beherrschte er 1885 bereits den gesamten, damals noch unter osmanisch-türkischer Oberhoheit stehenden Ägyptischen Sudan. Nach dem Fall von Khartoum verlegte er seinen Hauptsitz nach Omdurman, wo er allerdings noch im gleichen Jahr verstarb. Sein Nachfolger setzte den Djihad konsequent fort, scheiterte jedoch bei dem Angriff auf Ägypten (1889). Das Ende des Mahdi-Staats besiegelten dann die Engländer unter dem General und späteren Feldmarschall Lord Kitchener in mehreren Schlachten, deren letzte in das Jahr 1899 fiel. Der „Anglo-ägyptische Sudan" befand sich in der Hand der „Ungläubigen".

Auf der anderen Seite profitierte der Islam jedoch auch vom Kolonialismus. Die verbesserten Verkehrsverbindungen und der damit verbundene Aufschwung des Handels trugen wie nie zuvor nunmehr auch zur Flächenverbreitung des Islam in Afrika bei. Heute dürfte sich seine Anhängerzahl in Schwarzafrika auf über 50 Millionen belaufen. Zwei Drittel davon leben allein in Westafrika, insbesondere in Nigeria, Senegal, Guinea, Mali und Niger. Weitere Dichtezentren bilden, wie seit Jahrhunderten schon, die Republik Sudan, Eritrea, Somalia und Sansibar, in geringerem Umfang auch Kenia, Uganda und Malawi. Der Islam bildet einen festen Bestandteil des modernen Afrika.

Betende Muslime auf dem Viehmarkt von Fatoma, Mali.

Verschleierte wahabitische Frauen und eine animistische Frau in einem Dogondorf.

Ausrufung zum Abendgebet in einem Dogon-Dorf in Mali.

Die Soldaten Gottes

Die „Entdeckung“ der Neuen Welt bescherte den Europäern nicht nur die verlockende Aussicht auf – vermeintlich – unermeßlichen Reichtum und neues Land; sie konfrontierte sie auch mit einem delikaten Problem: Man war dort auf Wesen gestoßen, die zwar irgendwie anders aussahen und bar aller Zivilisation schienen, aber doch unverkennbar menschliche Züge trugen. Konnte es sich um Abkömmlinge Adams und Evas handeln und, wenn ja, wie hatten sie das ferne Amerika erreicht? Die Frage war nicht bloß von akademischem Interesse. Waren es nämlich wirkliche Menschen, mußten sie auch als solche behandelt werden, was erhebliche rechtliche Probleme aufwarf. Außerdem standen sie dann weit außerhalb des heilsgeschichtlichen Wirkens Gottes, wie es allein jenen zuteil werden konnte, die einstmals die wahre, israelitisch-jüdische und christliche Offenbarung empfangen und sich zu ihr bekannt hatten. Durfte man sie ihrem Schicksal überlassen?

Die Frage beschäftigte die damaligen spanischen Rechtsgelehrten, fast ausnahmslos Angehörige geistlicher Orden (in der Hauptsache Dominikaner und Jesuiten), sehr. Sie wurde entschieden kraft einer Bulle Papst Pauls III. (1534–1549) vom 2. Juli 1537, die ein für allemal die Ureinwohner der Neuen Welt zu „richtigen Menschen“ und damit, wie es in einem bezeichnenden Zusatz heißt, „für fähig zur Aufnahme des katholischen Glaubens und der Sakramente“ (veri homines et fidei catholicae et sacramentorum capaces) erklärte. Das erstere Zugeständnis blieb ihnen freilich de facto

Ankunft der Portugiesen vor dem König in Kongo. „Nachdem der König von Kongo von der Religion der Portugiesen gehört hatte, wollte auch er im christlichen Glauben unterwiesen werden. Er schickte an Johannes, König von Portugal, die schriftliche Bitte, ihm Priester zu senden, die sein Volk bekehren würden. Die Bitte wurde erfüllt. Der König von Kongo empfing mit großer Freude die Abgesandten des portugiesischen Königs und seine Priester, auch nahm er mit großem Dank das mitgesandte Kirchengerät, Meßgewänder, Bilder und Kruzifixe an. Durch dreimaligen Niederfall vor dem König von Kongo erwies sein Volk seine Demut.“ Aus: Lopez Odoardo: Warhaffte und Eigentliche Beschreibung deß Königreichs Congo in Africa, Frankfurt a. M., 1597.

Livingstones Entdeckung des Sees Nyasa.
Aus: Into the Heart of Africa, Toronto, 1989.

noch über Jahrhunderte hin verwehrt. Das letztere verhieß ihnen immerhin Heilsgewißheit am Ende der Zeiten. Denn nunmehr durften sie darauf zählen, daß sich die Kirche, getreu dem Gebot Jesu: „Gehet hin und lehret alle Völker und taufet sie im Namen des Vaters und des Sohnes und des heiligen Geistes“ (Matthäus 28,19), ihrer annahm.

Die Aufgabe schien schwer genug. Sah man die Heiden doch als „Verirrte“ an und zutiefst in die abscheulichsten Laster verstrickt. Selbst ein wohlmeinender „Missionsschriftsteller“, der die entwürdigende und grausame Behandlung der Kolonialvölker aufs schärfste anprangerte, verstieg sich noch Ende des 19. Jahrhunderts zu dem Urteil: „Unter allseitige, richtige Beleuchtung gestellt, entpuppen sich die ‚heiteren, harmlosen, herzigen Naturkinder‘ nicht selten als hochintelligente und sinnlich raffinierte Bestien, über und über mit den häßlichsten Leidenschaften und Lastern befleckt, jeder Frevel- und Schandtat fähig.“ Er dachte dabei unter anderem an die dürftige Bekleidung, den Geisterglauben, die Menschenopfer und den Kannibalismus. Für sie könne es daher „ohne fremde Fürsorge und Führung keine Rettung“ geben. Und damit war vor allem die Arbeit im Weinberg des Herrn gemeint: Weiß doch „jedes Schulkind, daß, wohin immer die Apostel ihren Fuß setzten, das Antlitz der Erde sich erneuerte und aus dem Sumpfe heidnischer Lasterhaftigkeit zahllose Lilien der Keuschheit hervorblühten“.

Der Glaube, der sich hier kundtut, läßt sich durchaus auch als die religiöse Seite des zivilisatorischen Sendungsbewußtseins der Europäer verstehen, von dem schon die Rede war. Beides lag in der Tat immer nahe beieinander. Das muß jedoch keinesfalls heißen, daß sich die Missionare als Handlager des Kolonialismus begriffen hätten. Viele sahen nur Positives darin. David Livingstone (1813–1873), den man fraglos als aufrichtigen Freund der Afrikaner bezeichnen darf, war überzeugt, daß „Zivilisation und Christentum so eng miteinander verbunden sind, daß das eine ohne das andere durchaus nicht gefördert werden kann“. Er meinte das aber in dem Sinne, daß Zivilisation und Christianisierung den Afrikanern die notwendige Chancengleichheit gegenüber den Europäern verleihe, die letztendlich die Voraussetzung für ihre Freiheit und Unabhängigkeit sei:

„Die Aussendung des Evangeliums unter die Heiden muß weit mehr umfassen, als man gewöhnlich mit einem Missionar in Verbindung bringt. Zunächst muß auf die Förderung des Handels besonders Bedacht genommen werden, weil Handel und Wandel den Stämmen zum Bewußtsein bringt, daß sie wechselseitig voneinander abhängen und wechselseitig einander nützen können. Meine Wahrnehmungen über diesen Gegenstand flößen mir den lebhaftesten Wunsch ein, die Erzeugung und Vorbereitung des Rohmaterials der europäischen Fabriken in Afrika selbst recht zu fördern,

Kongo-Kinder in der Missionsschule zu Kwango während der Lesestunde. Lesen und schreiben lernen sie in ihrer Muttersprache.

Der Missionar Johann Ludwig Krapf. Aus: Land und Leute von Abessinien, Leipzig, 1869.

denn hierdurch können wir nicht allein dem Sklavenhandel ein Ziel stecken, sondern auch die Neger in die allgemeine Völkerfamilie einführen, in der kein einzelnes Glied leiden kann, ohne daß auch die anderen mit ihm leiden."

Weiße Einwanderer sollten Farmen anlegen und Fabriken bauen, um sie später den Afrikanern zu übergeben. Sie sollten als Brüder und Schwestern unter ihnen leben und nichts als ein Beispiel christlichen Lebenswandels sein. Livingstone träumte von einem freien Afrika, das einzig für seine eigenen Bedürfnisse wirtschaftete.

Seine Einstellung wurde zwar von vielen geteilt, bildete aber durchaus nicht die Regel. Wie Christentum und Zivilisation schienen auch „Barbarei" und „Unglaube" einander zwingend zu bedingen. Kam man daher mit beharrlicher Überzeugungsarbeit nicht voran, glaubte man sich – um des höheren Zieles willen – auch zu nachhaltigeren Mitteln berechtigt. Apostel der härteren Hand pflegten sich dabei auf das Wort Jesu zu berufen: „Gehe aus auf die Landstraßen und an die Zäune und nötige sie hereinzukommen, auf daß mein Haus voll werde" (Lukas 14,23). Die Missionsblätter halfen mit entsprechend martialischer Aufmunterung nach, indem sie, als gelte es, militärische Erfolge zu verbuchen, vom „Vormarsch der Mission unter der Heidenwelt" oder dem „Siegeszug des Evangeliums" berichteten. Als besonderes Hindernis in dieser Schlacht um die Seelen der Heiden erwies sich indes der Islam, der so offenkundig leichter und rascher vorankam. Eiferer wie der bekannte schwäbische Missionar Johann Ludwig Krapf (1810–1881), der „Entdecker" des Kilimandscharo, konnten darin nur die Machenschaften des Bösen selbst erblicken. „Meine Ansicht ist", bekannte er 1854 im Basler „Christlichen Volksboten", „daß der Muhamedanismus ein Meisterstück der Hölle sei. Solange der Teufel noch diesen Halt auf Erden hat, geht er nicht in den Abgrund und kann ihm die große Kette nicht angelegt werden. Ich habe hundert und tausend Mal mit Muhamedanern disputiert und immer gefunden, daß diese Religion durch nichts aufgelöst werden kann als durch das Schwert, durch welches sie auch entstanden ist."

Monseigneur de Marion Bresillac. Gründer der „Gesellschaft afrikanischer Missionen". Aus: Fetichism und Fetich Worships, N.Y., 1885.

Kommerz, Kampf und Kirche gingen, teilweise zumindest, durchaus eine unheilige Allianz ein – ohne daß die Mission davon allerdings größere finanzielle Vorteile gehabt hätte. Die protestantische jedenfalls, die in Afrika bis Mitte des 19. Jahrhunderts das Gros der Apostel stellte, wurde im wesentlichen von „Missionsgesellschaften" getragen, die ab Ende des 18. Jahrhunderts zunächst in Großbritannien, dann auch in anderen Ländern Europas entstanden. Mitglied konnte jeder Laie werden, der durch Beiträge und zusätzliche Spenden bereit war, die „Heidenmission" zu unterstützen. Dafür erhielt er die regelmäßig erscheinenden „Mitteilungsblätter" oder „Vereinsnachrichten", die von den Aktivitäten und Erfolgen der Gesellschaft draußen „im Busch" berichteten. Besonders erfolgreich waren die „Baptisten Mission" (gegr. 1792), die „Londoner Missionsgesellschaft" (gegr. 1795), die „Hochkirchliche Missionsgesellschaft" (gegr. 1799), die „Basler Mission" (gegr. 1813), die „Berliner Mission" (gegr. 1824) und die „Rheinische Missionsgesellschaft" (gegr. 1928). Unerläßlich für ihre Arbeit war natürlich die Übersetzung der Heiligen Schrift in die einzelnen Landessprachen der Missionsgebiete sowie ihre möglichst weite Verbreitung. Um die dafür erforderlichen beträchtlichen Summen aufzubringen, wurden zusätzlich eigene „Bibelgesellschaften" gegründet, wie etwa die bekannte „Basler Bibelgesellschaft".

Die katholische Kirche engagierte sich in Afrika merkwürdig zögerlich und stärker erst in der zweiten Hälfte des 19. Jahrhunderts, als sich die Entstehung des französischen Kolonialreichs langsam abzu-

Gefangennahme des Missionars Krapf durch Adara Billde.
Nach einem Stick in Krapfs Reisewerk.
Aus: Land und Leute von Abessinien, Leipzig, 1869.

zeichnen begann. Missionsorden hatte es gleichwohl schon seit 1805 gegeben – in Frankreich etwa die „Kongregation der heiligsten Herzen Jesu und Mariä“ (die „Picpusväter“) und die „Josephsschwestern von Cluny“ (1807), deren Gründerin Mère Javouhey nicht allein als Bahnbrecherin der katholischen Mission in Afrika, sondern auch der Beteiligung von Frauen am Apostolat in Übersee gilt. Der schon früher erwähnte Erzbischof – und spätere Kardinal – Lavigerie gründete 1868 schließlich die „Gesellschaft der Missionare von Afrika“, bekannter unter dem Namen „Weiße Väter“ (Pères Blancs), eine Genossenschaft von Priestern und Brüdern speziell für die afrikanischen Missionen, und bereits 1869 in Ergänzung dazu den Orden der „Weißen Schwestern“ (Soeurs Blanches). Die „Weißen Väter“ trugen schon alsbald die Hauptarbeit der katholischen Mission in Afrika. Neben den Orden selbst entstanden im 19. Jahrhundert dann auch in verschiedenen westeuropäischen Ländern rasch hintereinander mehrere Missionsvereine zur Unterstützung der Arbeit vor Ort. Anders als in den protestantischen Ländern unterstanden alle Orden und Institutionen jedoch der zentralen Leitung der „Kongregation für das Missionswesen“ (Congregatio de Propaganda Fide) des Vatikanstaats in Rom.

Trotz aller Bemühungen blieb der Erfolg, im Verhältnis jedenfalls zum organisatorischen und finanziellen Aufwand, lange Zeit gering. Die Missionare waren Europäer; das machte auch ihre Botschaft verdächtig. Es wäre jedoch mehr als unangemessen, sie insgesamt sozusagen als „fünfte Kolonne“ des Kolonialismus zu verstehen. Viele, wenn nicht die meisten, fühlten sich zu ihrer Arbeit berufen. Sie waren mit ganzem Herzen dabei, suchten die Leiden der gedemütigten und ausgebeuteten Einheimischen zu lindern und immer wieder zwischen ihnen und den Behörden zu vermitteln. Nicht wenige ertrugen die ungewohnten Strapazen nur kaum und bezahlten ihren Einsatz mit dem Leben. Besonders verdient ihre Bildungsarbeit hervorgehoben zu werden. In Rhodesien (heute Simbabwe) und Njassaland (Malawi) betreuten sie allein 90 Prozent aller Schulen. Wert wurde dabei oft nicht nur auf den Unterricht in den üblichen Grund- und Hauptschulfächern gelegt. Die Missionare bemühten sich auch, soweit sie die Voraussetzungen dazu besaßen, die Schüler zusätzlich in moderneren Anbau- und landwirtschaftlichen Verarbeitungsverfahren sowie neueren handwerklichen Techniken zu unterweisen. Die Liste der 100 ersten Basler Missionare, die an die „Goldküste“ entsandt wurden, weist bereits auffallend viele ausgebildete Handwerker auf: neben dreizehn Kaufleuten und zehn Landwirten elf Schreiner, zehn Weber, sechs Schuhmacher und einige Bäcker, Töpfer, Schlosser, Glaser, Seiler, Kürschner und Schmiede. Noch lange später waren ihre Werkstätten an der Westküste Afrikas hochberühmt. Wären der gute Wille und die Verdienste der Missionare nicht anerkannt worden, hätten sie nach der Unabhängigkeit kaum bleiben und weiterwirken können.

Wie in Europa und anderen Teilen der Welt nahm das Christentum auch in Afrika einheimische Traditionen mit auf. Das verlieh den Gemeinden mehr Leben aus der Tiefe heraus, reichere Farben und Freude an kreativer Vielfalt wie zur Zeit der Apostel in den alten Mittelmeerländern, teils führte es auch zur Entstehung neuer „synkretistischer Kirchen“.

Vor einer Muttergottesfigur mitten in Lac Nkoúe, Benin, zelebriert René Grosseau eine Messe. Seit vielen Jahren ist er Missionar bei den Tofinu.

Katholischer Friedhof mit Gräbern von verstorbenen Konolialbeamten in Grande Popo, Benin.

Ein polnischer Missionar feiert die Heilige Messe in einer Kirche in Kamerun.

Christliche Mission und mythische Entfremdung

Im Norden und Osten Afrikas hatten sich mit Ägypten und dem äthiopischen Meroë frühe Hochkulturen entwickelt. Der Mittelmeerzugang und ein „Schlupfloch“ nach Asien unterstützte die Entwicklung. Diese komplizierten Kultursysteme – Gesellschaften, die weit mehr pflegten (lat. colere, cultura) als ausschließlich den Feldbau, die Jagd und die einfachen Arbeiten – waren längst nicht mehr nur naturergeben. Das soziale Gefälle zu den Nachbarregionen brachte Krieg und Unterwerfung, später Kultur, Religion und den Beginn missionsähnlicher Unternehmungen.

Hochkulturen waren Sklavenhaltergesellschaften, hatten also schon ein ausgeprägtes Bewußtsein für die Bewertung von Arbeit und sozialer Stellung entwickelt, diesem institutionalisierten Gefühl für Oben und Unten. So konnte der als primitiv eingeschätzte Naturbezug weniger „entwickelter“ afrikanischer Volksgruppen zur Falle werden. Ausbeutung, Versklavung und Verelendung waren schon frühe Folgen. Später etablierten sich Christliche Missionen der Neuzeit an der heiklen Schaltstelle von Macht und Glaube meist als Feigenblatt. Erreicht haben sie Gutes wie Fragwürdiges.

Macht und ihre Expansion durch Unterwerfung schwächerer Gemeinschaften gehören unwiderruflich zu einer ausschließlich patriarchalen Auslegung von Gewalt. Brachial zeigt sich solche Macht im Schwert, das Wort ist ihr ideologisches Pendant. Alle Schriftreligionen (v.a. Judentum, Islam und Christentum) eigneten sich deshalb bestens, um Untertanen staatsbürgerlich zu erziehen und religiös-dogmatisch zu festigen. Fatal sollte dieser Ansatz für die wahre Seele Afrikas werden.

Seit dem ersten Jahrhundert nach der Zeitenwende verbreitet ein Mann namens Paulus – durch sein Damaskuserlebnis auf den richtigen Weg gebracht – die Lehre von Jesus von Nazareth, die im ketzerischen Umfeld rabbinischer Querdenker und essenischer Gnostiker gedeihen konnte. Sich auf die frühen Evangelien berufend, startete Paulus die er-

Erste katholische Mission in Lagos. Aus: Fetichism..., N.Y., 1885.

Ein Fetisch-Doktor weist Vater Baudin sein Diplom vor. Aus: Fetichism and Fetich Worshipers, N.Y., 1885.

ste Missionsreise des Urchristentums in apostolische Zeit. Schnell verbreitete sich die Lehre auch in Nordafrika. Das Evangelium war eine „frohe Botschaft" für alle, die sich zum Prinzip Hoffnung und dem darin enthaltenen Gedanken der Erlösung und Rettung bekennen wollten. Und viele Urchristen waren Menschen, die in einer mit apokalyptischen Strömungen behafteten Zeit auch nichts mehr zu verlieren hatten. Zu Paulus' Zeiten hieß das ganz konkret zuerst einmal Erlösung von der römischen Vormacht. Erst im zweiten Zug entdeckten die ersten Verfechter des neuen Heils die Moral festigende Griffigkeit heilbringender Aussichten. Der Begriff des Jenseits – in Persien zaratustrisch im 8. Jahrhundert v. Chr. vorgebildet und polarisiert zu Gut und Böse – setzte eine Wegvorstellung voraus. Am Ende dieses Weges wird über die Lebensführung entschieden. Dieser Ansatz ist allen Naturreligionen fremd. Denn sie reagieren auf Naturerscheinungen. Das Christentum aber setzt auf das prophetische Wort, das ankündigt, warnt, straft und lockt – mit ewigem Heil. Zum ersten Mal spekuliert eine Religion mit dem „schlechten und guten Gewissen" und vermauert so einen Schuldbegriff in den glaubenden Seelen. Dieser wurde eng an ein wichtiges und leicht erpreßbares Grundbedürfnis des Menschen geknüpft: die Sexualität.

Was das Evangelium von Anbeginn so unglaublich wendig machte ist, daß es ohne einen staatlich verwertbaren Gesetzeskodex auskam. Es gab nur „Du sollst!", nicht „Du mußt!". Niemand sollte das Gefühl bekommen, zu etwas gezwungen zu werden. Viele Staaten sahen deshalb ihre etablierte Rechtsordnung durch Mission zunächst auch nicht angetastet, fühlten sich also einigermaßen – aber grundlos – sicher.

Der römische Kaiser Konstantin der Große hatte kurze Zeit nach seinem in Mailand ausgehandelten Toleranzedikt von 313 die Lehre der Christen zur Staatsreligion des Römischen Reiches erklärt und damit zunächst die weitere Missionierung weiter Teile des Nahen Ostens und Nordafrikas überflüssig gemacht. Genau dieses, unter byzantinischem Diktat christianisierte Gebiet wurde ab der Mitte des 7. Jahrhunderts durch den islamischen Blitzkrieg zu Mohammeds Lehre bekehrt. Der Koran lieferte nicht nur die Glaubensgrundlagen, sondern zugleich auch die staatliche Rechtsordnung. Staat und Kirche waren nie getrennt.

Anders als die Islamisten sahen die Christen ihre Mission offiziell nicht als „Heiligen Krieg", bis auf die sieben Kreuzzüge der katholischen Kirche Europas zwischen 1096 und 1270. Inoffiziell gab es aber zu allen Zeiten eine fatale Verknüpfung von Macht, Gewalt und Missionsgedanke.

Seit der „Entdeckung" Amerikas 1492 tat sich für die Verbreitung des Christentums ein neues Feld auf. Mit einer kaum vorstellbaren arroganten Überheblichkeit stellten sich die christlichen Eroberer über Mensch, Natur und Kultur, diktierten fortan mit abschreckender Grausamkeit den „Neuen Glauben", organisierten, nachdem die einheimische Bevölkerung dezimiert wurde, einen Sklavenhandel, der auf die Liste der großen Verbrechen an der Menschlichkeit gehört und dessen Hauptschauplatz Schwarzafrika wurde. Die zum Überseehandel schon von den Portugiesen präparierten Küsten vorwiegend Westafrikas wurden zur Verladerampe für hunderttausende Schwarze. In diesem Sklavenhandel spielte der Norden Afrikas eine wichtige Rolle, denn aus der Tradition des phönizischen, persischen und später islamischen Sklavengeschäfts fanden die europäischen Gesellschaften in den Nordafrikanern meist die Lieferanten der Sklaven. Man fing sie wie Wild, verschleppte ganze Sippen. Portugiesen, Engländer und Holländer holten sie ab, bezahlten schlecht und verschifften sie im großen Stil hauptsächlich nach Brasilien und in die USA. So ging das über Jahrhunderte. Doch das unsägliche Leid wurde immer weiteren Kreisen bekannt. Ein Umdenken in humanitären Angelegenheiten bereitete in der europäischen Christenheit eine starke Gegenbewegung vor. Sie sollte auch den

Missionskapelle. Aus: Im Lande des Fetischs, Basel, 1890.

NAM 1881
1840
NAM 1881
NAM 1883
1859
1840
WF 1873
WF 1872
WF 1884
1843
WF 1892
WF 1891
WF 1879
Kopten
PCUS 1854
CMS 1882
F 1861
Überreste der katholischen Missionstätigkeit des 16.-18. Jahrhunderts
HGF 1846
WMS 1821
PCUS 1900
WF 1899
CMS 1899
1839
1863
Äthiopische Kirche
PCUS 1900
WF 1899
CMS 1804
WMS 1808
PEC 1836
MEC 1833
BM 1913
WMS 1834
WMS 1842
CMS 1857
1880
BpMS 1845
CMS 1906
HAM 1913
1880
HGF 1848
ABC 1842
ABC 1854
PCUS 1874
HGF 1887
WF 1879
CMS 1877
CMS 1910
1880
HGF 1873
LIM 1878
LIM 1883
BpMS 1882
HGF 1866
BpMS 1879
1880
CMS 1844
CMS 1876
UMCA 1863
HGF 1869
PB 1888
MEC 1885
Überreste der katholischen Missionstätigkeit des 16.-18. Jahrhunderts
ABC 1881
FCS 1881
PB 1886
DRC 1888
WF 1879
PMS 1886
FCS 1876
SPG 1864
1880
Überreste der katholischen Missionstätigkeit des 16.-18. Jahrhunderts
LMS 1820
SJ 1856
FFMA 1867
NMS 1867
1880
RMS 1847
1840
1880
1840
WMS 1816
LMS 1799
WMS 1823
MB 1792
LMS 1801
Kalvinistische Europäer
Maßstab 1 : 34 000 000
0
1500 km
0
1000 Meilen
Moderne Staatsgrenze
Heutige Gebiete mit moslemischer Minderheit
Heutige Gebiete mit bedeutender moslemischer Mehrheit
Südlichste Ausbreitung des Islams im 19. Jahrhunderts
Gebiete, in denen das Christentum bis 1792 Fuß gefaßt hatte
Vordringen der christlichen Missionstätigkeit
Missionsgrenze und Zeitpunkt
Protestantische Mission
Katholische Mission
ABC American Board of Commissioners for Foreign Missions
BM Basel Mission
BpMS Baptist Missionary Society
CMS Church Missionary Society (C of E)
CSM Church of Scotland Mission
DRC Holländische Reformierte Kirche
FCS Free Church of Scotland
FFMA Friends Foreign Mission Association
HAM Heart of Africa Mission
LIM Livingstone Interior Mission
LMS London Missionary Society
MB Böhmische Bruder (Brüdergemeinde)
MEC Methodist Episcopal Church (USA)
NAM North Africa Mission
NMS Norwegische Missionsgesellschaft
PB Plymouth Brethren
PCUS Presbyterian Church of USA
PEC Protestant Episcopal Church (USA)
RMS Rheinische Missionsgesellschaft
SPG Society for the Propagation of Gospel (C of E)
UMCA Universities Mission to Central Africa
WMS Wesleyan Methodist Missionary Society
Katholische Missionen:
F Franziskaner
HGF Väter vom Heiligen Geist (Spiritaner)
SJ Jesuiten
WF Weiße Väter

Missionsbegriff reformieren. Englische, französische und deutsche Aufklärungsphilosophen des 18. Jahrhunderts, sowie der starke Einfluß pietistischer Kreise wurden für das Umdenken maßgebend. Hervorgebracht hatte es die „Bill of Rights", die „Grosse Revolution" in Frankreich, letzten Endes auch die Säkularisierung Mitteleuropas. Der Sklavenhandel wurde moralisch und menschenrechtlich zwielichtig und gebrandmarkt. So unter Druck geraten, unterbanden die europäischen Regierungen den Menschenhandel, ohne aber die Sklaverei wirklich zu stoppen. Mitten im napoleonischen Expansionswahn brachte das Jahr 1803 eine grundlegende Veränderung der katholischen Landschaft. Mit der wirklichen Trennung von Staat und Kirche in einem säkularisierten Europa waren die Karten auch für die weitere Zukunft Schwarzafrikas neu gemischt.

Die Kirche sah sich – schockiert durch das, was man heute Enteignung nennen würde – ihres Einflusses in Mitteleuropa materiell und ideell beraubt und erkannte ihre Chance im damals aufkommenden „Afrikafieber". Man bezog sich auf Rousseau, der den Grundstein für eine neue „Primitivenverehrung" gelegt hatte, indem er Mensch und Natur neu definierte und damit auch zur emanzipierten Sicht der Kinderseele beitrug. Lessing entwickelte neue Ansichten zur Erziehung des Menschengeschlechts. Afrika wurde Experimentierfeld und Missionsziel. Mit Afrika aber lag ein Kontinent brach, der noch nicht einmal kartographiert, geschweige denn erschlossen war. Hier konnte jetzt der nordamerikanische Pioniergeist wie eine Vitaminspritze für die „Alte Welt" wirken. Neue Staatstheorien und die Industrielle Revolution riefen einen Kolonialismus ins Leben, dessen Auswirkungen das geschundene, aber unendlich reiche Afrika noch lange nicht verkraftet hat.

Christliche Missionen versuchten eine europäische Glaubenskultur zu verankern, die im krassen Gegensatz zur Tradition der Einheimischen stand. Für das Land verknüpften sich so Ausbeutung und Hilfe, religiöse Entwurzelung und mythische Entfremdung zu einer Kontinentaltragik unter dem Zeichen christlichen Glaubens. Gutes wollen, Leid schaffen, dann ein Gegenmittel anbieten, so ist die Summe missionarischen Wirkens in Afrika – etwas plakativ und provokativ beschrieben. Die etablierten Kirchen hatten zur Wende ins 19. Jahrhundert ihre Heilsverantwortung neu entdeckt und verschmolzen diese mit einem karitativen Gedanken. Bildung, Erziehung und medizinische Versorgung standen jetzt im Vordergrund. Ein Netz von christlichen Einrichtungen spann sich über Schwarzafrika und diktierte weiterhin Wertmaßstäbe ohne Rücksicht auf schwarzafrikanische Bedürfnisse. Kongo, Burundi und Ruanda wurden nahezu flächendeckend katholisch. Was die Missionare nicht schafften, besorgten die inzwischen heimkehrenden „Freigelassenen", die vorwiegend in Brasilien schon über Generationen als Bekehrte lebten, also in ihrem neuen Glauben gefestigt waren. Sie hatten in der Regel leichteren Zugang zu der schwarzen Bevölkerung, obwohl sich auch dort eine Kluft durch kulturelle Entfremdung auftat, die immer wieder zu Konflikten führte. Denn allzuoft kamen die Rückkehrer im Bewußtsein, etwas Besseres zu sein und erinnerten nur zu offensichtlich an die Herrenmoral der Weißen.

Die anglikanische Kirche, vor allem durch die seit 1806 arbeitende „Church Missionary Society" vertreten, hatte sich in den britischen Kolonien, die reformierte Kirche der Niederlande in Südafrika gefestigt. Englische Abolitionisten, entschiedene Gegner der Sklaverei, proklamierten 1787 auf dem Gebiet des heutigen Sierra Leone sozusagen einen Staat zur Aufnahme Freigelassener aus der „Neuen Welt".

In den damals deutschen Kolonien war neben den katholischen Einflüssen die lutheranische Kirche bestimmend. Aber auch unabhängige Kirchen hatten sich ausgebreitet. In Ghana, Nigeria, Kongo, Kenia und Simbabwe bilden sie eine Mischung von etablierten christlichen Religionen mit folkloristischer Tradition. Die unablässige Arbeit der Missionen am gottesfürchtigen Glauben der Afrikaner, am Fleiss in Demut und Dankbarkeit kam aber denen entgegen, die in Afrika das Land der abtransportierbaren Ressourcen sahen. Denn der Strukturwandel, den die Industrialisierung der europäischen Gesellschaften mit sich brachte, nahm nun die Bodenschätze Afrikas ins Visier: Zinn, Kupfer und Erdöl. Eine neue „Versklavung" trat ihren Weg an. Und die christlichen Missionen stellten zwangsläufig den ideologischen Unterbau dazu bereit. Im Zusammenspiel mit korrupten Landesregierungen und einer funktionierenden Infrastruktur bildeten sie ein wichtiges Rädchen im großen System Ausbeutung. Riesige Eisenbahn- und Kanalprojekte, Bergbau und Erdölförderung verschlissen tausende von schwarzen Arbeitern und vernichteten ihren Lebensraum. Der Bildungsauftrag der christlichen Missionsschulen konnte oder wollte diese Entwicklung nicht aufhalten. Die meisten der afrikanischen Staaten mit ihren willkürlich gezogenen Grenzen besannen sich immer mehr auf ihre Selbstbestimmung und Unabhängigkeit. Bildung, Ausbildung und medizinische Versorgung sollten staatlich kontrolliert, der Einfluss der Missionseinrichtungen verringert werden. Resultat: In den 60er Jahren waren fast alle afrikanischen Staaten unabhängig geworden.

Die eigenen, zur Folklore verkommenen Wurzeln neu zu entdecken, wurde eine der fundamentalen nach-kolonialistischen Ideen Schwarzafrikas. Das hiess aber nicht, dass alles, was die Weißen mitbrachten über Bord sollte. Dazu ist der erdige Pragmatismus der Schwarzafrikaner zu ausgeprägt. Sie wollten ihre kulturelle Identität, ihre wahre Seele reanimieren, die schwer gelitten, aber nichts vergessen hatte: Wer die Natur und ihre Bedingungen ganz in sich aufnimmt, lebt lustvoll und im Einklang! Das war ihre Urformel. Ihre Vorstellung von Materie und die sie beseelenden Geister gehörten zu einem spirituellen Kommunikationsgeflecht, das ohne Wort und Schrift auskam. Rituelles Denken bestimmte ihren Alltag. Ein Erlöserglaube war, ist und bleibt den Afrikanern wohl immer fremd. In Glaubensfragen hat die christliche Mission die afrikanischen Tiefenschichten nicht erreicht. Mit einer unerschütterlichen Ehrfurcht vor der Natur ergibt sich hier der Mensch ihren Gesetzen. Die damit zusammenhängende Geisterfürchtigkeit aber hatte Afrika zur Beute gemacht und großes Leid gebracht. Leid ist für die Afrikaner sozusagen die Hiobsantwort auf ein Fehlverhalten im Umgang mit den Geistern. So konnte es geschehen, daß der Kontakt mit der christlichen Erlöserreligion die naive Naturergebenheit und rituelle Intelligenz einer intakten afrikanischen Welt nachhaltig ins Wanken brachte: am Ende stand Leid – vielleicht nicht einmal gewolltes, aber dennoch erzeugtes.

Herbert Köhler

Schwarze Sklaven für die neue Welt

Menschen gewaltsam ihren Familien zu entreißen, ihnen die Freiheit zu rauben und sie wie Tiere, als „Leibeigene“, zu halten, um sich weithin entschädigungslos ihrer Arbeitskraft zu bedienen, stellt ein ebenso altes wie grausames Verbrechen wider die Menschlichkeit dar. Schon in traditionellen Gesellschaften kam es vor, daß man feindliche Nachbargruppen überfiel, Menschen verschleppte oder bei Auseinandersetzungen nicht jeden Gegner tötete, sondern bewußt Gefangene machte, auch um die Verluste an eigenen Leuten auszugleichen. Allerdings handelte es sich dabei immer nur um einige wenige, die dann als „Haussklaven“ Verwendung fanden. Größere Zahlen hätte man weder unterbringen noch verköstigen, geschweige denn hinreichend beaufsichtigen können. Haussklaven ging es in der Regel nicht schlecht. Sie wurden im oder beim Haus gehalten, aßen und arbeiteten wie ihre Herren, konnten auch – gewöhnlich allerdings nur untereinander – heiraten und Familien gründen; nur blieben sie unfrei – es sei denn, einzelne jüngere wurden, wie bei Indianern Nordamerikas, von Familien, die keinen eigenen Sohn oder Söhne im Krieg verloren hatten, adoptiert.

Anders lagen die Dinge allerdings in Nahbereichen zu Hochkulturen. Dort nämlich bestand von Anbeginn an ein hoher Bedarf an Arbeitssklaven. Noch in der Neuzeit läßt sich beobachten, daß in derartigen Übergangsgebieten (wie in Hinterindien und Südostasien zum Beispiel) die harmlosere Haussklaverei in offenen Sklavenhandel umschlägt: Man verkauft seine Gefangenen, ja auch eigene, kriminell oder sonstwie mißliebig gewordene Leute an Händler. Allerdings konnten sich das nur Männer leisten, die über eine entsprechende Machtposition verfügten. Sklavenhandel setzte, zum Teil jedenfalls, einheimische „Zulieferer“ voraus.

In allen Archaischen Hochkulturen stellten Sklaven einen wichtigen Wirtschaftsfaktor dar. Man verwandte sie zur Haus- und Feldarbeit, als Dienstboten und Palastwachen bei Hof, vor allem aber für größere Bauvorhaben (Kanäle, Wehranlagen, Straßen, Paläste, Pyramiden). Die Hauptbezugsquelle bildeten Kriege und Eroberungen; doch spielte auch der Handel eine Rolle. Schon früher war die Rede davon, daß vor allem Karthager und Römer über den

Sklaven wurden als Lastenträger verwendet.
Aus: Westafrika, vom Senegal bis Benguela, Leipzig, 1878.

Saharahandel neben Edelhölzern, Elfenbein und Gold aus Afrika auch Sklaven bezogen. Reiche Römer setzten sie auch auf ihren Ländereien (den „Latifundien") ein, was sich insofern besonders lohnte, als sie keinen Kriegsdienst leisten mußten; griechische Sklaven fanden als Hauslehrer und Sekretäre Verwendung. Die Praxis setzte sich im westeuropäischen Mittelalter fort. Häufige Opfer waren Waliser, Iren und Skandinavier. Die meisten jedoch stammten aus den Kriegen mit östlichen Nachbarn – Türken etwa, vor allem aber Slawen, die man dann weiter an die islamischen Reiche im östlichen Mittelmeerraum und Nordafrika verkaufte. Etliche Hafenstädte profitierten ganz erheblich davon. Nicht von ungefähr leitet sich das Wort „Sklave" in allen europäischen Sprachen vom mittelhochdeutschen slave (später sclave) ab. Insgesamt machten die Sklaven in Mitteleuropa immerhin 15 Prozent der rund 22,6 Millionen Einwohner aus.

Ein analoges Bild boten Byzanz und die mittelalterlich-islamischen Staaten bis hin zu den osmanischen Türken. In den alten Reichen Arabiens hatte die Massensklaverei ebenfalls Tradition. Auch hier wurden wie bei den Römern in der Hauptsache „Haus"- und „Feldsklaven" voneinander geschieden. Daneben fanden einzelne

In einer Sklavenkarawane wurden die Sklaven zu mehreren nachts wie tags aneinandergefesselt und vorwärtsgetrieben. Aus: Die Völker der Erde, Würzburg und Wien, 1891.

Abschlachtung kranker Sklaven, die das Vorankommen einer Karawane behinderten. Aus: Die Völker der Erde, Würzburg und Wien, 1891.

ADVENTURES *of an* AFRICAN SLAVER

Being a True Account of the Life of CAPTAIN THEODORE CANOT, *Trader in Gold, Ivory & Slaves on the Coast of Guinea: His Own Story as told in the Year* 1854 *to Brantz Mayer & Now Edited with an Introduction by* Malcolm Cowley

Published in 1928 *in London by* GEORGE ROUTLEDGE & SONS LTD.

Titelblatt des Lebensberichtes von Kapitän Canot, Händler in Gold, Elfenbein und Sklaven.

Bevorzugte als Köche, Diener, Türsteher, Wächter, Sekretäre und Lehrer, Sklavinnen auch als Konkubinen oder Nebenfrauen im Harem Verwendung. Insgesamt erfuhren vor allem die Haussklaven wieder keine schlechte Behandlung; sie konnten (untereinander) heiraten, ihre Kinder blieben zwar unfrei, wuchsen aber gemeinsam mit denen der Herrenfamilie auf. Der Koran mahnt die Gläubigen sogar an verschiedenen Stellen, Sklaven gut zu behandeln; ihre Freilassung galt als verdienstliche Tat. Dennoch war der Handel mit Sklaven, wie ihn arabische Kaufleute anfangs vor allem in Ostafrika betrieben, alles andere als gottgefällig.

Als die Portugiesen Mitte des 15. Jahrhunderts die westafrikanische Küste auf der Suche nach Gold zu befahren begannen, kamen sie alsbald auf eine ebenso einträgliche wie folgenschwere Idee: Sie handelten an der Küste zwischen dem Volta- und Nigerdelta, an der „Sklavenküste", Sklaven aus dem Hinterland des heutigen Nigeria ein, verschifften sie zu den Häfen des heutigen Ghana und tauschten sie dort, an der „Goldküste", gegen Gold ein. Allerdings nicht alle. Einige behielten sie zurück, um sie an die Besitzer der Zuckerrohrplantagen auf den Kanarischen Inseln oder als „Kuriositäten" an europäische Adlige zu verkaufen. Jahrzehnte später, Ende des 15. Jahrhunderts, als sie die Ostküste erreichten, trafen sie dort den bereits florierenden arabischen Sklavenhandel an. Es gelang ihnen binnen kurzem, die Küstenstädte unter ihre Gewalt zu bringen und nun ihrerseits den hochprofitablen Menschenhandel zu übernehmen. Und sie waren zum rechten Zeitpunkt gekommen. Nach der „Entdeckung" der Neuen Welt begannen Nachfrage und „Handelswert" der Sklaven ständig zu steigen. Die afrikanischen Arbeitskräfte wurden dringend in den Silberminen Mexikos und Perus und den Baumwoll-, Tabak- und Zuckerrohrplantagen der europäischen Pflanzer in Nord-, Mittel- und Südamerika gebraucht. Die Portugiesen hatten alle Hände voll zu tun. Rund 200 Jahre später jedoch gelang es dem Sultanat Oman mit Unterstützung der Suaheli, sie von der mittleren Ostküste Afrikas zu vertreiben und den Sklavenhandel wieder in die eigenen Hände zu nehmen. Die Abnehmer indes blieben dieselben. Ab 1770 wurden ungefähr 1 000 Sklaven pro Jahr nach Übersee verschifft.

Die Portugiesen hatten allerdings noch andere Eisen im Feuer. Sie intensivierten nunmehr den Sklavenhandel an der angolanischen Küste. Luanda (gegr. 1575) und Benguela (gegr. 1617) entwickelten sich rasch zu blühenden Städten. Unzählige Sklaven traten von hier aus den Weg in die Neue Welt, vor allem nach Brasilien an. Allein im 18. Jahrhundert waren es gut 1,4 Millionen.

Die größten Opfer jedoch dürften die Länder Westafrikas getragen haben – mit tatkräftiger Unterstützung der einheimischen Machthaber, die nicht schlecht davon profitierten. Küstenstädte wie Königtümer im Hinterland nahmen alsbald einen enormen Aufschwung, Dahomey allen voran. Zwischen 1687 und 1702 verließen im Schnitt jährlich 15 000 Sklaven die Häfen der „Sklavenküste". Zu Wohlstand gelangt, konnten es sich die einheimischen Herrscher nunmehr leisten, selber Sklaven in größerem Umfang zu halten. Wie schon früher in bescheidenerem Maße, wurden sie jetzt zu Heeren auf den Plantagen eingesetzt oder an Adlige und verdiente Offiziere verschenkt. „Kronsklaven" dienten im Heer, stellten die königliche Leibgarde, waren in der Verwaltung, ja selbst als di-

Sklavenschiff. Aus: Westafrika, vom Senegal bis Benguela, Leipzig, 1878.

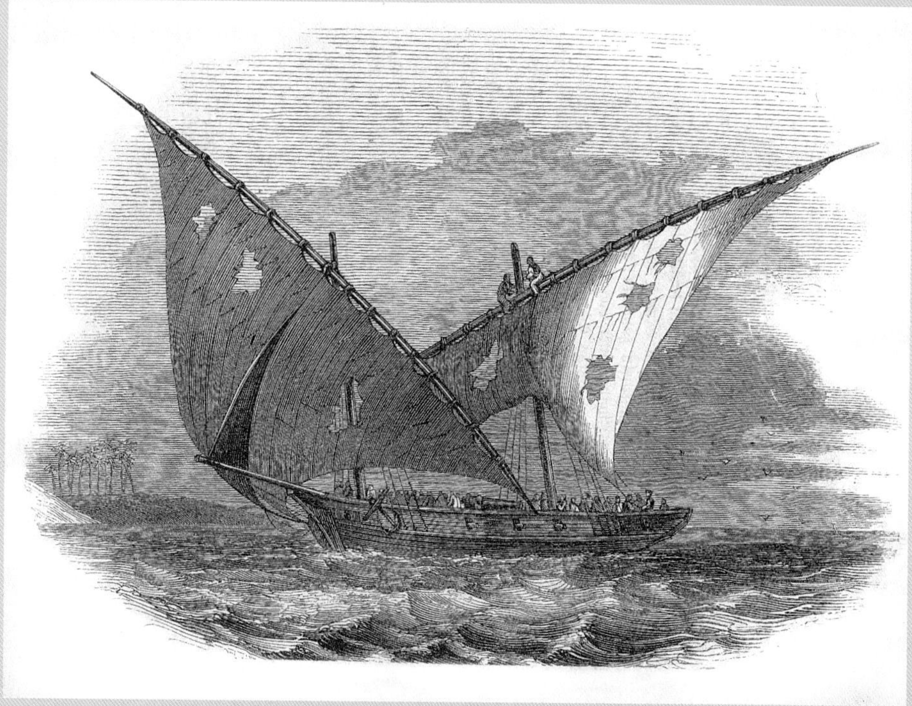

Sklaven im Zwischendeck.
Aus: Westafrika, vom Senegal bis Benguela, Leipzig, 1878.

plomatische Kuriere tätig, das heißt, nahmen nicht selten ausgesprochene Vertrauenspositionen ein – ohne ihren Sklavenstatus dabei zu verlieren. Sie konnten wieder nur untereinander heiraten; ihre Kinder blieben im Besitz ihrer Herren.

Der sogenannte „transatlantische Sklavenhandel" erlebte seine „Blütezeit" in der zweiten Hälfte des 18. Jahrhunderts – einer der abgründigsten Schreckensphasen in der Geschichte der Menschheit. Die Rechtlosigkeit eines Sklaven rührte aus seiner sozialen Entwurzelung her: Ohne Einbindung in einen Verwandtschaftsverband besaß er weder Schutz noch Status, war zum absoluten Fremden geworden, zur puren Ware, die wie Vieh auf Märkten feilgeboten und „umgeschlagen" wurde. 1788 kostete ein männlicher Sklave in Dahomey 11 Unzen Gold, was einem naturalen Gegenwert wie folgt entsprach: 36 Flaschen Schnaps (drei Unzen), 16 Bahnen feine Leinwand (zwei), zwei Schmucktücher, 40 Pfund Kauri, 16 Ellen Seide, eine Bahn Baumwollstoff, acht Eisenbarren und eine Rolle brasilianischer Tabak, jeweils eine Unze. In der Zeit von 1740 bis 1797 wurden aus Dahomey Sklaven zu 76,9 Prozent gegen Tabak, Schnaps und Stoffe, zu 21,4 Prozent gegen Kaurischnecken, Gold, Korallen und Seide, zu 1,1 Prozent gegen Metallbarren und lediglich zu 0,5 Prozent gegen Gewehre und Schießpulver eingehandelt. Insgesamt wird die Zahl der aus Afrika in die Neue Welt „exportierten" Sklaven auf knapp 12 Millionen geschätzt – eine abstrakte Zahl, die nur vage ahnen läßt, was sich an namenlosen Einzelschicksalen, unvorstellbaren Leiden und Schrecken dahinter verbirgt. Zweifellos handelte es sich um das größte bekannte Verbrechen wider die Menschlichkeit in der Geschichte.

Allerdings wurde um 1800 zunehmend Kritik laut. Wesentlichen Anteil daran hatten die englischen Freikirchen der Quäker, Methodisten und Baptisten. Sie und andere Philanthropen („Menschenfreunde") fanden sich regelmäßig mit gleichgesinnten Parlamentariern in der sogenannten „Claphamsekte", einer Art Club, zusammen, die für die britische Abolitions-, zu deutsch: „Abschaffungsbewegung" von zentraler Bedeutung werden sollte. Bereits 1787 hatte Großbritannien für befreite Sklaven afrikanischer Herkunft in Sierra Leone die Kolonie Freetown gegründet – im-

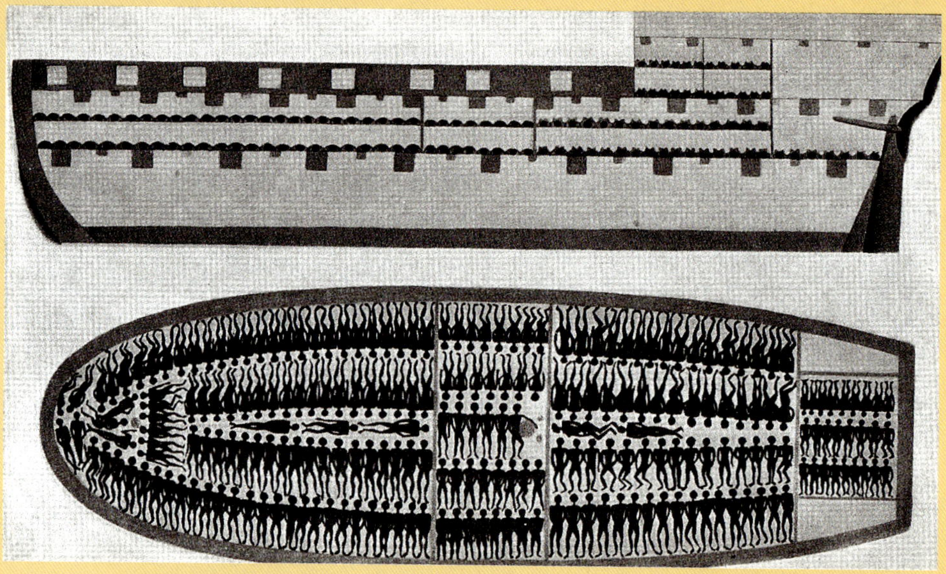

Unterbringungsplan für die „Schwarze Fracht" auf einem Sklavenschiff nach Übersee.
Aus: Adventures of an African Slaver, London, 1928.

merhin für die stolze Summe von 20 Millionen Pfund. Das Hinterland wurde 1896 britisches Protektorat. Heute machen die Nachfahren der ehemaligen Sklaven etwa zwei Prozent der Gesamtbevölkerung aus. Das englische Parlament jedoch zeigte sich den Argumenten wider den Sklavenhandel erst geneigter, nachdem die Kolonien in Nordamerika verlorengegangen und englische Pflanzer nicht mehr unmittelbar betroffen waren. Dort selbst tat man sich entsprechend schwerer, obwohl in der Unabhängigkeitserklärung von 1776 vollmundig noch von der Gleichheit und den unveräußerlichen Rechten aller Menschen die Rede gewesen war; aber schwarze Sklaven galten eben nicht so recht als „wirkliche" Menschen. Dänemark – das auch am wenigstens zu verlieren hatte – machte den Anfang und verbot den Sklavenhandel im Jahr 1789. England schloß sich 1807, Frankreich 1830 an. Die Sklaverei selbst jedoch wurde in England erst 1834, in Frankreich 1848 verboten.

Weder dem Sklavenhandel noch der Sklaverei war damit freilich durchgreifend Einhalt geboten. Die Araber brauchten sich nicht an die Beschlüsse der Europäer gebunden zu fühlen, die Portugiesen ignorierten sie schlichtweg, und die Franzosen machten ebenfalls weiter, bis endlich auch die katholische Kirche in der Gestalt des Kardinals Lavigerie (1825–1892), unterstützt von Papst Leo XIII. (1878–1903), einschritt und es ihr endlich gegen Ende des 19. Jahrhunderts gelang, das Verbot des Sklavenhandels zumindest in französischen Hoheitsgebieten auch tatsächlich durchzusetzen. Wenig später, im Jahr 1888, hob schließlich auch Brasilien sowohl den Sklavenhandel als auch die Sklaverei auf – dem Gesetz nach zumindest. In China wurde die Sklaverei offiziell erst 1911 abgeschafft, bestand jedoch, getarnt durch Lehr-, Arbeits- oder Adoptionsverträge, de facto bis 1949 fort.

Wie es nach diesen Bemühungen indes tatsächlich im Inneren Afrikas aussah, erfuhr die Weltöffentlichkeit von dem bekannten schottischen Missionar und Forschungsreisenden David Livingstone um die Mitte des 19. Jahrhunderts. Seine erschütternden Berichte von den arabischen und portugiesischen Sklavenjagden, bei denen allerdings auch einheimische Gruppen und Potentaten oft genug ihre Hand mit im Spiel hatten (um vor allem an Schußwaffen zu kommen), trafen viele wie ein Schock. Livingstone berichtete von regelrecht verendeten Sklaven, die nicht mehr hatten mithalten können und an Bäume gebunden oder einfach im Joch am Wegrand liegengelassen worden waren. 1866 besuchte er den Sklavenmarkt von Sansibar: „Alle Erwachsenen", notierte er in seinem Tagebuch, „scheinen Scham darüber zu empfinden, wie das Vieh zum Verkauf ausgestellt zu werden. Die Zähne werden untersucht, die Kleider aufgehoben zur Untersuchung der unteren Gliedmaßen, und ein Stock wird ausgeworfen, damit der Sklave ihn zurückhole und so seinen Gang zeige. Einige werden bei der Hand

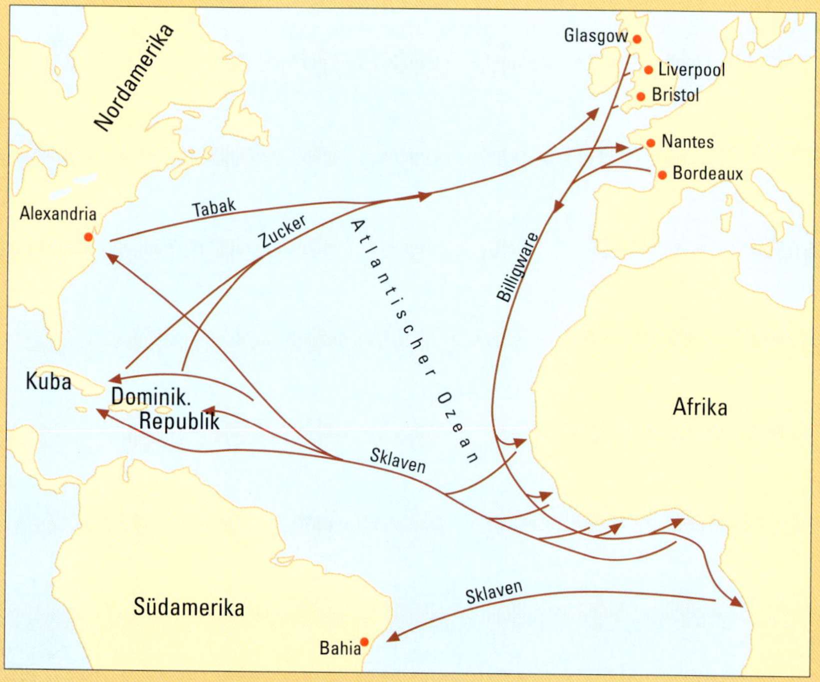

Handelsrouten für Sklaven, Zucker, Tabak und Billigwaren.
Aus: A History of West Africa, 1000–1800, Harlob, U.K., 1965.

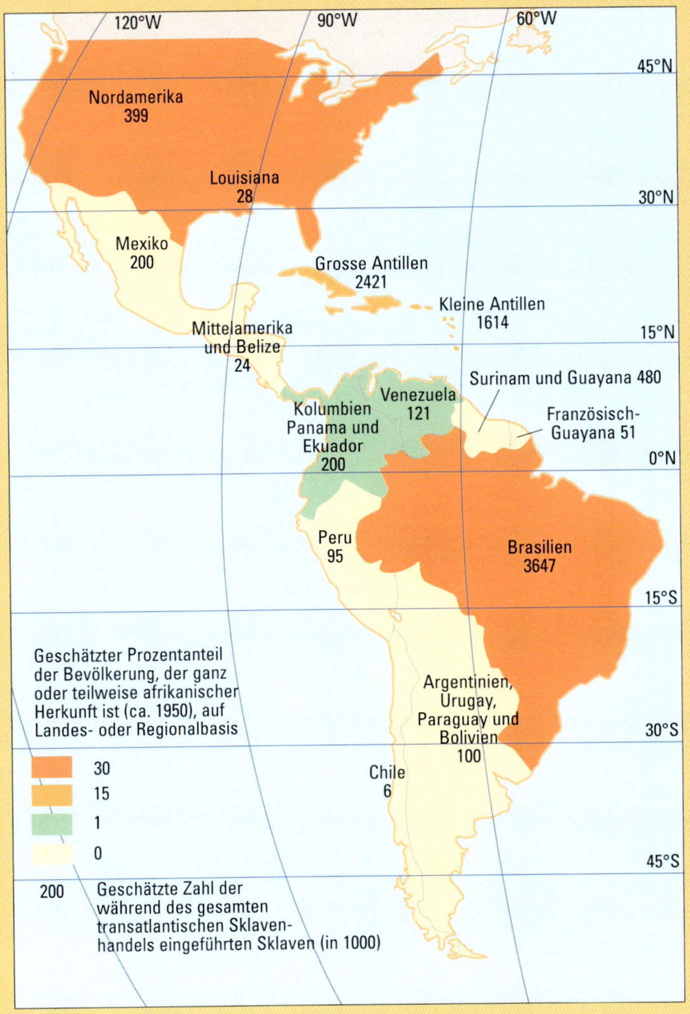

Afrikanische Diaspora in der Neuen Welt (nach Curtin).
Aus: Bildatlas der Weltkulturen, Afrika, Augsburg, 1998.

durch die Menge gezerrt, und der Preis unaufhörlich ausgerufen. Die Käufer waren größtenteils Nordaraber und Perser."

Als die Sklaverei dann Jahrzehnte später doch erheblich eingedämmt war, kehrte sie in anderem Gewand zurück. Der Niedergang des Menschenhandels hatte die westafrikanischen Küstenländer zunächst in eine tiefe wirtschaftliche Krise gestürzt, die indes nicht allzulange währen sollte. Mit der voranschreitenden Industrialisierung Europas wuchs der Bedarf an Rohstoffen. Zunächst waren vor allem Palmöl zur Seifenherstellung, dann, nachdem 1870 in Frankreich ein entsprechendes Verwertungsverfahren für Margarine entdeckt worden war, auch die Palmkerne selbst (bzw. ihr Fett) begehrt. Zunehmend wurden in den Küstengebieten dann auch in großem Stil Erdnüsse, Kaffee und Kakao angebaut – die „Goldküste" (Ghana) stieg damals zum größten Kakaoproduzenten der Welt auf. Daneben gewann auch der Bergbau an Bedeutung. In Nigeria (Jos-Plateau) wurden Zinn, in Angola Diamanten, an der Goldküste Diamanten und Mangan, in Katanga Kupfer, Gold, Diamanten und Kobalt gefördert. Der Kongo erlebte einen Kautschukboom; die schon seit dem Altertum ausgeführten Edelhölzer wurden nunmehr in maschinellen Großschlägen gewonnen. Das alles machte verbesserte Verkehrsverbindungen notwendig. Straßen und Häfen, vor allem aber Eisenbahnlinien mußten gebaut werden.

Die Folgen waren teils verheerend. Im Westsudan mußten sich weite Teile binnen kurzem von der alten Subsistenzwirtschaft zu reinen Selbstversorgungszwecken auf die Geld- und Marktwirtschaft umstellen, die sie abhängig vom Weltmarktangebot machte. Tausende von Saisonarbeitern wechselten vom Hinterland in die Küstenbereiche über, um dort auf den Plantagen zu fronen. Andere wurden von den Kolonialmächten, teils mit brutaler Rücksichtslosigkeit, zwangsrekrutiert, beispielsweise durch sogenannte „Pressgangs", bei denen Polizei- oder Militäreinheiten die Menschen quasi vom Fleck weg zu öffentlichen Arbeiten fern der Heimat abtransportierten. In allen Fällen war die Arbeit überaus hart, in den Gruben teils lebensgefährlich, die Entlohnung demgegenüber eher lächerlich. Beim Bau der Eisenbahn von Brazzaville zur Küste 1925–1932 kamen Tausende der – teils aus dem Norden herangeschafften – Zwangsarbeiter ums Leben. In den portugiesischen Kolonien Angola und Moçambique, die „eigene" Arbeitskräfte auch nach Rhodesien und Südafrika verdingten, belief sich die Sterblichkeitsrate auf etwa 40 Prozent. Abermals sind das nur Zahlen, hinter denen sich schrecklichste Schicksale verbergen, für die unmittelbar Betroffenen wie ihre Familien daheim. Aus der „klassischen" war die „Binnensklaverei" geworden.

Mit der Unabhängigkeit sind die Menschen weder freier noch wohlhabender geworden. Nach wie vor tragen viele im buchstäblichen Sinne ihre „Haut zu Markte" – als Heere von Tagelöhnern, Arbeitsemigranten, Matrosen, Söldner oder Prostituierte.

Das Sklavenfort Cape-Coast-Castle, Ghana, war die wichtigste britische Festung an der Goldküste. Diese Anlage wurde in der zweiten Hälfte des 17. Jahrhunderts auf den Grundmauern des früheren schwedischen Carolusberg errichtet.

„Tell Daddy, we are all happy under British rule“

Die „Entdeckung“ Afrikas diente von Anfang an weniger Forschungs- als Handelszwecken. Seit Jahrhunderten waren von dort Gold, Edelhölzer, Elfenbein und Sklaven in die Mittelmeerländer und nach Europa gelangt – auf sehr umständliche Weise, über viele Stationen, die den Preis nur immer höher trieben. Mit der verbesserten Hochseetauglichkeit der Schiffe während des 15. Jahrhunderts sah man die Möglichkeit, ohne größeres Risiko näher an die Quellen der begehrten Güter heranzukommen. So begann alles damit, daß die seefahrenden europäischen Mächte, Portugal allen voran, in geeigneten Hafenstädten zunächst einmal lediglich Handelshäuser errichteten. Wo es geboten schien, befestigte und sicherte man sie durch kleinere Wachmannschaften. Lange Zeit blieb es dabei.

Eine Wende trat erst mit der fortschreitenden Industrialisierung Europas in der zweiten Hälfte des 19. Jahrhunderts ein. Der Bedarf an Rohstoffen wuchs, die Konkurrenz wurde stärker – man hielt Ausschau nach möglichen außereuropäischen Absatzmärkten. Eine Art Wettlauf um die überseeischen, auch afrikanischen Ressourcen begann. Netze nationaler Handelsniederlassungen entstanden; verstärkt wurden Verträge mit einheimischen Oberhäuptern geschlossen, um sich gegen Konkurrenten abzusichern, Garnisonen zum Schutz der Faktoreien und ihrer Handelsverbindungen errichtet, schließlich die einzelnen Handelshäuser zu Großhandelsgesellschaften zusammengeführt.

Cape-Coast-Castle. Aus: Westafrika…, Leipzig, 1878.

Der Prozeß kam etwa ab den 80er Jahren in Gang. Bekannte Beispiele bildeten die „Südafrika“, die „Britisch-Ostafrikanische“ und die „Niger-Kompagnie“ auf englischer Seite, die „Deutsch-Ostafrikanische Gesellschaft“, bei den Portugiesen die „Companhia do Nyassa“ und die „Companhia de Moçambique“, ferner französischerseits die „Compagnie Française de l’Afrique Equatoriale“, die „Compagnie Française de’Afrique Occidentale“ und die „Société de l’Ouest Africain“. Die Firmen erhielten die erforderlichen Nutzungs- und Hoheitsrechte jeweils – über die Köpfe der einheimischen Bevölkerungen hinweg – von ihren Regierungen übertragen.

Übersicht des europäischen Handelsforts und des königlichen Palastes in Xavier of Sabi.J.v. Schley, 1760.

KTOORYEN, te XAVIER of SABI, uit Des MARCHAIS.

Der Prince of Wales passiert eine riesige Flagge. Er soll seinem Vater und König ausrichten, daß die Menschen unter britischer Herrschaft glücklich sind.

Das Interesse dieser Gesellschaften lag in einer möglichst raschen, kostengünstigen und optimalen Gewinnausbeute, was einen rücksichtslosen Raubbau an Land und Leuten zur Folge hatte. Das wiederum mußte, zumal sich die Handelsfirmen den Zugang zum Hinterland teilweise mit Gewalt erzwangen, Konflikte mit den einheimischen Bevölkerungen nach sich ziehen. In anderen Fällen behinderten Streitereien zwischen Firmen und Obrigkeiten der Küstenstädte oder innerafrikanische Kriege die Handelsgeschäfte. Manchmal konnten die ansässigen Konsuln – die oftmals eigene Zollsysteme errichteten und Söldnergarden zu ihrem Schutz unterhielten – vermitteln; in gravierenderen Fällen, wie bei Aufständen etwa, jedoch nicht. Immer häufiger wurden daher die eigenen Staaten angerufen, militärisch einzugreifen und den Schutz der Kaufleute sicherzustellen. So kam es zur Einrichtung von „Schutzgebieten", in denen reguläre „Schutztruppen" stationiert wurden, um Frieden und Ordnung sicherzustellen.

Die Tendenz zur Ausweitung dieser Gebiete, einmal, um europäischen Konkurrenzmächten zuvorzukommen, zum andern zur Schaffung neuen, „eigenen" Siedlungsraums, lag auf der Hand. Offiziell wurde künftiges Kolonialland als „herrenlos" bezeichnet. Es bedürfe, heißt es in einer deutschen „Einführung in die Kolonialpolitik" von 1908, „keines weiteren Nachweises, daß für alle in der Entwicklung aufstrebenden und an Bevölkerung zunehmenden europäischen Nationen die Sicherung geeigneter Siedlungsgebiete zur Aufnahme des Bevölkerungsüberschusses unter Erhaltung der Nationalität desselben ein wichtiger Gesichtspunkt bleibt" – der gerade und nicht zuletzt auch für das kleine Portugal ein ausschlaggebendes Motiv darstellte.

Wer es sich leisten konnte, griff ein; kleinere Nationen, wie Dänen und Holländer, zogen sich dagegen aus Afrika zurück. Aufstände konnten den Anlaß zum Einschreiten bieten. 1874 griffen die Asante an der „Goldküste" zum Beispiel die Engländer an, wurden geschlagen und sahen ihr Land noch im selben Jahr zum britischen Protektorat erklärt. Als die Sieger ausgerechnet die Auslieferung des Goldenen Stuhls, des höchsten und hochheiligen Symbols von Königtum und Nation, verlangten, kam es zur Rebellion, die zur endgültigen Annexion des Landes führte, das nunmehr „Kronkolonie" war. Benin – Hauptstadt des alten Königreichs gleichen Namens in Südnigeria – wurde ähnlicher „Unfreundlichkeiten" wegen 1897 mit Krieg überzogen und gnadenlos ausgeplündert.

Der englischen Expansion konnten die Franzosen nicht tatenlos zusehen. Vor allem die Militärs träumten von einem großen, mächtigen Kolonialreich nach dem Muster Britisch-Indiens. Da schon die alten Comptoirs an der Küste dem Marineministerium in Paris unterstanden hatten, war es nur konsequent, daß die neu ansetzende Imperialpolitik unter der Ägide der Marine erfolgte. In zwei zeitgleichen Vorstößen rückten die Franzosen gegen den Kongo und vom Senegal aus ins Innere des Sudan vor – wo sie vor dem endgültigen Sieg allerdings einige empfindliche Schlappen einstecken mußten. 1891 waren Guinea, 1893 die Elfenbeinküste und 1899 der Sudan eigenständige Kolonien. Allesamt wurden

Frauen scharen sich in Lagos auf dem Markt um ein Portrait der Königin Englands, die zu ihrer königlichen Tour durch Nigeria eingetroffen ist, 1956.

Taxiservice der Eingeborenen. T. F. Bramley, Transportbeauftragter einer Expedition, wird über einen Fluß in Nigeria getragen, 1930.

dann wenig später zu den beiden Föderationen von „Französisch-Westafrika“ (AOF) und „Äquatorialafrika“ (AEF) vereinigt. Frankreich beherrschte in Afrika nunmehr ein Kolonialreich, das in einem mächtigen Bogen von Dakar über den Tschad bis zur Kongomündung reichte.

Hochfliegende Pläne hatten an sich auch die Portugiesen. Angola sollte ein zweites Brasilien werden, nachdem dieses selbst 1822 „abgefallen“ war. Die Resultate blieben jedoch bescheiden. Lediglich einige Kaffeepflanzer ließen sich im zentralen Hochland nieder; die Händler blieben die dominierende Schicht. In den verschiedenen Konferenzen seit der Berliner von 1884/85, in denen die europäischen Mächte ihre Hoheitsgebiete nach und nach vertraglich bindend gegeneinander abgrenzten, mußte das wirtschaftlich rückständige und von inneren Krisen geschüttelte Portugal noch zufrieden sein, einigermaßen ungeschoren davonzukommen, dankte dies allerdings zur Hauptsache der Uneinigkeit und den Konflikten seiner Konkurrenten.

Der Kolonialismus schöpfte indes nicht nur aus rein ökonomischen und machtpolitischen Motiven. Er besaß auch „höhere“ Ziele, die ihm erst eigentlich die imperialistische Triebkraft verliehen. Zumindest alle größeren europäischen Mächte waren von einer Art nationalreligiösem Sendungsbewußtsein durchdrungen. In England trat die Tendenz bereits unverblümt in der Literatur des 17. und 18. Jahrhunderts zutage. Das eigene Land wurde als Hort der Freiheit verherrlicht. Sein Protestantismus allein war fehlerlos und frei von Aberglauben. Man sah sich vom Himmel auserwählt, alle übrigen, weniger begnadeten Völker der Welt zu beherrschen. „Ich behaupte“, erklärte zum Beispiel Cecil Rhodes (1853–1902), der 1890 bis 1896 Präsident der Kapkolonie war und den britischen „Kolonialbesitz“ in Südostafrika über Betschuanaland bis hin zu dem später nach ihm benannten Rhodesien ausweitete, „daß wir die erste Rasse dieser Welt sind, und je mehr wir von dieser Welt beherrschen, um so besser ist es für die ganze menschliche Rasse. Was für ein Traum! Und doch ist seine Verwirklichung möglich.“ Die Überzeugung wirkte noch nach bei den abtrünnigen Vettern in den Vereinigten Staaten. Ein amerikanischer Senator jener Zeit (Albert J. Beveridge) gab die bekannte Devise aus: „Wir sind eine erobernde Rasse, wir müssen dem Gebot unseres Blutes folgen und“ – wie er ebenso nüchtern wie unzweideutig die eigentlichen Ziele benannte – „neue Märkte und, wenn notwendig, neue Länder in Besitz nehmen.“ Wohl mit Blick auf die Verhältnisse im eigenen Land ließ er die Begründung folgen: „Unsere Geschicklichkeit in der Kunst des Regierens ist eine Gabe Gottes, so daß wir wilde und servile Völker verwalten können.“ Deutsche und Franzosen gaben dem nichts nach. Erstere beriefen sich dabei wieder auf den Allerhöchsten, letztere sahen sich kraft ihrer Revolution zum Bannerträger von Aufklärung, sozialen Reformen, Freiheit, Humanität und zivilisatorischem Fortschritt bestimmt.

In der Praxis ging man unterschiedliche Wege. England folgte dem Prinzip der „Indirect Rule“, abgesehen von Indien zunächst in Nigeria, dann überall in West- und Ostafrika. Anders wären so weite Bereiche

Vorbereitung für den Prince of Wales: Schüler der Kericho - Schule, Kenya, waschen sich.

Karte der Kolonialreiche in Afrika zum Ende des 19. Jahrhunderts.

und Millionen von Menschen unterschiedlichster Sprache und Kulturzugehörigkeit auch kaum mit möglichst geringem finanziellem und personellem Aufwand zu regieren gewesen. Es empfahl sich schon aus pragmatischen Gründen, bestehende Strukturen und Herrschaftsformen nicht zu zerschlagen, sondern sich ihrer vor Ort zu bedienen. Die entscheidenden Hoheitsrechte, vor allem Polizeigewalt und Steuerrecht, blieben freilich in der Hand der britischen Residenten. „Es gibt", wie klargestellt wurde, „keinesfalls zweierlei Art von Herrschern – britische und einheimische –, sondern nur eine einzige Regierung (there are not two sets of rulers – British and native – but a single government)". Die Franzosen dagegen bevorzugten nach bewährtem heimischem Muster das zentralistische Prinzip der „administration direct". Der Verfassung nach konnte allein das Parlament in Paris Gesetze für die Kolonien erlassen; de facto regierte jedoch das Kabinett mit „Dekreten". In den Kolonien führte das, anders als in den britischen „Besitzungen", zu stärkeren Umstrukturierungen. Kleinere Weiler wurden zum Beispiel zu größeren Siedlungen zusammengefaßt, um sie leichter verwalten und die Produktion rascher steigern zu können. Die einzelnen Dörfer, vertreten durch einen „Chef de village", waren zu „Kantonen" (cantons) mit einheimischen, unter Umständen aus anderen Regionen stammenden „Chefs de canton", diese wiederum zu umfassenderen „Kreisen" (cercles) mit hier nun französischen Verwaltungsbeamten an der Spitze zusammengeschlossen. Die Portugiesen folgten in etwa dem französischen Beispiel. Den Kopf bildete der „Governador", dem als höchste Verwaltungsbeamten „Administradores" unterstanden, die alle hoheitsrechtlichen Befugnisse – die militärischen wie die administrativen und richterlichen – in ihrer Hand vereinten, Steuererhebungen, öffentliche Arbeiten, periodisch Volkszählungen durchführen ließen und die lokalen einheimischen Chefs überwachten.

Natürlich verlief das nicht so problemlos, wie es sich liest. Vor allem die Steuereintreibungen (in Naturalien oder Geld) und die wachsende Verpflichtung zur Zwangsarbeit führten immer wieder zu Konflikten, teils Rebellion und Aufständen, die dann mit unschöner Regelmäßigkeit durch „Strafexpeditionen" gegen einzelne Dörfer, die man zum Beispiel mitsamt ihren Ernteerträgen einäscherte, oder breitflächig mit geballter Militärkraft niedergeschlagen wurden. Um derartigem an sich entgegenzuwirken, hatten alle Kolonialmächte anfangs die sogenannte „Assimilationspolitik" verfolgt. In den englischen Kolonien lief das darauf hinaus, daß man zunächst einzelnen, „geeignet" erscheinenden Einheimischen die Möglichkeit zu fachlicher Ausbildung und Anstellungen in der Verwaltung eröffnete und insgesamt – in den gebotenen Grenzen – die Voraussetzungen zur Selbstverwaltung und eigenen politischen Willensbildung schuf. Portugiesen und Franzosen dagegen verstanden darunter mehr die administrative Integration und Heranführung an die je eigene Zivilisation (mission civilisatrice). Am weitesten gingen die Portugiesen darin: Wer den – 1921 allerdings erstmals genau definierten – Status eines „Assimilado" erlangte, gewann damit auch sämtliche Privi-

legien des portugiesischen Bürgerrechts. Freilich hatte das die Lösung von allen traditionellen Bindungen, die Konversion zum Christentum, die perfekte Beherrschung der portugiesischen Sprache, europäische Lebensweise und zuletzt auch eine untadelige Führung im Militärdienst zur Voraussetzung. Angesichts der desolaten schulischen Infrastruktur in den Kolonien (auch in Portugal selbst lag die Analphabetenrate noch hoch) und der mit der Weiterbildung verbundenen hohen Kosten erreichten freilich nur wenige dieses Ziel. Erst im 20. Jahrhundert, als sich die Konflikte zu verschärfen begannen und namentlich der Erste Weltkrieg auf den europäischen Völkern lastete, schlug man den Weg der sogenannten „Assoziationspolitik" ein: Programm war nunmehr, eher auf die Eigenständigkeit der Kolonialvölker zu setzen und ihre angestammten Traditionen möglichst unangetastet zu lassen, sie den Kolonialmächten eben lediglich zu assoziieren – was bei den Betroffenen prompt den Verdacht erweckte, man wolle sie bewußt im Zustand der Unterentwicklung belassen, um sie weiterhin schonungslos unterdrücken und ausbeuten zu können. In der Tat bedeutete es die Legalisierung der Rassentrennung und Aufrechterhaltung des Status quo mit Zwangsarbeit und schonungslosem Abbau der Rohstoffvorkommen.

Die Spannungen mußten sich entsprechend verstärken. Zudem hatte sich inzwischen doch eine wachsende Schicht westlich geschulter Afrikaner gebildet, die ihre gemeinsamen Interessen zu sehen und sich zu organisieren begannen. Überwiegend handelte es sich dabei um untere Beamte und Angestellte, Lehrer, Journalisten, Kleinhändler und Angehörige anderer freier Berufe in den größeren, vor allem den Hafenstädten. Ihre Gegner waren nicht nur die Kolonialmächte, sondern fast ebenso auch die Repräsentanten der eigenen alten Eliten, die nur wenig Interesse an Veränderungen, teils mit den Kolonialherren Hand in Hand gearbeitet und ganz gut davon profitiert, dafür aber an Autorität bei den Ihren eingebüßt hatten. Man fand sich zunächst in kleineren Gruppierungen und Zirkeln zusammen. Ethnische Zugehörigkeit spielte dabei kaum eine Rolle. Anfangs ging es zudem auch nur um gemäßigt reformistische Forderungen, um Verbesserungen der Lebens- und Ausbildungsbedingungen, um Erleichterungen beim Zugang zu höheren Ämtern. Die koloniale Herrschaft wurde noch nicht in Frage gestellt.

Das änderte sich allerdings, als wenig Resonanz auf die Vorschläge kam. Die krassen Unterschiede in den Besitzverhältnissen und Rechten von Weißen und Schwarzen legten es zunehmend nahe, die Kolonialherrschaft als kapitalistische Ausbeutungsmaschinerie zu verstehen. Die Angehörigen der städtischen „Intelligentsia" begannen, überregionale Parteien mit politischer Zielsetzung zu bilden. Die Führungskader wurden gestrafft, oft nach sozialistischem Vorbild. Jugend- und Frauenverbände, Berufsvereinigungen und Gewerkschaften schufen die erforderliche Breitenbasis. Die Forderungen wurden schärfer, der Ruf nach Unabhängigkeit immer lauter. Man organisierte Demonstrationen, Streiks und Boykotte, die prompt auf harte Gegenwehr stießen. Aber die Entwicklung war nicht mehr aufzuhalten. Am Ende mußten die Kolonialmächte weichen.

Der Kolonialismus hatte indes auch positive Effekte. Er ebnete, wenn auch mit Mitteln, die keiner Diskussion bedürfen, den Kolonialvölkern den Weg in die Moderne, obwohl dies nur kaum in der Absicht der Kolonialmächte lag. Die Pazifizierung trug wesentlich mit zum Aufbau landesweiter Infrastrukturen bei. Verwaltungsorgane, Schulen, Sanitätsdienste und moderne Kommunikationssysteme – Häfen, Straßen, Eisenbahnen, Post, Telefonverbindungen – wurden geschaffen, auch abgelegene Regionen wirtschaftlich erschlossen. Allerdings hatten die Kolonialmächte keinerlei Interesse an der Industrialisierung der Kolonien. Damit hätten sie sich nur um die erhofften künftigen Absatzmärkte gebracht. Die Logik setzte allerdings voraus, und darin lag der Fehler, daß die Konsumenten von morgen auch Verwendung für die westlichen Industriegüter besaßen, das heißt eben doch hinreichend assimiliert, also „europäisiert" waren, was ihnen die Assoziationsdoktrin verwehrte!

Immerhin aber konnten die neuen unabhängigen Staaten doch auf einigem aufbauen. Schlimmer waren, und das zeigen noch die Äußerungen späterer Staatsoberhäupter, Kirchenoberen, Schriftsteller und anderer mehr, die tiefe Demütigung, die noch lange offenen Wunden, die den Kolonialvölkern die Geißel des Rassismus ins Fleisch schlug. Die Afrikaner haben das von allen am härtesten zu spüren bekommen. Viel Schuld wäre da noch abzutragen.

Oben und unten: Aktien französischer und belgischer Kolonialhandelsgesellschaften.

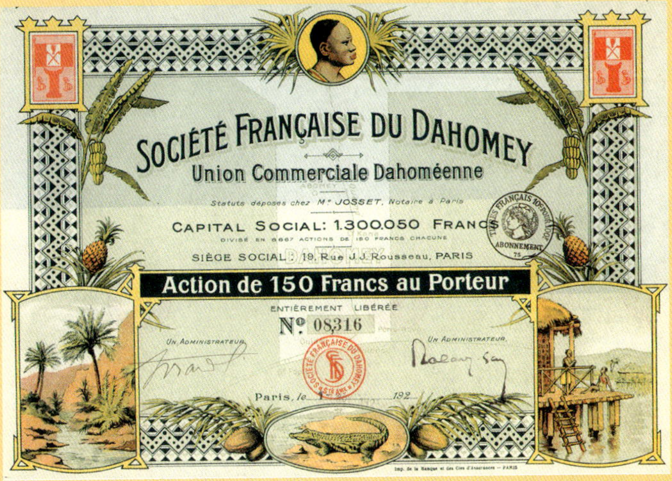

Erinnerung an die Kolonialherren

Weiße fanden, namentlich zu Beginn, weniger den Körperbau als vielmehr die Gesichtszüge der Schwarzafrikaner, da sie mehr von den ihren abwichen, oft geradezu abschreckend häßlich. Sie muteten ihnen „tierhaft", ja „affenartig" an. Lediglich den Frauen billigte man mitunter eine auffallend ebenmäßige, quasi statuarische Schönheit oder die geschmeidige Beweglichkeit von Raubkatzen zu. Entsprechend Dunkles vermutete man hinter den nachtschwarzen Fassaden. Entmutigte Missionare beklagten den „unwiderstehlichen Hang zum Stehlen und Lügen", das „mangelnde Schamgefühl" und die „stete Bereitschaft zu jeglicher Art von triebbedingten Genüsen", namentlich „die Laxheit auf sexuellem Gebiet". Die amerikanischen Anthropologen J. C. Nott und G. R. Gliddon befanden noch 1854 in ihrem Lehrbuch „Typen der Menschheit", daß in Afrika eine Bevölkerung lebe, „deren Verstand so dunkel sei als ihre Haut und deren Schädelbildung jede Hoffnung auf künftige Verbesserung als eine utopische Träumerei erscheinen lasse". Irritierend wirkte allerdings, daß Handflächen und Fußsohlen so merkwürdig hell waren. Der Afrikaner Luis Bernardo Honwana (geb. 1942) aus Moçambique, der nach seinem Schulbesuch in Lourenço Marques (heute Maputo) in Lissabon Jurisprudenz studiert hatte, später Reporter war und Kurzgeschichten schrieb, erinnert sich an die Versuche vieler Portugiesen, das erstaunliche Phänomen zu erklären. Ein Lehrer hatte die Vermutung geäußert, der Grund sei, daß die Afrikaner noch vor wenigen Jahrhunderten wie wilde Tiere auf allen Vieren gelaufen und so die Handteller und Fußsohlen besser vor der Sonneneinwirkung geschützt gewesen seien. Eine Dame meinte, Gott habe die Hand-

Bis auf die Hautfarbe detailgetreue Colon-Figuren der Ewe (Ghana), einen britischen Offizier und seine Frau porträtierend (um 1914). Tropenhelm und straff sitzende Uniform des Kolonialherrn sind Embleme der Macht und charakteristisch für die Mehrheit der Figuren, während europäische Frauen vergleichsweise selten dargestellt werden. Die Bezeichnung der Figuren rührt von den französischen Auswanderern her, die sich in den afrikanischen Kolonien ansiedelten und von ihren Landsleuten mit einer gewissen Geringschätzung „Colons" genannt wurden.

Neuere Colon-Figur aus Benin (1998), die als Wächter auf einem Mami-Wata-Altar stand. Der breitschultrige, „schwarze" Dargestellte mit Krawatte und Tropenhelm, steht ganz unafrikanisch stramm, die Hände an der Hosennaht – wie es einem europäisch gedrillten Kolonialsoldaten zukommt. Der Blick durchdringt die sichtbare Welt; überall her können Hexen und feindliche Geistmächte nahen, die von den Menschen nicht wahrgenommen werden und vor denen die Gottheiten der Kultgemeinden ihre Anhänger schützen.

Eine Colon-Figur aus Togo, um 1930. Sie wird als Wächterfigur auf einem Altar der Wassergöttin Mami Wata benutzt.

flächen der Schwarzen hell gemacht, damit sie das Essen, das sie für ihre weißen Herren zubereiten müßten, nicht beschmutzten. Ein Senhor Frias wieder hielt das alles für baren Unsinn. In Wahrheit habe es sich folgendermaßen zugetragen: „Als Gott die Menschen fertig geschaffen hatte, hieß er sie in einem himmlischen See baden. Nach diesem Bad waren die Menschen alle schön und weiß. Die Schwarzen aber waren in den frühen Morgenstunden geschaffen worden, und weil um diese Zeit das Wasser im See sehr kalt war, wuschen sie sich nur die Handflächen und die Fußsohlen, bevor sie sich anzogen und auf die Welt kamen."

In ihrer Selbstgefälligkeit kamen die Europäer nicht auf den Gedanken, daß die Afrikaner es umgekehrt ebenso sehen könnten. Henry Morton Stanley (1841–1904), der 1871 den verschollenen Livingstone „wiederentdeckte", machte zwar die Erfahrung, zog aber offensichtlich keine weiteren Schlußfolgerungen daraus. In seinen Reisenotizen schreibt er: „Indem ich mir diese Reihe von Gesichtern ansah, konnte ich darüber für mich nur die stille Bemerkung machen: häßlich, häßlicher, am häßlichsten. Blickte ich dann auf ihre schmutzigen, nackten Körper, auf die gewaltig großen, euterähnlichen, tief herabhängenden Brüste der Weiber und auf ihre unanständige Nacktheit im allgemeinen, so fasse ich alles, was ich schicklicherweise sagen konnte und was damit hinlänglich bezeichnet wird, in den Ausruf zusammen: ‚Fürchterlich'! Und wie sonderbar sie riechen, diese wunderlichen, kaum menschenähnlichen Geschöpfe, die um mich herumstehen und mich angaffen!" Stanley wunderte sich, daß dies nicht schweigend geschah, sondern man lebhaftes Interesse an seiner eigenen Herkunft und Person bekundete. Daraus entwickelte sich eine Diskussion, die in den Ausruf mündete: „Menschen! Es handelt sich tatsächlich um Menschen!" Stanleys Kommentar dazu: „Nun stelle man sich dies vor! Während wir Weißen hochmütig die Streitfrage unter uns erörtern, ob denn die vor uns stehenden Wesen wirklich Menschen sind, drücken diese ebenfalls starke Zweifel darüber aus, ob wir Weißen zum Menschengeschlecht gehören!"

Die Ethnologie hat hinreichend Beispiele dafür, daß alle Gruppen und Völker mit weitgehend intaktem Identitätsbewußtsein jeweils sich selbst für die Krone der Schöpfung halten. Die eigenen Leute gelten nicht nur als die tüchtigsten, klügsten und besten, sondern auch schönsten Menschen auf Erden. Andere, die dem Idealbild nicht entsprechen, erscheinen danach, und zwar proportional zum Maß der Abweichung und Entfernung, mit zwingender Konsequenz als weniger klug, tüchtig, zivilisiert, gut und schön. Europäer wurden – und werden – daher von Nichteuropäern als ebenso verschlagen, unmoralisch, kulturlos und häßlich empfunden wie umgekehrt. Guaikuru im südamerikanischen Chaco empfanden die Spanier im Verhältnis zu sich als gleichsam verwachsen, ungelenk in der Bewegung und schwächlich; insgesamt hielten sie die Europäer für

Colon-Figuren der Baule (Elfenbeinküste) aus den 50er Jahren. Typisch sind die kurzen Hosen und stark verkürzten Beine, bei der Frau die leicht angewinkelten Arme, sowie das glatte Haar. Der starre Blick beider Figuren scheint ins Leere, über den Betrachter hinweg gerichtet. Die Haltung jedoch bleibt gespannt, der Gesichtsausdruck wachsam.

Beton-Soldat als Wachfigur für verschiedene Kriegertempel in Ghana. Die Figur zeigt eine britische Militär-Haltung. Neben der steifen Haltung und Uniform, wurden die Europäer auch oft mit einer Flasche Gin in der Hand und Bart dargestellt. Ein Ethnologe pflegte während seiner Feldforschungen einen Vollbart zu tragen und kräftig Bier zu trinken, um nicht für einen Kolonialbeamten oder Missionar gehalten zu werden. Ersterer wurde als bartlos und Trinker, letzterer als Abstinenzler mit Vollbart cahrakterisiert.

Angehörige einer unterentwickelten Rasse. Die Trobriand-Insulaner in Melanesien meinten, sie seien allesamt Albinos; ihre Nasen erschienen ihnen wie scharfgeschliffene Axtklingen, ihre Augen wie Wasserpfützen. Praktisch von allen Kolonialvölkern wurden die Europäer als undiszipliniert, haltlos und unvernünftig wie das Vieh eingeschätzt.

Aufmerksamkeit fand wieder vor allem, was vom Eigenvertrauten besonders abwich. Afrikaner porträtierten die Europäer in den sogenannten Colon-Figuren häufig in Uniform und steifer, verkrampfter Haltung, mit einer Flasche Gin in der Hand und Bart. Der englische Ethnologe John Beattie pflegte während seiner Feldforschung in Uganda einen üppigen Vollbart zu tragen und nach Kräften dem ihm angebotenen Bier zuzusprechen – um weder für einen Kolonialbeamten noch einen Missionar gehalten zu werden: Erstere nämlich wurden als bartlos und Trinker, letztere dagegen als Abstinenzler mit Vollbart charakterisiert. An allen Europäern mißbilligte man den scharfen Körpergeruch, die sprachliche Unbeholfenheit, die unschönen Gesichtszüge und die absonderlichen Trachten und Gewohnheiten – mit einem Wort: Es konnte sich nur um Wilde handeln! Die englische Ethnologin Mary Douglas, welche Ende der 40er Jahre im südlichen Zaïre bei den Lele arbeitete, die bis dahin noch kaum Weiße zu Gesicht bekommen hatten, erfuhr von einer Gesprächspartnerin, sie wisse es zu schätzen, daß ihr Besuch ihnen die Gelegenheit geboten habe, sich ein realistisches Bild von den Weißen zu machen. Man habe Zweifel gehabt, ob sie überhaupt Zähne und Augenbrauen besäßen.

Wie alle weitab wohnenden Völker, hielten die Afrikaner auch die Europäer für Kannibalen, ja teils für jene sagenumwobenen, halb menschlichen, halb tierischen Misch- und Monsterkreaturen,

Beton-Soldat als Wachsfigur eines posuban (Kriegertempel) in Ghana.

Die Kriegervereinigung der Fante errichten sich eigene Denkmäler, sogenannte posuban. Die Architektur dieser Gebäude erinnert an die Forts der früheren Kolonialherren, deren militärischer Charakter durch die Ausstattung zum Beispiel mit Kanonen und Soldaten unterstrichen wird.

wie man sie früher bei allen Völkern der Erde am Rand der Welt vermutete. Die Lugbara in Uganda versicherten dem englischen Ethnologen John Middleton noch in den 50er Jahren, die Briten würden „auf ihren Köpfen laufen und dergestalt riesige Entfernungen überwinden. In dem Augenblick allerdings, in dem sie sich beobachtet sehen, beginnen sie unvermittelt, auf den Füßen zu gehen. Werden sie angegriffen, verschwinden sie flugs unter der Erde und tauchen erst in einiger Entfernung wieder auf, um sich nunmehr erneut auf dem Kopf fortzubewegen". Harmlosere Eigenheiten fielen ebenfalls auf. Ein Afrikaner erinnert sich zum Beispiel: „Die Weißen sind äußerst buchstabengläubig. Ich glaube kaum, daß sie etwas im Kopf behalten können, wenn sie es nicht aufgeschrieben haben. Schon oft habe ich geschäftlich mit ihnen zu tun gehabt. Jedesmal, wenn ich kam, mußten sie sich Notizen machen, bevor sie sich mit meinen Wünschen beschäftigen konnten."

Unangenehm, häßlich, aufdringlich, taktlos, unbeholfen, leicht zu täuschen und ohne Manieren – so etwa leben die einstigen Kolonialherren in der Erinnerung vieler Afrikaner fort. Leider besteht auch heute noch oftmals Anlaß, das alte Bild bestätigt zu finden. Erfahrungen mehr auf der einen, Vorurteile mehr auf der anderen Seite gehen dabei eine verhängnisvolle, nur schwer auflösende Allianz ein. Immerhin gelang es den Afrikanern, die Europäer mittels der typisierenden Stilisierung oder Darstellung, wie in Gestalt der Colon-Figuren, ihrer Kultur zu integrieren und sie auf diese Weise „magisch" beherrschbar zu machen, sich durch ihre Karikierung wenigstens künstlerisch über sie zu erheben.

Die Bezeichnung „Colons" trifft strenggenommen nur auf die afrikanischen Kunstwerke zu, die während der Kolonialzeit im Umkreis moderner Kulte entstanden und Ausdruck der Auseinandersetzung mit dem Kolonialismus sind. Lange Zeit verachteten Ethnologen wie Kunstsammler diese naiven Darstellungen als wenig „originale", minderwertige „Verfallsprodukte" der afrikanischen Kunst – bis der deutsche, im amerikanischen Exil lebende Ethnologe Julius Lips sie vor einem halben Jahrhundert für die Wissenschaft „entdeckte". Seiner Meinung nach beabsichtigt der „primitive Künstler" mit den Figuren nicht, ein naturalistisches Porträt der Weißen zu entwerfen; vielmehr „aus dem großen Speicher seiner Imagination" schöpfend, gelinge es ihm, das typisch Bedeutsame herauszustellen und gerade so das Wesen der modernen Zivilisation treffend zu erfassen.

Tatsächlich zeigen Colon-Figuren nicht selten den Schrecken, in den der Anblick des Europäers den Künstler versetzte. Die Physiognomie ist oft nur durch Zeichen angedeutet – etwa einen Schnurr- oder Spitzbart, eine große Nase, glattes Haar – manchmal auch treffend erfaßt, wenigstens in ihren Grundzügen. Die Colon-Figuren der Frühzeit bilden die Personengruppen ab, mit denen der Künstler oder sein Auftraggeber direkt zu tun hatten: Soldaten, Händler und Missionare. Wie auch viele Stücke der traditionellen westafrikanischen Plastik stehen Colon-Figuren häufig in Schreinen und auf Altären, die Gottheiten oder Geistern, nicht aber Ahnen, gewidmet sind. In diesem Fall wurden sie, wie oft auch anderes Kulturgut westlicher Herkunft, in die traditionelle Vorstellungswelt übernommen und entsprechend radikal umgedeutet.

Die Kriegervereinigungen der Fante

Die Mitglieder einer asafo-Kompagnie, in Krofu, Ghana, einer Vereinigung von Kriegern, der früher die Verteidigung in den Akan-Reichen oblag, hängen ihre Kriegerfahnen heraus. Ihr Schmuck und ihre Verzierungen rühmen die Stärke der Kompagnie, ihr Motto „come and try" drückt ihre ungebrochene Kampfbereitschaft aus.

„Ein toter Löwe ist mehr wert als ein lebender Leopard", was bedeutet: „selbst in Bestform vermag eine rivalisierende Kompagnie der eigenen nicht das Wasser zu reichen" – diese stolze Selbsteinschätzung sollen die Embleme der asafo-Fahnen und -Schreine dem Betrachter und vor allem den Rivalen vermitteln.

Kriegervereinigungen oder asafo-Kompagnien (sa „Krieg", fo „Leute") gibt es in allen Akan-Reichen. Früher waren sie für die Verteidigung zuständig. Im 19. Jahrhundert brachen sich an ihnen zahlreiche Invasionen aus dem Hinterland, vor allem der Asante, denen es um einen Zugang zur Küste ging. Im 20. Jahrhundert bekämpften sich die verschiedenen Vereinigungen auch untereinander, bis die britischen Kolonialherren sie entmachteten und durch Söldner ersetzten. Daß man ihnen die kriegerischen Aufgaben nahm, hat die asafo jedoch kaum geschwächt. Sie machten aus der Not eine Tugend und entwickelten eine höchst ausdrucksreiche Kunst, deren wesentliche szenische Elemente Kostüme, Fahnen und Schreine sind. Seither wetteifern sie untereinander nur mehr mit künstlerischen Mitteln.

Die in ihren Grundzügen demokratischen asafo-Vereinigungen bilden ein Gegengewicht zur aristokratischen Ämterbürokratie der matrilinearen Akan, die Titel über die mütterliche Linie (abusua) vererbt. Entsprechend zählen die Ahnen, denen die offizielle Verehrung gilt, zur mütterlichen Familie: „Eine Frau eines bestimmten Klans gebiert immer einen Ahn des gleichen Klans". Einer asafo-Vereinigung hingegen gehört man kraft seiner väterlichen Abstammung über die sogenannte ntoro-Gruppe an. Das ntoro entspricht einer vom Vater überkommenen Lebensseele, die für die geistigen Fähigkeiten und bestimmte Charaktereigenschaften des Menschen, vor allem Tapferkeit, Unerschrockenheit und Mut verantwortlich ist. Diese Gaben stammen immer vom Vater, „da" – wie es in einem Sprichwort heißt – „eine Krabbe keinen Vogel zur Welt bringt". Die verschiedenen ntoro stammen ursprünglich aus der natürlichen Umwelt, aus Gewässern, Felsen und Bäumen und besitzen daher eine enge Bindung an die Naturgottheiten (abosom), die nicht nur Wachstum und Fruchtbarkeit fördern, sondern früher auch die Führung im Krieg übernahmen. Beim Tod geht das ntoro nicht in die Jenseitswelt ein, sondern vereinigt sich mit seinem obosom (Sg. von abosom) oder steht Personen des gleichen ntoro bei.

Religiöses Zentrum und „Aufmarschstätte" der Kompagnien ist ein Heiligtum, an dem die ntoro-Gruppen ihren Göttern opfern und die jungen Männer zu Kriegern geweiht werden. Nach Abschluß der Pubertät und Heiratsreife, etwa im Alter von 18 Jahren, leisten die jungen Männer der Kompagnie des Vaters den Treueeid und werden damit zu vollwertigen Mitgliedern. Künftig hat die Verpflichtung gegenüber dem Vater und der väterlichen Militärkompagnie gegenüber allen anderen Bindungen Vorrang. Das konnte früher bedeuten, daß man im Ernstfall sogar gegen die mütterliche Verwandtschaft ins Feld zog.

Das ntoro-Heiligtum selbst war ursprünglich ein einfacher, etwa 35 Zentimeter hoher „Medizinhügel" (esiw, siw „Erdhügel") aus Tonerde, dem Wasser und eventuell vegetabilische Substanzen zur Härtung beigemengt wurden. Ein Schildkrötenpanzer zur Abdeckung bot Schutz vor Regen und Wetter. Errichtet wurde der Hügel häufig an einer Stelle, an dem ein bedeutendes Mitglied der Kompagnie begraben lag oder eine entscheidende Schlacht stattgefunden hatte. Man weihte die Stätte, indem man dort eine Medizin (edur), manchmal auch die abgeschlagenen Köpfe der Feinde vergrub, was ihr zusätzlich Kraft verlieh. Unmittelbar nahebei befand sich ein heiliger Baum (dua ese), der als Sitz der von der ntoro-Gruppe verehrten Naturgottheit (obosom) galt und mit einem Rohrzaun umwehrt war. Der Lokalgott erfuhr „Verstärkung" durch die anderen Geistmächte des Viertels (bron), die in ihrer Gesamtheit der Kompagnie Unterstützung gewährten. Nach dem Kontakt mit den Briten und ihrem Militär wurde der obosom bald auch als posuban bezeichnet, wahrscheinlich eine Verbindung des englischen „post" (Militärposten) mit dem Fante-Wort iban (Befestigung). Weiterhin gehörte zum Heiligtum noch eine Hütte (buw), in der die Kompagnie Besitz, Ausrüstung und Kultrequisiten aufbewahrte.

Im letzten Viertel des 19. Jahrhunderts begannen namentlich die asafo-Kompagnien in den Küstenreichen, diese „Posten" zunehmend und erfinderisch auszuschmücken. An die Stelle ihrer vormaligen kriegerischen Aufgaben trat eine neue Art von Wettstreit: Nunmehr suchte man einander durch Ausstattungspomp, prunkvolle Paraden und einen neuen Typus von Bauten auszustechen, deren extravagante Architektur immer weniger mit den traditionellen Vorbildern gemein hatte.

Die Fahnen bilden gleichsam das bewegliche Gegenstück zu den posuban. Häufig zieren auch sie dieselben Motive. Bereits zu Beginn der ersten Kontakte pflegten die Weißen die lokalen Machthaber mit europäischen Flaggen zu beehren. Fahnen mögen daher an der Küste seit gut 300 Jahren in Gebrauch sein. Im Oberteil der asafo-Fahnen findet sich fast immer die britische oder ghanaische Nationalflagge dargestellt, wodurch sich „alte", vor der Unabhängigkeit (1957) entstandene Fahnen leicht von „neuen" unterscheiden lassen.

Reiche asafo-Kompagnien verfügen über bis zu 300 Meter lange Fahnen. Wie auch sonst in der Akan-Kunst üblich, tragen sie Sprichwörter und Lebensweisheiten, sie erzählen daneben aber auch in Bildern die Geschichte der Kompagnie. Während der Feierlichkeiten zum großen Jahresfest werden sie zur Erinnerung von langen Prozessionen durch die Straßen getragen.

Die Demonstration der eigenen Überlegenheit diente zugleich der Herabsetzung des Gegners.

Die Entwicklung setzte etwa um 1880 ein (der erste dokumentierte Fall stammt von 1888). Seither entstanden zahlreiche neue Schreine, 1977 waren es im Fante-Gebiet 71 an der Zahl: großangelegte Zementbauten, die teils bis zu zehn Meter hoch und vier Meter breit sind. Diese posuban sind reich dekoriert und sowohl mit traditionellen – zum Beispiel Löwe und Leopard – als auch „modernen" Machtsymbolen – wie Flugzeugen und Kanonen – versehen. Letztere stammen entweder von den europäischen Forts an der ghanaischen Küste aus dem 17. Jahrhundert oder sind auf die Wände der Heiligtümer gemalt. Bisweilen stellen auch die posuban selbst stilisierte Nachbildungen von Forts, ja häufiger noch Kriegsschiffen dar.

Geblieben indes ist der heilige Baum in der Nähe der posuban, während die Hütte den Monumentalbauten wich, die sowohl als Magazin wie Versammlungsstätte und Kultlokal dienen.

Nicht nur in jedem Reich, auch in jeder Stadt der Fante gibt es mehrere asafo-Kompagnien, deren Namen häufig an eine bedeutsame Schlacht oder sonstwie für ihre Mitglieder historisch bedeutsamen Ort erinnern. Allesamt machten sie früher die Wehrkraft des Reiches aus. Seit der Kolonialzeit tragen sie neben den Namen auch Nummern: Die Briten, bemüht, Händel unter den verschiedenen Einheiten zu unterbinden, hatten ihre Registrierung angeordnet. Die twafo-Kompagnie (von twa „durchschneiden"), die in der Stadt Anomabu ehemals die Vorhut stellte, ist seitdem die Kompagnie Nummer eins; die adonten-Kompagnie („Hauptkörper") im Zentrum die Nummer drei usw.

Doch nicht nur die Monumente, auch Bedeutung und Einfluß der asafo sind groß. Da sie die Interessen ihrer Mitglieder gegenüber den Obrigkeiten vertreten, sichert die Zugehörigkeit zu einer der Vereinigungen dem „Normalbürger" indirekt Mitspracherechte, zumindest in Angelegenheiten, die traditionelle Belange betreffen: Nominell nämlich unterstehen die asafo-

Kompagnien dem Fürsten (omanhene), der aber, um regieren zu können, ihre Unterstützung benötigt. Seine Einsetzung gilt nur dann als rechtskräftig, wenn die Kriegerverbände daran teilhatten – wo nicht, bleiben Zweifel an seiner Legitimität. Mit ihrem Erscheinen oder Fernbleiben bei den Reichsfesten – vor allem bei der „Pfadreinigung" (akwambo), dem wichtigsten Fest des ganzen Jahres – können sie Druck auf den omanhene ausüben: Ohne ihre Teilnahme kann das Fest, das der Gemeinschaft das Wohlwollen der Ahnen und Götter sichern soll, nicht stattfinden. Ihre offene Opposition könnte sogar zur Amtsenthebung des Fürsten führen.

Die asafo-Kompagnien erfüllen aber auch vielfältige soziale und öffentliche Aufgaben. Sie legen Wege, Straßen und Marktplätze an, errichten Gemeinschaftsgebäude und führen Rettungsaktionen durch, indem sie im Busch nach Verschollenen suchen, Ertrunkene bergen und Brände löschen. In Not geratene Mitglieder erhalten Unterstützung. Früher wachten sie auch über die Tugend der Frauen ihrer Bundgenossen. Allerdings schöpften sie nur beim Tod eines Mitglieds Verdacht und unterzogen die Witwe dem „Wahrheitstest" eines Ordals. Auch eine eigene Rechtsprechung ist ihnen noch verblieben, die heute allerdings nur noch die unentschuldigte Abwesenheit bei wichtigen Zeremonien, seltener auch ein Magiedelikt ahndet.

In religiöser Hinsicht spielen die Verbände, abgesehen von ihrer Beteiligung an den bereits erwähnten jährlichen Festen, vor allem bei den Bestattungsfeierlichkeiten ihrer Mitglieder eine Rolle. An bestimmten Tagen gedenken sie auch ihrer Toten. Bei der Fischerbevölkerung handelt es sich dabei um einen Dienstag, weil er dem Meeresgott, bei den Bauern um den Freitag, der der Erdgöttin geweiht ist. Dann versammelt sich die Kompagnie am „Posten" und zieht gemeinsam zum Haus der gastgebenden Lineage (abusua), um dort den Nachmittag – trommelnd, unter Gewehrfeuer und ihre Kampflieder singend – gesellig zu verbringen. Diese Ehrung lassen sie nur Mitgliedern zuteil werden. Die einzige Ausnahme bildet der omanhene, an dessen Begräbnisfeierlichkeiten sich alle asafo-Kompagnien beteiligen.

Jede Kompagnie (etsikuw, Sg. etsiku, „Gruppe von Köpfen") kennt unterschiedliche Rangpositionen, von denen einige vererbt, die meisten jedoch im Wahlverfahren vergeben werden. Die Führung der Kompagnie bilden die Ältesten mit einem Oberbefehlshaber oder Kommandanten, dem asafohen oder supi, an der Spitze. Gewöhnlich ist das der älteste Offizier, es könnte aber auch ein anderer gewählt werden. Vor seinem Amtsantritt „flieht" der Betreffende und muß wieder „eingefangen" werden. Anschließend durchläuft er ein Initiationsritual, an dessen achtem Tag er seinen Eid ablegt und im Rahmen der Abschlußfeierlichkeiten die Kompagnie reichlich mit Getränken aushält. Ein neuernannter asafohen muß auf eigene Kosten eine neue Fahne nähen lassen, die dann in den Besitz der Kompagnie übergeht. Fortan stehen unter seiner Kontrolle alle Fahnen, dazu das Gewehrpulver und die Kriegstrommel der Gruppe sowie etwa zehn bis vierzig Männer: Offiziere der unterschiedlichsten Ränge, Fahnenträger, Trommler und Priester.

Wie schon erwähnt, bilden die Fahnen einen hochbedeutenden Besitz der Kompagnien: Sie stellen Erinnerungsmale ihrer Kommandanten und herausragender Ereignisse ihrer Vereinsgeschichte – etwa der Einweihung eines neuen posuban – dar. Seiner Fahne verlustig zu gehen, bedeutet eine große Schande; kam es früher im Kampfgeschehen dazu, galt das als Zeichen der sicheren Niederlage. Insofern bedarf sie strengster Bewachung, eine Aufgabe, die der „Erste Späher" oder „Kundschafter" (asikamaten) erfüllt, der dem Fahnenträger (frankakitsanyi, franka „Fahne", kitaa „halten", nyi „Person") in Kriegs- wie in Frie-

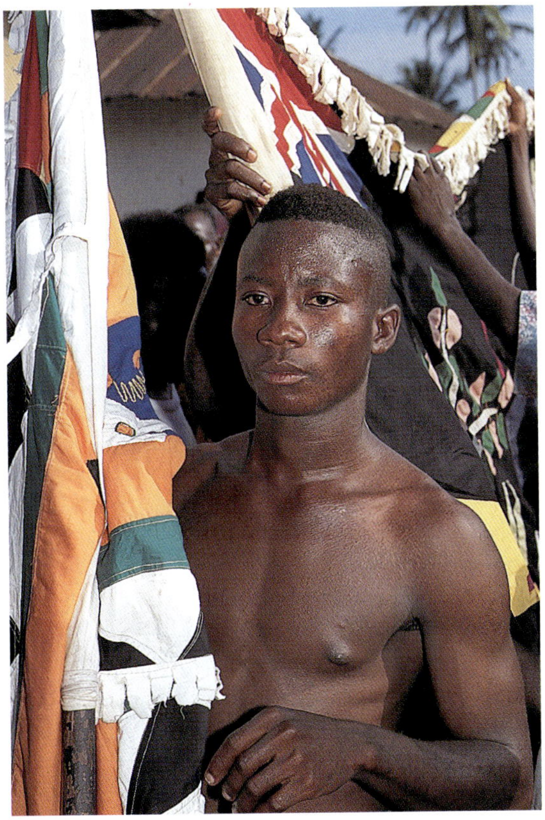

Durch taktische Bewegungsmanöver wird die Fahne immer wieder den Augen der Zuschauer entzogen: Der Träger wickelt sie sich um den Leib oder übergibt sie aufgerollt einem anderen Mitglied der Kompagnie in Verwahrung, anschließend, von lautem Getrommel und Gong-Schlägen begleitet, wird sie triumphierend aufs neue geschwenkt .

Der Auftritt der Fahnenträger bringt choreographisch wie gestisch den Anspruch der Kompagnie auf Vorrang, Stärke, die Schutzgewähr ihrer Mitglieder und Kampfbereitschaft dem Gegner gegenüber zum Ausdruck. Ihr Tanz stellt in spielerischer Manier vergangene Schlachten nach. Typisch ist z. B. die Szene, daß die Fahne erst präsentiert wird und sich der Träger dann darauf legt – um anzuzeigen, daß er sich im sicheren Vertrauen auf den Sieg seiner Kompagnie in aller Ruhe schlafen legen kann. Ein andermal zeichnet er „Fallen" oder „Hexenlöcher" auf den Boden, in denen sich die Feinde verstricken werden.

denszeiten nicht von der Seite weicht. Der trug früher das Tuch in die Schlacht, während heute seine Aufgabe nur mehr darin besteht, bei den verschiedenen Feierlichkeiten, wozu auch christliche Feste wie Ostern zählen, mit der Fahne zu tanzen. Dabei wird er sogar von etwa zwölf „Spähern" (asikamafo) umwacht. Seine Raffia-Kleidung, mit zahlreichen Glöckchen, Perlen und Amuletten besetzt, erinnert noch schwach daran, daß er ehemals auch priesterliche Funktionen erfüllte.

Einen wichtigen Rang bekleidet auch der Trommler (akyerema). Während er früher beim Kampf die Befehle der Anführer weitergab, trommelt er heute nur mehr die Mitglieder zu den Zusammenkünften zusammen. Die Kompagnie-Trommel (asafo kyen) gilt als heilig. Sie wird aus dem Holz des odum-Baumes (Erythophleum guineense) geschnitzt, der Sitz einer Naturgottheit (obosom) ist, die sich bevorzugt Jägern offenbart. Bevor man ihn fällt, wird ihm geopfert, wie auch die Trommel später immer wieder Eier- und Hühneropfer erhält.

Jede Kompagnie hat zudem ihren eigenen Priester (komfo oder osofo), dessen besondere Pflicht es ist, die Götter auf die je eigene Seite zu ziehen, sie der Kompagnie gewogen zu stimmen und „Medizinen" (edur) herzustellen, die den Kriegern Unverletzlichkeit garantiert. Da auch Frauen Mitglieder der Kompagnie ihres Vaters sind, verfügen einige Kompagnien über weibliche Hilfstruppen, die von einem oder zwei weiblichen Offizieren angeführt werden. Früher zog ein Teil der Frauen mit in die Schlacht, um für die Krieger zu kochen und sie zu umsorgen. Heute begleiten sie die Männer noch zu den wichtigen Zeremonien, wo sie die Krieger bei Tanz und Gewehrfeuer preisen und hochleben lassen. Alle Unterabteilungen (etsikuw) schließlich unterstehen einem Chefkommandeur (tufohen, „Chef der Gewehrschützen"), dessen Hauptaufgabe darin besteht, Streitigkeiten zwischen den verschiedenen Abteilungen zu schlichten. Das verlangt Unparteilichkeit, weshalb er mit seiner Wahl die Bindung an seine Kompagnie aufgibt.

Für die Mitglieder der asafo-Kompagnien ist die Fahne der bedeutsamste Ausdruck ihrer Ehre. Früher war es üblich, den Gegner durch beleidigende Bilder auf den eigenen Fahnen „niederzumachen". Schon 1860 mußten deshalb alle Kompagnien in Cape Coast ihre Fahnen vor ihrer Schaustellung dem Gouverneur vorlegen, um ihre Motive genehmigen und registrieren zu lassen. Wurden ungenehmigte Fahnen gezeigt, hatten die Verantwortlichen mit Strafen zu rechnen. Noch heute muß jedes neue Motiv vom Fürsten, dem Chefkommandeur (tufohen) und den asafo-Ältesten gebilligt werden.

Obwohl die Anzahl der Symbole enorm ist, kreisen sie immer wieder um dasselbe Thema: die alles übertreffende Macht und der strahlende Ruhm der eigenen Kompagnie. Alte, mit den Jahren zerschlissene Fahnen können „modernisiert“ oder durch neue ersetzt werden. Gleichwohl bewahrt man sie zur Erinnerung an die Ahnen und vergangene Ereignisse auf.

Die Fahnen bilden einen hochbedeutendnen Besitz der Kompagnien. Seiner Fahne verlustig zu gehen, bedeutet eine große Schande, so daß es strengster Bewachung bedarf, die vom „Ersten Späher“ übernommen wird. Er ist es auch, der bei den verschiedensten Festen, auch christlichen wie Ostern, mit der Fahne tanzt.

Zum Repertoire der Fahnenträger zählen auch athletische Darbietungen.

Posuban, die Tempel der Krieger

Entlang der Küste zwischen Winneba und Takorad haben die asafo-Kompagnien ihre Schreine errichtet. Der „man of war"-Schrein steht im Zentrum der Ortschaft Anomabu, Ghana, und ist der Schauplatz der großen Jahresfeste, bei denen die Fahnen der Kompagnien gezeigt werden.

Die Fante bezeichnen die Monumente, mit denen sich die Kriegervereinigungen ihr je eigenes Denkmal setzen, beliebig mal als Fort, Kastell, posuban, Posten oder Schrein. Hauptkennzeichen ist ein zentraler Posten, der offensichtlich eine Nachbildung der Flaggenmäste in den europäischen Forts darstellt. Auch ihrer Architektur nach gemahnen viele posuban an die Forts, die zwischen dem 15. und 18. Jahrhundert an der Küste Ghanas entstanden. Ebenfalls häufig sind Nachbildungen von Kirchen und – namentlich – Kriegsschiffen. Der militärische Charakter der Vereinigungen wird zusätzlich unterstrichen durch Kanonen und Geschützkugeln sowie die typischen Skulpturen der posuban: Soldaten, entweder im traditionellen Kriegshemd (batakari) oder in europäischer Uniform, Polizisten, Prediger, abgeschlagene Köpfe sowie Löwen und Leoparden, als Ausdruck der „Wildheit" der Vereinigungen. Die Vielfalt der Motive ist in der Tat beeindruckend; „traditionelle" und „moderne" sind auf das großzügigste miteinander kombiniert.

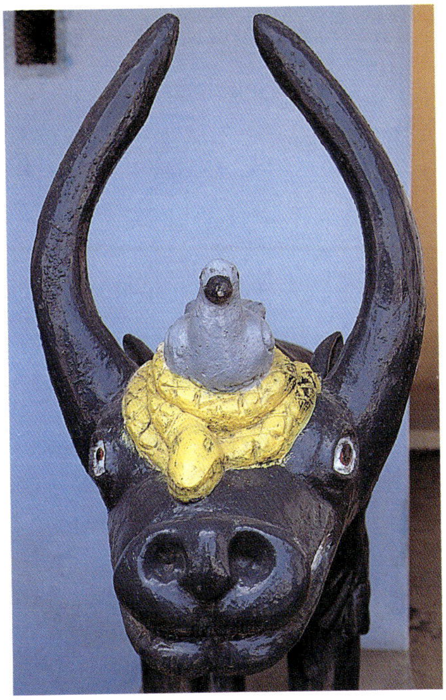

Oben: posuban-Schrein mit Kriegern, Dämonen und Tieren in Mankessim, Ghana. Dieser Kriegertempel gilt als einer der schönsten Fante-posuban in ganz Ghana.

Ganz links und links: Detailaufnahmen von posuba-Figuren: Ein Stier mit Schlange und Taube auf dem Kopf und ein Löwe mit offenem blutigen Maul.

Die Himmlischen Christen

Ein Bischof der Himmlischen Christen (Lac Nokoué, Benin). Der äußere Pomp – wie die Gewänder der Kirchenfürsten – sind dem Vorbild der katholischen Kirche nachempfunden, Glaube und Praxis bauen allerdings auf dem Weltbild der Yoruba auf.

Rechte Seite oben: Himmlische Christen auf dem Weg zum Gottesdienst.

Rechte Seite unten: Am Dammdurchbruch zum Lac Nokoué in Cotonou empfangen zwei Frauen nach ihrer Taufe den himmlischen Segen.

„Die Himmlischen Christen sind das letzte Rettungsboot. Wer es nicht besteigt, wird im tiefen Wasser ertrinken" – lautet die zentrale Botschaft in Predigten und Hymnen der Glaubensgemeinschaft der „Himmlischen Christen" (Celestial Church of Christ, abgekürzt CCC). Die CCC wurde 1947 auf Initiative des Yoruba Samuel Bilehou Oschoffa (geb. 1909) gegründet. Er war Zimmermann und kam so oft auch allein in den Wald. Eines Tages, als er in der Nähe von Toffin, einem Dorf in den Magrovesümpfen der Region Garvié, andächtig ins Gebet versunken war, hörte er eine Stimme „Luli, Luli, Luli" sagen und gleich darauf mit „Die Gnade Jesu Christi" übersetzen. Dieser ersten am 23. Mai 1947 folgte am 29. September eine zweite Audition, diesmal von einer Erscheinung begleitet, die ihn hieß, eine Kirche zu gründen:

„…beim Gebet mit Freunden in meinem Haus kam ein starker Lichtstrahl wie von einem Autoscheinwerfer auf mich zu. Dahinter stand ein geflügeltes Wesen mit einem Körper wie von Feuer, dessen winzige Augen auf mich zuflogen. Der Lichtstrahl wurde immer kürzer, bis das Wesen etwa einen Meter vor mir stand. Daraufhin sprach es: ‚Gott erteilt dir den Auftrag, der Welt zu predigen. Viele Christen suchen, wenn sie Probleme haben oder in Schwierigkeiten sind, immer noch Hilfe bei den Fetisch-Priestern und anderen finsteren Mächten. Sie sterben in dem Bewußtsein, Christen zu sein, obwohl sie längst keine mehr sind, da Satan ihnen sein Zeichen aufprägte. Deshalb können sie nach ihrem Tod nicht zu Christus gelangen. Gott beauftragt dich, der Welt zu predigen und sie zu ermahnen. Damit man dir glaubt und die Menschen auf dich hören und dir nachfolgen, wirst du in Jesu Christi Namen Wunderheilungen vollbringen, die davon Zeugnis ablegen, daß Gott dich gesandt hat.' "

Der Prophet Oschoffa hatte Erfolg, da er eine starke charismatische Persönlichkeit war. Bereits drei Jahre nach seiner Berufung hatte sich die Bewegung über weite Teile Dahomeys und Nigerias verbreitet. Heute existieren Zweigstellen nicht nur in Togo, Ghana, Senegal und der Elfenbeinküste, sondern auch in Europa, den Vereinigten Staaten und Kanada. Aus einer kleinen Schar von Gläubigen ist allein in Afrika eine große Gemeinde von weit über zehn Millionen „Himmlischer Christen" erwachsen. Nach dem Tod des Propheten, der 1985 einem Autounfall erlag, blühte ein wahres Blumengebinde an Legenden über sein Leben und vor allem seine Wunderheilungen auf. Während der Zeit, als er im Busch ‚verschollen" war, sollen ihn zum Beispiel ein Vogel und ein Affe mit wildem Honig am Leben erhalten haben.

Im Zentrum des Kults der neuen Kirche stehen Gebete, Beichten und Prophezeiungen. Träume, Visio-

Himmlische Christen beim Sonntagsgebet in ihrer Kultstätte auf dem Lac Nokoué. Auf dem See hat die Kultgemeinde zahlreiche Anhänger gefunden: Tausende tragen inzwischen weiße Tuniken mit den dazugehörigen weißen Ballonmützen.

nen, Trance und Zungenreden werden als Offenbarungen des Heiligen Geistes oder von Schutzengeln angesehen. Die Sendung des Propheten Oschoffa richtet sich – wie bei vielen afrikanischen charismatischen Bewegungen – wider den „Satan", die „Fetischpriester" und andere „Mächte der Finsternis", denen es immer wieder gelingt, die Menschen mit Wahrsagerei, Amuletten, Talismanen und „Fetischen" in ihren Bann zu ziehen. Hinter dem Fürsten der Hölle steht ein gewaltiges Heer von Dämonen, das seine Bemühungen tatkräftig unterstützt. Die Himmlischen Christen glauben, daß ihre Kirche bereits im Himmel existierte, bevor sie herabgesandt wurde, um auch auf der Erde einen „himmlischen Raum" zu schaffen. Das besagt auch ihre originäre Bezeichnung Le Christianisme Céleste („das himmlische Christentum"), die Alexander Yanga, einem Jünger, der sich bei Oschoffa einer geistigen Heilung unterzog, am Ende einer siebentägigen Einkehrungszeit offenbart wurde. Die Kirche versteht sich nicht nur als weltliche Auslegung der Mutterkirche im Himmel und „Rettungsboot", sondern auch als Brücke von der Erde zum Himmel.

Die Grundlage der Glaubensannahmen der Himmlischen Christen schöpft aus dem Weltbild der Yoruba, demzufolge die Welt aus dem Himmel (orun), der Wohnstatt geistiger Wesen, und der Erde (aye) besteht, auf der die Menschen leben. Erstere setzen sich aus den Gottheiten (orisha) und „Kriegsherren" (ajogun) zusammen. Die orisha sind den Menschen wohlgesonnen und spenden ihnen Segen, solange sie ihre Vorschriften einhalten. Die ajogun dagegen trachten danach, die Menschen zugrunde zu richten. Ihre gefürchtetsten Repräsentanten sind Iku, der Tod, Arun, die Krankheit, Ofo, der Verlust, Egba, die Lähmung, Epe, der Fluch, Ewon, das Gefängnis, Oran, „großer Ärger", und Ese, der für alle Arten von Leid steht. Vor ihnen schützt allein die rechte Verehrung der guten Mächte. Weiteres Unheil stiften die Hexen (aje) und Zauberer (oso), Wassergeister (emere) und die Seelen der früh verstorbenen Kinder (abiku). Die Erde liefert die Bühne, auf der, zwischen den Fronten der lichten und der finsteren Mächte, der Mensch sich zu behaupten hat und sein Los (ori) zum Guten wie zum Bösen zu wenden vermag.

Vor diesem Hintergrund entfaltet sich das Wirken des Propheten Oschoffa und seiner Gemeinde. Unerklärliche oder unheilbare Krankheiten, Unfruchtbarkeit, vorzeitiger Tod, Arbeitslosigkeit, ja alles Leid, das die Menschen heimsucht, sind das Werk der übelwollenden Mächte. Geändert hat sich allein die Art und Weise, wie man sich dagegen zur Wehr setzt. Im traditionellen Yoruba-Milieu suchen die Leidenden Rat und Hilfe beim Orakelpriester (babalawo), der in der Regel, um die Geistmächte zu versöhnen und drohendes Unglück abzuwenden, Opfergaben (ebo) empfiehlt. Die neue Kirche indes bekämpft das Böse mit himmlischer Hilfe. Im Gebet empfangen die Gläubigen „geistige Botschaften" in Form von Prophezeiungen, Visionen, Auditionen und Träumen. Hingebungsvolles Beten bringt sie dem Himmel nahe und öffnet ihnen die Augen für das Wirken Gottes (Jehovah), Jesu Christi (Jesu Kristi), des Heiligen Geistes (Emi Mimo) und der Engel (maleka/angeli) wie für die Verführungskraft der Unheilsmächte.

Unter den himmlischen Heerscharen nehmen die vier Erzengel (maleka) eine führende Position ein. Der Erste unter ihnen, Michael, führt das „geistige Schwert" (ida) gegen die Feinde des Glaubens (ajogun, aje und oso). Als Siegesengel und Beschützer der Kirche untersteht er direkt Jesus Christus. Entsprechend werden die meisten Gebete mit der Anrufung eingeleitet: „Jehovah, Jesu Kristi, Michael Mimo, Oga Ogun" – „Jehovah, Jesus Christus, Heiliger Michael, unser Kapitän". Er, der den anderen Engeln ihre verschiedenen Aufgaben zuweist, residiert im Osten und hat seinen Platz am Kopf der Kirche. Gabriel, der Schutz- und Segensengel, der Heilung – besonders von Unfruchtbarkeit – schenkt und die Demut verkörpert, herrscht über den Westen. Im Süden, auf der Seite des Ozeans, residiert Raphael, der Leid und Krankheit wehrt. Uriel endlich, der Geschenke und Gaben gewährt, gebietet über den Norden. Ihnen untergeordnet sind zahllose weitere Engel, von denen aber nur zwei noch namentliche Beachtung finden: Jimata, der Engel der Wasserwelt, und Jerimo Yamah, der das Licht und den Glanz Gottes verbreitet. Die Bibel, die das Wort Gottes enthält, stellt eine kraftvolle Waffe wider die Unheilsmächte (ajogun, aje und oso) dar, lehrt sie das Fürchten und läßt sie erzittern. Ihnen bleibt das „rettende Boot" versagt.

Die Himmlischen Christen besitzen eine strenge Hierarchie, was auch ihre Kleidung zum Ausdruck bringt: Blaue Schärpen kennzeichnen z. B. die „Visionäre", denen über das Gebet Offenbarungen und Prophezeiungen zuteil werden.

Eine Assistentin greift zu Papier und Bleistift, um die Eingebungen der Visionärin schriftlich festzuhalten.

Beim Beten gerät die Visionärin in einen Zustand der Verzückung: Sie beginnt, „mit Zungen" zu reden. Teils stößt sie unartikulierte Laute, teils auch Worte und Satzbrocken hervor.

Der Kult der himmlischen Mächte bedarf eines angemessenen Rahmens. Die Himmlischen Christen verehren Gott in sakralen Räumlichkeiten, die sie Ile Esin („Andachtsheim"), Ile Adura („Gebetsheim") oder „Himmlische Stadt", das „Neue Jerusalem", nennen. Ständige spirituelle Stärkungsmaßnahmen schirmen sie vor den Unheilsmächten ab. Dazu wird vor allem geweihtes Wasser versprengt, das reinigende und segenspendende Kräfte besitzt. Bei Betreten der Kirche taucht man die Finger in Becken am Eingang, benetzt sich oder markiert ein

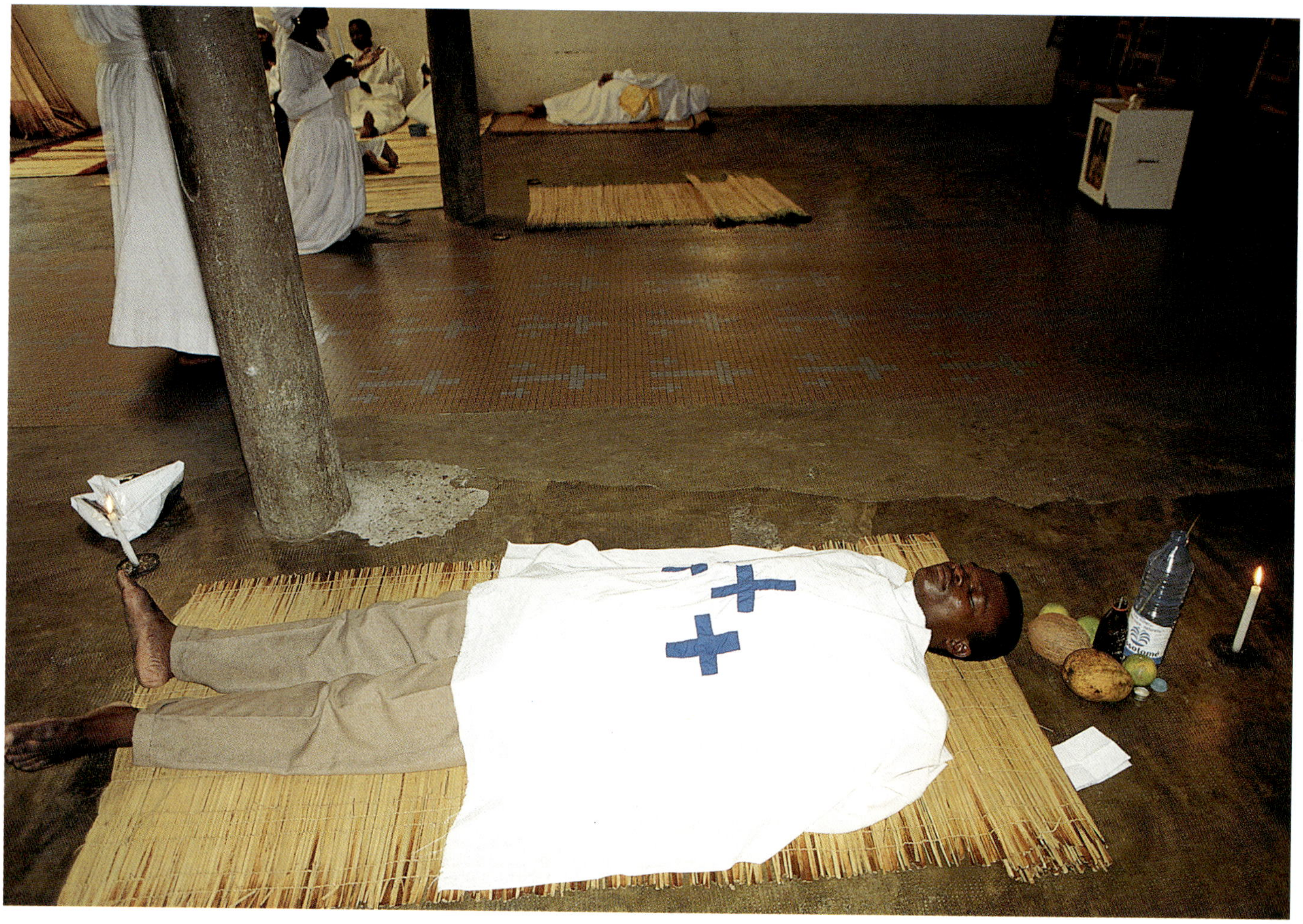

Die Himmlischen Christen ziehen sich zurück in den heiligen Raum zu Fasten und Gebet, aber auch, um sich den Anschlägen der Dämonen, Hexen und Zauberer zu entziehen. Diese Phase der „spirituellen Inkubation" (abe abo) verordnen die Propheten und Prophetinnen häufig als Teil eines Heilungsrituals. Bei dem jungen Mann auf dem Bild handelt es sich um einen Studenten, den seine Kommilitonen verhext haben sollen. Von geweihten Speisen und weißen Kerzen umrahmt, unterzieht er sich einem Heilschlaf, aus dem ihn das heilige Wasser zu neuem Leben erweckt.

Kreuz damit auf die Stirn. Weihrauchschwaden, Kerzenlicht, Glöckchengebimmel, fromme Lieder und der fortwährende Lobpreis des „Halleluja" tun ein übriges, die Unheilsmächte fernzuhalten. Ein Kreuz, das während des Gottesdienstes diagonal an den Eingang gelegt wird, bildet eine weitere Schutzwehr zwischen der profanen Welt und dem „Himmel auf Erden".

Geleitet werden die Gottesdienste von sogenannten „Führern" (leaders), die das Wort Gottes predigen. Während der „religiösen Erweckung" kommt es häufig vor, daß einzelne Gläubige vor die Gemeinde treten und öffentlich beichten, daß sie, bevor sie den Weg zu den Himmlischen Christen fanden, Hexerei oder Zauberei betrieben. Sie müssen sich dann einem Reinigungsritual unterziehen und werden der Obhut geistlicher Betreuer unterstellt, um sicherzustellen, daß ihre Bande zu den Mächten des Bösen durchtrennt sind. „Visionäre" empfangen himmlische Weisungen, wie im einzelnen Fall die Läuterung zu erfolgen hat.

Von besonderer Bedeutung ist auch das „Gnadenreich" (Ile Aanu oder „Mercy Land"), das sich bei jeder Kirche befinden sollte. Dabei handelt es sich um einen durch Ummauerung, Einzäunung oder bloße Steinmarkierung eingefriedeten Sakralbereich, in dem gewöhnlich Meeres- oder Flußsand angehäuft wird und sich der Brunnen befindet, von dem das geweihte Wasser stammt. Bisweilen entnimmt man es jedoch auch einfach der Leitung. Da es als besonders krafthaltig gilt, nutzt man es auch zu therapeutischen Zwecken. Der Brunnen ist Ort verschiedener Ritual- und Kulthandlungen: Fußwaschungen finden hier ebenso wie die Heilige Kommunion statt. Propheten und Prophetinnen, Wahrträumern und Visionären dient er als spirituelles Kraftreservoir, da man die Engel hier gleichsam überzählig versammelt glaubt.

Die himmlischen Mächte schützen nicht nur die Gläubigen, sondern auch ihr Hab und Gut. Hymnen zu ihren Ehren werden daher bei Hochzeiten und Grundsteinlegungen, bei der Weihe von Häusern und Fahrzeugen gesungen. Besonders im letztgenannten Fall hofft man sich dadurch vor Diebstahl, aber auch Anschlägen der Unheilsmächte zu schützen. In den Großstädten sichert man seine Wagen zusätzlich, indem man sie auf dem Gelände der Kirche parkt. Dann kann eigentlich nichts mehr schiefgehen, denn: „Die Macht dieser Kirche läßt die Hexen erzittern, bestürzt die Zauberer und zwingt selbst den Teufel in die Knie."

Ein wichtiges Amt in der Kirchenhierarchie haben die „Evangelisten" inne: Sie spenden die Heilige Kommunion und vollziehen das Taufritual – hier die „Immersionstaufe" – in diesem Fall am Dammdurchbruch zum Lac Nokoué. Zum Abschluß segnet der Evangelist den Täufling.

Die weißen Märchenkönige von Ghana

„König" Marcel alias Marcel Bauer (53) aus Belgien bei seiner Amtseinführung. Seine „Untertanen" tragen ihn auf ihren Schultern durch den Fante-Ort Krofu und verleihen damit seiner Erhabenheit Ausdruck.

Ganz im Gegensatz zur Situation während der Kolonialisierung, in der die Unterlegenen häufig gezwungen waren, sich den europäischen „Herren" anzupassen, übernimmt heute manch Weißer – und wenn auch nur zeitweilig – freiwillig die afrikanische Lebensart. Bezeichnenderweise zieht ihn dabei weniger Straße und Alltag als das traditionelle Hofleben an.

Wie überall auf der Welt wird auch in Afrika, wer sich um die Gemeinschaft verdient gemacht hat, geehrt und in besonderer Weise ausgezeichnet. Die Akan verleihen allerdings keine Urkunden und Orden, sondern würdigen ihn mit der Vergabe eines Amtes, mit dem sie ihn gewissermaßen in den Ältestenstand erheben. Das gilt nicht nur für die eigenen Leute, auch Fremden kann eine derart hohe Auszeichnung zuteil werden. So verlieh Nana Osei Agyeman Prempeh II., Onkel und Vorgänger des amtierenden Asantehene, in den 30er Jahren des 20. Jahrhunderts dem deutschen Theologen Eugen Rapp (1904–1977), der von der Basler Mission mit der Übersetzung der Bibel und der Aufnahme verschiedener Dialekte betraut war, für seine Verdienste um die Schaffung einer einheimischen Schriftsprache einen „Stuhl" und damit das Recht, jederzeit bei Hofe vorzusprechen. Das Möbel, das vor dem Geehrten hergetragen wird, öffnete ihm Türen, die gewöhnlichen Sterblichen verschlossen blieben.

Der „König“ wird eingekleidet: Früher wurden soziale Unterschiede vor allem durch die Tracht ausgedrückt. Herrscher trugen prächtige kente-Tücher, die wie eine römische Toga getragen werden, und reichlich Goldschmuck, auch an der Kopfbedeckung.

Der neue Würdenträger, der künftig für die Entwicklung „seines Dorfes“ verantwortlich ist, eingerahmt vom Dorfchef und seiner Frau. Auf das Staatsschwert in seiner Hand legt er den Treueeid ab, womit er gelobt, für das Wohl der Seinen auch sein Leben aufs Spiel zu setzen.

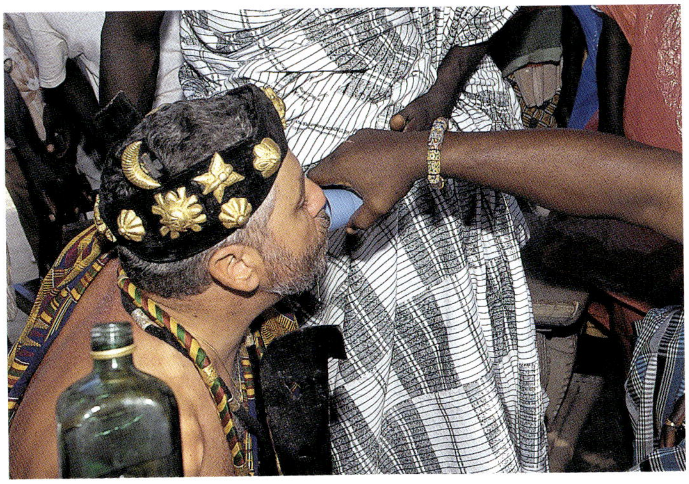

Dieser Schwur wird mit Schnaps bekräftigt. Von einem Herrscher erwartet man, daß er seiner Würde durch Vollendung im Tanzen Ausdruck zu verleihen mag.

Entspricht er den Erwartungen nicht, kann das eine ernsthafte Beeinträchtigung seines Prestiges bedeuten. Gleichwohl bleibt er von Göttern wie Ahnen abhängig. Dies zu bekunden, weist er mit dem Schwert gen Himmel und Erde.

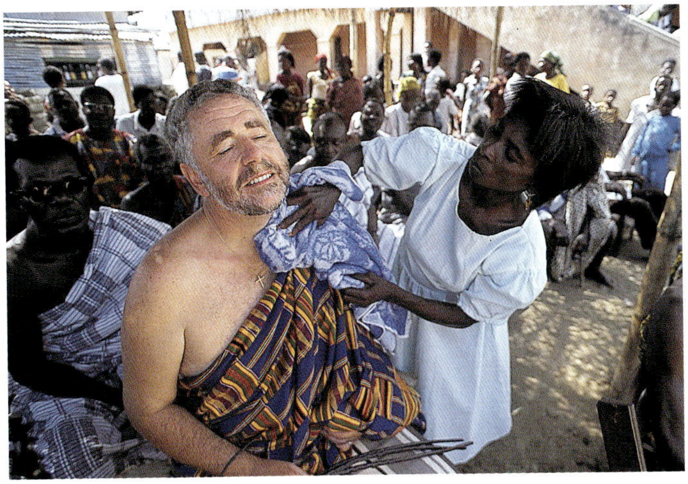

Mit gewissen formalisierten Gesten bezeigen die Hofbediensteten dem „König“ Anerkennung für seinen Tanz und versichern ihn ihrer Treue, während eine Dienerin ihm den Schweiß von Stirn und Hals tupft.

Auch die asafo-Kompagnien, die bei Festlichkeiten noch immer eine wichtige Rolle spielen, wirken bei seiner Amtseinführung mit. Das bedeutende Ereignis wird auf einer Fahne festgehalten, die eigens zu diesem Zweck angefertigt wurde.

„Siggi“, Siegfried Kaufmann (48), Kernphysiker und Unternehmensberater aus Würselen bei Aachen, ist „Entwicklungsminister“ in Ntoroso. Hier zeigt er sich mit „seinem Fürsten“.

Was damals noch als seltene Auszeichnung galt, ist heute nicht mehr so außergewöhnlich – nur mit dem Unterschied, daß die neuerlich Geehrten eher von „Geld-“ als „Verdienstadel“ sind: Lokale Machthaber verpflichten sich Weiße, indem sie ihnen ein fürstliches Amt mitsamt dazugehörigen Insignien (Stuhl, Tracht und Würdezeichen) verleihen. Die Weißen werden dadurch nicht zu Schwarzen, und das Ganze bleibt eher Maskerade, aber wer könnte schon widerstehen, wenn ihm soviel Ehre zuteil und er gleichsam zum „Märchenkönig“ gekrönt wird? Doch auch hier gilt: Keine Vorrechte ohne Pflichten. Die weißen Würdenträger tragen fortan Verantwortung für das Wohlergehen, besser den Wohlstand ihrer Gemeinden. Das heißt konkret, daß man von ihnen kräftige Finanz- oder technische Hilfen erwartet. Ihre Sorge muß sein, daß regelmäßig „Entwicklungsgelder“ in ihren „Herrschaftsbereich“ fließen. Nana Akuoko Sarpong, der offizielle Berater des ghanaischen Präsidenten in Sachen der Tradition, bringt es auf den Punkt, wenn er sagt: „Die weißen Könige sind eine Möglichkeit, die einzelnen Dorfgemeinden zu unterstützen.“

In Ghana gab es 1996 bereits 20 derartige „Herrscher“, darunter neun Deutsche. Regelmäßig pflegen sie ihren „Reichen“ Besuche abzustatten – und niemals mit leeren Händen. Dazu führen sie daheim entsprechende Spendenaktionen durch. Allein „König Fritz“ von Konongo hat in fünf Jahren 100 000 Mark an Entwicklungshilfe aufgebracht. Ungefähr 150mal im Jahr hält er dafür vor Schulklassen, Kirchengruppen und Frauenverbänden Vorträge über „sein König-

Rechts: „König“ Fritz alias Fritz Pawelzik (69), ehemaliger Bergarbeiter aus Herne, heute Würdenträger in Konongo bei einem Besuch in der Hauptstadt.

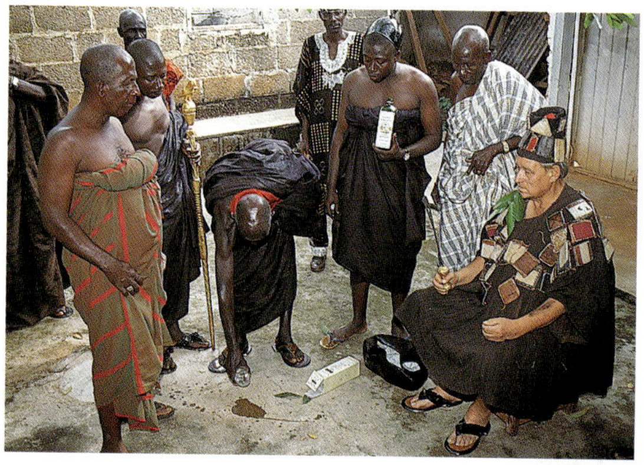

Ganz rechts: Blätter werden ihm in den Mund gestopft, um ihn am Sprechen zu hindern, was meint, keine „Reichsgeheimnisse“ an die Öffentlichkeit weiterzugeben.

Rechts: Hier präsentiert sich „König Fritz“ als mächtiger Krieger. Sein Kriegshemd (batakari) ist übersät mit Amuletten, die jedwede Gefahr von ihm abwenden sollen.

Ganz rechts: „König Fritz“ tanzt inmitten seiner „Untertanen“. Er besitzt in Konongo einen eigenen „Palast“ – einen Atriumbau mit Wellblechdach und einen nietenbeschlagenen Holzstuhl als „Thron“.

Ganz links und links: „König Klaus“ alias Klaus Thüsig (57) aus Paderborn, Landesbeauftragter des Deutschen Entwicklungsdienstes (DED) in Ghana, ist „König“ gleich in zwei Orten, einen dritten „Antrag“ hat er abgelehnt. In dem einen steht ihm als „Mitregentin“ die Frau des indischen Botschafters zur Seite. Hier befindet er sich auf dem Weg zum Festplatz. Ihm voraus schreitet ein „Sprecher“ mit seinem Stab.

reich“. Dort konnten dank seiner Unterstützung inzwischen die Bibliothek aufgestockt und Toilettenhäuschen gebaut werden. Ein Kindergarten ist im Entstehen begriffen, als nächstes steht ein Schulbus auf der Wunschliste.

Für ihren engagierten Einsatz werden die Weißen bei ihren Stippvisiten enthusiastisch gefeiert – falls sie den Erwartungen auch gerecht wurden. Über den Verwendungssinn der Spendengelder läßt sich streiten; oft befriedigen sie weniger grundlegende Bedürfnisse als Konsumwünsche an sich bereits Bessergestellter, wie sie ihnen die Medien als Ausweis „moderner“ westlicher Lebensweise nahebringen.

Allerdings profitieren beide Seiten von diesem „Deal“: Die Afrikaner kommen zu Mitteln, die sie auf anderen Wegen niemals erhalten würden; den Weißen wird das Empfinden und die Genugtuung zuteil, Bedeutung zu haben und gebraucht zu werden. Die natürliche Wärme, die ihr dörfliches „Volk“ den neuen Königen entgegenbringt, und die Ehrungen, die sie genießen, wiegen das Geld, das sie spenden, vermutlich voll auf. „König Fritz“ denkt gar daran, in Konongo bestattet zu werden, wo man ihn nicht gleich vergesse und er in der Erinnerung der Menschen auch nach seinem Tod noch fortleben werde.

Zu den Pflichten der Reichsfürsten zählt, zu besonderen Anlässen dem Asantehene in Kumasi ihre Aufwartung zu machen. Hier hält „König Richard“ alias Richard Sattler (57), Schrotthändler aus Vilsbiburg in Niederbayern, der in Ghana mit Gebrauchtwagen handelt, zum 25. Thronjubiläum des Asantehene (im August 1995) Einzug in die Stadt.

Madeira (Port.)
Kanarische Inseln (Span.)
Rabat
Algier
Tunis
Marokko
Saharaatlas
Hoher Atlas
Tunesien
Tripolis
Mittelmeer
Kairo
Al-Aaiun
Sahara
Algerien
Libyen
Libysche Wüste
Nil
Ägypten
Rotes Meer
Nördlicher Wendekreis
2918 m
Ahaggar
Nassersee
Mauretanien
Sahara
Tibesti
3415 m
Nubien
Nouakchott
Mali
Aïr
1900 m
Niger
Ennedi
1450 m
Atbara
Eritrea
Asmara
Senegal
Dakar
Banjul
Gambia
Niger
Tschad
Khartum
Jabal Mara
Sudan
4620 m
Guinea-Bissau
Bamako
Niamey
Tschad-see
Bani
Ouagadougou
3088 m
Weißer Nil
Golf von Aden
Kap Guardafui
Guinea
Burkina Faso
N'Djamena
Dschibuti
Conakry
Sierra Leone
Togo
Benin
Nigeria
Chari
Blauer Nil
Freetown
Elfenbein-küste
Abuja
Addis Abeba
Äthiopien
Monrovia
Ghana
Porto Novo
Benue
Liberia
Yamoussoukro
Lomé
Accra
Zentralafrikanische Republik
Kamerun
Bangui
Uëlle
Turkana-see
Somalia
Malabo
Jaunde
Bioko
Golf von
Uganda
Mt.Elgon
4321 m
Mogadischu
São Tomé
U. Principe
Äquat.-Guinea
Kongo
Ubangi
Rep. Kongo
Ruwenzori
5109 m
Kampala
Kenia
Äquator
Libreville
Mt.Kenia
5199 m
Guinea
Gabun
Demokr. Rep. Kongo
Victoria-see
Nairobi
Ruanda
Kigali
Kilimandscharo
5895 m
INDISCHER
Kasai
Brazzaville
Kinshasa
Bujumbura
Burundi
Tansania
ATLANTISCHER
Taganyika-see
Dodoma
Sansibar
OZEAN
Cuango
Luanda
OZEAN
Angola
Rovuma
Moroni
Malawisee
Komoren
Malawi
Sambia
Lilongwe
Cubango
Lusaka
Sambesi
St. Helena (GB.)
Harare
Straße von Mosambik
Madagaskar
Etoscha-pfanne
Okavango-becken
Antananarivo
Simbabwe
Namibia
Botsuana
Windhuk
Mosambik
Kalahari
Namib
Limpopo
Réunion (Fr.)
Südlicher Wendekreis
Gaborone
Pretoria
Mbabane
Maputo
Swasiland
Südafrika
Drakensberge
Oranje
Maseru
Lesotho
Kap der Guten Hoffnung
Kap Agulhas
1000 km

GLOSSAR

Affinale Verwandtschaft (lateinisch »affinis«, angrenzend, verschwägert). Bezeichnet die verwandtschaftlichen Bindungen, die durch Heirat entstehen, und schließt insofern primär den Ehepartner und dessen Verwandte (d. h. Abstammungs- oder »Blutsverwandte«), also Schwager, Schwägerinnen und Schwiegereltern, sekundär auch die Gatten der näheren eigenen Abstammungsverwandten samt deren Angehörigen ein.

Ahnen. Die Totengeister (Freiseelen) der verstorbenen Angehörigen spielen in den Religionen zahlreicher seßhaft lebender Völker namentlich Afrikas, Südostasiens und Ozeaniens eine wichtige Rolle unter den Jenseitsmächten (neben Geistern und Göttern). Einem generellen Prinzip nach wächst die Autorität mit dem Alter. Demzufolge stehen die Ahnen, mit dem Urahnen oder Ahnherrn, dem Gründer des Volkes, an der Spitze, rangmäßig über den Ältesten ihrer Nachfahren, wenn auch unter den Göttern und erst recht dem Schöpfer- und Hochgott als dem Ältesten aller. Gleich den lebenden Senioren beraten sie die Ihren (im Traum), sorgen sich um ihr Wohlergehen, spenden ihnen, ihren Tieren und Feldern Fruchtbarkeit und wachen darüber, daß ihre Nachfahren sich strikt an die altüberlieferte Ordnung halten. Nachlässige warnen sie durch Zeichen und kleinere Mißgeschicke, Schuldige suchen sie mit Krankheiten, Unfällen, materiellen Verlusten oder dem Tod heim. Alle haben daher ein vitales Interesse an einem ungetrübten Verhältnis zu ihnen, dessen Pflege Aufgabe des Ahnendienstes ist. Gebete und regelmäßige Opfergaben von Speise und Trank zählen ebenso dazu wie Einladungen zu den kleineren familiären und großen Gemeinschaftsfesten, bei denen man ihrer rühmend gedenkt, sie großzügigst bewirtet, mit Gesang und Tanz unterhält und zum Abschied reichlich beschenkt.

Akan. Kwa-Sprachen und -Dialekte sprechende Bevölkerungsgruppen im westafrikanischen Waldgürtel zwischen den Flüssen Volta (Ghana) und Bandama (Elfenbeinküste), linguistisch und historisch verwandt mit Ewe, Fon und anderen östlicher siedelnden Gruppen. Zu den Akan gehören u. a. die zahlenmäßig überwiegenden und politisch einflußreichen Asante, die Fante an der Küste, Akim, Kwahu, Akuapem und Guan (alle in Ghana), im dichten Regenwald der Elfenbeinküste Baule und Anyi. Die Akan sind bekannt für ihre hohe Kunstfertigkeit; besonders verstanden sie sich auf die kunstvolle Verarbeitung von Eisen, Messingbronze und Gold sowie auf die Herstellung erlesener Textilien (Kente, Adinkra). Zwischen dem 16. und 19. Jahrhundert kam es unter den Akan zu großen sozialen, politischen und wirtschaftlichen Veränderungen. In diese Zeit fällt eine letzte Einwanderungswelle der Matriklane in ihre späteren Siedlungsgebiete mit teils reichen Goldvorkommen. Die Handelswege durch die Sahara endeten bald nicht mehr in der Savanne, sondern wurden, um die Goldfelder im Gebiet der Schwarzen Volta und im Regenwald auszuschöpfen, weiter nach Süden hin ausgebaut. Ein verstärkter Warenverkehr nach Norden (in den Nigergürtel und das Hausaland) setzte ein, bei dem Gold und wild wachsende Kolanüsse vor allem gegen Textilien, Leder- und Messingarbeiten eingetauscht wurden. Mande-Händler (bekannt als »Dyula«) wanderten nach Süden und errichteten Handelsposten (darunter das zwischen dem 15. und 16. Jahrhundert bedeutsame Begho an der Grenze von Savanne und Waldland). Auch weiter im Süden kam es zu Reichsgründungen, darunter Bono, Adanse, Denkyera, Akwamu und schließlich Asante, das binnen kurzer Zeit die Vormachtstellung einnahm und den Handel mit dem Norden unter seine Kontrolle brachte. Die ökonomische und politische Entwicklung der Akan wurde weiterhin begünstigt durch die Ankunft der Portugiesen an der Küste (1471), denen im 16. Jahrhundert Franzosen, Niederländer und Briten, im 17. Jahrhundert Dänen, Schweden und Brandenburger folgten. Zwischen 1487 und 1800 errichteten die europäischen Nationen mehr als 60 Stützpunkte und Forts an der Goldküste.

Amoah. Mündlichen Überlieferungen nach war Nana (Großmutter) Amoah eine alte Frau, die in Kumasi den Gebrauch der Sprecherstäbe (akyeama poma) eingeführt haben soll, die bis heute (wenn auch in abgewandelter Form) Amts- und Autoritätssymbol einer bestimmten Gruppe von höfischen Würdenträgern sind. Über die Vermittlung und in Präsenz dieser sogenannten »Sprecher« (akyeame) hat jede Unterhaltung mit dem Asantehene und anderen Landesfürsten zu erfolgen.

Medaille von William Wilberforce.
Aus: Westafrika, vom Senegal bis Benguela, Leipzig, 1878.

Anti-Sklaverei-Bewegung. Widerstände gegen das unwürdige Geschäft des Menschenhandels regten sich zuerst in England im Rahmen der »evangelikalen Bewegung«. Mehr als die Staatskirche appellierte dieser »erweckte« Protestantismus an das moralische Gefühl; er stellte mehr eine humanitär-philanthropische als eine dezidiert religiöse Strömung dar. Seine Bestrebungen gipfelten in der Mobilisierung der Massen zugunsten der Abschaffung der Sklaverei. Hauptanwalt für die Abschaffung des Sklavenhandels und dann der Sklaverei wurde William Wilberforce (1759–1833), dem deswegen von der Pariser Nationalversammlung das französische Bürgerrecht verliehen wurde. Wilberforce wurde zum Führer einer Philanthropenpartei, die nach seinem Wohnsitz in Clapham bei London auch als »Clapham-Partei« bezeichnet wurde. Der Philanthropismus der Evangelikalen setzte eine Anzahl humanitärer Reformen durch (darunter die Abschaffung der Prügelstrafe für Frauen 1820), seine größte und spektakulärste Leistung jedoch war der Kampf gegen den Sklavenhandel. Seit 1788 brachte Wilberforce die Sklavenfrage vor das Unterhaus. Als im Parlament selbst wenig auszurichten war, ging man 1790 dazu über, eine »Anti-Slavery Association« zu bilden und die öffentliche Meinung aufzurütteln. Unter größten Opfern setzten sich die »Abolitionisten«, die Befürworter der Abschaffung der Sklaverei, für ihre Sache ein. Mit dem gesetzlichen Verbot des Sklavenhandels (1807) erzielte die Anti-Slavery Association einen ersten Erfolg, doch erst 1833 gelang die Aufhebung der Sklaverei für das ganze Reich.

Asantehene. Oberster Herrscher über ca. 1 Million Asante im zentralen Ghana mit Sitz im politischen, kulturellen und wirtschaftlichen Zentrum Kumasi. Erster Asantehene war Osei Tutu (1688?–1717), Herrscher oder Fürst (ohene) von Kumasi, dem es im 17. Jahrhundert gelang, eine Konföderation verschiedener Klane unter bislang gleichrangigen Oberhäuptern herbeizuführen. Seine unmittelbaren Vorgänger Oki Akenten und Obiri Yeboah trugen noch nicht den Titel Asantehene; erst der Sieg über das Denkyera-Reich in der Schlacht von Feyase (1701) trug dem Oyoko-Klan, dem Osei Tutu angehörte, die Vorrangstellung unter den verschiedenen Teilgliedern der Union und Osei Tutu den Titel Asantehene (ohene von Asante) ein. Symbol des von ihm geschaffenen und durch ihn personifizierten Königtums wurde der »Goldene Stuhl«. Seine rituelle Bedeutung hat sich bis in die Gegenwart erhalten, in ihm »lebt« sowohl die Erinnerung an eine bewegte Geschichte als auch an den erbitterten Widerstand gegen die britische Kolonialmacht. Unter den Nachfolgern Osei Tutus, vor allem unter Opoku Ware (1731–1741), von dem sowohl das symbolträchtigste Reichsschwert (Mponponsuo) als auch das Große Kriegshemd (Batakiri Kese), das jeder Asantehene bei seiner Amtseinführung trägt, stammen sollen, dehnte sich Asante weiter aus. Mit jeder neuen Eroberung vergrößerten die Herrscher von Asante ihre politische Macht, wozu beitrug, daß viele der von ihnen kontrollierten Gebiete über reiche Goldvorkommen verfügten. Das Gold und die wild wachsenden Kolanüsse machten sie zu begehrten Handelspartnern, die bald sowohl den Handel nach Norden als auch zur Küste hin kontrollierten. In der einen Richtung wurden Gold und Kolanüsse gegen Stoffe und Sklaven, in der anderen gegen europäische Waren eingetauscht. Ende des 18. Jahrhunderts kam es zu interfamiliären Konflikten, die die Abspaltung verschiedener Vasallenreiche begünstigten. Der Asantehene Osei Kwame (1777–1803) wurde gezwungen abzudanken, sein Nachfolger Opoku Fofie verstarb nach wenigen Wochen im Amt. Erst Osei Tutu Kwame Asibe Bonsu (1804–1823) gelang es, die bedrohte Stabilität wiederherzustellen. Aus seiner Amtszeit stammen die vielzitierten Beschreibungen des Asantereiches (*Mission from Cape Coast Castle to Ashantee*, London 1819), deren Autor, Edward T. Bowdich, 1817 als Leiter einer britischen Delegation an den Hof des Asantehene gekommen war und mit ihm am 7. September einen Vertrag abgeschlossen hatte, der – ebenso wie die folgenden – mal von der einen, mal von der anderen Seite gebrochen wurde. Im Verlauf des 19. Jahrhunderts fanden sieben Kriege zwischen den Vetragspartnern statt, bis die militärisch überlegenen Briten endgültig den Sieg davontrugen und 1896 den amtierenden Asantehene Osei Agyeman Prempeh I. und andere wichtige Würdenträger auf die Seychellen verbannten. 1924 aus dem Exil zurückgekehrt, erkannte die britische Kolonialregierung ihn nicht mehr als Asantehene im eigentlichen Sinn, sondern nur noch als den, jedem anderen Landesfürsten gleichgestellten Kumasihene an. Das galt auch für seinen Nachfolger Osei Agyeman Prempeh II. (1931–1970), in dessen Amtszeit die Gründung des modernen Staates Ghana fiel (1957), der dem Asantehene den Status eines traditionellen Herrschers beließ.

Baobab. Afrikanischer Affenbrotbaum (Adansonia), Gattung der »Bombacaceae« mit ca. 15 in Afrika, Madagaskar und Nordaustralien beheimateten Arten. Die bis zu 20 m hohen Bäume besitzen charakteristische, säulen- oder flaschenförmige, wasserspeichernde Stämme mit einem Umfang von bis zu 40 m und meist waagerecht stehenden Ästen. Der Baobab ist Charakterbaum der afrikanischen Savanne; er besitzt zur Regenzeit große gefingerte, als Soßengemüse genutzte Blätter, die mit Beginn der Trockenzeit abfallen. Aus großen, weißen, schön geformten Blüten, die von Fledermäusen bestäubt werden, entwickeln sich leichte, ca. 20 cm lange gurkenförmige Früchte mit hölzerner Schale und eßbarem, zucker- und säurehaltigem, gelblichem Fruchtmark, in dem die, ebenfalls eßbaren, sehr fetthaltigen Samen eingebettet sind. Die Stämme liefern ein weiches, leicht verrottendes Holz und Bast, aus dem Seile und grobe Textilien hergestellt werden.

Bantu. Bezeichnet keine Volks-, sondern eine Sprachgruppe, die annähernd 800 Einzelsprachen mit einer weitgehend noch unerforschten Anzahl von Dialekten im »subsaharanischen« Afrika umfaßt. Der Begriff geht auf das Zulu-Wort »ba-ntu« zurück, das sich in ähnlicher Form aber auch in vielen anderen Bantusprachen findet und »Menschen« bedeutet. Das Bantu zählt zu den sogenannten »Klassensprachen«, in denen formal (z. B. Singular, Plural) oder bedeutungsmäßig gleichgeordnete Begriffe (z. B. Lebewesen) durch dem Wortstamm voran- oder nachgestellte Silben (Präfixe, Suffixe) zu »Klassen« zusammengefaßt werden.

Barth, Heinrich (1821–1865). Deutscher Afrikareisender, der in Berlin klassische Philologie studierte und sich später in Geographie habilitierte. Nach einer Mittelmeerreise schloß sich Barth in Tripolis der britischen Afrika-Expedition (1850–55) unter J. Richardson an. Diese Reise führte ihn über Mursuk, Katsina und Kano nach Kuka. Barth, der als einziger europäischer Teilnehmer der Expedition überlebte, erreichte Adamaua, Yale, den Benue und im September 1853 schließlich Timbuktu. 1863 wurde er in Berlin Professor für Geographie und Präsident der Geographischen Gesellschaft. Neben geographischen und linguistischen (er hielt seine Interviews auf arabisch, soll aber auch sechs afrikanische Sprachen beherrscht haben) führte er ethnographische, sich durch eine genaue Beobachtungsgabe auszeichnende Forschungen durch.

Heinrich Barth.
Aus: Das große Wagnis, Berlin, 1936.

Beduinen (arabisch »badw«, nicht ortsfest lebende Menschen, im Gegensatz zu den Seßhaften, »hadar«). Der Begriff bezieht sich auf vollnomadische, im engeren Sinne kamelhaltende Gruppen der Wüsten- und Halbwüstengebiete Arabiens. Neben dem einhöckrigen Dromedar (Camelus dromedarius) halten Beduinen aber immer auch Schafe und Ziegen. Nach Afrika gelangten arabische Beduinen nachweislich bereits während des ersten vorchristlichen Jahrhunderts: 46 v. Chr. erbeuteten die Römer von ihnen in Numidien (Nordtunesien) 22 Dromedare. Rund 400 Jahre später bildeten berittene Kamelnomaden eine stete, ernsthafte Bedrohung für die römischen Afrika-Provinzen. Erst mit der Expansion des Islam allerdings, an der sie wesentlich Anteil hatten, faßten Beduinen fester Fuß in weiten Teilen Nordost- und Nordafrikas. Einem ersten Vorstoß im 7. folgte unter Führung der Beni Sulaim und Beni Hilal der entscheidende zweite während des 11. und 12. Jahrhunderts. Weite, damals noch landwirtschaftlich genutzte Landstriche wurden verwüstet und versteppten. Seitdem dominiert in der Sahara der Kamelhirtennomadismus, getragen zu annähernd gleichen Teilen von den Beduinen und den berberstämmigen Tuareg.

Benin. Möglicherweise schon im 12. Jahrhundert von den Edo (Bini) westlich des Niger (im Südwesten des heutigen Nigeria), etwa 170 km südöstlich von Ife im Tropenwald gegründetes Königreich (nicht zu verwechseln mit dem modernen Staat Benin), berühmt vor allem für seine hohen kulturellen Leistungen (Bronze-, Elfenbein- und Holzarbeiten). Herrscher über die Edo, nahe Verwandte der Yoruba, war ein – als weltliches und geistliches Oberhaupt eingesetzter – Sakralkönig (Oba), gestützt von einer Reihe von Fürsten (Uzuma) als Repräsentanten der wichtigsten Lineages. Mündlichen Überlieferungen nach leitet sich die Herrscherdynastie vom König (Oni) von Ife ab, der – auf die dringliche Bitte nach einem Oberhaupt – seinen Sohn Oranmyan nach Benin schickte. Oranmyan zeugte mit einer Landestochter einen Sohn, an den er die Macht abtrat. Er selbst kehrte nach Ife zurück und gründete später das Königreich Oyo. Die engen Bindungen zwischen Edo und Yoruba drückten sich in der anerkannten religiösen Vormachtstellung des »Oni« von Ife aus, der jedem »Oba« die königlichen Insignien verlieh. Beim Tod des »Oba« schickte man einen Bronzekopf, Abbild des Verstorbenen, nach Ife; die aus Bronze gegossenen Köpfe unterworfener Fürsten hingegen wurden in Benin aufbewahrt. Die ersten schriftlichen Zeugnisse über Benin stammen aus dem 15. Jahrhundert, dem Beginn der Handelskontakte zunächst mit Portugiesen, dann auch Niederländern und Briten. 1897 fiel Benin, das seine kulturelle Blütezeit längst überschritten hatte, einer britischen Strafexpedition zum Opfer. Dabei raubten die Briten etwa 2000 Bildwerke aus Bronze, Elfenbein und Holz – wertvolle Kunstschätze, die heute über viele europäische Museen verteilt sind.

Berber. Sammelbezeichnung für die ca. 6 bis 7 Millionen zählenden nicht arabischsprachigen Bevölkerungsteile Nord- oder »Weißafrikas«. Vor der arabisch-islamischen Expansion im 7. Jahrhundert reichten sie in geschlossener Verbreitung von den Kanarischen Inseln (Guanchen) bis an die Westgrenze Ägyptens. Heute leben sie zu größeren Teilen noch in Marokko (ca. 45 % der Bevölkerung) und Algerien, der Sahara bis nach Mali, Niger und Tschad (Tuareg), kaum mehr in Tunesien und Libyen, und in Unterägypten nur noch in einzelnen Oasen (von Ghadames über Sokra und Kufra bis Siwa). Ihre aufs engste verwandten Sprachen bilden, gleich einzelnen Kaukasus-Sprachen, einen Restbestand der alten vorindoeuropäischen und vortürkischen Idiome des mittleren und westlichen Mittelmeerraumes. Abgesehen von den kamelhirtennomadischen Tuareg leben die Berber vom Bodenbau. Trotz ihres hartnäckigen Widerstandes gegen die Kolonialmächte – die Rif-Kabylen unter Abd el-Krim konnten erst in den zwanziger Jahren unter Einsatz von Flugzeugen und Giftgas bezwungen werden – genießen die Berber in ihren Heimatländern noch nicht einmal Minderheitenstatus, so daß auch ihre Sprachen nicht unterrichtet werden dürfen.

Beschneidung. Operative Entfernung oder Veränderung bestimmter Teile der äußeren Geschlechtsorgane bei Kindern bzw. Erwachsenen beiderlei Geschlechts, für deren ethnologische Erklärung vor allem folgende Tatbestände analytische Schlüsselbedeutung haben: Die Beschneidung betrifft Eingriffe an den Geschlechts- bzw. Zeugungsorganen; sie wird überwiegend während der Pubertät im Rahmen der Initiation vorgenommen; sie kommt in der Hauptsache bei Seßhaften (auch Teilseßhaften) vor. Bei diesen treten, aufgrund der stationären Siedlungsweise, verstärkt soziale Spannungen auf. Dazu gehört auch der Generationenwechsel, dessen möglichst konfliktfreie Bewältigung wesentliche Aufgabe der Übergangsriten ist. Hier vollzieht sich konkret der Übergang vom Kind zum Erwachsenen, unterstützt von begleitenden Maßnahmen, zu denen auch die Beschneidung zählt. Verbreiteter Anschauung nach sind die Kinder (infolge der Zeugungsanteile beider Eltern) ursprünglich bisexuell angelegt. Äußere Anzeichen dafür bilden beim Knaben das Präputium (als eine Art Schamlippe) und die Brustwarzen, beim Mädchen Klitoris und Nymphen (als eine Art Penis bzw. Penisvorhaut). Um sie endgültig nach ihrem Geschlecht hin zu differenzieren und sie damit voll zeugungsfähig und »fruchtbar« zu machen, müssen ihnen daher die Sekundäranteile des anderen Geschlechts entfernt werden. In Afrika sind vor allem zwei Formen der Knabenbeschneidung verbreitet: die Zirkumzision (vor allem bei Südostbantu, in Zentral- und Westafrika sowie auf Madagaskar), bei der die gesamte Vorhaut (das Präputium) durch einen Rundschnitt abgetrennt wird, und die Inzision (zur Hauptsache im mittleren Ostafrika, z. B. bei den Masai), bei der die Vorhaut lediglich vom Collum glans aus bis zum vorderen Rand dorsal eingeschnitten wird. Die zunächst beidseitig herabhängenden Lappen wachsen zu einem Wulst zusammen, der sich aber in der Folge merklich zurückbildet. Die Ausbreitung des Islam führte dazu, daß viele Familien oder Gruppen, die ehemals keine Knabenbeschneidung praktizierten, die Zirkumzision (arab. »bitan«) übernahmen, da sie wenn auch nicht zu den Pflichten, so doch zu den für die religiöse Reinheit unerläßlichen verdienstvollen Werken gehört. Bei der in Ägypten und in Afrika fast über den gesamten Kontinent südlich der Sahara verbreiteten Mädchenbeschneidung (Klitoridektomie oder Exzision) wird entweder nur das Präputium oder Präputium und Glans der Klitoris oder auch die kleinen Schamlippen (Nymphen), seltener zusätzlich der obere Teil der großen Labien exstirpiert. Die Operation kann unmittelbar nach der Geburt, einige Monate oder Jahre darauf oder bei Eintritt der Pubertät erfolgen und wird von älteren Frauen unter Ausschluß der männlichen Öffentlichkeit durchgeführt. In den westlichen Medien zu Recht angeprangert wird hauptsächlich die, vor allem in Nubien und der Republik Sudan (aber auch in Teilen Erythreas, Somalias, des Tschad, Nordnigerias und Malis) übliche Infibulation (auch pharaonische Beschneidung), das heißt die zeitweilige, erstmals bei Mädchen im Alter von zwei bis acht Jahren vorgenommene Verschließung (Vernähung) der weiblichen Scheide, immer verbunden mit Exzision. Eine fingergroße Öffnung in der verwachsenen Vagina, deren große Schamlippen ganz, die kleinen teilweise entfernt wurden, wird zur Ausscheidung von Urin und Menstuationsblut gelassen. Kurz vor der Hochzeit nimmt eine erfahrene Frau oder der Bräutigam die Defibulation durch einen Einschnitt längs der Narbe vor. Vor der ersten Niederkunft wird die Narbe mit einem abermaligen Schnitt entsprechend erweitert – und danach soweit, daß der Geschlechtsverkehr gerade noch möglich bleibt, aufs neue verschlossen. Manche Männer lassen vor langen Reisen auch eine totale Reinfibulation vornehmen. Häufig sind schwerwiegende Komplikationen psychischer und physischer Art (vor allem Hämorrhagie sowie akute oder chronische Infektion der Harnwege und Geschlechtsorgane) die Folgen dieser wiederholten Eingriffe, die nicht nur Unfruchtbarkeit, sondern auch den Tod herbeiführen können. Dennoch sind wahrscheinlich noch immer 80–90 % aller Mädchen und Frauen in Nubien und der Republik Sudan infibuliert.

Besessenheit. Veränderter Bewußtseinszustand, dessen somatisches Erscheinungsbild in der Regel die »Bessenheitstrance« ist, in deren Verlauf Ahnen, Geister oder Gottheiten temporär Besitz von der Freiseele bzw. dem Bewußtsein eines Menschen ergreifen und sich, teils mit charakteristisch veränderter Stimme (oft auch in fremden Sprachen oder für den Uneingeweihten unverständlichen Lauten) durch seinen Mund äußern sowie sein Verhalten und seine Handlungen nach ihrem Willen bestimmen. Besessenheit kann individuell und kollektiv, sowohl ungewollt als auch gewollt erfolgen; manche Medien unterhalten lebenslange »eheliche« oder Liebesbeziehungen zu ihren Geistpartnern. Wird der Zustand gesucht, erfordert er gewisse Vorbereitungen wie Abgeschiedenheit, Fasten und andere Kasteiungen, Konzentrationsübungen, die Einnahme bestimmter, bewußtseinsverändernder Drogen bzw. Halluzinogene, rhythmische Körperbewegungen, Musik, Tanz usw., wodurch sich der oder die Betreffende in Trance versetzt und damit die notwendige Voraussetzung für die Kontaktnahme mit der Geistmacht schafft.

Besessenheitskulte. Weltweit, vornehmlich in akkulturierten Pflanzerkulturen verbreitete Formen kollektiven, selten in etablierten »Kirchen« organisierten, religiösen Handelns, bei dem die Besessenheit als Mittel der Kommunikation mit bestimmten Geistmächten (Ahnen, Geistern, Gottheiten) eine zentrale Rolle spielt. Zu den bekannteren Besessenheitskulten zählen Bori (Hausa), Zar (u. a. in Ägypten, Äthiopien und im Sudan), Vodun oder Voodoo (Westafrika und Haiti), Kromanti (Jamaica) und Candomblé (Brasilien), die ihren Mitgliedern oft ein spezielles, an den jeweiligen Moralvorstellungen orientiertes soziales Verhalten vorschreiben und strikte Zugangs- und Aufnahmeregeln, spezifische Rituale, eigene Kultstätten, Trachten und Priester (oft in genau abgestufter Hierarchie) besitzen, die als erfahrene Medien den Kulthandlungen vorstehen. Die Kultmitglieder, die meist bestimmten ethnischen oder sozialen Gruppen angehören, häufig auch Personen sind, die in der »offiziellen« Religion eine marginale Position einnehmen (z. B. Frauen, homosexuelle Männer, Transvestiten), kommen regelmäßig zu Trancetänzen, Opferhandlungen oder um Adepten in den Kult einzuführen, zusammen. Letztere werden in der Regel von den entsprechenden Geistmächten durch Sendung bestimmter »Zeichen«, in der Regel Krankheiten »berufen«. Über die Initiation in den Besessenheitskult gelingt es ihnen, der Krankheit Herr zu werden; dafür verpflichten sie sich, ihre Körper künftig (während der Besessenheitstrance) den Geistmächten willfähig zu überlassen. In bäuerlichen und städtischen Gesellschaften, in denen Kolonialismus und Mission, neuerlich auch durch Industrialisierung und Verstädterung massiv verstärkter Akkulturationsdruck zu erheblichen ökonomischen und Identitätsproblemen führten, treten Besessenheitskulte gehäuft auf. Bei ihrer Entstehung spielt Synkretismus immer eine entscheidende Rolle.

Affenbrotbaum.
Aus: Die Völker der Erde, Würzburg und Wien, 1891.

Blutsbrüderschaft. Quasi-blutsverwandtschaftliche Verbindung unter zwei nicht miteinander verwandten, meist noch jungen Männern, die entweder durch den beiderseitigen Austausch des Blutes (gemeinsames Trinken oder Übertragung in Einschnitte) oder Adoption hergestellt wird, indem einer der Partner mit dem Mund die Brust der Mutter des anderen berührt oder diese mimisch seine Geburt simuliert. Blutsbrüderschaft zieht dieselben Rechte und Pflichten wie unter leiblichen Brüdern nach sich. Nur in Ausnahmefällen wird auch von Blutsschwesternschaft berichtet – wie beispielsweise bei den Ziba im kleinen Königreich Kiziba am Viktoria-See in Ostafrika.

Buschschule. Eine nicht besonders glückliche Bezeichnung für das oft außerhalb der Siedlung angelegte Lager, in dem bei vielen afrikanischen (und anderen) Völkern die Jugendlichen während der Initiation zusammenleben. Diese umfaßt neben mannigfachen Kasteiungen, Mutproben, Offenbarungen des religiösen, allein den Männern vorbehaltenen Geheimwissens und einem zentralen Wiedergeburtsritual auch quasi-schulische Unterweisungen, die jedoch eine eher untergeordnete Rolle spielen.

Colon. Bezeichnung afrikanischer Plastiken, die während der Kolonialzeit im Umkreis synkretistischer Kulte entstanden und Ausdruck der Auseinandersetzung mit dem Kolonialismus sind. Colons bilden Personengruppen ab, mit denen sich die Künstler bzw. ihre Auftraggeber im Alltag immer wieder konfrontiert sahen: Kolonialbeamte, Soldaten, Händler, Missionare. Die Bezeichnung der Figuren rührt her von den, in der Regel aus wirtschaftlicher Not zur Auswanderung und Ansiedlung in den Kolonien gezwungenen franz. Emigranten, von ihren begünstigteren Landsleuten geringschätzig »colons« (Bauern) genannt.

Dahomey (Dahome, Danhome, Daxome). Neben Asante zweites wichtiges Küstenreich, das jedoch kein Gold besaß und vornehmlich durch die Rolle, die es im Sklavenhandel spielte, in Europa bekannt wurde. Im späten 15. Jahrhundert waren Allada (Ardra) und Ouidah (Whydah) die bedeutendsten politischen Gemeinwesen der Aja-(Adja-)Ewe in der heutigen Bucht von Benin. Dahomey war ein Reich im Hinterland, entstanden im 17. Jahrhundert als Ableger von Allada. 1724 eroberte Dahomey Allada und wurde zur dominierenden lokalen Macht, die allerdings Oyo gegenüber tributpflichtig war. Die Macht des Königs mit Residenz in der Hauptstadt Abomey (Abome) war durch die wichtigsten Fürsten eingeschränkt, die sich dem Absolutismus in einer an Alltagsbedürfnissen orientierten Gesellschaft entgegenstellten. Trotzdem war Dahomey als autoritäres Reich effizienter als seine Vorgänger. Die größtenteils durch das Recht der Erstgeborenen geregelte Thronfolge bewirkte, daß zwischen 1650 und 1889 nur zehn Könige herrschten. Dahomey unternahm zwar Raubzüge in die Nachbarterritorien, es kam jedoch nie zur Gründung eines »Großreichs«: Dahomey war immer ein kleines Königreich, das durch Lokalfürsten und den königlichen Hof verwaltet wurde. Die Religion unterlag der strengen Kontrolle des Königs. Dahomeys Armee bestand hauptsächlich aus regulären, mit Musketen bewaffneten Soldaten. Die berühmte Amazoneneinheit, wahrscheinlich ursprünglich die königliche Leibwache, war eines von mehreren Mitteln, mit denen der König den Frauen bedeutsame öffentliche Aufgaben übertrug. Es herrschte eine strikte soziale Rangordnung, strenge Etikette und ein rigoroser Militarismus: Sklaven waren Eigentum des Königs. Der letzte (bereits von den Franzosen eingesetzte) König von Dahomey wurde 1900 abgesetzt und damit zugleich die Monarchie abgeschafft. Nachdem Frankreich das Protektorat über Madagaskar (1896 Kolonie) erworben hatte, schloß es das Hinterland seiner bisherigen Stützpunkte zusammen und besetzte dazu noch Neuland. Schließlich beherrschte es die Kolonien Senegal, Franz.-Guinea, Elfenbeinküste und Dahomey – jetzt zusammengefaßt zu Franz. Westafrika.

Ein Fetischpriester der Dahomey.
Aus: Malerische Studien, Neuchâtel, ohne Jahresangabe.

Djihad (von arabisch »djahada«, sich um etwas bemühen). Kampf oder Krieg gegen »Ungläubige«, das heißt Nicht- und Scheinmuslime sowie Abgefallene. Islamisches »Tugendgebot« (nicht Glaubenspflicht). Teilnahme am Djihad wird mehreren Koran-Stellen zufolge als verdienstvolles Werk nicht nur mit Beute, sondern nach dem Tod auch mit dem Einzug ins Paradies belohnt. Der »heilige Krieg« dient der Verbreitung des »wahren Glaubens« und endet daher erst, wenn der Islam zur weltweit herrschenden Religion geworden ist.

Duodezreiche (von lateinisch »duodecim«, zwölf, Dutzend). Abfällige Bezeichnung der Zwerg- oder »Dutzendstaaterei«, ursprünglich bezogen auf Verhältnisse in der neuzeitlichen Geschichte Deutschlands (insbesondere 18. bis 19. Jahrhundert), als eine Vielzahl kleiner und kleinster annähernd selbständiger Grafschaften, Fürsten- und Herzogtümer die alte Reichseinheit bis zur Unkenntlichkeit zersetzte.

Erdherr. Nach entsprechenden einheimischen und englischen (earth-chief, auch master of the earth) beziehungsweise französischen (chef de terre) Ausdrücken ins Deutsche übersetzter Begriff, der in zahlreichen traditionellen Agrargesellschaften überall auf der Welt, insbesondere aber in Indonesien und Westafrika, das Oberhaupt, den »Ältesten«, der je ältesten lokalen, sogenannten »Gründersippe« (siehe dort) bezeichnet. Da deren Vorfahren laut Überlieferung das Land als erste betraten und in Kultur nahmen, gehört es ihnen, weshalb sie auch die längsten und vertrautesten Beziehungen zu ihm besitzen – im engeren Sinn: zu ihren Ahnen und den verschiedenen Naturgeistern und Erdgottheiten. Insofern kommen dem Oberhaupt der Gründersippe, eben dem Erdherrn, immer die hauptpriesterlichen Funktionen in Ahnendienst und Erdkult zu. Er trägt Sorge für die Aufrechterhaltung des gewachsenen guten Verhältnisses zwischen Menschen und Erde, das allen Fruchtbarkeit, Gesundheit und Wohlstand verbürgt, führt die zentralen Agrarrituale bei Aussaat und Ernte durch, bringt die Erdopfer dar und besitzt die Rechtsvollmacht in der Landzuteilung und bei Disputen um Land.

Ethnologie. Aus den altgriechischen Wörtern »ethnos«, Stamm, Volk, und »logos«, Lehre, zusammengesetzter Kunstbegriff, der in Europa erst Ende des 18. Jahrhunderts aufkam und die Wissenschaft von den Kulturen und der Geschichte der »traditionellen« (weil eng traditionsgebunden lebenden), das heißt vorhochkulturlichen und prämodernen Völker, neuerlich auch Teile der modernen Gesellschaften (Kinder-, Berufs- und Stadtteilgruppen, Gemeinden, Vereine, Minderheiten, Betriebe u. a. mehr) bezeichnet. Parallelbegriffe lauten »Völkerkunde« und »Kulturanthropologie«. Demgegenüber wird unter »Ethnographie«, etwa zeitgleich mit »Ethnologie« aus altgriechisch »ethnos« und »graphein«, schreiben, gebildet, im engeren Wortsinn mehr die »Völkerbeschreibung«, das heißt die Darstellung der Kultur einer einzelnen ethnischen Gruppe (Lokalgemeinschaft, Stamm, Volk) aufgrund einer oder mehrerer Feldforschungen vor Ort verstanden. Der enormen Breite des Gegenstandsbereichs wegen zerfällt das Fach heute in zahlreiche Subdisziplinen, wie zum Beispiel die Ethnobotanik, Ethnogerontologie, Ethnomedizin, Ethnopädagogik oder Ethnophilosophie, die sich mit den weisheitlichen Grundsätzen und Vorstellungssystemen traditioneller Gesellschaften beschäftigt.

Fetisch. Im Zeitalter der Entdeckungen geläufige Bezeichnung für Amulette portugiesischer Seeleute (feitico), die dann auf jeden Gegenstand übertragen wurde, den die Europäer bei den Bewohnern der afrikanischen Küsten in Gebrauch sahen und der auf irgendeine Art und Weise mit magischen oder kultischen Vorstellungen oder Praktiken in Verbindung zu stehen schien. In Ermangelung eines exakteren Oberbegriffs ist »Fetisch« seither die übliche, aufgrund der mit ihm in der Vergangenheit, vor allem im 19. Jahrhundert, verbundenen Theorien (die Religionsethnologie sah im Glauben an Fetische, im »Fetischismus«, eine Vorstufe der Religion), jedoch mit Geringschätzung und Abwertung behaftete Bezeichnung für – in der Regel – von Menschen hergestellte Objekte, in die nach bestimmten rituellen Handlungen persönlich gedachte Mächte oder unpersönliche Kräfte Einzug halten. »Fetische« lassen sich durch Opfergaben aktivieren und im Abwehr-, Schadens- oder Mehrungszauber einsetzen. Synonym mit Fetisch ist in Westafrika die Bezeichnung *Ju-ju* (Verballhornung des franz. »jouet«, Spielzeug). Bekannt wurden vor allem die »Fetische« der Ewe und Fon (von der lokalen Bevölkerung, je nachdem, ob es sich um einen Gegenstand oder eine menschenähnliche Figur handelt, »Bo« bzw. »Bocio« genannt) und, mehr noch, die – als Spiegel- bzw. Nagelfetische (nkisi) bezeichneten – Plastiken aus dem Bantu-Gebiet, denen als eigentliches Agens ein, meist in einem Vorsprung oder einer Vertiefung in der Bauchgegend sitzender Kraftstoff innewohnt. Sie besitzen zum einen Ähnlichkeit mit Reliquienbehältern, zum anderen mit den, früher auch in Europa üblichen, ebenfalls mit Nägeln durchbohrten Defixions- oder »Rachepuppen«, über die sich (nach Art des Bindezaubers) einem Gegner Schaden zufügen läßt. Die meisten Fetische allerdings sind Assemblagen von krafthaltigen Substanzen, zu denen häufig bestimmte Steine, Hörner, Klauen, Zähne, Knochen, Haare, Tierbälge u. ä., aber auch Stoffetzen, Schmutz, Menstruationsblut und ähnliche, ebenso »unreine« wie wirksame Stoffe gehören.

Frauenbünde. Institutionalisierte Vereinigungen meist nicht aller, sondern nur bestimmter Frauen einer Gesellschaft. In traditionellen Kulturen treten sie entschieden seltener als Männerbünde (siehe dort) auf, da die Exogamie (Frauen wechseln, wenn, wie überwiegend, patrilineare Abstammungsordnung herrscht, nach der Heirat an den Wohnsitz des Ehemannes über) die Frauen in zwei Gruppen mit unterschiedlichen Interessen spaltet, so daß nur begrenzte Solidarisierungsmöglichkeiten bestehen: Müttern und Schwestern auf der einen stehen Gattinnen auf der anderen Seite gegenüber. Wo Frauenbünde vorkommen, besitzen sie überdies ausgesprochenen Geheimbundcharakter (siehe Geheimbünde), das heißt besitzen ein spezifisches, esoterisches Wissen (z. B. magischer Art) und nehmen dementsprechende Sonderaufgaben wahr, indem sie sich etwa bestimmten erzieherischen und ökonomischen Aufgaben widmen, die Interessen der Frauen vertreten, gegebenenfalls auch ebenso wort- wie tatgewaltig verteidigen und das Privileg genießen, spezielle – gewöhnlich fruchtbarkeits- beziehungsweise agrarmagische – Rituale durchzuführen. Frauenbünde besitzen eine Stufenstruktur. Die Aufnahme erfolgt gegen Bezahlung oder nach Absolvieren einer Initiation, der später weitere entsprechend den einzelnen Ranggraden folgen können. Ihre Vorkommen erstrecken sich zur Hauptsache auf die traditionellen Pflanzerkulturen (mit Landwirtschaften »ohne« Pflug) Amerikas, Ozeaniens und Afrikas. In besonderer Verdichtung treten sie in Westafrika auf; bekannte Beispiele bilden hier der »Sande« in Sierra Leone und Liberia, der »Djengu« im Kameruner Küstengebiet und der »Njembe« in Südkamerun und Gabun.

Freiseele. Bis ins Mittelalter, später noch bei ländlichen Bevölkerungsteilen herrschte auch in Europa nicht der theologisch geforderte Einseelenglaube, sondern, wie auch sonst zumeist auf der Welt, die Vorstellung, daß der Mensch zwei Seelen besitzt: die Vital- oder Lebensseele, die seine organischen Funktionen (Atmung, Blutkreislauf usw.) aufrechterhält und für die körperliche Wärme und Bewegungsfähigkeit verantwortlich ist, und die Freiseele, die meist unter dem Schädeldach lokalisiert wird und Sitz des Bewußtseins, der Verstandes-, Entscheidungs- und Willenskraft ist. Während die Lebensseele unauflöslich mit dem Organismus verbunden bleibt, wird die Freiseele als rein spirituelle, leibunabhängige Wesenheit nach Art der Geister und Götter begriffen. Immer, wenn die organischen Funktionen deaktiviert sind wie im Schlaf, während einer Ohnmacht, im Delirium usw., vermag sie sich aus der physischen Umhüllung zu lösen und ins Jenseits zu reisen. Was sie dort sieht und erfährt, teilt sich dem Menschen in Traumgesichten und Visionen mit. Nach dem Tod geht sie in die Unterwelt zu den Ahnen ein, um sich, wie man in traditionellen Gesellschaften nahezu allgemein glaubt, etwa drei bis fünf Generationen später unter den Ihren wieder zu reinkarnieren. So gesehen, besitzt nicht der Mensch an sich, wohl aber seine Freiseele Unsterblichkeit.

Leo Frobenius.
Foto: Sammlung Henning Christoph.

Frobenius, Leo (1853–1938). Deutscher Afrikaforscher und Kulturphilosoph. Von 1904 bis zu seinem Tod unternahmen Frobenius und die Mitarbeiter des von ihm gegründeten »Forschungsinstituts für Kulturmorphologie« (heute »Frobenius-Institut«) 22 Forschungsreisen in alle Welt, vornehmlich aber nach Afrika. Frobenius selbst führte folgende durch: Kongo-Kasai (1904–06); Westsudan (Mali, Burkina Faso, Togo; 1907–09); Nordwest-Afrika (Marokko, Algerien, Tunesien; 1910); Nigeria, Kanem (1910–12); Kordofan (1912); Sahara-Atlas (Algerien; 1912–14); Rotes Meer (Eritrea; 1915); Nubische Wüste (1926), Südafrika (Zimbabwe, Botswana, Lesotho, Mosambik, Namibia, Sambia; 1928–30); Fezzan (1932); Lybische Wüste (1933). Dabei galt sein Interesse der Kultur als Ganzem, dem »Wesen« der Kulturen, bestimmt durch eine ihnen jeweils immanente Seele (Paideuma). Für Frobenius war jede Kultur ein lebendiger Organismus im biologischen Sinne, gewissermaßen unabhängig vom Menschen, dem er lediglich die Rolle des »Trägers« zuweist. Ihre Geschichte folgt daher auch den Gesetzen der organischen Welt: Sie ist bestimmt durch »Geburt«, »Wachstum« und »Zerfall«. Analog zeichnet er die Lebenskurve der Kulturen nach, deren Stadien er mit den Begriffen »Ergriffenheit« (Jugend), »Ausdruck« (Reife) und »Anwendung« (Alter) charakterisiert. Zu seinen Lebzeiten wie heute umstritten, ist Frobenius der bekannteste und berühmteste Vertreter der deutschen Völkerkunde. Seine Ehrfurcht vor den Afrikanern und ihrer Kultur trug ihm die Bewunderung der afrikanischen Intellektuellen (vornehmlich Léopold S. Senghors und Aimé Césaires) ein. Sie griffen Frobenius' Postulat von der grundsätzlichen Gleichwertigkeit der Kulturen begeistert auf und sahen in ihm, der Afrika als einen Kontinent der Kultur und Zivilisation porträtiert hatte, denjenigen, der ihnen ihre vom Kolonialismus geraubte Würde zurückgab.

Gana (Ghana). Um 300 n. Chr. wahrscheinlich von Berbern gegründetes, etwa 790 von Soninke erobertes Handelsreich am südlichen Ende der Karawanenwege zwischen Senegal und Nigerknie (etwa im Grenzgebiet der heutigen Staaten Mauretanien und Mali), das um 900 als Hauptumschlagplatz von Waren zwischen Nordafrika und dem Sudan seine Blütezeit erlebte (nicht zu verwechseln mit dem modernen Staat Ghana, mit dem es nur den Namen gemeinsam hat). Die Handelsmetropole Gana (Ganata), wo Gold und Sklaven gegen Salz, Kupfer, Textilien, Messingwaren, Korallen, Glasperlen, Kaurischnecken, Datteln, Feigen und Pferde eingetauscht wurden, war damals eine der größten und am dichtesten besiedelten Städte der Welt. Die frühen arabischen Gelehrten nannten Gana »Land des Goldes«: Schätzungen nach sollen dort jährlich neun Tonnen reinen Goldes gefördert worden sein; ein Klumpen von einer Tonne Gewicht befand sich im Besitz des Königs, der daran sein Pferd festzubinden pflegte. Im 11. Jahrhundert wurde Gana von den Almoraviden geplündert; 1240 vom südlich am Oberlauf des Niger gelegenen Nachbarreich Mali erobert und ihm eingegliedert.

Geheimbünde. Institutionalisierte Vereinigungen bestimmter Männer (seltener Frauen) einer Gesellschaft, die ein besonderes Spezialwissen besitzen, das unter keinen Umständen an Außenstehende weitergegeben werden darf, und dementsprechende Sonderaufgaben wahrnehmen (bzw. sich anmaßen). Die Mitgliedschaft kann oftmals erkauft, muß überwiegend jedoch mühsam erworben werden und gilt für das gesamte Leben. Der Kandidat hat sich dazu einer Reihe langwieriger Initiationen (siehe dort) zu unterziehen, die ihm, falls er besteht, jeweils den Zutritt zu einer höheren Rangklasse eröffnen. Das Geheimwissen schließt je nach Bund unterschiedliche Kenntnisse und Kompetenzen ein – etwa die Heilpflanzenkunde, spezifische Therapieverfahren, die Überlieferung und Wahrung sakralen Traditionsguts (Mythen, Zauberformeln, Tänze) und spezielle Kunstfertigkeiten (wie Schnitzen z. B.). Das verleiht den Bünden nicht selten erheblichen Einfluß und Macht, die sie gelegentlich mißbrauchen, meist aber zu Vermittlungszwecken nutzen, so daß ihnen dann Justiz- und Polizeigewalt zuwachsen. Geheimbünde kamen und kommen teils noch in traditionellen Kulturen bei Indianern Nord- wie Südamerikas, im Südosten Australiens, in weiten Teilen Ozeaniens und in Afrika sowohl im Westsudan als auch im Mittelbereich von der Guineaküste bis Tansania vor.

Gonja-Reich. Mitte des 16. Jahrhunderts im heutigen Nordghana zwischen den Flüssen Volta und Oti in der Landschaft Nta gegründetes Reich, an dessen Entstehung wesentlich Händler (Wangara) und Reiterkrieger aus dem alten Reich Mali beteiligt waren. Erstere waren im Zuge der Mande-Expansion aus dem Nigergürtel nach Südosten in die Goldlagerstätten der Akan vorgedrungen oder suchten in den Wäldern im Südwesten Kolanüsse; letzteren oblag die Kontrolle des Goldhandels. Das Gonja-Reich diente vornehmlich Handelszwecken: Am Saum zwischen Savanne und Regenwald wurden für die Waldgebiete

Fetisch im Tempel zu Toffoa (nach Repin).
Aus: Westafrika, vom Senegal bis Benguela, Leipzig, 1878.

bestimmte, durch Überfälle lokaler Bevölkerungsgruppen beschaffte Sklaven gegen Gold eingetauscht. Das Ansehen des Reiches Mali, aus dem die Fremden stammten, war unter der ansässigen Bevölkerung (unter der die Guan eine verhältnismäßig geschlossene Gruppe bilden) so groß, daß sogar die nicht Mande-sprechenden Herrscher von Gonja ihre Herkunft auf Malinke-Reiter zurückführten. Bereit, jede Macht anzuerkennen, die sich als wirksam erwies, standen die Muslime bei der Lokalbevölkerung im Ansehen mächtiger Magier.

Grabstock. Hauptarbeitsgerät in nahezu allen traditionellen tropischen Pflanzerkulturen Amerikas, Ozeaniens, Südostasiens, Nordost- und Südwestindiens sowie Nordost-, Ost- und Zentralafrikas (in den anderen Gebieten fand hier die Hacke Verwendung). In der Regel handelt es sich um einen 1–2 m langen Stab aus Holz oder Bambus, der unten rundum oder einseitig abgeschrägt zugespitzt ist und so eine breitere, ruder- oder lanzettförmige Arbeitsfläche erhält. Zur Verstärkung der Stoßkraft trägt er gelegentlich einen »Wucht-« oder »Beschwerstein« und besitzt unten einen »Stelztritt« zum Aufsetzen des Fußes. Das Gerät dient zum Stechen von Pflanz- und Saatlöchern, zum Umbrechen des Bodens, teils auch zum Jäten. Da Grabstöcke auch bereits in Sammlerinnen- und Jägerkulturen zum Ausgraben von Wildwurzeln, Trüffeln, unterirdischen Knollenfrüchten usw. verwandt wurden, handelt es sich offensichtlich um eines der ältesten Ackergeräte.

Griaule, Marcel (1898–1956). Einer der bedeutendsten französischen Ethnologen und Afrikanisten seiner Zeit. Unternahm mehrere ausgedehnte Forschungsreisen, zunächst nach Äthiopien, dann in den Westsudan, vor allem zu den Dogon in Mali, denen später zunehmend sein ganz besonderes Interesse galt. Für Griaule bedeutete die ethnographische Feldarbeit weniger Forschung als Dialog. Er verstand es zuzuhören und respektierte die Kultur, Lebensauffassung und Würde seiner Gesprächspartner. Überzeugter Verfechter des Kulturrelativismus, war er der Auffassung, daß jede Kultur eine je einzigartige eigenwertige Größe und immer ein in sich geschlossenes, kohärentes, ja regelgeleitetes Ganzes darstellt, das seinen Erklärungs- und Legitimationsgrund allein im Mythos finde. Davon legte er vor allem Zeugnis in seinem berühmten Hauptwerk *Gottheit des Wassers: Gespräche mit Ogotemmêli (Dieu d'eau: Entretiens avec Ogotemmêli)*. Paris 1948. Deutsch »Schwarze Genesis«. Freiburg i. Br. 1970) ab – ein Denkmal zugleich für seinen großen Lehrmeister bei den Dogon, den blinden Seher und Weisen Ogotemmêli.

Die Sambesi-Wasserfälle.
Aus: Die Völker der Erde, Würzburg und Wien, 1891.

Griot. Vornehmlich im frankophonen Westafrika verbreitete Bezeichnung für professionelle Sänger und Preismusiker, die bei festlichen oder zeremoniellen Anlässen Texte historischen Inhalts und Genealogien rezitieren. Griots besitzen vielerorts (vor allem unter Mande-Sprechern) einen speziellen Status und gelten innerhalb der Gesellschaft (ähnlich wie bestimmte Handwerker, vor allem die Schmiede) als distinktive soziale Gruppe oder »Kaste«. Im Umfeld ehemaliger Reiche zählen sie zu den höfischen Würdenträgern, während bettelnde und freie Griots ohne feste Patronage geringes Ansehen genießen.

Gründersippe. In seßhaften, also Pflanzer- oder Bauerngesellschaften setzt sich eine lokale oder Stammesgemeinschaft gewöhnlich aus mehreren Abstammungsgruppen (Lineages, Klane) zusammen, die sich alle von *einem* Vorfahren ableiten, aber unterschiedlichen Alters sind, da nur eine *direkt* vom gemeinsamen Ahnherrn abstammt, während die anderen Abkömmlinge verschiedener, jüngerer Seitenlinien sind. Die geradlinigen Nachfahren des Stammesgründers, von dem überliefert wird, daß er als erster das heimische Territorium in Besitz und Kultur nahm, indem er dort erschaffen wurde, der Erde entstieg oder einwanderte, bilden die Mitglieder der Gründersippe. Da Priorität und Seniorität in traditionellen Kulturen immer ein Mehr an Autorität bedeuten, besitzen sie stets besondere Privilegien: Ihnen »gehört« das Land, ihre Hütten nehmen das Zentrum der Siedlung ein, ihr Ältester, der »Erdherr« (siehe dort), besitzt führende Funktionen im Ahnendienst und Erdkult, entscheidet in Landrechtsfragen und ist hauptverantwortlich für die – insbesondere religiöse – Traditionspflege. Allen Angehörigen der Gründersippe gemeinsam werden besondere intellektuelle Fähigkeiten (etwa in der Traumdeutung und Divination) sowie ein höheres Maß an magischem Wirkvermögen zugeschrieben; ja oftmals gelten sie überhaupt als tugendhafter, aufrechter und sogar »schöner« als andere. Sie bilden so etwas wie die Aristokratie, den »Adel« der Gesamtgesellschaft.

Guinea-Küste. Bezeichnung des westafrikanischen Küstenstrichs zwischen den Flüssen Senegal und Kunene, also beiderseits des tief in den Kontinent einschneidenden Golfs von Guinea, vom Mount Cameroun geteilt in das nördliche Ober- und das südliche Unterguinea. Trotz des tropischen, feuchtheißen Tieflandklimas (über 35° Celsius im Jahresmittel mit über 1 500 mm jährlichem Niederschlag), hoher Fiebergefahr und starker, vor der Küste stehender Brandung (Kalema) lockte die Guinea-Küste zahlreiche Europäer, die, vor allem in ihrem westlichen Teil, erfolgreich Handel betrieben. Die ehemalige Gliederung in Pfeffer- (Küstenstrich von Sierra Leone und Liberia), Elfenbein- oder Zahn- (Elfenbeinküste), Gold- (Ghana) und Sklavenküste (Benin, Nigeria) weist auf diese einstige wirtschaftliche Bedeutung hin. Im 17. Jahrhundert beteiligten sich am, von Portugal und Spanien eingeleiteten Handel auch England, Frankreich, Dänemark und die Niederlande, vorübergehend sogar Kurland (1651) und Brandenburg (1683–1717). Alle suchten sie an der Guinea-Küste Stützpunkte zu gewinnen, wo sie im Schutz von Kastellen (Forts) Faktoreien betrieben; an einem Vordringen ins Landesinnere bestand zunächst kein Interesse.

Gyaman. Provinz und ehemals Asante angegliedertes Vasallenreich in der Elfenbeinküste. Gyamans König Kofi Adinkra verstieß gegen ein ungeschriebenes Gesetz, das es nur dem Asantehene erlaubte, seinen Stuhl mit Gold zu schmücken und einen goldenen Elefantenschweif zu besitzen. Jede Übertretung dieses Grundsatzes galt als Verrat und direkte Herausforderung der ungeteilten Herrschaft des Asantehene. 1811 erreichte Kumasi die Nachricht, der Herrscher von Gyaman habe für sich selbst einen »Goldenen Stuhl« herstellen lassen, woraufhin der Asantehene eine Delegation ausschickte, um die Herausgabe des Stückes zu fordern. Doch alle Verhandlungen verliefen ergebnislos; die Unterdrückung der Rebellion gelang erst 1818 mittels militärischer Invasion Gyamans, bei der Kofi Adinkra getötet wurde.

Heilige Stätten. Religiösen Handlungen ausschließlich oder zeitweise vorbehaltene Stätten innerhalb oder außerhalb der Siedlung. Im letzteren Fall handelt es sich dabei häufig um sogenannte »Naturheiligtümer« wie etwa bestimmte Hügel (besonders wenn diese sich über eine sonst flache Landschaft erheben), Lichtungen und »Heilige Haine«, auch einzelne Quellen, Steine, Felsgruppen, Bäume (die oft besonders groß oder alt sind) und Höhlen, im ersteren um artifiziell als Heilige Stätten ausgewiesene bzw. errichtete Lokalitäten und Bauten wie z. B. Herde, Ahnengräber, ein bestimmtes Haus im Gehöft, den zentralen Dorfplatz, Kulthäuser usw. Oft mit dem Ursprung oder der Geschichte einer Familie, eines Dorfes, Bundes oder Reiches in Verbindung stehend, läßt sich in ihrer Nähe die Präsenz der Geistmächte förmlich spüren – etwa im Flüstern der Bäume, im Raunen des Wassers oder im Knistern des Feuers. Heilige Stätten dienen dem Kult, das heißt ausschließlich positiven (nicht etwa schadensmagischen) Zwecken; hier werden Gebete gesprochen, Opfer dargebracht, Fruchtbarkeitsriten, Hochzeiten, Initiationen und andere wichtige Feierlichkeiten vollzogen. Im Falle von Bauten (früher auch Heiligen Hainen) bewahrt man darin die notwendigen Kultparaphernalien (Musikinstrumente, Masken, Medizinen usw.) sowie Figuren von großen Ahnen, Totemtieren, Schutzgeistern und Göttern sowie den »Tempelschatz« auf: Votivgaben und Reliquien wie Schädel und Knochen von Ahnen, Oberhäuptern und bestimmten Tieren, alte Waffen, seltene Steine und Gegenstände sowie Kriegstrophäen. Das erhöhte ihre Sakralität um so mehr und machte ihren wirksamen Schutz vor Entweihung erforderlich. Vielfach waren sie von Gräben, Wällen, Palisaden umwehrt, vor allem aber von einer Art Bannmeile umgeben: Nichtinitiierte, Frauen, im Zustand der Unreinheit Befindliche und namentlich Gruppenfremde durften ihnen gewöhnlich nicht nahe kommen, geschweige denn sie betreten. Andererseits herrschte in ihnen Friedenspflicht, so daß sie häufig Schutzsuchenden, selbst Todgeweihten sicheres Asyl boten.

Herskovits, Melville Jean. (1895–1963). Amerikanischer Ethnologe (Schüler von Franz Boas). Herskovits arbeitete in den 20er Jahren auch in der Physischen Anthropologie, später nur mehr in der Ethnologie, sowohl regional wie auch vergleichend, unter allgemeinen Gesichtspunkten. Er führte Feldforschungen in Westafrika (1938 erschien sein zweibändiges Werk *Dahomey. An Ancient West African Kingdom*), Nord- und Süd-, vor allem aber Mittelamerika durch und darf als Begründer der afroamerikanischen Studien in den USA gelten. 1941 erklärte er den Synkretismus zu einem grundlegenden Mechanismus im Akkulturationsprozeß der Schwarzen in Amerika und erkannte damit die Existenz einer eigenständigen Kultur der bislang als kulturlos diskriminierten Afroamerikaner an. Überhaupt bildeten Fragen des Kulturvergleichs und Kulturwandels Herskovits' thematisch-theoretische Schwerpunkte: Er gilt als Begründer einer kulturrelativistischen Methodologie und Philosophie. Der Kulturrelativismus lehrt, daß Recht, Justiz oder Schönheitsideale je nach Kultur variieren, daß es gleichwohl Übereinstimmungen gibt, wichtiger jedoch die Universalien in der menschlichen Erfahrung als Gemeinsamkeiten in den ethnozentrischen Vorurteilen sind, und leistete damit einen wesentlichen Beitrag zu einem möglichen besseren Verständnis unter den Menschen.

Hexerei. Weltweit verbreiteter Vorstellungskomplex, demzufolge bestimmte Personen (Hexen) die Fähigkeit besitzen, einen schädigenden Einfluß auf ihre Mitmenschen, oft auch die Nutzpflanzen und das Vieh, ja sogar die natürliche Umwelt ausüben können. Jede Art von Unglück – ob Krankheit, Sterilität, Streit, Armut, frühzeitiger Tod oder Naturkatastrophen – geht auf ihr unheilvolles Wirken zurück. Besonders bei einer Häufung von Unglücksfällen (Serie) glaubt man Hexerei am Werk. Die Fähigkeit, Unheil zu stiften, verdanken die Hexen einer ihnen innewohnenden Substanz, der »Hexenkraft«, die sich oft in bestimmten Familien vererbt und mit zunehmendem Lebensalter verstärkt: Hexen sind meist Erwachsene, mehrheitlich Frauen, die vor allem ihre engsten Verwandten schädigen. Teils auch unbewußt, gleichsam »aus dem Bauch heraus« handelnd, verrichten sie ihr Zerstörungswerk im Geheimen, oft im Verbund mit anderen Hexen, mit denen sie zu orgiastischen Tanzgelagen, zum »Hexensabbat«, zusammenkommen. Von ungeheurer Gier und unstillbarem sexuellen Appetit, verkörpern sie nicht nur antisoziales Verhalten schlechthin, sondern auch die Kehrseite aller gesellschaftlich anerkannten Verpflichtungen und Werte. Ihre Erscheinung und ihr Verhalten stellen die Norm auf den Kopf: Nackt, bewegen sie sich mit den Füßen nach oben oder fliegen, praktizieren Inzest, verbotene Sexualformen und fressen Menschenfleisch (das heißt, sie verzehren die Körperteile nicht konkret, sondern verschlingen die ihnen innewohnende Kraft oder Vitalseele). Sie treiben ihr Unwesen nachts, oft in Begleitung von Hexentieren (z. B. Hyänen) oder Hexenvögeln (häufig Eulen). Als Ursache der Hexerei gilt meist Neid oder Konkurrenzdenken. Viele der von Hexerei betroffenen Gesellschaften kennen Spezialisten (Hexendoktoren), deren Aufgabe es ist, die Hexen zu entlarven und die durch Hexerei Erkrankten zu heilen sowie die übrigen Mitglieder der Gesellschaft vor Hexerei zu schützen.

Hierodulen (Gottesmägde, von griechisch »hieros«, heilig, und »doule«, Magd). In verschiedenen Ländern des alten Orients und Kleinasiens konnten Mädchen und Frauen sich entweder freiwillig verpflichten, für eine begrenzte Zeit im Tempel einer – gewöhnlich weiblichen – Gottheit Dienst zu tun, oder von ihren Angehörigen auch dem Heiligtum als Stiftung überantwortet werden. Zu den Aufgaben der Hierodulen zählte in der Regel auch die Prostitution, bei der sie in Stellvertretung der Gottheit entweder beliebige Besucher oder nur bestimmte Priester empfingen.

Hirse. Sammelbezeichnung für alle Getreidearten mit kleinen, bis zu millimetergroßen runden Körnern ohne Längsfurche. Hirseanbau spielte früher und spielt teilweise heute noch in tropischen und subtropischen Ländern (in Ostafrika und im Sudan, in Indien und Teilen Chinas) eine wichtige Rolle in der Selbstversorgung. Besondere Bedeutung besaßen offenbar schon seit ältester Zeit die Rispen- (Panicum miliaceum), die Kolben- (Setaria italica), die Mohren- (Andropogon sorghum), die Finger- (Eleusine corocana) und die Perl- oder Rohrkolbenhirse (Pennisetum spicatum), die vor allem im Sudan angebaut wird und eine Halmhöhe bis zu 3 m erreicht. Lediglich auf Äthiopien beschränkt blieb der Anbau des Tef (Eragrostis abessinica). Sorghum (in Afrika weithin »Durrha« genannt), Eleusine und Pennisetum wurden erstmals vermutlich in Afrika kultiviert. Die Körner der Hirsen werden sowohl gekocht gegessen als auch zu Mehl beziehungsweise Brot verarbeitet. Aus vergorenem Hirsebrei bereiten gewöhnlich die Frauen das namentlich in Afrika weit verbreitete und beliebte Hirsebier zu, das neben seinem Genuß- auch einen hohen Nährwert besitzt.

Hogon. Priester des Lebe-Kultes, zugleich religiöses Oberhaupt der Dogon. Alltägliche Belange werden von den jeweils Ältesten der patrilinearen Lineages entschieden, darüber hinaus jedoch untersteht jedes Dorf (bzw. eine Gruppe von Dörfern) einem Hogon, dem eine Reihe, mit verschiedenen rituellen und profanen Funktionen betraute Personen zur Seite steht. Es gibt zwar einen »Oberhogon«, seine Autorität ist jedoch schwach und ungenau determiniert. Im Grunde ein religiöser Führer, ist der Hogon hauptsächlich verantwortlich für das allgemeine Wohlergehen, besonders die Fruchtbarkeit des Bodens und – als Regenpriester – für den Fall ausreichender Niederschläge. In Sanga wird er unter den Ältesten gewählt, in anderen Dörfern benennt man einen jüngeren Mann »voller Lebenskraft«, der allerdings einer bestimmten Lineage entstammen muß. Das Amt des Hogon erklärt sich aus der Mythologie: Der Urahn (Lebe) im Mande-Land hatte zwei Söhne, von denen der älteste mit drei Frauen je einen Sohn zeugte, die zu den Gründern der Dogon-Untergruppen Dyon, Dono und Oro wurden, indes das jüngere Kind des zweiten Sohnes als Ahnherr der Aru gilt. Nachdem er als erster der Ahnen gestorben war, brachten die Dogon Erde von seinem Grab in ihre neuen Siedlungsgebiete, mit der sie ihm an ihren jeweiligen Wohnorten einen Altar errichteten.

Hunon. Bezeichnung der Ewe für Priester. »Hu« (Blut) ist neben »Tro« und »Vodun« ein dritter Begriff für Gottheit, der allerdings fast nur in Zusammensetzung mit anderen Worten – wie etwa in »Hunon«, Besitzer des Hu, und »Hukpame« (im Voodoo-Kult Haitis Houmfo), Gottesheim bzw. Kultgehöft, vorkommt. Eine ähnliche Wortbildung ist »Bokonon« (Besitzer des »Bo«), wie man speziell die Eigner von »Zaubermitteln« (Bo) bzw. -figuren (Bocchio) nennt.

Initiation (von lateinisch »initiare«, anfangen, einführen, bzw. »initiatio«, feierliche Begehung eines Geheimgottesdienstes). In vielen traditionellen Gesellschaften bei Einsetzen der Pubertät durchgeführte Veranstaltungen teils profanen, teils religiösen Charakters zur Überführung der Jugendlichen in den Erwachsenenstatus, der gegenüber dem Dasein des Kindes seiner sexuellen wie moralischen Reife und gesellschaftlichen Verantwortung wegen als eine qualitativ neue Lebensphase aufgefaßt wird. Formal lassen sich von den für Mädchen typischen, bei Jungen selteneren Individual- die für Jungen üblicheren und bei Mädchen weniger häufigen Kollektivinitiationen scheiden. Die Struktur gleicht sich jedoch im wesentlichen bei allen: Die Initianden werden zunächst von ihren Familien getrennt und in ein abseits der Siedlung gelegenes »Buschlager« (bei Individualweihen eine Seklusionshütte) verbracht. Dort

Der Hogon von Nombori.

unterziehen sie die leitenden älteren Männer (bzw. Frauen) bestimmten körperlichen Torturen (Prügeln, Quälen, Nahrungs- und Schlafentzug, Ekelproben) zur Stärkung ihrer physischen und moralischen Widerstandskraft und unterweisen sie in wichtigen Bereichen der Kultur wie namentlich der Sozial- und Sexualmoral und dem religiösen Überlieferungsschatz. Da es sich um einen entscheidenden Seinswechsel handelt, enthalten Initiationen im Kern eine rituelle Neugeburt: Die Lösung von der Familie kommt ihrem »Ableben« gleich; im Buschlager, das für das Totenreich steht, werden sie von den »Ahnen« (den maskierten Alten) »getötet« und dürfen als »Tote« dann eine Zeitlang weder essen noch sprechen, sich nur kaum bewegen, stellen die Körperhygiene ein und erhalten eine weiße Bemalung. Während dieser zentralen Phase erfolgt ihre Umwandlung: Sie werden beschnitten und mit den Kennzeichen ihrer Gruppe – Lippen-, Ohren- und Nasenverstümmelungen, Zahndeformationen, eine spezifische Tatauierung – versehen. Anschließend erfolgt die schrittweise Lockerung der Verhaltensbeschränkungen; die Initianden erhalten nunmehr eine rote Bemalung, einen neuen Namen und Erwachsenentracht. Zum Leben wiederauferstanden, verlassen sie das Lager, das hinter ihnen zerstört wird, und ziehen im Triumphzug ins Dorf ein, wo sie ein großes Fest erwartet. Fortan sind sie heiratsberechtigt. Individualweihen für Mädchen kommen praktisch überall, Kollektivinitiationen für beide Geschlechter zur Hauptsache nur in den tropischen Pflanzerkulturen Südamerikas, Melanesiens und Indonesiens sowie Afrikas vor. Jungenindividualinitiationen dagegen waren lediglich als »Jägerweihen« (siehe dort) in historischer Zeit noch in einigen Sammlerinnen- und Jägerkulturen üblich.

Aufnahme eines Kriegers nach dem Erlegen eines Löwen, 1929.

Jägerweihe. In verschiedenen Sammlerinnen- und Jägerkulturen Sibiriens, Nordamerikas (Eskimo) und Afrikas teils noch bis in jüngere Zeit durchgeführte Form der Jungenindividualinitiation. Die Voraussetzung dazu bildete der für Jägerkulturen typische Glaube an eine enge Wesensgemeinschaft, ja Verwandtschaft zwischen Mensch und Tier. Der junge Jäger stand daher vor dem Problem zu lernen, wie man »Verwandte« tötet – an sich ein Kardinalvergehen. Seine Vorbereitung darauf bildete die Jägerweihe, deren Zweck war, die Beziehung zwischen ihm und den Tieren, das heißt insbesondere dem Jagdwild, durch magische Intensivierung und eine Art Blutsbrüderschaft, die beide zu gegenseitiger Hilfe verpflichtete, noch fester zu knüpfen. Dazu wurde ihm (wie bei den Buschmännern) von den Alten Pulver aus dem verkohlten Fleisch der wichtigsten Jagdtiere in Einschnitte zwischen den Augen und am rechten Oberam gerieben – auch, damit er die Tiere schon von weitem zu sehen und sicher zu treffen vermochte, seine Waffen (wie bei den Pygmäen) mit dem Blut des während der Probejagd erstmals offiziell von ihm erlegten Wildes »gesalbt« und man gab ihm Brühe des daraus zubereiteten Festmahls zu trinken oder ließ ihn wichtige Organe wie das Herz in die Hand nehmen und zusammenpressen. Dadurch verband sich beider Lebenskraft, und es wurde die erwünschte sympathetische Beziehung zwischen Jäger und Wild hergestellt. Der Glaube, daß die Tötung nur möglich war, wenn der »Herr des Wildes« das Tier dem Jäger zuvor zum Abschuß freigegeben hatte und dieses sich wiederverkörpern werde, wenn sein Skelett vollständig erhalten blieb (worauf man daher sorgsam achtete), trug zur Erleichterung des Schuldgefühls bei. Ergänzend entschuldigte man sich nach jeder Tötung bei dem Tier und führte zugleich noch ein Ritual zu seiner »Versöhnung« durch.

Jagdbund. Zusammenschluß von Jägern mit ähnlicher Organisationsform wie die Geheimbünde, das heißt, Wissen wird nur an initiierte Mitglieder weitergegeben, der Jagdbund verfügt über eine Geheimsprache, besitzt häufig auch Masken und erfüllt wichtige Aufgaben beim Tod eines Bundgefährten. So treten bei Bestattungs- und Trauerfeierlichkeiten Bundmitglieder in Masken der wichtigsten Jagdtiere auf, um dafür Sorge zu tragen, daß die Riten für den Verstorbenen ordnungsgemäß vollzogen werden und seine Seele sicher ins Totenreich gelangt.

Kalebasse. Getrocknete und ausgehöhlte Frucht des Flaschenkürbis (Lagenaria vulgaris) und anderer Kürbisarten, meist als Behälter, aber auch als Eß-, Trink- und Opfergefäße in Gebrauch. Kalebassen werden häufig durch Bemalen, Ritzen, Gravieren, Entfernen von Hautpartien, Inkrustieren oder Durchbrechung des Randes dekoriert. Als Hausrat zählen sie zum Besitz der Frauen, die sie, um sie besser tragen oder aufhängen zu können, oft mit einem Netz oder Geflecht umgeben. Diesem Kalebassennetz nachempfunden sind die Rauten, mit denen manche Nankana ihre Hauswände schmücken und die für einen geordneten Hausstand stehen.

Kaolin. Nach dem chines. Berg Kao-ling benanntes dichtes, erdiges Gestein, das sich aufgrund seiner spezifischen Mineralienmischung (überwiegend Kaolinit) mager anfühlt und mit Wasser plastisch wird. Die weiße Erdfarbe wird in Afrika, vornehmlich im Ost- und Westsudan, zur Bemalung auf den Körper aufgetragen, wo sie häufig entweder den Zustand ritueller Reinheit (etwa bei Priestern) oder das Erleiden eines rituellen Todes und den Eintritt in ein neues Leben (bei Initianden) symbolisiert.

Kauri. Von den Malediven nach Afrika importiertes Gehäuse der kleinen Seeschnecke »Cypraea annulus«, von dem der Höcker abgeschlagen wurde. Als »kleine Münzen« im Zahlungsverkehr hatten Kaurischnecken im ganzen Sudan anerkannte Kaufkraft, wobei ihr geringer Wert – um 1850 entsprach ein englischer Penny 300 Kaurischnecken – die Kaufleute zwang, sie in ungeheuren Mengen mit sich zu führen. Heute finden sie vornehmlich als Schmuck (z. B. in der Maskenverzierung), in verschiedenen Riten und in der Divination (oft als Lose beim Orakel) Verwendung.

Klan. Aus dem Schottischen (Clan) übernommener und in etwa mit Sippe identischer Begriff zur Bezeichnung größerer Verwandtschaftsverbände mit unilinearer, das heißt patri- oder matrilinearer Abstammungsordnung. Ein Klan besitzt sein eigenes Territorium; seine Mitglieder siedeln gewöhnlich jedoch, da sie bis zu mehreren Hunderten zählen können, über mehrere Dörfer verteilt und setzen sich aus einer Reihe entsprechend kleinerer Untereinheiten – Subklanen (Untersippen) oder Lineages (siehe dort) – zusammen.

Königinmutter. Aus dem Englischen übersetzte, mißverständliche Bezeichnung für eine hochrangige Frau an afrikanischen Königs- oder Fürstenhöfen. Bekannt ist die »Königinmutter« (ohemmea) vor allem von den Asante und anderen matrilinearen Akan. Ursprünglich Bezeichnung für die älteste Frau einer königlichen oder fürstlichen Lineage, bot ihre Position Anlaß zu vielerlei Spekulationen. Falsch ist zunächst der europäische Terminus »Mutter«, doch konnte eine »Schwester« des Königs das Amt innehaben. Gewiß war die »ohemmea« nicht – wie von einigen Autoren behauptet – Priesterin eines mit dem Mond in Verbindung stehenden Kultes. Sie war auch keine Regentin im eigentlichen Sinn – dazu waren ihre Machtbefugnisse zu gering –, doch respektierte man ihre Autorität. Trotz ihres geschlechtsspezifischen Titels (das weibliche Suffix »mea« angefügt der männlichen Form »ohene«, Oberhaupt, Fürst) war sie nicht einfach ein weibliches Oberhaupt. Ihr Status entsprach vielmehr dem eines Mannes (in dessen Kleidung sie auch auftrat), war sie verheiratet, konnte sie dennoch außereheliche Beziehungen pflegen. Sie gebot über einen eigenen Hofstaat und hatte als einzige Frau das Recht, Befehle zu erteilen. So war ihre Bedeutung zwar groß, doch symbolisierte sie nicht – wie der König – das Königtum. Sie verkörperte vielmehr das Ideal der Mutterschaft (dabei spielte es keine Rolle, ob sie Kinder hatte) und war das emotionale Bindeglied zu den matrilinearen Ahnen. Zu ihren wesentlichen Aufgaben gehörte es, anläßlich der jährlich stattfindenden Reinigungsriten die Toten des vergangenen Jahres als erste zu beklagen. In Streitfällen besaß ihr Wort großes Gewicht, bei schwierigen Entscheidungen berief man sich auf sie als letzte Instanz. Sie hatte ihren eigenen Gerichtshof, dem außer ihr nur Männer angehörten. Bei einigen Akan partizipierte sie ehemals auch an verschiedenen Frauenritualen wie z. B. den Pubertätsriten der Mädchen (bragoro), Namengebungs- und Reinigungszeremonien. Ihre politische Bedeutsamkeit rührte vor allem daher, daß sie – als Repräsentantin der königlichen Lineage – über eine genaue Kenntnis der Genealogie verfügte. Deshalb hatte sie das letzte Wort bei der Wahl eines neuen Herrschers, der nur an die Macht kam, wenn sie ihn als »legitim« erklärte. War er im Amt, hatte sie das uneingeschränkte Recht, ihm Ratschläge zu erteilen und ihn zu rügen. Starb er oder wurde er abgesetzt, blieb sie im Amt und wirkte entscheidend bei der Wahl des Nachfolgers mit.

Kolanuß. Frucht von als Unterholz in den tropischen Regenwäldern Westafrikas wachsenden, bis zu 15 m hohen Bäumen der Gattung »Steruliaceae« (mit mehr als 100 Arten). Die nach der Befruchtung entstehenden, sternförmigen Sammelbalgfrüchte bestehen aus am Grunde verwachsenen, bis etwa 15 cm langen holzigen Bälgen, die jeweils 5–10 pflaumengroße, fälschlicherweise als »Nüsse« bezeichnete, von einem dicken, weißen, schleimigen Mantel umgebene Samen enthalten. Die dicken, harten Keimblätter dieser Samen sind gelblich-braun bis rötlich gefärbt und verändern ihre Farbe beim Trocknen durch Bildung von Kolarot ins Rotbraune. Trotz des bitteren Geschmacks ist die Kolanuß ein in weiten Teilen Westafrikas hochgeschätztes Genußmittel. Ihre Inhaltsstoffe vertreiben Hunger und Durstgefühl, befähigen zum Ertragen großer Strapazen und beseitigen Ermüdungserscheinungen.

Konsanguine Verwandtschaft (von lateinisch »consanguineus«, blutsverwandt). Bezeichnet die verwandtschaftlichen Beziehungen, die durch Abstammung entstehen, umfaßt aber entweder nur die väterlichen oder die mütterlichen Herkunftsverwandten, da in traditionellen Gesellschaften nahezu ausnahmslos die unilineare (einlinige), also eben patri- oder matrilineare Abstammungsfolge galt. Konsanguine oder »Blutsverwandtschaft« bestand demzufolge nur zu den vaterseitigen oder mutterseitigen Herkunftsverwandten sowie den Geschwistern, nicht aber im ersteren Fall zur Mutter beziehungsweise im letzteren zum Vater.

Zauberer aus Urna.
Aus: Die Völker der Erde, Würzburg und Wien, 1891.

Kosmogonie (von griechisch »kosmogonía«, Weltentstehung, Schöpfung). Lehre von der Erschaffung der Welt, wie sie in den Mythen berichtet wird. Als Schöpfer wirken gewöhnlich der uranfängliche Hoch- und eine Art Gegengott, der Trickster (siehe dort), der das Schöpfungswerk zu stören, zumindest zu beeinträchtigen sucht. Generell lassen sich zwei Grundkonzepte mythischer Kosmogonien unterscheiden. Dem einen zufolge war zu Beginn ein festes Ganzes, überwiegend in Eiform, das der Schöpfer von innen heraus zersprengte, um dann aus der oberen Hälfte den Himmel, aus der unteren die Erde zu bilden. Die zweite, häufigere (und allem Anschein nach älteste) Konzeption geht von einem breiförmigen, bewegungslos ruhenden Urstoff aus, über dem in Vogelgestalt der Schöpfer schwebt. Aus »Langeweile«, wie es oftmals heißt, taucht der dann irgendwann hinab in den Urozean, holt mit dem Schnabel ein wenig Schlamm herauf und formt daraus die Erde in Gestalt einer flachen Scheibe, die er genau in der Mitte des Kosmos auf die Wasseroberfläche legt und nach unten zu auf verschiedene Weise verankert. Allen Kosmogonien gemeinsam sind die Prinzipien der Differenzierung und Evolution: Die Schöpfung erfolgt durch schrittweise Scheidung des Festen vom Flüssigen, Hellen vom Dunklen, Geformten vom Ungeformten, der Erde vom Meer, ja des Diesseits vom Jenseits und schreitet dabei konsequent von der Bildung des Kosmos aus dem Urchaos über die landschaftliche Gestaltung der Erdoberfläche zur Erschaffung der Himmelskörper, der – untergeordneten – Gottheiten, der Geister, Pflanzen, Tiere und Menschen fort, die abschließend von halbgöttlichen »Kulturheroen« in der ihnen zukommenden Lebensweise, das heißt, der Kultur unterwiesen werden. All das geschieht auf gut magische Weise, da die Götter ja zu Anfang weder Gerät noch technische Fertigkeiten besaßen, gleichzeitig aber über unendliche Zauberkraft verfügten. Oftmals genügt ein Gedanke oder ein Wort – und es geschieht, wie sie es wünschen. Daher erscheinen uns manche Mythen heute so wunderlich, bizarr und oft schier unglaubhaft.

Kraftglaube. Jede Bewegung, jeder Veränderungsprozeß im Leben wie in der Natur setzen Kräfte voraus, die kennen und kontrollieren können muß, wer das Dasein erfolgreich bestreiten will. Traditioneller Anschauung nach ist zwischen dreierlei Kräften zu unterscheiden: der Lebenskraft, in Pflanzen, Tieren und Menschen auch als Fruchtbarkeit und Keimkraft wirksam (und daher verstärkt in Geschlechtsorganen, Samenkörnern, Früchten, Eiern usw. enthalten), den Naturkräften, besonders konzentriert etwa in fallendem Wasser, Feuer, Wind und hartem Gestein, und den spirituellen Kräften, die mit den Geistwesen, also Freiseelen (siehe dort), Ahnen, Geistern und Göttern identisch sind. Lebens- und Naturkräfte lassen sich unmittelbar ineinander überführen: Krafthaltige Mineralien, Pflanzen und Örtlichkeiten (z. B. Ahnengräber) stärken die menschliche Lebenskraft; Blut, Knochen, Haare, Nägel und andere organische Kraftträger können zu Düngungszwecken, also zur Steigerung der Ertragsfähigkeit der Felder verwandt werden. Kräfte wirken an sich nicht regellos. Sie sind seit der Schöpfung gebunden und dienen, solange ihr Fluß nicht durch Zauber oder Geistereingriff gehemmt beziehungsweise in »falsche« Bahnen gelenkt wird, dem Erhalt der Ordnung von Gesellschaft, Natur und Kosmos, indem die Lebenskraft (Vitalseele) die Funktionen des Organismus (Atmung, Blutkreislauf usw.) aufrechterhält, die Sonne auf- und untergeht, Freiseelen sich wiederverkörpern und die Götter die Welt regieren. Übertragung von Kraft erfolgt durch unmittelbaren Kontakt (Berühren, Verzehr), Ausstrahlung, wie bei Geruch, Wärme, dem Blick und kraftvollen oder siechen Menschen sowie spirituelle Fernimpulse seitens der Geistmächte. Ihre Nutzung und Kontrolle geschieht durch traditionsgemäßes, ihr Mißbrauch durch Fehlverhalten. Ein Mittel, sich die Vital-, Natur- oder Geistkräfte in übergewöhnlichem Maße nutzbar zu machen, stellt die Magie (siehe dort) dar.

Kulthaus. Der religiös-rituellen Sphäre vorbehaltenes Gebäude oder Raum. Im Bereich des religiösen Lebens findet sich ein breites Spektrum unterschiedlicher Kultstätten. Dazu gehören nicht nur verschiedene Naturheiligtümer, Ahnenschreine und Opferplätze, sondern häufig auch ein von der profanen Welt eigens abgetrennter Bereich, in dem die wesentlichen sakralen Objekte einer Gemeinschaft (einer Familie, eines Dorfes, eines Bundes, einer Kultgruppe) aufbewahrt werden und der religiösen oder kultischen Zusammenkünften dient. Die Kulthäuser reflektieren häufig das Weltbild der jeweiligen Gesellschaft – oder enthalten zumindest Andeutungen davon.

»Land der Mande«. Region, auf die sich eine Reihe von in Westafrika weitversprengten Gruppen als Ursprungsgebiet beruft. Sprecher von Mande-Sprachen und -Dialekten (insgesamt etwa 20 Millionen) leben heute vom Oberlauf des Niger bis zum Atlantik. Geographisch und historisch bedingt, unterscheidet man zwischen »zentralen« und »peripheren Mande«. Erstere siedeln in Mali und im Nigerbogen; letztere wanderten bereits vor vielen Jahrhunderten aus dem Kerngebiet ab und leben heute über die Staaten Senegal, Gambia, Guinea, Sierra Leone, Liberia, Elfenbeinküste und Burkina Faso verstreut. Im möglicherweise bereits um 5000–4000 v. Chr. besiedelten Kernland kultivierten die Vorfahren der Mande Getreide- und Gemüsesorten (darunter Hirsen, den afrikanischen Reis, verschiedene Bohnenarten, Sesam und Okra). Auf ihrem Boden entstanden die großen westafrikanischen Savannenreiche Gana (Blütezeit 9.–11. Jh.) und Mali (Blütezeit 12.–15. Jh.), die den Transsaharahandel zwischen den südlich gelegenen goldproduzierenden Ländern im Waldland und den Mittelmeerländern kontrollierten. Nach dem Niedergang Malis traten die kleineren Bambara-(Bamana-)Reiche im Süden seine Nachfolge an. Heute bilden Soninke, Malinke und Bambara (zusammen etwa 5 Mill.) die Hauptbevölkerung des modernen Staates Mali, in dessen Süden und Westen noch weitere, kleinere Mande-Gruppen leben.

Legba. Göttliche Tricksterfigur der Ewe und Fon, die große Ähnlichkeit mit Eshu (Exu), einer der ältesten Gottheiten der Yoruba, aufweist. Den Fon gilt Legba als das jüngste, aber überaus begabte Kind des Schöpferpaares Mawu-Lisa, dem die Menschen die Kenntnis zahlreicher Heil- und Zaubermittel verdanken. Überhaupt ist Legba ein Grenzgänger zwischen den Welten: Als Bote vermittelt er zwischen Menschen und Gottheiten, als Wächter beschützt er Stadt-, Dorf- und Gehöfteingänge. Zwar sind ihm keine eigenen Kulte gewidmet, doch wird er in allen als erster angerufen. Seine Verehrer belohnt er reich; wer es versäumt, ihn zu besänftigen, dessen Vorhaben stört er, indem er Intrigen spinnt und Pläne »durchkreuzt«.

Lebenskraftträger siehe **Seelenstoffträger**

Lineage (von englisch »lineage«, geradlinige Abstammung, Stammbaum). Aus dem Englischen ins Deutsche übernommener ethnologischer Fachterminus, der eine Seitenlinie oder Untergruppe von unilinearen (patri- oder matrilinearen) Abstammungsverwandten eines Klans (siehe dort) bezeichnet. Lineages umfassen nur wenige Generationen und können sich. daher ihres Stammvaters (bzw. ihrer Stammutter bei matrilinearer Abstammungs-

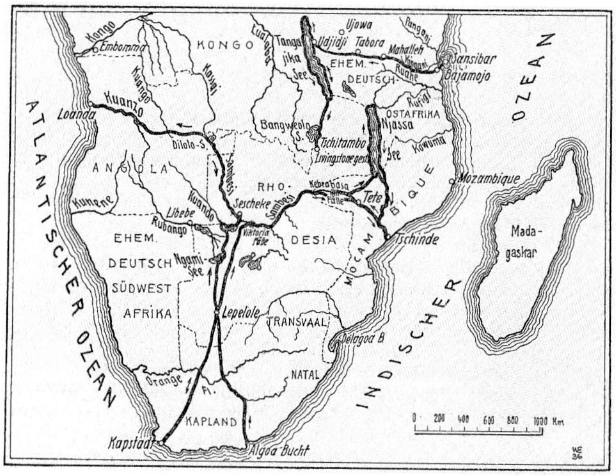

Die Reiserouten Livingstones im südlichen Afrika.
Aus: Das große Wagnis, Berlin, 1936.

ordnung) noch namentlich erinnern. Sie zählen kaum mehr als 80 Mitglieder und besiedeln daher entweder geschlossen ein Dorf oder in größeren Ortschaften einzelne Straßenzüge und Viertel. Der Zusammenhalt aller ist sehr viel enger als bei den größeren Klanen.

Livingstone, David (1813–1873). Schottischer Arzt, Missionar und Afrikaforscher. In den ersten von insgesamt 28 Jahren Aufenthalt in Afrika war Livingstone im Auftrag der London Missionary Society hauptsächlich unter den Tswana im südlichen Afrika tätig. Ab 1849 verstärkte sich sein Wunsch, in bislang den Europäern unbekannte Gebiete im Landesinnern vorzudringen und damit Gottes Wort gleichsam den Weg zu bereiten. Weit vorausschauend, hielt er es auf lange Sicht hin für nützlicher, die Missionsarbeit durch Förderung des Welthandels zu stützen als in einem begrenzten Gebiet Seelen für den Himmel zu gewinnen. Auf seinen Reisen durch das Innere »entdeckte« er 1849 den Ngami-See. Seine große Expedition (1853–56) führte ihn von Linyanti nach Luanda und von dort in östlicher Richtung quer durch den Kontinent bis zur Mündung des Sambesi. 1859 erreichte er den Njassasee (Malawisee); 1858–64 war er offizieller Leiter der britischen Sambesi-Expedition mit dem erklärten Ziel, Rohstoffe zu finden, die sich gewinnbringend vermarkten ließen und damit eine Alternative zum immer heftiger umstrittenen Sklavenhandel bieten könnten. Hauptsächlich in den Jahren 1865–73, als er das Gebiet der heutigen Staaten Sambia und Tansania bereiste – und es 1871 abgelehnt hatte, sich von dem Journalisten Henry Morton Stanley »retten« zu lassen –, erforschte und beschrieb er den binnenafrikanischen Sklavenhandel. Er starb bei seiner Suche nach den »Quellen des Nil«, die er irrtümlicherweise am Oberlauf des Kongo vermutete, in der Nähe des Bangweulu-Sees. Seine afrikanischen Träger transportierten den Leichnam bis zur Küste, so daß Livingstone nach England gebracht und in der Londoner Westminster Abbey beigesetzt werden konnte. Livingstone erwarb sich große Verdienste durch seine Erforschung und Beschreibung großer Teile des afrikanischen Inneren und seiner Bevölkerung, vor allem aber durch sein unermüdliches Angehen gegen den (vor allem arabischen) Sklavenhandel, zu dessen Abschaffung er durch die Erschließung Afrikas für den Welthandel beitragen wollte.

Magie. Von den Griechen geprägter (mageia), der Bezeichnung für die zoroastrischen Priester (magoi) im alten Persien entlehnter Begriff, die in dem Ruf standen, große Zauberer zu sein. Die Römer übermittelten ihn dann in latinisierter Form (magia) auf die Nachwelt. Magie findet ausnahmslos in kritischen Situationen (bei Krankheit, in Not, vor riskanten Unternehmungen) Anwendung, die man ihrer außergewöhnlichen Problematik wegen auch nur mit außergewöhnlichen Mitteln meistern zu können glaubt. Sie setzt – im Gegensatz zur Hexerei (siehe dort) – keinerlei spezifische, angeborene Gaben, sondern eine erlernbare »Technik« voraus. Je mehr Kenntnis, Erfahrung und Geschick jemand im Umgang mit den erforderlichen Mitteln und Methoden besitzt, desto sicherer ist sein Erfolg. Doch damit allein ist es nicht getan: Die alles tragende Grundlage der Magie bildet der Kraftglaube (siehe dort); denn um etwas beeinflussen, das heißt bewegen, gestalten, verändern oder zerstören zu können, bedarf es notwendigerweise einer oder mehrerer Kräfte, die der Magier kennen und zu beherrschen imstande sein muß. Traditioneller Anschauung nach ist dabei zwischen den drei »Grundkräften«, der organischen Lebenskraft (mit der Vitalseele identisch), den Naturkräften (wirksam in bewegtem Wasser, Feuer, Wind, hartem Gestein usw.) und den spirituellen Kräften, zu scheiden, die der Freiseele, den Ahnen, Geistern und Göttern entsprechen. Magische Akte bestehen darin, daß mit Hilfe gedanklicher Konzentration (dem »Wünschen«), bestimmter Formeln und Rituale Kräfte über geeignete Trägersubstanzen ins Ziel gebracht werden, um dort das Beabsichtigte zu bewirken. Das kann generell auf dreierlei Weise geschehen: durch unmittelbare Übertragung, also »Kontaktmagie«, indem man jemanden mit einem krafthaltigen Stoff (einer Wurzel, Salbe oder Reliquie) in Berührung bringt oder selbst ein Stärkungs- oder Heilmittel zu sich nimmt, durch gezielte »Strahlung« über mittlere Distanzen hinweg, indem man Lebenskraft mit Worten, Gesang, Schreien, dem Blick oder entsprechenden, richtungweisenden Gesten überträgt, sowie drittens durch Fernwirkung. In diesem letzteren Fall befindet sich das Ziel – ein Abwesender, ein Ahne, ein Geist – außerhalb des Wahrnehmungsfeldes, so daß seine Reaktion nicht beobachtbar ist. Die Übertragung kann sich hier nur spiritueller Kräfte – der Freiseele (gedankliche Konzentration, Willenskraft) oder einer dazu in Dienst genommenen Geistmacht – bedienen und bedarf zur Verdeutlichung dessen, was beabsichtigt ist, gleichsam der »Zeichensprache«: Der Handelnde drückt sich analogisch aus (Analogiemagie), indem er das Gemeinte pantomimisch simuliert oder an einem Bild demonstriert (Bildmagie), das heißt beispielsweise, eine Puppe aus Wachs herstellt und ihr mit einer Nadel in die Herzgegend sticht – um dergestalt einen gehaßten Rivalen aus dem Weg zu räumen. Magie ist eine anthropologische Universalie; in allen bekannten, auch prähistorischen Kulturen kannte und praktizierte man sie. Da Erfolge benannt und Mißerfolge auf Fehler bei der Vorbereitung und Ausübung zurückgeführt werden können, erscheint sie unwiderlegbar und lebt so, wenngleich mehr verdeckt, auch in den »modernen« Industriezivilisationen fort: in Liebesdingen, bei Sport und Glücksspiel, in Krankheits- und Notfällen, im Krieg, bei der Werbung und politischer Propaganda.

Männerbünde. Im Gegensatz zu den – exklusiven – Männergeheimbünden institutionalisierte Vereinigungen »aller« initiierten erwachsenen Männer einer Gruppe. Die Aufnahme erfolgt hier also automatisch, sobald die Initiation absolviert ist. Manche Bünde, wie in Melanesien zum Beispiel, besitzen einen hierarchischen Aufbau. In diesen Fällen erkauft man sich den Zutritt zur nächsthöheren Stufe durch Bezahlung (etwa von Schweinen) oder Ausrichten einer üppigen Festlichkeit. Alle Mitglieder einen Besitz und Obhut bestimmter esoterischer Kenntnisse, die vor allem das religiöse Überlieferungsgut betreffen, sowie heiliger Musikinstrumente (Trommeln, Flöten, Knochentrompeten, Schwirrhölzer), deren Klang die Stimme der Jenseitsmächte wiedergibt. Nichts davon darf den Frauen und noch nicht initiierten Jungen zu Ohren kommen. Früher mußten Frauen, die in den Besitz eines solchen Geheimwissens gerieten, mit Tod oder Vergewaltigung rechnen. Zentrum der Zusammenkünfte ist entweder das Männer- oder ein eigenes »Klubhaus«, in dem neben den erwähnten Musikinstrumenten auch anderes Kultgerät, Masken, Festtrachten und Reliquien (z. B. Ahnenknochen) aufbewahrt werden. Besonders verbreitet sind derartige Männerbünde in Melanesien, teils auch im übrigen Ozeanien sowie in Zentral- und Westafrika.

Mahdi (von arabisch »al-Mahdi«, der unter göttlicher Leitung Stehende). Anfangs nur ehrender Beiname für historische Größen der islamischen Überlieferung (z. B. Abraham, Muhammad, die ersten vier Kalifen), dann auch nach jüdisch-christlichem Vorbild eine Art Messias, der am Ende der Zeiten, wenn Bosheit, Laster und Tyrannei die Oberhand über die Welt gewonnen haben, als »letzter Kalif« des Propheten erscheinen, Gericht halten und den Islam in seiner ursprünglichen Gestalt wiederherstellen wird. Im Laufe der Geschichte, und zumal in schweren Notzeiten, beanspruchten viele, der erwartete Mahdi zu sein. Besonders bekannt wurde der Sudanese Muhammad Ahmad ibn Abdallah (1843–1885), der 1881 den Anspruch erhob und sich an die Spitze der Erhebung gegen die – damals noch – osmanisch-türkische Fremdherrschaft setzte. Bereits vier Jahre später beherrschte er nahezu den gesamten Ostsudan. Erst unter seinem Nachfolger Khalifa Abdallah gelang den Engländern 1899 unter Lord Kitchener die Rückeroberung.

Mami Wata. Im Pidgin West- und Zentralafrikas verbreitete Bezeichnung für eine weibliche Flußgottheit, allgemeiner auch für außergewöhnlich schöne Frauen, von denen man glaubt, daß sie die verschiedenen Qualitäten Mami Watas verkörpern. Der Kult Mami Watas entstand wahrscheinlich im frühen 20. Jahrhundert im Flußgebiet des südlichen Nigeria und verbreitete sich von dort über ganz Westafrika. Heute ist Mami Wata eine eigenständige Gottheit mit spezifischen, ihr gewidmeten Schreinen und Kultpraktiken. Charakterisiert als schöne und verführerische Flußgöttin mit langem fließenden Haar und heller Haut, glaubt man sie imstande, ihren Anhängern unerwartet zu großen Reichtümern zu verhelfen; diejenigen, die ihren Unmut auf sich ziehen, stürzt sie durch schreckliche Armut oder Irrsinn ins Unglück. Auf Abbildungen wird sie oft dargestellt mit einem Fischschwanz, der ihre Verbindung zum Wasser und seinen Bewohnern unterstreicht. Sowohl Männer als auch Frauen lassen sich aus den verschiedensten Gründen in ihren Kult initiieren (häufig genannt werden psychische und physische Leiden bzw. Irritationen). Manchmal heißt es von ihren Anhängern, sie würden mit Mami Wata in der Geisterwelt sexuell verkehren – eine Liebesbeziehung, über die sie ebenso eifer- wie rachsüchtig wacht. Neben der Verbindung von Geld und Sexualität verkörpert die Göttin noch weitere Phänomene der Moderne: Mit unwiderstehlichen Reizen ausgestattet, unabhängig und selbständig, gleichwohl aber wankelmütig, stellt sie gleichsam ein Abbild des städtischen Lebens und seiner Schnellebigkeit dar. Wie in den Ballungszentren fremde Menschen und Lebensformen aufeinanderstoßen, verbinden sich im Mami Wata-Kult afrikanische mit westlichen und indischen Traditionen und Bildern. Auf den der Göttin gewidmeten Altären finden sich die vielfältigsten Gegenstände: Limonaden, Süßspeisen, Parfüm, Babypuder (u. ä. als Attribute der eleganten Stadtfrau geltende »Finessen«) gehören zu ihren bevorzugten Opfergaben.

Mantisheuschrecke (Mantis religiosa). Weltweit in trocken-warmen Biotopen heimische Art der – so korrekter – Fangschrecken (Mantodea), in Deutschland wegen der typischen Stellung ihrer Fangbeine während der Lauerhaltung, die an gefaltete Hände erinnert, auch als »Gottesanbeterin« bezeichnet. Die Aura religiöser Besonderheit umgibt sie auch bei anderen Völkern. Buschmann-Gruppen in Südafrika sehen in ihr mal den Schöpfer, mal den Trickster (siehe dort). Sie beherrscht die menschliche Sprache, ihre Träume gehen in Erfüllung, sie kann sich in die verschiedensten Tiere verwandeln; wenn sie getötet wird, erwacht sie stets wieder zu neuem Leben.

Marabout. Aus dem Arabischen (murabit) über das Portugiesische (marabuto) in die europäischen Sprachen gelangter Begriff, der unter nordafrikanischen Muslimen zur Bezeichnung gottesfürchtig lebender

Maskenauftritt bei einer Trauerfeier der Winima.

Männer und Frauen oder auch Heiliger und ihrer Nachfahren dient. Nur in Marokko sind mehr die Parallelbegriffe »wali« und vor allem »saiyid« gebräuchlich. Marabouts widmen sich mehr als andere asketischen Übungen und religiöser, oft mystisch getönter Kontemplation. Dazu zogen sie sich früher gern ins Eremitendasein oder die klösterliche Abgeschiedenheit in der Gemeinschaft Gleichgesinnter zurück. Bekanntere genießen nach ihrem Tod nicht selten Heiligenverehrung und steigen mitunter zu Schutzherren von Dörfern und Städten, ja ganzen Regionen auf. Ihr Grab mit der charakteristischen kalkgeweißten Kuppel wird dann zum Zentrum eines Heiligtums, zu dem die Gläubigen der Umgebung wallfahren und an dem zu bestimmten Zeiten im Jahr große Feste stattfinden, organisiert von den Nachfahren des Heiligen, deren Oberhaupt die teils nicht unerheblichen Einnahmen, die dabei anfallen, verwaltet und an die anderen Familienmitglieder weiterverteilt. In ihnen allen wirkt, wie man glaubt, noch immer die Segenskraft (die »baraka«) ihres Ahnherrn fort, so daß ihr Rat und Beistand gesucht sind. Noch Ende des 19. Jahrhunderts besaßen Marabouts und ihre Familien in Nordafrika einen ansehnlichen Einfluß, weshalb man ihre Mitglieder auch bei lokalen und ethnischen Streitigkeiten um Vermittlung bat.

Masken (vom arab. »mashara«, Possenreißer, bzw. dem althochdeutschen »masca«, Masche, Netz). Ob nur den Kopf (Larve) oder den ganzen Körper (Maskenkostüm) bedeckend, ob als naturalistisches Abbild oder in stark stilisierter Form, stellen Masken ursprünglicher und universaler Anschauung nach Repräsentationsformen jenseitiger Mächte dar. Häufig handelt es sich dabei um Ahnen-, also Toten-, aber auch Naturgeister aller Art sowie Krankheitsdämone in überdimensionaler oder Zwergen-, vielfach auch theriomorpher Gestalt. Wer die Maske trug, »spielte« die Geistmacht nicht nur; er identifizierte sich, in Ritualen vor allem, derart mit ihr, daß sie Besitz von ihm ergriff, daß er besessen, vollends der Geist wurde, dem er den Körper lieh. Masken traten in der Regel in Übergangsphasen auf, nachts, zum Jahreswechsel, anläßlich des Erntefestes, während der Initiationen, Bestattungsfeierlichkeiten und Totengedenkfeste. Vor allem die Ahnen ergriffen dabei die Gelegenheit, Verfehlungen der vergangenen, abgelaufenen Zeitspanne zu benennen und zu »rügen«, gegebenenfalls Gericht zu halten und Strafen zu verhängen. Mit den Geistwesen zu kommunizieren – und mit den Masken unmittelbar in Berührung zu kommen –, gehörte zu den Vorrechten der Männer, die sich in vielen Gesellschaften zu einem Masken- oder Geheimbund zusammenschlossen und die Masken vor dem Zugriff Nichtinitiierter, vor allem der Frauen und Kinder, streng hüteten. Jenen war es meist unter Todesstrafe verboten zu wissen, welche Männer jeweils Tänzer der einzelnen Masken waren. Allerdings gibt es häufig Mythen, die von einer Zeit berichten, zu der sich die Frauen im Besitz des Maskengeheimnisses befanden – bis es ihnen von den Männern entrissen wurde.

Mawu-Lisa. Weibliche (Mawu) und männliche (Lisa) in sich vereinende Zwillingsgottheit der Fon (weitgehend identisch mit Mawu-Sodza und Mawu-Sogble der Ewe). Als göttliches Paar steht Mawu-Lisa dem Himmelspantheon vor (dem u. a. auch Gu, der Gott des Eisens, und Age bzw. Adela, Herr über den Busch und die Wildtiere, angehören). Von ihren insgesamt 14 Kindern gründeten die drei ältesten (Sakpata, Sogbo und Agbe) eigene Pantheone. Der Kult Mawu-Lisas und ihrer »Kinder« (voduwo) wurde von der Mutter König Tegbesus, einer Aja-Frau und initiierten Priesterin, in Dahomey eingeführt. Er drängte Nana Buruku, eine ältere androgyne Gottheit, die die Welt gleichsam aus sich selbst heraus erschuf, in den Hintergrund. Bemüht, die »fremden« mit den eigenen Gottesvorstellungen und -namen in Einklang zu bringen, heißt es, daß Nana Buruku das Zwillingspaar Mawu-Lisa gebar. Viele der »neuen« Gottheiten gelten als unterschiedliche Manifestationen bereits bekannter Kräfte (was sich z. B. bei den verschiedenen Gewittergottheiten zeigt). Generell verbindet sich mit Mawu-Lisa die in vielen Teilen Westafrikas verbreitete Vorstellung eines mit dem Himmel assoziierten Schöpfergottes, der für die alltäglichen Belange der Menschen jedoch nicht weiter von Bedeutung ist. Zahlreiche Mythen berichten von einer Zeit, zu der die Gottheit noch nahe bei ihren Geschöpfen wohnte, sich dann jedoch – aufgrund einer ihr bereiteten Enttäuschung – in den Himmel zurückzog. Um den Kontakt nicht abbrechen zu lassen, schuf sie die »voduwo«, die künftig die Erde für sie verwalten und zwischen ihr und dem Himmel vermitteln sollten. Die frühen christlichen Missionare glaubten im himmlischen Paar Mawu-Lisa, den eigenen verwandte Gottesvorstellungen zu erkennen und deuteten Mawu als Gottvater, Lisa als Jesus.

Medizin. Zu Heilzwecken verwandte, in der Regel organische Substanz oder Kombination von Substanzen unterschiedlicher Art, die meist dem Pflanzenreich entstammen (in vielen afrikanischen Sprachen ist die Bezeichnung für »Baum« und »Medizin« identisch). Da es nicht immer möglich ist, zwischen der empirischen und magischen Wirkung einer Medizin zu unterscheiden, erfuhr der Begriff eine erweiterte Bedeutung zur Bezeichnung für jede Art von die Bemühungen seines Besitzers unterstützenden, seine Absichten oder Ziele begünstigenden oder ihn vor schädlichen Einflüssen schützenden Mitteln oder Gegenständen. Dabei handelt es sich, wie gesagt, oft um eine Verbindung verschiedener Kraftträger, die – durch bestimmte Riten und Opfergaben belebt – weitläufige Auswirkungen auf das Ergebnis menschlicher Bemühungen sowie das menschliche Schicksal überhaupt ausüben. Die Kenntnis des geheimen Rezeptes vorausgesetzt, kann jeder Erwachsene Medizinen zubereiten, von denen die Mehrheit eingenommen, auf den Körper gerieben oder an ihm getragen wird. Ein bekanntes Beispiel der zuletztgenannten Art sind die »Medizinbündel« bzw. »Medizinbeutel« der nordamerikanischen Indianer (etwa der Sioux und Irokesen). Dabei handelte es sich um Bündel bzw. Ledersäckchen mit Federn, Kieselsteinen, Knochen, Vogelkrallen, Feuerzeugen, Flöten, Rasseln, Püppchen, Heilkräutern und anderen Dingen mehr, denen man eine besondere zauberische Wirksamkeit zuschrieb. Der Besitzer hatte sie auf Grund von Anweisungen zusammengestellt, die er in Traumoffenbarungen von seinem Schutzgeist erhalten hatte. Ihre Wirksamkeit konnte sich sowohl auf den Fischfang, die Jagd, den Erntesegen und das Wetter als auch die Heilung von Krankheiten, Schutz vor Gefahren und allgemein auf sein und seiner Familie Wohlergehen erstrecken. In Afrika sind Schutzmedizinen, die den einzelnen vor Unheil bewahren sollen, meist Amulette und Talismane (zusammengesetzt aus Tierteilen, Metallen, in Leder gefaßten Pflanzenmischungen oder Koransprüchen) wie häufig auch »Medizinschreine« in Form eines Behälters, oft eines Tongefäßes, das eine Mischung unterschiedlicher Pflanzen und Stoffe birgt, die eine Person, eine Familie oder eine ganze Gruppe vor Gefahren (vor allem vor Hexerei) feien sollen.

Melkpuppe. Um den Milchfluß des Muttertieres aufrechtzuerhalten, stopfen Nomaden nach dem Tod eines Jungen oftmals sein Fell mit Gras, Stroh oder anderem Material aus, überstreichen die Attrappe mit seinem Urin und stellen sie während des Melkens neben die Mutter. Der Brauch ist besonders verbreitet bei afrikanischen Rinderhirtennomaden, teils aber auch in anderen Nomadenkulturen, wie bei den yakhaltenden Nomaden in Osttibet.

Gustav Nachtigal.
Aus: Das große Wagnis, Berlin, 1936.

Nachtigal, Gustav (1834–1885). Deutscher Afrikareisender. Nachtigal kam 1861 als Arzt nach Algerien, 1863 nach Tunis, 1869 reiste er von Tripolis über Mursuk in das ziemlich unbekannte Bergland Tibesti und überbrachte Geschenke des Königs von Preußen an den Sultan von Bornu. 1870–73 erforschte er von Kuka aus den mittleren Sudan und beschrieb die dort ansässige Bevölkerung. 1872 weilte er in Bagirmi, 1873 in Wadai, 1874 in Darfur, 1875 kehrte er über Kairo nach Deutschland zurück. 1879 wurde er deutscher Generalkonsul in Tunis. 1884 hißte er als kaiserlicher Kommissar die deutsche Flagge über Togo und Kamerun.

Njembe-Bund. Frauengeheimbund der Mpongwe im Mündungsgebiet des Ogowe (Gabun). Der Eintritt in den Bund erfolgte im Alter von etwa 12 Jahren unter Beachtung verschiedener Einweihungsriten in kulteigenen Zeremonialhütten im Busch. Mitgliedern des Njembe-Bundes wurden besondere Zauberkräfte nachgesagt, darunter auch die Fähigkeit, Diebe zu entlarven. Er bildete gleichsam ein Gegengewicht zum Nda-Bund der Männer, in dessen Mittelpunkt eine Art Waldgeist stand, der zu verschiedenen Anlässen, durch Masken dargestellt, in den Dörfern erschien und Frauen und Jugendlichen Schrecken einzujagen suchte. Durch ihren Zusammenschluß im Njembe-Bund konnten sich die Frauen dieses Gebiets von der Gewaltherrschaft der Männer weitgehend freimachen.

Ogun. Eisen- und Kriegsgottheit der Yoruba (identisch mit Gu bei Fon und Ewe). Ogun ist der Gott des Schmiedens und allgemeiner jedes Metalls, der Gott aller Facharbeiter, die Metallwerkzeuge verwenden (z. B. Schlächter und Jäger), aber auch der Soldaten, die ihm früher, bevor sie in die Schlacht zogen, opferten und um seinen Schutz vor Tod und Verletzung baten. Heute verehren ihn hauptsächlich Lastwagen- und Taxifahrer, Mechaniker und Friseure.

Ontologie (nach neulateinisch »ontologia«, von griechisch »ta onta«, das wirklich Seiende, und »logos«, Lehre). Philosophische Basisdisziplin, die sich mit dem »Seienden«, genauer: zum einen mit den konkreten Erscheinungsformen (Eigentümlichkeiten, Aspekten, Arten), zum andern mit den Strukturen und Gesetzlichkeiten (Prinzipien, logischen Begriffen und Sätzen) der erfahrbar gegebenen Wirklichkeit beschäftigt (materiale/formale Ontologie). In der Ethnophilosophie findet der Begriff in bezug auf das – meist implizit – in Brauchtum und Spruchweisheiten enthaltene weisheitliche Seinsverständnis Verwendung.

Orakel. Form der Divination. Bei allen Völkern und zu allen Zeiten spielten Orakel eine wichtige Rolle bei der Bewältigung von Problemen der unterschiedlichsten Art. Anders als Omina und die meisten Träume ist das Orakel nicht auf die Deutung unerwarteter, scheinbar zufälliger Zeichen angewiesen; der Kontakt mit verschiedenen Jenseitsmächten (Ahnen, Geistern, Göttern) wird vielmehr bewußt gesucht. Über ein Orakel läßt sich nicht nur Verborgenes aufdecken, es bietet auch Entscheidungshilfen in Krisenfällen. Die Methoden und Techniken, derer man sich dabei bedient, sind extrem vielfältig, doch immer an das jeweilige kulturspezifische Code- oder Zeichensystem gebunden. Bekannt ist vor allem das Ifa-Orakel der Yoruba, bei dem durch den Wurf von Losen (z. B. Palmkernen) eine Zahl ermittelt wird, die mit einem Ritualtext korrespondiert, der anschließend vom Orakelpriester (babalawo) ausgelegt wird.

Orisha (Orisa). Unübersschaubare Zahl von antropomorph gedachten Gottheiten der Yoruba. In den Städten schwankt die Zahl ihrer Anhänger zwischen 6 und 20 %, doch auch Christen und Muslime nehmen häufig lebhaften Anteil an bestimmten Ritualen, besonders den ihnen gewidmeten Jahresfesten. Als erster Orisha und oberste Gottheit gilt Olorun, der »Besitzer des Himmels« und Schöpfer der Welt. Ihm sind jedoch weder Altäre noch Priester geweiht, er ist ein den Menschen entrückter Gott (Deus otiosus). Näher stehen den Menschen ihm nachgeordnete Orisha – wie etwa der Gewittergott Shango (mythischer König von Oyo), der Trickstergott Eshu, der durch seine Streiche immer wieder Verwirrung stiftet, und Ogun, ein Kriegs- und Eisengott.

Osei Bonsu (1900–1977). Gilt als der bedeutendste ghanaische Schnitzer des 20. Jahrhunderts, der zahlreiche der am Hof des Asantehene gebräuchlichen Würdezeichen, vor allem aber das hölzerne Vorbild für eine Neufassung des »Goldenen Stuhles« schuf, nachdem dieser 1920 von Straßenarbeitern entweiht worden war.

Oyo. Erste von Ife, dem Ursprungszentrum der Yoruba, vom Prinzen Oranmyan um das 14. Jahrhundert initiierte Stadtgründung im Südwesten des heutigen Nigeria. Künftig war Oyo Sitz eines weltlichen Herrschers (Alafin); der König (Oni) von Oyo blieb das geistliche Oberhaupt und wird als solches von den Yoruba bis heute anerkannt. Außen- und innenpolitische Kämpfe zwangen das junge Königreich, seine Hauptstadt nach Igboho zu verlegen. Erst zwei Jahrhunderte später, nach der Rückkehr aus Igboho, gelang es Oyo, seine Machtposition zu stärken und, dank seines berittenen Heeres, erfolgreich zu expandieren. Auf dem Höhepunkt seiner Macht bezog Oyo große Gewinne aus dem Sklavenhandel. Ab dem 18. Jahrhundert mehrten sich innere Schwierigkeiten. Es kam zu Vasallen- und Sklavenaufständen, denen – ausgelöst durch den Sokoto-Djihad – Einfälle muslimischer Gruppen folgten. In den späten 1820er Jahren wurde Oyo geplündert, die Stadt daraufhin an ihren heutigen Standort (190 km weiter nach Süden) verlegt. 1895 eroberten die Briten Oyo; sie beließen den »Alafin« in seinem Amt, unterstellten ihn jedoch ihrer Oberhoheit. Heute ist Oyo eine weitgehend muslimische Stadt.

Palankin (von Sanskrit »paljanka«, Bett). In Indien und Ostindien übliche Bezeichnung für Tragsessel oder Sänfte mit Sonnendach und Vorhängen, von vier bis sechs Trägern an langen Stangen getragen. Die Briten führten den Begriff in ihrer afrikanischen Kolonie Goldküste zur Bezeichnung einer Art Sänfte (in Twi »apakam«) ein, mit der sich Könige und Fürsten in der Öffentlichkeit präsentierten.

Palmöl. Gewonnen aus der Ölpalme (Elaeis guineensis), der ergiebigsten aller ölliefernden Pflanzen, zu denen im übrigen noch weitere Palmen, wie die Kokospalme (Cocos nucifera), zählen. Beheimatet im tropischen Westafrika etwa im Bereich von Guinea bis Angola, wurde die Ölpalme ursprünglich auch nur dort kultiviert und genutzt. Der traditionelle Anbau erfolgt in dorfnahen Hainen. Das Öl wird zur Hauptsache aus dem bis zu 70 % fetthaltigen Fruchtfleisch gewonnen. Dazu erhitzt man die Früchte in Wasser und zerstampft sie in großen Trögen oder Mörsern, um das Öl herauszupressen, das anschließend durch Siebe gereinigt wird.

Polygynie, sororale (von griechisch »polys«, viel, »gamos«, Ehe, und lateinisch »soror«, Schwester). Ehe eines Mannes mit zwei, nur selten mehreren Schwestern, die er entweder gleichzeitig oder in zeitlichem Abstand heiratet, wenn sich zeigt, daß die erste Frau keine Kinder bekommt. Die sporadisch, aber weltweit verbreitete Institution trug ebenso zur Festigung der Beziehungen zu den Schwiegerverwandten wie der Stellung der Ehefrauen im Haushalt bei.

Poro-Bund. Bekannter überethnischer Männergeheimbund Westafrikas im Raum Sierra Leone und Liberia. Wie andere derartige Bünde auch (siehe Geheimbünde) besaß er vor der Unabhängigkeit sowohl Mittlerfunktionen bei innergesellschaftlichen wie ethnischen Streitigkeiten als auch unmittelbare Rechts- und Polizeigewalt, untersuchte und ahndete also Straftaten aller Art. War ein Krieg ausgebrochen, trat ein Tribunal aus den höchsten Repräsentanten zusammen, das zunächst die Ursachen des Konflikts sondierte und abwog, um darauf die Gruppe, bei der offensichtlich die Hauptschuld lag, zur viertägigen Plünderung durch Krieger unbeteiligter Nachbarethnien freizugeben. Dabei ging es alles andere als zimperlich zu. Die maskierten Büttel töteten jeden, der sich außerhalb seines Hauses aufhielt, und raubten, was sie zu fassen bekamen. Davon blieb eine Hälfte bei ihnen, die andere erhielt die angegriffene Partei. Der Poro übte indes auch noch in anderer Weise Gerechtigkeit. Familien, die allzu reich und mächtig geworden schienen, wurden ebenfalls der Plünderung ausgesetzt. Widerstand wäre zwecklos gewesen; der Bund hatte alle Mittel, Mißliebige zu töten oder zu ruinieren. Das alles empfahl ihn den englischen Kolonialbehörden, die ihren Vorteil sahen und ihm auch offiziell administrative und polizeidienstliche Aufgaben übertrugen.

Rattray, Robert Sutherland (1881–1938). Britischer Kolonialbeamter, Sprachwissenschaftler und Ethnologe (Schüler von R. R. Marett). Nach seinem Eintritt in den Gold Coast Custom Service (1907) und der Ernennung zum Assistant District Commissioner in Ejura (Asante-Region, 1911) beteiligte er sich nach Ausbruch des Ersten Weltkrieges an einem Feldzug gegen die Deutschen in Togo (daher sein Titel »Captain«). 1921 wurde Rattray, der zuvor verschiedene Posten innerhalb der Kolonialverwaltung innehatte, zum ersten und einzigen Leiter (wie auch Mitglied) des neugegründeten Anthropological Department in Asante. In den darauffolgenden Jahren entstanden seine Pionierarbeiten in westafrikanischer Ethnographie: *Ashanti* (1923); *Religion and Art in Ashanti* (1927); *Ashanti Law and Constitution* (1929) und das zweibändige Werk *The Tribes of the Ashanti Hinterland* (1932). Rattrays Schriften weisen ihn als ausgezeichneten Feldforscher, aber auch als unverbesserlichen Romantiker aus.

Recht. Summe und Inbegriff der Normen und Regeln, die das konfliktfreie Zusammenleben einer Gemeinschaft verbürgen. Im Gegensatz zum kodifizierten Recht, wie es seit dem Altertum in allen Hochkulturen bestand, handelt es sich in schriftlosen Gesellschaften um ein sogenanntes »Gewohnheitsrecht« (in Indonesien z. B. das »Adat«), das seine Geltung aus der Überlieferung schöpft, die alle Bereiche der traditionellen Lebensordnung einschließt, wie sie zu Urbeginn von den Göttern eingesetzt und später durch das Beispiel der Ahnen immer wieder aufs neue bestätigt wurde. Insofern gibt es nur »ein« Recht, das freilich bestimmte Schwerpunktbereiche besitzt: neben dem Schutz von Leib und Leben den Erhalt des familiären (häuslichen) und sozialen Friedens sowie die Wahrung der guten Beziehungen zu den Jenseitsmächten. Vom Materialgüterrecht, das alle Rechtsansprüche auf materielle, dingliche Besitztümer betrifft, läßt sich auch in traditionellen Kulturen ein Immaterialgüterrecht unterscheiden, das sich auf geistiges Eigentum (Lieder, Gedichte, Zauberformeln, Dekormuster usw.) bezieht. Neben kollektiven (Wild, Land, Weidegründe, Wassernutzung) existieren immer auch individuelle Besitzansprüche. Generell gilt: Jemandem gehört, was er – außerhalb des Siedlungsareals – gefunden und entdeckt, was er selbst hergestellt oder erdacht, was er durch Tausch gegen Eigengut (oder Kauf) erworben hat und was ihm persönlich zugeeignet wurde, wie der Name, Schmuckstücke oder ein Schutzgeist. Recht beugt Verfehlungen vor, schützt Rechtsgüter und ahndet Vergehen. Die üblichen Instrumentarien dabei sind die Kontrolle durch die Öffentlichkeit, Klatsch, Spott und unverhohlenes Rügen, die soziale Isolation, physische Strafen nach dem Prinzip der »ausgleichenden Gerechtigkeit«, also des »Ius talionis« (Auge um Auge, Zahn um Zahn usw.), und zuletzt die Tötung oder Exkommunikation. In schwereren Fällen, das heißt beispielsweise bei Diebstahl, Schadenszauber, Hexerei, Unzucht, Mord oder groben Vergehen wider Ahnen und Götter, treten Gerichte zusammen, die sich gewöhnlich aus den Familienvorständen, den Ältesten der Lineages oder Klansektionen am Ort und dem Dorfoberhaupt zusammensetzen. Die Verfahren gründen sich, wie auch sonst gewöhnlich, auf die Parteienvernehmung, Zeugenaussagen, unmittelbare Beweismittel, den Eid der Vernommenen und die Erfahrung der Richter in der Kenntnis der Gesellschaft und aus früheren Fällen. Lassen sich Zweifel nicht ausräumen, unterwirft man die Parteien einer Gift-, Feuer- oder Wasserprobe (einem Ordal), das heißt, man läßt Ahnen oder Götter entscheiden. Geschehen Rechtsbrüche im verborgenen, fallen die Schuldigen der Ahnen- oder Gottesjustiz anheim: das Glück verläßt sie, ihre Ernte mißrät, sie erkranken, erleiden einen Unfall oder fallen einem Blitzschlag zum Opfer. Die traditionelle Rechtspflege war überaus wirksam. Die Kriminalitätsrate lag, wie immer wieder beobachtet wurde, extrem niedrig.

Regenmacher, Regenpriester. Spezialisten, die Niederschläge nach Belieben herbeirufen, aber auch abwenden können. Besonders in wasserarmen Gebieten (z. B. in der westafrik. Savanne) ist die Bevölkerung stark von den Niederschlägen abhängig. Trotzdem kann der Regen – je nach Anbauphase – erwünscht oder unerwünscht sein; von daher ist es wichtig, auf die Regenfälle Einfluß nehmen zu können. Die dafür Verantwortlichen sind in der Regel die Oberhäupter, die entweder im Ahnenhaus oder über

Die Mantiheuschrecke.

Gräbern Bittopfer (meist Tiere von schwarzer Farbe) um Regen bringen und ihre Legitimation über ihre Vorfahren, eine enge Beziehung zum Wasser oder den Besitz bestimmter Sakralgegenstände beziehen. So erkennen die Alur (nordwestliches Uganda) den Herrscher von Ukuru als obersten Regenpriester an, weil er sich im Besitz der Regensteine und der Regenspeere (aus Metall) befindet. In einen Fluß gestellt, können sie Regen auslösen; zum Himmel gerichtet, dabei hin- und herbewegt, Niederschläge verhindern. Anderswo gibt es Spezialisten, die sich im Besitz einer »Regenmedizin« befinden, die es ihnen erlaubt, zum ungünstigen Zeitpunkt ihren Widersachern Regen zu schicken, ihn aber auch dann, wenn er unerwünscht ist, »zu binden« und von ihren Feldern fernzuhalten. In beiden Fällen bedienen sie sich dazu in der Regel analogiemagischer Handlungen. Durch ihre enge Beziehung zu den Niederschlägen, oft verbunden mit Gewittern, sind sie auch imstande, ein himmliches Donnerwetter auf jene zu lenken, die sich eines Vergehens gegen die Gemeinschaft (vor allem des Diebstahls) schuldig gemacht haben.

Rituelle Anarchie. Extremform der Übergangsriten (siehe dort). Keine Gesellschaft könnte auf Dauer ohne eine stabile Lebens- und Rechtsordnung existieren. Der aber droht ständig Gefahr – durch innere oder äußere Feinde und während spezifischer, biographischer, sozialer und kosmischer Übergangszeiten, wenn zwei Bogenabschnitte eines zyklischen Ganzen kurzfristig auseinandertreten, so daß gefährliche Fremdeinflüsse und bösartige Geister zuströmen und Unheil stiften, ja Chaos anrichten können. Als markantere Phasenbrüche dieser Art werden in prämodernen Gesellschaften der Tod, die Initiation, der Jahreszeitenwechsel beziehungsweise Neujahr (die »Tage zwischen den Jahren«) und die Zeit zwischen Ableben des alten und Inthronisation des neuen Königs begriffen. Um den potentiellen Gefahren in derartigen besonderen »Offenzeiten«, wenn die alte Ordnung nicht mehr und die neue noch nicht gilt, zu wehren, bedient man sich weithin der theatralischen Objektivierung des drohenden Chaos, indem man es, magisch präventiv, gleichsam »spielt«, um das Geschehen im Griff und kontrollierbar zu halten. Je nach Kultur in wechselnder Wahl und Vielfalt der Mittel kehrt man die Ordnung rituell um, so daß für die Übergangsfrist anarchische Verhältnisse herrschen: Kinder dürfen ihre Eltern, Frauen ihre Männer beschimpfen, mit Schmutz bewerfen, ja verprügeln. Beide wechseln gleichsam das Geschlecht, indem Frauen Männer- und Männer Frauentracht tragen (ritueller Transvestismus). Niedrigstehende, wie Bettler zum Beispiel, nehmen die Positionen ranghoher Amts- und Würdenträger ein. Könige müssen ihren Platz einem »Narrenkönig« aus den unteren Volksschichten einräumen. Die Regeln, die sonst das Zusammenleben beherrschen, besitzen keine Gültigkeit mehr. Die Gefängnistore tun sich auf, der Alkohol fließt in Strömen; verbotene Spiele,

Sonneneidechse auf der Außenwand des Männerhauses bei den Dogon.

selbst sexuelle Freizügigkeiten bis hin zum Inzest sind erlaubt – alles bis zum Ende der »tollen Tage«, wenn die alte Ordnung wieder in ihre Rechte tritt, das drohende Chaos durch kontrollierte Vorwegnahme gebannt und jedermann deutlich geworden ist, daß ein Dasein ohne Regel und Ordnung nur ins Verderben führen kann.

Rohlfs, Gerhard (1831–1896). Deutscher Afrikareisender, der als Arzt (1855–61) und Fremdenlegionär an französischen Feldzügen in Algerien teilnahm. Zum Islam konvertiert, bereiste er als Muslim Nordafrika (vornehmlich Marokko) und kam u. a. als erster Europäer in die Tuat-Oase. 1865–67 durchquerte er, wiederum als erster Europäer, Afrika vom Mittelmeer (Tripolis) über Bornu nach Lagos am Golf von Guinea. Später durchstreifte er die Lybische Wüste (Cyrenaica, Oase Kufra) und wurde 1884 deutscher Generalkonsul in Sansibar.

Rouch, Jean (geb. 1917). Französischer Ingenieur, Ethnologe (Schüler von M. Griaule und Marcel Mauss) und Filmemacher, gründete 1952 in Paris mit dem Ethnologen A. Leroi-Gourhan das Komitee für den ethnographischen Film und hat seither mehr als 120 Filme gedreht.

Sakralkönigtum. In traditionellen Agrarkulturen kommt der Fruchtbarkeit von Land, Vieh und Menschen eine zentrale, überlebensentscheidende Bedeutung zu: Sie sichert die Ernährung und den Fortbestand der Menschen. Wer davon sichtlich mehr als andere besitzt, das heißt stark und von robuster Gesundheit ist, reiche Ernten einfährt, einen stattlichen Viehbesitz, mehrere Frauen, viele Kinder und überhaupt eine »glückliche Hand« in allem hat, genießt ein hohes Sozialprestige und rückt unter Umständen in Führungspositionen auf, die ihm allerdings weniger Macht als Verantwortung bescheren: Man erwartet von ihm, daß er seine besondere Segenskraft allen nutzbar macht, indem er persönlich die wichtigsten öffentlichen Agrar- und Fruchtbarkeitsriten durchführt. Es kann sich dabei um einen Klanältesten, das Dorfoberhaupt oder den reichsten Bauern der Siedlung handeln. Eine besonders typische, paradigmatische Figur dieser Art ist der »Erdherr« (siehe dort), der nahezu alle der genannten Züge in sich vereinigt. Nach der Entstehung der Archaischen Hochkulturen gegen Ende des 5. Jahrtausends v. Chr. im östlichen Mittelmeerraum bildete sich in den tropischen Randzonen ihrer Einflußbereiche, in denen die Menschen zwar von der Landwirtschaft lebten, die Voraussetzungen für hochdifferenzierte Staatswesen aber nicht mehr gegeben waren, eine Sonderform des Königtums aus, die sich gewissermaßen als Überdimensionierung des alten Erdherrentums verstehen läßt. Derartige sogenannte »Sakralkönigtümer« bestanden in neuerer Zeit bis teils in die Gegenwart noch in Polynesien, teils auch in Hinterindien und vor allem in Afrika fort. Mehr noch als der Erdherr galt der König als Träger der Fruchtbarkeit von Land und Leuten und stand insofern mit seinem Leben für die Existenzfähigkeit und Wohlfahrt des Gemeinwesens ein. Entsprechend hatte er wieder alle bedeutsameren Agrarriten an zentraler Stelle (am Residenzort) durchzuführen oder doch wenigstens persönlich zu eröffnen (z. B. zu Aussaat- und Erntebeginn), für ausreichende Niederschläge zu sorgen und den Frieden im Reich zu gewährleisten. Um seinen Anforderungen genügen zu können, mußte er nicht nur gesund und kraftvoll, sondern auch ohne jeden physischen Makel sein (daher die Blendung oder Verstümmelung von Rivalen im Vorfeld eines Thronwechsels) und strikt traditionsgemäß leben. Das wiederum zog eine Fülle von Vorsichts- und Schutzmaßnahmen nach sich. Sakralkönige durften oft nicht die Residenz verlassen, nichts essen oder benutzen, was fremder Herkunft war, und sich von niemandem, außer dem Kammerdiener, den engsten Angehörigen und höchsten Würdenträgern berühren und anblicken lassen. Bei Audienzen trugen sie daher häufig einen dichten Schleier oder saßen hinter einer Abschirmung. Sie waren so weniger Herrscher als Gefangene ihres Volkes, zu kostbar, um sie der Gefahr auszusetzen, nur ein Geringes an Kraft und Gesundheit einzubüßen, weil das sofort Konsequenzen für Menschen und Reich gehabt hätte. Kam es daher zu Dürren, Mißwuchs, Seuchen oder sonstigem Ungemach, suchte man die Schuld beim König: Entweder war er krank geworden oder hatte einen gravierenden Tabubruch begangen. Da er nunmehr eine Gefahr für alle darstellte, setzte man ihn ab oder tötete ihn (ritueller Königsmord), um ihn durch einen neuen zu ersetzen. Sakralkönige trugen eine schwere Verantwortung, besaßen aber kaum politische Macht; auch das hätte sie gefährlich profanieren müssen. Die Regierungsgeschäfte besorgten Regenten, ein Minister- oder Notabelnrat.

Sanduhrtrommel. Nach Form des Trommelkörpers benanntes Membranophon, dessen Felle geschlagen werden, verbreitet vor allem in Ost- und Westafrika. In Ostafrika oft einfellig, wird die Sanduhrtrommel, selbst wenn sie zwei Felle haben sollte, anders gehandhabt als in Westafrika, wo der Trommler beim Spielen die Spannung verändert. Dazu dient ihm eine Reihe von Schnüren, die von einem Fell zum anderen verlaufen und die die Spannung herstellen, die der Trommler reguliert, indem er sie mit der Hand oder, falls er das Instrument unter der Achselhöhle trägt, mit dem Arm zusammenpreßt. Dabei schlägt er die Felle mit einem gebogenen Schlegel.

Schadenszauber. Das Bemühen, anderen mit Mitteln und Techniken der Magie (siehe dort) Schaden zuzufügen, sei es an Leib und Leben, Sachgütern (Töpfe beim Brennen zerspringen lassen), Feldfrüchten, dem Vieh oder der sozialen Reputation (Mißtrauen säen, Neid stiften). Ein typisches Beispiel ist das weltweit verbreitete »Nestelknüpfen«, bei dem man Reiser, Riemen oder Schnüre fest zusammenbindet, besser noch verknotet, um einen Mann, dem man nicht wohlwill, die Potenz, das heißt die freie Beweglichkeit des Gliedes, zu nehmen. Den Extremfall der Schadensmagie stellt der Todeszauber dar. Wie bei aller Magie steht auch dazu eine Vielzahl von Möglichkeiten zur Auswahl. Man stößt oder schleudert zum Beispiel einen Stab in die Richtung, in der man das Opfer weiß, nennt seinen Namen und spricht eine entsprechende Verwünschung dazu aus, etwa: »Möge dein Herz zerspringen!« Man kann sich auch etwas aus dem persönlichen Besitztum des Betreffenden verschaffen und zu einem Toten in den Sarg legen, wie man vor rund 100 Jahren noch in Teilen Deutschlands zu tun pflegte. Häufig fertigt man zu dem Zweck auch eine sogenannte »Defixionspuppe« (siehe dort) an und sticht ihr mit einer Nadel in die Herzgegend oder zerschlägt sie. Wichtig ist, daß man den Gemeinten benennt und die Absicht klar formuliert. Belegte Fälle beziehen sich auf Menschen, die von dem Zauber wußten, so daß die Wirkung auf Autosuggestion beruht haben könnte. Autopsien ergaben, daß die Todesursache mit der beim Schock übereinstimmt: Es erfolgt ein Kollaps, der zu einer raschen Verminderung des zirkulierenden Blutes und damit zu einem drastischen Absinken des Blutdrucks mit tödlichen Folgen für die Funktionsfähigkeit der Organe führt.

Schi- oder Sheabutter. Aus den Samen des gleichnamigen Baumes gewonnenes Speisefett. Der Schibutterbaum (Butyrospermum parkii, B. paradoxum, Vitellaria paradoxa) kommt in der westafrikanischen Savanne sowohl wild als auch angebaut vor. Man sammelt seine gelb bis grünlich gefärbten, etwa aprikosengroßen Beeren, deren dünnes, weiches und sehr süßes Perikarp einen 3–4 cm großen, kastanienförmigen Samen umschließt. Aus den Samen gewinnen die Frauen der westafrikanischen Savanne in langwierigen und anstrengenden Arbeitsgängen ein hochwertiges Speisefett von butterartiger Konsistenz, das einen milden kakaoartigen Geschmack besitzt.

Schmiede. Handwerker, die Metalle (Kupfer, Gold, Silber, vor allem jedoch Eisen) bearbeiten. In Gesellschaften mit bäuerlicher Wirtschaftsweise besaßen die Schmiede eine große Bedeutung, da sie die lebenswichtigen Bodenbaugeräte, in expandierenden Gesellschaften auch Kriegswaffen herstellten. Von daher begegnete man ihnen in der Regel mit ambivalenten Gefühlen: Teils genossen sie eine hohe Stellung, teils waren sie eher verachtet, doch immer waren sie gefürchtet. Ihre gesellschaftliche Ausnahmestellung wird oft in der Mythologie thematisiert. Bei den Dogon formte Amma, der Schöpfergott, den ersten Schmied (djemene) aus Blut und Nabelschnur des von ihm geopferten Nommo. Damit gehört der Ahnherr der Schmiede der sogenannten Vorvätergeneration an, was die herausragende und einflußreiche Stellung der Dogon-Schmiede begründet. Sie bildeten eine sozial abgegrenzte, endogame Gruppe, der es untersagt war, Ehen mit Nachkommen der »zweiten Generation«, den Nachfahren des Lebe, einzugehen. Da die Schmiede nicht anbauten, führten sie ein Leben in ständiger Abhängigkeit.

Schrein. Aus dem Englischen übernommene Bezeichnung für Heiligtümer unterschiedlichster Art. Der in Deutschland übliche Terminus zur Bezeichnung für hölzerene Behälter oder Schränke, als »Schreinaltar«, auch für einen Altaraufsatz, dessen mittlerer Teil meist mit Skulpturen gefüllt und durch Flügel zu schließen ist, erfuhr, vornehmlich in der englischsprachigen Afrikaliteratur, eine allgemeine Erweiterung zur Bezeichnung nicht mehr allein von Gebäuden oder Gefäßen, die Ahnenfiguren (Ahnenschreine) oder andere kultisch verehrte Objekte enthalten, sondern darüber hinaus für jeden Gegenstand, der besondere Kräfte birgt.

Schutzgötter, Schutzgeister. Spirituelle Wesenheiten, die mit einer Örtlichkeit, einem oder einer Gruppe von Menschen assoziiert sind und diese – korrektes rituelles, auch moralisches Verhalten vorausgesetzt – vor Gefahren beschützen und gegen schädliche Einflüsse abschirmen. Persönliche Schutzgeister, die junge Männer im Verlauf einer oft langen Visionssuche in der Abgeschiedenheit erwerben, sind vor allem von vielen nordamerikanischen Indianern sowie speziell von Schamanen bekannt. In Afrika kennt man neben persönlichen auch territoriale Schutzgötter, vom spirituellen Besitzer eines Feldes, Waldstücks oder Dorfes bis hin zu den Schutzgöttern ganzer Regionen, die oft – der menschlichen Gesellschaft nachempfunden – in einem hierarchischen Verhältnis zueinander stehen. Die einflußreichsten unter ihnen legitimieren häufig die politische Macht, indem sie einen Teil ihrer Autorität an den jeweiligen politischen Führer delegieren, der gleichzeitig ihr oberster Priester ist. Diesen bedeutenden Schutzgöttern sind aufwendige Zeremonien im Jahresverlauf gewidmet; »kleinere« erhalten Opfergaben vor Nutzung eines Feldes, beim Hausbau oder vor der Jagd.

Schwirrholz. An einer Schnur befestigtes blatt- oder dolchklingenartiges Schallgerät (Aerophon). In rasch kreisende Bewegung versetzt, verursacht die periodische Unterbrechung des Windstroms ein brummendes Geräusch, das als Stimme der Geistmächte, besonders der Ahnen, interpretiert wird. Das sich, vorwiegend im Besitz von Masken- oder Geheimbünden, immer aber von Männern befindliche Schwirrholz ist hauptsächlich, in der Regel nachts, bei Begräbnis- und Trauerfeierlichkeiten zu hören. Es spielt eine wichtige Rolle bei der Initiation; auch kündigt es den Auftritt von Masken an (bei den Dogon z. B. der »Großen Maske«).

Wasserfall des Ntambunah.
Aus: Westafrika, vom Senegal bis Benguela, Leipzig, 1878.

Seelenknabe (okra). Bezeichnung der Asante und anderer Akan für ein am gleichen Wochentag wie der Herrscher geborenes Kind, das über diese Verbindung als sein erweiterter Seelenträger galt und zu dessen Aufgaben es gehörte, den König oder Landesfürsten vor Gefahren zu bewahren. Von daher lebte er in seiner unmittelbaren Nähe im Palast und kostete Speisen und Getränke vor, um ihn vor möglichen Vergiftungsanschlägen zu schützen. Früher war der Seelenknabe in der Regel ein Sklave, der beim Tod des Königs geopfert wurde, so daß er ihm in der Jenseitswelt weiterhin dienen konnte. Noch heute begleitet ein Seelenknabe den Herrscher bei festlichen Aufzügen und sitzt bei öffentlichen »Ausritten« vor ihm im Palankin.

Seelenstoff- oder Lebenskraftträger. Körpersekrete und -partien von Menschen und Tieren sowie Teile von Pflanzen mit besonders hohem Anteil von Lebenskraft. Die meisten Gesellschaften unterscheiden zwischen Vitalseele (oder Lebenskraft) und Freiseele. Letztere entstammt dem Jenseits (etwa dem Totenreich) und ist nach Art der Geistmächte; erstere manifestiert sich im Menschen (und analog in Tieren und Pflanzen) in Gestalt einer Lebens- oder Vitalseele mit der Aufgabe, den Organismus lebensfähig zu erhalten. Ihre Hauptträgersubstanzen bilden, nach weltweit übereinstimmender Anschauung, das Blut, die Knochen und Zähne, sowie alle Körpersekrete (außer Kot), also Sperma, Mucus, Muttermilch, Schweiß, Speichel, Tränen und, allerdings seltener, auch der Urin. Als Ausscheidungen im weiteren Sinne, denen man ebenfalls hohe Konzentration an Seelen- oder Lebenskraft zuschreibt, gelten Fuß- und Fingernägel, die Haare, der Atem, das gesprochene oder gesungene Wort, der Blick sowie der Schatten. Alle genannten Sustanzen haben entweder mit Bewegung (= Leben) zu tun bzw. treten infolge eines Bewegungsvorgangs aus oder besitzen ein hohes Maß an Widerstandsfähigkeit: Blut »fließt«, Atem »geht«, Sperma und Schweiß werden ausgeschieden, Speichel bildet sich verstärkt beim Kauen, Tränen sind die Folge einer »bewegten« Gemütsverfassung, Nägel und Haare wachsen noch, wenn der Reifungsprozeß des Körpers an sich abgeschlossen ist, und beiden – sowie mehr noch auch Zähne und Knochen – kann die Vergänglichkeit weit weniger als jedem anderen Bestandteil des Organismus anhaben.

Shaikh. Arabischer Ehrentitel, ursprünglich für Älteste, also Familien-, Lineage-, Klan- und Stammesoberhäupter. Ein Shaikh besitzt hohes Ansehen und Autorität, aber auch entsprechende Verpflichtungen. Bei Beduinen (siehe dort) zählt zu seinen besonderen Aufgaben, Sorge für die Wahrung der überlieferten Ordnung zu tragen, in Konfliktfällen zu vermitteln sowie Rechtsstreitigkeiten zu schlichten. Großzügigkeit gilt als obligatorische Tugend. Ein Shaikh hat ein gastfreies Haus zu führen und Verarmte zu unterstützen, beziehungsweise ihnen durch Schenkungen wiederaufzuhelfen. Politische Macht im eigentlichen Sinne, geschweige denn Exekutivgewalt besitzt er nicht. Bei allen Entscheidungen immer abhängig von der Zustimmung der übrigen Gruppenältesten, nimmt er eher die Position eines »Primus inter pares« ein. Mit dem Aufstieg des Islam ging der Titel bald auch an staatliche Würdenträger – Stadtverweser, Gouverneure, Wesire usw. – namhafte Gelehrte, Inhaber hoher geistlicher Ämter sowie Gründer und Obere muslimischer Bruderschaften (siehe dort) über.

Shango. Mythischer König (Alafin) von Oyo und Gewittergottheit der Yoruba. Wie dem Gewitter, das er verursacht und als dessen personifizierter Repräsentant er gilt, steht man auch Shango ambivalent gegenüber: Man fürchtet seine zerstörerische (etwa die Ernte bedrohende) Macht, die sich, dadurch, daß sie der Erde Fruchtbarkeit schenkt, aber auch segensreich auswirken kann. Shango residiert im Himmel; um Übeltäter zu strafen, schleudert er seine Donnerkeile und Pfeile, die ihm sein Bruder Ogun schmiedet, zur Erde herab. Ähnliche Gewittergottheiten der Fon und Ewe sind Xeviésó (So, Sogbo) und Mawu-Sogbla.

Sigui (Sigi). Aufwendige Zeremonie- und Tanzveranstaltung der Dogon, begangen im Zyklus von jeweils 60 Jahren zur Erinnerung an Dyongu Seru, den mythischen Vorfahren und direkten Ahnherrn der Aru. Dyongu Seru war der erste, der – als er sich, um als Geist wiederaufzuerstehen, schon in eine Schlange verwandelt hatte – sterben mußte, aber auch der erste Heiler und Initiator der Maskengesellschaft (awa). Da für ihn kein Bestattungsritual stattfand, blieb seine Seele im Diesseits und wohnt seither in der schlangenförmigen »Großen Maske« (imina na), die beim sigi neu jeweils neu geschnitzt wird. Ein Aufeinanderlegen von alter und neuer Maske ermöglicht der Seele den Wechsel ihres Aufenthaltsortes. Dabei werden bestimmte Männer einer Altersstufe in die Geheimnisse der »Großen Maske« und die Sprache des sigi (sigi-so) eingeweiht. Sie verbringen drei Monate in der sigi-Höhle, dem Aufbewahrungsort der Maske, um schließlich als »Söhne der Großen Maske« wiederaufzuerstehen und, prächtig gekleidet, in wellenartigen Schlangenbewegungen ins Dorf zurückzukehren. Das insgesamt 7–8 Jahre dauernde Fest beginnt in den Dörfern um Yougou und wandert westwärts von einer Dorfgruppe zur anderen, um schließlich wieder in Yougou zu enden.

Sippe. Größerer Verwandtschaftsverband mit unilinearer, das heißt patri- oder matrilinearer Abstammungsordnung (Patri- bzw. Matrisippe); in etwa mit »Klan« identisch (siehe dort).

Sonneneidechse. Reliefschmuck in Eidechsenform, angebracht vor allem auf Speichertüren und -schlössern der Dogon. Die Eidechse wird in vielen Teilen der Welt, vornehmlich in Australien, Ozeanien und Indonesien, aber auch in Afrika auf künstlerische Weise dargestellt. In Afrika spielt sie in der Mythologie häufig die Rolle eines Todesboten, der den Menschen – anstelle der von Gott eigentlich vorgesehenen Botschaft vom ewigen Leben – die Nachricht vom Tod überbringt. Aus Metall gegossen und als Amulett am Körper getragen, oft auch als Verzierung an Gefäßen oder Gebäuden, schreibt man der Abbildung der Eidechse große magische Abwehrkräfte zu. Bei den Dogon symbolisiert sie darüber hinaus – eben als »Sonneneidechse« – die »weibliche« Vorhaut am männlichen Glied, die bei der Initiation, bei der die Knaben einen rituellen Tod erleiden, durch einen Rundschnitt abgetrennt wird, so daß sie als Erwachsene »neugeboren« werden.

Sororat (von lateinisch »soror«, Schwester). Ehe eines Mannes mit zwei (selten mehr) Schwestern. Im Unterschied zur sororalen Polygynie (siehe Polygynie, sororale) wird Sororat mehrheitlich im Sinne einer sogenannten »Sekundärheirat« verstanden, das heißt, der Mann heiratet eine Schwester seiner Ehefrau erst, wenn diese verstorben ist. Der begrifflichen Unklarheit wegen spricht man daher oft auch eindeutiger von »postmortalem Sororat«.

Stadtkulturen. Städtische Siedlungen entstanden im Zusammenhang mit den Archaischen Hochkulturen gegen Ende des 5. Jahrtausends. Vorformen bildeten nicht wachsende Dörfer, sondern Fürstensitze, die weiträumig mit ringförmigen Wehranlagen umfriedet waren, um der umwohnenden ländlichen Bevölkerung bei feindlichen Übergriffen Schutz zu bieten. Die intensivere hochkulturliche Landwirtschaft auf Getreidebaubasis mit ergänzender Klein- und Großviehhaltung, effizienteren Produktionsmitteln, wie insbesondere dem Pflug, und fortschrittlicheren Bewässerungstechniken warf hinreichend Überschüsse ab, die sich zudem in Silos über Jahre hin speichern ließen, so daß größere Bevölkerungsteile sich aus der dörflichen Urproduktion lösen und allein verarbeitenden, handwerklichen Tätigkeiten zuwenden konnten. Den Bedarf an ihren Produkten hatten das Hofleben mit seinen vielfältigen Bedürfnissen (Küche, Kleidung, Personal), die Kriegführung und die entwickelteren Techniken der Landwirtschaft selbst geweckt. Das nötigte in der Folge zu fortschreitender Spezialisierung. Und um einander kostengünstiger zuarbeiten zu können, zog es Weber, Färber, Seiler, Wagner usw. mehr und mehr in die Stadt, wo sie zudem auch den direkteren Zugriff auf die Rohstoffe hatten, da mit dem Gewerbewesen auch der Warenverkehr in Flor kam und Städte so immer zugleich auch Handelszentren waren. Ihre Bevölkerung setzte sich daher aus einer bunten Fülle der verschiedensten Sozial- und Berufsgruppen zusammen: aus Sklaven, Tagelöhnern, Lastenträgern, Handwerkern und Kaufleuten, Bediensteten, Künstlern, Musikanten, Verwaltungsbeamten, Priestern, Militärs und zuletzt den Angehörigen der aristokratischen Oberschicht. Und ein entsprechend vielfältiges Bild boten Umfang und Art der materiellen Besitztümer, der Häuser, Wert- und Luxusgegenstände. Auf der anderen Seite verloren aber die alten verwandtschaftlichen Bindungen unter den Bedingungen des städtischen Lebens an Bedeutung. Die Menschen siedelten nunmehr nach Berufszugehörigkeit und Stand zusammen: die Hütten der Tagelöhner am Rand, dann die Handwerkerviertel mit den Tischler-, Schmiede-, Korbflechter- oder Metzgergassen, zur Mitte hin, im engeren Umfeld des Palast- und Tempelbereichs, die wohlhabenden Kaufleute und höheren städtischen Würdenträger. Das wiederum schuf die Voraussetzung zu entsprechenden berufsständischen Gemeinschaftsbildungen. Die Gesellschaft zerfiel in eine Vielzahl streng geschiedener Gruppen, Klassen und Schichten, die ihre eigenen Subkulturen – in Zünften und Tempeln, im Heer, unter Sängern und Musikern, am Hof – entwickelten – mit entsprechendem Gebrauchsinventar, Brauchtum, eigenen Überlieferungen und Glaubensformen. Jede Gruppe überblickte voll nur ihre eigene Lebenswelt und wurde damit abhängig von allen anderen. Um das Ganze funktions- und kooperationsfähig zu halten, bedurfte es straff zentralisierter Machtorgane, die den unteren Bevölkerungsschichten immer ferner rückten. Die Undurchsichtigkeit der Verhältnisse, die Interessengegensätze der einzelnen Sozialgruppen, ihre wechselseitige Abhängigkeit, Spannungen und Feindseligkeiten, Konflikte und Ängste, Unterdrückung und das Elend nach militärischen Niederlagen prägten sich abseits der herrschenden Tempeltheologie in der unterschichtigen »Volksreligion«, mit ihrem wuchernden Zauber- und Hexenglauben, Opferwesen und einer Unzahl übelwollender Geister aus, machten die Bevölkerung schon seit alter Zeit anfällig für apokalyptische Prophezeiungen und Erlösungsreligionen. An den Verhältnissen änderte sich bis zum Beginn der Neuzeit nur wenig; gegenwärtig leben sie noch in abgelegeneren Städten Asiens, Afrikas und Lateinamerikas fort. Stadtkulturen Altvorderasiens, des europäischen wie islamischen Mittelalters und weiter Bereiche der heutigen Dritten Welt sind durchaus vergleichbar; sie stimmen in den skizzierten Grundzügen überein: Hochkomplex, oft multiethnisch, immer multikulturell zusammengesetzt, in bunter Formenvielfalt, bewegt und kreativ auf der einen, verwirrend, konfliktgeladen und beängstigend, ja selbstzerstörerisch auf der anderen Seite. Stadtkulturen bieten ein gleichsam prismatisch verdichtetes Bild ihrer Umlandregionen.

Stanley und seine Offiziere.
Aus: In Darkest Africa, New York, 1890.

Stamm. Politischer Verband sprachlich und kulturell verwandter Gruppen gemeinsamer Abstammung, also mehrerer Klane (bzw. Sippen), die in der Regel ein einheitliches Territorium besiedeln und zumeist durch Heirats-, Tausch- und Bündnisbeziehungen untereinander vernetzt sind. Wegen der weitgehenden Klan-, ja Lineage-Autonomie in traditionellen Gesellschaften sind die Bindungen jedoch eher locker. Lediglich in Fällen gemeinsamer Bedrohung wird die gleichwohl bewußte Gemeinsamkeit schlagartig sichtbar: Bei Wildmangel, Naturkatastrophen, größeren Viehverlusten usw. hilft man einander aus, bei kriegerischen Übergriffen verteidigt man sich geschlossen. Die in derartigen Krisensituationen oder auch bei Konflikten innerhalb des Stammes anstehenden Entscheidungen werden von den führenden Repräsentanten der einzelnen Gruppen kollektiv im Stammesrat getroffen. Neuerlich ist der Begriff in Mißkredit geraten. Vor allem Vertreter der »postmodernen« Ethnologie halten ihn der lockeren, wenig verpflichtenden Beziehungen unter den Stammesgruppen wegen für allzu unpräzise und zudem ein Konstrukt der kolonialen Mächte, die ihn aus administrativen Gründen übergebührlich aufgewertet hätten. Überdies habe er durch seine gängige Verwendung in der Abenteuerliteratur eine eher abschätzige Bedeutung erhalten. Statt dessen findet vermehrt der Alternativbegriff »Ethnie« Verwendung, der zwar nicht präziser, aber weniger belastet erscheint.

Stanley, Henry Morton (alias John Rowlands; 1841–1904). Britischer Afrikaforscher und Schriftsteller. Aufgewachsen in England, kam Rowlands 1859 nach New Orleans, befreundete sich dort mit dem Händler Henry Stanley, dessen Namen er übernahm und dem er später noch »Morton« hinzufügte. Stanleys Leben war geprägt von Unstetigkeit; zeitweilig diente er als Soldat (auf beiden Seiten) im amerikanischen Bürgerkrieg, heuerte als Matrose an und arbeitete als Bericherstatter über die Indianerkämpfe, später auch als Korrespondent des New York Herald in Äthiopien und der Goldküste. Erst im November 1871, dem Zeitpunkt, zu dem er David Livingstone in Zentralafrika aufgespürt hatte, wurde er zum Afrikaforscher. Als Stanley bei seiner Rückkehr aus Asante von Livingstones Tod erfuhr, beschloß er das Werk des Älteren fortzusetzen. 1874–77 durchquerte er den afrikanischen Kontinent von Osten nach Westen: Von Bagamojo aus reiste er über den Victoria- (den er als Quelle des Nil erkannte) und Tanganyikasee nach Njangwe und von dort den Kongo abwärts bis zu seiner Mündung in den Atlantischen Ozean. 1879–84 stand er in Diensten des belgischen Königs Leopold II., der praktisch Besitz vom Kongobecken ergriffen hatte. 1887–89 führte er eine Durchquerung des Kontinents von Westen nach Osten durch, das heißt von der Mündung des Kongo bis nach Sansibar, um Eduard Schnitzer (Emin Pascha) zu retten. 1890 zog er sich zurück; 1895 wurde er ins britische Parlament gewählt.

Steigbaum. Bezeichnung für Holzstämme mit als Tritt dienenden Kerben (Trittkerbenleiter). Am oberen Ende gegabelte Vorrichtungen dieser Art werden, vornehmlich in der westafrikanischen Savanne, zum Aufsteigen in die Speicher und auf Dachterrassen verwendet.

Suaheli. Merkantil und städtisch geprägte, nach Übersee hin orientierte Bevölkerung entlang der ostafrikanischen Küstenlinie von Somalia bis Mosambik sowie auf den der Küste gegenüberliegenden Inseln Sansibar, Pemba und den Komoren, die sich selbst nach den Namen ihrer jeweiligen Städte benannte. Den Namen Suaheli (Küstenleute) verliehen ihnen die arabischen Herrscher des Sultanats von Sansibar, als sie im frühen 18. Jahrhundert die ostafrikanische Küste eroberten (und damit selbst auch zu »Suaheli« wurden). Die Sprache der heute etwa 400 000 Suaheli, das Kisuaheli, ist eine mit zahlreichen arabischen Lehnwörtern versetzte Bantu-Sprache und dient, oft in verstümmelter Form, in weiten Teilen Ostafrikas als Lingua franca. Die Suaheli waren Zwischenhändler im interkontinentalen Handel zwischen Afrika und Asien. Auf ihrem kulturellen Höhepunkt (zwischen dem 12. und 16. Jahrhundert) unterschied sich ihr Lebensstandard kaum von dem in Europa. Die Suaheli bewohnten (Stein-)Häuser und Städte und zeichneten sich sowohl durch ihre feine Kleidung als auch ihre hohe Bildung und Dichtkunst aus. Die vornehmen Suaheli-Familien kannten keine übergeordnete politische Autorität und bildeten nie ein Gemeinwesen, sondern lebten immer in voneinander unabhängigen Städten.

Synkretistische Kirchen. Bezeichnung für neuere, anfänglich oft mit antikolonialen Interessen verbundene, vor allem in Lateinamerika und Afrika entstandene Kirchen, in denen religiöse Bilder und Vorstellungen verschiedener Herkunft miteinander verschmolzen bzw. eine Reinterpretation erfuhren, und eine Vermischung bzw. Synthese zweier oder mehrerer religiöser Systeme stattfand. In den katholischen Ländern Lateinamerikas kam es dabei häufig zu einer Identifikation von christlichen Heiligen mit Gottheiten afrikanischen, seltener indianischen Ursprungs. Deutlich synkretistische Züge tragen viele der neuen afrikanischen Kirchen. Einige Gesellschaften oder Gesellschaftsgruppen übernahmen, trotz intensiver missionarischer Bemühungen, die christliche Botschaft nur partiell und wählten aus, was sich problemlos in das eigene Weltbild einfügte. Wesentlich für viele, sich am Christentum orientierende synkretistische Kirchen ist die Meisterung einer »chaotisch« gewordenen Welt sowie die Befreiung von irdischem Leid, das sich vor allem in Form von Krankheit und anderem Unheil (wie Zauberei und Hexerei) äußert – Anliegen, die auch in den »traditionellen« afrikanischen Religionen von zentraler Bedeutung sind. So stehen »Heilungen«, um die sich oft eine komplexe Liturgie entwickelt hat, im Mittelpunkt der meisten synkretischen Kirchen. Trotz zahlreicher Hospitäler und Krankenstationen ist die medizinische Versorgung, vor allem der Landbevölkerung, immer noch mangelhaft. Dazu kommt, daß die zunehmend wissenschaftliche Auslegung von Krankheitsursachen oft in krassem Gegensatz zu den Krankheitsauffassungen der einfachen Leute steht. So hatten es, oft selbsternannte Propheten – die meist auch als (Wunder-)Heiler auftraten – leicht, eine größere oder kleinere Zahl von Anhängern um sich zu scharen.

Tschintschua am Fluß Ramboëh.
Aus: Westafrika, vom Senegal bis Benguela, Leipzig, 1878.

Tatauierung (von samoanisch »tatau«, passend, angemessen). Bemusterung der menschlichen Haut mit Punktreihen, Wellen- und Kreislinien, Kreisen, Sternen und Spiralen, seltener figürlichen Darstellungen. Vier Techniken lassen sich dabei unterscheiden. Bei der »Punkt-« oder »Stichtatauierung« erzielt man die Muster durch zahlreiche kleine Einstiche, in die man dann den Farbstoff einbringt (Ozeanien). Die »Schnittatauierung« erfolgt durch flache Einschnitte und anschließende Einfärbung (Ozeanien). Bei der »Nahttatauierung« wird ein rußgeschwärzter Faden unter der Haut durchgezogen (Sibirien, NW-Nordamerika). Die »Narbentatauierung« oder Skarifizierung, vor allem bei Dunkelhäutigen verbreitet (Afrika, Melanesien), geschieht wieder durch serielle, ornamentale oder figurale Einschnitte in die Haut, in die man entweder Medizinpulver zu magischen Stärkungszwecken oder Farbstoffe (z. B. Mischungen aus Indigo, Asche und Kohle) reibt. Der Heilprozeß wird häufig verzögert, damit sich plastischere Narben entwickeln. Schwarz (Ruß mit Pflanzensäften), das sich unter der Haut zu Blau verfärbt, dient weltweit am meisten zur Wundeinfärbung. Tatauierungen werden oft zu magischen Schutzgründen lediglich um Körperöffnungen (Augen, Mund, Nabel, Scham), auf der Hand und bei Frauen der Brust, zu Schmuckzwecken oder zur Kennzeichnung der Standes- und ethnischen Zugehörigkeit auch am ganzen Körper beziehungsweise den sichtbaren Teilen angebracht. Wahre Meister darin waren ozeanische Völker, insbesondere die Marquesas-Insulaner, Samoaner und Japaner. Art und Zusammenstellung der Muster entsprechen den jeweiligen Klan- beziehungsweise Stammestraditionen. Oft wird als Begründung auch angegeben, die Tatauierung diene dazu, daß Verstorbene bei ihrer Ankunft im Totenreich von den Ahnen sicher als ihresgleichen identifiziert werden könnten.

Trance (von lat. »transire«, hinübergehen). Begriff, der den Übergang von einem Bewußtseinszustand in einen anderen bezeichnet. Der Ausdruck »in Trance fallen« steht für einen psycho-physischen Mechanismus, durch den eine Person in einen Zustand extremer Aufnahmefähigkeit eintritt und sich inneren wie äußeren Kräften überläßt. Trance-Phänomene sollen in 90 % aller Gesellschaften der Welt als Teil der religiösen und therapeutischen Praxis institutionalisiert sein. In einigen Gesellschaften wird auch die Präsenz von Geistmächten angenommen, die vom Körper des Mediums Besitz ergreifen. In diesen Fällen spricht man von Besessenheitstrance. Eine andere Art der Trance bezeichnet einen Zustand, der als »Aus-sich-heraustreten« (Ekstase) erfahren wird. Dabei löst sich die (Frei-)Seele vom Körper und begibt sich an ferne Orte, auch in der Jenseitswelt (klassisches Beispiel dafür sind die Reisen der Schamanen), um von dort Visionen zu übermitteln oder Botschaften zu überbringen. Zu den zahlreichen Möglichkeiten, die Trance einzuleiten (Tranceinduktion) bzw. den Übergang in den Trancezustand zu erleichtern, gehören psychologische Stimuli und bestimmte Körpertechniken wie rhythmisch-monotones Trommeln, Tanzen, bestimmte Atemtechniken (z. B. übermäßige Atmung, Hyperventilation), Meditations- und Konzentrationsübungen usw. sowie die Zufuhr von Stimulanzien (z. B. Beräucherung) oder die Einnahme pflanzlicher Drogen wie etwa Fliegenpilz oder Peyotl (Lophophora williamsii). Hat sich die Trance eingestellt, ist die notwendige Voraussetzung zur Kontaktaufnahme mit den Geistmächten geschaffen.

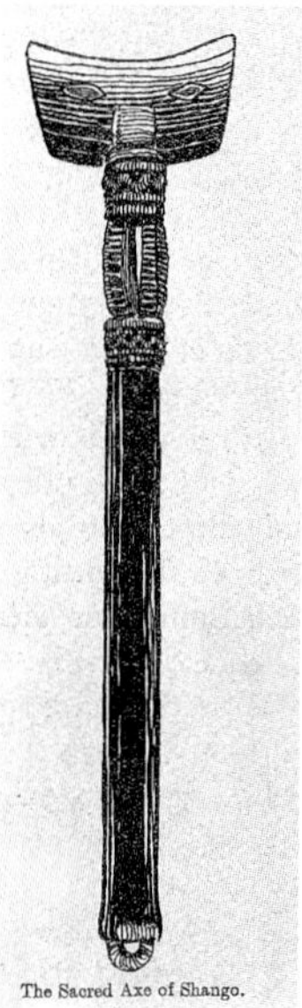

Heilige Axt Shangos.
Aus: Faith, Fancies and Fetich, London, 1924.

Trickster. Aus dem Englischen übernommene Bezeichnung für ein mythisches Wesen, das als eine Art Gegenspieler in die Schöpfung eingreift, dabei dem Schöpfergott aber nur durch »Tricks« beizukommen vermag, die dann auch das eigentliche Element seines Handelns darstellen. Von zwielichtiger Natur, blind den eigenen Launen und Leidenschaften ergeben, zu haarsträubenden Obszönitäten wie wahren Freßorgien neigend, unstetig, dabei verschlagen und listenreich, gleichzeitig aber immer wieder Opfer seiner überhasteten, giergetriebenen Kurzsichtigkeit, meist boshaft, doch oft auch von einer tölpelhaften Gutmütigkeit, bildet sein Treiben den Gegenstand zahlloser Erzählungen voller Komik, Witz und burlesker Derbheit. Getreu seiner zwiespältigen Natur trat der Trickster schon in der Urzeit nicht nur als übelgesinnter Störenfried, sondern auch als ausgesprochener Wohltäter der Menschen, als Kulturheros, auf, der sie die Herstellung nützlicher Geräte und die Techniken ihrer Handhabung lehrte, ihnen das Wild zuführte und sie in der Heilung von Krankheiten unterwies. Allerdings tat er das alles nicht mit der Konsequenz der planvoll agierenden Götter, sondern immer eher aus einer ihn gerade überkommenden Laune heraus. Schlug sie um, konnte er im nächsten Augenblick schon wieder üble Streiche aushecken und auf Böses bedacht sein, weshalb sich seine Handlungen ebenso positiv wie negativ auf die Menschen auswirken konnten. Obgleich vielseitiger Verkleidungs- und Verwandlungskünstler, wählt er bevorzugt Verkörperungsformen schwarzer oder nachtaktiver Tiere (z. B. Spinne bei Akan, Fuchs bei Dogon und in europäischen Märchen, Rabe und Koyote bei vielen nordamerikanischen Indianern).

Tro/Trowo. Allgemeine Bezeichnung der westlichen Ewe (Anlo, Ho, Abutia) für anthropomorph gedachte, daher auch männliche und weibliche Gottheiten, die der erdferne Himmelsgott mit dem Auftrag in die Welt sandte, über die Menschen zu wachen und ihnen in ihren alltäglichen Nöten beizustehen und die als als Garanten von Fruchtbarkeit, Gesundheit und Glück gelten. Bei Vernachlässigung strafen sie, je nach Anlaß, die Gemeinschaft mit Seuchen und Dürren, einzelne mit Krankheit oder anhaltendem Unglück, schlimmstenfalls auch Tod. Die Menschen haben die trowo durch Befolgung ihrer Vorschriften und regelmäßige oder an bestimmte Lebenssituationen geknüpfte Opfergaben bei Laune zu halten; Kranke wie vom Unglück Verfolgte begeben sich häufig in den Dienst eines tro und lassen sich in einen Kult zu seinen Ehren einweihen. Es gibt personen-, familien- und gruppengebundene trowo, die zueinander in einem unter- bzw. übergeordneten Verhältnis stehen. Die der eigenen Person, Familie oder Gruppe nahestehenden trowo gelten gemeinhin als gut, alle fremden hingegen als schlecht. Einige trowo besitzen große Machtbefugnisse, bei anderen ist der Wirkungsbereich deutlich eingeschränkt. Zur ersteren gehören vor allem die großen, überregional verehrten Naturgottheiten wie Héviéso (So), der Gewittergott; Dan, ein Schlangen- und Regenbogengott; Sakpata, der Gott der Erde und der ansteckenden Krankheiten, besonders der Pocken; Ogun, der Gott des Eisens und Schutzpatron der Schmiede, und Adela, der Jagdgott. Bei letzteren handelt es sich um Lokal- oder Familiengottheiten mit schwacher Einflußnahme. Die trowo halten sich bevorzugt an bestimmten Örtlichkeiten in der Natur auf, man errichtet ihnen aber auch Wohnsitze, oder sie werden in durch Menschenhand geschaffenen Gegenständen verehrt: Nyigbla, der früher den Kriegern beistand, in einem Stück Eisen; Legba, der vor Städten, Stadtvierteln, Dörfern und Hauseingängen wacht, in Form von in Stein gehauenen oder aus Holz geschnitzten menschenähnlichen Darstellungen.

Tsetsefliege (nach einem Bantuwort). Afrikanische Zungenfliegen der Gattung »Glossina« aus der Familie der Echten Fliegen (Muscidae). Tsetsefliegen können eine Größe bis zu 14 mm erreichen und sind nur in Gebieten mit hoher Luftfeuchtigkeit, das heißt bis zur Grenze zwischen Feucht- und Trockensavanne überlebensfähig. Unter den 20 vorkommenden Arten sind vor allem »Glossina morsitans« und »Glossina palpalis« als häufigste Überträger der Schlaf- und der Tsetsekrankheit (Nagana-Seuche) gefürchtet, die namentlich Rinder und Pferde befällt. Typische Symptome bilden Fieber, Anämie, Abmagerung und Lähmungserscheinungen, die schließlich zum Tod der Tiere führen. Aus diesem Grund bleibt die Rinderhaltung in Afrika im wesentlichen auf die Trockensavannenbereiche beschränkt.

Übergangsrituale. Nach der von dem französischen Ethnologen Arnold van Gennep (1873–1957) eingeführten Bezeichnung »Rites de Passage« auch »Passageriten« genannt. Sichern räumliche, zeitliche, biographische, soziale und kosmische System- und Zustandswechselprozesse gegen Störungen ab. Derartige Übergänge – Grenz- und Schwellenübertritte, Geburten, Initiationen, Hochzeiten, Status- und Jahreszeitenwechsel, der Tod – werden nämlich als riskant und gefahrvoll empfunden, weil sie Bruchstellen zwischen zwei Lebensabschnitten bedeuten, in denen die vorausgegangene Ordnung nicht mehr und die bevorstehende noch nicht gilt. Ihre Ritualisierung folgt diesem Anschauungsmodell und zerfällt in drei Hauptabschnitte: die Lösung aus dem bisherigen Zustand (des »alten Adam«), markiert etwa durch rituelle Abschiednahme oder Tötung (Trennungsriten), die eigentliche Übergangsphase im Zwischenbereich, markiert durch die Aussonderung aus der Gesellschaft und dem Alltagsgeschehen, mit der Umwandlung zur Vorbereitung auf den bevorstehenden Lebensabschnitt (Umwandlungsriten) und die Überführung ins neue Dasein, in Szene gesetzt durch rituelle Wiederbelebung, Begrüßung und Aufnahme in die Gesellschaft (Angliederungsriten). Den Kern des Ganzen bildet der Mittelabschnitt, in dem die Metamorphose erfolgt. Je nach dem Anlaß (Initiation, Hochzeit, Tod) wechseln hier Formen und Aufwand des Rituals. Gewöhnlich aber zielt alles auf die Dramatisierung des Ausnahme- oder Grenzzustands und die erforderliche Umwandlung ab. Initianden, Brautleute oder Prinzen vor der Inthronisierung verbergen sich zum Beispiel, sollen nicht gesehen werden, ziehen sich in Seklusion, an einen abgelegenen Ort außerhalb der Siedlung zurück, befinden sich dort im Todeszustand, fasten oder essen nur Rohes, sprechen und bewegen sich wenig, verzichten auf Schmuck und Hygiene, tragen weiße Bemalung, müssen Mut- und Ekelproben erdulden und durchlaufen, wie die Gesellschaft insgesamt in Extremfällen (zu Neujahr, nach dem Tod eines Königs), einen ausgesprochen anarchischen, regellosen Zustand durch (siehe rituelle Anarchie), führen, wie die Toten in der Unterwelt, ein »verkehrtes« Dasein.

Trommler und Handscha-Spieler bei den Fan.
Aus: Westafrika, vom Senegal bis Benguela, Leipzig, 1878.

Gegen Ende der Phase setzt dann bereits die Wiedereingliederung ein: Der Säugling, Initiand, die Brautleute oder der künftige König werden gereinigt, zur Stärkung mit lebenskrafthaltigen Speisen gefüttert oder überschüttet (z. B. mit Getreidekörnern oder Mehl), nunmehr mit Rot bemalt, erhalten frische Kleidung, oft auch einen neuen Namen und kehren, wiederbelebt, in die Gesellschaft zurück. Dort zeigen sie sich anfangs noch unsicher, wissen weder recht zu gehen noch zu sprechen und erkennen selbst ihre Angehörigen nicht wieder. Dem wird durch die Angliederungsriten im abschließenden dritten Abschnitt rasch ein Ende gemacht, indem man die Neuerstandenen wieder mit allem vertraut macht, was sie während des »Todes« vergessen haben. Die Krönung schließlich bildet ein gemeinschaftliches Abschlußfest. Übergangsriten sollen sicherstellen, daß die Instabilität während der Schwellenphase unter steter Kontrolle bleibt und nicht für die Betroffenen wie ihre Umgebung zu unerwünschten Entwicklungen führt, das heißt die neue auch der alten Ordnung entspricht. Das geschieht, indem man den Prozeß rituell nachstellt und durch die theatralische Fixierung im Griff behält.

Virilokalität (von lateinisch »vir«, Ehemann, und »localis«, örtlich). In traditionellen dörflichen Gesellschaften kann ein jungvermähltes Paar in der Regel nicht frei entscheiden, wo es sich ansiedeln will. Seine Wohnsitzwahl ist vielmehr streng nach der geltenden Abstammungsordnung geregelt. Da gewöhnlich Exogamie herrscht, das heißt der Ehepartner in einer anderen Gruppe gewählt werden muß, zieht bei Patrilinearität (siehe »Klan«) die Frau zum Mann, bei Matrilinearität hingegen der Mann – hier allerdings nicht immer auf Dauer, sondern häufig nur »besuchsweise« – zur Frau. Im ersteren Fall spricht man von Viri, im letzteren von Uxorilokalität (von lateinisch »uxor«, Ehefrau).

Vodun (Vodu, Vodou, Voodoo). Allgemeine Bezeichnung der Fon und östlichen Ewe (Watyi, Ge und Be) für anthropomorphe Gottheiten (siehe »tro« und »orisha«) mit jeweils eigenen Zuständigkeits- bzw. Wirkungsbereichen sowie für die ihnen gewidmeten Kulte. Wer in den Kult als vollwertiges Mitglied (vodunsi) aufgenommen werden will, verbringt eine kürzere oder längere Zeit, von der Öffentlichkeit abgeschieden, in einem Heiligtum (Vodun-Kloster), wo er unter Aufsicht der Priester einen rituellen Tod erleidet, aus dem er gleichsam neugeboren wiederaufersteht. Sklaven aus Dahomey exportierten ihre, bereits in der Heimat auf unterschiedliche Traditionen zurückgehenden, religiösen Vorstellungen in die Neue Welt, so daß heute auch verschiedene synkretistische Kulte in der Karibik (vor allem auf Haiti) und in Südamerika unter dem Namen Voodoo bekannt sind. In der Hauptsache handelt es sich dabei um Rituale und Opfer, begleitet von Gesängen und Tänzen, mit denen sich einzelne unter den Schutz einer bestimmten Gottheit stellen, der sie während der Ritualhandlungen ihren Körper »leihen«. Eine der afro-amerikanischen Religionen, in der die Besessenheitstrance eine zentrale Rolle spielt, ist der Candomblé in Brasilien (mit Zentrum in Salvador da Bahia), der vor allem auf den religiösen Traditionen der Yoruba aufbaut.

Wiedergeburt, rituelle. Bestimmte Lebens- und Zeiteinschnitte, wie Geburt, Pubertät, Hochzeit, eine Adoption, eine Amtsübernahme, Abend und Morgen oder der Jahreswechsel, werden allgemein, besonders aber in traditionellen Kulturen als »riskante Übergangsprozesse« begriffen. Sie stellen kurzfristige Schwebezustände zwischen zwei Lebensabschnitten dar, in denen das Vergangene, etwa die Kindheit, nicht mehr und die Regeln des »neuen Lebens«, des Erwachsenendaseins, noch nicht gelten. Zwei Bogenphasen eines Zyklus treten für kurz auseinander, so daß eine Lücke entsteht, durch die von außen Schadenseinflüsse und Unheilsgeister Zutritt zum Leben der Betroffenen erhalten. Hell und Dunkel, Ordnung und Chaos durchdringen einander wie Tag und Nacht während der Dämmerung, so daß Instabilität herrscht und die unguten Impulse leicht unerwünschte Entwicklungen auslösen könnten. Dem wird durch entsprechende »Übergangsrituale« (siehe dort) begegnet. Da es immer Menschen sind, die derartige Übergangsprozesse durchlaufen und dabei zu anderen werden, indem etwa eine junge Frau sich

Einsatz von Kalebassen auf dem Feld in Nord-Kamerun.

in eine Mutter verwandelt, ein erwachsener Mann in ein Ratsmitglied, ein Besucher in einen Gast, ein Lebender in einen Toten, ein tätiger Tag- in einen ruhenden Nachtmenschen, folgen die Rituale dem Modell des Lebenslaufs. Die drei Phasen der Trennung, Umwandlung und Wiederangliederung werden im Sinne von Tod, Verwandlung zur Vorbereitung auf die Wiedergeburt und diese selbst begriffen. Die rituelle Umsetzung geschieht auf sinnfälligste Weise: Die Betreffenden »sterben«, indem sie von der Gesellschaft, nicht selten gewaltsam, abgesondert, manchmal auch rituell »getötet« werden. In der Seklusion, die ihrem Aufenthalt im Ahnenreich entspricht, verhalten sie sich wie Tote, das heißt umgekehrt zu den Lebenden. Sie tragen keine oder eine andere als die übliche Tracht, essen und sprechen nur kaum, benutzen die linke statt der rechten Hand, sind weiß bemalt, um wie Totenseelen zu erscheinen, und haben Umgang mit ihren verstorbenen Vorfahren (maskierten Betreuern). Nach einer gewissen, häufig dreitägigen Frist werden sie »wiederbelebt« und kehren in die Gesellschaft zurück, anfangs wie Neugeborene noch nicht imstande, selbständig zu essen und richtig zu gehen, geschweige denn zu sprechen. Auf diese Weise werden die kritischen Zustandswechselprozesse dem natürlichen Kreislauf des Lebens gleichsam »aufgebunden« und so vor gefährlichen Fehlentwicklungen gefeit.

Yams (»Dioscorea«, von senegalesisch »nyami«, essen). Gattung der Yamsgewächse (Dioscoreaceae) mit ca. 600 Arten. Wurzelknollenpflanze, neben anderen Knollengewächsen, wie Taro (Colocasia esculenta), Maniok (Manihot utilissima) und Süßkartoffel (Ipomoea batatas), Staudenpflanzen (Bananen) und Fruchtbäumen (Brotfruchtbaum, Palmen) eine der wichtigsten Anbaupflanzen im tropischen Regenwald- und Feuchtsavannenfeldbau, der traditionell mit dem Grabstock (siehe dort) oder der Hacke (in Afrika, Hinterindien, den Philippinen und Teilen Indonesiens) in Landwechselwirtschaft (Brandrodungsfeldbau) betrieben wird, da die Knollenpflanzen den Boden rasch auslaugen. Beim Yams dienen kleinere Knollen oder Teile einer größeren Frucht als Saatgut, das mit dem Grabstock eingebracht wird. Der Reifeprozeß erfordert etwa ein Jahr. Die Knollen können eine Länge von 70 cm und ein Gewicht von über 20 kg erreichen. Sie enthalten, wie die Kartoffel, neben 72 % Wasser 1 % Mineralstoffe, 1,8 % Protein und 23 % Kohlenhydrate, sind also arm an pflanzlichem Eiweiß, aber hoch stärkehaltig. Darin besteht eine besondere Gefährdung für die Bevölkerung: Wer sich zur Hauptsache von Yams – oder anderen Knollengewächsen – ernährt, leidet an Eiweißunterernährung, deren Folgen physische Schwäche, Gewichtsabnahme, Anämie, verminderte Antikörperbildung, verlangsamte Wundheilung und Störungen bei der Muttermilchbildung sein können. Der Knollenpflanzenanbau besitzt offensichtlich ein hohes Alter. Neueren Ausgrabungsbefunden nach reichen seine Anfänge bis ins 14. Jahrtausend v. Chr. zurück. Das Entstehungszentrum könnte danach Melanesien (mit Neuguinea) gewesen sein.

Zebu oder »Buckelrind« (Bos zebu). Wirtschaftlich bedeutsames, in vielen Rassen gezüchtetes Hausrind der Tropen Asiens (die »heiligen Rinder« Indiens), Afrikas und neuerdings auch Südamerikas. Zebus sind aufgrund ihrer besonderen Beweglichkeit geschätzte Arbeitstiere; ihre Milchleistung bleibt jedoch weit hinter der europäischer Hausrinder zurück. Als Wildform wird die indische Form des Auerochsen (Bos primigenius nomadicus) angenommen. Von Asien gelangte das Zebu bereits in altägyptischer Zeit nach Afrika. Aus Kreuzungen mit alteinheimischen Hausrindern, wie vor allem dem Langhornrind (Bos africanus), entstanden die Mischformen vieler heutiger Rinderhirtennomaden. Der Zebutyp, der sich etwa ab dem frühen Mittelalter gegenüber dem reinen Langhornrind durchzusetzen begann, blieb dominant.

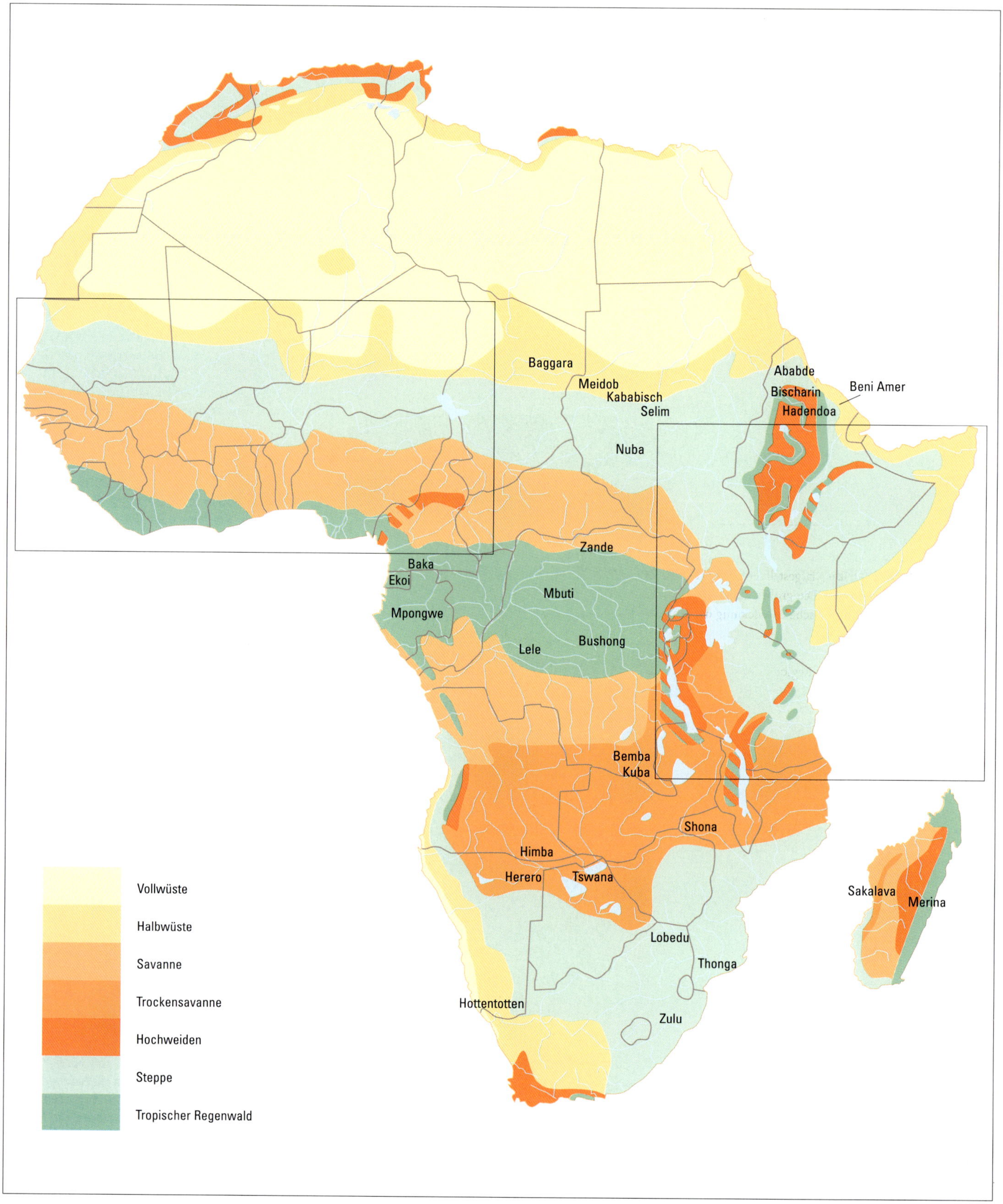
Baggara
Meidob
Kababisch
Selim
Nuba
Ababde
Bischarin
Hadendoa
Beni Amer
Zande
Baka
Ekoi
Mbuti
Mpongwe
Lele
Bushong
Bemba
Kuba
Shona
Himba
Herero
Tswana
Sakalava
Merina
Lobedu
Thonga
Hottentotten
Zulu
Vollwüste
Halbwüste
Savanne
Trockensavanne
Hochweiden
Steppe
Tropischer Regenwald

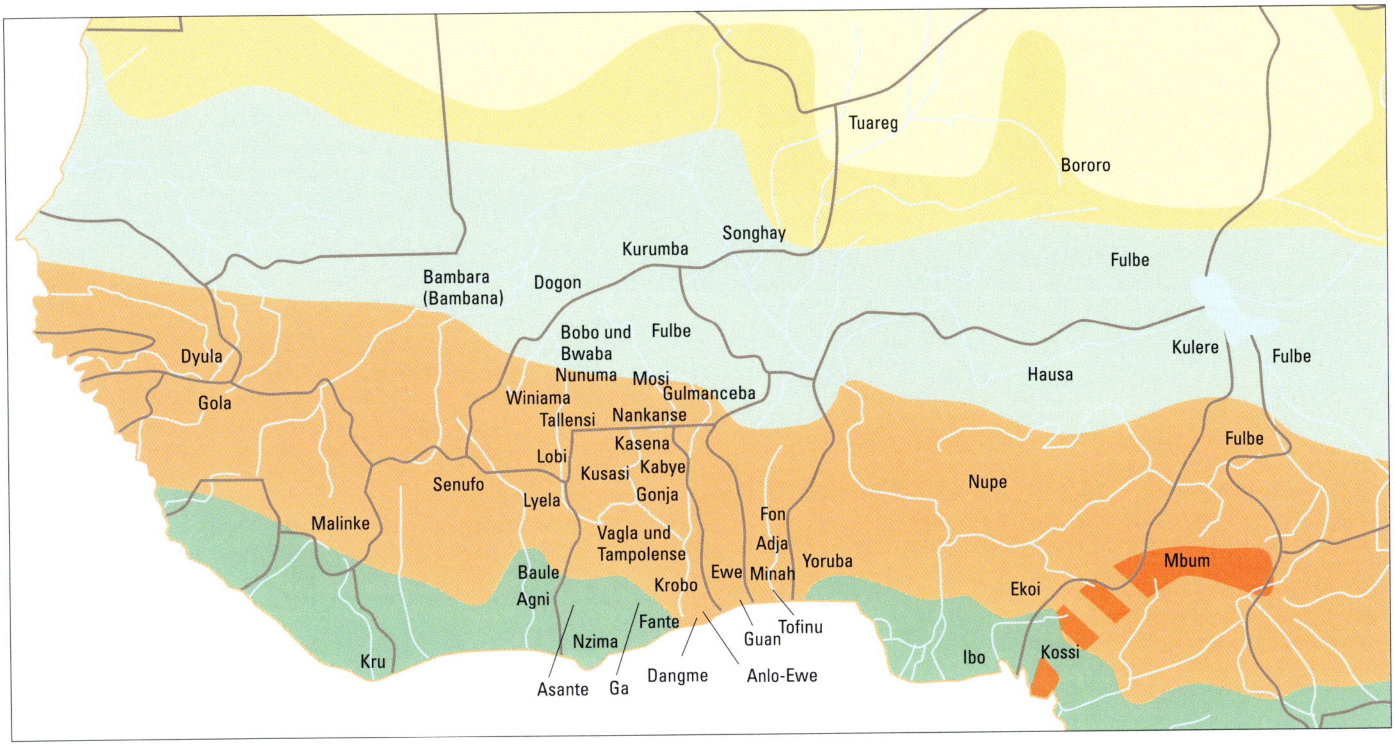

Linke Seite: Die Stämme Afrikas, dargestellt auf einer vereinfachten Karte der Landschaftszonen. Die großen Landschaftsformen sind für die kulturelle und historische Entwicklung der Einwohner bis heute von Bedeutung.

Oben und rechts: Ausschnitte der Regionen West- und Ostafrika.

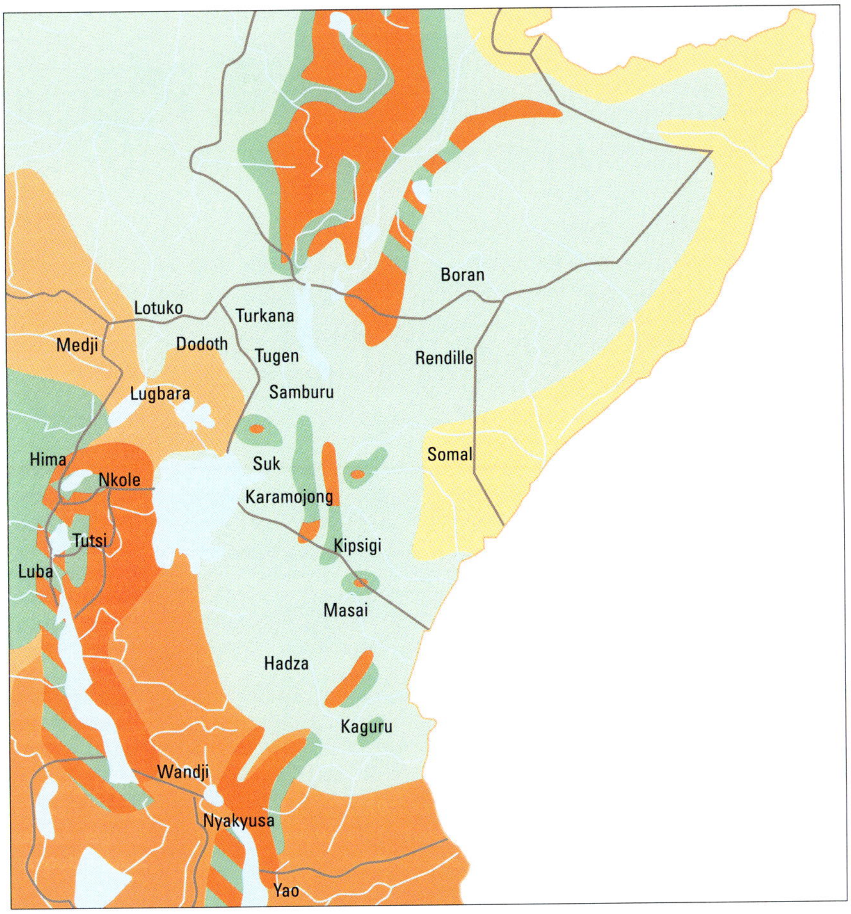

BIBLIOGRAPHIE

Abélès, Marc & Chantal Collard (Hrsg.): Age pouvoir et société en Afrique Noire. Paris, 1985.
Adventures of an African Slaver. London, 1928.
Ammah, Charles Nii: Homowo and other Ga-Adangme festivals. Accra, 1982.
Andree, Richard: Abessinien, das Alpenland unter den Tropen und seine Grenzländer. Leipzig, 1869.
Aus Erde geformt: Lehmbauten in West- und Nordafrika. Mainz, 1990.
Baudin, P.: Fetichism and Fetich Worshipers. New York, Cincinnati, St. Louis, 1885.
Baumann, Hermann (Hrsg.): Die Völker Afrikas und ihre traditionellen Kulturen. 2 Bde., Wiesbaden, 1975–79.
Bay, Edna G.: Wives of the leopard: gender, politics, and culture in the kingdom of Dahomey. Charlottesville, 1998.
Boddy, Janice: Wombs and spirits: Women, men and the Zar cult in northern Sudan. Madison 1990.
Bohner, Heinrich: Im Lande des Fetischs. Ein Lebensbild als Spiegel des Volkslebens. Basel, 1890.
Cannadine, David & Simon Price (Hrsg.): Rituals of royalty: power and ceremonial in traditional societies. Cambridge, 1987.
Center of African Art, New York: Yoruba. Nine Centuries of African Art and Thought. Ausstellungskat., New York, 1989.
Chesi, Gert: Architektur und Mythos: Lehmbauten in Afrika. Innsbruck, 1995.
Christoph, Henning & Hans Oberländer: Voodoo. Geheime Macht in Afrika. Köln, 1995.
Cole, Herbert M. & Doran H. Ross: The arts of Ghana. Los Angeles, 1977.
Davidson, Basil: The Growth of African Civilisation. A History of West Africa 1000–1800. Harlob, Essex, 1965.
Drewal, Henry J. & Margaret Thompson Drewal: Gelede: art and female power among the Yoruba. Bloomington, 1990.
Elwert-Kretschmer, Karola: Religion und Angst. Soziologie der Voodoo-Kulte. Frankfurt/New York, 1995.
Evans-Pritchard, Edward E.: Hexerei, Orakel und Magie bei den Zande. Frankfurt a. M., 1978.
Field, M. J.: Religion and medicine of the Ga people. Accra, 1961.
Gann, L. H. & P. Duignan (Hrsg.): Colonialism in Africa, 1870–1960. London, 1969–70.
Garrard, Timothy F.: Akan weights and the gold trade. London, 1980.
Griaule, Marcel: Masques dogons. Paris, 1938.
Griaule, Marcel: Conversations with Ogotemmêli. An Introduction to Dogon Religious Ideas. London, Oxford, New York, 1965.
Griaule, Marcel: Schwarze Genesis: ein afrikanischer Schöpfungsbericht. Frankfurt a. M., 1980.
Harding, Leonhard & Brigitte Reinwald (Hrsg.): Afrika – Mutter und Modell der europäischen Zivilisation? Die Rehabilitierung des Schwarzen Kontinents durch Cheikh Anta Diop. Berlin, 1990.
Herrmann, Paul: Das große Wagnis. 6000 Jahre Kampf um den Erdball. Berlin, 1936.
Herskovits, Melville J.: Dahomey: an ancient West African kingdom. 2 Bde. New York, 1938.
Heusch, Luc de: Sacrifice in Africa: a structural approach. Manchester, 1985.
Heusch, Luc de (Hrsg.): Chefs et rois sacrés. Paris, 1990.
Hirschberg, Walter: Die Kulturen Afrikas. Wiesbaden, 1974.
Horton, Robin: Patterns of thought in Africa and the west: essays on magic, religion and science. Cambridge, 1993.
Huber, Hugo: The Krobo: traditional social and religious life of a West African people. St. Augustin, 1963.
Hull, Richard W.: African cities and towns before the European conquest. New York, 1976.
Imperato, Pascal J.: African folk medicine. Baltimore, 1977.
Iwu, Maurice M.: Handbook of African medical plants. Boca Raton, 1993.
Jacob, Ernst G.: Grundzüge der Geschichte Afrikas. Darmstadt, 1966.
Jules-Rosette, Bennetta (Hrsg.): The new religions of Africa. Norwood, 1979.
Kagame, Alexis: La philosophie bantu comparée. Paris, 1976.
Kimmerle, Heinz: Philosophie in Afrika – afrikanische Philosophie. Frankfurt a. M., 1991.
Ki-Zerbo, Joseph: Die Geschichte Schwarz-Afrikas. Wuppertal, 1979.
Lawal, Babatunde: The Gèlèdè spectacle: art, gender, and social harmony in an African culture. Seattle, 1996.
Malerische Studien. Eine Reise um die Welt in 200 farbigen Photographien nach Naturaufnahmen. Neuchatel, ohne Jahresangabe.
Maurier, Henri: Philosophie de l'Afrique Noire. St. Augustin, 1976.
Mbiti, John S.: Afrikanische Religion und Weltanschauung. Berlin, 1974.
McLeod, M. D.: The Asante. London, 1981.
Meiss, Ortwin: Suggestionen ohne Trance? Gedächtnispsychologische Aspekte. Hamburg, 1998.
Meyer, Piet: Kunst und Religion der Lobi. Zürich, 1981.
Middleton, John (Hrsg.): Witchcraft and curing. Garden City, 1967.
Middleton, John (Hrsg.): Encyclopedia of Africa south of the Sahara. 4 Bde. New York, 1997.
Murray, Jocelyn (Hrsg.): Afrika, Bildatlas der Weltkulturen. Augsburg, 1998.
Nooter, Mary H. (Hrsg.): Secrecy: African art that conceals and reveals. New York, 1993.
Nyamiti, Charles: Christ as our ancestor: Christology from an African perspective. Gweru, 1984.
Nyerere, Julius K.: Freiheit und Entwicklung: aus neuen Reden und Schriften von Julius Nyerere. Stuttgart, 1976.
Oberländer, Richard (Hrsg.): Westafrika, vom Senegal bis Benguela. Leipzig, 1878.
Okere, Theophilus: African philosophy: a historico-hermeneutical investigation of the conditions of ist possibility. Lanham, 1983.
Platz, B.: Die Völker der Erde. Würzburg und Wien, 1891.
Preston Blier, Suzanne: African Vodun. Art, Psychology, and Power. Chicago und London, 1995.
Rattray, Robert S.: Ashanti. London, 1923.
Rattray, Robert S.: Religion and art in Ashanti. London, 1927.
Rattray, Robert S.: The tribes of the Ashanti hinterland. 2 Bde. London, 1932.
Ray, Benjamin C.: African religions: symbol, ritual, and community. Englewood Cliffs, 1976.
Rippmann, Konrad: Vodou-Medizin in Haiti, in: Hexerei, Magie und Volksmedizin. Hrsg. v. Bernd Schmelz, Bonn 1997.
Roy, Christopher: Art of the Upper Volta Rivers. Meudon, 1987.
Senghor, Léopold Sédar: Afrika und die Deutschen. Tübingen, 1968.
Spieth, Jacob: Die Ewe-Stämme: Material zur Kunde des Ewe-Volkes in Deutsch-Togo. Berlin, 1906.
Spieth, Jacob: Die Religion der Eweer in Süd-Togo. Leipzig, 1911.
Stanley, Henry M.: In Darkest Africa, or Quest, Rescue, and Retreat of Emin Governor of Eyuatoria. 2 Bde., New York, 1890.
Stoller, Paul: Embodying colonial memories: spirit possession, power, and the Hauka in West Africa. New York, 1995.
Sundermeier, Theo: Nur gemeinsam können wir leben: das Menschenbild schwarzafrikanischer Religionen. Gütersloh, 1988.
Thomas, Louis-Vincent & René Luneau: La terre africaine et ses religions: traditions et changements. Paris, 1980.
Waterlot, G.: Les Bas-Reliefs des Bàtiments royaux d'Abomey (Dahomey). Paris, 1926.
Wanono, Nadine: Les Dogon. Paris, 1996.
Wendl, Tobias: Mami Wata oder ein Kult zwischen den Kulturen. Münster i. Westf., 1991.
Wilks, Ivor: Forests of gold: essays on the Akan and the kingdom of Asante. Athens, Ohio, 1993.
Wright, Richard A. (Hrsg.): African philosophy: an introduction. Lanham, 1984.
Zahan, Dominique: Religion, spiritualité et pensée africaines. Paris, 1970.

BILDNACHWEIS

Der Verlag dankt den Museen, Sammlern, Archiven und Fotografen für die erteilten Reproduktionsgenehmigungen und die freundliche Unterstützung bei der Realisierung dieses Buches. Herausgeber und Verlag haben sich bis Produktionsschluß intensiv bemüht, alle weiteren Inhaber von Abbildungsrechten ausfindig zu machen. Personen und Institutionen, die möglicherweise nicht erreicht wurden und Rechte an verwendeten Abbildungen beanspruchen, werden gebeten, sich nachträglich mit dem Verlag in Verbindung zu setzen.

Alle Farbfotografien von Henning Christoph, Essen.

© Baudin, P.: Fetichism and Fetich Worshipers. New York, Cincinnati, St. Louis, 1885: Vorsatzpapier

© Black Star/Das Fotoarchiv: 86, 87 oben, 89, 91 oben rechts, 97, 98, 99, 100, 101

© Das Fotoarchiv. Sammlung Henning Christoph:
Foto Markus Matzel: 121, 152, 167, 168, 169, 234, 354, 355, 366, 367, 385 unten, 386, 458, 459
Foto Henning Christoph: 166
Foto Yavuz Arslan: 124
Foto Daniel Kölsche: 385 oben, 412, 414, 415

© Center of African Art, New York: Yoruba. Nine Centuries of African Art and Thought. Ausstellungskat., New York, 1989: 263

© Davidson, Basil: The Growth of African Civilisation. A History of West Africa 1000–1800. Harlob, Essex, 1965: 450 unten.

© Griaule, Marcel: Conversations with Ogotemmêli. An Introduction to Dogon Religious Ideas. London, Oxford, New York, 1965: 74

© Könemann Verlagsgesellschaft mbH/Grafik: Rolli Arts, Essen: 12 oben, 75, 80, 81, 84, 500, 501

© Murray, Jocelyn (Hrsg.): Afrika, Bildatlas der Weltkulturen. Augsburg, 1998: 428, 444, 456

© Preston Blier, Suzanne: African Vodun. Art, Psychology, and Power. Chicago und London, 1995: 416

© Sammlung Henning Christoph: 89,126, 127, 262, 352, 353, 413, 422, 423, 452 rechts und 453, 457

© Studio für Landkartentechnik, Norderstedt: 480

© SVT Bild/Das Fotoarchiv: 11, 41, 42, 43, 83, 85, 88, 102, 103, 107, 122, 128, 129, 381, 383, 439 unten, 454, 455, 488

© Völkerkundemuseum der Universität Zürich/Foto: Peter Nebel: 387